李弘祺／著

学以为己——传统中国的教育

上

华东师范大学出版社·上海

图书在版编目（CIP）数据

学以为己：传统中国的教育 / 李弘祺著 .—上海：
华东师范大学出版社，2015.3
ISBN 978-7-5675-3265-6

Ⅰ.①学… Ⅱ.①李… Ⅲ.①教育研究—中国 Ⅳ.①G52

中国版本图书馆CIP数据核字（2015）第061029号

© 香港中文大学 2012
本书由香港中文大学拥有所有权
本版限在中国大陆发行
上海市版权局著作权合同登记　图字：09-2013-442号

学以为己：传统中国的教育

著　　者	李弘祺
策划编辑	顾晓清
审读编辑	朱文慧
装帧设计	崔　楚
出版发行	华东师范大学出版社
社　　址	上海市中山北路3663号　邮编　200062
网　　址	www.ecnupress.com.cn
客服电话	021-62865537
网　　店	http：//hdsdcbs.tmall.com/
印刷者	上海盛通时代印刷有限公司
开　　本	700×1000　16开
印　　张	44.75
字　　数	645千字
版　　次	2017年3月第1版
印　　次	2025年4月第7次
书　　号	ISBN 978-7-5675-3265-6/G.8077
定　　价	160.00元
出版人	王　焰

（如发现本版图书有印订质量问题，请寄回本社市场部调换或电话021-62865537联系）

目 录

序　言 ix

繁体版序 xi

第一章　引言：中国教育的理想与重要主题

第一节　个人、社会与受教育者　*002*

　　1. "为己之学"　*003*

　　2. 教育的社会目的　*009*

　　3. 通才、经学者与君子　*014*

　　4. 理学思想中的人：有德之士、英雄、殉道者　*022*

　　5. 中国传统教育的式微　*024*

第二节　文化一致性及其流弊　*026*

　　1. 保守主义　*026*

　　2. 互为主体与相互影响　*028*

　　3. 儒家正统　*031*

　　4. 权威的生活态度、庶民教育与中国人格特质　*033*

第三节　关键论点　*041*

第二章　中国传统教育制度：学校与考试

第一节　教育机构的变迁（Ⅰ） *047*

  1. 古代传说的学校与射箭的理想　*047*

  2. 稷下学宫　*048*

  3. 博士制度与汉代太学　*050*

  4. 汉代的地方学校　*054*

  5. 汉代的私人教育　*057*

  6. 魏晋南北朝时期的太学　*059*

  7. 魏晋南北朝时期的地方官学　*069*

第二节　教育机构的变迁（Ⅱ） *072*

  1. 隋、唐的高等教育　*072*

  2. 隋、唐时代的地方教育　*077*

  3. 宋代的官学与太学　*079*

  4. 宋代地方官学与书院　*082*

  5. 辽、金、元的官学教育制度　*086*

  6. 元代书院　*091*

  7. 明代的国子监　*093*

  8. 明代地方官学　*094*

  9. 明代的书院　*096*

  10. 结论　*100*

第三节　考试制度：从察举到科举 *101*

  1. 古代背景　*101*

  2. 孔子与东周时期的变迁　*103*

  3. 养士　*105*

  4. 汉代察举制度　*107*

  5. 东汉考试制度的改革　*113*

  6. 魏晋南北朝的选官制度　*116*

  7. 科举制度的兴起　*122*

  8. 唐代的科举制度　*123*

  9. 科举制度的完备　*127*

  10. 科举文化的兴起　*133*

  11. 外族朝代的科举制度　*136*

  12. 明代的科举制度　*142*

  13. 反思科举的存在理由　*149*

第三章　中国教育的思想史

第一节　孔子与早期的儒家传统　*157*

  1. 六艺　*157*

  2. 孔子　*158*

  3. 孟子与荀子　*165*

  4. 孝道与家法　*172*

  5. 其他古代的教育思想　*173*

第二节　汉代礼治与儒家独尊地位的兴起　*177*

  1. 董仲舒与汉代的合一思想　*177*

  2. 经学、政治与教育　*179*

  3. 礼仪与仪式主义　*183*

  4. 才能的类别及知识人的分类　*185*

  5. 怀疑论与怀疑态度的萌芽　*187*

第三节　魏晋南北朝时期　*189*

  1. 本体思维与形而上学的追求　*190*

2. 思想的重新评价　*191*

　　3. 佛教征服中国　*192*

　　4. 家族教育的贵族理想　*199*

　　5. 师承与道教之影响　*201*

　　6. 经学的新方向　*204*

　　7. 经学、史学与文学　*211*

第四节　隋唐的兼容并蓄态度与自我知识认同的探求　*215*

　　1. "正"的观念：儒家经典的确立与编纂　*215*

　　2. 从标准化到正统的建构　*220*

　　3. 韩愈、李翱与道统　*225*

　　4. 晚唐理想教师观念的危机　*230*

　　5. 隋唐教育思维里的佛教思想　*235*

第五节　道学教育和博学　*241*

　　1. 道学教育的思想背景　*242*

　　2. 为个人生活与社会秩序奠定基础的道德人格　*244*

　　3. 童年与童科考试　*248*

　　4. 教学作为职业与志业　*251*

　　5. 经学与"四书"　*254*

　　6. 博学　*260*

　　7. 平民百姓的道德信念　*263*

第六节　游牧民族知识人与汉人世界观的接触　*268*

　　1. 辽、金社会里的儒家思想　*268*

　　2. 蒙古人与元朝的教育理念　*271*

　　3. 佛教与道教及其重要性　*274*

第七节　明代的道学思想　*282*

　　1. 陈白沙与湛若水　*283*

2. 王阳明　*287*

　　3. 明代心学思想的进一步发展　*289*

　　4. 庶民主义、威权主义与儒学正统　*294*

第八节　总结中国教育思想的社会史　*305*

　　1. 善书与功过格　*306*

　　2. 学术研究的仪式化：以经学为例　*309*

第四章　历代教育内容的演变和学习的乐趣

第一节　历代教育内容的变化　*317*

　　1.《论语》《孝经》和汉朝的官学课程　*318*

　　2. 魏晋南北朝时期的官学课程　*320*

　　3. 隋唐时期的官学课程内容　*325*

　　4. 宋朝早期的变化　*329*

　　5. 道学的课程思想和实践　*333*

　　6. 道学教育内容的延续和发展　*338*

　　7. 明朝的道学课程　*340*

　　8. 在明代儒学视野之外　*345*

第二节　勤奋读书的乐趣　*348*

　　1. 勤奋学生的故事　*349*

　　2. 藏书　*351*

　　3. 私人藏书和爱书　*359*

第三节　结论：自得、自由和自任　*375*

第五章　识字教育、家族教育以及技术教育

第一节　识字教育　*381*

  1. 把识字视为教育理念　*381*

  2. 唐代之前的启蒙教材与基础教科书　*384*

  3. 唐代蒙书　*389*

  4. 宋代蒙书与朱熹　*396*

  5. 元、明两代的启蒙教材与基础教科书　*402*

  6. 为女童和女性所编撰的启蒙教材及基础教科书　*407*

第二节　家庭教育和家训　*414*

  1. 古代理论与理想　*415*

  2. 汉朝至魏晋南北朝期间的家庭教育和家训　*416*

  3. 传统中国中期的家族教育及家训　*424*

  4. 透过家庭教育复制的儒家正统　*434*

第三节　技术教育　*442*

  1. 汉代至唐代官学里的技术学校　*442*

  2. 宋、辽、金、元的技术教育　*446*

  3. 明代的技术教育　*450*

  4. 自然学者与技术人员的教育　*451*

第六章　学生的理想与现实

第一节　传统中国的学生：理想与现实　*466*

  1. 孔子及其门徒观　*466*

  2. 战国时期的弟子　*469*

  3. 秦、汉的学生与博士弟子：从礼仪中学习　*472*

4. 魏晋南北朝的学生生活：贵族理想与行为表现　*478*

  5. 唐代的学生：官学学生与科举考生　*488*

  6. 佛、道僧院戒律以及对庶民学生的教育　*500*

  7. 书院生活与科举抱负的依违关系：宋代的学生　*503*

  8. 道学思想家对学规的批评　*506*

  9. 学习成为汉人：辽金元学校的学生　*521*

  10. 明代的学校生活：知识自主的追求及其不满　*524*

  11. 明代学规　*527*

第二节　中国历史上的学生运动　*539*

  1. 汉代的学生运动　*539*

  2. 宋代的学生运动　*542*

第七章　结论：晚明以后

第一节　书写传统的重要性　*558*

  1. 书面考试的重要性　*558*

  2. 文献与学术　*561*

  3. 不屈的自我与威权的性格　*564*

第二节　自我、宗教性与道德感　*569*

  1. 不证自明的道德真理与道学的宗教性　*569*

  2. 道德的自信与勤奋的工作伦理　*572*

  3. 计量道德表现的统计表　*573*

  4. 道德感　*576*

  5. 英国善书　*578*

  6. 权威、自信与清教徒资本主义者　*580*

  7. 晚明中国人与清教徒的比较　*582*

附录　中国传统教育的特色与反省

一、养士教育与科举的影响　586

二、为己之学与书院的理想与实践　593

三、以儒家经学为中心的教育　597

四、庶民教育：格言、戏剧、家训、善书、祀典及儒家正统　600

五、个别施教；不分年龄班次的教育　605

六、文字考试与论辩考试的差别　608

七、权威人格的形成　612

八、结论　615

参考书目　617

索　引　668

本书附表

表1：隋、唐高等教育体系　73

表2：汉代的考试　110

表3：魏晋南北朝个人门第等级与任命官等的关系　120

表4：汉代今文经与古文经　182

表5：魏晋南北朝时期太学中的经学课程　206

表6：唐代《五经正义》　217

表7：明代《四书大全》与《五经大全》　310

表8：宋朝科举考试所采用的标准参考注释本　331

表9：两晋南北朝太学的学生人数　482

表10：唐代官学入学资格及学生人数　489

表11：唐代国子监学校的入学人数　493

表12：宋代官学的入学条件　504

序　言

我很高兴《学以为己：传统中国的教育》即将出简体字版。我一辈子研究中国的教育，不仅因为这是一个非常重要的题目，也因为我自己所受的教育就是近乎传统中国式的教育。更进一步说，我一辈子从事的又是教育工作，因此研究这个题目特别感受得到历史经验的切近与追求历史知识的崇高。

这本书原是用英文写的，在公元 2000 年，由 Brill Publishers 出版。它的原题是 *Education in Traditional China, a History*。后来我再把它翻译改写为中文，于 2012 年由香港中文大学出版。同时，我把它的中文名改定为《学以为己：传统中国的教育》。去年底，它的首版已经售完，并印了第二刷。一本学术性的书能在三年中就出第二刷，这算是很值得高兴的了。现在简体字版就要出了，当然更为兴奋，不能不借此写下一些感想。

首先，中文版我标明了以"学以为己"来概括传统中国教育的本质。严格地说，这个观念虽然早从孔子就已经开始，但是东汉以后，引述它的人并不多，而要等到宋代朱熹时，才由他大力宣扬。但就是如此，明清以后，讨论它的又减少了，一直到近三十年来，才又渐渐有学者重新提倡它。然而，这并不妨碍它作为指导中国君子或读书人读书的目标及理想。三千年来，中国人所读的书大概不外儒家的经典，而经典传注的传统虽然有几番的改变，或有汉、宋之争的差别，但是读书的基础或理想无不是从修身开始。就是汉代太学或经师讲学，虽然只有良家（就是官府人家）

子弟才能受正式教育，从而出去任官，但是他们读的书也都是强调自己的道德涵养和实践，认为这样才能作为风动草偃的君子。

我从进入研究院读书就常常被提醒，写任何一篇文字或文章，都一定要有贯穿整本书或整篇文章的主旨。而这个主旨往往会在书名或文章名上表达出来。这一个做法是近代学者发展出来的，和传统世界的做法不同。我在中文版采用了它，主要是要点出这本书的内容和关心的所在。我认为这么做，可以同时把我的方法论及思考的方向表达出来。或许有人会认为有的课题无法用简短的话或一个成语来加以概括，例如整个中国历史是如何也无法简要概括的悠久过程。我承认这话说的不错，但是这一类的书大约只会是有用的参考书，而不可能是一个有观点、有见解的书。过去，中国学者从事历史写作，表面上虽然看似非常客观，但是也知道要用论或赞来表达个人从历史事实中得到的感想。这些感想，一言以蔽之，无非是作者心中所怀抱的价值与他所处理的客观事实间相互作用的产物；他做历史剪裁时，时刻会受到他所关心的最终价值所左右。我这么说，或许带有历史知识是相对的意味，但是，我不是一个相对论者，我绝对相信历史有它的实体，只是我们现在还没有完全掌握它而已。历史学者的努力就在帮助我们一步步地走向历史真理的终点。

其次，我很高兴这本书还受到不少的注意与引述。英文本出版以来，按照Google 的统计，已经有超过 130 个引用的记录。这个数目不能算很多，但是也不算少。这是我感到很安慰的事。不过，引用数的记录并不算是可靠的指标。让我更高兴的是受到同侪的认可。艾尔曼（Benjamin Elman）教授在他的《晚期帝制中国的科举与任贤主义》（*Civil Examinations and Meritocracy in Late Imperial China*）中把我列入四位他所要感激的学者之一，登在赠献题词页。我希望这本书真的能影响中国的学生，注意到中国文化和教育经验中，最核心的价值和理想就是"学以为己"。

当然，理想永远是无法完全实现的；在实践的过程中，一定会有因为能力不足而造成了偏差或因为文化背景的不同而产生解释上的争议，所以任何概括都一定很容易被人挑剔。但是，我认为这些挑剔正是学术继续发展的基础。因此，我也不相信我的书在二三十年后还会被继续参考，它甚至于可能已经被人们所完全忘记。我因此绝不会认为我的作品已经是定论，不过我希望能帮助更多的人在思考中国的文化时，能有一个花了超过四十年心血研究后所写成的作品和意见做参考，使他们在使用自己的价值或经验来研读历史资料，作"格义"的时候，有一盏灯来帮忙他们摸索。

在简体字版问世的时刻，我也想向许多在过去三年中曾经帮助或启迪我思考的朋友们致最大的谢意：龚延明，何忠礼，邓小南，屈超立，刘虹，郭培贵，金滢坤，李兵，张亚群，侯美珍、曹琦、姜吉仲、三浦秀一、鹤成九章、水上雅晴等。谢谢他们在通信、开会，或寄赠出版品的时候所带来给我的信息，意见或灵感。最后也要向岳麓书院及凤凰卫视献上我衷心的感激：谢谢你们的鼓舞。

李弘祺

2016 年 1 月 18 日

于台湾清华大学

繁体版序

1995年,荷兰莱登的布里尔出版社邀约我写一本有关中国教育史的手册,就是他们所谓的 handbook,主要是交待研究的方法、近况、参考文献及数据,方便读者作参考。写了第一章后,我觉得不如干脆把它写成一本带有我个人主观见解的历史书,来表达我对传统中国教育史的看法。在我看来,传统中国的教育乃是"学以为己"的理想与实践之间辩证发展的过程。我也同时想用这本书来交待:传统中国人的教育又如何在历史发展的过程中,演变成一种复杂的权威人格的这个问题。所幸布里尔出版社允许了我的构想。

Education in Traditional China: A History 在 2000 年出版。书评都还很正面,我非常感谢这些评论者的鼓舞;特摘录三则外国学者的书评列于本书封底,与读者分享。该书出版后,我曾以单篇文章摘取书中的文字发表,其中有一篇,题为"传统中国教育与权威人格",就曾经被北京大学中文系推荐,选登在他们网站(北大中文论坛)上。这是令我感到欣慰的地方。

在写作的过程中,我得到许多学者、朋友,乃至于学生的支持、提供意见和鼓励,非常感激。英文书出版时,都向他们道谢过,现在就不再重新一一列出了。另外,我也曾经使用过中国内地、香港、台湾地区以及美国、日本各地的图书馆,现在也不再重述。

2000 年以后,我就想把这本英文书以中文重新改写,并加以修订出版。几经波折，现在终于完成，心中不免兴奋逾恒。新书有相当大幅度的改变，而书名也把中心的论旨标了出来。虽然章节大致上保持原状，但是内容有了更新的视野，而脚注也尽量补充，加了不少新的材料及著作。另外，我也把去年10月写成的一篇总论中国传统教育的文章（已在《北京大学教育评论》刊登）加进来作附录，对我的研究作了一个相对简明的总结。

在漫长的改写过程中，我首先得到上海华东师范大学的金林祥教授带领他的博士研究生的帮忙；他们先把英文书翻译为中文，作为我进一步修订的基础。这些博士生现在都已经是学有专长、各立门户的学者了，他们分别是：庞守兴、张蓉、赵会可、张雪蓉、田春利、慕景强、杨建。

然后，我在2008年委托专业翻译学者陈信宏先生就翻译的初稿做了通盘的校对和改正。然后我才进行全面的修订、增补。我非常感谢陈先生的辛劳。

在这十一年修订的过程中，我曾经藉由各样的会议、讲学，得到许多新同仁或朋友提供意见。我非常感谢他们。这里把他们以及我以前来不及致谢的人士列出来：萧启庆（台湾清华大学）、郑吉雄（台湾大学）、甘怀真（台湾大学）、周愚文（台湾师大）、刘祥光（台湾政治大学）、刘海峰（厦门大学）、张希清（北京大学）、李世愉（中国社会科学院）、李伯重（香港科大）、徐梓（北京师大）、刘虹（河北师大）、吾妻重二（关西大学）、近藤一成（早稻田大学）、高津孝（鹿儿岛大学）、饭山知保（早稻田大学）、远藤隆俊（高知大学）、平田茂树（大阪市立大学）、柯任达（Thomas D. Curran，圣心大学）、艾尔曼（Benjamin Elman，普林斯顿大学）、伊维德（Wilt Idema，哈佛大学）、麦哲维（Steven Miles，圣路易华盛顿大学）、魏希德（Hilde de Weerdt，牛津大学）、余国藩（芝加哥大学）等人。当然还有许多其他的学者朋友，我很希望都能一一致谢，但是如果这么做，这篇序恐怕要比我的书还长了。只好在此打住。

不过，我在英文原著没有列到史景迁（Jonathan D. Spence）先生，这是很大的错漏。假使今天我的史识还算广阔，文字还知所剪裁，并得到写书评的人称赞"流畅、简洁"，那很大部分是来自史先生的启迪。因为评论人称赞我的文笔，我才注意到原序中忘了提到史先生，感到遗憾得很。现在特别在这里表达我的感恩之情。

当然，我几位研究生同学都在最后修订、校对、翻查数据上面，下了不少的功夫。所谓教学相长，真的是莫此为甚。他们的名字理应被提到：邱逸凡、吴政龙、许文贤、施铃瑄，以及赖彦尘。

最后，我也必须特别感谢香港中文大学出版社的同仁，特地替我赶工让这本书可以在今年6月出版，使我与他们成了特别有情感的朋友，也让我们知道在海峡两岸三地的华人必须继续努力去追求更理性、更美好的远景。我要感谢出版社编辑袁群英和参与文字编辑的李金美，以及出版社林颖、马桂鸿、黄丽芬在本书出版过程中给予的协助。在第三遍校完我的书时，编者跟我说："我以一个普通读者的心态去读，尤其读到明太祖监控思想、中国人的威权人格等等，再结合香港当下的政治现实，忽然惊觉这本书充满了智慧！"这个感受正和北大中文论坛选登我的文章一样，忠实地反映了我中心所要表达的信息。当然，如果我这本书还有什么智慧的话，那就是我是平和地、以深思的气息让它洋溢出来（这里是套用施寒微〔Helwig Schmidt—Glintzer〕的书评）。

在过去的这些日子里，内人与我一同打拼，在香港、纽约、台湾，到处迁徙，无非是希望我们所坚信的一些理想可以吸引更多的听众。她的牺牲远远比我大，展现了传统中国女性的婉约和坚忍。我的这种感受，与时俱增，使我深深感到古老文明的韧力。书中引了李清照回忆读书的乐趣和辛酸，说来也是我们生活的写照。因此这本书就呈献给内人陈享。

李弘祺
2012 年 5 月 22 日
于台湾新竹清华园

第一章

引言：中国教育的理想与重要主题

中国文明是人类历史上数一数二的杰出成就。三千多年来，中国文明不断创造和保存这一份遗产，它至今仍然主导着中国人对人生、思考以及行为举止的判断。维系这项人类成就的教育传统不仅独特，也具有广泛的影响力。此一传统的影响范围不仅及于中国的人民，也包括越南、中国台湾、韩国与日本。中国教育是一项重要经验，所有人都应该了解，更应该懂得欣赏。

在这个引言章节里，我希望列出中国传统教育史的重要主题。所谓传统，指的是尚未受到外来文化及外来思想或价值重大挑战的时期。尽管中国历史是经过不断的更新、适应外来文化，以及改头换面而造成的结果，但是在17世纪才首次遇上真正的挑战。欧洲文明以罗马天主教传教士为代言人，初次带来了一套足以挑战中国丰富传统的历史。这的确是一项史无前例的发展，但直到19世纪后半叶，中国才深切感到：必须对自己的教育体系进行深度的重新思考与重新定位。

常有人说中国传统在西方冲击之下就此崩溃。不过，政治上或许遭到前所未有的剧变，可是三千年来的文化传承并没有消失，也没有立即转变得面目全非。中国传统仍然不断变化，也仍然支配着中国人的世界观与日常生活。这套传统能够如此历久弥新，就足以见证其本身的韧性与内在力量。我的责任就是要试图描述这股韧性的内容与范围。

第一节　个人、社会与受教育者

"古之学者为己，今之学者为人"，[1] 这句世世代代的学生都熟知的名言，最足以代表传统中国的教育理想。这句话出自《论语》，以简洁的言词定义了教育的目的：教育的意义来自于个人自身的进取。《论语》的关切对象虽然主要在于德行的修进，当中却也有一项明显可见的含意，亦即学习可以充满乐趣。无论如何，儒家教育的主轴是个人的充实，而不是为了取得别人的肯定或自身的利益。如此定义教育目的相当值得注意，尤其是现代人对传统教育的诠释——特别是对中国传统教育的诠释——总是采取社会功能或知识效用的观点。现代的这种看法也许有其优点，却不足以涵括教育所有可能的目的，至少绝对不是孔子心目中教育和学习的根本目的。

把教育视为一种高度个人化的事务，是中国传统教育思维中一再出现的主题。因此，我们的探讨将以这项论述为起点。

1《论语·宪问第十四》，第二十四章。案：《论语》历来各版本的分章编次不一，本书主要依据朱熹《四书章句集注》，其分段法亦从之。读者有兴趣的话也可以参看 Arthur Waley, tr., *The Analects of Confucius* (London: George Allen & Unwin, 1938)，此书的分段也依据朱子本。

1. "为己之学"

我认为最能代表中国教育传统精神的一句话,应该就是"学以为己"。在下面这一段讨论中,我将说明它的来源、传统儒家的解释,以及它如何能支撑一个人在生活中达成自我欣然自得的境界,还有它在教育制度(特别是学校的组织)上的具体表现。

■ 孔孟荀论"为己之学"

孔子不是这项论点唯一的倡议者。"古之学者为己,今之学者为人"这句话出现在孔子的《论语》。简单地说,孔子认为孔子之后的思想家,包括许多不属于儒家传统的思想家,也都应该持续扩充这项观念。孟子(前372—前289)是阐扬儒学的重要人物,但他强调的重点更倾向于获得学习的乐趣:"君子深造之以道,欲其自得之也。自得之,则居之安;居之安,则资之深;资之深,则取之左右逢其原,故君子欲其自得之也。"[2]孟子一向以在德行上的追求毫不马虎而闻名。但在这句话里,他比较重视的显然是学习必须是能为个人带来乐趣,而不是个人道德因学习而能够获得的进益。孟子虽然可能稍微改变了强调的对象,但其中的信息其实没变:教育的价值首要在于个人的自我满足,接着才是对社会的效用。

孔子与孟子是影响中国教育思想最重要的两位思想家,他们的主要目的虽然都是建构理想社会,采取的方案却是奠基于个人教育上,因为个人道德的完善乃是良好社会的基础。只要阅读他们的著作,即可看出个人道德与性灵的成长是他们教育思想的基础。既然教育是他们建构理想社会的中心要素,个人教育的完成自然也就是儒家思想的核心。关于中国人该如何建构美好社会的各种基本观念,几乎都是以个人教育为其本源。孔、孟二人对教育的重视,和他们只关注现世的思想也正好相

2《孟子·离娄下》,第十四章。

辅相成。个人唯有完成学习，在社会上的地位才有意义。

儒家传统中的另一位重要思想家，是时代稍晚于孟子的荀子（前313—前238）。过去两千年来，荀子一直被视为儒家传统中特立独行的人物，对教育抱持的观点与孟子完全相反。不过，荀子其实更是全神贯注于教育议题。值得注意的是，他也重申孔子的名言："古之学者为己，今之学者为人。君子之学也，以美其身。"[3] 由此可见，到了荀子的时代，也就是一般所谓的战国时代（前483—前221），孔子的这句名言早已在中国思想家之间广为流传，时人说不定也把这句话视为儒家思想的独特标志。既然这三位思想家都强调教育的个人重要性，可见儒家思想乃至中国传统都认为，个人道德的完善与由此得到的喜悦，即是教育的主要目标。

■ 道家的悠游自得

教育本身对个人发展的价值，一直是儒家传统中最重要的观念，但这项理论并非儒家独有。[4] 足以与儒家分庭抗礼的道家思想，也倡议类似的观点。实际上，我们可以说道家对教育的看法，甚至还更为私密，更为个人化。道家哲学最伟大的代言人庄子（约为公元前4世纪），经常以婉转的方式探讨学习行为，偶尔还语带挖苦。不过，他虽然公然嘲讽知识，实际上却深深着迷于知识的本质与获取知识的过程。

"吾生也有涯，而知也无涯。以有涯随无涯，殆已。"[5] 这句话讥讽的对象并不是知识的价值，而是人看待知识的方式。庄子非常看不惯时人追求知识的方法。说来矛盾，庄子的批判其实是要让读者接受一种更高深的观点。以下这则著名的寓言，表露了他心目中追求真正知识的正确之道：唯有以悠游自得的态度看待自己的学习对象，才能获取真正的知识。在庄子的观点中，这种态度来自于学者和他所学习对

---

3 梁启雄：《荀子柬释》（台北：台湾商务印书馆，1965），1（《劝学》）：7。
4 当然，历史上直接引述 "学以为己"，或 "为己之学" 的多是儒家，特别是到了宋代道学兴起之后，更是如此，之前引述这句话的的确不多，所以刘向在《新序》说："学以为人，教以为己"。见石光瑛校释，陈新整理：《新序校释》（北京：中华书局，2001），7：923。另《晋书》，卷三，引魏陈留王立中正官，举六种人才，其中包括学以为己，这是比较早的例子。
5 Burton Watson, Chuang-tzu, *Basic Writings* (New York: Columbia University Press, 1964), p. 46。另请参阅郭庆藩：《庄子集释》，王孝鱼整理（北京：中华书局，1961），卷二上，内篇，《养生主第三》，页115–116。

象之间的互动。由哲学的角度来看，这种互动就是与学习对象融合为一体。合一之后，即可带来自由。庄子指出，这样的自由不但对人有解放的效果，也展现在一种近乎神秘的状态里。

> 庖丁为文惠君解牛，手之所触，肩之所倚，足之所履，膝之所踦，砉然向然，奏刀騞然，莫不中音。合于桑林之舞，乃中经首之会（案：桑林和经首都是外国的曲调名）。
> 文惠君曰："嘻，善哉！技盖至此乎？"
> 庖丁释刀对曰："臣之所好者道也，进乎技矣。始臣之解牛之时，所见无非（全）牛者。三年之后，未尝见全牛也。方今之时，臣以神遇而不以目视，官知止而神欲行。依乎天理，批大卻，导大窾，因其固然。技经肯綮之未尝，而况大軱乎！……彼节者有间，而刀刃者无厚；以无厚入有间，恢恢乎其于游刃必有余地矣，是以十九年而刀刃若新发于硎。"[6]

此处揭示的观念虽然抽象，实际上却相当简单：学习的真正成就，就是与个人追求理解的对象融合为一体，而得以悠游于其间。这项观念之所以简单，原因是学者与学习对象已经合而为一；之所以抽象，则是因为这种融合来自于一种近乎美感的经验，如同舞蹈或音乐。任何人只要读过这则寓言，绝不可能不注意到其中的美学特质，而庄子的用意也正是要从美学的角度解析知识。由于这种美学特质，学习于是成了个人的独特经验，也只有在彻底个人化的层面上才有意义。因此，对庄子而言，真正的知识不但是种艺术，也是纯粹个人化的体验。真正的知识来自于个人面对知识的亲密体验，所以简直是不可能教的。

现代的中国教育史学家常说这则寓言揭示了庄子看待知识的态度。包括庄子在内的道家思想家，一旦谈到对知识的理解，都极为强调略带神秘色彩的个人层面。在他们以及后代许多中国思想家的心目中，知识的获取纯粹是个人自己的事情。庄

---

[6] 郭庆藩：《庄子集释》，卷二上，内篇，《养生主第三》，页117–124。

子对知识的"分析"无疑比孔子更注重个人体验。至于庄子没有直接具体定义知识或教育的目标，则只不过是道家传统的典型表现。我们如果因此就把他这种个人化而且体验式的论点贴上标签，说他强调的是知识或教育"本身的价值"，未免就犯了过度诠释的毛病。

中国还有其他许多位思想家，也都强调教育的个人重要性与学习的乐趣，在此并不需要一一提及。到了公元前3世纪末，中国的思想发展进入了一个反思与整合的阶段。先前三百年来的创造力至此逐渐去芜存菁，儒家思想开始取得支配地位。自从公元前1世纪以来，儒学即成为国家的意识形态，就此产生无可估量的影响力。不过，在公元1世纪末传入中国的佛教思想，历经二百年后也逐渐成为一股重要的思想力量。必须注意的是，佛教也开始从个人充实的角度看待知识、研究与学习。佛教强调人必须遗世独立才能悟道，并且偏好遁隐山林以摆脱尘世牵绊。之所以有这样的观念，原因是佛教认为真理是极为个人的事务。佛教在中国思想史上的重要性绝对不容低估。在整个公元1世纪期间，中国的主要思想就是佛教思想，而佛教也在那段期间逐渐演化转变为中国宗教。佛教认为透过悟道才能求得真正的知识，而且这种觉悟通常极为个人、极为私密，因此也确立了个人满足与超脱的重要性。

道教也抱持同样的观念，此一宗教系由各种民间宗教习俗混合而成，并且带有老、庄等道家思想家超脱现世的教诲。道教对于学术性的学习虽然没有留下什么文献，但其各大思想家的人生却都留下了充分证据，显示学术追求在道家思想的形成过程中占有重要地位，尤其是在第四与第五世纪期间。

■ 朱子、书院与为己之学

最重要的例子是朱熹（1130—1200）。他是中国教育理论数一数二的重要发言人，一再倡导儒家思想中为学习而学习的观念。[7]朱熹在阅读与学习方面最著名的一篇文字，探讨了学者与学习对象之间的相互贯通。学习的最终目的，就是与知识

---

[7] William (Wm.) Theodore de Bary, *Learning for One's Self* (New York: Columbia University Press, 1991), pp. 25–42。毫无疑问的，"为己之学"成为常常被引述的理想，乃是源自朱熹。

合而为一。朱熹又提倡书院教育，主张书院可促使个人培养自己的道德品行；他努力创设书院，明确揭示读书不应该是为了向别人夸示，更不应该为了应付科举，充分表达出他对读书以自得的期许。更进一步说，书院也扮演了一种重要的社会角色，促成一种带有鲜明道学色彩的新式学术社群。不过，在一般人心目中，书院最首要的功能仍是引导个人修身养性。

朱熹大概是公元1200年后长达八百多年间最具影响力的儒家思想家，一般也公认他是理学（或甚至于可以说道学）运动的领袖。他探讨学习的许多言论，都是这项议题中的权威性主张。他指出，追求知识的最终目的就是为了达成个人道德的完善。他创立的书院，就是让追求知识的伙伴能够互相砥砺、共同达成教育目标的地方。

朱熹设立书院的观念是有佛教的影响的。书院兴起之初，就是奠基于儒家思想家理解佛教僧院或丛林的方式，包括僧院扮演的角色，及其在中国人的生活中所采取的教育方法。在理学兴起之前，一般庶民向来以佛教僧院乃至道教宫观为自修学习的场所。在宁静安祥的环境里，学者可以自由进修，不受宗教信仰本身的妨碍。许多人都对僧侣追求心灵平静的严格纪律与安祥自得的生活深有感触。这种传统通称为"山林讲学"，深深符合中国人想象中的学习之乐。

朱熹的书院就像这些佛教或道教的丛林或宫观。在他眼中，教育的目的绝不只在于求取功名。他认为人应该为自己寻求道德真理的主张，成了中国教育传统中的首要主旨。朱熹和其他宋代思想家开创的理学思想，也成了往后中国教育思想的主流。

其他次要的传统影响，包括佛教与道家思想，并没有就此消失。对于受过教育的士人来说，这三项传统对于人生的适切分配都非常重要。如何在带来崇高地位与沉重责任的仕途生活和个人省思与写作之间取得平衡，是宋代以后乃至19世纪末的知识人愈来愈重视的议题。在儒释道三项传统相互结合的时代，如何在进入仕途（进）的同时达成心灵的平静与和谐（退），也就成了格外重要的问题，因为每一项传统对这个问题都各自有不同的答案。不过，一般的认知乃认为人应该在这三项传统之间优游自得。这种观念实际上已成老生常谈：要在学问上有所成就，即必须在这三项传统间取得真正的平衡。在这样的观念里，人的思想应该随着身分而转变。为官之时应为儒士，退隐之后则应奉行佛教或道家思想。真正的道德完善，就是在三项传统共同重视的理想德行世界中优游自得。

因此，要建构一套中国教育理论，首先必须强调学习的个人价值及其本身的价值。而且，我们大可以这么说：对于中国人而言，真心相信这样的价值，乃是道德成长的先决条件。唯有对教育的独立价值抱有绝对的信念，才能理解中国学术与知识人的社会行为。简言之，中国知识人参与专制的政治体制虽然经常不免挫折，却因为相信无用常是大用的根本，或是获取至高道德力量的基础（这不但是他们的信念，有时候也的确是事实），而得以从中寻得慰藉。中国传统教育就是奠基于这样的信念，这种信念也获得若干的支持，包括社会给予士人阶级无比的尊崇，政府则对他们提供物质上的奖赏。

儒家认为，唯有社会上的每个成员都具备道德节操，才有可能达成社会稳定与和谐。这也是一般中国人的看法。个人为何追求道德节操，当然各有自己的原因，但这样的追求对社会也有重大的影响。儒家的道德教诲虽然以个人的道德义务为起点，但孔子对这项主题的探讨总是放在社会功能的脉络下。个人的道德成就是教育的基本目的，但道德成就也必须实现其社会功能，才能产生效果。尽管如此，个人追求道德成就却不该以造福社会为目标，也不该存心藉此建构道德规范，指导一般人应采取什么样的教育或道德训练以达成造福社会的目标。恰恰相反，唯有个人为了自己而寻求本身的道德完善，社会才能从中获得裨益。帝制中国的晚期之所以极少有人提出社会或政治方面的理论，正反映了这样的教育思想；亦即强调教育的个人目标，而不是整体社会的目标。

总而言之，在传统中国的教育理想中，教育的目的是非常个人的，学习的目的则是为了自己德智的完美。传统中国的教育主要就是奠基于这种强烈个人性的学习需求，只为了学习本身的价值而学习。

2. 教育的社会目的

儒家思想家首要关注的是教育的个人目的。不过，谈到教育和学术研究对社会的重要性，他们当然也有明确的主张。他们关心的就算不是学习的社会目的，也是学习隐含的社会意义；由此最能理解孔、孟二人为何双双重视教育的道德价值更甚于实用价值。在他们眼中，教育的重要性不只在于社会功能，更在于其社会意义。当然，这两者并不容易区分。孔子主要关注的就是如何在这两者间取得适切的平衡。孔子认为教育的社会意义在于创造及维持一个完美的、道德的社会。因此个人的教育是社会制度或运作中不可或缺的一部分。孔子的教育思想固然强调知识和道德的融合；但是这种融合也必须是能达成社会整体的融合才具有价值。一个人固然必须全心追求个人的道德完善以及与知识的融合，他也必须同时不忘自己的道德成长带有社会意义。这就是儒家思想乃至中国教育思想中的中心理想。

曾子（前5世纪）是孔子的门徒，他指出了社群在个人教育中的重要性："君子以文会友，以友辅仁。"[8]曾子描述的是受过教育的人，只有受过教育的人，才能吸引身边的朋友共同行仁，此举在本质上即是一种社会行为。社会实践是达成教养不可或缺的要素，而此一教养即是仁。

刘向（前77—前6）对于学习的社会层面也表达过类似的看法："独学而无友，则孤陋而寡闻。"[9]刘向是当时首要的经学家，他强调学习要有朋友相伴，必然源自他自己和其他经学家切磋讨论的经验。

由上述的例子，可以看出教育的社会目的在儒家与中国思想里都占有非常重要的地位。

教育隐含的社会意义有许多。就传统中国而言，个人与社会（或国家）的和

---

[8]《论语·颜渊第十二》，第二十四章。
[9] 刘向：《说苑》（台北：世界书局，1958，重印1547年本），3：5a。另参见熊承涤主编：《秦汉教育论著选》（北京：人民教育出版社，1986），页141。这句话在后代常被引用。

谐融合乃是第一要务。在典型的儒家世界观里,个人教育成就的最终表征,就是对和谐政治秩序的贡献——提到这一点,就不禁想到因朱熹的提倡而取得经典地位的《大学》。《大学》里提出的道德培育八步骤,正足以显示早期思想家多么重视个人学习与完美世界之间的关系:

> 格物而后知至,知至而后意诚,意诚而后心正,心正而后身修,身修而后家齐,家齐而后国治,国治而后天下平。[10]

由这段著名的文字,可见儒家思想家有多么重视个人的道德品行与社会及政治和谐之间的关系。这段文字揭示的教育进程,在过去两千年来不但一再为中国人反复强调,也早已内化成他们心中天经地义的观念。

儒家教育思想的社会秩序以祥和的家族关系为起点。儒家认为家族是政治体系的缩版,也是个人品德提升的训练场——"齐家"即是治理天下的基本条件。家族是个人最早的效忠对象,因此个人必须维系家族的和谐,才有可能达到教育上的成功。举例而言,在中国的取士制度中,不论是汉朝(前206—220年)的察举制度,还是宋朝以后的科举考试,良好(或许应该说没有犯罪记录的)的家族背景都是获取入仕资格的初步条件。因此,士人也就必须懂得如何以教育维系家族秩序。科举考试的结果虽然确实经常受到社会关系的影响,但考试至少在理论上是公正的。值得注意的是,即便在理论上公正不倚的科举考试当中,决定或影响考生品德教养的社会环境仍是其中一项评估标准。

在后来的中国历史中,家族扮演的角色又愈来愈重要。良好的家世背景不但是考生获得考试资格的必要条件,家族也是考生最终的支持来源,不论就物质还是心灵上而言。套用一位社会科学家的说法,家族策略是个人在社会里求取上进的重要因素,家族气运的保全也与个人的教育成就息息相关。

---

[10] 朱熹:《四书章句集注》(北京:中华书局,1983),《大学章句》,页4。

家族可从教育中获益。家族如欲保有其社会地位与影响力，就必须仰赖家族成员通过科举考试。于是，个人的教育也就与家族的气运密不可分。反讽的是，随着科举考试吸引愈来愈多考生，家族对个人教育的介入也愈来愈深。11世纪后，不但核心家庭的成员关注教育，大家族的成员也一样如此。12世纪后，尤其在华南地区，大家族的成员经常组织成宗亲的组织。典型的宗族会设置公有财产（族产），用于支持对家族成员有益的活动。在这种组织性的环境下，以科举考试为目标的教育活动也就成了最广获认定为有益的活动。大家族合力支配家族成员的教育内容，显示了教育仍然具备重要的社会意义。为了准备科举考试，学习于是不再只是关乎个人的品德成长，而是也必须负起增进家族力量与团结的责任。

国家在人民的教育里扮演了清晰明确的角色。孔子与大多数儒家学者虽然都从培育个人品德的观点看待教育，国家却很快就理解到提倡教育有助于政府的治理。谈及中国教育史，绝不能不提及国家对教育体制的影响、资助以及控制。

儒家理想中的普及教育，以及依品德决定学生的入学资格，正是中国历代政府建构全面教育体系的基础。[11]此外，儒家思想家认为官学应以培养伦理道德为其最高职责。历代读书人反对政府操纵教育过程，但睽诸历史，这项目标却不一定能够达成。官方对教育的控制从来不曾停止过。13世纪后，官学教育即沦为科举考试的附庸，而许多所谓的"私学"也常常"官学化"，终而被政府控管。

科举制度的目的在于网罗受过教育的士人进入政府服务。因此，中国教育也就一直被两股力量拉扯，一方是国家或政府为了自身利益而意图操控教育，另一方则是知识人努力要摆脱这种操控，贯彻自己对社会所独立怀抱的理想。个人希望导引教育体系追求社会利益，通常与国家选取官吏的狭隘目的形成直接冲突。因此，在何谓真正有益社会或有益"天下"的争论里，教育的目的与理想向来是核心议题。

由前述的探讨可见，社会意义在中国教育中占有相当重要的地位。读者也许会问，教育的基准目标既然是个人的乐趣，社会层面又怎么可能在教育里占有重要地

---

[11] 孔子是否认为女性可接受正式教育，仍有争论。目前这项议题还没有详细的研究。值得一提的是，在中国历史上，制度化的教育从来不曾对女性开放，政府设立的学校尤其如此。

位呢？最简单的答案可能是一项充满挑战性的悖论：个人目的之所以能够达成，原因正是个人目的也是公共目的。这点将在本书中详谈。[12]

汉代与魏晋南北朝（220—589）的官学虽然主要是为了贵胄子弟而设立，贵族也因此不乏就学机会，但贵胄子弟自行寻求名师的故事仍然所在多有。实际上，史学家常喜于讲述这种故事。这类故事呈现出来的是，透过个人独力追寻真正的学习，教育的个人目的与社会目的也因此得以结合；第三与第四世纪的思想氛围更为这项论点提供了进一步的支持。许多思想家都鼓励个人自行追求宗教真理，最好能够遗世独立，隐居于偏远的山林之间。因此，为了寻求名师而不惜长途跋涉，也就成了中国教育史上一项反复出现的重要主题。[13] 这类故事为追寻真知提供了鲜明的图像。更重要的是，这种行为表面上看来虽是个人对学习的追求，实际上却也带有重要的社会意义。

佛教可为这项议题提供若干线索。佛教思想在3世纪后成为一股主导性的知识力量，也强化了个人独自追求悟道的主题。佛教在中国影响力最大的时期是唐朝（618—905），而僧伽戒律也在当时成为一项重要观念。这项观念本身其实非常个人化；就个人寻求悟道而言，僧伽戒律确实只适用于修道的僧侣。这些戒律既然基本上不涉及社会结构或社会正义的议题，自然极为个人化。但南北朝时代的僧院与寺庙，仍然对独尊儒术的国家制度造成了若干挑战。

9世纪开始出现的儒家书院，其理念与实践也受到僧伽戒律的影响。儒家追随者在国家的监督或控制之外寻求学识与道德上的启发，书院即是其中最耀眼的成就。书院代表了一种不屈不挠的努力，亦即儒家追随者对个人独立学习空间的追求。因此，现代许多中国教育史学者都把书院创办人视为私人教育的倡导者。就儒家的教育理念而言，书院的学习经验虽然不一定算得上完全成功，却还是相当令人满足。

---

12 关于这点的进一步讨论，请参见本书第三章第七节第四段。
13 我在书中引述有种种例子，但是苏州吴学的福建学生的例子最为生动。请看本书第六章第一节第八段。另外，魏晋南北朝时代，千里求学也成了一个风尚，参看本书第二章第一节第五段。书院的讲学也是众人跋涉来听讲的例子。

要了解书院受欢迎的程度，必须先了解书院存在的思想背景。简单说，这背景就是政府与个人之间的拉扯，政府为了本身的利益而意图操控教育，士人则为了追求个人的道德完善而努力摆脱国家的干预。

现代西式学校在19世纪中传入中国之后，即对书院产生无可抵挡的挑战，导致书院的逐渐没落。不过，直到今天，许多学者仍然认为儒家书院体现了孔子宣扬的教育理念。寻求个人独立的理想得以延续近千年之久，即见证了这项理念的活力与持久性。我一向认为，在书院里可以看到公民社会的雏型。这一点与台湾最近成立的民主书院标榜以推进公民社会的理想正好相同。书院的发展，尤其是与威权政府的对抗，展现出中国社会在宋朝（960—1279）乃至明朝（1368—1644）期间为了争取"公共领域"而不曾间断的挣扎。尽管这挣扎的结果令人沮丧，不仅个人的英勇行为往往徒劳无功，挫折感也遍及整个社会，但这种公共领域的信念仍然存在，认为这个领域应该不受政府控制，而可供个人私下表达意见，也可让人追求思想上的健全与独立。因此，中国书院的历史即可证明最个人化的目标其实也是最公共的目标。

在古代中国，学校乃是社会的缩影。这句话似乎有些多余，但我们只要考虑到所有官学的学生都可在一定程度上免除劳役与赋税，还可获得食宿与津贴，即可了解学生在中国历史上为何常常能够影响政治事务。学生运动，尤其是政治方面的学生运动，也是儒家教育的一项重要标记。青年学生批评时政虽然不乏理想主义的色彩，但学校生活的群体经验（包括行为从众以及社交互动）说明了学生的意见为何相当统一，抗议行动又颇为协调一致。

在结束本节之前，我想谈谈中国教育传统的社会意义其实也受到了非儒家传统的启发。我的用意是要指出，个人与庞大的亲属组织（氏族或宗族）之间的关系，形成了一种强烈的团结意识。正因如此，私人教育经常发生在亲属组织的公共环境里，例如宗族祠堂所设立的私塾。众所皆知，儒家思想非常重视以伦理原则为基础的家庭与人际关系，但必须指出的是，促成家族团结的仪式活动，经常来自儒家思想以外的源头。这类活动是各种大小传统的综合表现。

佛教并未忽略社群的重要性。中国的佛教在关于良好社会的教诲里非常重视家族关系，这是原本的佛教思想所没有的。佛教因此才得以一再促成各种社会团结仪式的创造、修改与流传，帝制中国的后期尤其如此。更具体地说，佛教对中国儒家思想及活动的贡献，诸如戒律的发展以及对儒家学规的影响，有相当多的例子；在本书中，我们经常会看到。

整体而言，传统中国的教育思想不但注重个人对品德的追求，也同样重视教育的社会目的。我将在本书中讨论"学以为己"这个充满个人意义的理想，此一理想在中国教育史中曾发展出具有浓厚的社会意义的面貌。总之，中国传统教育史有一项不容忽视的重点，就是中国教育一直在寻求一种完美的机制，能够让个人的学习乐趣和社会责任取得平衡的联系。这段历史显示了社会与国家如何企图引导教育的方向，而士人对这种企图的反应则是追求自我的知识独立。透过仪式与宣传活动，中国政府不断把国家的意识形态灌输给人民。另一方面，个人则透过家族、宗族、书院以及其他较少人知的社群组织参与这种活动。毕竟，个人追求自我的独立其实也有助于达成教育的终极社会目的；教育有其本身的价值，而且这些价值也在所有社会组织的动员下得以彻底实现。因此，尽管中国历史上不断地出现种种困难和争执，不断地在干扰个人追求教育的努力，但是无论如何，个人的教育至少在理想的层面上，强调要不断地在这些困难中争取发展的空间。

3. 通才、经学者与君子

几乎从一开始，中国思想家就认为孔子是教育观念、内容与目的独一无二的启发泉源。儒者必须品德高尚、展现仁的理想，并且能够成长为关怀社会而且负责任的人。教育的价值就在于协助人们发挥或达成人之所以为人的特质。因此，仁不但是一个人成为道德个体的基本要件，也是人生中应该持续追寻的目标。这项发展，乃是以人的先天本质为出发点，最终目标则是彻底体现这种本质，因为这种本质正是人之所以为人的基本要素。

■ 君子

人如果能够体现仁的理想，就是君子。中国教育理论中最重要的一项观念，就是认为一般人可以经由教育而提升自我，达到完美的境界。孔子的《论语》是他和学生们的对话录，[14]内容主要在于探讨社会与政治秩序如何能够达到理想状态，以及人该如何努力，才能对这种理想的达成有所贡献。对孔子而言，只要所有人都能体现仁，就能达成这样的目标。体现仁（人的本性）是所有人的最高义务。这种人性的实现基本上是一种道德功夫，而促成人性的实现正是教育的目的。儒家思想家通常认为孔子的思想是最佳的教育准绳，因为当中强调仁的理想就是人性，不但是人与生俱来的特质，也是人生中最崇高的理想。人生的目标，就是要努力体现人之所以为人的特质。

孔子深入探讨了教育的基本课程。他的观念乃奠基于一项至少已经发展了几百年的传统。早自公元前11世纪以来，贵族儿童就有学校可读。[15]周朝时代贵族的教育理想比较偏重武术与个人层面的教养，基本上就是学习贵族应有的行为举止以及熟习战技。不过，年轻人在学校也会学习音乐和礼仪，还有基本的识字及算术技能。

然而，孔子却是以条理井然的方式阐述这种教育目的与意义的第一人。他一再提及贵族教育的理想与做法，认为所有寻求教育的人都应该获得这样的教育，并且提议这种教育的内容应当不断修正检讨。孔子的教导指出，传统上用于指称贵族的"君子"一词，应该定义为所有能够体现人性理想的人。就现实层面而言，这样的定义等于说：完美的人应该接受贵族教育，人生也应该合乎贵族的理想。如此一来，原本指称贵族的"君子"一词，也就产生了规范性的意义，代表在人生中体现并且达成了贵族教育理想的人。在这种规范性的定义下，"君子"经常被解读为

---

[14]《论语》里记载的话语并非全都出自孔子之口，这点早已广为人知。白牧之（E. Bruce Brooks）与白妙子（A. Takeo Brooks）近来出版的英文著作《论语辨》(*The Original Analects* [New York: Columbia University Press, 1998]) 就仔细检视了《论语》内容，推断每个篇章可能的写作年代。

[15] 本书第二章第一节第一段对于周朝（年代约为公元前1050–254）与周朝之前的学校有更详尽的探讨。不过，在更早的商朝（年代约为公元前1800–1050），当时的甲骨文也有能够解释为"学校"之意的字。

"绅士"。[16]

教育的终极目标虽然是要让人成为圣人,但君子则是比较实际也能够较快达成的理想。儒家士人的教育目标是至少要成为君子,但个人还是应该努力追求成为圣人的终极理想。在英文当中,"gentleman"一词的意思与君子最为接近,但不带有圣人的含意。[17] 尽管如此,若说孔子认为教育的目的是要让人成为绅士,毕竟也不算错得太离谱。[18]

■ 六艺与经典教育

儒家教育讲究平衡学习所谓的"六艺":礼、乐、射、御、书、数。[19] 由现代的观点来看,"六艺"的内容可能显得颇为狭隘。不过,古典学习与诠释(训诂)学传统的历史已扩张了儒家的原始议题。现在,这些观念已被视为是规范性的概念。这点可用几个简单的例子来说明。在孔子的时代,算术只不过是粗浅的加减而已。不过,在中国人的认知中,孔子所谓的"数"就是必须精通一套特定的知识,使得受过教育的人能够处理计算领域中的各种课题。于是,算术的涵盖范围相当广泛,如天文现象的计算也包含在内。同理,"书"可以单纯仅指识字而言;但在儒家传统中,

---

[16] 到了后代,"绅士"一词普遍代表社会地位,指的是在社会中拥有法律指定地位的人。这个名词最早出现在汉朝,用于指称官员,词意也微微带有道德成就的规范性意味,和"君子"一词也有相似之处。后来,中文选择以"绅士"一词翻译西方的"gentleman"。这样的选择显然是着眼于西方绅士在社会上的优越地位。

[17] 参见 Joseph Needham: *Science and Civilisation in China* (Cambridge: Cambridge University Press, 1956), vol. 2, p. 6, note e。李约瑟指出,在他眼中,只有莫尔称得上是儒家所定义的君子。2011 年 2 月 15 日,美国总统奥巴马颁发"总统自由奖章"给美国第 41 任总统老布什(George W. Bush),赞辞称他是一位"gentleman",各电视台及报纸都引述这个字,可见在英文里头,这个称赞是多么光荣。

[18] "君子"的这种定义让人不禁联想起英文的"virtuoso",它结合了学者与文艺复兴廷臣的两种理想。当然,这两项传统差异颇大,尤其一般皆认为所谓的"virtuoso"是有闲之人,后来也经常成为讽刺的对象。尽管如此,在"virtuoso"这项理想的发展初期,如同皮谦(Henry Peacham)在《十足的绅士》(*Complete Gentleman*) 一书中所呈现出来的概念,贵族对古老的传承与遗产的喜好,几乎可说就是孔子口中的君子理想。有关"virtuoso"的概念,请参见 Marjorie H. Nicolson: "Virtuoso," in Philip P. Wiener, ed.: *Dictionary of the History of Ideas* (New York: Charles Scribner's Sons, 1973), vol. 4, pp. 486–490。

[19] 关于这方面更详尽的探讨,参见本书第三章第一节第一段。

"书"也包括了从书本或类似于书本的读物当中所吸收的知识,[20] 以及为了个人乐趣而阅读的行为。

到了孔子的时代,人们已懂得特定形态的著作,具有相似的本质与相似的结构及意图,因此可以归纳为同一类型。这就是书籍与知识分类的起源。孔子了解知识多元化的价值,以及每一门知识具备的众多功用。[21] 他强调书本的重要性,以及从书本中学习的目的。只要稍微检视一番,即可发现对中国许多受过教育的人士而言,读书经常是一大乐趣来源,至少是他们知道要标榜的事。

就规范性的定义来看,六艺涵盖了相当广泛的知识。唯有以系统性的方式追求知识,遵循个人对知识的本质与分类的理解,并且平衡吸收每一门学问,才能让人成为真正的人。这是一种通才式的教育定义。

当然,中国人向来都相当清楚,教育的目的不只限于熟习六艺,诸如射箭或御(驾)车,当然也不只限于背诵诗词。重点在于学者必须不断追求对知识的理解,并且藉此促使自己与人性的最高理想合而为一。只要能够达到这样的目标,处理人世间的事物即可悠然自得,也能够在道德上追求与大道融合。最重要的是,孔子认为学习是非常个人化,也是相当快乐的事情。他珍惜学习的乐趣,而且学习对他来说也一直都是非常快乐的活动。正是因为这样的态度,《论语》开宗明义的第一句话才会是:"学而时习之,不亦说乎?"

学习的范围非常广,但知识不论定义得多么广泛,毕竟都必须要有其整体性,可让学者与宇宙及人类连结在一起。此外,学习本身就是一种乐趣,而且这种乐趣乃是来自知识的整体性。在西方学问的传统中,大概以文艺复兴时代的人文学最近

---

[20] 这里所谓"类似于书本的读物",主要是基于假设性的,而不是科技上的可行性。超越于口语传统之外的"书本",在孔子的时代无疑已经存在。书本具有解放人心的力量,原因在于书本的公共性的本质。这点与口语传承的私密特质明显不同。

[21] 所以孔子50岁的时候才够能力研读《易经》。他经常提及《诗经》与《春秋》,也建议他的儿子学习《诗经》以及与礼相关的知识。参看《论语·季氏第十六》,第十三章:陈亢问于伯鱼曰:"子亦有异闻乎?"对曰:"未也。尝独立,鲤趋而过庭。曰:'学诗乎?'对曰:'未也。''不学诗,无以言。'鲤退而学诗。他日,又独立,鲤趋而过庭。曰:'学礼乎?'对曰:'未也。''不学礼,无以立。'鲤退而学礼。闻斯二者。"陈亢退而喜曰:"问一得三,闻诗、闻礼,又闻君子之远其子也。"

似于儒家的这种教育定义。[22] 不过，孔子不像基督教的人文主义那么强调宗教的重要性。他只在乎学习过程以及学习的完整性所带来的乐趣，而相对忽视形而上的重要问题。

简而言之，既然教育的内容本质上就无所不包，学习的过程又可让人获得学习的乐趣，并与全人类连结，因此可以说博文教育就是教育的本质。

到了孟子的时代，亦即公元前第四与第三世纪期间，强调教育的目的在于提升个人道德的观点又更加受到重视。孔子当初接受的那种贵族教育，到了孟子的时代已几乎不复得见。孟子和他同时代的人所关注的，是要阐明人为何应该受教育，并且确立"六艺"的标准认知，使其成为个人追求道德完善的基础。毕竟，到了那个时候，"六艺"的内容大抵都已记载于文献当中，而研读书本也成了愈来愈多人依赖的学习方式——尽管在当时，这或许不一定是他们偏好的选择。

孟子的性善论确保了他在中国传统教育史上的地位。在他眼中，唯有相信人类天生具备追求道德完善的能力，才能相信人的可教性。基于这项理论，他和大多数中国思想家都认为修身是个人教育的核心要素。如此一来，教育的内容不再是以前的那种实用技艺，而是行为举止的规范，以及该如何把这些规范落实在新形态的社会里。另一方面，随着愈来愈多知识都已形诸文字，实用技艺的学习也就逐渐为读书的学习方式所取代。

中国教育史正是恒久不断地持续着这么一项过程：从奠基于失传的古老技艺和知识的典籍里吸收传承已久的智慧，并且不断以更精致的思维重新理解这些智慧。这项过程到了公元前2世纪时已经大致完成，当时大家普遍认为孔子已把"六艺"编修汇整为"六经"。由于传说中的《乐经》久已失传，后代视为标准经典的便只有

---

22 我无意引述各种比较儒家教育及其他教育思想学派或潮流的研究。值得一提的是，从韦伯（Max Weber, 1864—1920）对儒家思想的诠释，可见他大致认为德国教育中的人文教育概念非常近似于儒家的人格教育理念。关于德国"士大夫"或近代教育的议题，请参见 Fritz Ringer: *The Decline of the German Mandarins* (Cambridge, MA: Harvard University Press, 1969)，Ringer 把德国的人文教育称为 Mandarin 的教育，含有贬义。Mandarin 指的是传统社会的官僚体系，特别是中国，因为中国发展官僚体制最早。

五经。[23] 经典的地位一旦确立，后人于是认定唯有研读并精通这套经典，才算是真正的教育。

到了这时候，中国教育课程史于是成了若干重要书本的典籍化过程。原本的"博文（通才）"教育理想就此取得了一种具体的新意义："经学"教育。秦代之后，研读经典成了中国各朝各代的标准教育行为。就这方面而言，可说中国教育本质上就是经学教育。

中国传统教育史，是对三项教育理想的不断重新诠释。这三项理想分别为：君子、博文的读书人及经学者。汉朝的教育注重形式，也就是教育的外在表现：个人前途即是教育成就的核心要素。透过学习礼仪，表现在举止上面，以达成教育的理想。中国史学者总是不免注意到汉朝对礼仪教育的高度重视，法律史学家也一再指称汉朝（乃至于唐朝）的法律思想讲求礼治。之所以如此，是行为举止的仪式化，就是社会生活最实用的规则，亦即人与人之间的互动必须遵行礼仪所规范的动作。于是，这些规范就成了社会为教育所设定的内容。许多重要的社会礼仪都创制于汉代，例如为父母服丧三年是中国社会认可的孝行表征，而这种规范就在汉朝期间被严格的执行。[24] 许多和丧礼有关的礼仪，也都在这段时间达成形式化（仪式化）。[25]

强调广泛学习与文字表达技能相关的经学教育，在汉朝之后正式成为教育内容的核心，并且就此主导了中国的教育活动。唐朝之后，由于官方认可的传注不再引导个别学者的治学方向，经学教育也因此稍显式微。自从宋朝以来，中国思想史上就陆续出现了各种对古代经典较具想象力的新诠释。不论对典籍本身的新诠释，还

---

[23] 是否真有《乐经》，至今仍无定论。实际上并没有六部所谓的"标准教材"各自汇整了六艺的所有现存知识。孔子当初强调六艺的重要性，很可能只是把《春秋》和《诗经》当成理想教科书的代表。六艺虽然理想化，但后来成为教育的标准内容之后，各方对于哪些教科书最适合用于教导这些技艺的争论，也就转成了为各自支持的典籍争取"霸权"地位的激烈竞争。

[24] 这种观念至少可追溯到孔子的时代（参见《论语·里仁第四》，第二十章；《宪问第十四》，第四十章；《阳货第十七》，第十九章）。至于这些章节的考证，请参见 Brooks and Brooks: *The Original Analects*, pp. 115, 123, 165。表面上，服丧三年的行为早在公元前四世纪末就已相当普及，而汉朝还要一百多年后才告创立。不过，把这种行为详细制定为礼仪，却最早见于公元前一世纪，亦即汉朝初年编纂的《礼记》。

[25] 参见 Patricia B. Ebrey 研究中国丧礼仪式的论文："Cremation in Sung China," *American Historical Review*, No. 95 (1990), pp. 406–428。有关仪式化，可以参看我在第三章第二节第三段的注 86。

是对经典的编纂与典籍化过程的历史背景所提出的新观点，都促成看待经学教育的态度渐趋开明，而这样的"解放"也产生了新的洞见。

尽管如此，经学在这段期间仍然保有相当的重要性，原因是当时政府取士最可靠的管道为科举考试，而科举考试需要一套参考标准。所以，政府也就在科举考试中持续使用7世纪初汇编的标准评注（即《五经正义》）。后来，朱熹的《四书章句集注》也成为考试的标准内容，[26]于是儒家经典就此成为衡量士人从事公职能力的标准，也巩固了在教育里的中心地位。这些考试导致士人研读古代典籍的方式愈来愈僵化，而与独立学者采取的开明态度，形成教人感叹的对比。随着科举制度的地位愈来愈重要，中国政府也愈来愈专制。结果，科举制度逐渐成为社会流动的主要影响力。入朝为官是获取地位与特权最有效的方式，科举考试则是一般人力争上游比较可靠的途径。

■ 经典教育与科举

中国经学教育史是一部纷杂的历史。简要言之，这是一段漫长的争论史；议题包括典籍与相关评注的标准化，以及正统诠释与典籍化的认可。在17世纪之前，这段漫长的过程基本上就是儒学的发展史，因此也几乎可以说是中国教育的演变史。注疏的汇编是这段历史中相当突出的一部分。为了争取政府认可成为正统传注或注疏，各方的竞争较劲非常激烈。官方核准传注的做法，直到宋朝才告一段落，因为当时随着朱熹与理学兴起，官方决定传注正统地位的权力也就在理学者的挑战下逐渐衰微。因此，我们可以说宋朝以后的儒学之所以成为有"新儒学"（Neo—Confucianism）之称的"道学"，就是因为政府决定哪些书本可封为经典的垄断权趋

---

[26] "四书"指《论语》、《孟子》、《大学》、《中庸》。参见本书第三章第五节。

于式微。[27] 不过，如同先前所提，在科举制度下，由道学的思想巨擘朱熹以及其他学生所编纂的新注疏，还是在不久之后被奉为经典，成为科举考试的标准内容。

科举考试中的另一重点是作文。写作优美文字的能力，包括各种散文、论文以及诗赋，在科举考试中也占有同样重要的地位。文学技能原本就是君子教育的一部分，但随着政府在科举考试中愈来愈强调写作的重要性，写作能力（甚至包括书法技艺）在个人教育当中所占的地位也就愈来愈重要。科举考试纳入作文的做法，强化了文学技能在教育中的重要性。于是，君子教育必须达到这样的成就才算完整：受过良好教育的人不但饱读经书，也拥有高明的文学技巧。传统上，中国学者向来认为唐朝文化的特征在于诗与文学，宋朝则着重于知识的追求，尤其是对经学的研究。这种概略的区别忠实反映了中国人对博文的知识人的看法。

朱熹经学派的兴起，以及科举考试把他的《四书章句集注》奉为标准，对中国教育造成了深远的影响。接下来，我们要初步检视道学思想中的人，尤其是受到朱熹学派——有时候又称为理学——形塑而成的人。

---

[27] 本书中使用"道学"泛指北宋末期之后兴起的恢复、弘扬及夸大儒学的系列活动，它包括传统所形成的"宋明理学"及"心学"。传统一向就把宋代的所谓"五子"及朱熹、张栻等人的思想统称为"道学"，而他们也常被称为"道学家"，像周密就是这样称呼他们，带有嘲弄的意思。但是后来修《宋史》的人，也承续这样的称谓，把我们一般认为是主流的程朱一派写进了《道学传》。二十世纪以来的近代中国学者（尤其像冯友兰）特别把宋代兴起的各派以恢复儒学为志的思想家分别为两个大主流：承续朱熹学术的，被通称为"理学家"或"宋明理学家"，而把陆象山已经发端、而由陆九渊以及明中叶的王阳明（守仁）一脉相承的学术称为"心学"。两者又笼称为"宋明理学"。这样的做法其实会把宋代时朱熹与陆九渊的学术分别过分清楚，抹煞了两者的共同意旨及彼此对宇宙人生的一样关心。另外，用"宋明理学"不仅不能表现出明清思想及学术的特色，而且常常会被批判"理学"的读书人也称之为"理学家"。因此，如何找到一个更合适的名词来统称不同于释道两教学术的名词，实是当务之急。西方传教士在明末时来到中国，虽然知道明末学者强调这两个思潮并不相同的看法，但还是笼统地把两者的思想称之为"Neo-Confucianism"，也就是"新儒学"。这个用法沿用至今，代表的想法是：宋代以降中国学术以恢复儒学为中心，因此是一种"新儒学"。它的活力至少到二十世纪初年仍未消退。但是近年来，有许多学者（以 Hoyt Cleveland Tillman〔田浩〕为首）认为这个名词无法把朱陆的共同特色（特别是宋代）表现出来，遂提倡应该用回《宋史》的原始用法（虽然事实上《宋史》并没有把陆九渊写进《道学传》），合称为"道学"，好彰显两人的学术源出儒家的同门，而且相似之处比不同之处的更多。在我看来，用"道学"与用"Neo-Confucianism"实际上并没有甚么分别，也还是不能把明代思想家们提倡的王学与朱学的分别表达出来。因此狄培理（Wm. Theodore de Bary）及鲍弼德（Peter K. Bol）也还是沿用 Neo-Confucianism。余英时则理学与道学混用，认为两者基本上是一样的东西。本书则跟随余英时使用"道学"，而只在必须作分别时使用"王学"或"心学"来特别指陆九渊及王阳明的学术。至于"理学"则一般用来指朱熹所传承的学说。

4. 理学思想中的人：有德之士、英雄、殉道者

理学（道学）世界观的兴起代表了中国教育观念发展的新阶段。到了 12 世纪初，中国社会结构已出现变化，个人与国家的关系也随之出现新的定位。到了这个时代，中国的文化发展与政治体制不再完全一致。这时候的中国虽然强大，却只是多国体系当中的一员。[28] 中国经济出现了重大变革，以致地区性分工成为现实，而形成了全国性的市场。这种种改变促使中国知识人重新检视儒家传统。12 世纪的思想界也纳入了强大的意识形态与宗教思想，包括佛教以及其他许多较为次要的意识形态。

由此带来的结果，就是许多新元素与儒家正统思想之间的互相龃龉又充满挑战性的融合。实际上，唐朝时儒家思想就在佛教与道教的挑战下呈现日益衰微的趋势。反映这个趋势而产生的新的知识传统，可以称为道学，其特征在于深切遵奉经过重新定义的儒家传统。道学思想扩展了传统儒家思想的范围，纳入了许多外来元素，而这些元素后来纷纷成了这种新兴世界观当中不可或缺的一部分。

道学思想者是什么样的人？这个问题的答案将有助于我们了解其教育的内涵，况且道学教育无疑是帝制中国后期最主要的势力。首先，道学思想者与科举考试的理想及内容密切相关。这样的人企望改善考试的种种，尤其是考试的目的，但另一方面也对科举制度摧毁"为己之学"的理想深感不满。因此，一个怀抱道学思想的知识人是个心存不满的官员，极力想要把自己从目光短浅而且充满琐碎的世俗官员生活中提升出来。这个人追求的是道德的高标与人生的内在价值，希望在不道德的社会里保有洁净无瑕的人生。[29]

另一方面，道学思想者常常也是地主。土地是最可靠的投资，再加上土地私有

---

[28] 关于"多国"体系的探讨，请参见 Morris Rossabi, ed.: *China among Equals, the Middle Kingdom and Its Neighbors, 10th–14th Centuries* (Berkeley: University of California Press, 1983), pp. 1–13。

[29] Wm. Theodore de Bary: "Individualism and Humanitarianism in Late Ming Thought," in his ed.: *Self and Society in Ming Thought* (New York: Columbia University Press, 1970), pp. 145–247.

权早自唐朝末年就已确立，因此官员多半选择购置土地。拥有地产、尤其是农地，即是道学之人致力修身的物质基础。道学者赞扬农田生活，其对田园生活的歌颂隐隐可见原始主义（primitivism）的影子。因此，帝制中国晚期的为官理想也就深系于一种修身哲学，奠基于想象的田园归隐生活之中。这是一种保守的道德思维，一种带有反知识色彩的通俗思想。[30]

回归田园可能是一种抗议，对象也许是科举和官场生活，也可能是中国愈来愈繁荣的都市化与商业化发展，尤其是十六七世纪期间不论就创新程度或文化发展而言都居于全国之首的长江下游地区。在社会风气日趋败坏的情况下，崇尚道德的人该怎么办？对于中国士人而言，为官从政是必须的，但取得官职的方式（参与科举）却令人鄙夷。从事公职的最终目的，是为了回归宁静平和的田园生活，从而升华个人内在的道德修养。这种渴望，为官场生活的不愉快提供了一项既定的解决方案。许多思想家都公开宣称，自己从官场上退休之后，对农村生活非常满意。

在商业发达的长江下游地区，退隐田园的农夫也可能是有闲的唯美主义者。矛盾的是，丰富多彩的物质消费文化也影响了这种人的行为。[31]

不过，道学者也可以是勇敢的殉道者。他们虽然号称能即知即行（知行合一），愿意致力追求最高的道德与文化理想，甚至不惜舍弃生命，但是这样的境界并不是那么容易达到的。他们藉由与世隔绝（退隐田园）所寻求的内在平静，倒有可能是内在力量的泉源。17世纪以降，许多中国士人都标榜英雄式的道德境界，相信为了自己的信念可以牺牲性命。这些人的明知不可而为之的行为，展现了中国教育的一项特质，亦即由道德观以及古代典籍的价值观所形塑而成的传统。因此，在道学家眼中，君子不只是通才与经学者的结合，不仅仅能够以散文及诗词表达经书中定义的文

---

[30] 有关中国平民主义或原始主义的探讨，请参见 Mary C. Wright: *The Last Stand of Chinese Conservatism* (Stanford: Stanford University Press, 1957), pp. 3–4. 原始主义的源头是对启蒙思想的理性主义的反动，以卢梭（Jacques J. Rousseau）为代表，和浪漫主义、历史衰落观以及所谓的"高贵的野蛮人"（savage noblesse）的说法相连，歌颂"自然人"为最有道德及最充满生命活力的人，文明是堕落的象征。

[31] 近来许多针对明朝知识人的研究，都把重点放在他们对"长物"的鉴赏兴趣。参考 Craig Clunas（柯律格）: *Superfluous Things, Material Culture and Social Status in Early Modern China* (Urbana and Chicago: University of Illinois Press, 1991; Honolulu: University of Hawaii Press 2004)。本书为明人文震亨《长物志》之研究。

化，还必须在人生中落实自己从小被灌输的那些价值观。除了和谐平静的生活之外，君子（知识人）也必须随时准备为自己的理念奋斗，即使以身相殉也在所不惜。

这种英勇的面向也有其吊诡的时刻。这点可见于后来儒家政治思想里为国尽"忠"的观念，这也是理学家协助发展的概念。在这种思想的影响下，受过教育的士人必须负起英勇殉道的责任。后来，这种为国尽忠的观念结合了 12 世纪之后兴起的强烈民族意识，而又成为明、清两代高度独裁的统治者所要求的德行，也就产生了许多精神上的挣扎，含着各样隐藏的危险。

在后续的探讨之中，我们将会了解道学者各种人生观与价值观的独特组合，也将理解中国教育和道学家的理想为何能够一方面"开明"，同时却又协助乃至容许专制统治。的确，由道学之士的人生目标当中所存在的内在矛盾，即可看出他们为何无法面对现代与西方知识浪潮的冲击。

5. 中国传统教育的式微

中国传统教育的最后阶段，乃是受到科举考试无所不在的影响力所形塑与支持的。到了 18 世纪末，就在乾隆盛世之后不久，科举制度开始没落，而且腐败现象明显可见。[32] 作弊情形相当猖獗，通过考试的人员也仅有一小部分得以享有精英阶级的地位，由此造成的后果非常惨重。

中国教育史的最后发展阶段，除了降低科举考试的影响力之外，也造成了视野的狭隘。如同许多中国史学者所注意到的，中国人在宋朝之后就愈来愈认为社会已大致解决了社会结构与组成的问题，因此要促成个人与社会之间稳定和谐的关系，责任主要落在个人的道德表现上面。[33] 公众教育最突出的特征，就是大量"'劝'善

---

[32] Ping-ti Ho（何炳棣）: *The Ladder of Success in Imperial China* (New York: Columbia University Press, 1962), pp. 261–264 各处。

[33] 这种说法等于是指称中国的问题在于"社会风气良好但个人道德不佳"，有类于曼德威尔（Bernard Mandeville, 1670—1733）的《蜜蜂寓言：个人的败德，公众的利益》（*The Fable of Bees, or Private Vices, Public Benefits*）。我在本书最后一章就这点有简短的讨论，见第七章注 23。

书"的出现，这些书籍向读者灌输了一种近乎狂热的信念，认为个人必须追求绝对的道德成就。这种追求或动力往往大到令人难以置信的程度：社会不断迫使个人作出极端的牺牲，但个人却几乎从不质疑社会公义的问题。在这种情况下，政府的滥权也就很容易得到容忍，而个人则不断地自我控诉、反省，希望自己能达至道德无瑕疵的完美境界。这种压力的堆积，终而使它与科举制度一样，变成导致中国传统教育最终失败的一大因素。

19世纪的时代主轴，就是中国政府无法厘清自己为何无力应付席卷全世界的变革。问题的规模极为巨大。到了清朝，道学家对科举制度的批判已经失焦，也不再切合实际，主要是因为道学之士本身也都纷纷成为科举文化的热切参与者。在这个时候，科举的影响力已经既巨大又广泛。过去一千年来，科举制度造就了一群享有特权的精英分子，他们遵循的共同传统及对这个群体的强烈归属感，凌驾了各自的行为与价值观因出身地不同而存在着的差异。这种文化上的一致性形成了一股保守势力，导致中国士人不愿积极响应19与20世纪期间发生在中国的各种变化。

中国传统教育体制——包括官学、书院，乃至整个传播价值观的体系——在20世纪初始全告停摆。到了这个时候，那整套复杂的经学传统、书院体系、精英结构与科举制度，已明显可见再也无法对应现代教育的需求。中国的知识人，也许是因为过去向来备受敬重以致丧失了反省能力，再也难以接纳新的理念、价值观、体制以及政治制度，更不要说全新的国际秩序了。

因此，中国教育的没落是西方乃至现代势力冲击之下的结果；也是因为长久累积而来的保守态度太过沉重，以致压垮了中国的古老体制。在这种保守心态的压制下，较具创新能力的知识人不但缺乏领导能力，也无法弹性回应变革的需求。最后，科举制度终于崩溃，再也无法自我转变，也无法从酿成消极颟顸的沉滞状态中恢复活力。最后一场科举考试举行于1905年，当时传统的官学与书院也已逐渐转变为现代化的机构。

第二节　文化一致性及其流弊

对中国教育的主要特性简介至此，读者应可看出中国教育传统几乎完全是儒家意识形态的产物。儒家思想对中国教育的影响极其广泛而长久，基本上又属于保守的意识形态。不过，正因为这样的保守性，儒家思想才能维持社会稳定；而社会在稳定的前提下，也才能在儒家传统中促成变化——至少刚开始时是如此。儒家思想造就了一个文化上的领袖阶级，而其精英地位的取得则源自教育。于是，受过教育的精英也就参与了创立及维系稳定的中国。

1. 保守主义

由于实施精英领袖的原则（meritocracy，或说是任贤主义），统治阶级结构即可在稳定的情况下持续进行内部变革，定期吸收新血。儒家教育的早期发展，特色就在于这项贤人政治的实验，并且利用这项结构捍卫儒家的意识形态，抵挡其他思想体系的挑战。另一方面，维系这套体系的经验也有助于儒家价值观的精致化。在汉朝至唐朝期间，这些实验的进展充满曲折，儒家思想及生活方式不断遭到其他意识形态的挑战。然而，任贤主义在中国教育当中的地位却因为这段过程而更加根深蒂固。

科举考试的出现，正是这种观念的影响力持久不衰的见证。同时，科举制度也通过政府认可的教学课程，把儒家价值观长久保存下来。宋朝期间，儒家意识形态（亦即当时的道学）愈来愈仰赖知识（文化）精英维系其支配地位。另一方面，知识精英则依赖儒家意识形态巩固自己的特权与地位。因此，这种文化再生产（cultural reproduction）的进程是自私的，所以其结构也就不可能受到质疑。科举制度延续了这种保守主义，无意把社会视为能够变化的个体。就是在个人的能力及性格的讨论上，至少汉朝到唐朝期间，也都是采取静态的观点，不认为人品或能力有发展的空间，而认为是与生俱来而且是可以分类的。到了宋代以后，道学世界观所强调的，是如何依据社会的限制来形塑个人的品格。这么一来，知识精英成了维持现状的共犯，不但不质疑现状的合理性，反倒加入其中，协助现状的存续。知识人早已认定什么样的社会才是良好的社会，对于不同意见自然会采取怀疑的眼光，不但不予宽容，更是不屑一顾。

这种发展恰与道学英雄及殉道者的理想形成鲜明对比。[34] 不过，这样的对比不见得是一种矛盾：因为最活跃的个人认为表达"自我"的方式，在于修身、慈悲与"人道"，[35] 而不在于迫使社会改变。要了解这一点，首先必须知道"乐在其中"的学习，能够让受过教育的个人产生自我批判乃至自我检视的精神，即便在遭到外来挑战的时候也不例外。以下首先讨论"自我批判"。

保守主义虽然意在维系现状，却也有其贡献。宋朝以后，中国的社会结构当然继续不断地演变。在这段过程中，其他知识传统也对帝制中国后期世界观的发展有所影响。这就是说，道学的保守主义并未能完全自外于持续演变的社会。这种参与演变的能力，虽未必是自发的，但是处于矛盾之中，只好选择参与。这是从"自我

---

[34] 关于个人与社会的紧张关系，在 Wm. Theodore de Bary 所编的 *Self and Society in Ming Thought* 一书的"Introduction"及"Individualism and Humanitarianism in Late Ming Thought"当中有相当典型的论述。必须注意的是，在这本书的索引中，可见到"自我"一词极受重视（共有19个条目以"self"开头），"social"（社会的）只出现于四个条目里，"society"（社会）更是连一次都没有出现。

[35] 关于"慈悲"，请参见拙作："Social Justice in Traditional China, Ideal and Practice in Sung China (960—1278) as a Case," in Walter Schweidler, ed.: *Menschenrechte und Gemeinsinn, westlicher und östlicher Weg?* (Sankt Augustin: Academia, 1988), pp. 357–384. 至于"人道"，请参见上面注29及34所提及 Wm. Theodore de Bary 所撰的文章。

批判"观念中衍生出来的结果。

儒家的教育和学习理想既然强调为己而学，因此协助维系精英地位的结构限制，至少在理论上应该有能力处理关于个人自我的议题：精英阶级的成员都有能力自我批判以及自我更新。他们深信价值观与知识可赋予人一种世俗权威无法玷污的内在力量，这种信念促使了许多深具远见的思想家发挥自我批判的精神。到了十六七世纪，有些知识人甚至指称，毫不留情的自我批判与自我检视可助人达成道德上的完善。撰写"自讼文"或"自控文"的行为，即可代表儒家看待自我的态度。[36]

在上一节最后一段探讨道学之人性论时，曾经提到殉道的理想与实践，也谈到这种观点与道学强调积极参与及为国尽忠的观念相辅相成。殉道传统证明了内在道德力量的存在。在这股力量的驱使下，个人会致力于实现自己对社会与自然的理想。

同样的，个人道德观在知识或心灵层面上的自信，也有助于规范不同知识传统之间的互动。面对其他思想潮流，尤其是重要性较低者，这种规范通常颇为宽容，甚至深富同情。教育理想中的保守主义，以及把自我批判视为学习基础的观念，很吊诡地共同促成了这样的互动。

2. 互为主体与相互影响

中国历史上，儒家传统一再受到各种思想学派的挑战，其中以道教与佛教最为显著。因此，探讨中国教育史也绝对不能忽略儒家以外的宗教思想所带来的影响与挑战。

佛教在第一世纪传入中国，随即吸引了广大的社会下层阶级，后来在魏晋南北朝时期也获得社会上层及统治阶级的喜爱。时人亟于把佛教观念融入中国世界观，因此开创了知识交流与互相刺激的绝佳机会。由此带来的结果，就是中国与印度思想长期持续的相互影响。

---

[36] Pei-yi Wu（吴百益）："Self-Examination and Confession of Sins in Traditional China," *HJAS*, Vol. 39 (1979), pp. 5–38。

这样的交流在早期促成了中国教育实践的许多重要创新，包括佛教丛林的理想与行为、俗讲教学法、寻求宁静孤寂的学习环境（往往在偏远的山中）、音韵学的比较研究，以及佛经翻译理论的发展（格义及对它的批判）。后来，随着佛教与中国民间思想的结合愈来愈紧密，许多民俗宗教观念也应运而生：包括互惠（报）、非暴力（不杀生），以及生命的轮回（业）。这些观念都成了平民百姓的日常信仰，对于大众的伦理观与道德行为也有巨大的影响。佛教庙宇和僧院也启发了学术性的社会性组织（社），而这种组织在17世纪更发展为强大的民族主义势力。[37] 佛教对中国世俗社会的影响也明显可见，但可能和教育并没有直接的关系。尽管如此，社会仍然具有重大的"教育"意义，因为个人在社会上学到的价值观与行为规范，决定了他自己安排人生的方式。就这方面而言，佛教对中国教育的影响确实深远无比。[38]

道家思想也深切影响了中国教育。如同先前提过的，道家提倡的遁隐生活被视为与儒家的积极人生具有互补之效。陶渊明（365—427）决定弃官退隐的著名故事，正是这种观念的代表，这则故事也是儒家知识人寻求"反向人生"的象征。陶渊明因为对"进（晋升）"失望已极，于是以"退（退隐）"作为抗议。这种反抗权威的行为，几乎被诠释为正统的儒家精神，这就是儒家受到道家影响的一大矛盾。毕竟，陶渊明正是以道家态度看待人生与文学而知名。[39]

道家思想对中国教育的影响有两个方面。比较喜爱哲学思考的学生，经常发现道家思想中有些元素，能够满足他们在儒家教育中遭到阻碍或遏止的智性追求。所有的中国知识人都研读早期道家思想家的哲学著作，尤其是《老子》与《庄子》。道

---

[37] 这种组织不可与传统中国村庄的"社"混为一谈，后者自有一段复杂的历史。本文中谈到的这种组织，不但带有知识性的本质，也是由知识人所建构。有关"知识性组织"的社的近期研究，请参阅陈宝良：《中国的社与会》（杭州：浙江人民出版社，1996），页62–85、268–323。

[38] 由于本书篇幅有限，再加上社会组织观念这类议题毕竟和教育只有间接关系，因此我不在此加以探讨。不过，我倒是一再强调佛教教义深刻影响了平民大众的伦理观。我尽可能引述各种证据，但这项议题太过庞大，本书的探讨绝不可能完美。陈观胜（Kenneth K. S. Chen）有一本著作，探究的就是佛教对中国的影响，尽管其书名看起来恰与此一主题相反：*The Chinese Transformation of Buddhism* (Princeton: Princeton University Press, 1973)。

[39] 近来有一部详尽的研究著作：Albert R. Davis: *T'ao Yuan-ming (AD 365–427), His Works and Their Meaning*, 2 vols. (Cambridge and New York: Cambridge University Press, 1983)。

家哲学对中国思想以及教育内容的影响无可估量。实际上，唐朝时道教——至少是老子的教诲——还被纳入了官学的教学内容里，而且也是必考科目。道士经常受邀到朝廷里对士大夫讲学，从而确立了道家思想的正式地位。后来，到了12世纪初，北宋徽宗（1101—1126在位）更下令科举的考试范围必须纳入道家著作。

道家思想对中国文明的深远影响并不在本书的探讨范围内，此处所谈的只是简要概述这种普及民间的伦理体系。道家思想为中文增添了不少语汇，如"道"（尽管儒家学者也经常使用这个字）、"精"、"动"与"静"、"玄"，还有"一"，[40]中国人经常以这些字眼表达自己对世界与自然的看法。道家对自然的推想也对中国的科学观念贡献极大。[41]中国许多卓越的科学思想家（尤其在医学方面）都遵奉道家，不然也接受过道家思想的教育。只要稍微检视有关技术及科技教育的资料，即可发现中国的技师（工匠）与科学家或自然学者中，信奉道、佛思想的远多于信奉儒家思想的。

不过，道家思想对中国教育最重要的贡献，乃是道教在伦理宗教方面的务实教诲——虽说道教在思想层面不是特别活跃，而伦理思想也经常借自儒家，但是他们在平民间推动时，显然更为积极，其影响无远弗届，因此本书也必须加以详尽探讨。只要提出几点，即可证明道教对中国平民的教育也有重大贡献。

道教最鲜明的特征，就是对日常行为的规范。这种对规范的重视，可能受到中国佛教订立僧院戒律的影响，甚至可能受到佛教律宗的启发。不过，道教规范当中的基本伦理原则，却经常借用儒家的词汇。尽管如此，最致力于撰写及推广"十戒"及"五戒"等著作的仍是道教宫观。[42]这些著作带有实用的观念，可指引人达成不悔的人生。这些著作代表了通俗式的伦理教导，而这种教导方式后来也成为儒家正统的重要特色。

---

[40] 在早期的道家著作里（《老子》、《庄子》、《淮南子》、《太平经》），"一"主要指的是天人合一的本质，是初始的、一切的起源，是太极。到了第三世纪，"一"又增添了统一或甚至是三位一体的含义。葛洪（284—363）指出："天、地、人，故曰三一也。"见卿希泰主编：《道教与中国传统文化》（福州：福建人民出版社，1990），页65–67、93–95。

[41] 儒、道思想交流频繁，因此很难把许多科学观念单独归功于道家。不过，道家确实比较习于做实验。

[42] 楠山春树：《道教と儒教》，载福井康顺等监修：《道教》（东京：平河出版社，1983），第二卷，页49–93。

道教制定"戒律"的观念虽然可能源自佛教，但当中的基本伦理原则却都主要衍生自儒家思想。出现于 12 世纪的《太上感应篇》是最具影响力的伦理典籍，在短短 1,277 字当中收罗了各种传统伦理观念。这部典籍不仅历久弥新，儒家学者对其广泛流传也表示赞同甚至采取鼓励的态度，可见他们认为这部典籍是不可多得的大众教育素材。

《太上感应篇》里谚语般的文句，显示以对句形式写成的短句或格言，最能让一般大众听得进去。传统中国的民间基础教材经常引用诸如《太上感应篇》这类书里的观念。从这部典籍巨大的影响力来看，可见得"三教合一"运动在宋朝以后的重要地位。也许这是知识创造力衰颓的结果，也可能反映出中国社会尝试在这三项传统中找出共通性的努力。不过，这种注重共通性的态度，也可能带来压抑性的后果。

"三教合一"运动的领导人物确实致力于调和儒家、佛教与道家这三个思想流派各自不同的伦理观，希望融合成一套可获普世接受的体系。不过，这些思想家并不倡导自由诠释，而是从中找出最直接、朴实、没有歧义，也不需深思的观念。在他们眼中，不同学派之间的思辨与分析不但比较琐碎，也似乎无关宏旨。到了这个时候，道家思想已融入儒家及佛教思想，从而为中国人民创造出一套实用、通俗，而且在直觉上就是当然的道德价值观。

3. 儒家正统

教育在宋元之后的通俗化，促成了部分日本学者所谓的"通俗儒学"，这项新潮流自然与三教合一运动密切相关。这种为了更直接因应大众需求而统合儒家教诲的做法，其实应该称为"儒家道统"比较恰当。[43]

儒家思想之所以能够支配中国社会的这个最后阶段，原因是儒家思想家也已开

---

[43] 中国人常把这项道统称为"礼教"。关于中国民间教育的这个重要面向，刘广京（Kwang-ching Liu），ed.: *Orthodoxy in Late Imperial China* (Berkeley: University of California Press, 1990) 是一部先驱之作。他把礼教翻译为 "ritual propriety and social ethics"（礼仪与社会伦理），见 p. ix。

始转变本身的学说,以迎合大众的口味。这些思想家不论彼此的哲学立场差异多大,都怀有相同的"道统感"。[44] 他们虽然可能各自发展了不同的哲学观,但其中都含有修身的方法,不论是静坐、内外丹,抑或是每日严格的读书学习。过去被视为"正统"的儒家观念或礼仪,现在都化为可供落实遵循的具体行为规范。这种"道统感"逐渐注入平民的观念之后,便成为一种通俗的道统。

这种通俗道统的内容往往奠基于"三纲"与"五常"上。[45] 三纲指的是具有至高重要性的三种基本关系:君臣、父子、夫妇。五常则是规范君臣、父子、夫妇、兄弟、朋友这五种人伦的"常道",同样具有至高的重要性。这些关系在原本的观念中相辅相成,但随着道学思想愈来愈趋向一元论,这些关系也就愈来愈变成威权。从法律思想与规则在中国历史上的演变,最可明显看出这一点:同样是侵犯他人的罪行,如果是社会"上层"人士(不论就地位或阶级等而言)加害"下层"人士,就被认定为比较不严重。

这些"纲常"早就融入了基础教育的教材当中,而为世世代代的中国儿童所熟悉。在三纲五常思想中,"孝"与"忠"特别重要,两者皆是自从孔子的时代就已为中国人所熟知的根本德行。当然,中国人自古以来就不断向儿童教导"孝"的德行,但"忠"却是到了宋朝以后,因为游牧民族的入侵才更受重视。另外一项重要的观念则是对权威的敬重。

这些观念透过各种管道传播至一般平民,包括"家训"、"家规",乃至官方的告示与宣传册,以及在帝制中国晚期广泛流传的各种传单和小册子。许多家训著作都可免费取得,其中最著名的是《朱子家训》。富人经常出资印发这类书籍,因为他们

---

[44] Wm. Theodore de Bary: *Neo-Confucian Orthodoxy and the Learning of the Mind-and-Heart* (New York: Columbia University Press, 1981), pp. 189–190。狄培理采用比较知识性的定义,强调这些学者以富有创意的方式与传统连结,并且致力于辨识这项传统的精义。我认为,许多从事大众教育实验的人士都认定自己的作为并未脱离正宗传统的范围,所以他们也同样怀有"道统感"。

[45] "三纲五常"合在一起讲,最早出现于著名的白虎观会议中:"三纲者何谓也?谓君臣、父子、夫妇也";"五常者何?谓仁、义、礼、智、信也"。参见 Tjan Tjoe Som(曾珠森): *Po Hu T'ung, The Comprehensive Discussions in the White Tiger Hall*, 2 vols (Leiden: E. J. Brill, 1949—1952)。另请参阅陈立:《白虎通疏证》(北京:中华书局,1994),卷八。"三纲"独自使用则早在《论语》已经出现。

认为这么做能够累积功德,从而对来世有所裨益。富人也时常印发知名的佛教与道教经典,以及儒家的道德典籍。提倡忠贞与孝道以及恪遵三纲五常以维系家庭稳定等观念的民俗谚语,都取自基础的识字教材,并透过口述方式广为传播。这些观念为各式各样的人所接纳,连反抗人士与秘密社团的成员也都包括在内,这些法外之徒甚至可能比一般民众更严格遵循正统的教诲。此外,包括祭祖在内的各种家庭仪式,也有助于散播儒家道统思想。

总之,孔子的追随者为了推广他的教诲而从事的各种作为,最贴切的描述就是孔子对"礼"的定义。他们推广的儒家教诲虽然可能经过精炼或简化,但在儒学发展为道统的同时,大多数的礼都已完成了"仪式化"。

4. 权威的生活态度、庶民教育与中国人格特质

我认为教育史的研究不外就是试图呈现或再现一群人(通常是一个国家或民族)的人格形成。一个民族的性格不是不能加以描绘的,虽说近来学术的发展已经不把所谓的"民族性格"作为一个严肃的课题,但是至少在研究中国人的性格方面,过去四十多年当中也出了不少的书。事实上,"民族性格"的研究也不能说已经完全消失。鲁思·本尼迪克特(Ruth Benedict, 1887—1948)的《菊与刀》(*The Chrysanthemum and the Sword: Patterns of Japanese Culture,* 1946)就是一本非常著名的著作,[46] 影响深远,到今天仍然常被征引。这本书的重要性乃在于阐述日本人对美的嗜好,如何与残暴的行为互为一体的两面,它根据文字著作、影片以及对当时被隔离的日裔美国人的访问而写成。这本书一般被归类为人类学的著作,也的确是人类学的作品,但它显然并不是以田野调查为研究方法的基础,反而较多采用文献材料。像潘乃德这样的研究方法对一般人类学者而言,显然有所不足,但是在当时的时空环境下,这也是不得已的方法。不过对学历史的人来说,这本书的方法倒可以提供许多灵感,最重要的莫过于它

---

[46] Ruth Benedict: *The Chrysanthemum and the Sword: Patterns of Japanese Culture* (Boston & New York: Houghton Mifflin, 2005; reprint: Cleveland: Meridian Books, 1967).

证明文献材料的重要性以及依赖它也能写出重要著作的事实。

对研究教育史的人来说，人民性格的形成和它所属的社会的教育息息相关，这是毋庸置疑的。人民性格的总和就是那个国家或文化的性格。从这个角度来看，一个文明不外就是它的教育，更进一步说，一个文明不外是它的教育发展史。

■ 道、和谐与自然法

中国思想史最重要的基本假设，在我看来应该是认为"和谐"乃是完美社会及有意义的人生的基础，因此它是无上的价值，也是判断社会运作或政治行为的基本标准。如果这样说是正确的话，那么它就已经隐含了强烈的道德意识。至少，中国人对和谐观念的执着，是在道德的层面上去发展以及完成的。

进一步说，"和谐"（和）的观念和"道"是表里合一的。"道"虽然含义深广，但是它的定义不外就是说：自然与宇宙（cosmos）的发生、发展及完成的基本原理及动力都依循这个道。道在社会的运作，当然与它作为宇宙及自然的生生不息所表现出来的圆融、和谐与秩序是一致的。因为这样，我们认为人世的道与自然的道彼此和谐；所谓"人法地，地法天，天法道，道法自然"（《老子》，第二十五章）就是这个意思。这句话已经有非常长久的历史，它与中国思想中的天人合一观念，是出自相同的先验（a priori）假设。

"和谐"的观念带有很深厚的道德意义，因此中国的道和自然也充满道德的内涵。与中国类似的先验假设，是早从古希腊就已经出现的自然法（natural law）观念；自然法的观念到了罗马的共和时代晚期发展到高峰。人所创制的一切法律都是奠基于自然法。基督教兴起以后，自然法的观念就开始式微，被所谓的上帝的旨意所取代。教会因为不必依赖世界上的所谓"积极法"（positive law，就是人所创制的法律），所以创制了所谓的"教会法"（canon law; ecclesiastical law），倚赖的是神（上帝）的启示（revelation）。它因此不必假手于其他的法律。虽然我认为教会法也不外是积极法中的一种，因为它究竟是人写出来的，但是它宣称建筑于神的启示上面，于是可以取代一般的积极法，也因此高于自然法。中古基督教的思想家普遍认为，神直接告诉人（就是所谓的启示）应该如何创制合乎祂的旨意的法。[47]

我在这一段里特别提出有关自然法的讨论，主要就是因为中国思想传统所带有的基础假定，就是道与自然是和谐的，而两者又都是道德的。这样的假定正与西方自然法的基本信念有许多可以相互比拟的地方，它最后会对中国人的人格及庶民道德观产生重大的影响。当然，近代西方思想对自然法已经作了很多的反复讨论，并加以批判，而产生了相当世俗化的新看法。相较之下，传统中国的"人法地，地法天，天法道，道法自然"的信仰却没有得到充分的爬梳，也仍然是一般中国人在思考宇宙世界以及生活的道德面向时，怀抱的先验假定。

■ 自然法与理性的矛盾

十一二世纪之后，西欧神学家们从阿拉伯传回的希腊及罗马的哲学中重新发现了自然法的观念。于是在阿奎纳（St. Thomas Aquinas, 1225—1274）的神学里，自然法变成了上帝所创造的宇宙生成的法则。上帝的意旨与自然法是一致的，而自然法是人所能够发现与遵行的法则。上帝的启示如何与人用理智（reason）所能探索的自然法合而为一，这就成了阿奎纳神学的重心。[48] 阿奎纳对自然法的阐述虽然不放弃上帝的启示，但是他一样重视理智，[49] 认为理智会帮助人与上帝的启示相接，来完成上帝所创造的完美的宇宙及生活在其中的规律及道德原则。因此，启示与理智缺一

---

[47] 我在《类比、分析与自然法的传统》载本人编：《理性、学术和道德的知识传统》（台北：喜玛拉雅研究发展基金会，2003），页525–573）一文中对这个题目有了很初步的探索，但是这篇文章不够成熟，希望日后可以作进一步的思考与讨论。对自然法的讨论，可以参看 *International Encyclopedia of Social Sciences* (New York: The Free Press, 1962) 的 "natural law" 条，也可以参看 *Catholic Encyclopedia of Philosophy* (New York: Robert Appleton, 1911)。

[48] Eitenne Gilson: *Reason and Revelation in the Middle Ages* (New York: Charles Scribner's, 1966)。案，在本书中，我用"理智"来表示比较特定的在一个时代大多数人接受的"知识"，类近于常识，（参看第三章，注443）"理性"专门指从笛卡儿（René Descartes）以来，属于自然科学所用的狭义的理性。宗教家以及德国观念论影响下的哲学家们常常把后者包括在前者之内，而把世俗的、缺乏逻辑性格以及一般日常生活所需要的指示，当作是理智的对立物。我虽然不完全反对这样的用法，但是为了彰显科学理性的特别用法，所以在这里做这样的分别。韦伯认为自然科学的理性是一种工具理性，这个当然是德国观念论哲学的引申。

[49] 对近代中国影响很大的梁漱溟（1893–1988）在他的《东西文化及其哲学》（1921）一书中，提出"理性"与"理智"不同的说法，但是他后来对这样的提法也放弃了。可惜很多研究他的人，都没有注意他放弃这种说法的原因及重要性。

不可。这样的想法与希腊罗马的自然法并不冲突，而因此与中国思想对自然法的先验假定也有类似的地方，只是希腊罗马的宗教意味很淡，而中国则几乎没有。

自然法的观念本身因为是先验的假定，当然无法用后天的经验来验证它的可靠性，所以它含有权威性的危险。为什么这样说呢？因为先验的假定无法证明，所以由它所演绎出来的说法只在接受先验假定的情形时才有意义。如果不接受它，那么它所演绎的一切说法当然都无法接受。阿奎纳无法放弃启示的原因，就是希望用上帝的权威来补充自然法本身的缺陷。到了宗教改革的时候，马丁·路德（Martin Luther, 1483—1546）因此揭竿而起，把人类的理性（思想的自主性）完全放弃，认为人只能完全依赖上帝的启示来经营完美的生活。对马丁·路德来说，现实的世界几乎没有存在的价值——人活着唯一的责任就是等待上帝的救赎。[50] 这种极端的反理智主义，在卡尔文（Jean Calvin, 1509—1564）的神学里更发展成为所谓的"救赎预定论"（predestination）的说法，否认人在他自己的救赎过程里有任何角色可言，人活着，就是人生活得像一个已经被救赎的人而已——努力勤勉工作，特别是积累财富，并且做一个谦逊、忠实的教徒。[51] 这样的信念，否决了人的自主性（甚至于自由意志），更当然否决了自然法存在的意义或需要。启蒙运动时代，由于科学的发展，人又重新提出理性，扬弃宗教启示，并恢复自然法的观念，认为人生而能发现自然法，其结果就是人理智（乃至于道德生活）的自足（与自立）性。这样的信念当然必须放弃上帝，与宗教改革的重要信仰彻底背道而驰。但是自然法的基础是什么，启蒙时代的哲学家们就无法提出满意的解释。休谟（David Hume, 1711—1776）等人，因此提出人的"感性"（passion）或"道德感"（moral sense）的学说。[52] 不管他们提出的说法是否充分，重要的是他们都不再拿权威的上帝来作为他们思想的

---

[50] 就这一点言之，马丁·路德比圣奥古斯丁还要极端。虽然圣奥古斯丁也是一个反智者，但是他认为基督徒必须经营所谓的基督教王国（Christendom），以维护现世的秩序及正义。马丁·路德对这一点没有深入的探讨。

[51] 所以韦伯在卡尔文教义里发现了西方资本主义的伦理，后来有学者（Richard H. Tawney）主张西方的基督宗教（包括天主教与新教）对资本主义的发展都有贡献。参看本书第七章，注23。

[52] 由于"道德意识"的学说与传统中国思想（特别是孟子的"性善说"或"恻隐心"）有相似之处，我甚至于怀疑提倡"道德意识"的西方哲学家或许曾经间接受到中国的影响。不管如何，先验的自然法观念与中国的思想方式比较相近，应该可以比较。本书第七章第二节第四段对此有所论列。

基础。

西方 18 世纪以后的自然法因此不得不发展出民主及自由的政治思想，而在经济思想上，也开展出自由经济的信念，巩固了资本主义的发展。这一点在中西思想的比较上，是令人感到吊诡的一环，因为中国的自然法假设最后却发展出权威的思想，与西方的个人主义及民主思想大相径庭。近代中国的思想家们对西方批判自然法思想的浪漫思潮（romanticism）及民族主义（nationalism）比较感兴趣，这是明显的事实。

以上的讨论在表面上与教育史的研究没有直接的关系。但是事实上，由于思想或思潮本身在影响教育的理念与实践，用西方思想的历史来帮忙描绘中国思想的发展，有它的用处。在本书中（特别是第七章），我常常提到中国的权威人格，以及与它相关联的保守性。总的来说，这是自然法作为一个先验观念的内在缺陷，因为"它的基础是什么"这个问题难以解决。在西方，这个问题原来是用上帝的观念来加以解决，认为上帝就是自然法的基础。[53] 但是如上面所说，它会造成权威主义或威权主义，文艺复兴时代就是一个例子。当时教皇的威权达到了高峰，也因此造成佛罗伦萨主教萨佛纳罗拉（Girolamo Savonarola, 1452—1498）对文艺复兴价值的激烈批判和反抗，认为教皇简直替代了上帝。[54] 但是平实言之，文艺复兴的人文主义者并没有要抛弃上帝，而以人间的权威来代替。伊拉斯谟（Desidelius Erasmus, 1466—1536）就是最好的典型，而宗教改革时代的领袖也个个都是出色的人文主义学者，甚至于带领天主教改革的代表人物罗耀拉（Ignatius of Loyola, 1491—1556）也不例外。可见西方自然法的观念，至少到了 17 世纪仍然是必须与上帝的权威结合在一起的，否则他们无法克服上面所说的缺陷。

18 世纪以来，西方的思想家渐渐希望把上帝从宇宙驱逐出去，但是以什么来代

---

[53] 事实上，这是一个不能真正满足人的解决办法，因为神存在的命题毕竟无法用理性来证明。但是另一方面，自然法或理性的观念照样不能举出甚么足以服人的证据，因此两者都有诉之权威或政治势力的危险。西方的基督教教会（也就是说建立在圣奥古斯丁的"基督教王国"理论的教皇制度）往往是假教会的权威来安定社会，保障假象的正义或公义。

[54] 萨佛纳罗拉思想的真正特色在于它强调灵性（spirituality）。新教徒（特别是马丁·路德派）则重视他反对教皇的呼吁。一般认为路德受过萨佛纳罗拉的影响。

替上帝的权威，却从来没有一致的想法。到了 19 世纪，尼采（Friedrich Nietzsche, 1844—1900）的"超人"说法遂流行一时。这就是"上帝死了"的绝望呼声。没有了上帝，人类就没有最终的依靠，这是令人心寒恐惧的现实。萨特（Jean-Paul Satre, 1905—1980）说陀思妥耶夫斯基（Fyodor Dostoevsky, 1821—1881）的文学思想，可以用"如果上帝死了，人就什么事都可以做了"这么一句话来总结，[55] 这句话正是恐惧西方整个价值体系破产的写照。20 世纪的后现代主义危机是无神论的延续和具体体现。然而，也就是这整个追求放弃权威或威权的世俗化努力，民主自由的生活态度才得以建立起来。

■ 上帝的退场

上面说西方的自然主义想要逃脱上帝，结果造成没有权威或抛弃先验思想基础的困局。但是我也提及自然法的传统常常必须依赖威权体制（包括教会）的保障。后一点在西方抛弃了上帝以后，因为在人文主义里，建立了人的尊严、独立自由的思想，[56] 所以可以用民主制度来保障理性的运作和它作为先验观念的基础。就是在浪漫思潮席卷西欧的 19 世纪，历史相对论并没有令人怀疑理性、民主及自由的理想，顶多只是质疑理性是不是必要及充分的条件而已。事实上，19 世纪初首先提出浪漫主义世界观的赫尔德（Johann G. Herder, 1744—1803），根本认为多元的思想虽然令人觉得"一切都在动摇"，[57] 最后却会显出乱中有序，和而不同，或至少理一分殊。这就是说，秩序或共同的信仰基础还是继续着，但是他们有一种良心上的自觉，相信或认为和谐是理性活动的最后标的，可以借民主制度来完成。

---

[55] 很多人以为这句话出自陀思妥耶夫斯基的《卡拉马佐夫兄弟》(The Brothers Karamazov) 一书，甚至以为是他自己讲的。事实上，书中并没有这一句话，如果有类似的话，也是其中的伊凡（Ivan Karamazov）所说的，而不是陀思妥耶夫斯基本人讲的。不过这句话的确正确地表达出陀思妥耶夫斯基本人的关心。参看 David E. Cortesi: "Dostoevsky Didn't Say It," http://www.infidels.org/library/modern/features/2000/cortesi1.html。
[56] 马基雅维利（Machiavelli, 1469—1527) 在《论李维》(Discourses on Livy) 一书中认为，"现代人"既然已经丧失了古代（指古希腊罗马）人的英勇品德，那么就应该追求政治的自由，创立共和（民主）的政体。
[57] 这是特罗慈（Ernst Troeltsch, 1865—1923）的名言，引自 H. Stuart Hughes: Consciousness and Society: The Reorientation of European Social Thought 1890–1930 (New York: Alfred A. Knopf, 1958), p. 230。

缺乏民主制度，缺乏肯定人的尊严及独立的肯定的自然法传统，就会与西方的基督教一样，一定要依靠一个外在的权威来巩固它。它的思想方法因此是演绎的，认为上帝是一切事物及其生存原理的基本，并由祂来制订生活的准则和道德的依据，用它来解释宇宙及世界，这样的假定及方法论都是权威式的。所以替科学及理性革命鼓吹的培根（Francis Bacon, 1561—1626），主张方法学上，唯有用归纳的方法才能逃脱演绎法的陷阱，免于用权威来替代理性。这是今天西方思想及教育上，仍然敢于往无神的世俗化道路继续前进的根本理由。我个人认为他们已经成功地从自然法、演绎的方法论等等权威式的宇宙观（或应该说是先验假定）解放出来，并相信基本的人权及民主的实践，可以作为分歧的思想模式及各样不同的先验假定和平竞赛的标准。[58]

■ 知识人对历史的解释与中国传统教育

就传统中国思想史的发展经验看来，中国的思想基本上仍然是先验的，而且带有自然法的假设。但是在思想方法上，则比较近于所谓的"类比法"（analogy）。简单地说，类比法强调经验的可重复性，而相信过去的事实和现在或未来的事实可以比较，并且有一定的类比性。[59] 这就是为什么中国人被称为是最具历史感的民族。这种方法固然不类似于演绎法，但是也不同于归纳法。总体地说，中国在放弃超自然的神祇之余，并没有踽踽独行，像西方人一样，走入"壮丽的新世界"（brave new world），而是相信历史经验可以提供人类行为的准则，采信君子（更明确地说，就是负有占卜任务的"史"）的解释来作为道德的准则。所谓"殷鉴不远，在夏后之世"，或"周虽旧邦，其命维新"的这些话，都反映了古今可以"通变"的历史模拟假定和对它的信赖。君子（知识人）的责任大矣哉。中国至少从唐代开始，蒙学教材大量使用历史故事来教育儿童，其原因也不外如此。

---

58 当然，不可否认的就是这种公开竞争的民主信念，以及对它的信赖，基本上也是"先验"的，但是至少它除了游戏规则之外，没有先验的命题，也没有由它导引出来的内容。
59 请参考我在上面注49引到的《类比、分析与自然法的传统》。

由于知识人本身的教育受到儒学强烈的影响，而这些影响又在他们对历史的解释和"呈现"（representation；或作"再现"）上面表现出来，[60]因此最后就形成平民信仰中的所谓儒学正统，其权威性就自然被保留而且深化了。基本上，中国思想没有成功地从"先验"假定脱离出来，这就是中国的权威人格的一个由来。

本书特别重视传统中国庶民的教育，并且强调知识人在中国教育实践中所扮演的角色，目的不外在补足过去学者所忽略的课题。但是这个课题的提出毕竟是近三四十年来的发展，因此不能责怪过去的学者，更不能责备一般中国的学者，因为研究者的困境是双重的，一则来自学术研究条件的限制，但是更重要的不外是认为知识人的教育就是中国的教育这个传统想法。如果我们细心思考中国传统的教育，虽然很容易发现中国的庶民和知识人的生活态度和"哲学"往往有相当的距离，但是毫无疑问的就是大家都认为知识人以及负责教育的人（基本上就是知识人）都有责任填补这个差距。因此传统中国的教育史及其所依赖的史料往往是规范性的，使得现代人研究它们时免不了忽略庶民的教育。

当然，我不想强调知识人的生活世界与庶民的生活世界有不可测度的鸿沟。相反地，我认为不仅中国人很少相信有这么一个鸿沟，就是在生活的现实里，这个鸿沟也不是非常的明显。在我看来，中国传统只有一个教育，而这个教育在儒家的影响之下，通过知识人对历史的解释和呈现，造成一种重视历史（人类经验）案例、接受历代知识人的教化的权威人格。这就是本书对中国传统教育的结论。

---

[60] 二十四孝的故事，以及历代画家对它的爱好都是知识人的抽象信念在庶民生活中的"再现"或"呈现"（representation）。

第三节　关键论点

现在简要概述本书的关键论点。在此加以概述有其用处，因为我认为这么做将有助于读者理解中国教育思想家与决策者经常视为理所当然的若干立场。这些假定皆奠基于两千多年来累积的经验与哲学论述，并且界定了中国的教育史与教育经验。

首先，儒家经学的发展及其对中国历史的影响，无疑是中国教育演变当中最重要的面向。我在本书中不少章节都试图剖析经学的发展过程（尤以第三章为主）。探讨中国传统教育史，绝对不可能不谈及这项主题，这是一项极其复杂的发展。

其次，教育体制观念的演变显示中国人一直不断摆荡，一方面希望教育能够作育英才，另一方面又希望教育能够有助于政府的治理。政府则必须在这两者之间取得平衡。科举考试的出现，使得官学成为人才招募机制的一部分。不过，官学在推广官方认可的意识形态方面虽然持续扮演了一定的角色，其重要性却不久就遭到私人创办的地方性民间教育机构所挑战。科举制度所扮演的角色，则是中国教育传统当中最具争议性的一点。自从宋朝（甚至更早之前）以来，严肃的思想家全都把科举考试视为必要之恶。由于像陶渊明这样的人仅是凤毛麟角，因此可以说科举制度造就了中国人不断自责，而却又不断为自己寻求借口的人格。

第三，儒家和理学思想家都非常重视"学以为己"的理想。这项传统有助于我们了解士人为何把思想上的疏离视为一种修身的方式。中国教育传统的一大矛盾，就是社会关怀竟以珍惜退隐精神为前提。官学影响力臻于高峰的时期，也正是退隐思想最盛的时候。[61] 这种辩证关系是中国知识界一再出现的主题。到了15世纪，随着专制统治的出现，退隐就不再是个人的自由选择。这时候，整个中国可以说就是一座庞大的官学。

第四，由于科举制度深受重视，年龄与学识程度就此脱钩，这点颇值得注意。这样的教育哲学强调学生必须精通一套价值观或经学典籍。学习的成果才是重点，过程则无关紧要。如此一来，"童年"就成了质而非量的概念。[62] 童年唯一较受重视的时期，是在魏晋南北朝与宋朝。这两个时代都出现了重要的启蒙教材。不过，根据阿赫叶（Philippe Ariès）的论点，把"儿童"视为不同世界的个体，不一定有益于儿童的人格发育。[63]

第五，道学教育的实践及其道德人格的理想是塑造传统中国晚期教育最重要的影响力。儒家正统（Confucian orthodoxy）的兴起其实并不完全与道学思想的发展密切相关。无可讳言，创建明朝的专制皇帝朱元璋所实行的各种严苛的教育措施，有许多确实都源自道学思想——尤其是朱熹一派（可简称为"理学"）；但道学在教育方面的思想，却是一再致力于解放个人的道德自我，企求摆脱威权的桎梏以及科举考试的压抑。这是帝制中国晚期教育发展的一大主题。

最后非常重要的一点：许多人常误以为儒家思想是中国教育发展过程中唯一而且僵固不变的影响力。不过，中国经学传统的诠释学研究指出，儒家思想其实一直

---

[61] 即宋朝期间，当时官学体系已为常态。不过，宋朝知识人也开始发展出一套退隐的哲学。这种思想上的退隐乃至隐士的思想，在元朝臻于巅峰。See Frederick W. Mote: "Confucian Eremitism in the Yüan Period," in Arthur F. Wright, ed.: *The Confucian Persuasion* (Stanford: Stanford University Press, 1960), pp. 202–240。

[62] 请参见我对 Anne Behnken Kinney, ed.: *Chinese Views of Childhood* (Honolulu: University of Hawaii Press, 1995) 的评论，载 *China Review International*, Vol. 4, No. 2 (1997), pp. 454–457。

[63] 一般人总是认为，能够对"童年"这样的个人发育阶段有所认知必然是好的，但阿赫叶指出，这种观点也会创造出一个监狱般的世界，把儿童隔离于成人的世界之外。参见 Philippe Ariès: *Centuries of Childhood: A Social History of Family Life*, tr. by Robert Baldick (New York: Vintage Books, 1962), pp. 411–415。另外有一点也值得一提：魏晋南北朝时期虽有不少讨论都把"童年"视为人生的一个阶段，有别于青少年或成年，但是当时的青少年（甚至更年少的儿童）却也有获准进入太学就学的例子。

不断变化，其他思想传统对协助儒家思想的成长与变化的贡献更是无可估量。这点绝对不该忽视，更不该视而不见。这是中国教育史上一项最重要的主题，却经常遭到学者的忽略。要了解中国的教育发展，绝对必须把这点铭记在心。[64]

---

[64] 参阅本书的《附录》。该附录是应 2011 年北京论坛之邀请而写成的，已在本书完稿之后，对中国传统教育的特色有比较完整的思考。

第二章

中国传统教育制度：学校与考试

最早的"学校"可追溯到公元前第二个千纪的初期，在商朝，这点可见于若干甲骨文的记载。当时的人把龟甲或牛骨用于占卜，再把占卜结果刻在这些骨头上。[1] 从这些铭文中，我们可以看出当时已经有贵族的学校。

我们对当时的学校所知无几，更不知道那些学校的目的以及教育内容。不过，到了公元前 1050 年左右的周朝初期，状况就不同了。周朝统治者维持了学校的存在，用以培育贵族子弟，而且学校的主要目的非常明确，就是要训练年轻人为周王服务。[2] 这项教育理念在中国官学教育的历史上特别重要。中国教育制度的发展史，

---

[1] 陈邦怀研究过一片著名的甲骨，其上的文字记载可证明当时已有学校。这项研究引自杨宽：《我国古代大学的特点及其起源》，载氏著：《古史新探》（北京：中华书局，1965），页 197–217。这片甲骨上的卜辞记载着："丙子卜贞，多子其延学，返不遘大雨？"另一段卜辞也值得一提："壬子卜，弗酒小求，学。"见胡厚宣：《战后京津新获甲骨集》（北京：群联出版社，1954），片号 4245，页 209；转引自孙培青：《中国教育史》（上海：华东师范大学出版社，1991），页 24。

[2] Herrlee G. Creel: *The Origins of Statecraft in China* (Chicago: University of Chicago Press, 1970), pp. 406–409.

基本上就在于如何落实这项教育理念。因此，本章的重点在于介绍训练学生为政府服务的机构，同时也探讨科举考试。科举制度体现了儒家对人才教育和政府服务的信念。不过，科举制度付诸实行之后，不但显现出人性追求显达的缺陷，也带来了第一章所提到的保守主义。当然，中国教育理想不仅限于官学与英才教育的信念；但无可否认的是，这两者确实是中国教育史的核心。

第一节　教育机构的变迁（I）

1. 古代传说的学校与射箭的理想

中国人理想化了古代的学校，把周朝统治者设立的学校称为"辟雍"，诸侯设立的学校称为"泮宫"，《礼记》则是这些学校的权威教材。"辟雍"意为"深沟围绕的土墩"，"泮宫"则是"半圆形的深沟"。[3]据说这些学校都邻近于水塘与森林，因此大部分的学者都认为这些"学校"以教导军事知识为主，也就是驾驭车马和射箭。这些学校显然具有军事性及贵族性的教育目的。[4]一般认为，至少从孔子的时代以来（公元前第六至第五世纪；公元前551—前479），射箭竞赛就都伴随了所谓的"乡饮酒"的典礼。由此可见，礼仪在孔子的时代具备了公平竞赛的意义，所以竞赛参与者可以学得竞赛活动（尤其是体育）中的教育目的。谈到这点，就不禁想起孔子的那句名言："君子无所争。必也射乎！揖让而升，下而饮，其争也君子。"[5]射箭与学校考试的连结，成了一项教育的传统。早在公元前第一世纪末，汉代太学生已习惯用箭射下贴有考试问题的鹄的（目标）。[6]

地位较低的贵族及平民，在这段时间可能也有接受教育的机会，但无法确认是什么样的形态。[7]我们只能说，至少从春秋（约为公元前771—前483）晚期以来，就有人谈到古代的各种中央与地方学校，好像平民也有在地方学校受教育的机会。不过，大部分史学家还是倾向只探讨政府设立于首都的学校。

---

[3] 见 H. G. Creel: *The Origins of Statecraft in China*, p. 407 (note 73)。有些学者似乎认为"成均"才是最早的学校。关于成均的资料，请参见本书第三章注3。
[4] 有关高等教育制度的古代文献与近代考古证据，请参见杨宽：《我国古代大学的特点及其起源》。
[5] 《论语·八佾第三》，第七章。
[6] 《汉书》，48：3272。
[7] 一组西周铜器的铭文显示当时已有"小学"可供贵族子女就读。古代的其他正规学校则是要到汉代才见得到相关记载。《周礼》提到古代学校体系的详尽"纪录"，清末学者黄绍箕因此认为当时的学校达 12,372 所之多。见黄绍箕：《中国教育史》，转引自张瑞璠主编：《中国教育史研究·先秦分卷》（上海：华东师范大学出版社，1991），页18。当然，这些恐怕不能当作是真实的记载，而是《周礼》撰述者对古代的想象及对教育理想的发明。

政府对教育的影响力特别鲜明,但政府的权力到了公元前6世纪已告式微,以致贵族再也无从享有统治者的保护。许多低阶贵族开始以自己拥有的贵族知识谋生,教导愿意学习的人。这些贵族通常称为"儒",也就是学者的广义称呼。不过,就他们具备的知识本质来看,"儒"通常专精于礼,甚至武术。后来,这个称呼转为代表受过教育的人士,尤其是杰出或备受敬重的儒家学者。

孔子和战国时代(前483—前221)大多数的思想家一样,都是私人教师。一般认为孔子是最受尊敬的私人教师,但他没有留下长久的"制度性"的机构。其他许多思想家同样影响了追随者,从而成为"学派"的创始人。但是学派是思想的流派,不是制度性机构。私人教师毋须设立制度性的机构,即可在门徒身上留下自己的思想印记。我们必须先了解这一点,才能理解中国教育理想以及后来出现的"书院"这种教育机构。自从孔子的时代以来,制度性机构的发展就似乎从来不是中国教育者的关注重心。尽管如此,探讨中国教育史还是不能不详细讨论学术机构的发展。如果要了解中国教育传统如何流传于后世,就必须仔细研究常设的教育机构(通常由政府资助)的起源与发展。以下因此讨论制度方面的发展,而把个别的教育思想家及教育思潮留待第三章来讨论。

2. 稷下学宫

战国时代至少有一个重要的"学校"机构,就是齐桓公在公元前360年左右设立的"稷下学宫"("稷下"指齐国都城大门附近的地区;齐国位于当今的山东临淄)。[8] 这所学校是为了因应时代需求而建立的。战国时代竞争非常激烈,因此也就需要许多的新思维。齐桓公与他以后的统治者邀集各方学者到学校里讲学及辩论。在全盛时期,稷下学宫里曾有一万名以上的学者与学生。这所学校最知名的思想家,

---

[8] 关于这所学校的早期文献,请参见张秉南辑注:《稷下钩沉》(上海:上海古籍出版社,1991)。这所学校通常称为"学宫",但也经常可见其他称呼。关于稷下学宫的近代研究,请参见胡家聪:《稷下学宫史钩沉》,《文史哲》,1981年第4期,页25–33。

就是出色的儒家思想家荀子。他曾被任命为学宫的"祭酒"。[9] 不过，由于齐国地处中国东方临海的地区，以偏好充满想象力及神秘性的思维而著名，因此宋钘与尹文等道家思想家与稷下学宫的关系也相当密切。[10] 这所学校必然采取了广纳百家的做法，因此儒家与道家思想家都对它有正面的说法，可谓钟爱有加。

历史记载显示稷下学宫是一所具有浓厚私人性质的官学。所谓"私人性质"，我指的是这所学校开放予私人学者利用校内设施讲学授徒。相关记载都共同强调一点（一项重要事实，至少也是当时的信念），即政府只单纯提供硬件环境，让学者得以聚在一起，互相辩论和交换意见。除此之外，则几乎无所干预。有关这所学校的各项记载，几乎从一开始就一再强调这种不受官方掌控的特性。

除了演讲与教学活动之外，这所学校的学者也编纂了不少重要古籍，其中以《周礼》最为著名。[11] 在那个古老的时代，竟然有诸侯国愿意纯粹为了教育的目的而资助一座规模如此庞大的学习机构，实在令人难以想象。当时齐国非常强盛，并且因为资助这所学校而吸引了许多有才学禀赋的学者，齐国也因此达致网罗天下贤才的目的与美名。后人所以对齐国政府的慷慨资助有正面的评价，主要就是因为这样的政策反映了儒家思想中一项根深蒂固的信念：要维系一所教育及研究机构以供学者做学问以及交换意见，政府绝对必须扮演重要的角色。除了儒家对这所学校的记忆之外，稷下学宫也是道家思想的重要温床。这种广纳百家思想的做法，相当程度反映了一种看待知识的现实或实际的态度，至少可以说是齐国统治者的态度。这种以实际眼光看待知识论争的作风，也是中国教育经验中相当显著的一部分。

---

9 "祭酒"之名最早见于《史记》，74：2348，后来广泛用作政府里各种首长的称谓，在东汉首度成为太学负责人的官方名称。

10 侯外庐曾简略介绍这两位鲜为人知的道家思想家，见侯外庐主编：《中国思想通史》，第一卷（北京：人民出版社，1956），页351–354。关于齐国与道家思想的关系，参见陈寅恪的经典著作：《天师道与滨海地域之关系》，载中研院历史语言研究所编：《陈寅恪先生论集》（台北：中研院历史语言研究所，1971），页271–298。战国时代的齐国文化以开放与重商为特色，但学者也注意到其中有许多想象力丰富的作品，后来都受到道教思想的认同。有关齐国文化的开放特质及其经济制度，请参见张富祥：《齐鲁文化综论》，《文史哲》，1988年第4期，页3–11。

11 关于这部典籍的编纂历史，请参见徐复观：《周官成立之时代及其思想性格》（台北：台湾学生书局，1980）。另见钱穆：《周官著作时代考》，载氏著：《两汉经学今古文平议》（香港：新亚研究所，1958），页285–434。

稷下学宫虽然是个吸引人的学术理想，对于后代的教育机构却没有实质的影响。这所学校留下的遗产，主要在于儒家与道家思想家都极为珍惜这种由国家支持的开明学术环境。不论儒家或道家学者，都认为政府有责任提供安全或甚至开明的机构，让知识分子能够在其中聚会、交流及相互问学。然而，这种想法同时也似乎在暗示说，私人学者没有责任去创造这样的环境。

由中央政府设置高等学校，并且由这些学校雇用或至少在名义上资助学者聚会以及编纂学术著作，[12] 这种传统在其他诸侯国也同样见到。儒家学者非常重视国家资助的学术机构，留下了许多记载，提及战国时代的当权者如何不惜大费周章延请及资助学者，并且聆听学者的建议，而其中许多自然都是儒士。这些记载描述了那个时代的统治者花费极大心力吸引才智杰出的学者为己所用，却很少提及当时制度性机构的背景。尽管如此，高等教育（而非基础教育）的观念正是这样开始成形的。

因此，我们应该从这个角度理解稷下学宫。既然这所学校的目的在于吸引优秀的学者，当时的人也就特别为学校里那群地位崇高的成员创立了一项称呼，叫做"博士"（意为学识广博的官方学者）。博士制度从此成为中国高等教育制度里最长久的一项特色。

3. 博士制度与汉代太学

博士一词和博士职位的任命，始于战国时代末期。早期的记载明确指出，博士的职责就是要教导学生，并且为政府面临的困难议题提供意见。儒家学者不断努力要建立稷下学宫与博士制度之间的关联，[13] 但这项制度后来却为秦朝所接收，因为秦国吞并了其他诸侯国，在公元前 221 年统一了中原。除了学术研究之外，博士官

---

[12] 稷下学宫有些学者以自己不受雇于齐国官方为傲。《史记》，46：1895。胡美琦：《中国教育史》（台北：三民书局，1978），页 102。

[13] 刘安（公元前 179—122），号称淮南王，也在身边收留了许多学者。他这样的做法常被称为是稷下学宫的延续，或至少是种模仿。若欲了解刘安的生平，请参见 Roger T. Ames（安乐哲）: *The Art of Rulership: A Study in Ancient Chinese Political Thought* (Honolulu: University of Hawaii Press, 1983), pp. ix–xvii；《史记》，118：3080–3094。

还承担了其他许多战国时代发展出来的种种责任。事实上，为秦国所征服的其他各国的博士们想必也开始负担各式各样的任务。由现代的观点来看，当时的博士所研究或追求的某些知识，恐怕会令人大感意外。举例而言，在始皇28年（前219），秦始皇正准备搭乘渡船横越湘江，却遇上暴风雨，以致渡船差点翻覆。秦始皇听闻湘江有个"湘江之神"（湘君），于是要求随行的博士向他说明湘君是谁。[14] 由此可见，术士可能也是博士的起源之一。不过，由于儒家学者系统地修改了所有的记载，我们现在只知道博士基本上就是有学问的人。当时人认为博士在治理国政方面拥有广泛的知识，包括秦始皇在渡河之前应该举行的仪式。

稷下博士共有70人，[15] 负责教导学生比"六艺"更广泛的知识。[16] 当时的人既然期待博士拥有如此广泛的学识，可见他们在选择教导哪些知识上应该具备相当程度的独立性。

在秦始皇的"焚书"政策之后，博士制度并未完全中断，并且在汉朝推翻秦朝（前205）之后再度出现。[17]

■ 汉代的博士

汉朝继续任命博士，[18] 但博士制度在汉武帝在位期间（前179—前157）出现了重大改变。武帝下令成立一所学校（前124），并且要求博士把教学内容局限于五经当中（《诗》、《书》、《易》、《礼》、《春秋》），而获得任命的博士人数也大幅缩减至七人。每人负责讲授五经学习中的一个学派。一般并不认为这项决定具有特别的重要性，却反映了儒家思想在这个时期获得独尊地位的知识转型现象。后来，随着五经

---

[14]《史记》，6：248。
[15] 胡美琦推测认为，"七十"这个数目是基于我们知道孔子有70个有名可考的门生。她还指出，稷下学者的数目介于72至76之间，也是反映了孔子门生人数的"七十"那个数字。参见她的《中国教育史》，页101、140。
[16] 胡美琦认为学习科目的拓展源自孔子，"百家"的兴起也是因为孔子向平民百姓"开放讲学"。因此，官学也就不再把教学范围限制在"六艺"当中。参见她的《中国教育史》，页139。
[17] Derk Bodde: *China's First Unifier: A Study of the Ch'in Dynasty as Seen in the Life of Li Ssu* (280?–208 B. C.) (Leiden: E. J. Brill, 1938), pp. 164–166.
[18] 有些博士持续教导各种不同知识，也拥有自己的学生；但许多博士也在皇帝身边担任各种事务的咨询顾问。

诠释及注释的版本与学派的增加，愈来愈多获得纳入教学内容里，博士的人数遂在东汉中叶以后也逐渐增加到了15人。[19] 这15位博士同样每人负责教授五经的一种版本或者注释。

这所学校命名为"太学"，原本只有50名学生，主持人称为"仆射"。[20]

太学设于首都长安（今陕西西安），拥有自己的校园和建筑。这是迈向官办高等教育机构的一大步。太学教育（由政府任命的教学官员主持及管理）就此成为往后一千年间中国高等教育实践的重要传统。

太学在汉朝期间持续发展。到了西汉（前205—209）末年，政府（前25）首度发布了博士资格的一般规范："明于古今，温故知新，通达国体。"[21] 这项规范与汉武帝建立太学之时的构想是一致的。如此一来，博士即是专精经学及其他知识的学者，并且必须为皇帝提供咨询。

■ **王莽与太学**

太学的规模在西汉末年大幅扩张，在王莽篡位后的短暂掌权期间（9—23）尤其如此。公元2世纪一部探讨长安的著作指出，太学在王莽治下"筑舍万区"，有宿

---

[19] 王国维的《汉魏博士考》是这方面的一份经典论文，载氏著：《观堂集林》（台北：艺文印书馆，1956，重印1923年乌程蒋氏密韵楼本），4：43-55。熊明安：《中国高等教育史》（重庆：重庆出版社，1983），页79。15个学派分别为：《诗经》注释的三个学派（鲁诗、齐诗、韩诗）、《史记》注释的三个学派（欧阳书、大夏侯书、小夏侯书）、《礼记》的两个版本（大戴礼、小戴礼）、《易经》注释的四个学派（施氏易、孟氏易、梁邱易、京氏易），以及《春秋》注释的三个学派（严氏公羊、颜氏公羊、穀梁春秋）。王国维是第一位系统性地研究博士制度的现代学者。近来有一部较为新颖的综论，请参见杨鸿年：《汉魏制度丛考》（武汉：武汉大学出版社，1985），页164-190。

[20] 参见《后汉书》，志25：3572；杜佑：《通典》，王文锦点校（北京：中华书局，1988），27：763。"仆射"的字面意义为"战车上的弓箭手"，汉朝有不少政府单位的主管都称为仆射。东汉期间，太学主持人改称"祭酒"，呼应了当初稷下学宫以荀子为祭酒的历史。

[21]《汉书》，10：313。案："通达国体"一向没有注家特别解释它。但是班固写的《贾谊传赞》，引用了刘向的话，话中有"通达国体"之言。一般人谈到司马迁和班固对贾谊的看法，都指出班固特别重视贾谊的政论，与司马迁专收其赋作有很大的不同；班固更舍弃司马迁原来的赞，而重撰新赞。由此可见"通达国体"的原意与政治运作及文书有密切的关系。

舍、房间及其他市场等等。[22] 王莽也大幅增加博士人数，于是每一门科目不再只有一名博士负责授课，而是有五名。

王莽为了让舆论接纳他即位为帝，于是按照当时的天人感应及自然现象反映世事发展的思想，举行了一连串精心策划的仪式。[23] 这些仪式反映了汉朝意识形态及教育所强调的重点，也强化了太学的声誉及地位。于是，太学生也就成了对他的篡位行为支持力度最大的一群。王莽精心培养太学生的作为恶名昭彰，从此造成太学生的影响力逐渐提高。即便在他被弑、短命的新朝也因此崩解之后，太学生的影响力还是不断膨胀。

■ 东汉的发展

太学的势力在东汉（25—220）期间持续茁壮。东汉开国皇帝光武帝（25—57在位）在公元29年于新都洛阳城内兴建了新的校园，并且任命14名博士，每人负责讲授一门科目。[24] 为了落实太学教育的仪式性质与内容，后续继任的皇帝又下令兴建新建筑，也把其他若干建筑纳入太学当中，其中包括辟雍、明堂与灵台，都是当初王莽为了篡汉而兴建的建筑。[25] 这些建筑显示了他对礼仪教育的重视。东汉历任皇帝不但感受到臣民要求这些象征性活动的压力，也注意到了这些活动的实用性，于是决定继续兴建相关建筑。这些建筑于公元56年完工，全都位于太学校园内。[26]

---

22 《汉书》，99：4069；Homer H. Dubs: *The History of the Former Han Dynasty* (Baltimore: Waverly Press, 1938—1955), vol. 3, pp. 191–192。案：《王莽传》本身没有出现"太学"的字眼，这里也只说是"为学者筑舍万区，作市、常满仓，制度甚盛。"但是一般学者都认为这里指的是"太学"。

23 有关这些思想的讨论，请参见本书第三章第二节第一段。Homer H. Dubs: *The History of the Former Han Dynasty*, vol. 3, pp. 191–192。

24 如果把祭酒包括在内，则共有15名博士。《后汉书》，25：3572。另请参见前注19（但《榖梁春秋》的注释不含在内，因为当时这门科目还未纳入博士的教学内容）。亦见本书182页表4。

25 辟雍最早于公元前8年由刘向提议兴建，却没有下文。见《资治通鉴》，32：1049–1050。后来，王莽为了夺权而做了许多准备工夫（包括兴建明堂与灵台），也在公元前5年兴建了辟雍。见《汉书》，99a：4069；《资治通鉴》，36：1152。另参见 Homer H. Dubs: *The History of Former Han Dynasty*, vol. 3, p. 191。至于太学、辟雍、明堂，以及王莽于同时间兴建的灵台等几座机构有甚么不同，请参见 Homer H. Dubs: *The History of Former Han Dynasty*, vol. 3, pp. 191–192。

26 《后汉书》，79：2545–2546。

太学生主要来自官员的家族，有些则是获得地方官员的保荐。虽然大多数的太学生都来自地位显赫或势力强大的地方家族，当时的观念却认为只要是具有学术潜力的年轻人，都可以在没有正式资格的情况下进入太学。太学生可能是未来的官员，齐集于首都也让他们有丰富的机会参与国家政治。他们的教育以经学为主，并且严肃地修习礼仪，因此也就自然会以崇高的道德角度看待政治。[27] 在167与168年间，由于透过宫廷政治掌权的宦官擅权，败坏朝政，全体超过三万名的太学生，[28] 因此群起抗议。一连串的抗议活动造成"党锢之祸"，并且一度有超过一千名太学生遭到逮捕。[29] 但整体而言，政府显然还是偏好任用太学生，在178年甚至还另外设立了鸿都门学以吸收更多学生，而且这些学生全都获得授予政府职务的保证。[30] 总而言之，太学在汉朝的官僚招募当中扮演了重要角色，在首都长安的教育及政治运作中也是活跃而且深具影响力的一员。

4. 汉代的地方学校

地方官员承担教育责任的情形，最早可追溯到秦代。乡级官员就负有"教化"的责任。[31] 不过，却没有任何文献显示这种官员（称为"三老"）[32] 如何推行教育活

---

[27] 太学学生似乎可以与家人都入住太学，有的人留在太学数十年，年纪超过60岁。参看《后汉书》，8：338；25：873。

[28] 太学在顺帝（125—144在位）统治期间扩大规模，学生超过三万人。见《后汉书》，79：2547。有的西方学者直觉地认为三万这个数目不可靠。

[29]《后汉书》，8：333。关于汉朝太学生政治运动的讨论，请参见本书第六章第二节第一段。关于党锢之祸，可参见Denis C. Twitchett and Michael Loewe, eds: *The Cambridge History of China, vol. 1: Ch'in and Han Empires, 221B.C.–A.D.220* (Cambridge and New York: Cambridge University Press, 1986), pp. 327–333。

[30]《后汉书》，8：338–341；78：2525。

[31] 最小的行政单位是"里"。里差不多就是个小村庄，里长主要负责安全。近来有一部简述汉朝地方行政的著作，利用了1975年在湖北睡虎地的秦墓挖掘到的遗物提出详细的看法，见林剑鸣：《秦汉史》（上海：上海人民出版社，1989），页105–113。至于地方教学活动的讨论，请参见 Martin Powers: *Art and Political Expression in Early China* (New Haven: Yale University Press, 1991), pp. 335–338。

[32] "三老"就是年纪大已经退休的长者，主要是负责教化、调解纠纷的半官方的人。"三老"一词最早出现于《礼记·礼运》，到了东汉章帝（75—88在位）期间仍然存在，见《后汉书》，3：136–137、143、149–150。但这个字眼在此时乃是指乡间的长老，而不是官员的名称。又，秦朝的"三老"会不会是汉朝制造出来的记忆？

动。在公元初始之际，汉朝实施了一项规范，规定所有地方行政单位都必须建立学校：国设学，县、道、邑设校，乡设庠，聚设序。[33] 这些学校想必也都雇用了教师，在学、校教导"五经"，在庠、序教导《孝经》。这样的图像看起来虽然相当美好，但不可径自以为这是当时的常态，只能说是一种理想。

■ 文翁兴学

在汉武帝之前，地方层级几乎没有制度化的教育活动。但就在这时，西南蜀（今天的四川）一个名叫文翁的人（可能只是传说人物）[34] 决定主动创立学校，教育年轻人。文翁的传记详细描写了他的学校，以及这所学校的毕业生如何进入太学进一步接受教育，后来并且进入中央政府任职。[35] 这样的记述，不禁让人怀疑他的学校与政府的教育规划及意识形态关系紧密，说不定也帮助了地方官员向国家的官员选拔考试推荐人选。[36] 无论如何，根据文献记载，这所学校获致的成果促使汉武帝下令各郡（汉朝全国约有130个郡）设立类似的机构。当然，可以想象的是，即便是这么有限的"普及教育"，在当时主要也还只是纸上谈兵而已。尽管如此，文翁的故事仍然备受重视，后代官员设立地方学校的时候，也经常声称自己受到他的启发。

■ 乡饮酒礼

汉朝历任皇帝仍然不时发布诏书，规定各郡应如何教授经典，以及郡以下的行政单位该如何设立学校。这些诏书又以公元29年的明帝诏最具重要性，当中制定了

---

[33]《汉书》，12：355。关于汉朝的地方行政单位，参见 Hans Bielenstein: The Bureaucracy of Han Times (Cambridge: Cambridge University Press, 1980), chap. 3；Twitchett and Loewe, eds: *The Cambridge History of China*, vol. 1, pp. 470–479。"学"与"校"从此成为学校的标准称呼。在汉朝及后代的文献中（清朝除外），很少见到"庠"和"序"作为实际学校的名称。关于这些学校称呼的起源、用法以及意义差异，请参见吕思勉：《读史札记》（上海：上海古籍出版社，1982），页446–454。

[34] "文翁"字面上的意思是"有教养的长老"。汉朝初年，有人在成都创办了地方学校，但他的姓名在公元二世纪即已失传。文翁会不会就是那位神秘的创办人？文翁虽然据说生在武帝年间，司马迁却没有提到他。他的传记最早见于公元一世纪下半叶编纂而成的《汉书》，89：3625–3627。

[35] 同上。

[36] 关于汉代招募官员的方法，详参见本章第三节第一段。

乡饮酒礼与祭祀周公及孔子的礼仪。[37]不过，却没有什么证据显示这份诏书的命令受到认真看待，而且个别官员对于如何落实这些规定很可能也享有相当大的裁量权。

重点是地方学校确实依循教育观念而建立了。如果说普及教育就是提供学校让合格的男童就读，那么汉朝确实接纳了这样的理想，并且相信政府可因设置这些学校而获益。此外，汉代的百姓认为设立地方学校是政府官员的责任。在当时的一般观念里，努力设立或维系地方学校的官员，就是比较优秀的官员。[38]不过，这些学校的教育质量又是另一回事。私人经学家似乎更能吸引到优秀的学生。[39]毕竟，经学是所有知识活动当中极为重要的一部分，连数学这门实用知识也不免相形失色。

■ 汉代地方学校的没落

地方性的官学教育在汉朝末年趋于没落。不过，当时也有人试图重振地方官学，尤其是在曹操（155—220）及他儿子曹丕（187—226）统治下的北方。[40]由于推行了著名的九品官人法（本章后续会再谈到），因此不难理解他们为何如此关注政府对教育的涉入，甚至包括基层行政单位与边远地区。当时经学家私自授徒的风气臻于高峰，成了社会与教育的主要潮流，但曹操父子的努力仍然获得了一定的成效。没有任何证据显示蜀、吴两国也曾经试图设立地方官学。此外，也没有记录让我们看到三国时代地方官员召集了任何形式的讲学聚会，更谈不上设立正式的教育机构。

---

[37]《后汉书》，4：3108。关于乡饮酒礼，请参见《仪礼》。至于这项典礼在汉朝首度举行以及后代延续的举办方式，见吕思勉：《读史札记》，页1258–1259。吕思勉在文中引用文献，指出公元前21年曾有博士主持这项典礼。公元29年的诏书之所以重要，乃因这份诏书首度要求地方的官学奉行这项典仪。

[38]例如丹阳（今安徽宣城）太守李忠，因为"丹阳越俗不好学，嫁娶礼仪，衰于中国"，而兴建了一所学校。《后汉书》，21：756。在辰阳（今湖南辰溪）担任长官的宋均，也建立了一所学校，以便矫正"其俗少学者而信巫鬼"的现象。《后汉书》，41：1411。

[39]因此，地方官员可能直接补助或接管私校而为官学的目的服务，称之为"义学"。见《后汉书》，79b：2574。"义学"一词后来经常用来指称供穷人子弟就读的慈善学校。佛教徒也用这个字眼指称传授佛教教义的学校。

[40]203年要求恢复地方官学的命令，内容包括户数超过500的县必须任命"校官"，负责召集教导地方上天资聪颖的男童，也规定各郡及各侯国设置学校。见《三国志》，1：24。

5. 汉代的私人教育

汉代教育一项引人注目的特征，就是经学家自己经营学校的重要传统。[41] 这项传统启发了后来世世代代的私人教师。即便是官方任命的博士，也有自己私收的学生。这种做法在西汉末年大为盛行，后来更是广为普及。私人经学家经常吸引成百上千的学生，以致太学都不免相形见绌。像马融（79—166）或郑玄（127—220）这样的著名学者，都拥有自己的私学。郑玄原本是马融的门徒，但马融门下的学生经常多达数千人，因此郑玄一直是跟着马融的学生助教学习，三年后才首度有机会和马融面对面交谈。[42]

■ 精舍

教师的住所通常称为精舍或精庐，这个名称后来在佛教与儒家传统的教育实践中也沿用。[43]"精"字原指维持人生命的气的精髓，[44] 正适合用来描述经学大师吸引及影响门徒的效果，而这也正是经学家在讲堂里所追求的核心要义。"精"的概念与大师的学问之间还有另一个层面的关联，也就是个人可以在大师的学问当中找到自身学习的精髓。学校的所在地点也值得一提：当时并未强调学校必须设立在与世隔绝的深山里。汉代的经学大师和后来的佛教僧侣不同，并不特别受到优美风景的吸引，也不认为学习的成果和学习地点的自然环境脱不了关系。

---

[41] 这方面有一部极为详尽的研究著作，搜集了所有直接相关的资料，即余书麟：《两汉私学研究》，《师大学报》，第11期上（1966），页109–147。
[42] 《后汉书》，35：1207。见吕思勉：《读史札记》，页675–678。
[43] 参见拙作《精舍与书院》，《汉学研究》，第10卷，第2期（1992），页307–332。我在文中指出，道士也以"精舍"称呼他们的宗教建筑。
[44] "精舍"一词最早见于《管子》，用于指称人的生理功能。见戴望：《管子校正》（台北：世界书局，1966，重印"四部备要"本），49（《内业》）：270。"定心在中，耳目聪明，四枝坚固，可以为精舍。精也者，气之精者也。"

■ 远求名师

经学大师不但讲学，也给予学生个别教导，所以他们才能吸引远方的学生，有些名师吸引的学生人数甚至多达百人乃至千人。许多记载也提到学生不惜跋涉千里，只为亲炙大师的讲学。有个名叫原别的人（生于3世纪），留下了这段求学故事：

> （原别）欲远游学，诣安邱（今山东的安邱）孙崧。崧辞曰："君乡里郑君，君知之乎？"原答曰："然。"崧曰："郑君学览古今，博闻强识，钩深致远，诚学者之师模也。君乃舍之，蹑屣千里，所谓以郑为东家丘者也（案：东家丘意指不识泰山）。君似不知而曰然者，何？"原曰："先生之说，诚可谓苦药良针矣；然犹未达仆之微趣也。人各有志，所规不同，故乃有登山而采玉者，有入海而采珠者，岂可谓登山者不知海之深，入海者不知山之高哉！君谓仆以郑为东家邱，君以仆为西家愚夫邪？"崧辞谢焉。又曰："兖、豫之士，吾多所识，未有若君者；当以书相分。"原重其意，难辞之，持书而别。原心以为求师启学，志高者通，非若交游待分而成也。书何为哉？乃藏书于家而行。……归以书还孙崧，解不致书之意。[45]

大多数的学生在就学期间都必须自备生活用品，也自行搭建临时小屋。有些人更以劳动抵免学费。在唐朝晚期（9世纪），随着私学重新成为中国教育主流，这些习俗也再次出现。当时，愈来愈多的私学都设置在精心挑选的偏远山区，因为一般人都认为这样的环境有助于学习。[46] 当然，一个地方一旦因远离尘嚣而出了名，就再也不适合个人潜心向学了。

经学大师教导成百上千的学生，许多人甚至不远千里而来，这样的传说不但引人注目，也充满戏剧性。这些记载对教育观产生了深远的影响。寻访名师以求达成

---

[45]《三国志》，11：351–352。
[46] 严耕望：《唐人习业山林寺院之风尚》，载氏著：《唐史研究论丛》（香港：新亚研究所，1969），页367–424；Erik Zürcher: "Buddhism and Education in T'ang Times," in Wm. Theodore de Bary and John W. Chaffee, eds.: *Neo-Confucian Education: The Formative Stage* (Berkeley: University of California Press, 1989), pp. 19–56。

个人的教育目标，这项理想在公元 3 世纪期间深具吸引力，三国时代（220—264）就有许多这类感人故事。[47]一般认为汉代的经学大师体现了孔子理想中的老师。

6. 魏晋南北朝时期的太学

经过 2 世纪中叶的党锢之祸，汉朝太学即日渐衰落，以至消失。太学生涉入政治纠葛，正是私学发展胜过官学的原因之一。184 年，黄巾之乱起，太学生却提不出有效对策。汉朝太学于是就此画下句号。

■ 博士制度的延续

220 年，汉朝最后一个皇帝退位，魏帝承袭大统。魏文帝曹丕（220—226 在位）在 224 年下诏重修太学，并且要求仿照汉武帝当初开创的教学与考试做法。他任命了 19 名博士。[48]不过，时代已经改变了：尽管为设立太学而付出种种努力，招收了超过三千个学生（260—263），[49]史学家却讥讽那些学生只是为了逃避劳役而已。[50]史学家一致认为，由于贵族社会结构兴起，官员子弟皆可获得官职保证，因此政府资助的高等教育也就难以正常运作。出身贵族的学生认为太学资历与自己的职位升迁毫无关系。在知识发展方面，由于佛教与玄学等新思潮勃兴，经学的重要性因此日益降低。[51]面对学术环境变迁的挑战，太学似乎无力自我重振。此外，新兴的贵

---

47 有关私学教师聚徒讲学的相关资料，杨吉仁搜集得相当完整，表列于他的《三国两晋学校教育与选士制度》（台北：正中书局，1968），页 42–64。
48《三国志》，2：84；13：420–421。见孟宪承等编：《中国古代教育史资料》（北京：人民教育出版社，1961），页 160–161；杨吉仁：《三国两晋学校教育与选士制度》，页 24–26。既有 19 名博士获得任命，可见当时太学的课程又多纳入了五个注释学派。顺带一提，三国时代不仅魏国设有太学，蜀、吴两国也各自设有同样的机构。见《晋书》，91：2347；《三国志》，47：1136。
49 有关政府提倡太学教育以及建立辟雍的细节，请参见杨吉仁：《三国两晋学校教育与选士制度》，页 24–38。
50 同上。另见胡美琦：《中国教育史》，页 200–201；孙培青：《中国教育史》，页 225–228；伍振鷟：《中国大学教育发展史》（台北：三民书局，1982），页 77–78。太学生免服劳役的制度始自西汉初年。
51 此外，还有法家思想：杜恕(198–252)提醒魏帝："今之学者，师商、韩而上（尚）法术，竞以儒家为迂阔。"见《三国志》，16：502。

族社会观与知识观也和汉代经学的视野相去甚远。[52]

尽管如此，曹魏与西晋仍然持续为新的诠释学派设置博士职位。举例而言，当时首要经学家王肃（195—256）为《春秋》、《诗》、《论语》、三礼（《大戴礼记》、《小戴礼记》及《周礼》）、《左传》等经典所做的注释，就获得官方纳入太学课程（参见本书206页表5）。不过，曹魏的经学教育仍然相当保守：王肃的影响力主要只限于北方，南方的经学则由郑玄的追随者主导，他们的思想比较进步、创新。[53] 下一章探讨魏晋南北朝的经学教育，将再进一步详谈这一点。

在魏晋南北朝时期，礼学一直备受强调。曹魏期间，皇帝幸学就是演绎礼仪的特殊机会，养老礼与释奠礼也是如此。[54] 严格来说，有些典礼乃是于辟雍举行。不过，由于辟雍位于太学校园内，这些典礼也算是太学的课程或活动。礼仪的学习是魏晋南北朝的经学当中特别活跃的一部分，下一章将就这一点加以探讨。

■ 国子学

接替曹魏的晋朝继续兴办太学，到了272年已有7000名以上的学生接受19名博士的教导。[55] 除了设置太学及当中的明堂、辟雍等，高等教育在这段期间最重要的发展，乃是276年创立的国子学，专收五品官以上子弟。[56] 表面上的理由很简单：根据《周礼》，统治阶级的后代必须有自己专属的学校。不过，实际上却是因为太学早已遭到学生的漠视而失去了教育上的掌控力。国子学的设立在中国官学史上非常重要。特殊阶级的学生应该拥有较佳的教育资源，从此成了中国教育政策思维上根深蒂固的观念，就算社会现实已使得学生之间难以再区分阶级，这项观念也还是挥之不去。因此，从3世纪乃至13世纪，各个时期的高等学府都奠基在这种学生阶级

---

[52] 关于这一点的探讨，请见胡美琦：《中国教育史》，页197–204。
[53] 进一步的讨论请见本书第三章第三节第六段。
[54] 杨吉仁：《三国两晋学校教育与选士制度》，页34–36。
[55]《晋书》，19：599，24：736。《宋书》，14：356。学生人数另有3,000人之说，见《晋书》，49：1374；《南齐书》，9：145。
[56]《晋书》，3：66；《宋书》，14：356。另一说认为国子学成立于293年，见《南齐书》，9：145。又一说谓国子学成立于278年，见《晋书》，24：736。案：终魏晋南北朝之世，国子学也常常称为国子寺。

的划分上。

魏晋南北朝期间，各国都把国子学与太学的学生清楚区分开来，就算这些学生全都使用同一个校园，享有相同的教育机会，这样的划分还是存在。就是教授他们的博士也都有所分别。这种现象又因为宗学也同时存在而更引人重视。[57]

■ 魏晋时期北方非汉族国家的教育活动

汉朝末年中国北方的外族当中，以接受汉朝的招抚而入居长城以南的匈奴最为强大。到了三国时期，他们和北方的汉人政权（曹魏）关系已经开始紧张。304年，晋朝才立国不久，刘渊（元海）就建国，以汉为国名（一般称为刘汉）。当时"幽冀名儒、后门秀士"都来投奔。[58] 319年，刘渊的族子刘曜改国号为赵（一般称为前赵），旋即设立太学，选了1500位12岁以上、20岁以下的年轻人为学生，同时也设立了祭酒、博士的官。[59]

后赵（319—351）的石勒在建国（319）之前，已经设立太学（313），选将佐子弟300人教之。[60] 接着，又在建国时立经学、律学及史学祭酒的职位，[61] 并且成立了太学和小学。[62] 到了他正式登基（330）之后，更下令设立州郡学校，每郡置博士祭酒二人，弟子150人。[63] 可见这位匈奴出身的武人对儒家的传统教育有崇敬，并有兴趣推行和实践。唐代的史家对石勒的教育措施也有比较正面的评价。[64]

建立前燕（313—370）的鲜卑人慕容家族，也相当有系统地推动儒家的教育。

---

57 关于宗学，请参见熊明安：《中国高等教育史》，页123。这所学校很可能创立于北朝的北魏（386—534）。但请参看下文。
58 《晋书》，101：2647。所谓"后门"，指的是寒微的门第。
59 《晋书》，103：2688。
60 《晋书》，104：2720。
61 《晋书》，105：2735。
62 小学可能也是在建国之前已经设立，见《晋书》，104：2729；105：2735、2741。按照《晋书》的说法，小学是对待佐豪右的子弟开放的学校。小学初设时，有十余所，立于他驻地的襄国四门。《晋书》，105：2741。案：《晋书》的记载我认为不应该读做该小学称为"四门小学"。
63 《晋书》，105：2751。
64 《晋书》，106：2798。石勒死后，侄子石虎（季龙）继续了石勒的教育政策，下令郡国立五经学官，并正式把《春秋穀梁传》列为太学课程（参看上文注24）。

与石勒一样，他们没有正式建立汉人式的朝廷之前，[65] 就已经设立类似太学的"东庠"，有学生千余人，并且行乡饮酒（乡射）的礼。[66] 承续帝位的儿子慕容儁大致上也继承了父亲的儒教政策。[67] 不过慕容儁之后的几个皇帝在教育上面就比较缺乏建树。

在376年统一北方的苻坚，国号为秦（350—386，通称前秦），是氐人。他于357年称帝，[68] 也很快地兴建学校，并且推行汉代的察举制度。[69] 后来更设立了太学，可见他的用心。

苻坚在淝水之战被晋国打败，他的部将姚苌夺了政权，仍然称国号为秦（386—417，通称后秦），他即位不久，也设立太学。[70] 姚苌的儿子在394年继位，大致继承了父亲的政策，大兴儒学，学生数目一时多达一万数千人。[71] 他还设立律学，并推行察举考试。[72] 另外，私人讲学的风气似乎也颇为流行。[73]

魏晋时，凉州地方（今甘肃地区）也有相当的儒学教育的活动。当时在凉州有前凉、西凉、北凉及后凉先后立国，也都有各样的建树：张轨设学校来教贵胄子弟500人，并实行乡射礼；张骏立国子祭酒；李暠立泮宫，有学生500人等等。这些国祚甚短的国家拥有许多传授经学的私人教师，承续汉代以来的经学研究传统。[74]

从上面的数据看来，魏晋时的北方外族大致对中国的儒学传统有相当的认同，

---

[65] 前燕到345年为止都臣属于晋。自此年起，不用晋年号，自号慕容皝十二年。其子慕容儁于352年正式称帝，建号元玺，并追封其父亲为太祖。参看《晋书》，110：2834。
[66] 《晋书》，109：2826。《资治通鉴》把这个纪录放在345年，见该书97：3065。
[67] 《晋书》，110：2840–2841。
[68] 苻坚的曾祖父苻洪已经自称秦王，年代是350年。他儿子苻健则于352年称帝。苻坚是苻洪的孙子，苻健的侄子，抢了苻生（苻健的儿子）的帝位，先自称秦天王（357年），旋称帝。
[69] 引自程舜英编：《魏晋南北朝教育制度史资料》（北京：北京师范大学出版社，1987），页51。
[70] 程舜英编：《魏晋南北朝教育制度史资料》，页54。
[71] 《晋书》，117：2979。
[72] 同上注。
[73] 同注71。案：私人讲学的传统历魏晋南北朝之世，迄未断绝，但是姚兴似乎对讲学的经师特别留意与关心。
[74] 参看程舜英编：《魏晋南北朝教育制度史资料》，页55–60。

但是南方开始的新思潮显然还没有对北方的学术产生影响,[75]就是佛教也还没有真正在北方传开;虽然释道安很受苻坚的崇敬,佛图澄对后赵的石虎有相当的影响,但是像前燕的慕容儁便不奉行佛教。因此可以说北方的学术是落后于南方的。史家说北方的经学保守,其原因也就在这里。

■ **南朝太学教育的传统**

太学制度在南朝仍然持续兴盛不衰。[76]除了断断续续兴办国子学之外,[77]太学教育在这段期间最重要的特征乃是在课程中广纳其他科目。这点可见于南朝时代的刘宋兴建聪明观的决定:[78]宋于420年取代东晋之后,在470年决定兴建聪明观,教导四门科目:儒学、玄学(包括《易经》以及《老子》与《庄子》这两部道家著作的学问)、史学及文学。各学科都立有学馆。[79]这项发展,是一连串恢复太学与国子学的努力所产生的结果。[80]

479年,南齐(479—501)透过政变推翻刘宋。新成立的政府继续维系太学与

---

[75] 后秦的韦高很羡慕阮籍,母丧而弹琴饮酒,因此得罪了尊崇儒教的当代经学者古成诜,终生不敢见他。《晋书》,117:2979。

[76] 柳诒征的《南朝太学考》对太学及国子学进行了系统性的研究,收在《史学杂志》,第1卷,第5/6期(1929)。可惜我没有能参考这篇文章。至于比较近代的研究,请参见杨吉仁:《三国两晋学校教育与选士制度》,页67–79;孙培青:《中国教育史》,页229–239。下列为东晋恢复或建议恢复太学与国子学的时间:317年(《晋书》,6:149)、337年(再次设立太学,《晋书》,7:180;可见317年的太学这时已经没落或甚至于取消,也有说这一次设立太学的行动未付诸实行)、383年("增置太学生百人",《晋书》,9:233;《宋书》,14:364–365),以及385年("立学",《晋书》,9:234)。可见晋朝对太学的设立大概都只是做做表面工夫而已。参见下注。

[77] 见前注。太学及国子学在当时的记载中都呈现出负面的形象。见《宋书》,14:364–365。

[78] 先此,于443年设立国子学,但到了450年就废了。《宋书》,14:367。

[79] 关于聪明观,请参见《南史》,3:82;22:595。当时任命一位祭酒,再由祭酒提名20位学者,负责教授这四门科目。政府原本还想找人教授阴阳学,却找不到适当的学者。毛礼锐认为聪明观是为了取代国子学,而当初国子学则是取代了"四馆"。由于四门基本科目在这段时期并没有改变,因此这几所学校之间必然相互承接,虽然名称不同,却都是相同的机构,而且显然全都是临时性的学校。见毛礼锐、沈灌群主编:《中国教育通史(第二卷):秦汉至隋唐时期》(济南:山东教育出版社,1987),页319。另参见《宋书》,66:1734;93:2293–2294;《南史》,2:45–46。

[80] 关于刘宋太学与国子学,见《宋书》,5:89;14:356(宋太学建于442年,国子学则短暂出现于443—450年)与

国子学，招收了150至200名学生。[81]这时候，聪明观虽已遭到废止，但这两所学校教导的同样是先前提过的那四门科目。[82]梁朝期间（501—557），律学也在505年加入了课程当中。[83]这些发展反映了当时对知识需要分科的体认：随着社会与知识发展得愈趋复杂，也就需要有新的术语和教学结构。

梁朝（502—556）仍然延续了太学教育，梁武帝（502—547在位）偏好儒学，在505年设立"五经博士"，随后又设立国子学（510年以前）及五馆（548），后者之功能及定位应当与太学相同。[84]此外，太学也开始招收非贵族出身的学生。[85]这段期间出现了许多的经书注释，反映出梁武帝统治下对儒学的重视。

儒学复兴（其中也包括对《易经》的研究）最鲜明的证据，就是梁武帝在541年决定再建一座士林馆，似乎主要供研究及公开讲学之用。[86]

尽管如此，在魏晋南北朝期间，尤其是南朝末代的陈朝（557—589），[87]儒家教育毕竟渐趋式微，也为若干包括律学在内的新学派或思想流派所超越。五经博士仍然地位崇高，但可能只是史家的理想。值得注意的是，今天鲜少有人对曾经提供多样化课程的南朝太学保有印象。

另一项重要的特征，则是太学或国子学虽然持续吸引了成百上千的学生，他们的运作却更倾向作为咨询机构：他们与聪明观或士林馆等机构合作，为朝廷提供咨询、举办公开讲学，以及从事研究工作。这些活动都成了合乎道德理想的政府的

---

[81] 一开始在482年招收了150名学生，但这次办学持续不到一年。第二次招生在485年，招收了200名学生，教师也全员到齐。但是到了497年，学校似乎已告式微，后来虽曾再次企图加以重振，却没有成功。见《南齐书》，2：37-38；3：49-50；9：143-145。

[82] 《南史》，22：595。

[83] 《南齐书》，48：636-638；《南史》，6：188。熊明安：《中国高等教育史》，页119-20。由这些记载中，可以看到南齐曾在491年考虑把律学纳入太学课程，但没有结果。

[84] 《梁书》，2：41，49；3：96。五馆显然是传统意义上的太学。

[85] 当时设立了一所特殊学校，或可说是分校，称为"集雅馆"，显然就是为了招收平民学生。见《南史》，6：189；《隋书》，26：724。

[86] 关于士林馆的成立，参见《梁书》，3：87；16：267；34：504；38：538。到了这个时候，公开讲学已发展得相当精致，深受佛教影响。见本书第三章第三节第三段（佛教宣讲）。

[87] 陈朝显然单纯延续了梁朝的制度，继续维持太学教育的两座分校。不过，这两所学校的教育活动很可能极其萧条，因为在陈朝统治的33年期间，负面的纪录让后人觉得教育工作乏善可陈。

象征。

魏晋南北朝期间，南朝太学留下了丰富的个人的学习经验资料。在此只须要指出一点：南朝的高等教育因为兼作国家的咨询机构而兴盛不已。随着时间推移，新的学问也得以纳入。这样的弹性成了后代高等学府的建构基础。不过，来自其他知识潮流或关怀（如纯文学）的挑战，仍然持续造成威胁，以致这些学校无法扮演儒学先驱的角色。从能够取得的文献来判断，也许这原本就不是设立高等学府的目的。

■ 以礼治国

包括养老礼和释奠礼在内的各种礼仪，仍然是"国礼"当中的一部分。太学教育得以长久持续，可能就是这种礼仪思考与实践的功劳。这些礼仪来源各异，尽管儒家学者与史学家都不希望国家举行的礼仪活动不是出自儒家传统，但这些礼仪实际上来自许多不同源头。我认为儒家思想家具备兼容并蓄的能力，能够吸收各种儒家思想以外的观念，甚至与儒家思想互相冲突的元素，所以教育活动才会显得似乎都是由儒家学者为自家人所设计的。

■ 北朝的太学教育

洛阳在308年遭到外族（匈奴后代所建立的汉国）攻陷，是一件极为重大的事件，标志了南北朝的真正开始，汉人也终于不得不面对异族进入并统治中国北方的事实。中国对北方的控制权就此丧失，直到6世纪末才又夺回。中国北方因为各个异族的部落国家互相争斗而处于分裂状态，直到386年才首度为北魏（386—534）统一。在这80余年间，汉朝建立太学的传统在北方延续了下来。有些国家甚至还能够支持一千名以上的学生。[88]许多与教育有关的礼仪都在这些异族政权下被修改。

在386年建国的北魏（拓拔魏），相当愿意吸纳中国的文化影响。在北魏所采取

---

[88] 见上面注59。

的许多重要措施当中，对教育产生最重要的一项影响就是在494年把首都从平城（今山西大同）迁至洛阳。不过，北魏实行中国儒家教育的时间却比迁都早了许多，在399年就已经设立太学，几乎紧接在北方统一之后。[89] 接着，在409至423年间（第二位皇帝明元帝在位期间），把国子学改名为中书学，继续只招收贵族学生。[90] 这所学校的名称在50年后又改回为国子学。[91] 为了合乎高等教育学生分别于两个不同校园接受教育的精神，太学遂在426年另外建立了一座校园。[92]

孝文帝统治期间（471—499）是儒家教育的鼎盛时期。除了既有的太学与国子学之外，孝文帝并于496年（迁都洛阳之后）下令成立四门小学，教授儒家经典。[93] 这三所学校的生徒超过3000人。[94] 为了容纳这么多的学生，北魏政府在504年下令建立三座新校园，于512年完工。[95]

■ **北朝高等教育的问题**

如此庞大的教育体系必然不免和南朝太学面对一样的问题，也就是如何给予贵族学生真正的教育。许多贵族学生（尤其是非汉族的后代）认为儒家教育毫无用处，全体一致而无所区别的入学政策也导致教学质量更难维持。无论如何，北魏统治者也采取了南朝的思维：根据出身背景把太学生划分为不同种类。这种思维以及由此产生的政策，是中国中世纪时期一个独特问题的一部分：即教育实践与贵族社会结构的需求相悖。对于一个以承继儒家传统（尤其是任贤原则的观念）为傲的社会，

---

[89] 《魏书》，2：35。太学设有五经博士，招收了3,000名学生。参考《北史》，81：2704。
[90] 《北史》，81：2704。关于431年的"中书学生"、"中书侍郎"及"中书博士"，请参见《魏书》，46：1039；47：1045。
[91] 《北史》，81：2704。
[92] 《魏书》，4：71。这个现象证明这两群学生分别具有不同的入学资格。国子学招收贵族子弟，太学则招收社会地位较低的学生。
[93] 《魏书》，55：1221–1222。四门小学主要教授《春秋》与《礼记》，学校名称指的是城市或城堡的四座大门或四个角落。前赵刘曜曾建立四门小学，见前注62。高明士认为前赵的四门小学只不过是受到国家正式认可的教授幼学的私学而已。见高明士：《唐代东亚教育圈的形成——东亚世界形成史的一侧面》（台北：台湾编译馆中华丛书编审委员会，1984），页171。
[94] 四门小学也设有博士。见《魏书》，55：1221–1222。
[95] 《魏书》，8：204、211–212。

这样的矛盾非常值得重视。中国北方的统治者虽然不是汉人，却因为采纳了儒家教育的理想与实践方式，而意识到现行社会层级体制所造成的高度矛盾。学生分类政策的改变以及为贵族学生建造独立设施的做法，都反映了这种矛盾与暧昧的态度。[96]这虽然是魏晋南北朝的独特问题，却不断困扰后代的教育家，因为这些教育家一直坚守着过往的分类制度，而这种分类制度却是对社会结构意义的观念暧昧不清而产生的结果。

要探讨北朝高等教育机构的发展过程，就不能不提及北齐（550—577）与北周（557—581）的发展情形。北齐把著名的"汉魏石经"移至国子学（550），并且对此引以为豪，[97]但这所学校在起初（北齐尚未正式立国之前的东魏时期，534—550）几乎可说是十分荒废，只招收了几十名国子学生。550年高洋称帝以后，开始有所整顿，除了搬移上面所说的"石经"之外，所有的教职员工，包括祭酒、博士、助教及主簿等人员也都陆续增添，趋于完备，一样负责教导三类学生：太学、国子学以及四门小学的学生，不过，史学家并不认为这种形式上的成就值得重视，尽管他们也承认这三所学校的学额应该是572人。[98]

■ 北朝的保守风尚

另一方面，北周似乎以比较系统性的方式从事儒家教育。除了建立传统的太学

---

[96] 北魏统治者非常热衷于实行儒家治国方式与汉代中国文化，孝文帝甚至为了更接近汉人而在493年迁都洛阳。大部分的儒家教育活动都发生于他在位期间。关于这种"汉化"的后果，请参见 Jennifer Holmgren: "Northern Wei as a Conquest Dynasty: Current Perceptions; Past Scholarship," *Papers on Far Eastern History*, no. 40 (1989), pp. 1–50。
[97]《北齐书》，4：53；6：82。
[98]《隋书》，27：757。另请参看《北齐书》，4：53；5：73；6：82；8：106，112；42：563；44：582–583，591；45：603；《北史》，81：2704等资料。史学家一般都认为隋、唐两代的政治制度主要奠基于北魏与北周所建立的制度上，因此北齐的教育制度比较有助于了解隋、唐官学体系的起源。高明士：《唐代东亚教育圈的形成》，页169–174之所以详尽探讨北齐的教育体系，就是因为这个原因。

之外，北周也在 557 至 560 年左右成立了麟趾学[99]与露门学。[100]这两所学校与宗学（或称皇宗学）一样，[101]不但募集博士教导皇子，也特别挑选学生陪伴皇子。[102]然而，不论北周统治者如何努力采纳汉人的儒家教育，其臣民最喜爱的仍是游牧式的生活，就如当时北朝一名务实的贵族所言："男儿当提剑汗马以取公侯。"[103]因此，经书的学习与教育在北朝一直受到传统惯例所支配，而有保守之讥。

如同南朝，北朝若干朝代也为了技术教育而成立了不同层级的辅助学校。这些特殊学校，有些在隋、唐获得延续，并且在宋朝得到空前的发展与壮大。后来，这种认为普通教育应该包含技术教育（如法律、书法及数学）的观念，却因为科举制度日渐盛行而消失。另一方面，如南朝设立的特殊学校，则是召集学者，负责咨议工作的机构（称为"馆"）。[104]整体而言，礼仪的重要性在北朝的教育实践中仍然扮演了关键的角色。由当代的文献可以看出，礼仪在中国北部的教育活动与思维里一样占有核心地位。

简言之，太学在魏晋南北朝时期扮演了非常重要的角色。就制度上而言，这是个绝佳的时代，年轻人纷纷聚集于各国首都，而且在等待公职任命的期间，不但享有津贴，也不必服劳役或兵役。在当时的观念中，这些活动都属于良善治理的范畴。按照这种奇特的认知，学生藉由研究儒家经典及其他思想流派或者技术知识，并且参与定期的仪式典礼，就也积极介入了"建立世界秩序（治国平天下）"的工作。北

---

99 "麟趾"典出《诗经》，意指贤良子弟。麟趾学聚集了负责编纂文学或史学书籍的学者，比较像是研究或备询的中心，看不出有真正教学的活动，也不是太学里的正式机构。不过麟趾学的学士们却经常与太学或贵族的中书学相提并论。见《周书》，4：60；30：523 各处。
100 露门学成立于 567 年，学生 72 人。见《周书》, 5：74；45：810, 818。露门主要教授的经典为《周礼》。"露门"指的是皇宫内室的大门，也就是通往皇帝卧室的门。由此，露门也可指邻近于皇帝卧室的建筑。这所学校有时候也称为"虎门"，不但实际上招收学生，也是国子监的一部分。参看下注。
101 宗学一般认为开始于北魏孝文帝时的皇宗学，设立于 485 年。但是《魏书》并不用"宗学"的名，而说是"皇宗学"。如果参考《周书》的材料（上面注 100），则露门学的设立可以说是继承了北魏的皇宗学。"宗学"之名正式出现则已经是宋代的事。参看下注。
102 "皇宗学"的设立，请参考《魏书》, 7：169；19 中：471；21：533。
103 《周书》, 19：311。当代一名北齐贵族也说过类似的话："男儿当横行天下，自取富贵，谁能端坐读书作老博士也。"见《北齐书》, 21：293。
104 有关这些学校的详尽探讨，请见程舜英编：《魏晋南北朝教育制度史资料》，页 112–119。

朝统治者建立这些学校，无疑是要藉此象征他们的统治也合乎汉人乃至儒家的良善治理观念。这些征服者也许不完全了解汉人所谓的儒家治理的意思，却因此创办了较为开放与多样的课程。于是，北朝的太学也就为后来中国的统一扮演了铺路的重要角色。581年，北朝一名胡化了的汉人贵族终于统一了中国。在魏晋南北朝末期，中国文明已变得与秦、汉期间相当不同。中国早期的文化以经学为主，但这种经学一统的现象在宋朝即告终止，而隋、唐时期的学术发展就已经为这样的结果奠定了基础。

7. 魏晋南北朝时期的地方官学

如同汉代的地方教育，魏晋南北朝时期的地方官学主要也只是一种理想。当时一般皆认为，虽然有些国家没有足够的资源来健全地经营地方官学，但政府仍可藉由成立这样的学校而获益。地方官员偶尔会主动建立学校，这样的行为也造就了不少感人的故事。不过，这些学校的质量并不一致，也缺乏延续性。尽管如此，魏晋南北朝绝对算不上是地方官学的黑暗时代。统治阶级花费极大的心力经营学校，有些学校的学生人数也达到500、700，乃至1000人以上。[105] 这些学校非常仰赖地方官员的主动作为，国家并没有给予额外的预算补助。地方学校的教学方法与课程主要都仿照太学。

■ 北朝的地方学校

北朝的地方官学比南朝活跃，至少就文献上看来是如此，而且这是因为受太学的影响。拓跋魏（即北魏）于386年统一北方之后，这种情形更是明显。466年，北魏政府下令地方官员设立郡学及州学。当时也颁布了一套设置学校体系的完整规范，包括教学官员（又称博士）对学生的比例、入学资格，以及校内的考

---

[105] 孙培青：《中国教育史》，页232–233。

试方法。[106]

北魏遭到两名军阀分裂为东、西魏之后，东魏仍然保留了这套体系。接替东魏的北齐首度下令在地方官学里建造孔庙，[107] 也要求师生每月都必须举行祭孔典礼。政府显然对儒家教育的宗教层面有所认知，在校园里建造孔庙的构想则可能是受到佛教影响的结果。[108] 不过，政府经营这些学校所投入的心力，与贵族子弟为了逃避上学而花费的心思恰成正比。

尽管东魏在教育方面着力甚多，西魏由北周取而代之以后，隋朝（589—618）却以政变推翻北周，并且征服北齐，最后统一了全中国。隋朝的统一终结了近三百年的分裂状态。佛教到了这个时候虽然已是一股备受重视的宗教力量，学校课程主要还是为儒家经学所支配，只偶尔关注其他科目的教导，包括佛教的教学以及技术教育。

■ 北朝经学家及其学校

另一方面，经学家自行设立的私学在魏晋南北朝期间从来不曾中断过。私学教育在北朝尤其盛行，佛教的僧伽教育理想则开始对南朝产生影响。[109] 私学教育在6世纪末叶普遍成功，以致北齐在难以吸引贵族子弟进入地方官学就学之余，竟下令禁止私学。

大师聚徒讲学获得成功，并不表示儒家的学习观就是私人学者唯一实行的模式。儒家学者从来不曾针对环境与学习之间的关系发展出一套整体性的理论。佛教徒最

---

[106] 最完整的原始文献请见《魏书》，6：127；48：1078。
[107]《北齐书》，4：51，53。释奠礼最早出现于公元前195年（杜佑：《通典》，53：1472–1479），最早举行于太学里则是在公元246年，三国时期的魏国在称为"辟雍"的学校举行。
[108] 政府于560年下令建国子寺。可惜的是，我们对这座寺庙的职责与功能所知极少。见高明士：《唐代东亚教育圈的形成》，页172。大部分学者都认为国子寺就是国子学，因为根据《宋书》，27：757的记载，实际上似乎就是如此。高明士认为"寺"一字的选用相当重要，因为这个字代表了"庙学教育"的理想，可见名教观念在这时已经出现。本书后续将进一步检视在校园里设置孔庙的意义，以及"庙学教育"一词对元代教育体系的重要性。见高明士：《中国教育制度史论》（台北：联经出版，1999）。
[109] 关于僧伽理想及其对中国教育的重要性，请参见本书第三章第三节第三段（僧伽戒律）及第六章第一节第六段的探讨。

早注意到这项议题，并且针对纪律、修行以及有利于僧伽开悟的地点发展出一套完整的哲学。名僧慧远（344—416）与儒家及道家人士的友谊，就显示了新兴知识力量在当时有多大的进展。就算这段友谊是后人为了鼓吹"三教"而捏造的故事，也还是反映了当时的知识发展状况。慧远决定远离尘嚣，在风景优美的庐山（位于今天的江西）修行讲学，而且"送客不过虎溪"，就是当代私学的典型例子。慧远是僧伽理想的捍卫者，虽然预见自己的影响力达到各个阶层的知识人，却仍然选择退隐庐山，往后 30 年不曾踏出山外一步。[110] 这是魏晋南北朝期间私学的最高理想。

---

[110] Kenneth K. S. Chen: *Buddhism in China: A Historical Survey* (Princeton: Princeton University Press, 1964), pp. 104–105。送客不过虎溪，即使是陶渊明和陆秀静来看他，也不例外。这个故事成了中国画史上一个相当受欢迎的题材。台北故宫博物院就藏有一幅宋人无款的《虎溪三笑图》。

第二节　教育机构的变迁（II）

高明士详细研究隋、唐的教育机构及其对朝鲜与日本的影响之后，把这段时期称为"庙学教育"的成形期。[111] 他所谓的庙学教育，指的是建立孔庙在官方教育活动中的核心地位。要理解这段时期的中国教育，就必须了解在孔庙占有主要地位的校园里从事礼仪及学习活动如何有助于完成教育进程。

这是儒家的观点。孔庙在中国教育扮演了这么重要的角色，可以反面证明佛教对中国的影响非常的深刻。本章的第二节将探讨各项教育传统如何共同形成中国的学校体系，以及儒家意识形态如何在6世纪末至12世纪初获得强大的力量，从而产生深远的影响。

1. 隋、唐的高等教育

隋、唐两代的政治与知识活动都奠基于北朝的经验。在魏晋南北朝期间，国家资助的高等教育机构也具备咨议功能，而且政府也都会在太学校园里兴建办公室

---

[111] 高明士：《唐代东亚教育圈的形成》，页 188–225。另参见他的《中国教育制度史论》。

（阁、馆、堂）供学者及知识人从事咨议工作。这项传统在魏晋南北朝末期特别盛行，北周更是启发了隋、唐的政治组织。除此之外，北周其他各种教育机构的发展几乎也都在隋、唐高等教育体系当中延续了下来。这套体系可说包罗广泛。简要而言，太学及其辅助机构持续在良善治理当中具备象征性及仪式性的功能，并且扮演咨议角色，也是储备官员的训练机构。技术学校也是太学机构当中的一部分，教授科目包括数学、书法、法律，甚至历史。由于大多数的朝代寿命都很短，而且贵族性的社会结构也确保上层阶级的年轻人一定能够入朝为官，因此太学除了是学习的场所之外，大概也是个逃避劳役的好去处。尽管如此，从道家哲学到佛教教诲乃至儒家经学的各个思想流派，在太学的学术活动里还都占有一席之地。

这些机构与知识方面的特征，都保留在隋代以及唐代初期的教育体系里。下表概列了政府为了培育贵族子弟担任公职而在首都设立的学校，其中有些也对平民开放。后来，洛阳完全复制了这套学校体系（661年后）。[112]

这套体系概述如下：

表1：隋、唐高等教育体系[113]

*国子监：[114]

 国子学

 太学

 四门学[115]

 广文学

---

[112] 多贺秋五郎：《唐代教育史の研究》（东京：不昧堂，1953），页95–96、260–261。

[113] 此表资料来自李林甫等：《唐六典》，陈仲夫点校（北京：中华书局，1992），21：555–563，另见高明士：《唐代东亚教育圈的形成》，页174–178。唐朝文献把太监训练学校列为政府的教育责任之一。

[114] 隋称之为国子寺。这个名称也在北齐出现过，并且对"庙学教育"可能具有重要意义，请参见前注108。广文学之外，其他学校合称为"六学"。

[115] 这所学校原为基础教育而设置，一般认为最早由北齐创立（《隋书》，27：757），招收14岁以下儿童。但请参考本章注62、93、94。唐代之后，四门学转为招收19岁以上的男孩，就此成为高等教育的一部分。

书学[116]

　　算学[117]

　　律学[118]

*太医署/太卜署/太仆寺：[119]

　　各样专业医学校（包括兽医）

*司天台：[120]

　　历数

　　天文

　　漏刻

除此之外，招收学生或学者的机构还有弘文馆[121]与崇文馆[122]。这两所机构与知名的集贤院都以咨议功能为主，但集贤院不收学生。政府也在741年成立了崇玄学，招收研习道家学问的学生，但我们对其所知极少。[123]此外，国家还成立了其他学校，教导的科目在当今的教育家眼中并不属于正统教育。其中包括音乐（隶属太乐署）与卜筮（隶属太卜署）。这些学校显然是为了培养学生担任各种公职。教育的折衷本质反映了过去数百年遗留下来的传统。

---

[116] 关于这所学校的进一步探讨，请参见第二章第三节第八段与第五章第三节第一段（隋、唐时代的政府技术教育）。
[117] 同上。
[118] 同上。
[119] 参看《隋书》，28：776。《旧唐书》，卷42、44，各处亦有记载，不详举页数。案：太医署与太卜寺都属太常寺，太仆寺则为不同的机构，但一样收有学生，专授兽医学。
[120] 在不同时期也曾称为太史监或太史局。关于近似单位的名称变迁，请参见 Charles O. Hucker: *A Dictionary of Official Titles in Imperial China* (Stanford: Stanford University Press, 1985), p. 482。
[121] 在西方的汉学研究里，此处的"文"经常被译为"文学"。见 David McMullen: *State and Scholars in T'ang China* (Cambridge: Cambridge University Press, 1988) 以及 Charles O. Hucker: *A Dictionary of Official Titles in Imperial China*. Peter K. Bol（鲍弼德）有一本书探讨"文"的概念，主张这个字应译为"文化"。见他的 *"This Culture of Ours": Intellectual Transitions in T'ang and Sung China* (Stanford: Stanford University Press, 1992)。
[122] 崇文馆的入学标准及课程几乎都与弘文馆完全不同，但设于太子居处内。关于这些咨议暨教学机构，见 McMullen: *State and Scholars*, p. 14 及书中其他各处。
[123] 这所学校的正式成立日期有不同纪录，见多贺秋五郎：《唐代教育史の研究》，页216–217。这所学校招收100名学生。比较后注138、288。

国子学、太学及四门学这三所学校的毕业生，是入仕为唐朝正式文官的主流。这些学校或机构当中的教学官员都称为博士，[124]这个名称在这时已经成为教学官员的通称，与原本代表经学大师的意义已几乎无关，[125]额外的教学职务也开始出现。国子学的主持人称为祭酒，其副手称为司业。其他职务还包括助教与直讲，直讲负责协助博士与博士的助教。除了国子学里拥有官职的教师之外，其他教师的任命资格并没有多少数据留存下来。简言之，他们全都是职业官僚。[126]政府对每一所机构的课程与入学标准也都订立了详细规范。到了632年（太宗贞观6年），据说国子监辖下的学校共有超过1200间房间，招收的学生多达3200人。[127]这是隋、唐官方高等教育机构的全盛期。自此之后，学生人数就逐渐减少。举例而言，大散文家暨儒学思想家韩愈（768—824）在820年掌管国子学，当时学生总数就只有600人。不过，这套学校体系仍然一路延续到唐末，直到朱全忠（朱温）于906年推翻唐朝之后才告瓦解。唐朝最后一次试图重振国子学教育是在890年，距离唐朝灭亡只有17年。[128]1040年代期间（宋仁宗时代），一名怀旧的古物收藏家企图找出唐朝太学的遗址，却只能依赖一张长安的旧地图。结果，他找到的竟是一处废弃的垃圾场，当中有些过去曾经刻有经文的石碑残

---

[124] 博士名称其实很空泛，有的教导宫人，称为宫教博士。李林甫等：《唐六典》，12：358。
[125] 关于汉代经学传统的没落、唐代意识形态的性质，以及这两者对教学官员职位的影响，请参见本书第三章第三节第六段的探讨。
[126] 高明士：《唐代的官学行政》，《大陆杂志》，第37卷，第11/12期（1968），页39–53；《新旧唐书百官（职官）志所载官制异同的检讨》，《台湾大学历史学系学报》，第7期（1980），页143–162；《隋唐的学官》，《台湾大学历史学系学报》，第15期（1990），页81–134。
[127] 《新唐书》，198：5635–5636。如果计入外国学生，则人数在8,000以上。
[128] 最后一名祭酒任命于900年。细节请见多贺秋五郎：《唐代教育史の研究》，页326–327。

迹。[129]这些残迹就是唐朝政府铭刻经文并且放置于太学校园内的著名石碑。[130]

■ 世俗化

隋、唐两代的高等教育体系显然朝向实用的方向发展，目的在于培育学生担任中央政府的职务。这样的发展也具有世俗化的意义，因为利用教育及知识设施来象征完美的政府（善政）的现象已逐渐衰退。尽管如此，政府还是继续在太学校园里举行各项典礼仪式。这些仪式于已经成为学校常设设施的孔庙举行，用意在于教导学生礼仪活动中的正确行为。一丝不苟地正确举行仪式，是个人教育中不可或缺的一部分。就这项意义而言，儒家祭仪在唐朝兴起乃是为了强化仪式结合教育的宗教影响。

同时，汉代以来所遵行的传统礼仪也已经逐渐僵化。为了重新振兴儒家祭仪的效果，为这种礼仪寻求知识基础的盼望也就愈来愈强烈，因此也就难免于必须向儒家学者传统上鄙视的其他宗教思想借取形而上的理论基础。汉代儒家礼仪的式微，唤起了众人重新思考礼仪的意义，而这正是我所谓的世俗化趋势的一个重要的结果。

换言之，这样的世俗化却促成了一种新的思潮：寻求以形而上的思维方式来表达由礼仪来完成的儒家教育。韩愈等人在下一阶段的发展，就是试图具体实践这项转变。

---

[129] 张礼：《游城南记》（台北：艺文印书馆，1965，原刻景印百部丛书集成，宝颜堂秘籍据明万历中绣水沈氏尚白原斋刻本影印），2b–3a："务本坊在安上门街之东，今为京兆东，西门外之草市，余为民田。"这里所说的就是唐代太学（国子监）的原址，而著名的开成石经也存于此（参考清人徐松：《唐两京城坊考》，张穆校补〔北京：中华书局，1985〕，卷2）。案：徐松所据为宋人宋敏求的《长安志》。林韵柔将张、徐两书对照并标点，置于中研院历史语言研究所网页，参见氏著：《〈游城南记〉所见唐宋之际京兆地区之变迁（相关史料）》（http://www.ihp.sinica.edu.tw/~tangsong/papers/lin94072502.pdf），页1–15（见页1–2）。1090年，这些石经总算安置于新建的京兆府学内。这所学校的小学规将在本书第六章第一节第八段（京兆府小学规）讨论。关于"石经"，请见下一注。

[130] 清朝学者对于刻石经的传统多有研究，如顾炎武：《石经考》；万斯同：《石经考》；杭世骏：《石经考异》（以上均为"四库全书"本）。中国史上，由政府在石碑上铭刻认可的经文共有五次，分别于汉、魏（三国时期）、唐、五代十国的蜀、与宋。清朝也曾试图刻石经，但没有完成。

2. 隋、唐时代的地方教育

一如前朝，隋、唐政府也在地方层级设立儒家学校。官学基本上是倡导及推广儒家教诲的工具。后续的朝代也沿袭了这种做法。

■ 官学

相较于魏晋南北朝时期，隋、唐期间的地方官学教育仍不断有重大发展。政府设立经营的地方学校皆由博士掌管。[131] 一如往常，学校课程仍以儒家思想为主。因此，后来隋朝开国皇帝隋文帝（589—604在位）皈依佛教之后，地方官学果然曾暂时遭到废止。[132]

唐代地方官学的视野较广，教学内容包括儒家经学、医学以及玄学。自里以上的各级地方政府皆可设立学校，实际上是否设立则端看地方官员的个人兴趣。[133] 日本和尚空海（773—835）就唐代长安地方学校的普及现象指出："唐朝首都各区都有学校可供儿童接受教育。"[134] 这是就首都而言。在地方层级，村里学校却可能主要由私人设立及维持资助。不过，州学与县学自然都是由地方官员设立并且资助。唐朝官方记录显示，在唐朝全盛时期，国家总共支持了63070名学生。[135]

---

[131] 关于这项由前朝延续而来的做法，以及唐代地方官学任命的博士教学官员，请参见前注98、126。另参见杜佑：《通典》，15：914。

[132] Denis C. Twitchett, ed.: *The Cambridge History of China, vol. 3: Sui and T'ang China, 589–906, pt. 1* (Cambridge and New York: Cambridge University Press, 1979), pp. 238–239.

[133] 马端临：《文献通考》（台北：新兴书局，1965，重印1936年商务印书馆万有文库十通本影印1890年浙江书局本），46：431；王溥：《唐会要》（上海：上海古籍出版社，1991），35：741；另参见多贺秋五郎：《唐代教育史の研究》，页225–228。

[134] 引自多贺秋五郎：《唐代教育史の研究》，页226。

[135] 《新唐书》，45：1180。比较下面注186的明代数字（约62,500人），可见唐政府的用心。

■ 私学

唐朝初期应该没有具有规模的私学,直到唐玄宗在738年颁布饬令之后才准许真正设立私学。[136] 私人教育最重要的发展,是9世纪之后唐朝后半期兴起的讲学。一如魏晋南北朝期间,私人学者经常退隐至风景优美的偏远地点收徒授课。有些学校吸引的学生多达数百人。佛教僧院在私学的推广当中扮演了重要角色。矛盾的是,有些佛教僧院设立的学校却取名为"精舍",与汉代的经学讲学地方名称相仿,但是更反映了佛教思想当中遗世独立的修行理想。实际上,佛教寺庙或僧院经常向世俗学生开放图书馆(藏书)或房间,许多人利用这些设施研读儒家典籍。[137]

私学在人数愈来愈多的学生之间广受欢迎,是中国教育理想中相当重要的一环。这些学校在长江中下游流域尤其常见,包括今天的江西、湖南与河南三省。许多高山成了名胜,不只因为宗教原因,也因为著名学者在当地隐居自修,或是学生在当地跟随私人老师学习。

9世纪末,随着唐朝中央政府的权威衰微,地方官学也因此没落。不过,私学仍然持续提供实质的教学。有些富有的家族则自行成立宗族学校。10世纪,在社会长期动荡的情况下,延请学者任教的家族学校成了教育的主力。私学以各种形式获取了新的力量与重要性,最后在大众教育当中扮演了核心的角色,此即书院教育,这点将在后续进一步探讨。

简言之,隋、唐政府为了设立地方官学而颁布了许多命令。州学与县学虽然常是首都学校的缩小版,更多学校却都只能以非常有限的经费艰苦经营,而且必须仰赖地方官员的积极作为才能长久维持。除此之外,尤其是在县政府以下的层级,教育一般必须依赖私人兴学。中央政府在9世纪之后权衰势微,私学教育的重要性也与日俱增。

---

[136] 参见前注133。

[137] 除了佛经之外,僧院经常让新剃度入寺的僧徒研读儒家典籍。见 Erik Zürcher: "Buddhism and Education in T'ang Times"。

最后一点则与佛教在唐朝期间对地方教育的影响有关。尽管地方官学的课程内容仍以儒学为主，佛教教诲却透过非正式的管道逐渐散播开来——僧院为许多学校的学生提供了硬件设施与金钱上的资助。经由这样的接触，许多学生自然吸收了不少佛教思想。实际上，这时期的中国私人教育已经受到了更多的佛教影响，即将融合成为新兴的书院教育。

3. 宋代的官学与太学

宋代的高等教育产生了另一个层面的重要性。不同于唐朝，宋朝国子监辖下的学校虽然大致上保留唐代的架构，实际上却成了考生应考前的准备场所。唐朝国子学的学生虽然包括了非官员的子弟，大多数学生仍然都因为本身的贵族身分而享有入朝为官的保证。到了宋朝，太学生不再享有这种生涯出路的保证，大多数都必须通过考试才能踏上仕途。许多学生进入太学或国子学就读，目的是为了取得学历之后，可以参加竞争较不激烈的、专为享有特权的学生所设计的考试。无论如何，到了宋代，官学教育（尤其是高等教育）的重要性已经降低。科举考试的影响力超越教育，成为形塑中国教育发展最具决定性的力量。

■ 首都的官学

国子监辖下的学校在宋初仍然保留唐代的架构，但国子学与太学的区别变得更加模糊，四门学也告消失。因此，宋代的高等教育乃是以太学为主。

太学最重要的功能，就是协助官员子弟准备科举考试（不久之后，也开始招收身家良好的平民子弟）。这时的课程几乎无一例外都是儒学课程。[138]由于科举考试的要求，太学教育及教学都受到考试内容的影响，甚至完全取决于考试内容。

太学的教师仍是博士，但有时称为直讲。由于博士或直讲的职务通常只由纯粹

---

[138] 徽宗统治期间（1101—1125），曾下令太学也必须教授道家及医学著作。见本书第五章第三节第二段。

的官僚接掌，因此已不再具有汉朝与魏晋南北朝时期那种学术性的光环。这些教师的专长虽然仍旧是经学，但他们毕竟主要是官僚，其次才是学者。不过，课程的范围也逐渐扩大，不再只局限于经学的学习。博士与直讲的经学权威地位逐渐转移到了与太学无关的私人学者身上。官学里的教师通常仍然是经学大师，但职责已稀释许多，也较为多样化。私人学者比较可能发挥真正指引学生的重要功能。[139]

■ 太学

北宋太学的正式设立时间为962年，但首度扩张则是在1044年（庆历四年），当时范仲淹（989—1052）推行了一连串的改革。到了1060年代，在王安石主导下，太学又有进一步的发展。12世纪初，北宋国子学与太学的入学人数已达3800人（1102）。这正是宰相蔡京（1047—1126）改革教育机构的时期。史学家向来对蔡京推行的许多教育改革不以为然，因此高等教育在这段时期的进展也就很少获得肯定。不过，蔡京其实是努力要化解科举考试对太学教学方向的影响。他实行了直接推荐太学毕业生担任官职的构想。这样的想法在北宋其实是教育思想家普遍都赞同的做法。不过，他这项政策推行得却并不成功。12世纪之后，只有极少数的太学（以及地方学校）毕业得以参与另行举办而且录取名额较多的考试，从而以较为容易的方式就任公职。考试对学校课程的影响果然非常大。

事实上，早在11世纪中叶，所有积极上进的学生都明确发现，要踏上仕途，唯一可靠的途径就是透过考试。家族背景不再是教育的重要因素（至少理论上是如此）。在漫长的中国教育史中，这大概是最重要的一项发展。南宋期间（1126—1279），随着国子学与太学的区别几乎完全消失，贵族阶级对中世纪中国的支配也就此告终。[140]学生继续把学校当成准备科举考试的中途站。1000名以上的学生聚集在国家

---

[139] 有些宋初经学家，例如胡瑗（993—1059）和孙复（992—1057），仍与太学有关。但这种情形到了南宋就已不复存在。北宋这样的发展与宋代经学怀疑主义的兴起应该有些关系。
[140] 实际上，应该说是贵族支配与寡头政治的发展进程，到了九世纪末已告完成，但有些残留的影响力与家族结构理想仍然非常重要。不过，尽管所谓的考试策略开始仰赖一种与家族建构有关的新概念，而且国子学与太学的区别也趋于消失，仍可说贵族式的人生理想已彻底崩溃。关于贵族社会瓦解的时间，请见第三章注238。

首都，目的就在于进入学校以逃避劳役，并且期待在取得毕业资格之后能够参加竞争较不激烈的考试。这样的现象迟早会产生问题。实际上，从当时保存下来的记录就可以看到，许多学生都过着舒适甚至轻浮而浪费的生活。宋代的太学生除了有一些人抱着理想主义的态度参与政治示威及运动之外，大多都只会滥用自己在社会上的特权地位，贪图利益，制造纷争。许多政府官员皆为此感到沮丧。这部分将在第六章进一步探讨。

■ 技术训练与知识

宋代高等教育的另一项特色，是把特殊的技术学校纳入国子学里。唐朝虽然也成立并经营技术学校，却通常交由不同的政府机关掌理。12世纪初，下列学校首度置于太学辖下：书学、律学、医学、画学。这些学校在唐代不同时期虽也曾设置于国子学辖下，但宋朝才真正开始有系统地这么做，显示宋政府决心为新进学生提供常规而多面的教育，反映了当时较为广泛的知识观。在宋朝的观念中，一名道德正直的官员要有效执行其职务，就必须具备博闻的条件。特别在北宋期间，宋代的学术观的确反映了博大精深的特质。

■ 学田

关于宋朝高等教育制度的最后一点，就是学田制度的创设。荒废或充公的土地通常都交由各政府机关用来赚取收入。宋朝太学也不例外，曾有一段时期获得授予土地。[141] 南宋初期，名将岳飞（1103—1141）被宋高宗以叛国罪处死之后，他的产业就由国家没收，并且转让给太学。[142] 学田制度后来成为宋代教育的重要特征，而蒙元时期也承袭了这个做法，只是明清两代似乎对它比较不重视。总之，在地方上，

---

[141] Richard L. Davis: "Custodians of Education and Endowment at the State School of Southern Sung," *Journal of Sung-Yuan Studies*, No. 25 (1995), pp. 95–119. 另参见拙作《北宋国子监与太学的经费》，载我的《宋代教育散论》（台北：东升，1980），页 73–96。

[142] 徐松辑：《崇儒》，《宋会要辑稿》（北平：国立北平图书馆，1936），2：35ab。

学校拥有土地并加以经营管理成了标准做法，也为书院所模仿。学田带来的收入，成了学生的津贴、学校各项支出，以及校内孔庙及其他重要文人庙堂维护经费的来源。[143] 这项制度虽然不免遭到滥用，却还是为地方教育活动提供了稳固的财务基础。

4. 宋代地方官学与书院

宋代期间，原本为贵族子弟服务的官办高等教育出现了明确的转型，成为协助富裕考生准备考试的机构。此外，地方教育也在这段时期出现了重大发展。由于印刷术在 10 世纪以来广为普及，更多人因此买得起书，文人也随之增加。[144] 许多受过教育的文人都选择参与考试，因为这是往社会上层流动最重要的管道。

■ 北宋地方官学

宋初许多学校都建立在唐朝废弃学校的遗址上，而这些遗址通常就只剩下一座孔庙。唐朝政府的政策要求所有州学与县学都必须建造孔庙。到了唐朝末年，官学里的教学活动逐渐停顿，于是学校建筑与校园里的寺庙也就废弃了。

到了 11 世纪初，许多州都已重建了当地的学校，连县也成立了自己的学校。吉州（今江西吉安）是当时的一个新兴区域，其州学就招收了 300 名以上的学生。[145] 有些地方学校的课程也包含了基础教育。当时一则有史以来首度出现的学校规章，详细呈现了京兆（今陕西西安，距当时 200 年前曾是唐朝首都的一部分）西北部一

---

[143] 关于地方学校的礼仪功能以及学田如何用来资助这些功能，请参见周愚文：《宋代的州县学》（台北：台湾编译馆，1996），页 97–108、178–181。

[144] 关于"文人"（本书或做士人、文士、或读书人）一词的定义与讨论，请参见 John W. Chaffee: *The Thorny Gates of Learning in Sung China: A Social History of Examinations,* new edition (Albany, N.Y.: State University of New York Press, 1995), pp. 35–43 及书中各处。

[145] 欧阳修：《吉州兴学记》，载曾枣庄、刘琳主编：《全宋文》（成都：巴蜀书社，1988—1994），第 18 册，页 108。周愚文：《宋代的州县学》，页 194–200 列有宋朝州学与县学的学生人数。他的结论指出，宋朝典型的州学招收约 100 名学生，典型的县学人数则较少。

所小学的情形。[146]

在魏晋南北朝末年，正式组织的小学大部分都已被排除在地方官学的教育计划之外，到了唐代更几乎完全消失。不过，宋朝的地方官员把小学视为自身执政责任的一部分，而且小学通常就设在地方官学里。在 12 世纪初期蔡京推动教育改革的全盛时期，政府下令全国各地一律必须设立小学。[147]

■ 蔡京与地方学校

蔡京在 12 世纪初期试图普设地方官学，并且将这些学校纳入人才选拔体系当中，这是宋朝地方教育最重要的发展。州学毕业生经由遴选进入太学就读，毕业后即直接授予官职。1104 年，领取政府津贴的学生多达 20 万人以上。[148] 这种做法称为地方三舍法。它在蔡京死后虽未完全保留下来，但至少在构想上，对后代还是继续有相当的吸引力。升学的观念终于融入了科举考试体系当中，其影响非常长远：地方学校正式的毕业生可获得应考科举的资格，太学或国子学的毕业生也成为制度中合格的候选人。如此一来，学校的层级制度就受到了科举体系的保障，延续了数百年之久。[149]

然而，北宋地方教育的另一项重要发展，则是教师任命程序的体制化。这些教师如果由朝廷委派，则称为"直讲"。[150] 这项体制有两个重点：第一是透过考试选拔教学官员。这种做法始于 1030 年代，大多数的考生都是 40 岁以下的年轻官员，才刚踏上仕途不久。[151] 第二个重点则是设置官员督导地方官学事务。"学官"一词出

---

[146] 关于西安（当时称为京兆府）的学规，请见本书第六章第一节第八段。
[147] 关于小学机构的探讨，请参见 Edward A. Kracke: "The Expansion of Educational Opportunities in the Reign of Hui-tsung of the Sung and Its Implications," *Sung Studies Newsletter*, no. 13 (1977), pp. 6–30。
[148] Thomas H. C. Lee（李弘祺）: *Government Education and Examinations in Sung China* (Hong Kong: The Chinese University Press; New York: St. Martin's, 1985), pp. 126–127。
[149] 进一步的讨论请见本章第三节第十段。
[150] 大学校的行政及教学官员可能多达数十人。见拙作《宋代地方学校职事考》，《史学评论》，第 8 期（1984），页 223–241。约在这时候，"教授"这个新名称也开始出现，细节请见拙作 *Government Education*, p. 115。
[151] 1062 年，司马光建议考生应具备"进士"或"九经"科目的资格，而且年龄应在 40 岁以下。见徐松辑：《宋会要辑稿·崇儒》，2：2ab，引于拙作 *Government Education*, p. 115。

现于 1071 年，当时改革家王安石任命了 53 名学官。这两项发展都在 12 世纪初蔡京的时代臻至巅峰。直讲或教授的资格考试竞争相当激烈。政府并且在各路（全国共有 13 路）成立常设的提举学事司，负责督导该路的教育事务。在后续的朝代里，教学官员的考试虽然没有保留下来，学事司却成了常见的机构。

■ 南宋的地方学校

到了南宋时期，地方官学已发展得相当完善，各州以及大多数的县都设有官学。不过，这些学校也是考生取得合格学位以准备参与考试的场所。地方学校的毕业生通常享有特殊保障名额，而且就算没有通过考试，也可以有别的管道进入国子学就读。[152] 由这样的发展可以看出，学生进入官学就读主要都是为了通过考试。长期而言，官学的式微并不令人意外，因为这些学校不久就成为人才选拔机制（科举）的一环。简言之，宋代地方学校的制度发展与文官考试的关系愈来愈密切，因此与教育的关联也就愈来愈低。

■ 书院

宋代教育史以书院为主。这项主题非常重要，以下只针对宋代书院发展的制度面简略概述。书院的其他面向在本书中各处都有相关的讨论。

"书院"一词的原意就是单纯指收集书本的地方，最早出现于 9 世纪。不久之后，这个字眼就产生了私人书房的意义，并且经常被用来指涉与教育有关的学习活动场所。不久，许多书院都成了私学。10 世纪期间，在唐朝灭亡之前的动荡不安中，宗族经常自行组织学校以教育族中子弟。这种现象在今天的江西与湖南等地区尤其常见。这些宗族书院集会讲学的早期历史在社会政治史学家眼中深具意义，因为他们研究的正是地方社会在政治衰颓之际所发挥的功能。对于教育史学家而言，这段历史的重要性主要在于其所遗留下来的传统，而不是制度上的创新——宗族组织后来

---

[152] 另参见拙作《宋代教育散论》，页 116–123。

把教育族中子弟视为其核心要务。

启发书院组织的另一个来源，则是在魏晋南北朝与隋唐期间对佛教徒生活影响极大的僧伽纪律及组织。唐代许多私学的教育方式都相当类似佛教的僧院教育——佛教僧院里的讲学与仪式对许多儒家学者都深富吸引力。书院开始发展之后，就经常沿用佛教的各种做法。[153]

11世纪的地方官学兴学运动终结了这种宗族书院的活跃发展，但这些书院的活动直到11世纪70年代期间也还是不断吸引政府的注意。也就是说，正式组织的书院在11世纪仍然相当兴盛。后来虽然短暂衰微，但到了12世纪末又再度复兴。

在政府广设地方学校的同时，读书人人数的增加则确保了书院的成长。由于印刷术的普及，科举考试又扩大了政府取士的范围，寻求教育的人数因此在宋朝期间大幅增加。就是在这样的背景下，才会持续需求官学以外的私人学校。

书院在12世纪末开始复兴，道学大师朱熹对书院的教育潜力尤其关心。制度上而言，大多数的书院皆是由地方官员或退休文人所成立，组织也形似官学。不过，必须再次重申的是，书院的重要性不在于制度上的创新，而是对追求知识及高度道德感的鼓励。书院之所以会成为儒家教育所选择的形式，是这种组织为朱熹及其同道在道德教育方面所提出的理想与主张提供了制度性的框架。

■ 书院的官学化

到了南宋末年，书院的数目据说多达300乃至600所。[154] 这时候，政府才开始控制及规范书院的运作，并且在组织方面要求相当程度的一致性。

不过，有些地方官员却在这时忙着设立私学而非官学。日本学者寺田刚恰当地

---

[153] 临时性的宗族学校在组织上也许和佛教的僧院机构没有太多相似之处，近来的研究也找不出佛教影响宗族学校的明确证据，反倒认为佛教的影响力主要可见于比较成熟的书院，尤其是在十一与十二世纪期间。

[154] 见拙作《绛帐遗风——私人讲学的传统》，载林庆彰编：《浩瀚的学海》，收于刘岱编：《中国文化新论》（台北：联经出版，1981），页343–410（见页407，注117）。在李国钧等编：《中国书院史》（长沙：湖南教育出版社，1994）探讨元代书院那一章（第9章，页409），作者指出，在南宋灭亡前夕，书院的数目已超过600所。同书的附录三（页1006–1196）列出了各朝与现代各省纪录中能够找到的所有书院名称。请并参看下面注178。又，邓洪波：《中国书院史》（台北：台湾大学出版中心，2005）认为南宋末，已经有442所书院。

将这种进程称为"官学化",并且指出这项潮流也影响了其他非正式书院的发展。[155]
这时候的书院扮演了一个重要角色,也就是为学生提供不只局限于准备科举考试的教育。更重要的是,书院也是把道学信息散播给一般大众的媒介。如同佛教的僧伽,书院是道学的培育设施。佛教僧伽教育对书院的影响包括对纪律的强调、对礼仪的遵循,还有对讲学方式的要求。陆九渊(1139—1193)设立象山书院的地点、每日讲学的例行礼仪,甚至他把自己在象山书院里的私人书房取名为方丈,都反映了佛教的影响。[156]

5. 辽、金、元的官学教育制度

宋朝长期遭受游牧民族的威胁,其中三族特别强大:契丹人,建立了辽(907—1125〔后改建西辽至1218年灭亡〕);女真人,建立了金(1115—1234);还有蒙古人,建立了元(1279—1367)。后来元征服了宋,从而统治全中国。这三个外族的国家都受到汉文化的影响,因此建立中国式的朝代,也设立了教授儒家课程的中国式学校。当然,这三国受中国影响的程度各自不同,但可以确定的是在这些国家,儒家教育与地方传统及佛教产生互动。从这种互动当中,可以看出虽然民族意识影响了教育政策,辽、金、元三国还是愈来愈受儒家制度所支配。

■ 辽与金的儒家教育

辽政府设立了整套的官学,包括国子监(918)、太学、州学及县学。当时由李

---

[155] 寺田刚:《宋代教育史概說》(东京:博文社,1965),页313–317。
[156] "方丈"一词最早见于《孟子》,但到了魏晋南北朝时期,却广为佛教用于指称寺庙住持的居所。道家偶尔也使用这个字眼。关于陆九渊的教育活动,尤其是和他对地方社群的观念有关的部分,请参见 Robert P. Hymes: "Lu Chiu-yüan, Academies, and the Problem of the Local Community," in de Bary and Chaffee, eds.: *Neo-Confucian Education*, pp. 432–456。有关陆九渊创办象山书院、他的方丈,以及他的讲学方式,请参见我的 "Chu Hsi, Academies, and the Tradition of Private *Chiang-hsüeh*",《汉学研究》,第2卷,第1期(1984),页301–329。

朝统治的朝鲜不时派遣学生到辽的太学进修。[157]只可惜，我们对辽代奠基于儒家思想上的官学教育所知仅有如此而已。

女真（金）在1125年征服了辽。少数忠于辽的人士虽然逃到蒙古曷董城（或称为可敦，一般认为是在今蒙古国土拉河〔Tuul River〕上游的可顿），在那里延续着辽的王朝架构，并迁都虎思斡耳朵（今吉尔吉斯〔Kyrgyzstan〕托克玛克〔Tokmok〕东南）直到1218年，但与宋已不再有所接触。因此，这时值得注意的乃是女真人。他们不但建立了汉式王朝，不久之后也控制了中国北方。女真人创立的汉式政府称为金。金朝政府建立了非常彻底的儒家教育体系。

金政府为女真人及汉人各自设立一套学校。不论是国子监、国子学、太学、小学，都各自划分为二。这些学校的规范留下了大量资料。[158]简言之，女真人懂得教育本身皇族成员及贵族统治者的重要性，于是利用汉人的儒家教育培育金朝统治阶级的治理能力。[159]这点与汉人朝代恰成强烈对比。中原的皇族子弟在考试制度中享有特殊待遇，不必取得学校毕业的资格即可任官。对于女真人而言，教育皇族子弟就是官学教育的核心任务。实际上，朝廷里还另有专门教育女性（包括妃嫔在内）的学校制度。[160]

金朝还成立了一所学校，负责教授天文学（历学）以及可归类为占星学的相关知识，但这所学校不受国子监的直接管辖，而是由司天台掌理（与唐代相同）。

在地方层级，金朝维系了相当完整的官学体系。这些学校偶尔也划分为二，以保障女真人的入学名额。[161]一般而言，只有皇族成员、官员子弟，或是通过了第一级（州县）考试的学生，才能进入这些学校。有时候，仍在准备第一级考试的考生也

---

[157] 程方平：《辽金元教育史》（重庆：重庆出版社，1993），页15–31。另见陈述：《辽代教育史论证》，载氏编：《辽金史论集》（上海：上海古籍出版社，1987），页140–158。
[158] 这些资料主要见于《金史》，51：1130–1134；清高宗编：《续文献通考》（台北：新兴书局，1965，重印1936年商务印书馆万有文库十通本影印1890年浙江书局本），47：3211–3212。另参见毕沅：《续资治通鉴》（上海：上海古籍出版社，1987），141：4105–4106。必须指出的是，女真人与汉人的国子学及太学迟至1166及1173才成立。
[159] Peter K. Bol: "Seeking Common Ground: Han Literati under Jurchen Rule," *HJAS*, Vol. 47, No. 2 (1987), pp. 461–538.
[160] 《金史》，64：1527。这所学校的对象是皇宫里的女子（嫔妃）。参见前注124以为比较。
[161] 《金史》，51：1133–1134。

可获准进入地方学校就读。如同宋代,金朝也维持了地方的医学校,共教授10门医学科目。[162] 统计显示,政府在1189年总共资助了1800名地方学校的学生。[163]

■ **女真语及写作的教导**

接下来要探讨的是女真语读写学校的发展过程。金朝政府早就持续地将汉人典籍译成女真语,并于1164年出版了一系列中国典籍的女真语译本。不久之后,金朝政府更开始建立教授女真语的学校。文献显示这些学校招收了近3000名学生。中国史学家大都忽略了这一点,但就儒家学问而言,女真的地方学校其实扮演了一大角色。[164]

最后一点,金朝政府在地方上的孔庙举办半教育性的集会。这些学校称为庙学,讲授的皆是儒家道德戒律,集会时间通常就选在举行礼仪的时候。这种做法可说相当符合佛教讲学传统,[165] 而且对象是一般大众。就这方面而言,庙学是中国教育史上非常重要的创新之举。由于大部分的孔庙都位于地方官学里,庙学有时候指的就是地方官学。[166]

金朝也以学田资助官学。官学毕业生可领取津贴,而且终身免服劳役。

到了13世纪中叶,中国北方在金朝统治下一定还持续有书院设立,但并没有太

---

[162] 宋代的地方医学校所留下的数据极少,但我们知道这些学校确实存在,金朝可能接收了这些学校,使其成为地方教育中更重要也更不可或缺的一部分。关于学校里教授的10门科目,请参看徐松辑:《宋会要辑稿·崇儒》,3:12ab。金代的地方医学,请看《金史》,51:1153。另见Joseph Needham and Lu Gwei-djen(鲁桂珍):"China and the Origin of Qualifying Examinations in Medicine," in Needham: *Clerks and Craftsmen in China and the West: Lectures and Addresses on the History of Science and Technology* (Cambridge: Cambridge University Press, 1970), pp. 379–395。
[163]《金史》,51:1133。
[164] 清高宗编:《续通志》(台北:新兴书局,1965,重印1936年商务印书馆万有文库十通本影印1890年浙江书局本),141:41056。《金史》,51:1133指称女真语学校的成立时间是在1173年。
[165] 佛教对儒家的讲学意识的影响,请参见本书第三章第三节第三段的讨论。
[166] 毛礼锐、沈灌群主编:《中国教育通史(第三卷):宋元明清时期》(济南:山东教育出版社,1987),页296–297。另见牧野修二:《元代廟学書院の規模について》,《愛媛大学法文学部論集·文学科編》,第12号(1979),页29–55。牧野修二对"庙学"一词采广义定义,几乎包括所有建有孔庙的学校。

多相关数据留存下来。[167]

■ **元代国子监与太学**

蒙古人于 1234 年征服金朝，并于 1279 年消灭南宋。不过，蒙古统治者忽必烈在灭宋之前，早在 1269 年就下令成立了国子学。[168] 道学大师许衡（1209—1281）也许和这个机构的成立有关。这所学校保持着非正式的特性，主要向蒙古贵族及经过挑选的汉人官员子弟开放。显然蒙古人的目的是希望这所学校能够培育所有储备官员，不论汉人还是蒙古人，并且协助他们学会蒙古语。[169] 政府于 1287 年正式设立国子监，并且对其组织颁布详细指示之后，这所学校也随之大幅制度化。这两所学校很可能使用汉语教学，并且在汉人顾问的建议下，于 1315 年实行仿照宋代"三舍法"的升学架构。

为中亚人民（称为"回回"）设置的第三所国子学成立于 1289 年，目的在于教导中亚语言。

这三所国子学各有不同的教育目的，但后来全都与科举有着密不可分的关系。政府每三年从这三所学校的毕业生中选任官员，而三所学校的学生人数也从不曾超过 400 人，以免导致官员人数膨胀。[170]

---

[167] Peter K. Bol: "Seeking Common Ground"，关于金朝统治下可能存在的书院，我只在山东找到了两所：武城的弦歌书院，建于 1161 至 1190 年间，以及日照的状元书院，据说也是成立于金朝期间。这两座书院的资料可见于当地的方志。

[168] 许衡早在 1261 年就已当上博士，见柯劭忞：《新元史》（上海：上海古籍出版社，1989 重印），64：315c，但这不表示一定已经成立了学校。蒙古国子学建于 1271 年。见《续文献通考》，47：3212。国子监正式成立于 1287 年。见《元史》，14：296；毕沅：《续资治通鉴》，188：5123；柯劭忞：《新元史》，64：316a。

[169] 同上，另见毕沅：《续资治通鉴》，179：4885–4886，以了解蒙古语言政策详情。另参见陈邦瞻：《元史纪事本末》上海：上海古籍出版社，1994，重印光绪年间广雅书局本），8：16a。难解的是，政府竟在 1337 年下令汉人不得学习蒙古语或中亚语言。见毕沅：《续资治通鉴》，207：5650。

[170] 关于学生人数的探讨，见本书第六章第一节第八段。元朝政府也设立了教导天文学／阴阳学以及数学的学校，但不受国子监管辖。文献并未记载高等教育体系的教学科目是否也纳入了律学、医学、画学与书学。但请另见本书第五章第三节第二段。此外，元代的国子监与国子学名称似乎也通用，或说国子监是行政机构，国子学则为其下的教学机构。回回国子监成立于 1314 年，但国子监本身却早在 1287 年就已成立（见前注）。见柯劭忞：《新元史》，141：4106c；毕沅：《续资治通鉴》，188：5144（此处称为国子监）；189：5161（此处称为国子学）；198：5400–5401。

■ **元代地方教育及庙学**

科举考试于1314年恢复之后,地方教育也随之兴盛起来。政府持续为地方官学设置学田,也鼓励个人成立书院。实际上,元朝政府似乎对地方官员可能滥用学田制度的危险特别敏感,因此一再针对这方面颁布命令。"学田"制度成为中国教育运作中的固定元素,可以说是蒙古政权的贡献。元政府对孔庙的建设也很积极,几乎所有地方官学都建有孔庙,[171]而且金朝庙学首度出现的大众教育功能似乎也成了地方学校的责任。元代的地方学校经常被称为庙学。此外,由于官学化的影响,许多书院也建立了孔庙。于是,将儒家仪式纳入官办教育的现象也就在元代彻底奠定了下来。

元代地方学校最重要的特征,就是元朝统治阶级在教育一般大众方面的开阔眼光。[172]元代是首度建立社学体系的朝代:政府规划为每50户设立一所学校,任命地方上德高望重的学者在农闲季节教导所有孩童。虽然很难想象蒙古人的政府能够广泛落实这项理想,后代的统治者与思想家却还是深受这种想法所吸引,包括明朝(1368—1644)的创建者朱元璋在内。社学后来逐渐茁壮,虽然它不是中国地方教育体系中最普遍的特征,却仍长久留存了下来。这种由最基层的政府官学构成教育集会的观念,实际上可追溯到朱熹;但就制度上而言,却是元朝实现了这种构想。

■ **元代的其他学校**

除了不同的教育措施,元朝政府也于1269年在国内各地成立了蒙古语言学校(蒙古字学)供官员子弟就读。这些学校的相关资料虽然很少,却可从中知道它们在政府的资助下颇为兴盛,因为蒙古统治者希望藉此达成在官方文件中尽量使用蒙古

---

[171] "(金海陵王)贞元间(1153—1156)天下郡国皆立庙以祠之(孔子),往往庙学混一,不能区异。"庆元(今浙江宁波)一所地方官学的石碑铭文如此写道。见阮元编:《两浙金石志》(浙江书局重刊本,1890),17:34a。
[172] 也许文人(读书人)才是这项发展真正的功臣,政府只是藉由发布学校组织或管理的指示,而单纯接收了既有的社学而已。

文的目的。[173]

元代地方政府也必须负责督导地方上教授医学与天文学（或称为阴阳学）的学校。[174]

6. 元代书院

元代是书院发展的重要时代：不但个人持续创设书院，政府也给予鼓励。书院从此成为地方社群意识的焦点。

元代的书院变得较为制度化，不再以大师为代表。不同于前朝，元代的书院一直与地方政府关系密切，也比宋代更受学生应试的需求所影响。

当然，有些书院延续了宋代的开放讲学做法，但这不是元代书院活跃与否的决定性因素。在这个时期，书院仍为了取得正当性而不断寻求官方的认可。如此一来，官方的控制也就无可避免。宋朝末期开始出现的"官学化"趋势在元朝更加鲜明，政府控制书院财务与官员的任命成了常态。一个值得注意的现象反映了政府扮演的规范性角色，就是书院领导人的名称——元朝政府下令书院领导人的正式职称为"山长"，[175]而且领取政府的薪水。[176]这个名称在受到官方采用之前已流传许久，而且在受到佛教启发的学习理想中带有热爱山林的含意。官方使用这个名称直到1766年，才在乾隆皇帝（1736—1795年在位）的命令下改为"院长"。[177]就制度而言，许多书院都模仿地方官学，不论建筑或组织都与地方官学几无差别。宋代期间，书

---

[173] 赵翼：《廿二史札记》（台北：世界书局，1958），30：431–432。政府曾在一次诏示中，下令人民不得把蒙古字视为"新字"。见元朝官修的（不著撰人）《大元圣政国朝典章》（台北：文海出版社，1964），31（《礼部四·学校一·蒙古学》）：2a。

[174] 毛礼锐、沈灌群主编：《中国教育通史（第三卷）》，页294–296。另见熊承涤编：《中国古代教育史料系年》（北京：人民教育出版社，1987），页575。

[175] "山长"的名称可追溯到唐代。宋代末期，政府才首度承认山长的地位（与地方学校的直讲同一等级）。元代的命令大概颁于1291年之后。见《元史》，81：2032–2033。

[176] 关于这个名称的简要探讨，请参见季啸风：《中国书院辞典》（杭州：浙江教育出版社，1996），页678–679。最早出现这个名词是在唐代。

[177] 但是"山长"仍是一般人惯用的名称。政府经常把地方考试中成绩优异的考生任命为院长。

院的毕业生偶尔也能获准进入官学接受进一步的教育。不过，到了元代，地方官学已逐渐沦为科举制度中的考试机构或者低等学历的授予单位。教学活动逐渐集中于书院里。

元代书院发展过程中值得一提的最后一点，就是书院扩散至中国北方的情形主要发生在元代，从而推广了朱熹的思想。到了元朝末年，书院已成为主要的教育机构，重要性超越了官学。自此以后，即便是地方官学也喜欢取名为书院。一般言之，元代期间新设的书院至少有296所。如果把宋代期间成立的600所书院加上去，元代末年可能已有900所以上的书院。比较可靠的数字应是介于600至700所之间。[178]

■ 民族主义

探讨元代书院的发展史，就不能不提及汉人思想家在儒学复兴当中所注入的民族意识。道学思想经过了民族主义的过滤，不但追求道德与形上层面的完美，也成了民族认同的哲学。[179] 不过，这项发展倒是看不出有佛教或道教的影响。元代教育体系的一大吊诡，就是道学在这时候终于找到了正式的教育及文化表达形态。这段时期虽然是外来势力达于巅峰的时候，汉人或儒家以外的思想及教育体制对中国教育史的形塑却没有任何明显的贡献。这种现象与魏晋南北朝乃至唐代期间差异极大。在唐代期间，族群之间的紧张与冲突并非历史发展的决定性因素。中国遭到蒙古征服之后，汉人就必须遵循儒家思想的观念，汉民族的文化自我认同成了决定性的特征。汉人的仇外心理明显增强，游牧民族也发现自己愈来愈难与汉人从事有意义的文化交流，更遑论对这样的交流作出贡献。民族主义已然成熟。毕竟，这是中国历史上首度完全为异族所统治。

---

[178] 李国钧等编：《中国书院史》，页409–410。"296" 这个数字颇为可信，因为其中大多数书院都确实可以查证。至于宋代的600所书院，则是把许多后代为了纪念宋代思想家而建立的书院，也都直接归为宋代期间成立的书院。参考邓洪波：《中国书院史》，页248–258。

[179] Hoyt Cleveland Tillman: "Proto-Nationalism in Twelfth-Century China? The Case of Ch'en Liang," *HJAS*, Vol. 39, No. 2 (1979), pp. 403–428.

7. 明代的国子监

明代的国子监仍是中国教育的最高督导机构。但在这个时期，不但贵族社会结构早已消失，来自不同家庭背景的年轻人（依其父亲的地位而定）应该接受不同教育的观念也已不切实际。既然大多数的学生都必须拥有科举考试的功名才能踏入官场，学生的出身背景自然也就不再具有字面上或法律上的影响力。

宋代末年，国子学与太学已几乎没有分别，两所学校的直讲可对调聘用，各自不同的入学条件也极少落实执行。于是，太学到了元代也就正式消失。到了明代，太学、国子监与国子学三个名称已成为同义词。

明代有两所国子学，第一所在明朝政府定都南京（1368）之后随即成立，另一所则在1403年成立于北京。第三任皇帝明成祖（1403—1424在位）于1420年迁都北京之后，南京的国子学即开始没落。但在迁都之前，南京国子学的发展原本非常快速，占用了南京城里极大的一块地，更拥有多达2000座以上的各式建筑。在北京国子学成立之际，南京国子学招收的学生人数也臻于高峰，达到9972人（1422）。这个数字在中国历史上虽非史无前例，却还是相当惊人。[180] 不过，这两所国子学的盛况并不长久，到了16世纪，两所学校都已没落，主要只招收准备参加科举的学生。

明代国子学对教育最具原创性的贡献，就是派遣学生进入政府实习。这种做法早在1375年就已出现，而且在明朝初年颇有成效。学生奉派到田野之间，协助完成规模庞大的全国土地登记（即著名的《鱼鳞图册》）。这套精心汇整的图册成了明朝土地税的评估基础，一直沿用到19世纪。另一项重要的学生活动，则是编纂《永乐大典》这部百科全书般的庞大著作，据说是世界史上最庞大的一部历代文字的选集。参与编纂的学生人数据说超过千人。此外，政府也经常派遣学生协助教学活动以及

---

[180] 关于这两所国子学的学生人数，请参见本书第六章第一节第九段。

办理赈济饥荒。[181]

明代初年，国子学就已经相当活跃，校内定期举办讲学、研讨会以及考试。许多人显然都非常怀念在国子学的学习生活。学生不仅来自国内，也来自朝鲜、日本、缅甸与琉球。当时的各种规章保存至今，从中可以发现这些学校不但招收各种出身背景的学生，也给予学生非常慷慨的待遇，包括丰厚的津贴（通常连妻子也得以领取）及免服劳役。举办讲论会以达成教育效果的做法在明代似乎相当盛行。可以说，道学家在自己的精舍或书院里所采取的做法，这时已纳入了国子学的教学法当中。

不过，到了16世纪，国子学已舍弃了严谨的教学责任，甚至（尤其是南京的国子学）不再招收学生，也不再举办讲学或内部考试。这时候，国子学已正式成为学生为了科举目的而从事登记的机构。

国子学有一个值得注意的面向，就是缺乏学生的激进运动（与宋代大为不同）。明朝开国皇帝朱元璋在国子学校园里立了一块"卧碑"，禁止学生辩论敏感的政治议题。这块令人心生恐惧的石碑由专制政府树立，碑上的文字采用道学词汇，确实有效消除了各种意识形态上的反叛意图。有趣的是：政治激进主义仍然在太学生的知识理想里保存了下来，反映了儒家知识人追求政治理想的重要传统。

8. 明代地方官学

明代初期，地方官学迅速扩张。朱元璋主导了一项规模庞大的学校建设计划。这些学校的大小、规章以及活动都留下了丰富的纪录。到了1382年，全国的教学官员（即学校里的教官）超过4200人。值得注意的是，1461年时全国也不过只有1479个州、县。[182]

---

181 例如1375年间，曾有366名学生被派至中国北方担任教学工作。见《明实录》，"洪武八年三月戊辰"条。
182 关于教学官员的人数，请参见《明史》，69：1686。1461年的州总数系根据《大明一统志》，引用于梁方仲编著：《中国历代户口、田地、田赋统计》（上海：上海人民出版社，1980），页208—247。根据《明史》，40：882的记载，则在明末时，共有159府，240州，1,144县。数字略有不同。

地方官学的层级如下：府、州、县都各自设有学校。政府也于 1382 年规范每一层级的学校所能够招收的学生人数：府学 40 人，州学 30 人，县学 20 人。这些学生，包括 1426 年另一群人数近似的学生，都享有政府津贴，并且被视为正式生员。明代初年，生员也许曾经到学校上课，甚至也可能住在学校宿舍。明朝人通常把他们称为秀才。1385 年，要求增加招生人数的呼声促成"增生员"的出现。增生员的人数没有限制，但他们不得领取津贴，也没有免服劳役的福利。校内每年举行的考试（由教官主持），可让增生员取得正式生员的地位。[183] 地方官学的杰出毕业生偶尔也可申请进入国子学就读。这个升学管道让人想起宋代创立的"三舍法"，实际上也是同样的观念。

明朝的地方行政单位包括军方管理的地区，其中的学校层级和其他地区相仿，毕业生也可取得参与科举的资格。

最后，明代的地方学校也同样有医学与天文学／阴阳学等科目。

■ 社学

明代地方官学体系最重要的发展，就是普遍成立社学。几乎从开国以来，明太祖就注意到道德行为与思想控制的重要性。这就是他决定在全国成立社学的决策背景。严格来说，他要求每 50 个家户就成立一所社学。举例而言，单是苏州就奉命必须成立 738 所社学。[184] 很难说社学体系在当时究竟有多么普遍，但此一体系确实在往后 500 年成为地方教育最鲜明的特征。社学皆由地方官员负责维护，因此各地社

---

[183] 有关明代教官的专书讨论，见吴智和：《明代的儒学教官》（台北：台湾学生书局，1991）。另见五十岚正一：《明代における儒学教官の考課について》，载清水博士追悼纪念明代史论丛编撰委员会编：《明代史論叢》（东京：大安，1962），页 85–113。这篇文章探讨明代教官的来源。至于一般性探讨的英文著作，请参见 Tilemann Grimm: "Ming Educational Intendants," in Charles O. Hucker, ed.: *Chinese Government in Ming Times: Seven Studies* (New York: Columbia University Press, 1969), pp. 129–147. Grimm 的德文著作：*Erziehung und Politik im konfuzianischen China der Ming-Zeit* (Hamburg: Gesellschaft für Natur- und Völkerkunde Ostasiense. V., 1960) 概要探讨了明代教育和政治的关系。

[184] 根据苏州地方志，转引自孙培青：《中国教育史》，页 419。

学的成长幅度与获取的成果各自不同。[185] 自从 1436 年起，社学毕业生即可申请进入地方官学就读。因此，社学反映了当时地方官学与国子学的升学形态。

地方学校的分级虽然似乎极为完整，实际上登记入学并且获得政府资助的学生人数却非常少。1428 年，全国学生总数只有 62500 人左右。[186] 当然，这个数字不包括社学与书院的学生，但尽管如此，还是可以从中看出明朝并不是那么有心为人民提供实际的教育。明朝政府显然对于控制臣民的意识形态比较感兴趣。

9. 明代的书院

明代书院的曲折发展产生了许多动人而且通常难以置信的故事。在这个简短的段落里，我无法完整探讨这段多重面向的历史，只能把焦点放在一般制度层面。书院在长达 300 年的时间里努力争取知识自主以及制度正当性，也因此最明显的特征就是时常遭遇政府的全力阻挠。因此，明代书院的发展主轴，就是一方面"官学化"的步履愈来愈快，另一方面政府又不断禁止及摧毁书院。政府至少曾经四度试图关闭书院，有时全面针对所有书院，有时则针对特别经过挑选的个别书院。书院的发展在明代初年并没有什么进步。在元朝末年的内战当中，许多书院都遭到摧毁。举例而言，在朱熹领导下声名远播的白鹿洞书院，就在 1351 年付之一炬，直到 1438 年才获得重建。[187]

新成立的明朝政府在明太祖的领导下，投注了许多心力建立完整的官学体系，因此并不鼓励书院的复兴或重建，甚至接收了不少书院，将其转变为地方官学。官学与科举考试的制度融合之后，书院身为协助考生准备考试的机构也就没有太多的运作空间。在官学仍然从事实际教学的时候，这种情形尤其明显。当时确实有些书

---

[185] 吕坤（1536—1618）的名作《社学要略》详细描写了他希望如何经营自己的社学。出处请见本书第五章注 79。根据王兰荫所言，在他研究的 1,438 所社学当中，约 85% 皆是由地方官员设立，剩下的 15% 则是由地方上的文人所设立；引于李国钧等编：《中国书院史》，页 542。

[186] Ping-ti Ho: *The Ladder of Success in Imperial China*, p. 173。比较上面注 127 提到的唐代学生人数。

[187] 李才栋：《白鹿洞书院史略》（北京：教育科学出版社，1989），页 96–100。

院开始出现，但其活动并未获得官方的支持。在明朝期间（实际上中国历代皆是如此），只要是未经政府许可或支持的集会，都被认为可能对社会福祉有所危害。因此，书院虽然在民间相当活跃，却总是避免不了这种政府的疑虑和压力。

明朝立国近150年后，书院才真正开始复兴。根据一项研究，在明代已知的1239所书院当中，将近40%都成立于嘉靖年间（1522—1566）。[188]16世纪出现的这项大幅成长，是官方教育没落以及道学重拾活力的直接后果。不过，这番兴盛也随即遭到了挑战。不久之后，国家就对愈来愈有自主意见的书院展开禁毁之举。

■ 禁毁书院与东林书院运动

首次禁毁发生于1537年。湛若水（1466—1560）的私设书院深受欢迎，引起一名御史不满，结果嘉靖皇帝（1522—1565在位）就在该名御史的劝说下关闭了这所书院。湛若水是著名的知识领袖，在广东与北京设立书院，并由于自身在书院里的教学活动广受尊崇。官方强制关闭湛若水的书院，其实也是为了打压王阳明（1472—1528）的哲学思想与影响。

第二次禁毁发生于次年。当时宰相严嵩（1480—1565）备受批判，而且抨击他的经常是与道学书院有关联的知识人。不过，他禁毁书院的借口却是声称地方官员与文人皆舍官学而就书院。结果虽然所有书院都成了禁毁对象，但实际上被关闭的书院相当有限。这次禁毁时间很短，也缺乏效果。

第三次禁毁发生于1579年（万历七年），原因是张居正（1525—1582）对书院的政治活动感到不满，尤其是与政治活动有关的会讲或讲会，经常在书院吸引成百上千的听众。他下令所有书院一律关闭，全部转为政府公廨。64所书院，包括著名的应天府书院（成立于11世纪初，位在今河南境内），都因此遭到禁毁。[189]何心隐（1517—1579）是倡导书院公开讲学的首要活跃人士，更因此被张居正下令处死。

张居正在禁令颁布不久后去世，因此书院遭受的影响不大，很快就恢复了势力。

---

[188] 曹松叶的统计，引自孙培青：《中国教育史》，页422。
[189] 沈德符：《野获篇》，8，引于李国钧等编：《中国书院史》，页578。

最后一次禁毁书院，是东林书院强力批评明朝政局的直接后果。东林书院位于江苏无锡，是当时在社会、经济与知识发展都最为先进的地区。无锡的学者能够获得富有的赞助者给予物质上的资助，而且他们大多数都是备受尊崇的知识领袖。他们对政府的缺失所提出的批判，很快就获得了大众的认同与同情。当时由宦官魏忠贤（死于1627年）所把持的政府也因此对东林书院深感担忧与厌恶。政治形势紧张而复杂，但这样的权力斗争是不是源自道学学者暨官员跟宦官之间本质上的对立，仍有讨论的空间。可以确定的是，中央政府对知识人（尤其是知识领袖）可能具备的颠覆能力愈来愈感戒惧。与东林书院有关的人士在后来遭到逮捕的种种压迫经验，以及东林党人深具意义的种种活动，是中国知识史上相当动人的一章。不过，此处的探讨焦点将集中于这起事件对书院这种教育机构的发展所造成的影响。

东林书院事件显示，这时候的书院已发展成为士人聚会中心，可供志同道合的学者与官员齐聚一堂，共同倡导学术上以及政治上的观念。而且，他们使用的语言乃是支配明代思潮的道德哲学语汇。书院原本只是教导一小群学生的机构，而且常常遗世独立，后来出现这样的发展，可说已呈现完全不同的面貌。到了这时候，透过讲学与集会，明代思想家也摇身一变成为传道之士，向愿意聆听的人直接传播思想。此外，他们的活动也具有深厚的哲学基础。他们往往动员成百上千的群众（大多数是平民）；这样的民粹行为在统治当局眼中看来当然是深具威胁性。于是，1625年又再次颁布了禁毁书院的诏令。这一次，禁毁的对象只限于主要的书院，但由于这些书院的名气极大，东林更是名闻遐迩，因此造成的冲击反倒更大。后来东林书院被视为中国教育最高理想的代表，就足以证明这次禁毁活动对人心所造成的反作用。

明代末年兴起的许多学术暨政治社团，以及这些社团光辉但悲剧性的发展过程，也反映了当时人对学校角色往往有非常大的认知上的差距。可以说，东林书院的知识人以义不容辞的态度把自己的学识传播给一般大众，从而为传统的学校定义（准备科举的机构，将来是为政府做事的）带来了莫大挑战。简言之，东林事件终止了中国传统教育史上书院运动的最后阶段。这项发展充分体现了威权式的儒家或道学教育的特色。这点将在下一章深入探讨。

■ 书院讲学与大众教育

东林党人的活动源自明代中后期的思想，以王阳明为代表，但东林党人秉持的哲学与他并不完全相同。尽管如此，王阳明的影响力毕竟十分深远，举办公开讲学的人士无一能够不受他的影响。因此，探讨明代的教育就不能不检视王阳明对教育的平民化看法。

先前提过的讲学或集会，是明代书院活动的主要特征，也反映了王阳明的教育理想。王阳明的教育哲学强调平民主义与知行合一，为大众教育提供了发展基础。当时的书院不但愈来愈向一般大众开放，也极力吸引他们参与。对于讲学方式的重视，促成了讲学的系统化与仪式化。参与举办讲学的工作人员包括会长、直宾、直赞、司钟磬与司鼓等，偶尔甚至还会雇请专业歌者协助营造静谧的气氛。由这种种元素，可以看出当时的讲学已经高度形式化与仪式化。参与者不只单纯遵循这道过程，也受到动员、游说，并且注册参加定期的讲学活动。参与者被组织成团体，获得供给酒食，也必须遵守书院的规章。入"会"资格不是自动可得的结果。申请者必须通过细密的审核程序，才能取得入会资格。

讲学的严谨与进行的形式，显示了明代地方社会的力量：亦即儒家教诲与平民道德观的密切连结。明代书院所实验的大众平民教育，反映了这种力量以及社群的凝聚力。明代知识人与他们的平民同志，对教育组织原则抱有相同的看法，也秉持了近似的道德思想及意识形态。

整体而言，十六七世纪的书院运动提供了大众教育的根据。这项发展深具意义，也可能对书院运动的学术或知识责任造成两难的局面。于是，传统中国书院教育也就在教育需要深入探究以及重新定义的情况下画下了句点。

10. 结论

中国教育制度史的后半段，就是教育的各项影响力融入唐、宋教育体系的过程。唐代体系为东亚各国，包括朝鲜、越南与日本广泛模仿。宋代体系则是奠基在唐代体系上，但增加了地方的参与以及佛教僧院的影响。这种影响在书院当中最显而易见。一般人经常把书院和朱熹联想在一起，这样的联想虽然不算错误，但也不是完全正确。朱熹确实发掘了书院运动的巨大潜力：书院运动在当时虽然已经渐趋兴盛，但他却为其赋予了知识上的正当性。自此以后，书院就成了把道学信息散播给中国人民的工具。但是书院的兴起及其教学的思想背景，却并不完全可以归功于朱熹。

由于书院的发展，元明这两个朝代的地方社会遂得以在经营地方学校上扮演更为积极的角色，也让平民百姓可直接参与政治辩论。平民参与政治辩论的现象在明代末年的书院当中早已明显可见，但这种平民化的发展后来却因为清朝的强力镇压而终告消退。另一方面，到了这个时候，科举考试制度对教育理想的影响也愈来愈明显。制度上而言，由于学习活动完全以通过考试为目的，学术与制度创新的机会也就从此遭到限缩，形成一种僵滞的平衡状态。只有外来力量能够打破这种窒闷的局面。

第三节　考试制度：从察举到科举

形塑中国教育制度史的一项决定性因素，乃是政府选拔官员的方式。教育不可能不受学生的社会流动志向所影响。学习虽然有其本身的价值与目的，而且学习者也应该尽情享受学习本身的乐趣，但大多数人仍然希望透过教育取得生计的改善、社会地位的提高，以及实质的政治势力。中国也不例外。因此，我们必须检视社会流动机制在儒家政治哲学的基础上如何发展，以及这项发展如何影响了教育的目的与实践。

1. 古代背景

传统上，儒家学者认为在尧、舜的上古时代，国家的大事都要咨询"四岳"。[190]这项官职似乎由传说中的贤君帝尧所创立，而他把王位禅让给舜，也是向四岳咨询之后才下的决定。因此，四岳的传说被视为早期的证据，证明考试及选拔优秀人才的做法早在中国历史的初期就已经出现。青铜铭文经过详细研究之后，现代的考古

---

[190]《尚书·尧典》及《尚书·舜典》。四岳究竟是由一个人或四个人担任，有各种说法。因不涉这里的论点，故不引述及讨论。

证据也明确指出：周朝政府虽以世袭制度为主，但根据个人优点或绩效表现而选拔人才的初步观念也已经存在。"贤人"一词不但出现在《尚书》里，也可见于不少青铜器上，显示把工作表现视为奖励标准的观念在当时已经广获接受。[191]记载了西周初期史料的《尚书·君奭》，也把德行视为评判统治者正当性的标准："克敬德，明我俊民。"[192]传说中的周公也主张应该效仿周文王和武王，用"立事、准人、牧夫"[193]三个标准来任用人才（立政）。这些标准的设立虽然不表示政府公职也对并非出身贵族世家的平民百姓开放，但当时认为官职与社会地位崇高的职务，应由合乎德行标准而非仅合乎身家背景的人士担任；这种观念还是深具重要性。商代认为"任旧人共政"才有益政事推展的想法，这时已开始受到质疑。[194]

《周礼》详细说明了周朝选拔官员以及评估官员表现的做法。这些记录只能视为是战国时代晚期或甚至汉代期间对周朝的美化想象，因为《周礼》成书的时间距离那些制度存在的时候已有七八百年之久。不过，《论语》及其他写于公元前6至4世纪期间的著作，也都留下了周朝政府用人及管理制度的数据。先前提过的射箭比赛就是一个重要的例子（见本章第一节第一段）。《诗经》甚至作出了"显"与"世"的区别："凡周之士，不显亦世。"[195]

综观中国古代的公职人才选拔与政绩评定，可以看到任职资格在周代的任官思维中已是一项考虑要素。此外，世袭虽然仍是实务上的运作原则，但是合乎道德资格的人可以担任世袭职务的观念也已经出现。

---

[191] 近来探讨"贤人"的著作，请见李学勤：《大盂鼎新论》，《郑州大学学报（哲学社会科学版）》，1985年第3期，页51–64。
[192] 《尚书·君奭》。
[193] 《尚书·立政》。案：孙星衍疏："自今我其立政，当效法文武。于立事、准人、牧夫之三；宅我其能？明知其善，乃使之治政，以助我受民，以和我诸狱、众慎之事。""立事、牧夫、准人之官，则能居得其人，能用终其事，此乃使之治国也。"
[194] 《尚书·盘庚上》。
[195] 《诗经·大雅·文王》。

2. 孔子与东周时期的变迁

认为政府官职应对平民开放的观念，直到孔子的时代才确立起来。首先是孔子提出了这种可能性，接着法家思想家才又说服战国时代的各国统治者把这种观念付诸实行。

孔子的教育观念，主要以如何选拔最适合担任公职的人才为思考框架。在孔子的教育思想中，最核心的关怀就是如何选拔最佳也最合格的人才进入政府服务，好让他们的模范行止能够受到大众模仿。选任（道德）人才（meritocracy，或译为"任贤制度"）的想法是他的原则。

孔子去世之后不久，战国初年的许多封建主都起而反抗周朝的统治。不少思想家深入探讨选拔最佳当官人才的哲学。墨家对于如何提拔贤人的方法作出了重要的思想上的贡献。墨家的立场相当值得注意，因为他们抱持平等主义的思想，认为所有平民，甚至是奴隶，都具备足以任官的道德潜力。这种平等思想虽然没有获得大众接受，但儒家认为所有人都可接受教育的观念，却也受到这种所有人皆有能力扮演治理角色的思想所强化。于是，到了战国时代中期，也就是公元前4世纪初，大部分的思想家都开始倡导这样的原则：不但要选拔最适合的官员或人才，甚至于质疑纯粹的道德主义观点。法家为这项发展提供了最强大的动力。提到这一点，就不禁想到商鞅（死于公元前338年）与韩非等著名的法家人物。孔子为任贤主义提供了理论基础，法家则质疑道德与儒家的选拔精英主义的结合是否必要或甚至可行。儒家与法家世界观的根本差异，就在于是否能调和这两种观念。毕竟，儒家与法家都认为政治与社会领导能力乃是建构良好政府的核心要素。[196]

法家思想的另一个重要层面，则是其对政府分工的论点，也同时就是对职业应

---

[196] Herrlee G. Creel: *Shen Pu-hai, A Chinese Political Philosopher of the Fourth Century B.C.* (Chicago: University of Chicago Press, 1974); Max Weber: *The Religion of China: Confucianism and Taoism*, tr. and ed. by Hans H. Gerth, with an introd. by C. K. Yang (New York: The Free Press, 1964), pp. 163–165.

该专业化所采取的立场。法家思想正合乎当时愈来愈趋复杂的社会发展与结构，韦伯称之为"工具理性"（instrumental rationality）。法家可说是倡导了中国史上第一项有关一般性官僚体系的理论，也促成了这项理论的实际运作。这个成就可能是世界史上的首例。

大部分的诠释者都认为，在法家的务实思想影响下，儒家的道德精英主义原则已遭到稀释，甚至彻底颠覆，以致后来中国人才选拔制度的发展都一直未能完全达到儒家的标准。抱持这种观点的人士以朱熹最为著名，他们都慨叹中国自从三代以来，就不曾实现过儒家的德政理想。[197] 长期而言，儒家的道德立场决定了中国选官制度的实际建构方式。不过，偶尔也会出现为了迫在眉睫的实际考虑，而不得不暂时放弃道德的考虑。这时候，常常就会出现悖逆儒家原则的陈述或安排。举例而言，法家质疑道德品行与社会分层的决定是否有关，但他们也和儒家一样不信任世袭制度。同样的，在魏晋南北朝期间，儒家的良善社会观也使得世袭社会得以存在。因此，他们两者之间的关系其实颇为矛盾。

法家与儒家思想之间颇为紧张而且稍具辩证性的关系，可以解释中国人的一种古怪行为，这点将在后续谈及汉代举孝廉制度的段落再加以探讨。与其把儒家原则的"失败"贬抑为儒家政府的"法家化"，不如把中国考试体系的发展史，视为这两种思想立场的竞争与合作的相互依偎的过程。这样的观点不仅在思考考选制度史时更具有挑战性，可能也比较有意义。

简言之，孔子对于巩固道德精英主义的观念作出了原创性的贡献。墨家追随孔子的思想，提倡道德品行的重要性，但把所有人都包含在内，并且认为有资格担任领袖职务的贤人可能来自社会上的各个阶层。法家则是对道德与选任贤才主义观念的结合提出质疑，而采取彻底务实的做法，提倡针对个别职务所要求的资格选拔具备适切能力的人才。他们也一样质疑世袭原则，并且默认儒家与墨家所明确表达

---

197 余英时：《反智论与中国政治传统》，载氏著：《历史与思想》（台北：联经出版，1976），页1-46。这篇文章精要探讨了传统儒家思想对威权政府的立场，最后套用朱熹的感叹作结："二千三百年之间，只是架漏牵补过了时日。尧、舜、三王、周公、孔子所传之道，未尝一日得行于天地之间也。"

的这项观念：道德品行的评判与个人的社会地位无关。排除了世袭原则之后，正直的德行与精英主义之间充满紧张的结合关系，就为中国选官制度的发展带来了许多曲折。

3. 养士

在我们结束探讨选拔"最优"人才从事公职的哲学之前，有必要先检视"养士"的信念与行为。战国时代的封建统治者为了寻求合适的人才，都争相吸引具备各种技能的人士。这些人传统上称为"士"，意指他们具备最低度的教育资格。不过，这些人其实大多数都只是艺高胆大的流浪汉，愿意为自己宣誓效忠的主人拼命，"效犬马之劳"。

这种行为最早出现于春秋时代。齐桓公任命管仲为相，经常被盛赞为这种做法的著名先例。[198] 最著名的"学者"集会，自然是先前在第二章第一节第二段讨论过的稷下学宫。不过，所谓的"四君"：齐国的孟尝君（死于前279年）、魏国的信陵君（死于前243年）、赵国的平原君（死于前252年）以及楚国的春申君（死于前238年），却为我们留下了深富戏剧性的事迹。这些事迹广为传颂，而这些君主与门人之间的关系也经过美化，成了用于教导道德或模范行为的传说。许多著名的成语，例如"毛遂自荐"[199]、"冯谖市义"[200] 及 "鸡鸣狗盗"，[201] 都以简洁扼要而具意象性的成语概括了这些故事。这些著名而且通常多采多姿的故事所带有的寓意，经过司马迁引申扩充之后，宣扬的观念乃转变为：掌权者应该寻求最有才能的人物为其服务，而且应该真诚、慷慨地奖励这些人才的功绩。如此一来，这些人就会不惜为主

---

[198]《史记》，32：1486；参考76：2365–2376。
[199] 诸祖耿：《战国策集注汇考》（南京：江苏古籍出版社，1985），11：591–599。另见《史记》，76：2366–2368。这则故事可见于唐代末年的幼儿读本《蒙求》（见本书第五章第一节第三段），见颜维材、黎邦元注释：《蒙求注释》（太原：山西人民出版社，1987），页553–558。
[200]《史记》，75：2359–2361。
[201]《史记》，75：2354–2355。

人卖命。

吕不韦（死于公元前235年）是养士的另一个例子，一生充满了传奇性的荣辱起伏，是世世代代的中国学者深感好奇的对象。他的门下据说多达3000人以上。《吕氏春秋》这部深具影响力的著作，就是出自他供养的学者的手笔。[202]

个人关系的观念在中国历史上极为重要。汉初的公孙弘（前200—前121）与刘安（约前179—前122）延续了养士的做法，其中尤以刘安为甚。刘安关于统治艺术的重要哲学著作《淮南子》，就是由他门下的学者写成的。[203] 在中国的政治与社会史上，养士之风一路延续到清朝，当时的官员自建幕府，以私人资源供养食客，他们想必认为自己保存了养士的观念。大部分的食客大多都是因故未能踏上仕途的学者，必须为供养他们的官员提供社会与政治方面的咨询。闲暇之时，他们也协助编纂学术著作。[204]

养士传统虽然因为司马迁戏剧化的描写而染上了一层神秘的色彩，却足以证明战国时期的人如何落实"人才选拔的理想"。这种做法深深影响了中国人如何看待统治者与辅政人员之间的关系。关于著名养士者及其食客的各种传说，也塑造成了中国人一种常见的做法，即养士者与社会地位较低的人物维系个人关系，合作追求共同的目标。养士者提出目标，食客则致力于目标的实现。因此，中国教育史的现代研究者陈东原（1902—1976）才会把这种理想以及受到此一理想形塑的教育称为"养士教育"。[205]

---

[202]《史记》，85：2505–2514。
[203] 关于《淮南子》的研究，请见 Roger T. Ames: *The Art of Rulership*，其中 pp. ix, xvi, 211，简要探讨了这部作品的编纂。
[204] 张德昌:《清末一个京官的生活》（香港：中文大学出版社，1970）；Kenneth Folsom: *Friends, Guests and Colleagues: The Mu-fu System in the Late Ch'ing Period* (Berkeley: University of California Press, 1968); Jonathan Porter:*Tseng Kuo-fan's Private Bureaucracy* (Berkeley: University of California Press, 1972), pp. 18–22。
[205] 陈东原:《中国教育史》（上海：商务印书馆，1936），页3–4。为了避免误解，在此必须指出陈东原对这个词汇乃是采用非常广义的定义。不过，这个词汇的原始意义仍是其广义定义的核心。

4. 汉代察举制度

秦于公元前 221 年统一中国之后，数百年来造成社会、政治及经济快速变迁的多国体系就此画下句点。就是因为这样的变化，许多平民才得以建功立业，也才造就了精英式的人才选拔及官僚管控方法。这些发展虽然没有随着天下统一而终止，但秦也没有推行有助于强化精英原则（任贤体制）的措施。

秦朝历史相当短。接着，汉朝推行了一连串的制度，为官僚选拔奠定了基础，尤其是落实了以才能及道德品行为任官标准的观念。[206]

"察举"一词最常被用来描述汉代的考试制度。考试一词的意义不够明确，可能会让人误以为只有笔试。实际上，汉代的制度可能结合了面试与笔试。以下且先介绍各种形式的提名方法，然后再讨论考试的程序及内容。

汉朝的开国皇帝首先在公元前 196 年建立了"举贤、士及大夫"的长久制度。他下令地方政府首长推举贤士以任命为官。推举人才的官员必须对候选人的行为特质、德行与年龄提供详细数据，再把相关档案送到中央政府接受评选。[207]第二任皇帝（惠帝，前 195—前 188 在位）与摄政的吕后（前 241—前 180 年；摄政期间：前 187—前 180）所颁布的诏令，更明确要求获得举荐的人必须"孝悌力田"。[208]公元前 178 年，汉文帝（前 179—前 157 在位）建立了最著名也最广为效仿的选拔科目："贤良方正"。[209]第一批多达 100 人以上的贤良方正候选人在公元前 165 年获得任命。这批候选人包括了著名的政治思想家暨散文家晁错（前 200—前 154）。所有候选人

---

[206] 最重要的文献汇集为徐天麟：《西汉会要》（上海：上海人民出版社，1977），44：509–512；514–520；45：521–524；《东汉会要》（上海：上海古籍出版社，1978），26：383–396。以下所引用汉代的所有数据几乎都可见于这两部作品中。另见 Rafe de Crespigny: "The Recruitment System of the Imperial Bureaucracy of the Late Han",《崇基学报》，第 6 卷，第 1 期（1966），页 67–78。至于最详尽的现代中文研究著作，请见刘虹：《中国选士制度史》（长沙：湖南教育出版社，1992），页 26–61。

[207]《汉书》，1：70。

[208]《汉书》，2：90；3：96。个人一旦获得举荐，即可免服徭役。后来，政府也一致授予他们名义上的职位。

[209]《汉书》，4：116。这个科目的完整名称，除了"贤良方正"之外，还有"直言极谏"。

都接受到皇帝亲自考试。贤良方正科的另一位著名候选人为董仲舒，在公元前140年通过筛选。

■ 独尊儒术与汉代选举制度

那一年，董仲舒获得汉武帝（前140—前87年在位）接见，不但说服武帝独尊儒术，也促使他全心支持这项制度。武帝于公元前134年下令岁举孝廉，就是这项发展的结果。董仲舒掌管国家意识形态之后，举荐人才的标准更是倾向儒家道德。举荐来源虽然很多，但所有郡、国[210]都必须定期举荐人才。[211]贤良方正科的候选人都一律获得极高的荣誉。

汉武帝在公元前134年创始的岁举孝廉成了汉代选官制度中最重要的科目。[212]所有郡、国（包括王国与侯国）都必须举荐一名候选人。每次举荐的人数因此应该会超过200人，[213]但有些地方官员显然在举荐人才方面并不用心。皇帝于是在公元前128年通令不参与举荐人才的地方官员将遭受惩处。[214]

举荐"孝廉"的制度在公元1世纪末出现重大变化，重要性也因此提升。当时创设了配额制，以确保所有地区都有候选人，而且人数可合乎公正的要求。[215]配额制度对中国在政治与地方控制方面的思维而言当然相当重要，自此之后也经常出现，宋代更把配额纳为科举制度的永久构成部分，历明清而不变。

在左雄（死于138年）的建议下，政府于132年举行笔试以确认候选人对经学

---

[210] 汉代的地方单位由郡与国构成，数目稍微多于100。公元前100年后，这两种地方单位的差别已不复存在。
[211] 徐天麟：《西汉会要》，44：509–510；《东汉会要》，26：383–384。
[212] 《汉书》，6：160。
[213] 关于汉代的郡国制，见柳春藩：《秦汉封国食邑赐爵制》（沈阳：辽宁人民出版社，1984）。关于汉代一般官僚制度，英文作品可以参见 Hans Bielenstein: *The Bureaucracy of Han Times*。
[214] 《汉书》，6：166–167。
[215] 详见《后汉书》，4：189；37：1268。当时的惯例是每五十至六十万人口当中举荐两人，但在小郡并有蛮夷的地区，也是每二十万人举荐两人。到了公元90年代，则是改成郡国之人口满二十万的举一人，四十万的举二人，六十万三人，八十万四人，百万五人，百二十万六人；不满二十万口每两年举一人，未满十万的，每三年举一人。公元101年再次修改规定，在地广人稀的汉夷杂处之地，人口如超过十万人，则每年需举荐一人；人口不到十万人，则每两年举荐一人；若少于五万，则每三年举荐一人。据此计算，则每年的举荐人数应为250至300人之间。

家法（见第三章第一节第四段）的理解程度。这项笔试所检验的是候选人的经学知识，还有担任文职工作必须具备的字处理能力。朝廷也举行面试，以决定候选人是否可为道德风俗的典范。此外，候选人的年龄也必须限定在40岁以上。[216]这项新政策引起了不少争议，之所以后来得以实行，显示当时为了达成考试的客观公正，不惜牺牲道德方面的考虑，因为道德品行显然无法由笔试成绩评估。传统上被誉为地动仪发明人的张衡（78—139），就批评这种做法背离了道德目标。不过，这套制度还是确立了下来。[217]在中国历史上，类似的争议后来也不时重新出现。

"茂才"考试法也创立于武帝在位期间，但在西汉只举行了零星几次。[218]不过，这项科目在公元36年（西汉末）改为每年举行，程序和"孝廉"相同，只是茂才科的举荐人限于州牧及朝廷重臣。[219]此外，政府也首度表明所谓的"才"乃是指"敦厚、质朴、逊让、节俭"。[220]这个科目的提名人数比孝廉少，但任命的职位通常比较高。[221]后汉举茂才而有剩余的人不少，《后汉书》处处可见，不过茂才提名法从开始也好像不是很上轨道，后来更成了买官的管道。[222]

由于经书学习在汉代知识人的人生中非常重要，因此难怪国家也经常要求提名经学知识渊博的人士，以补太学毕业生的不足。[223]

在汉代期间，政府也创立了其他若干举荐考试，以选拔具备其他德行的人员。表2列了这些考试：

---

[216]《后汉书》，6：261。
[217]《后汉书》，59：1899–1903。
[218] 这个选拔科目在西汉称为"秀才"，到东汉初年才改为"茂才"。见《汉书》，6：197。关于汉代的使用方式，见《后汉书》，29：1018；另外，《汉书》，88：3594的记载可能是笔误。
[219] 要求选拔茂才的诏令内容可见于《后汉书》，志24：3559。
[220]《后汉书》，64：2101；徐天麟：《东汉会要》，26：393。
[221] 根据Hans Bielenstein，每年提名人数为17人。当然，这是就公元36年的选拔方式而言。见Twitchett and Loewe, eds.: *The Cambridge History of China*, vol. 1, p. 516。东汉章帝（77—89在位）时每年茂才与孝廉的举荐人数各大概在100人左右，章帝下令应该减少。见《后汉书》，3：133。
[222]《后汉书》，3：133；4：176（参看该处所引《汉官仪》）及78：2535。
[223] 关于太学毕业生的任官方式，见本书第六章第一节第三段（汉代太学的学生）。

表2：汉代的考试

A. 岁举：

 孝廉

 茂才

B. 特举：

 1. 较常出现：

  贤良方正

  贤良文学[224]

 2. 偶尔出现：

  明经

  明法

  至孝

  优异

  治剧

  童子

  有道

  明阴阳灾异

  勇猛知兵法

■ 汉代考试科目

以下简短探讨汉代的考试科目：

（1）贤良方正。这是汉代期间最广泛举行的察举科目之一，最早创立于公元前178年，经常举行于地震、意料之外的日蚀及瘟疫等自然灾害发生的时候。[225] 这个

---

[224] 有学者认为这与贤良方正相同。见刘虹：《中国选士制度史》，页38–40。

[225] 《汉书》，4：116。尽管贤良科的举行时间没有留下官方纪录，但证据显示这个科目通常举行于自然灾害发生期间。杜佑：《通典》，13：310、314。

科目的名称从不曾真正确立下来，但各种版本都使用"贤良"一词，"文学"则最常举行。这个科目的候选人经常本身就是官员。从一开始，这些候选人就必须参加面试（前178）与笔试（武帝之后）。笔试需要考策论。董仲舒著名的独尊儒术建议就是在公元前140年贤良科的第三策里提出来的。大多数的贤良考试都只需一策，但董仲舒却对了三策。

通过贤良考试的候选人通常可获得相当高的职位，薪酬高达600至2000石米。[226]

（2）明经。这个科目反映了汉代对经学的重视。不少人因为精通经学（非来自太学）而获得任命为官员。[227] 明经候选人最希望获得的官职是太学博士，[228] 但获得这项位高望尊的任命机会并不大。尽管如此，大部分的候选人还是可以获得体面的职位。我们并不清楚制式的考试是什么时候开始出现的。直到东汉，才有正式下令举行制式考试的记录。著名学者刘向（前77—6）与刘歆（死于39年）父子发现古文经之后，在经学诠释界掀起了激烈的争议。公元83年的考试，就反映了汉章帝（76—88年在位）对这场争议的关注。章帝显然希望拓展官方指定文本的范围（见本章第二节第二段）。各古文经，诸如《左传》、《穀梁春秋》、《古文尚书》以及《毛诗》，都纳入了官方文本当中。[229] 此外，他也下令居民达10万人以上的地区（郡和国皆包括在内）至少必须举荐五人，至于居民不满10万的地区，举荐人数也不得少于三人。[230] 获得举荐的人选必须接受任官考试，未通过考试者则送到太学继续学习。公元146年，政府进一步要求所有通过考试的人选，只要年满50岁，就必须到太学接受额外教导，而且必须有优越表现才能获得任官。[231]

---

[226] 关于汉代政府官职的概要，见 Hans Bielenstein: *The Bureaucracy of Han Times*。另可参考杨鸿年：《汉魏制度丛考》。

[227] 刘虹：《中国选士制度史》，页40–41。董仲舒与公孙弘是这个科目举荐的学者当中最知名的两位。

[228] 参看《汉书》，88（《儒林传》），各处；又，韦玄成（死于公元前36年，《汉书》，73：3108），都是通过明经考试而获得职务。但是不少其他著名的经学家，如儿宽（"以郡国选诣博士"，《汉书》，58：2628）、贡禹（公元前124—44，《汉书》，72：3069："以明经洁行著称，征为博士"）、韦贤（公元前148—60，《汉书》，73：3107："号称邹鲁大儒，征为博士"）则都是被征召为博士。

[229]《后汉书》，3：137–138。后来，灵帝在位期间（168–189）于180年设立了一个特殊的举荐科目，选拔精通《古文尚书》、《左传》、《穀梁春秋》及《毛诗》的人士。见《后汉书》，8：344。

[230]《后汉书》，3：152。没有证据显示这项命令是否彻底落实。

[231]《后汉书》，6：281。

（3）明法。这个科目于公元 2 年（西汉平帝元始二年）首度下令设置，薪资 2000 石米以上的官员每年必须举荐一人。[232]

（4）至孝。这个科目设于公元 147 年（桓帝建和元年），主要是对左雄的反弹。左雄提议孝廉候选人必须接受文书作业及经学知识的考试（见前述），于是至孝科便随之设立，以选拔在孝行方面真正出类拔萃者。这个科目在 2 世纪下半叶至 3 世纪初期间经常举行。

（5）优异。这个科目用于提拔政绩优异的官员。

（6）治剧。汉代期间，郡县分为"平"、"剧"两种，划为"剧"者表示该地难以治理。东汉期间较为著名的"剧"区，即是首都洛阳周围各县。政府每隔一段时间就下令选拔有能力的官员治理这些地区。

以上两种察举法（5 与 6）显然是政府绩效评估的方式，严格来说不算是对非官员开放的选拔措施。人才选拔与官员控制措施之间缺乏明确界线，是中国考试制度的特征，至少在宋、元时期之前都是如此。

（7）童子。这个科目差不多从汉代开国以来就已经设立，目的在于选拔天赋过人的 12 至 17 岁男童。考试内容包括念诵 9000 字以上的经典，以及书写"六体"或"八体"。[233] 通过考试的儿童通常会获得类似秘书的职务。

童子科在魏晋南北朝期间一度中断举行，但在唐朝又再度恢复，而且直到传统中国结束之后才告终止。[234]

（8）有道。这个科目反映了汉代对阴阳学说的重视，而且汉代几乎自从开国以来就不断寻求这方面的专家。最早的记录，是元帝在公元前 46 年（初元二年）下令每位高级官员举荐三人。

（9）明阴阳灾异。这个科目早在公元前 46 年就已设立，目的在于选拔具有预言、

---

[232]《汉书》，12：355。精通法学事务的人偶尔会获得选任为官，但在公元 2 年之后才设为常科。
[233] 见马端临：《文献通考》，35：329–331。关于所谓的"六体"、"八体"，见《汉书》，30：1720–1721。
[234] 本书第三章第五节第三段简短探讨了童年的观念以及童子科目的考试。指派儿童任官的做法只持续到宋代末年为止。

占卜或谶纬等特殊才能的人。有时候，国家也会透过这个管道选拔医生。

（10）勇猛知兵法。这个科目设于西汉末年的公元前 12 年（成帝元延元年），要求郡、国首长除了举荐贤良方正之外，也必须推举精通军事事务的人以担任军职，尤其是指挥官。这个科目一直沿用至汉代末年，可以算是后代"武科"的起源。

5. 东汉考试制度的改革

因此，察举制度在汉代治理方式中占有非常重要的地位。不论这套制度是为了选拔品行正直还是政治手腕高明的人，总之从一开始就充满争议。按照那时候的说法，主要是"霸"与"王"的争议："汉家自有制度，本以霸王道杂之，奈何纯任，用周政乎！且俗儒不达时宜，好是古非今，使人眩于名实，不知所守，何足委任！"[235]

这句名言出现于公元 146 年，显示了汉朝统治者对"俗儒"的疑忌。汉代官场对王、霸之道的争论（这点也可见于著名的"盐铁之争"），基本上争论的就是该如何建构良好的政府乃至良好的社会。坚持揉合王、霸之道的做法延续到了东汉，但在王莽（前 45—23 年、9—23 年在位）篡位期间可能对道德品行的人才选拔方式更为强调。东汉的开国皇帝下令恢复以能选才。到了公元 76 年（章帝建初元年），才能决定职位高低（所谓的"霸道"）的观点再次引起注意。这样的强调，为察举制度的转型打开了大门。

察举制度的另一个重要问题就是很容易出现贪腐。东汉统治者非常了解这个倾向。例如顺帝（126—144 年在位）就颁布了一道特殊命令，允许地方官员在任职第一年里进行察举，可见在这之前，政府不允许地方官在就任的第一年就推举人才。[236] 当时，孝廉候选人数已经迅速增加，太学生人数也达到前所未有的程度。大

---

[235] 有关揉杂霸道与王道治理方式的引言，出自《汉书》，9：277。见刘虹：《中国选士制度史》，页 46-48 的讨论。刘虹认为王莽舍霸道而就王道。这么说大致没错，反正王莽并未特别推行所谓"霸"。
[236]《后汉书》，6：251。

家都知道，如果缺乏有力官员或其亲属的支持，根本不可能被举为孝廉。[237]王符是汉代社会生活的著名评论家，他抨击察举制度遭到滥用的言论极具代表性。[238]他的批判促成察举制度在公元132年（顺帝阳嘉元年）开始大幅度的改革。该项改革由左雄负责。

■ 左雄

我们先前讨论贤良方正科，就曾经提过左雄推行的改革。这项改革的要旨就是确立一种可靠而且客观的评估方式，以若干才能的考试为基础，包括文书作业能力、经学知识，尤其是撰写策论的能力。我们可以把左雄的改革视为汉代回归王、霸之道的平衡，由这样的观点衡量人才的能力或潜力。这点颇值得注意，因为左雄为了满足客观评估方式的需求，显然不惜舍弃道德品行的评估，尤其是行为特征，例如孝行。不过，传统中国史家通常给予左雄高度的评价。《后汉书》作者范晔（398—445）就赞许左雄的改革提供了稳固的基础，让杰出的官员得以进入官场服务——如陈蕃（88—168）与李膺（110—169），两人皆以深受学生仰慕而著名。[239]因此，早在公元2世纪，中国政府对于选拔最佳任官人选的治国考虑就已促成一般人对考试客观性的重视更甚于道德品行。这种重视选拔需求更甚于道德表现的态度，是中国考试发展史上反复出现的主题。[240]

在我们结束探讨汉代人才选拔制度的最后阶段之前，还有几点必须一提：首先，卖官[241]提供了进入官场的社会流动管道。第二，除了定期与不定期的管道之外，还

---

[237]《后汉书》，62（李杜列传）：2064；刘虹：《中国选士制度史》，页49。
[238] 王符：《潜夫论》，汪继培笺，彭铎校注（北京：中华书局，1985），7：65-68；14：151-160。另见徐干：《中论·考伪》，引自刘虹：《中国选士制度史》，页50、81。
[239]《后汉书》，61：2020。关于这两人，请见本书第六章第二节第一段。
[240] 一方面希望只提拔正直之人，另一方面又希望建立一套公正分配社会利益的体制，这两者的矛盾本质涉及社会或分配正义方面的复杂议题。在众人事务的真实世界里，建构公正社会总是比建立道德社会来得容易。这点对于John Rawls（罗尔斯）与Michael Sandel（桑岱尔）两人的著名辩论颇具寓意。
[241] 徐天麟：《西汉会要》，45：471-472。司马相如（公元前179-117这位辞赋名家就是藉由买官踏入仕途。见《史记》，117：2999。

有不少特殊措施可吸收天赋异禀的人士进入官场。著名天文学家及发明家张衡就是一个例子。他经过几次提名失败之后，却得以越过正常的察举管道，获得安帝（106—125年在位）授予官职。[242] 像这样的特殊安排，使得具备特殊学识或技能的人士得以直接获得官职。[243]

上述的第二点关乎政府的特殊任命方式。朝廷里的高级官员及地方官员也会雇用文书员（吏）或是具备基本语文能力的人员帮办行政杂务。政府经常发布规章，详细规定任命这种属员或职员的适当程序。在朝高官也通常会自掏腰包雇用助理人员。东汉期间，雇用文书员或学者（读书人）成了一种风潮，不论地方官员或首都官员都竞相以雇用愈多人员为尚。这项风潮呼应了战国时代与汉代初年的"养士"做法。[244]

第三，汉朝政府实行了高官子弟得以直接进入官场的措施。汉代初期的做法允许薪资2000石米以上的官员申请直接任子为官。[245] 这种做法称为"任子"，后来范围进一步扩大，甚至包含了高官亲属的子弟，[246] 还有同宗族或是退休官员的子弟。[247] 任子制度究竟是否普遍，我们现在没有确切的资料。但经常有人批评这项制度违背了公平选拔精英的原则。这种做法因此在西汉末年就取消，[248] 但到了东汉后，又于公元121年（安帝建光元年）加以恢复。[249] 这项制度复兴之后最重要的后果，就是宦官因此得以把自己的养子任命为官，导致这套制度的进一步腐化。任子制度是唐、宋期间"荫"制的前身。

最后一点，汉代实施的察举制度提供了滥用的机会：个人可以作假求名，尤其

---

[242]《后汉书》，59：1897。
[243] 这样的选任管道虽然特殊，但获得选任之人却仍是担任正常的职务。这种由皇帝任命的方式称为"辟召"。关于这方面的例子，见《后汉书》，27：945。
[244] 刘虹：《中国选士制度史》，页55—56。征用贤人或名士协助行政杂务或其他庶务的做法称为"辟举"或"辟除"，与皇帝的任命不同（见上注）。
[245] 刘虹：《中国选士制度史》，页56—57；《汉书》，11：338；马端临：《文献通考》，34：323。
[246] 马端临：《文献通考》，34：323。
[247]《汉书》，12：349。
[248]《汉书》，11：337。
[249]《后汉书》，5：232。

是在孝行方面。王莽无微不至的孝行据说为他赢得了敬重，而有助于在他篡汉之际软化反对者的态度。在中国历史上，孝行是汉代统治的特征。当时留下许多全心尽孝的动人事迹，可能就是察举制度被广泛滥用的结果。

综上所述，可以这么说：汉代的察举制度是中国考试制度发展史上最重要的一个阶段。考策论、品德与才能孰先孰后的讨论、察举和人事督导的密切关系、配额制度、破例任命，尤其是任子制度，都是中国公职考试制度发展史上反复出现的主题。这套制度之所以能够长久存在，乃是中国人具有一种根深蒂固的乐观信念，认为国家或政府有能力建构公正和谐的社会。只要这项信念不变，考试制度就不会消失，政府也仍然会以选拔品德良好的人士为其官僚人力的来源。

6. 魏晋南北朝的选官制度

选拔一群品德杰出而且行政能力高明的人员协助国家从事治理行为，这样的观念到了汉代已经确立下来。汉朝政府就是基于这个观念才创立了察举制度。实际上，察举制度应该算是中国考试制度的开端。这并不表示汉代采取的是公开方式。只要政府认为自己采取的人才选拔方式合乎道德需求，也能够提供足够的人力构成有效率的官僚体系，就不须要采取公开甄选方式。汉朝灭亡之后创设的九品官人法，就反映了调和才能与责任的考虑。这项制度也反映了东汉期间个人关系仪式化的发展。

由于官僚体系愈趋复杂，因此更需要明确的分工。于是，关注焦点也就从任官人选的品德转移到了能力上。

个人关系的议题更是复杂。汉代期间，个人关系愈来愈成为行使政治权力的重要特征。种种个人关系，包括养士者与食客、官员与亲属（儿子、表亲及侄子）、宦官与养子，以及经学家与门徒，都影响并形塑了政治的走向。这种关系可轻易推翻公开程序，声称公开程序对于选拔人才而言并不必要也不可靠。

个人关系的重要性与孝行的重要性非常类似。两者都依赖仪式化的常态行为。汉代已理解到孝行其实是一种私人德行，只在个人行为的领域里有意义。不过，到了公元 2 世纪,仪式化的孝行却成了标准,政府也认为个人能否遵循仪式化的孝行可以是衡量其道德品行的可靠方式。因此,只要可以召募到这些能够切实遵行仪式化行为(尤其是孝行)的人,就能够建构良好的政府与社会。由于把根据既定行为常规衡量而得的道德品行视为第一优先,评估程序的平等或公正也就因此遭到了忽略。这就是中国选拔精英理想的最大的矛盾所在:道德生活与公平客观的评估程序竟然在根本上互不兼容。汉代的制度没落之后,这项矛盾就随即浮上了台面。

■ **曹操与九品官人法**

曹操及其子曹丕在 210 年、214 年与 217 年颁布了三道著名政令建立了九品官人法,此举也显示了当时主宰东汉政治的人对品德选才理想的感受。以下引自他的第一道政令:

> 今天下尚未定,此特求贤之急时也。……若必廉士而后可用,则(昔)齐桓其何以霸世!今天下得无有被褐怀玉而钓于渭滨者乎(案,指姜太公未被文王重用之前的情景)?又得无盗嫂受金而未遇无知者乎?二三子其佐我明扬仄陋,唯才是举,[250] 吾得而用之。[251]

曹操下令求"才"的举动显示了汉代末年的政治人物对察举制度的问题所抱持的态度。察举制度过于仰赖仪式化行为,以致阻碍了真正人才的发掘。

曹操把持汉朝朝政之后,由个人关系支配的社会就此彻底成形。知识人都对所谓的"人才分类"深感兴趣。[252]《汉书》作者班固把历史人物分为九品。对于人才分类的兴趣不久就形成风潮,于是许多作者都纷纷发表了自己对当代官员或社会精

---

[250] "才"一般指的是能力或天赋,包括品德在内。不过,此处由于加上了"唯"字,所以强调的是能力,而且明显可见他认为政治能力远比道德品行重要。这点与文章开头指称这时正急需求"贤"的前提形成鲜明的对比。
[251]《三国志》,1:32。案:陈平的典故出自《史记·陈丞相世家》。
[252] 见本书第三章第二节第四段。

英的分类。这就是所谓的"清议"。[253] 当时政府非常重视定期评估个人能力，以及对评估成绩良好的个人及其家族授予荣誉，因此清议也就极为重要。地方官员经常利用"清议"决定该荐举哪些人为孝廉或贤良。望族自然不忘善加利用这种现象，设法操纵清议，以便垄断进入官场的管道。于是，官职遭到世袭霸占也就变成可能也可欲之事，致力垄断官职任命被视为合理的行为。毕竟，以公开平等的方式进入官场的观念已经式微，愈来愈多人也开始质疑传统儒家的理想社会观。[254] 汉代末年的严肃儒家学者竭力批判这种发展，尤其在以下这两个领域：一是许多人为了获得举荐为孝廉而虚诞作伪；二是入选为官的人员往往缺乏经学知识。

在这种背景下，官位世袭的观念因此成了一种可行的选项。在政治场域里，激烈的党派斗争促使野心勃勃的军事冒险家寻求各种人才的襄助。先前引述曹操的那篇诏令，就显示了当时多么迫切需要一套能够提供人才的选拔制度。这些人才虽然最好也能具备杰出的品德，但这只是次要的考虑。曹操在214年写下的文字更是露骨：

> 夫有行之士未必能进取，进取之士未必能有行也。……士有偏短，庸可废乎！有司明思此义，则士无遗滞，官无废业矣。[255]

曹操于217年发布的最后一份求贤令，则直接指出了他对德治的不信任：

> 或不仁不孝而有治国用兵之术：其各举所知，勿有所遗。[256]

曹操三番两次要求属下举荐具有政务或军事长才的人员，可见他必然对原本的

---

[253] 关于"清议"的简短探讨，见唐长孺：《清谈与清议》，载氏著：《魏晋南北朝史论丛》（北京：生活·读书·新知三联书店，1955），页289–297。
[254] 关于二、三世纪的怀疑观，请见第三章第二节第五段的讨论。
[255] 《三国志》，1：44。
[256] 《三国志》，1：49。

察举制度的构想深感幻灭，同时也有强烈的迫切感。汉代中央政府至少从 2 世纪初就已开始衰颓。由军阀或权贵家族掌控的地方军事力量分割了中国。曹操是最有势力的军阀之一。他决定创立一套制度以选拔具备治事能力的人才。这不但是他整体策略当中的一部分，也反映了上面我所概述的那种发展。

曹操构思的九品官人法，是在地方任命所谓的"中正官"。中正官必须把所有平民区分为九品，再推荐给政府。实务上，大家族或小军阀掌控了大多数的地方官员，因此也就得以确保自己的阶级地位（品）。

这套制度在 220 年根据陈群（死于 236 年）的建议而修改。修改之后，各郡只要人口超过 10 万人，都必须任命中正官。任命方式在司马懿（179—251）摄政期间（240—251）又被更进一步修改：每州设大中正，每郡设小中正。[257] 大多数的中正官都是在中央政府任职的本州岛或本郡人，而且多来自当地的显贵家族。这是一项重要的发展，促成并强化了贵族社会的理想与现实。一般皆认为，中正官任命的正规化，就是九品官人法的开端。[258]

大中正位高权重，一般属于政府九品官员中的二品。[259] 此处所谈的政府官僚体系的"九品"，与中正制度的"九品"并不相同，但两者密切相关。[260] 中正负责对个别家户进行记录，并且根据道德素养进行分类。道德素养是一项重要因素，按照伦理考虑的标准加以定义，一度曾经多达 72 条。这样的做法后来证实无效，但经学

---

[257] 宫崎市定认为各州各郡都设有大中正与小中正，参见氏著：《九品官人法の研究：科举前史》(东京：中央公论新社，1997)，页 162–173。刘虹认为县也设有中正，但宫崎市定在前述著作的页 30、162–163 指出，县中正的出现是后来的发展，而且只在中国北方，是北魏统一北方（公元 429 年）之后的事情。宫崎市定采取的观点可能过于狭隘。他在页 424–436 探讨北朝对中正的任命，并未回头谈及这项议题。在各层级的中正当中，郡中正的评估可能是最重要的。另见郑钦仁：《九品官人法——六朝的选举制度》，载氏编：《立国的宏规》，收于刘岱编：《中国文化新论》（台北：联经出版，1982），页 215–256，见页 232–233。

[258] 蜀在 263 年遭魏国征服之后，就随即采用了九品官人法。吴国建立与魏国中正类似的官职，称为公平(也称中正)。见郑钦仁：《九品官人法》，页 234。另见唐长孺：《东汉末期的大姓名士》，载氏著：《魏晋南北朝史论拾遗》（北京：中华书局，1983），页 25–52，尤其是页 47–49。

[259] 在魏晋南北朝期间，很少有人获得任命为一品（上上品），因此二品几乎可说就是最高官职。见刘虹：《中国选士制度史》，页 89。

[260] 官僚的品级与门等等级确实关系非常密切。个人获得中正授予的门第等级，与个人获得任命的官职品级彼此相关。不过，这两套制度各有不同目的。见刘虹：《中国选士制度史》，页 92–95；宫崎市定：《九品官人法の研究》，页 28–30、119–134。

知识、文书作业能力、孝悌以及管理才能则是普遍要求的条件。[261]家谱大量出现，以应付证明个人身家背景的需求。簿式与行状成了每三年一次的评估过程当中不可或缺的部分。[262]品级可修改，[263]但随着时间推移，修改的频率愈来愈低，以致社会阶层渐趋固定，贵族社会结构也因此巩固。

■ 九品的定义

九品制与划分官员等级的九品具有密切关系，[264]宫崎市定甚至认为后者是前者得以合理化的因素。不过，既然官僚结构划分九品等级是迟至4世纪初一项建议的结果，因此也许可以说这种做法其实也受到九品制的影响。无论如何，这两者都反映了一个贵族化社会的需求。如同先前提到的，这项制度的起源也许可以追溯到当初班固决定在《汉书》里根据道德品行把历史人物区分为九等。这项分级制度真正确立的时间显然与中正制的落实有关。[265]不过，门第等级与官员等级之间的关系并非确立的制度，惟两者之间确实有密切的关联。获得选拔的年轻候选人，任命的官职等级皆根据其门第等级。表3列出这两者之间通常的对应关系：

表3：魏晋南北朝个人门第等级与任命官等的关系 *

魏	门第等级	1	2	3	4	5	6	7	8	9
	官　　阶				5	6	7	8	9	
两晋南北朝时期	门第等级	1	2	3	4	5	6	7	8	9
	官　　阶						6	7	8	9

* 两者之间的关联虽是非正式的关系，却相当稳定。由于官僚品级在魏晋南北朝期间经历过数次改变，因此本表只是粗略的对照。

出处：宫崎市定：《九品官人法の研究》，页119—134、246—259。另见陈长琦：《魏晋南北朝的资品与官品》，《历史研究》，1990年第6期，39—50页。

以上概述的九品制，在几无修改的情况下为中国北方的异族朝代所采用，而且

---

[261] 其他标准则在265年生效：忠恪匪躬、孝敬尽礼、友于兄弟、洁身劳谦、信义可复、学以为己。见《晋书》，3：50、56。
[262] 行状，尤其是为官员行状，成了帝制时代的常态性产物。
[263] 例子请见《晋书》，94：2435。
[264] 宫崎市定：《九品官人法の研究》，页107–109。另见郑钦仁：《九品官人法》，尤其是页240–241。
[265] 见郑钦仁：《九品官人法》，页216–218。关于班固根据道德天赋的分类，请参见本书第三章注97。

儒家的道德主张在北方也甚至更为鲜明。这套制度造成的后果之一，就是产生了势力强大的世袭宗族（世族）。这些宗族根本可以决定当地中正官的任命，因此也就得以垄断官员的选拔。宗族与选拔机制的互相依赖，限制了社会力量在国家或政府以外的发展空间。所以，这种贵族结构具备政治与社会双方面的特质，儒家选拔精英的理想似乎彻底丧失了说服力。

实际上，道德主张仍然持续主导官员的选拔与任命。官员被区分为两类就是一个例子。一类称为"清散"或"清要"，通常出身贵族世家；另一类则称为"浊"，属于出身较低或缺乏贵族背景的官员。[266] 儒家思想的"道德政治"在这种官职命名当中表现得极为清楚。[267]

■ 北朝的制度

九品官人法在无甚更动的情况下受到了中国北方的异族征服者采用。非汉人国家与社会的贵族结构具有不同的起源，也影响了汉人官场的运作。简单来说，汉人的社会与政治观以及世袭制度引入游牧民族的部落社会之后，只是进一步强化了原有的贵族结构。这样的发展有助于游牧民族有效面对汉人社会观念与习俗所带来的挑战。当然，他们也承担了开放门户接受汉人影响的压力。北魏孝文帝采用汉人政府架构与生活方式的政策就是个经常被引用的例子。其后的隋朝乃至唐朝之所以能够结合军事力量与高效率的分散管理，无疑也是受到这种汉人——游牧民族的社会与政治实践所影响的结果。

九品制有其本质上的缺点，而且几乎从一开始就受到了注意。刘毅（死于285年）是九品制最著名的批判者，曾经写下这句名言："上品无寒门，下品无士族"，[268] 并且痛批这种制度的"三难"与"八损"。他的批评深具远见，但九品制后来还是存

---

266 宫崎市定：《九品官人法の研究》，页 99–103、220–230。同等级的官员也可区分为两类，贵族出身者称为"清"，其他则称为"浊"。
267 关于"儒家道德政治"的意义，见小岛佑马：《中国思想史》（东京：创文社，1968），页 50。
268 《晋书》，45：1274。"士族"在别处或做"世族"、"势族"。

续了将近400年之久。

九品制实施初期可能确实为政府选拔了不少人才。不过，崔浩（381—450）在450年遭害之后，北魏就展开了一连串的政治改革。其中一项政策改变就是不再让传统的"三公"负责运用中正制选拔人才，而改由尚书掌理，结果就此促成了这项制度的衰落。[269]在南朝，九品制的存在也是形式大于实质：在愈来愈受精致文化支配的贵族当中，等级低微的人士逐渐崛起，而且这种现象到了5世纪末已显而易见。南朝各代的开国君主都是低等门第出身。社会形式取决于掌权者。这套制度创造了一个非军事的社会阶级，必须仰赖军阀支持其昂贵甚至堪称颓废的生活。[270]梁武帝（502—549年在位）试图改革贵族式的选拔制度，以重新振兴的察举制度取而代之。这项举措标志了九品制在南朝开始迈向结束。不过，后来在587年真正终结这项制度的，却是奉北朝政策为立国基础的隋朝。隋朝终结九品制的同时，也建立了贡举考试制度。"贡举"一词在此时开始出现，它的特征就是以笔试为主。这点将在下一个段落加以检视。[271]

在魏晋南北朝期间，各朝政府偶尔仍会举行察举以选拔原本可能没机会进入官场的人。不过，这项制度在贵族社会里并不具备真正的重要性。

7. 科举制度的兴起

贵族社会结构在中国虽然延续到了9世纪，统治阶级对权力的掌握却并不稳固，至少在政府开始举行笔试之后即是如此。相对于社会结构，贵族统治资格出现连续性断裂虽有不少原因，但科举制度的实行确实扮演了非常重要的角色，甚至可说是

---

[269] 宫崎市定：《九品官人法の研究》，页61–62，以及第五章。另外，万绳楠对于魏晋南北朝时期的政治制度发展也有简要的探讨，见其《魏晋南北朝文化史》（合肥：黄山书社，1989），页1–66。
[270] 宫崎市定：《九品官人法の研究》，页295–312。
[271] 曾我部静雄著（高明士译）：《选举、贡举与科举》，《大陆杂志》，第45卷，第3期（1973），页159–71。关于笔试的重要性，请参见第七章第一节的讨论。

关键所在。[272]

在隋朝开国皇帝推行的首要措施当中，其中之一就是正式废除九品官人法。隋朝政府回头实行了汉代的察举法。[273]

不过，最重要的发展则是决定透过笔试选拔"进士"，而这项决定也对中国教育史产生了深远的影响。[274]根据早期的记载，进士考试必须针对指定的题目撰写文章。[275]对作文能力（尤其是论文）的强调，在精神上与汉初的做法非常类似，后来也成了科举制度的典型特征。因此，从那时起一直延续到20世纪初的科举制度，可以说是始于隋朝采取作文考试的方式。[276]

8. 唐代的科举制度

唐朝延续了隋的做法，但又加入了新的科目。[277]唐代科举制度最重要的特征，就是对所有人开放。没有官学毕业资格的考生称为"乡贡"。[278]顺利通过考试的考生，虽然大部分还是首都官学的毕业生（称为"生徒"），但允许不具备官方背景的平民参与考试仍是一项意义重大的发展。不过，我们也不该因为这项发展而忽略了一件事实：唐代的考生仍然大多数都是贵族子弟。直到9世纪后的唐代中期，非贵族背景的考生才真正开始在官场上产生影响力。

通过地方竞争的考生会被送到首都，参加尚书省举办的笔试。考生通过考试之

---

[272] 关于科举制度与唐代社会结构变迁的关系，见本书第三章注238。
[273] 早在隋朝创立（582）之后的第二年，开国皇帝隋文帝就下令选拔"贤良"。见《隋书》，1：16。隋代期间其他类似的命令可见于《隋书》，2：43（"志行谨"、"清平干济"），3：68（"十科"），3：73（"四科"）。
[274] 见前注。隋代文献对于进士考试的创立并未留下任何记载。相关记载见于《旧唐书》，101：3135–3141；119：3429–3437。进士试始于隋的说法在唐代已普遍被接受，五代时亦同。见王定保：《唐摭言》（上海：上海古籍出版社，1978），1：4；李肇：《唐国史补》（北京：中华书局，1979），2：55。
[275] 这样的作文称为"策"，必须根据指定的题目撰写。后来，策的题目通常是有关某项政策议题的一组互相对立的观点，或是从经书或典籍里撷取而出的一段文字。因此，汉朝或隋朝的"策"其实比较像后来的"论"。
[276] 见曾我部静雄的文章，引述于前注271。
[277] 如明经、秀才、明法、明算、明书等。见杜佑：《通典》，15：353。后续会有更进一步的讨论。
[278] 乡贡通过考试的人数很少。关于这类考生的详细探讨，见吴宗国：《唐代科举制度研究》（沈阳：辽宁大学出版社，1997），页39–44。

后，即获得登记，可在官职出现空缺的时候获得任命。因此，唐代科举制度共有两个关卡：一为乡试，一为省试。

■ 考试科目

科举考试共有 12 个科目。以下是最常开考的六科：[279]

（1）**秀才**。这一科的考生必须作五篇策。[280] 这是最难的一科，及格人数极少。秀才科最早举行于唐代初年，于 651 年废止。[281] 虽然如此，秀才这个名字流传后世，唐时出身进士科的人往往被称为秀才。

（2）**明经**。考生必须精通不同种类的九经，外加《论语》和《孝经》。九经划分为三类：

　　i. 大经：《礼记》、《左传》。

　　ii. 中经：《诗经》、《周礼》、《仪礼》。

　　iii. 小经：《易经》、《尚书》、《公羊传》、《穀梁传》。

考试测验考生对不同经典组合的熟悉程度："二经"考一部大经与一部小经，或是两部中经；"三经"是大、中、小经各考一部；"五经"则是考四部大经与一部小经。

高宗在位期间（650—683），明经科的考试内容开始包括《老子》（735）。后来的考试则从《老子》与武则天的《臣范》中选一考试（策二道），武则天死后（705），停考《臣范》，改用《尔雅》。[282] 明经科的考试题目原本只有一题"试策"，高宗期

---

[279] 除了文中探讨的六科之外，另外还有：一史、三史、开元礼、道举、童子等。明经科包括五经、三经、二经、一经、三礼与史经。见李林甫等：《唐六典》，4：109。

[280] 策的题目有许多不同种类，如方略、时务等。方略策十分难做，可能是少人考取秀才的最主要原因。参看吴宗国：《唐代科举制度研究》，页 26–29。另外，刘海峰认为废止秀才科的原因有四种，请参看他的《唐代教育与选举制度综论》（台北：文津出版社，1991），页 90–93。

[281] 到了 650 年，这个科目只有 29 名考生通过考试。这个科目在唐高宗改革考试制度之时（见 Twitchett, ed.: *The Cambridge History of China*, vol. 3, pt. 1, pp. 275–277；吴宗国：《唐代科举制度研究》，页 26–29；刘虹：《中国选士制度史》，页 141–142）废止，后来又在 736 年短暂恢复，但没有人通过。秀才科在 740 年代初彻底废除，只偶尔在正规考试之外举办："天宝初，……令官长特荐，其常年举送者并停。"

[282]《臣范》是武则天亲自撰写的著作。

间加上"帖经",目的在于测验考生背诵经书的熟练程度。[283]

到了 8 世纪,随着明经科不断发展而且有为数众多的考生通过考试,政府发现大部分的考生都把准备重点放在特定经典上,而舍弃比较艰涩或篇幅较长的其他典籍。把经典划分为三类的标准是篇幅,但同一类的经典当中显然也有难易之别,结果考生也就经常舍难就易。礼经(《礼记》与《仪礼》)因为比较难读,所以极少有考生钻研。于是,政府另外举行考试,选拔精通"三礼"、《春秋》"三传"、"三史"、[284]《大唐开元礼》[285]及其他科目[286]的学生。通过这些考试,即可获得按照该科命名的头衔。这些考试的内容虽然各自不同,但全都强调对经典或相关著作的背诵。

(3)进士。进士考试是中国科举制度史上最重要的考试。"进士"一词在 14 世纪之后成为考生所能取得的最高等第的通称。在唐代与宋代的大部分期间,"进士"仅指科举制度的其中一项科目。

这个科目的竞争非常激烈。根据估计,唐朝政府总共举办了多达 266 次的进士考试,通过考试的考生共计 6442 人。每次考试约有 23 至 24 名考生获得录取,录取率约为 1—2%。[287]

这项考试在唐初的内容是五道策论与出自两部大经其中之一的若干帖经。因此,这项考试合共有两部分。后来又加上了第三部分,写作老子策。[288] 最后,在 681 年

---

[283]《新唐书》,164:5037。例子请见本章第三节第九段中的"考试科目与题目"小段。
[284] 包括司马迁的《史记》、班固的《汉书》以及范晔(398—445)的《后汉书》。有关"三史"的考试及其演变,可以参看雷闻:《唐代的"三史"与"三史科"》,《史学史研究》,2001 年第 1 期,页 32–42。
[285]《大唐开元礼》印行于 732 年,内容收录了官方正式采用的典礼和仪式。见《旧唐书》,21:818–819。
[286] 另外至少还有三至四科,包括"童子"科。见吴宗国:《唐代科举制度研究》,页 31–37。有些作者不认为这些科目属于明经科。此处为了清楚起见,我采用吴宗国的分类方式。
[287] 这些数字乃是基于徐松的《登科纪考》,引自刘虹:《中国选士制度史》,页 147。唐朝政府似乎认为每次考试应以录取 30 人为常态,但偶尔颁布的诏令也强调质重于量。见王钦若等编:《册府元龟》(香港:中华书局,1960),卷 641 中各处收录的纪录。另见《旧唐书》,168:4388。
[288] 试《老子》始于 675 年(高宗时代)。关于《老子》在玄宗期间(713—755)的重要性,见任继愈主编:《中国道教史》(上海:上海人民出版社,1990),页 274–284;卿希泰主编:《中国道教史》(成都:四川人民出版社,1988—1993),第二卷,页 107–108。值得注意的是,《老子》的考试题目是"策"三道。这似乎表示考生必须辩论书中某段文字的两种互相对立的诠释。案:634 年(贞观 8 年)增考史一部(参看《新唐书》,44:1163)。这个发展与唐代重视史学问有很大的关系,请参考本书第三章第四节第一段。

（高宗晚年）又加考杂文。加考杂文是最关键的发展，从此成为进士考试的永久特征，后来更成为其典型的特色。"杂文"原本包括公文写作（如箴、表、铭）及韵文写作（通常为赋或诗）。不过，到了 8 世纪中叶，杂文则变成纯粹的韵文诗赋写作。

最后这项发展意义重大，因为考生必须写出当代风格的韵文。由于诗是唐代文化的表征，因此录取进士的考生就被视为代表了唐代社会知识发展的最高成就。他们深受唐代社会敬重，在文人圈里更是如此。除了声望之外，进士也非常瞩目。录取进士的人数虽然比明经科的人数少，但由于明经科划分为若干分科，着重的又是记诵而非创意写作，因此明经科的录取者并不被视为特别杰出的一群。进士科的录取人数稳定增长，后来成了唐朝政府中最瞩目也最杰出的一群官员。就学识方面而言，他们的影响更是鲜明：在社会生活标准、文学风格以及教育目标的形成过程中，唐代进士在 9 世纪以后就扮演了不可或缺的核心角色。[289]

（4）**明法**。这个科目测验考生对唐朝法律的知识。所有考生必须精熟的法律知识当中，著名的《唐律》是一切的根本。不过，考试内容也包括了与刑律、令、格式等相关的事务。[290]"法"对唐朝政府的重要性确实无以复加。《唐律》不但是中国后代编纂法典的基石，也是古代日本法律制度的基础。尽管如此，有关这套制度实际运作的资料却少之又少。而且，这个科目在唐代虽然应该有许多考生获得录取，却只有一个名字留存了下来。这个科目的考生主要都是乡贡与律学的生徒，见本书489 页表 10。

（5）**明书**。这个科目又称为"明字"，重点不在于写作技巧，而是能否正确运用及书写汉文字词。书学的学生通常得花费六年以上学习《石经》、《说文》（第一部系统性的语言学暨字源学著作，作者为汉代的许慎〔约 58—147〕），以及《字林》（又

---

[289] 不少著作都探讨了唐代进士对唐代文化生活的影响，如傅璇琮：《唐代科举与文学》（西安：山西人民出版社，1986）；罗龙治：《进士科与唐代文学社会》（台北：台湾大学，1971）。另参见吴宗国：《唐代科举制度研究》，页 144–164。刘海峰：《唐代教育与选举制度综论》，第 7 章，论文学与经术之争也颇可参考。
[290] 一部很好的现代研究是刘俊文：《唐律疏议笺解》，两卷（北京：中华书局，1996）。近代人对于《唐律疏议》的深入研究始自日人仁井田升，其贡献不可忽视。

称为《小学》[291]，作者为晋代的吕忱）。[292]由于毕业生都经过正常的考试程序，因此表现杰出者都进入了官场，尽管刚开始的官阶非常低（九品中）。

（6）明算。主要为算学毕业生而设。明算考生及第虽然也可任官，但阶级却与明书录取者一样低。明算科的考试内容完全出自算书。没有数据显示政府要求这一科的考生必须具备经学知识。[293]

以上六科是唐代最常开考的科目。不过，在结束考试科目的讨论之前，必须也谈谈"童科"。这个科目是汉代童子科的延续，但唐代的童科要求考生必须低于10岁。后来年龄限制稍微放宽，十一二岁的儿童也可以参与。童科的考试题目主要出自《论语》和《孝经》，考生通常必须能够答出10题背诵问题。[294]

综合讨论唐代的科举制度，可以说制度完备大概是太宗的贞观期间。到了高宗及武则天时，有了一些改变，开始重视经史的知识，以及《老子》的道家思想。进士科也逐渐兴起，开始影响唐朝的文风及社会，也展开了究竟文学或是经术才是治国的根本知识的争论。其后虽然有各样枝节的变动，但是大抵不离开盛唐所立下的规模。

9. 科举制度的完备

科举制度在北宋期间臻于成熟。这套制度在 11 到 13 世纪实施，自此在中国科举史上维持到 20 世纪初年，很少变化，在社会与知识方面都具有无可抹灭的重要性，也是人类史上少数维持长久的制度之一。因此，要了解科举制度为何是传统中国实现政治控制与社会流动的理想制度，而且对中国的教育发展有莫大的影响，那就必须先探究宋代延续唐代的这项为期 200 年的实验。

---

[291] 关于"小学"一词的使用方式，见本书第五章第一节第一段。
[292] 关于把政府认可的经典铭刻在石头上的传统，见前注 130 及第六章注 38。关于国子监辖下的书学，见李林甫等：《唐六典》，21：562。本书后面也将有所讨论：见本书第五章第三节第一段。
[293] 算学的资料多见于《新唐书》，44：1160；李林甫等：《唐六典》，21：562–563。
[294] 刘虹：《中国选士制度史》，页 153–154。

就制度上言，宋代政府把科举制度变成社会流动最主要的机制，也是最重要的机制。北宋初年，太宗（976—997年在位）与真宗（998—1022年在位）一再表达他们希望科举制度能够有助于矫正社会不平等的问题。随着科举逐渐变成政府选拔最佳人才的重要管道，政府也愈来愈集权，[295] 这套制度的重要性于是逐渐凌驾于教育制度之上。这时候，由于印刷术的普及，一般平民因此比较容易取得书本，[296] 愈来愈多的人于是能够不必上学而自行准备考试。北宋期间，政府并未要求考生必须接受正式教育，尤其是官学教育。书本与知识的普及，造成了"读书人"的兴起。这个字眼后来经常用来指称文人，但偶尔带有轻微的贬意。[297] 这些人藉由通过考试取得社会地位，甚至藉此使其社会地位得以长久保持。长期以来，这些人也成了维系科举制度的重要力量。

重大的制度改变包括采取弥封的做法，诸如遮蔽考生的姓名以及重新誊写考卷。[298] 宋初创立的殿试，确立了三级考试的制度，由皇帝亲自主持最后一级的考试。1066年，政府决定每三年举行一次科举。从这年开始，科举考试确实每隔三年举行一次，而且除了偶尔的例外，也都持续定期举行。不过，宋朝政府最重要的决定，则是把考试科目减少到只剩"进士"一科。由于王安石（1021—1086）的建议，其

---

[295] 宋朝政府改变了若干制度，强化了中央集权。这些措施包括创立皇城司（如同特务机构）、皇帝诏令凌驾于国家法律之上，以及设置独立的谏院和御史互相牵制。见佐伯富：《宋代の皇城司について》，载氏著：《中國史研究》，第一卷（京都：东洋史研究会，1969），页1–42。另见松丸道雄等编：《中國史》，第三卷（东京：山川出版社，1997），页102–104。程光裕：《北宋台谏之争与濮议》，载宋史座谈会编：《宋史研究集（第二辑）》（台北：中华丛书出版委员会，1964），页213–234。

[296] 自从十一世纪以来，大规模的印刷计划纷纷出现，其中许多皆由佛教机构资助。这可以说是中国印刷术的滥觞。关于印刷与出版历史的近期著作，见 Denis C. Twitchett: *Printing and Publication in Medieval China* (London: The Wynkyn de Worde Society, 1994)；另见张秀民：《中國印刷史》（上海：上海人民出版社，1989）。

[297] 荒木敏一认为"读书人"一词是宋代才开始，但事实上，它在北魏时已经出现，含义的确带有贬义。《隋书》，42：1199。西方学者常用"literati"（文人）一词，最合适的翻译恐怕还是"读书人"。参看上面注144。

[298] 遮蔽考生姓名（糊名）的做法首见于唐代武则天在位期间，但并未成为常态。见《新唐书》，45：1175；202：5753。有关唐代防止考试作弊的方式，见孙培青：《唐代考试初探》，《华东师范大学学报（教育科学版）》，1983年第2期，页14–24，重印于中国教育大系编纂委员会编纂：《中国教育大系·历代教育制度考》（武汉：湖北教育出版社，1994），页733–741。

他诸科在1069年被废除。[299] 自此之后，科举制度基本上就只有一种考试。这正是为什么"进士"一词不再指科目本身，而成了考试及第者的名称。不过，在宋代期间，"进士"指的仍是准备参加进士科考试的考生。

三级考试制度包括乡试、省试与殿试。考生到州府登记参加最低等级的考试。乡试通常于秋季举行，及格的考生即于次年春季"解"至首都参加高一级的考试。省试由礼部举行，录取的考生也由礼部上奏给皇帝。然后，皇帝就在皇宫中亲自主持殿试。最后这一阶段大致上只是个形式，因为不会有考生在殿试中被刷下来（黜落），而且皇帝只决定考生的排名。殿试不黜落考生的做法，在科举史上一直没有再改变过。

严格来说，只有顺利进入最后一阶段的考生才能列入任官的候补名单里，担任"流内"官职。流内是正式任命的官职，因此地位较为崇高。科举考试之所以重要，就是因为科举的录取人员能够真正进入官场。不过，许多只通过州试的考生也偶尔得以任官。这些考生在唐宋时通称为"举人"。[300] 当时举人只不过是通过州县考试的考生，并不享有什么官方特权或是免除徭役的待遇。不过，后来明、清时代却把举人视为考试及第的合格人员，并且经常任命为官。实际上，当初王安石的改革创立了所谓的"三舍法"（11世纪70年代），后来又由蔡京进一步扩张（12世纪初），其明订的目标就是要把教育机构纳入选官制度中。地方官学的毕业生可享有参与考试的特殊名额。到了12与13世纪，政府允许没有通过考试的考生进入太学继续准备考试。进入官学就读的好处显而易见，有些毕业生甚至可直接获得"举人"的地位。如此一来，官学就成了科举制度的一部分。这种做法在中国历史上存续了下来。

不同于唐代，宋代的政策让通过第三级考试的考生得以享有赋税及徭役方面的特权。宋代的这种做法，目的在于让官员具有不同于一般人的阶级与地位。既然通

---

[299] 李焘：《续资治通鉴长编》（台北：世界书局，1965，重印1881年浙江书局本），220：1ab。见拙作 *Government Education and Examinations in Sung China*, p. 151。

[300] 见拙作《宋代的举人》，载国际宋史研讨会秘书处编：《国际宋史研讨会论文集》（台北：中国文化大学史学研究所暨史学系，1988），页297–313。案，注意到我这篇文章所讨论的问题的人，最早当是顾炎武。

过考试的考生已是储备官员，自然也能享有这些特权。"官户"的兴起，是宋代社会与教育发展史上的转折点。[301] 贵族社会结构到了宋代显然已告消失，上层社会于是转而由官员及其家属组成。

■ 考试科目与题目

宋朝初年，包括九经、五经、三礼、开宝通礼、学究、三传、三史、明法在内的"诸科"仍然开考，但考过这些科目的资格并没有什么价值。[302]

宋代采用的考试题目与唐代差别不大。"墨义"（唐时若以口试进行，就称为"口义"）题目主要测验考生记诵经典的熟悉程度。马端临（1254—1323）在《文献通考》的选举考第三就举有下面的例子：

> 问：作者七人矣，七人者谁？
> 对：七人者某某某某某某某。谨对。
>
> 或
>
> 问：子谓子产有君子之道四焉，所谓四者何？
> 对：其行己也恭，其事上也敬，其养民也惠，其使民也义。谨对。

第二类题目是简单的记忆题，称为"帖经"。帖经题目与墨义题类似，只测验考生对自己研习的经典是否记诵清楚。

其他类型的题目则是策与论。除了篇幅长短不同之外，这两种题目基本上和唐代大同小异。唐策题目并不特别强调考生必须有能力调和看似互相对立的政策观念。

---

301 有关官户兴起及其性质的文字，请参见柳田节子：《宋元乡村制の研究》（东京：创文社，1986），页351–375，尤其是页371注3的书目。在中文著作方面，见朱家源、王曾瑜：《宋朝的官户》，载邓广铭编：《宋史研究论文集》（上海：上海古籍出版社，1982），页1–32。
302 关于这些科目以及其中所考的题目，见拙作 Government Education, p. 145, table 8。"九经"包括《易经》《尚书》《诗经》、三礼、春秋三传。"五经"包括《易经》、《尚书》、《诗经》、《礼记》、《公羊传》。学究科的考生必须接受一或两部经典的考试，至于是一部或两部，则取决他所挑选的是大经、中经，还是小经。关于政府对这些经典所采用的标准注释，见本书331页表8。

宋代比较重视这一点,而把策的写作与论的说明文写作方式区分开来。

宋代科举题目最重要的改变,就是采用了所谓的"经义"题目。这种题目的用意在于测验考生是否能够把经学知识有效运用在论理当中。考生必须写作一篇理路明白的论说文,并且必须引经据典。经义题目的写作风格与论述方法,和"论"其实没有不同。唯一的差别是经义题目只出自经典,考生必须大量引据经典内容阐述题目的意义。采用这种新形态的考试题目,原因是当时认为韵文写作无从显示考生的品德或政治手腕,所以希望藉此降低韵文写作的负面影响。王安石对于"一道德"的追求,也有助于这种考试题目的兴起,尤其是王安石更被誉为这种写作风格的创始人。

由于考官需要有公正评分的标准,因此文章的格式——例如事先规定的篇幅[303]、段落的数目、对仗的使用,以及各类论述方式——也就受到了过度的重视。[304]原本的构想是希望看看考生能否依照儒家经典的教诲论述议题,并且以具有新意的方式引据经典来加以佐证。然而,随着时间的推移,这种文体却变得高度公式化。不同论证方式都各自赋予名称,考生则必须在文中的特定部位使用这些论证方式。文章主体通常由八"比"(今天的说法就是"段")构成,每两比相互呼应。[305]后来,这种文体终于在明、清时代的科举发展成为所谓的"八股文"。这是一种高度格式化的文体,在日常写作中毫无用处,只有科举考生才会学习写作这种文章,以便因应考试要求。[306]难怪中国明清以后的思想家都一致谴责八股文。[307]

---

[303] 例如考生作策论不得超过700字。见徐松辑:《宋会要辑稿·崇儒》,3∶53b。请注意:此一文献也指出经义题目作答不得超过500字。

[304] 如虚、实、反、正,还有破题、领比、颈比、腹比、后比等。

[305] 相互呼应意指句数、字数以及韵脚相同,而且必须使用类似的论证方式(例如辩证关系)。关于"八股文"的通论,见启功:《说八股》,《北京师范大学学报(社会科学版)》,1991年第3期,页41–63。另见刘虹:《中国选士制度史》,页320–337,其中分析了典型的八股文。至于分析八股文的英文著作,见 John Meskill: *Politics in the Ming Examinations* (Private circulated monograph, 1999), pp. 33–37。

[306] 这段关于经义题目的讨论,主要基于陈东原:《中国教育史》,页249–251。另见刘虹:《中国选士制度史》,页320–323。

[307] 关于八股文对宋代经学的影响,见陈东原:《中国教育史》,页249–251。

经学在宋代出现了重大变化。经典的诠释大幅自由化，受到重视的儒家典籍也与先前不同。这样的发展自然也影响了科举考试。考官渐渐不再着重经书内容的记诵，而要求考生以巧妙的方式运用经义。在12世纪最初的10年间，政府曾经考虑诗赋写作是否该由经义写作取代。南宋初数十年中，诗赋与经义都继续可供考生选择。后来，"经义"终于胜出，于是"经义"的题目也就成了考试的主要形式，而且也成为评判考生任官才能的主要参照。到了13世纪，诗的辉煌时代已告结束。

■ 解额制度

科举制度到了9世纪已达到相当程度的成熟。政府必然觉得有必要插手干预，以免所有录取者都来自同一个地区。845年（武宗会昌五年），唐朝政府颁布了各地推荐参加省试的进士配额名单。由这份名单，可以看出当时对学进士科的科举考生（一般都是非世族出身的人）仍有偏见，尤其是来自南方的进士考生。[308]使用配额制度显然有助于平衡各地区产生的进士的录取人数，以及由此而来的官员人数。

宋代创立了本身的配额（宋代称为解额）制度，用于决定地方政府可以推荐参加省试的考生人数。宋朝政府没有选择全国一致的配额比例，而是对各地区一一评估后，再个别订定配额。评估配额的基本地区单位是州，但有些州可能会把配额进一步分配给辖下各县。如果仔细检视评估方法以及实际上授予的配额，即可发现政府经常给予贫穷或边陲地区比较多的配额。这种做法背后的思维可能是政府希望奖励那些比较需要关照的地区。

实施解额制度所带来的一项结果，就是规定考生必须在自己的故乡登记应考。到了1045年，解额制与登记规定已然确立。登记规定深深影响了中国人对"家乡"的认知，这是中国社会史上极度重要乃至独一无二的文化特征。

---

[308] 严耕望：《中国历史地理》（台北：中华文化出版事业委员会，1954），第二卷，页50–51。另见拙作 "The Social Significance of the Quota System in Sung Civil Service Examinations"，《香港中文大学中国文化研究所学报》，第13卷（1982），页287–318。唐代这份名单是在李德裕指导下汇编而成，目的在于限制进士录取人数。

10. 科举文化的兴起

科举制度对中国受过教育之成人的人格具有深远影响。宋代以后的中国历史充斥了许多故事,显示了科举文化令人执迷的力量,包括考生面对功名诱惑的焦虑以及官职的权力。这些故事全都间接支持了一种功利主义的观点,重视"受教育"在这方面所具备的功效。不过,科举制度的影响力远远超越对教育的选拔精英主义信念。中国科举长达一千年左右的历史,塑造了一个只由单一社会流动管道所支配的社会。再加上其他许多以单一标准衡量优秀表现的方法,中国社会于是极度标举一元性以及价值阶层性的信念,而且全都奠基于一种绝对主义思想。由此造成的后果,对于我们理解中国教育阶级的人格形成非常重要。且让我提出在宋代明确可见的若干影响。

首先是年轻人与年龄愈来愈大的考生所感到的严重焦虑。只要想想科举竞争的激烈程度,即可清楚看出这种焦虑。第二,宋代获得录取的考生平均年龄都不小,约在30岁左右。[309] 单是这一点,就足以解释宋代考生从属于老师及教学官员底下的时间为何长久得异乎寻常,而且人格发展中的依赖阶段也因此特别长。它是中国教育实践中的权威主义的反映和形成的基础。第三,则是个人为了通过科举而采取的联姻策略与宗族组织,而且此一现象在南方尤其明显。[310]

随着科举制度的重要性日渐提高,竞争也愈来愈激烈。根据某些初步的估计,在举行科举的年份里,全国人口可能有3.2%都参与其中。[311] 如果说"教育"指的就是预先为职业做准备,那么为科举考生准备应考就是宋代一项规模极大的产业,而且在往后的帝制中国历史上也一直都是如此。于是,致力于出人头地就是这项产

---

[309] 见拙作 *Government Education*, p. 219。
[310] 我于2009年7月应厦门大学发表南强讲座,题为《中国科举制度与家族结构的改变》,对这个题目有比较详细的分析,此文请见《科举学论丛》,2009年第2期,页2–9。
[311] 见拙作 *Government Education*, p. 209。

业中最热烈的竞争。除此之外，通过考试所能获得的报偿更是高得不成比例，更增添竞争的激烈程度。

唐代科举活动中经常出现的欢乐场面，包括发榜后举行庆祝宴会、观花、宴游以及叙同年等，在宋代已不那么常见。唐代考生笔下的诗轻松而热切，宋代的诗则是歌颂考生的勤奋用功以及讲述考试的困难。[312] 这样的变化反映了许多宋诗学者所指出的唐诗与宋诗之间的根本差异。[313] 唐诗经常充满华丽的词藻，唤起感官的美，并以娱乐读者为目的，宋诗则似乎以教导为目的，而且常常带着哲学性的、甚至于道德劝说的语气。科举的重要性是造成这种发展的原因之一。

道学思想中强烈的道德意识，反映了宋代人民的关注，也就是该如何对通过科举考试的需求赋予意义。这种对意义的追求，造成所有参与科举的人都产生了强烈的心理矛盾。叶梦得（1077—1148）有一段名言说得好：

> 读书而不应举则已矣，读书而应举，应举而望登科，登科而仕，仕而以叙进，苟不违道与义，皆无不可也。而世有一种人，既仕而得禄，反嗷嗷然以不仕为高，若欲弃之者，此岂其情也哉！故其经营有甚于欲仕，或不得间而入，或故为小异以去，因以迟留，往往遂窃名以得美官，而不辞世终不寤也。[314]

这段话反映了选择踏上科举之路的心理挣扎，也反映了对失败的焦虑。有关科

---

312 以两首宋代科举诗为例，第一首是李觏的作品：
旷日及孟秋，皇慈始收试。崇崇九门开，窈窈三馆秘。主司隔帘帷，欲望不可觊。中贵当枨闑，搜索遍靴底。呼名授之坐，败席铺冷地。健儿直我前，武怼足防备。少小学贤能，谓可当宾礼。一朝在槛阱，两目但愕眙。
见李觏：《李觏集》，王国轩校点（北京：中华书局，1981），35：249。
第二首是苏舜钦的作品：
台ধ张宴集，吾辈纵谑浪，花梢血点干，酒面玉纹涨，狂歌互喧传，醉舞迭闟侊。兹时实无营，此乐亦以壮，去去登显涂，幸无骎素尚！
见苏舜钦：《苏舜钦集》（上海：上海古籍出版社，1981），1：3-4。
313 吉川幸次郎：《宋诗概说》，郑清茂译（台北：联经出版，1977），页1–45。
314 叶梦得：《避暑录话》（上海：商务印书馆，1922，重印《学津讨原》本），2：65ab。

举的焦虑或心理创伤的故事非常多，无法在此一一列举。[315]

科举制度对中国文化造成的心理影响显然是长期而且多面的。探讨这样的影响也许会显得离题过远。不过，如果说科举制度的社会意义占有巨大而且关键性的地位，绝对不算夸大。毕竟，科举可为个人带来财富、地位、特权，以及社会的敬重。这一切都受到考试结果的支配与形塑，也影响了教育的方向以及中国人权威人格的发展，并且造成了传统中国社会对教育和公职的关键性关系。而这也是本书反复探讨的主题。

第三项后果，是家族为了生存及兴盛而实行的组织策略。个人通过科举考试，即可连带提升家族的地位与财富。在地方上，家族的兴盛代表社会声望与权力，尤其是庞大的帝国，必须仰赖地方上有权有势的家族协助治理。儒家强调家庭与孝道，以及根据家庭及宗族关系所建立的贵族社会结构，全都促成了家族组织在宋代以及宋代以后的中国历史上成为最重要的基本社会单位。[316] 在佛教影响逐渐衰落的时代（南宋以后），儒家思想中的家庭理想于是让人开始思考如何从科举及第中获得最大利益，并且使其世世代代延续下去。势力庞大的地方家族逐渐藉由经营共有财产（族产）而互相结合，并且藉此强化及巩固家族的凝聚力。此外，他们也透过联姻促成势力相当的家族团结起来。由此造成的结果，就是一种前所未见的新式组织，亦即由同地区的家族所构成的新式宗族。

前述这种发展的理论基础，源自 11 世纪的知识领袖，如苏洵、欧阳修、韩琦

---

[315] 贾志扬（John W. Chaffee）在他的《宋代科举》（本书为他的英文著作的中译；台北：东大图书，1995），第 7 章（页 231–270），对考生的心理状态有比较系统的讨论，可算是中外的第一个提出这个面向的第一人。后来艾尔曼（Benjamin A. Elman）在他研究明清考试文化的专著中，也专辟一章题为《精神上的焦虑、中举的美梦与考试的生活》(Emotional Anxiety, Dreams of Success and the Examination Life) 讨论相同的问题。艾氏之作引见本章注 372。

[316] Robert P. Hymes: *Statesmen and Gentlemen,* pp. 64–65，他把宗族（lineage）与家庭（family）视为同义词。有关这本书，请参考蔡惠如：《评韩明士论宋代江西抚州的士人阶层》，载李弘祺编：《中国教育史英文著作评介》，页 179–208。

等。他们对于经典中关于家庭组织的严格定义，产生了重新诠释的兴趣。[317]宗族组织有时候可以大到成员超过 1000 人，其首要任务就是教育本身的成员，为他们准备考试。宗族组织只要能够持续产生科举及第的考生，即可成为国家的基本干员，从政府获取物质及地位上的奖赏，并由国家保障其在地方上的势力。于是，宗族组织在中国地方社会上扮演的角色也就愈趋重要。简言之，宗族的兴起是科举发展为社会及政治制度所带来的结果。

其中一项无可避免的发展，就是宗族学校的重要性因此提升。[318]于是，教育、宗族组织以及透过科举踏上仕途，就成了地方层级实行政府权力的三大因素。藉由举行科举，中央政府把势力庞大的地方宗族纳入其权力结构当中，于是其控制的稳固性也就达到了中国历史上前所未见的程度。

随着科举体系发展为深具社会及政治影响力的制度，一种特殊的文化也因此诞生，从此影响了世世代代中国学生与考生的矛盾心理。这种文化自然受到了许多严肃思想家的谴责。反对科举的态度在道学世界观的兴起当中尤其明显可见。因此，由科举文化即可了解宋代的文学与知识生活以及社会与道德理想。就社会制度的角度来看，科举有助于刺激宗族组织的成长。这时候，宗族成了基本的地方组织，是帝国之下稳定地方政治的势力。这一切发展都与宋代中国的教育史交织在一起。

11. 外族朝代的科举制度

辽、金、元三个外族统治的朝代之所以实行科举制度，主要是为了吸收汉族知

---

[317] 关于宋代亲族组织的观念，除了前注提到韩明士（Robert P. Hymes）的著作，另见拙作 "Politics, Examinations and Chinese Society, 1000–1500: Reflections on the Rise of the Local Elite and the Civil Society in Late Imperial China"，见中研院近代史研究所编：《近世家族与政治比较历史论文集》（台北：中研院近代史研究所，1992），页 1–32；以及我为 Government Education and Examinations in Sung China 中译本所写的序言，见《宋代官学教育与科举》（台北：联经出版，1994），页 i–xxv。由于本书对家族及宗族乃至于大家庭不作特别的分别（参看上面注 316），因此读者可以视三者为一般相通的用法。

[318] 宗族的发展究竟是不是联姻策略的结果，仍有辩论的空间，但我认为联姻策略的重要性不亚于科举及第，两者都是巩固宗族凝聚力及势力的重要力量。

识人进入政府服务。辽朝早在 918 年（也就是说，在宋朝开国之前）就实行了儒家教育制度，[319] 仿照唐代的学校体系。此外，辽代政府也很快实行了科举制度。[320] 至少到了 941 年，据说就有一名汉人在辽的科举制度下取得了进士资格。不过，取得这项资格的人数显然并不是很多。[321]

到了 11 世纪初，科举及第的人数才大幅增加，每次平均有 30 至 40 人，[322] 有一年甚至还多达 138 人。[323]

■ 辽的科举制度

辽代科举制度的重要性，在于刚开始的时候非常注重诗赋写作能力，而且终其朝代都特别把法律知识列为考试科目。[324] 直到宋代神宗在位期间（1068—1085；辽道宗〔1065—1101〕在位初年），经学才被纳入，并与诗赋共同成为科举中的固定科目。就热门程度而言，进士资格也很快取得了备受尊崇的地位。通过科举的考生以汉人为主，因为这套制度主要就是为了吸引汉人进入政府服务。实际上，契丹人有很长一段时间是不许参与科举的。直到 11 世纪末，有些契丹贵族才开始研习相关科目，并且在科举中及第。[325]

总之，辽代显然并不仰赖科举制度来选拔官员。辽引进科举制度的意义及目的，乃是在仍然深受萨满教与佛教影响的社会里推广汉文化，尤其是儒家文化，以吸引汉人。

---

[319] 辽在 907 年实行汉人的朝代体制。
[320] 据说也是仿照唐代的制度。见《金史》，51：1129–1130。
[321]《辽史》，79：1271。有关辽代科举制度的英文著作，见 Karl A. Wittfogel（魏复古）and Feng Chia-sheng（冯家升）：*History of Chinese Society: Liao, 907–1125* (Philadelphia: American Philosophical Society, 1949), pp. 454–463. 至于辽在哪一年开始实行科举制度，这方面的详细研究请见杨若薇：《辽朝科举制度的几个问题》，《史学月刊》，1989 年第 2 期，页 33–38。杨若薇认为，辽代初期在刚征服的地区就已开始举行科举考试。
[322] 见《续文献通考》，34：3145–3146，其中有科举及第人数的表。
[323] 李有棠：《辽史纪事本末》，崔文印、孟默文校证（北京：中华书局，1983），21：420–421。
[324] 关于辽代科举的律学科目，见杨若薇：《辽朝科举制度的几个问题》，页 36。
[325] 刘虹：《中国选士制度史》，页 292–293。

■ **金的科举制度以及创新**

女真人于 1125 年征服了辽，迫使契丹人撤往西方，但其汉式朝代政府仍然维系了下来，直到 1178 年为止。不过，早在征服辽之前，女真人就已实行了汉式教育及科举制度了[326]。实际上，袭仿汉式政府的做法可追溯到 1123 年，也就是女真人包围燕京（今北京）的那一年。他们不但在那一年正式成立了汉式朝廷，也下令举行首次的科举。[327] 如同先前的辽，女真人建立的金帝国也需要汉人官员协助治理从宋与辽侵占而来的领土。金朝在 1127 年彻底占领了中国北方之后，即下令建立两套不同的科举制度，分别选拔黄河以南与以北的考生。[328] 随着金朝的影响力逐渐扩大，南方的科举及第人数也不断增加。两套科举的制度终于在 1154 年废除，那年金朝迁都燕京，藉此寻求与汉文化更紧密的融合，以及更高的政治正当性。每次科举及第的人数并不相同，但在科举制度的全盛期（1197），及第人数达到 925 人，迫使皇帝下令限制及第人数不得超过 600 人。[329]

金朝主要从宋朝学得管理科举制度的方法。早期的考试内容包括诗赋写作与经学。金在这方面可说完全遵循宋的做法。尽管金代的科举制度包括了四级而不是三级的筛选关卡，观念却还是一样，而且金朝把殿试视为科举当中的一部分，也是由宋代科举实践中自然演变而来的结果。随着政府设立的县学的毕业生在科举制度中的地位逐渐上升，金代科举制度当中的这项额外考试后来终于演化成明、清时代的地方官学考试。在明、清时代，地方官学考试乃是用来确认学生是否已有能力参与

---

326 关于金代科举制度最详细的描述，请见三上次男：《金代政治・社会の研究》（东京：中央公论美术，1973），页 268–320。
327 有关中国科举制度的通史，见刘虹：《中国选士制度史》，页 294–299；赵东晖：《金代科举制度研究》，载中国辽金史学会编：《辽金史论集（第四辑）》（北京：书目文献出版社，1989），页 212–235，重印于中国教育大系编纂委员会编纂：《中国教育大系・历代教育制度考》，页 1043–1052。
328 《金史》，51：1134。
329 《金史》，51：1138。

地方层级的考试（府试）。[330]"府试"这个名称反映了金代地方政府制度，以"府"取代唐、宋传统的"州"。通过府试的考生，又可进一步参加会试，相当于宋代的省试。[331]最高等级的考试是殿试，由金朝皇帝亲自主持。[332]如同宋代，金代的殿试也不黜落考生，目的只是要让考生知道皇帝及其政府非常重视科举。当然，金的殿试也排定考生的名次。

金朝确实对科举制度赋予了极高的重要性。留存至今的详细规章显示，当时的异族统治者非常关注这项制度。因此，重要的创新常常超越承袭自宋代的做法。在这些创新当中，最重要的就是拓展考试内容的决定。宋代科举的考试内容局限于五经、《论语》和《孝经》，金代科举所涵盖的范围则广泛得多，包括许多中国历朝官修的正史及重要的哲学著作。[333]特别重要的一点，是把《孟子》纳入考试范围。宋代并没有这么做，因为宋代在11世纪期间对于《孟子》究竟算不算是儒家经典有许多争论，到了12世纪末可能还不是对其经典地位非常有信心。[334]另一项同样重要的发展，则是废止"帖经"与"墨义"等纯粹记忆性的考题。[335]

关于金代科举制度必须提及的最后一点，就是汉人与非汉人考生的录取配额各自不同。此举保障了女真人考生在使用汉语的考试当中不必与汉人竞争。这类政策不但保护了女真文字，也是女真文化与生活方式在13世纪初大规模复兴的动力来源。

---

[330] 截至十二世纪，宋代州试的考生已愈来愈以地方官学毕业生为主。没有通过考试的学生，有些被送回官学继续学习，另外有些则获准进入国子学或太学进修。单纯参与州县考试虽然不会带来实质的报酬或是任官资格，在当代人眼中却是一项荣誉，后来也可享有若干特权，例如免于税赋或徭役。关于明、清的地方官学考试，请见下一段，以及第六章第一节第九段。
[331] "会试"的名称始创于金，后来由元、明、清政府所沿用。
[332] 殿试迟至1153年才出现。见毕沅：《续资治通鉴》,130：3435。辽的殿试也比宋代殿试的出现时间稍晚，在1036年。
[333] 1190年的一项诏令指出，考官必须由以下著作中出题：六经、七史、《孝经》、《论语》、《孟子》、《荀子》、《扬子》（即扬雄的作品）以及《老子》。这项诏令也指明该用哪些注疏版本和标准史书做为评分标准。见《金史》,51：1131–1132、1136–1137。
[334] 有关《孟子》在中国教育史上的地位，请见本书第六章第一节第九段的简短讨论。
[335] 值得注意的是，金朝要求45岁以下的女真人考生必须考射箭技巧。见《金史》,51：1143。射箭向来是国子学的课程之一，并且延续到了明、清时代。顺带一提，"南"、"北"分用不同试卷的做法始于1202年。见《续文献通考》,34：3147。

元朝初年的中国史家认为这个时期的科举过于形式化，写作风格过于华丽，录取结果也缺乏公正性。[336] 尽管有这样的批评，金代的科举方式对于中国科举制度史还是有重大的贡献。此外，举行科举也非常有助于女真人与汉人的同化。在即将征服金朝的蒙古人眼里，女真人已是"汉人"。至于在 1278 年遭到征服的南宋，蒙古人则称其人民为"南人"。

■ 蒙古人治下以及元朝的科举制度

元朝政府决定实行科举制度，是中国儒家教育史上重要的一章。早在蒙古人建立汉式朝代之前，就已从女真人身上得知科举制度对汉人而言有多么重要。在窝阔台任用的契丹顾问耶律楚才的建议下，蒙古人于 1238 年首度利用"儒术"考试选拔遭到奴役的儒家学者担任官员。这次考试据说录取了 4030 人。这个数字非常瞩目，尤其是此时距离征服宋朝还有 40 年之久。这些获得录取的学者虽然没有为蒙古人引进文官政府，但光是蒙古人举行了汉式科举，就已经深具意义了。

不过，正式命名为元朝的的蒙古政权第二次举行科举却是 76 年之后，在 1314 年。[337] 这是长期精心准备之后的结果，元朝政府为此拟定了一连串详细规范，包括如何举行考试，以及如何确保公正性。[338] 于是，元朝留下了第一套相对完整的科举规范。[339]

元代基本上套用了金朝的科举制度，但也有些修改：金朝的四级考试改为三级，包括乡试、会试和御试。乡试举行于省府，[340] 而且和金、宋一样，也是每三年举行一次。不过，金朝留下来最重要的影响，则是蒙古人与色目人参加的考试是与汉人

---

336 刘虹：《中国选士制度史》，页 299–302。另见刘祁：《归潜志》（北京：中华书局，1983），7：72；8：80；9：97。
337 选拔汉人学者的临时举措还是经常出现。举例而言，道学名家许衡（1209—1281）就在 1265 年获得拔擢。元代科举制度最容易取得的原始参考资料是《元史》，81：2017–2018。
338 预防作弊的详细规范，显示当时的科举考试有公正举行的需求。
339 参看《通制条格》，黄时鉴点校（杭州：浙江古籍出版社，1986）5：69–78；另见方龄贵：《通制条格校注》（北京：中华书局，2001）5：206–251；6：252–308。又见陈邦瞻：《元史纪事本末》，8：15c–18a。此处关于元代科举的讨论，主要根据刘虹：《中国选士制度史》，页 299–310。
340 "省"或"行省"的地方行政单位始创于元。在元朝统治期间，中原共有 10 省。

分开的。[341] 这两群考生不但录取配额不同，连试题也不一样。[342] 就考试内容的广度而言，金朝的进展，到了元代却大幅退缩。也许是因为道学的影响，科举的焦点只集中于经义。在唐、宋、金期间占有重要地位的诗赋，到了元代已不再是单独的考试科目。流畅的文笔虽然仍是重要标准，但诗赋写作在各科目中只占了很小的一部分。这种新的发展方向，是 1313 年采用了朱熹及其门人的四书五经注释作为考试标准的结果。[343] 朱熹学术的倡导者许衡，是促成这项政策的重要推手。[344] 蒙古人实行科举制度之所以是中国教育史上极为重要的一章，正是因为这项采纳朱熹学术思想的决定。往后 600 年，朱熹的《四书章句集注》成了最广受学生研读及背诵的作品。如同其他文明的正统思想的发展过程，中国的正统意识形态也是异族统治者造成的结果。

元朝政府向会试落第考生授官的做法制度化。这些人一旦获得授官，通常在官学及书院里担任教职。当时书院愈来愈受到政府的督导，甚至也正式由政府经营管理。这种做法从此成为中国科举制度的永久特征，正式为举人赋予任官地位。另一项重点是元代实行了宋代的配额制。元代的科举制度在乡试与会试采取了配额，由于省辖地域广阔，配额没有明显的作用。相对之下，宋代的解额制以州为对象，后来甚至以县为实施单位，所以对地方社会及政治生活造成较为直接的冲击。[345]

最后，我们必须记住，元代的官学必须挑选杰出的毕业生赋予科举及第资格。宋代的三舍法在元代经过修改之后，于国子学采用。管制官学毕业生参与科举的措

---

[341] 元朝政府把人口分为四类：蒙古人、色目人、汉人（居住在原金朝领土内的汉人，包括女真人在内），以及南人（原南宋领土内的居民，以汉人为主）。
[342] 在前两阶段的考试当中，蒙古人与色目人的考试内容只有两部分（经问五条，策一道），汉人的考试内容则有三部分（明经经疑二问、经义一道，古赋、诏告、章表一道，一千字以上考策一道）。
[343]《元史》，81：2018。这项规定包括于前述 1313 年的科举诏令当中。
[344] Wm. Theodore de Bary: *Neo-Confucian Orthodoxy and the Learning of Mind-and-Heart*, pp. 125–126.
[345] 见拙作 "The Social Significance of the Quota System in Sung Civil Service Examinations"。

施与宋代大同小异。[346]地方官学转型为科举制度的中继站，在这些措施的延续和演变当中愈来愈明显。

元代知识分子与官员对于科举制度的重要性一直没有获致定论，甚至曾在1335至1340年间中断了科举的举行。元代总共举行了16次考试，只有1133人及第，平均每次考试70至71人，与宋代平均及第人数达702人形成强烈的对比。[347]

在结束探讨这三个异族朝代的科举制度之前，值得指出的是，科举制度对于这些异族王朝官员的选拔而言其实并不重要。不过，就促成异族征服者与汉人之间的文化交流而言，科举制度扮演的角色大概与汉人学校体系的引进同等重要。儒家思想在金代文化环境中明显可见的影+响力，就清楚显示了这种制度的重要性。此外，只要随便翻翻这三个朝代的正史，即可看出在那个环境不太友善而且文化认同充满疑虑的时期里，科举制度对于儒家意识形态的延续和推广其实扮演了核心角色。

12. 明代的科举制度

明朝开国皇帝朱元璋是考试制度最热切的倡导者之一。从他为了控制人民的意识形态而发布的许多诏、诰、令等，可以看出他对儒家教育的力量其实有过人的理解。他显然认为，召募儒家思想家进入官场不但可安抚他们对权力及物质报偿的渴望，也可获得他们的效忠，从而协助他遂行意识形态的控制。他对科举制度做了重要变革。实际上，他早在登基为帝（1368）之前就已经注意到了科举制度的影响力。早在1356年，他就下令"使有司劝谕民间秀士及智勇之人，以时勉学，俟开举之岁，充贡京师"。[348]当时，朱元璋关注的是如何在自己身边聚集一群受过教

---

[346] 见本书第二章第二节第四段。每次科举都有六名国子学毕业生取得会试资格。见《续文献通考》，47：3212–3215。1340年，政府把这项做法订立为正式规定，并且将配额增加到18人。见陈邦瞻：《元史纪事本末》，8：17b。这些记载显示元代采取的政策与北宋类似：同样对太学毕业生赋予科举及第资格。这是北宋变法时首创的制度，蔡京正式推行，后来也为南宋所沿用。

[347] 元代的数据引自刘虹：《中国选士制度史》，页309。宋代的数据引自拙作《宋代官学教育与科举》，页315–320。宋代总共举行127次考试，及第的考生达89,121人。

[348]《明史》，70：1695。

育的知识分子，尤其是儒家学者。即便在他于1370年下令举行首次科举的时候，也只是着眼于如何达成这项目标，对举行科举的技术面问题并没有太大兴趣。他似乎不认为科举制度本身有其价值。过了约15年的时间，他才认定传统科举的做法合乎他的要求，而下令恢复举办。从此，他就用心注意科举的推行。1384年颁行的"科举条式"有几个方面的重要性：第一，正式规定科举三年举行一次。自此之后，除了偶尔的中断之外，科举考试一直定期举行，直到1905年为止。另一项重要发展，则是这份规定明文指出"国子生及府、州、县学生员之学成者，儒士之未仕者，官之未入流者"，都同样可以参加科举。这是官学学生首度获得正式承认为科举考生。[349] 明初的国子学毕业生在政府中显然扮演了相当重要的角色，其贡献也备受怀念。最重要的是，这份规定清楚说明了科举的目的。然而，在朱元璋眼中，科举制度只不过是教化和思想控制的方法而已。

■ 八股文

明代科举最广受讨论的特征，就是采用了"八股文"。[350] 一般认为八股文乃是源自宋代首见的"经义"考试。在经义考试里，考官只以经书里的文句命题，考生则按照经书当中的观念撰文作答。不过，对于该使用哪个版本的注释，则争议不断。王安石认为政府应该使用单一版本的注释，甚至自行着手编纂一套注释（《三经新义》）。然而，宋代政府在这方面一直未能形成有效的规范，[351] 因此沿用唐代的《五经正义》为考试评审的标准。[352]

1313年，元朝政府下令科举采用的经书只限于四书五经及特定版本的注释。[353] 除此之外，考生也只需要精通一经，所以八股文的写作才不至于太难。然而，由于

---

[349]《明史》，70：1694。
[350] 又称"时文"或"四书文"、"八比文"等。刘虹：《中国选士制度史》，页320–337页对这种文体有简要的说明。
[351] 王安石编纂了《三经新义》(三经即《尚书》、《诗经》与《周礼》)，并且下令以此为考试标准，但并未执行。
[352] 宋代经学变动极大。关于王安石企图以自己编纂的注释作为考试标准，以及经学的一般历史，见本书第三章第五节第五段。
[353] 关于政府采用的注释，见本书第四章第一节第六段。

考生只需精通一经，考题范围受到限缩，文章的形式也就因此更受重视。此外，考生误解经文意义的机会也大幅降低，所以都愈来愈专注于雕琢写作形式。到了明太祖在位期间，这种写作形式已大致成熟。

谈到八股文，首先要提的就是文章字数的限制。阐述四书经义的文章不得超过200字，阐述其他经典的文章则可达300字。[354]另一项重点则是论述必须完全依循传统而正统的经书诠释。这类规范禁锢了学生的想象力。这样的严格规定虽然可能有助于培养修辞能力，但八股文在这方面实际上没有真正的贡献。由于考试题目都必须撷取经书的原文，尤其是四书，所以能出的题目非常有限。大多数考生于是干脆背诵现成的文章。清初大学者顾炎武（1613—1682）指出，有些科举及第的考生可能连汉高祖或唐太宗是什么人都不知道，却还是能够藉着预先背诵的范文获得录取。[355]为了避免这个弊端，有些考官于是刻意用两句完全无关的文词构成题目，例如从一个章节里挑出两个字，再从另一个章节挑出三个字，然后组成考试题目。这么一来，前两个字与后三个字都没有完整的意义，组合而成的五个字也同样没有意义。考生必须先猜测出这两段文字的出处及原来的意义，然后才能下笔作文，不但必须严格遵守既定的形式，主题也必须完全合乎相关经文的儒家教诲。在这种做法当中，考生必须自行为题目的五个字设想出一套意义。不过，阅卷官并不在乎考生为题目所设想的意义，只根据文章的形式计分。睽诸这样的写作要求，可以认为在世界上以公平计分为前提而创立的各种制度当中，应该以八股文最为禁锢人类智慧。

■ 考试过程

到了明代，学校虽然还偶尔从事教学，大体上却已成为生员（或称秀才）报名

---

[354] 随着科举的竞争程度愈来愈激烈，八股文的字数也逐渐增加，在十八世纪（清初）达到700字。
[355] 顾炎武著，黄汝成集释：《日知录集释》（台北：世界书局，1962），16：386。

参加科举的场所。只有杰出的毕业生才有机会参与乡试或进入国子学。[356]以学校作这种用途并非始于明代,但却是在明代发展完成。这项制度从此一直延续到清末。

按照1314年立下的惯例,地方考试(称为"县试"或"乡试")每三年举行一次,通过考试即可获得"举人"资格。

接着,举人再参加次年春天在京城举行的省试。每次省试约录取300至400名考生,[357]分为两类:一类是"贡士",另一类则尚未取得贡士身分,但可担任地方教育职务。严格来说,这两类考生都还没参加最后的殿试,所以还不正式算是进士。不过,由于所有省试及第的考生都一定会通过殿试,因此一般就直接把他们认定为进士。省试落第的考生则进入国子学继续准备参加下一次的省试。

皇帝主持的殿试让省试及第的考生参加,而且这个最后阶段的考试不会刷下考生。明代的殿试与宋、元一样,只是决定考生的名次。决定名次与称谓的程序极为繁复,不是三言两语能够说得清楚。在此仅须简单提及一点:进士在社会上深受敬重,也经常获得任命为朝廷中最为人羡慕的官职。进士的权力与影响力确实无与伦比。至于状元所获得的荣耀,更是远远超越想象。状元是全中国排名第一的学生。假设一个世代是30年,那么每个世代只会出现10名状元。因此,状元享有的光荣与重视,就无须赘述了。

---

356 这种所谓的"学校考试"每年举行,由教官主持。一项针对明初31年间的考试所进行的研究显示,及第的考生约有一半来自正规考试,另一半则是国子学的毕业生。社会流动的老问题不是此处的探讨主题,但值得一提的是,这项研究也显示明初30年间的568名杰出官员当中,有37.15%是透过察举产生;科举及第的考生以及国子学的毕业生分别只占了21.83%及19.54%;剩下的21.48%则是功臣等其他人员。这些因素对社会历史显然有深远的影响。见林丽月:《明初的察举》,载中国社会科学院历史研究所明史研究室编:《明史研究论丛》(南京:江苏古籍出版社,1991),页451–469。由于这个时期的察举和科举制度已没什么关系,和教育更是互不相关,所以我在本书中并未加以探讨。不过,我们还是必须知道这项制度在这个时期对官员的选拔仍然扮演了重要的角色。其重要性在后来渐渐衰退。

357 录取人数在1613年增加到350人,在1622年又进一步增加到400人,但三年后(1625)又减少为300人。1628年,录取人数又增加到350人,六年后再次减回300。见中国教育大系编纂委员会编纂:《中国教育大系·历代教育制度考》,页1345–1349。

第二章　中国传统教育制度:学校与考试

■ 考试题目与内容

到了明朝，道学思想与朱熹《四书章句集注》的权威地位已经确立。[358]要探讨明代的科举制度，就不能不提及这项基本事实。考生在乡试里必须通过三轮考试。第一轮考的是四书五经，考生必须针对四书与五经各自撰写三篇八股文。第二轮必须写一篇论、三种公文书（诏、告和表），以及五篇判。第三轮则必须写五篇策。

省试的考题种类大致相同。殿试则只考一篇长论，篇幅可达1000字。

■ 配额制

元代把科举考生区分为汉人与非汉人的做法，到了明代即被明太祖下令废除。不过，1397年却出现了另一种歧视，因为那年省试及第的考生全都来自南方。这个现象随即掀起激烈争论，质疑科举是否特别不利北方人。于是，政府在1425年下令省试必须依考生家乡所在地区不同而各别评分。[359]全国划分为北中南三个地区，每个地区各有其进士配额。南北争议的问题在明代挥之不去，也一直都是紧张的来源。这项争议的重要性在于两个方面。第一是配额制所体现的智慧，这点在先前已经提过。宋代与其后的朝代都利用配额决定每个地区能够通过考试的人数。宋的省试与元的会试都没有地域配额，[360]因此1425年的这项决定非常重要：也许北方人迫切需要政府保证他们能够继续参与国家政策的决策过程。此外，到了15世纪末，南方的发展不但超越了北方，可能也造成了北方人的焦虑和嫉妒。南方的教育成果以及文化想象力与创意的成长，显然对北方造成了压力。北方人觉得自己不但在地方考试中需要有配额的保障，也必须有进士的配额保障。

---

[358] 详细探讨请见本书第三章第七节第四段。

[359] 王世贞：《弇山堂别集》北京：中华书局，1985）详述了明代科举制度及其发展史。本章参考的主要还是刘虹的《中国选士制度史》。

[360] 宋代期间，司马光曾建议在省试中采取配额，但这项提议遭到欧阳修的反对而没有实施。值得注意的是，司马光是北方人，欧阳修则是南方人。细节请见拙作"The Social Significance of the Quota System in Sung Civil Service Examinations"。

到了这个时候，配额制早已成为科举制度中不可或缺的一部分。毕竟，科举制度也必须达成政治目的。与配额制相关的决定，就是允许书院毕业生参与地方考试。经过多次掌控书院的尝试之后，政府终于发现可以藉由对书院毕业生授予配额而达到先前无法达到的目的。这么一来，书院毕业生与官学毕业生就享有同等地位。这项发展是书院"官学化"的进一步证据。到了 18 世纪中叶，在雍正在位期间（1723—1735），书院配额成了永久的措施。[361] 政府对书院的控制就此完成。

■ 科举文化及其所造成的不满

科举制度可以造成一定程度的社会流动，让一小群人能够藉此提升自己的社会阶级。因此，学者对于这项制度能否造就公平竞争意见分歧。试图操控考试结果的行为早自宋代就已出现，尤其是南方的宗族组织。到了明代，宗族组织已取得了支配地位，许多及第的考生都来自势力强大的地方宗族。就这方面而言，科举这种社会制度并无法有效促成真正的平等竞争。不过，这还不是中国人对这项制度最大的忧虑。传统上衡量考生出身背景的方法，是确认其父亲、祖父及曾祖父是否曾经任官。现代的学者，尤其是英语国家的学者，都深切批判过这种衡量方式并不充分，但这就是当时的人对社会流动的看法。就此而言，明初的科举制度符合了社会的期望。[362] 由此即可了解，为何很少有人从"社会以甄选才能为流动基础"的角度批判这套制度。此外，大部分的争论都集中于南方人与北方人的配额是否平等，却不太有人抨击科举制度未能维系公正不阿的选拔标准。科举制度的作弊或流弊在 15 世纪

---

[361] 刘锦藻：《清朝文献通考》（台北：新兴书局，1958，重印 1935—1937 年商务印书馆万有文库十通本影印 1890 年浙江书局本），70：5504。

[362] Ping-ti Ho: *The Ladder of Success in Imperial China*, p. 261。宋代两次科举的流动率分别为 56% 与 58%。即便就现代人的观点来看，这样的比率还是相当惊人。至于对传统中国衡量考生社会关系方式的批判，见 Robert M. Hartwell: "Demographic, Political and Social Transformations of China, 750–1550," *HJAS*, Vol. 42, No. 2 (1982), pp. 365–442; Robert P. Hymes: Statesmen and *Gentlemen*, pp. 29–48。

末之前还没有大量出现,[363] 但尽管如此,从现代观点来看,科举制度却远远没有达到一个真正开放的社会所抱持的期待。

整体而言,科举制度在明朝的社会生活中扮演了非常重要的角色。一如宋代,科举对社会的文化与个人心理都造成了重大冲击。首先,明代文献中记载这套制度所造成的心理冲击,似乎与宋代的记录不同。宋代作家感兴趣的主要是考生的焦虑,明代作家则比较不抱同情心,对于考生看待科举的态度也经常怀着讽刺的眼光。与其长篇大论细谈这项议题,我想还不如摘录《儒林外史》中的一段文字。这部著名的小说深切地讽刺了科举文化。在以下这段引文里,作者吴敬梓(1701—1754)描写了小说主人公范进中举的那一刻:

> 范进不看便罢,看了一遍,又念一遍,自己把两手一拍,笑了一声,道:"噫!好了!我中了!"说着,往后一交跌倒,牙关咬紧,不省人事。……等回过神来,他又爬起来,拍着手大笑道:"噫!好!我中了!"笑着,不由分说,就往门外飞跑,把报录人和邻居都吓了一大跳。走出大门不多路,一脚踹在泥塘里,挣扎起来,头发都跌散了,两手黄泥,淋淋漓漓一身的水。众人拉他不住,拍着笑着,一直走到集上去了。众人大眼望小眼,一齐道:"原来新贵人喜欢疯了!"……他岳父作难道:"虽然是我女婿,如今却做了老爷,就是天上的星宿。天上的星宿是打不得的!我听得斋公们说:打了天上的星宿,阎王就要拿去打一百铁棍,发在十八层地狱,永不得翻身。"……当下众邻居拿来贺礼,甚至那些穷人、一文不名的流浪汉及其娘子也来给范进当跑腿的,以请求范进保护他们。不到两三个月的时间里,范进的家里已有了仆人和侍女,更不用说钱和米了。[364]

这段充满讽刺的描述忠实反映了当时一般人对科举的目的所抱持的态度。不用

---

[363] 刘虹认为贪腐与滥用的现象极为普遍。他提及三项案例(1499、1508与1574)。见其《中国选士制度史》,页371–372。有关明代科举的作弊现象,另参见蔡春等编:《历代教育笔记数据(第三册):明代部分》(北京:中国劳动出版社,1992),页333–350。

[364] 引自《儒林外史》,第三章。

说，在努力对抗政府对书院的压制以及宦官滥权的学者眼中，科举无疑是最可恶的共犯。针对科举制度的批判，繁多而广泛，总是不断详细检视科举文化。下个段落将探讨这些批评，而这也是为漫长的中国科举制度史画下句号的绝佳方式。

13. 反思科举的存在理由

科举制度获得耶稣会教士的高度评价，也广受赞扬为协助造就中国这个庞大帝国的重要制度。不过，欧洲人虽然对这套制度称赏不已，中国人却对其投以怀疑的眼光。许多思想家早已认定明朝的灭亡是过度注重八股文的结果。当然，实际上的批评没有这么简单，但明朝实施的科举制度的确没有达到一般人认知的儒家选拔精英制度的目标。以下，我将简要阐述明末清初抨击科举制度的关键论点。

第一，科举制度导致学生认为接受教育就是为了追求财富。就连乾隆皇帝（1736—1795年在位）也曾反思科举制度的问题，指出：

> 独是科名声利之习，深入人心，积习难返，士子所为汲汲皇皇者，惟是之求，而未尝有志于圣贤之道。[365]

儒家选拔精英主义的理想显然有其潜在弊端，即参与科举的功利算计层面。这当中带有道德上的模糊性。之所以会产生这种模棱两可的态度，原因是科举制度利用高官厚禄吸引应当具有崇高道德品行的人。这样的制度挑战了教育的道德目的。藉由取得政府官职而达成道德成就的想法不仅古怪，也令人难以接受。这是中国思想史上一项反复出现的主题。[366] 对于以利禄吸引知识分子入仕的做法，王夫之（1619—1692）曾经提出这样的评论：

---

[365]《钦定大清会典事例》，转引自毛礼锐、沈灌群主编：《中国教育通史（第三卷）》，页 482–483。
[366] 研究中国史的学者早就深知这种道德上的矛盾态度。见前引叶梦得之语。另可参考一篇著名的文章，David S. Nivison: "Protest Against Conventions and Conventions of Protest," in Arthur F. Wright, ed.: *The Confucian Persuasion*, pp. 177–201.

> 士且以先圣（指孔子）之宫墙为干禄之快捷方式，课之也愈严，则遇之也愈诡；升之也愈众，则冒之也愈多。……有志之士，其不屑以此为学也，将何学而可哉？恶得不倚赖鸿儒，代天子而任"劳来匡直"之任哉？[367]

王夫之的话反映了他身为知识人所感受到的困境。他虽然效忠明朝，却退隐不仕。他深知自己不可能期待其他读书人也做出同样的选择。他推论，也许担任学官算得上是一种折衷的办法，可以"分天子万几之劳，襄长吏教思之倦；以视抡文之典，不足以奖行，贡举之制，不足以养恬，其有裨于治化者远矣"。因此，担任学官也许可带来些许慰藉。王夫之就是这么看待考试当官的诱惑。

第二点批评，是科举制度造成了教育的式微，尤其是官学。顾炎武与黄宗羲对此都深有所感：

> 时文之出，每科一变，五尺童子能诵数十篇而小变其文，即可以取功名，而钝者至白首而不得遇。老成之士，既以有用之岁月，销磨于场屋之中，而少年捷得者，又易视天下国家之事，以为人生所以为功名者，惟此而已。[368]

这是顾炎武的评论。他对八股文弊病的批评，反映了当时许多同侪的普遍意见。[369]

以下引用黄宗羲的这段反省比较全面，而批判更为尖锐：

> 自科举之学盛，世不复知有书矣。六经子史，亦以为冬华之桃李，不适于用。先儒谓传注之学兴，蔓词衍说，为经之害，愈降愈下。传注再变而为时文，数百年亿万人之心思耳目，俱用于揣摩剿袭之中，空华臭腐，人才塌茸。

---

[367] 王夫之：《宋论》，收于《读通鉴论（《宋论》合刊）》（台北：里仁书局，1985），3（《真宗》）：54。
[368] 本段及以下二段引文皆摘自刘虹：《中国选士制度史》，页356–358。
[369] 他对八股文的鄙夷相当著名，甚至可能有言过其实之嫌："八股之害，甚于焚书，而败坏人材，有甚于咸阳之郊所坑者！"见顾炎武著，黄汝成集释：《日知录集释》，16：385。

他进一步指出：

> 举世盛而圣学亡。举业之士，亦知其非圣学也，第以仕宦之途寄迹焉尔。而世之庸妄者，遂执其成说，以裁量古今之学术。

第三点批评其实是针对整体的传统教育。不过，清初许多学者都认为空洞的学问（相对于实学）是科举造成的结果。颜元（1635—1704）代表了这种批评观点。在他眼中，纯粹学习而不反思学习的行为，就像静坐一样糟糕：两者都一无所用。基于这种发现，他对科举制度批判甚力，认为这项制度鼓励了读死书的学习方式。不过，颜元的看法并没有被当代人广泛认同，反映出中国文化在科举的形塑与影响下确实问题重重。在汉人文明遭到异族征服的时刻，他的批评确实有其存在的理由。[370]

比如科举制度在 17 世纪以来遭到的批判众多，而以上的评论只是冰山一角而已。必须记住的是，这些评论大多是因为明朝覆灭而产生的反省的结果。尽管如此，这样的观点仍在往后数百年间广为中国人认同。因此，科举制度竟然还能在后来将近三个世纪的期间继续形塑中国社会与政治生活以及教育的方向与发展，也就不禁令人惊奇。有些人也许会说，科举制度在形式上的公平就是其得以长期存续的原因。这话也有它的道理：在一般人心目中，科举至少提供了社会奖励公平分配的表象。因此，科举制度为了人们渴望表面上的分配正义（distributive justice）而长久延续，让中国教育付出了独特而且无可估量的代价，至少在帝制中国时代绝对是如此。

■ 对反思的反思

上面对科举的评价大致根据明末学者的看法。当时他们认为中国已经亡了，有

---

[370] 颜元也许会认同卢梭（J. J. Rousseau）的看法。颜元注重的是实践，卢梭则是感叹明代社会过于颓废、过于文明，以致丧失了原始的活力。

各种解释亡国现象的说法，但其中有一点特别显著，就是认为科举考试专用"程文"或"成说"（看上面所引的乾隆皇帝的话），窒碍了学者的思想，并使读书人受到专制君王的钳制，社会因此丧失了创造的活力，遂而亡国。这一点在上面引用了黄宗羲等人的议论已经看得很清楚。但是到了清代，八股制艺仍然继续，并没有改进，就是西方科学知识传入中国的康雍乾时代，虽然学者对上古的天文知识因此得到了新的了解，并能展开对诸如《尚书》所载的天文现象有崭新而更正确的解释，但是这些新知识并不能真的进入科举的"竞技场"（arena），无法与传统的经传注疏竞争。这是对科举（特别是明清的科举）批判的最大理由。

科举考试过于将就公正的原则，对于考卷答题的评审定下种种严格的限制，于是每一个（或每一类）问题应该如何作答就必须依赖标准答案，而考生当然会摸索什么是标准答案。准备考试的参考书于是产生。过去研究中国科举或教育的人对这些试策的范文、八股文的文选以及比较有规模的类书，或按后代的分类法称为"政书"的各样参考书并不重视。

但是若加以思考，这些作品对当代的考试会产生一定的影响，而出题的人也不一定完全不注意这样的参考书。欧阳修主持贡举，宣布他要用古文出题，遂影响了一代的文风，这就是一个有名的例子。因此考试的过程中，参与的有政府，也有当代思想家或读书人，他们对时代的学术风尚都会产生一定的影响。本节讨论的固然是科举制度史，但是读者不能忘记读书人也在参加了这一个政府与考生之间的"竞争"，政府主出题，考生主应试，而写作各样考试参考书的学者则在旁边猜测及影响出题的倾向及答案的评审标准，这就是科举的竞技场。如果套用现代学者爱说的话，那么这就是一个"场域"（field），[371] 而这个场域是有一定的自主性的。

---

[371] 这里根据的是布迪厄（Pierre Bourdieu）的说法，一个"场域"是比一个"空间"（space）更为严谨的社会结构，也小于所谓的"空间"，而具有相当的自主性。把布迪厄的理论引入中国研究的第一人应该是艾尔曼（见下注），但是艾尔曼用的是布迪厄的"再生产"（reproduction）说。受到艾尔曼一定影响的魏希德（Hilde de Weerdt）在她的 *Competition over Content: Negotiating Standards for the Civil Service Examinations in Imperial China (1127–1279)* (Cambridge, Mass.: Harvard University Asian Center, 2007) 一书中则采用"场域"（field）的观念来解释科举与学术风尚的关系。有关该书，可以参看我的书评，刊登在 *American Historical Review*, Vol. 115, No. 1 (2010), pp. 203–204。

这样说来，形成这个场域的参与的因素（考官、考生及写作参考书的读书人）都通过一种无形的竞争，左右及形塑这个场域的结构。如果进一步引用魏希德（Hilde de Weerdt）的说法，那么，这个场域能够相当自由地运作，不受外界的干扰。思想的潮流就是在这一个不断地竞逐对考试内容的主宰权而发展。

从魏希德的观点来说，那么科举制度、思潮的流变，以及考试参考书的编撰实在是一个近乎民主的竞争过程，而中国的科举也就算是非常合乎平等乃至于正义的制度了。对这样的说法，一般中国人或许无法完全同意。

同时，不能忘记的是上一个世纪中叶，以迄今日，仍然有许多中外的学者对科举制度推崇备至，甚至于认为八股文乃是训练作文的好方法。在艾尔曼（Benjamin Elman）于2000年出版的重要著作中，我们看得到他引述了一些人（特别是钱穆）的看法，来认可中国的科举制度。[372]艾尔曼对中国科举的观点是和他对中国文化的独特性及内在发展性息息相关的。简要地说，就是认为中国自然学的知识有它内在的发展理路，而中国的科举也相对地帮助这些学问（亦即儒家的传统经典）不断成长。既然如此，八股文作为中国文章体裁最精致的表现，当然一定有它的贡献。

今日中国的学者也多有主张恢复科举的，认为国家高等考试应该采用传统科举的形式（如果不是内容）。这里反映的是对公正信念的坚持，以及对国家考试抢才的公平的一种憧憬（如果不是幻想的话）。[373]就这一点来讲，它当然具有中国文明非常独特的色彩：就是在所有具有竞争性质的制度里一定要有一套机制来维护公正性。

---

[372] 艾尔曼对八股文显然抱持一个比较正面的态度。我大致同意他的说法：精心建构自己的论点，并以合乎逻辑的方式加以呈现，的确是八股文的特色。但是我在此段所谈的主要是中国人（特别是明末人）的观点，以及考试题目过于狭隘（明末以来，八股文多限在"四书"出题），以致考生不再学习作文技巧，而是直接背诵现成文章的现象。请参看我写的书评：《中国科举制度的历史意义及解释——从艾尔曼对明清考试制度的研究说起》，《台大历史学报》，第 32 期（2003），页 237–267。此文经缩减后，载我编的《中国教育史英文著作评介》，页 239–258。并请参考我的 "Review Essay: Imagine the Chinese Examination System: Historical Nature and Modern Usefulness: on Benjamin Elman: *A Cultural History of Civil Examinations in Late Imperial China*," Berkeley, CA: University of California Press, 2000. xlii, 847 pp. and Liu Haifeng 刘海峰: *Kejuxue daolun* 科举学导论 (Study of Imperial Examination), Wuhan 武汉, China: Huazhong shifan daxue chubanshe 华中师范大学出版社, 2005. iii, 465 pp.," *China Review International*, Vol. 13, No. 1 (2006), pp. 1–15.

[373] 参考上注中提到的刘海峰教授的书。

如果说中国是世界上第一个发展出非常精密的笔试文明的国家，那么显然这一定跟中国人维持公正理想的焦虑有莫大的关系。[374] 我会在下一章再就这一点做结论性的分析。就目前来说，我们可以这样断言：对中国科举制度的反思在明末时达到了负面批判的高峰。在今天，对当时人的反思的重新反思，当然可以说是当代人不同的历史感所形成的另一种对自我文化的认同吧。

---

[374] 参看本书第七章第一节。今天台湾高等学校的入学甄别试及测验，其执行之公正和公平性也屡屡被提出来讨论。

第三章

中国教育的思想史

中国教育思想史的探索让我们得以初步了解教育制度（以及科举制度）背后的精神与理想。[1] 中国传统教育思想的源头，当然以孔子为第一人，他是第一位系统地、有条理地阐述了教育的理论与价值的大思想家。孔子自称"述而不作"，但他其实是个集大成者，而不只是单纯传述而已。不过，他对自己身为思想家应扮演的角色所抱持的看法，却对中国人建构及呈现教育理论的方式产生了长久的影响。因此本章就从孔子开始。

必须补充的是，中国自古传承下来的教育观念非常丰富，孔子的思想并非唯一的来源。在这一章里，我将试图描绘中国教育传统的多样性与灵活性。此外，中国人认为个人道德的成长与完善是教育的目的，而传统教育也明显深受这个观念支

---

[1] 我在本书中，关于思想史及学术史的用法，采取比较宽松的定义，而未加严格的分别。一般言之，大概思想史是一个时代比较广泛有影响力，指比较有系统整理过，甚至出版过的思想的历史，略近于英文的 history of thought。学术史大概指的是比较接近学校课程所采用的学术的历史。至于知识则指一般先天及后天学来的、不一定有条理的一切知识。不过这些分别也常常因时而异，并不拘泥。

配。我先前已把这种教育称为"为己之学"。事实上，中国传统教育思维也十分强调如何把个人的教养与社会（国家）对道德的一致性或和谐稳定性的需求结合起来。"为己之学"因此并非完全是个人一己的自我完成或解脱，而是要把个人追求道德完善的目的，与一个受教育的人如何对群体的社会作出贡献等量齐观。因此统治者对稳定与一致性的需求，常常变成个人自我教育的认同对象和目标。两者的结合于是成为传统中国教育思维的核心观念。

第一节　孔子与早期的儒家传统

本段主要探讨孔子以及他对中国教育思维最重要的趋势所造成的影响,也要探讨其他影响来源。孔子思想产生的时代背景是贵族社会及其理想的没落,而贵族社会的理想可以用"六艺"来概括。

1. 六艺

我们所知的古代中国教育理想,几乎全都来自儒家的记载。中国人对知识与学习的价值与目的所拥有的集体记忆,其实就是这些记载创造出来的产物。

首先想到的是所谓的"六艺"。最早明确提出这个概念的是《周礼》,当中指出理想的教育内容包括礼、乐、射、御、书、数,而且相信古代的教育也是如此。[2]《周礼》成书于汉初,所呈现的古代中国图像并不完全可信。尽管如此,这幅理想化的图像毕竟反映了过往遗留下来的某种传统,到了汉初已被接受为一份真实可信而且值得永久保存的遗产。现代的历史研究大体上证实了商朝与周初的教育理想确实

---

[2]《周礼·地官司徒》。见孙诒让:《周礼正义》(北京:中华书局,1987),19:756。《周礼》也在若干章节里详述了这些科目的内容。

受到"六艺"所引导。[3] 六艺教育的理想是一种任贤主义的理想,目的在于培养个人身心的平衡发展,一方面具备贵族生活技能,另一方面也拥有内在的平静与和谐。身为没落贵族的孔子不但出身于这样的传统,也以充满智慧的方式表达这项传统的重要性,从此影响了中国往后两千年的发展。

如同第一章所述,"六艺"在不久之后变成了"六经"的教育。六艺与六经的关系,就是儒家对教育的目的或内容的重新思考。孔子对教育这整个主题重新思考,认为传统的贵族教育应该转为人文教育:一方面,贵族的社会正在崩解;另一方面,贵族的价值和宗教性(祖先崇拜及鬼神上帝的信念等)必须转化成较为世俗的意识,接受一个人能以道德的修养来建构和谐乃至大同的社会的看法。因此孔子所主张的人文教育包括:要培养人的德行,让他们内化古代贵族教育的理想,而扬弃当中对宰制宇宙及世界秩序的超然力量的信仰。

2. 孔子

孔子教育理论的关键字眼是"仁"。这是非常难以阐明的一个字,却也是最容易理解的一个字。首先,我要谈谈孔子自己对这个字眼的暧昧态度。他说自己很少谈论这个字:"子罕言利,与命,与仁。"[4]

■ 仁

上述这句话之所以重要,原因是它把仁和利与命放在一起。就利与仁的关系而言,"利"的概念并不难理解。不过,孔子在这句话里特地把命与仁相提并论,就值

---

[3] 陈磐:《春秋时代的教育》,《中研院历史语言研究所集刊》,第 45 本第 4 分(1972),页 731–812。另见张瑞璠主编:《中国教育史研究·先秦分卷》,页 3–159,尤其是页 3–44。
[4] 《论语·子罕第九》,第一章。Arthur Waley 曾经探讨过这句充满矛盾的话,请参见他的 The Analects of Confucius, pp. 29, 138。另见 Herbert Fingarette 对 Waley 这段探讨的评论:Confucius: The Secular as Sacred (New York: Harper & Row, 1972), pp. 38–39。必须指出的是,孔子所谓的"命"并不是指难以捉摸的"命运",而是"天命"。我在此处不能深入探讨这一点,只是要指出孔子本身对于"命"是否不再由天"决定"也感到有所怀疑而已。

得深思了。孔子的意思显然是说，命与仁这类议题以及之间的关系令人深感困惑，而且难以探讨，遑论厘清其间的关系。

藉由这句简简单单的话，孔子要表达的重点是：人在这个看似由无可捉摸的命运所主宰的世界里，应该要为自己的行为负责。世界上的一切并非全都受到命运的控制，而且人类在特定范围内其实可以抗拒反复无常的命运。唯有理解哪些事物是人类可以控制，哪些则由命运掌管，"仁"与"命"这两种概念才会产生意义。人总是努力要理解这个世界，要和这个世界产生联结，而"仁"就是一种原则或特质，让个人在这个世界里的生活具有意义。

定义了人类活动的范围和限制之后，孔子于是把人生的最高指导原则放在社会生活的核心里。他希望社会成员的和谐互动可以促使他们克服命运变幻无常的影响力。他深知命运必须排除在人类活动的领域之外："仁者安仁，智者利仁"。[5]

■ 礼与立

透过"礼"，个人才能在安排自己的社会行为当中实现"仁"。礼与仁的关系的最佳诠释，就是孔子针对爱徒颜回的提问所回答的名言：

> 颜渊问仁。子曰："克己复礼为仁。"[6]

复礼不只是恢复古代的礼仪，但孔子确实认为这是建构和谐世界的基础，而且他也相信这样的世界曾经存在于古代。《论语》里有许多证据显示孔子对于古代礼仪

---

[5]《论语·里仁第四》，第二章。我与 Arthur Waley, tr.: *The Analects of Confucius*, p. 102 采取不同的诠释。
[6]《论语·颜渊第十二》，第一章。"复"字除"回归"之意，也可指实践或履行。见《学而第一》，第十三章："有子曰：'信近于义，言可复也。恭近于礼，远耻辱也。因不失其亲，亦可宗也。'"

的流失怀有非常复杂的感受。[7] 重要的是必须深化对礼的了解，以便对应日常生活中多样化的不同需求。孔子认为复兴古礼不应该单纯为了它的历史价值。只有透过仁的实践，回归礼仪的做法才能超越表面上的拘泥，并使其能够因应多元的社会需求。总之，适切管理社会需求，就是礼的表现。

礼的恰当实践，就是为自己在这个世界的人生做好准备。孔子说："不知命，无以为君子；不知礼，无以立也。"[8] 这里的"立"是个重要的观念。基本上，孔子的意思是说，每个人在人生中都有个阶段必须要服务社会，而且在他的认知里，社会与国家是不可区分的。孔子认为自己在30岁的时候达到了这个阶段。这个时候，为了"仁"所做的准备应该已经完成，所以个人已能够为社会服务。由此可见，准备的阶段几乎占了个人的大半生。孔子经常谈论学习"立"的过程。在这段准备期间，礼的学习就是教育活动的核心。

■ 学

孔子认为"学"是人的教育里最重要的特征，实际上也是他对自己的自我认同：

---

[7] 孔子有不少谈话都表现了他对古礼的钟爱，见《论语》之《为政第二》，第十七章；《阳货第十七》，第二十一章；《八佾第三》，第十、十一章。他说他喜欢学礼（《八佾第三》，第十五章；《乡党第十》，第十四章），因此抱持传统的态度。关于这种注重传统（尤其是礼）的态度，可以参见《乡党第十》，全篇，以及他拒绝以自己的马车作为颜回的棺椁（《先进第十一》，第七章）。不过，他显然试图扩大礼的涵义，以便礼在变迁的社会里从事多样化的实践之余，还能保有其中的普世性（《阳货第十七》，第二章；《宪问第十四》，第一章；《八佾第三》，第四、八、十二章等）。如同他对"命"与"天命"等观念的理解，他看待礼的态度也显示：他希望自己能够一方面承认世俗化的世界需要扩大的而且多样化的诠释，同时又系牢礼的实施场域；而他就算还没有放弃礼的普遍性，也已经放弃了其普遍适用的特性。

[8]《论语·尧曰第二十》，第三章。"立"的概念很少被探究，但孔子经常提及这项概念（《学而第一》，第二章；《为政第二》，第四章；《里仁第四》，第十四章；《泰伯第八》，第八章；《子罕第九》，第十、三十一章；《乡党第十》，第三节；《卫灵公第十五》，第五章；《季氏第十六》，第十三章；《尧曰第二十》，第三章）。Arthur Waley 根据《泰伯第八》，第八章；《子罕第九》，第三十一章；《乡党第十》，第三章；《季氏第十六》，第十三章；《尧曰第二十》，第三章，而认为"立"指的是入朝为官。不过，孔子使用这个字的意义显然广泛得多，其中最重要的就是"三十而立"这句话。大多数学者对于这里的"立"字究竟代表甚么意义通常避而不谈，但汉代学者明显主张这里的"立"表示完成了五经的学习。见刘宝楠：《论语正义》（北京，中华书局，1990），页43–44。从孔子强调立与礼之间的关系来判断，我认为此处的"立"指的是礼的恰当实践，而且通常与个人在朝中为官的行为有关。"立"的条件就是完成经书的学习，所以说"君子务本，本立而道生"（《学而第一》，第二章）。

> 子曰："十室之邑，必有忠信如丘者焉，不如丘之好学也。"[9]

孔子非常努力推广自己的理念，却一再遭到挫折。于是，他只好致力于教学和学习，而且他大体上也对这两种活动感到满意。他深信"好学"是他所有道德及思想教学当中的核心要素，甚至还把"好学"的荣耀授予他最钟爱的学生颜回。[10] 在孔子眼中，学习是天下第一重要的事，他也一再担心自己没把这件事情做得够快或够好。[11]

但何谓学习呢？首先，学习只是成为君子的第一步，[12] 而且孔子也确实认为学习只是迈向真正知识的一小步而已。他没有明确指出学习应该从何时开始，而且意思似乎是说，真正的学习只有在个人行有余力的时候才能展开。[13] 不过，真正的学习却又是一种深切而时刻不忘的关心，包含了日常生活的全部。[14] 他和门徒子夏讨论学习的定义：

> 子曰："君子食无求饱，居无求安，敏于事而慎于言，就有道而正焉，可谓好学也已。"[15]
>
> 子夏曰："贤贤易色，事父母能竭其力，事君能致其身，与朋友交，言而有信。虽曰未学，吾必谓之学矣。"[16]

---

[9]《论语·公冶长第五》，第二十七章。Waley 指称此处的"学"意指一般性的自我提升，而不是指读书，见 Arthur Waley, tr.: *The Analects of Confucius*, v, 27 (p. 114, note 4)。这点我们后续会谈到。关于孔子以"好学"定义自己的性格，见《宪问第十四》，第三十五章；《颜渊第十二》，第二、三章。

[10]《论语·雍也第六》，第二章："哀公问弟子孰为好学？孔子对曰：'有颜回者好学。不迁怒，不贰过。不幸短命死矣！今也则亡，未闻好学者也。'"另见《先进第十一》，第六章："季康子问弟子孰为好学？孔子对曰：'有颜回者好学。不幸短命死矣！今也则亡。'"

[11]《论语·泰伯第八》，第十七章："子曰：'学如不及，犹恐失之。'"

[12] 见《论语·卫灵公第十五》，第二章："子曰：'赐也，女以予为多学而识之者与？'对曰：'然。非与？'曰：'非也，予一以贯之。'"孔子认为"博学"不如"一以贯之"。关于这项观念的详细讨论，请并参见 Arthur Waley, tr.: *The Analects of Confucius*, pp. 192, 105。

[13]《论语·学而第一》，第六章："子曰：'弟子入则孝，出则弟（悌），谨而信，泛爱众，而亲仁。行有余力，则以学文。'"

[14]《论语·述而第七》，第三章："子曰：'德之不修，学之不讲，闻义不能徙，不善不能改，是吾忧也。'"

[15]《论语·学而第一》，第十四章。

[16]《论语·学而第一》，第七章。

> 子曰:"由也,女闻六言六蔽矣乎?"对曰:"未也。""居,吾语女,好仁不好学,其蔽也愚;好知不好学,其蔽也荡;好信不好学,其蔽也贼;好直不好学,其蔽也绞;好勇不好学,其蔽也乱;好刚不好学,其蔽也狂。"[17]

学习显然是真知的途径,而真正的教育或知识就是追随有道德的人或师长学习,以使自己的进退举止充分地体现道德生活的基本要义。因此有系统的学习,使知识不至流于空泛,这是十分重要的途径:对上司尽忠,对父母尽孝,对朋友有信,并且追求行为正直的智慧:这些乃是教育应有的内容。显然,"学"的内容是以道德的社会行为作为它最基本的脉络和理想。

■ 文与质

当然,孔子也明白传统知识的传承往往流于形式化。他探讨这个问题,采取的角度是这种读书方式如何能够带来学习的乐趣,并且让个人与"文"合而为一,以便为社会提供良好的服务。我们必须一一检视这些前提:首先是孔子针对"礼"约束下的"文"所提出的重要忠告。[18] 要理解这里所谓的"文",最好的方法就是看看孔子对于"文"与"质"的讨论:[19]

> 子曰:"质胜文则野,文胜质则史。文质彬彬,然后君子。"[20]

因此,"学"如果没有奠基在人的自然本质之上,就不充分。把"文"诠释为文化传统虽然没错,但孔子对这个字的态度刻意留下让后代学者可以广泛思索的空间。

---

[17]《论语·阳货第十七》,第八章。
[18]《论语·雍也第六》,第二十五章。同样的句子在《颜渊第十二》的第十五章重复出现,又在《子罕第九》的第十章由颜回提出来说明孔子的教学方式。这点显然是孔子的学习观当中非常重要的一部分。
[19] 这项概念在《论语》乃至整个儒家传统中都极为重要,而 Peter K. Bol 无疑是对这个概念唤起注意的第一人。Waley 把"文"译为"ornamentation"(文饰)有部分正确,但他也在注释中提到这个"文"字还有"文化"之意。至于"质",另见《论语·卫灵公第十五》,第十七章:"君子义以为质,礼以行之。"
[20]《论语·雍也第六》,第十六章。另参见《颜渊第十二》,第八章:"棘子成曰:'君子质而已矣,何以为文?'子贡曰:'惜乎,夫子之说,君子也,驷不及舌。文犹质也,质犹文也。虎豹之鞟,犹犬羊之鞟。'"

他谴责过度注重传递"文化"的人。在这种人身上，博学只不过是古板僵化的知识，反倒有害人的本质。[21]

因此，博学可能落入"文"（过度文饰）的陷阱，[22] 所以需要礼的约束。与日常生活有关的学习更是如此。

于是，在透过理解及实践礼仪而达成仁的情况下，学习也就有了意义。

■ **学习的乐趣**

乐趣是孔子谈论学习的另一项重要主题。没有人能够漠视《论语》开头的第一句话："学而时习之，不亦说（悦）乎？"孔子对学习所带来的内在喜悦深具信心，从而把这项概念变成了中国教育思维中最重要的观念：

古之学者为己，今之学者为人。[23]

学习的动机乃至促成学习的所有动力，就是为了达成内在的喜悦。这种自我满足提供了一种心灵基础，使得中国人不断强调个人对道德完善与培养的追求。

孔子因为注重学习，把学习视为内在喜悦的来源与成就仁道的先决条件，于是把注意力集中在教育的细节上，尤其是教育的制度框架。他虽以采取个人化的教学方式为主，却也对形式化的制度深感兴趣，尤其是他的门徒所建构的制度（学校）。他公开赞许学生们在这方面的努力，[24] 高兴的情态，让他的学生们还感到意外。[25] 孔

---

[21] 另见子夏关于"文"的告诫："小人之过也必文。"（《论语·子张第十九》，第八章）
[22] 看看孔子如何探讨"素"与"绘"的关系："子曰：'绘事后素。'曰：'礼后乎？'"（《论语·八佾第三》，第八章）意思是说，白绢（素）是绘图的前提。此处的图画亦可引申为上述的礼，亦即后天取得的学习或知识。换言之，先天有了美好的资质，然后能取得后天的好文饰。曾国藩说："仲尼曰'行有余力，则以学文。''绘事后素，不其然哉？'"。
[23] 《论语·宪问第十四》，第二十五章。必须指出的是，这句话因为被荀子引为其教育哲学的核心信条，以致后来很少再有人引用。说来可惜，因为这项观念的精神其实化成了各种面貌而成为中国教育思想中最历久弥新的主题。
[24] 《论语·阳货第十七》，第四章："子之武城，闻弦歌之声，夫子莞尔而笑曰：'割鸡焉用牛刀！'子游对曰：'昔者，偃也闻诸夫子曰："君子学道则爱人，小人学道则易使也。"'子曰：'二三子，偃之言是也。前言戏之耳。'"
[25] 见子路戏谑孔子强调学习重要性的言谈：《论语·先进第十一》，第二十四章："子路使子羔为费宰。子曰：'贼夫人之子！'子路曰：'有民人焉，有社稷焉，何必读书，然后为学？'子曰：'是故恶夫佞者。'"

子自己虽然不曾致力于制度上的建构，但制度化教育仍是他的学习思想中的一部分。

■ 君子与圣人

孔子非常不拘泥于古人之说，但它基本上是尊古的，不但从中获得重要的启发，也为自己的批判取得了历史根据。不过，他也明白过去的时代已经一去不回。他知道过去的世袭社会结构不可能继续维系，于是对"君子"这类字眼赋予了新的意义。"君子"在过去虽然仅指贵族，但孔子为这个字眼赋予了道德意义，强调只要经过适当的教育，所有人都可以成为君子。他鼓吹普遍教育，并且认为所有人在学习成为君子的道路上，立足点都一律平等。他下定决心，任何人只要愿意支付酬劳向他学习，不论酬劳多么微薄，都能够获得他的指导；[26]而且他也愿意教导所有前来向他求学的人士，不论其社会地位高低。[27]孔子对道德之人（君子）及其教育的定义采用这样的诠释，在中国教育思想史上是一项非常重大的发展。

对于道德教育的议题，孔子并非采取纯粹实用性的观点。对他来说，追求道德完善有其本身的价值，最高的目标则是要成为圣人。圣人是一种比君子更高的成就，很少有人能够达成。然而，成为圣人是比单纯的君子更具有吸引力的目标。教育的最终目的就是要成为圣人。不过，不是每个人都具备成为君子的天赋潜质，更遑论是圣人："中人以上，可以语上也；中人以下，不可以语上也。"[28]孔子并不确定所有人都能够达成完善的教育："唯上知与下愚不移也。"[29]

因此，孔子虽然认为教育应对所有人开放，却不认为所有人都能够从中获得同样的效益，尤其是官职只该由真正的君子担任。他知道社会分层是必需的，也强调道德崇高者应该负起领导的责任。这种看待教育的方式，为后来所谓的"任贤主义"

---

[26]《论语·述而第七》，第七章："子曰：'自行束修以上，吾未尝无诲焉。'"
[27]《论语·卫灵公第十五》，第三十八章："有教无类。"孔子所谈的主要是学生的社会地位，不是道德天赋。他认为每人的道德天赋都各自不同。
[28]《论语·雍也第六》，第十九章。
[29]《论语·阳货第十七》，第三章。孔子认为有些人根本不需要教育。见《季氏第十六》，第九章。

奠定了基础。[30]当然，科举制度这项最重要也最长久的选官制度及社会流动机制，并非纯粹受到孔子的教诲所启发的结果。不过，孔子看待教育的态度，以及公平施教的做法，对于科举制度的兴起确实扮演了重要的角色。[31]

最后，我们也必须简单谈谈孔子看待女性教育的态度。没有证据显示孔子曾经思考过这个议题，但他也从来不曾特意把女性排除在他对人性与教育的探讨之外。我们必须记住这一点，因为歧视女性是其他社会力量造成的结果，就此认定孔子反对女性接受教育是错误的。

总而言之，我必须强调孔子认为学习是他的思想活动的核心要素，并且认为所有人都应该接受教育。教育有双重目的：一方面是为了成为君子，成为人世间的道德领袖；另一方面则是为了自己，终极目标在于成为圣人。制度化的教育非常重要，但他本身则是利用话语或对话阐述自己大部分的思想，而且这种做法对后代的教育家也产生了重要的影响。学习是教育的核心，但博学应受到礼的道德理想所约束，以免过于"文"。透过这样的努力，人才会成其为人，获得真正人性的完足发展。此外，在孔子眼中，教育的目的虽然本质上是道德的，却只有在现实世界的政治领域里才能真正实现。因此，任贤主义的理想是必需的，而且孔子也为这项理想奠定了思想基础。

3. 孟子与荀子

一般认为孟子与荀子是孔子最重要的两位追随者，共同塑造了儒家传统。

---

30 这里所说的"任贤主义"指的是政府以公平、公正的办法，选取有能力的人来当官，这样的观念与实践。"精英"这两个字在这里带有道德的意义，它也可翻译为"任用才能的制度或理念"。精英指的是这样子选拔出来的人，有别于世袭的贵族。在西方，完全废除贵族世袭制而选任社会上有能力的人来担任政府的公务员，是十八世纪以后的事，但是在中国，从孔子以来就有这样的想法，虽然不是历代都推行它就是。
31 我在这里刻意选用"公平"一词而非"平等"，原因是孔子虽然对向他求教的学生来者不拒，却知道不是所有人都能够从他的教导中获得同样的裨益。

■ 孟子

孟子的人性理论非常著名，尤其是丰富了儒家的教育传统。[32] 孟子所谓的"性善"究竟是什么意思，带来了各种互相对立的见解，此处无法深入检视，暂且采取这样的观点：传统上，学者向来认为孟子所谓的"性善"就是说"人性"普遍是"好"的；但同时也必须考虑的是，这种"好"一方面是种潜力（孟子称之为"端"），另一方面也是只有这种潜力可以达得到的终极目标。[33] 这种善性让人得以追求完美，也让人在众人互动的环境里能够活出道德的人生。充满各种关系的人类社会就是人类实践善性的环境。人必须学习在适当的时刻与地点，以适当的方式落实善性，才能达到至善的境界。人类也许具备一切应有的潜力，但社会提供了各种互相冲突的情境，导致各种不同的实现结果。唯有学习去作出确切的决定，个人才能达至道德的完善。

孟子提出的"义"是一个重要概念。这个概念在这里之所以富有意义，原因是它有助于人们区辨实现善性的适当情境：任何情境都可以是恰当的情境，但作出决定的能力可避免社会秩序遭到摧毁。[34] 如果面临两难的情景，则应采取"约"的原则。[35]

---

[32] 孟子所谓的"性"究竟是甚么意思，近来备受争论。见 Irene Bloom: "Mencian Arguments on Human Nature (jen-hsing)," *Philosophy East and West*, vol. 44, no. 1 (1994), pp. 19–53 以及 Bloom 所引用的文章；Angus C. Graham: "The Background of the Mencian Theory of Human Nature",《清华学报》，新第 6 卷第 1/2 期（1976），页 215–274；另收入他的 *Studies in Chinese Philosophy and Philosophical Literature* (Albany: State University of New York Press, 1990), pp. 7–66。孟子的性善论见于《孟子·告子上》，第一至六章。

[33] 我在这里采取安乐哲（Roger T. Ames）的论点，但他说每个人的"性"必然是"个人的"，而且"总是实现于特定的情境里"，这点我并不同意。见 Roger T. Ames: "The Mencian Conception of Ren Xing: Does It Mean 'Human Nature'?" in Henry Rosemont, Jr., ed.: *Chinese Texts and Philosophical Contexts: Essays Dedicated to Angus C. Graham* (La Salle, Ill.: Open Court, 1991), pp. 143–175。

[34] 孟子针对这项道德两难问题所提出的一段名言，就是"鱼与熊掌"的讨论（《孟子·告子上》，第十章）："鱼，我所欲也；熊掌，亦我所欲也。二者不可得兼，舍鱼而取熊掌者也。生，亦我所欲也；义，亦我所欲也。二者不可得兼，舍生而取义者也。生亦我所欲，所欲有甚于生者，故不为苟得也。死亦我所恶，所恶有甚于死者，故患有所不避也。"

[35] 见《孟子·离娄下》，第十五、二十三章。另见第八章，孟子认为无为是有为的基础，意思无非是要人不要因为有为而破坏了原有的善或人性。

因此，善之所以能够达至，原因是我们利用善性形塑出合乎义的人际关系，而义的本质正与仁相近。[36]

由于孟子坚信人的本性是善的，他一再强调所有人都有成为圣人的潜力。他探讨"圣"的概念远多于君子。[37]在他看来，教育的目的与个人成为社会政治领袖或道德领袖并没有什么直接的关系。他比较关注的是学习的道德目的，而不是受过教育的人必须成为他人的道德典范。因此，真正吸引他的是学习的内在乐趣，而不是外在的实用价值：

> 君子深造之以道，欲其自得之也。自得之，则居之安；居之安，则资之深；资之深，则取之左右逢其原，故君子欲其自得之也。[38]

孟子非常重视善性所自然产生的内在力量，并且相当专注于这股力量的培养。在他看来，求善的力量唯有在遭到疏忽的情况下才会消失。只要适切维系，这股力量就"沛然莫之能御"。

于是，如何培养或至少维系这种与生俱来的善性，就是孟子教育思想里的核心议题。然而，孟子却很少谈到教育如何能够协助个人维系与生俱来的善性。这点并不令人意外，因为他认为这种善性只需维系即可，而且方法非常简单，只要个人愿意遵循，就可以做得到（因此，无为胜于有为）。他的理论是，道德真理不但显而易见，而且极易达到，根本不需要经过教导，只要个人不背离正道即可。孟子一再强

---

[36] 在孟子眼中，知识的外在客观标准唯有放在人类意图当中才有意义。见《孟子·告子上》，第三章，孟子在此指出，用"白"（即"质"）描述事物的属性并无意义，重点是身为人的我和这件事物有甚么关系，以及我打算怎么处置这件事物。这就是他为什么反对告子区分仁与义的做法：告子关注的是如何为德行建立一套中立客观的标准，孟子则认为人类行为只有放在道德意图的脉络下来作判断，这才能认定该行为有没有意义："耆秦人之炙，无以异于耆吾炙。夫物则亦有然者也，然则耆炙亦有外与？"（《孟子·告子上》，第四章）孟子的意思是说，肉的美味并不重要，我们之所以嗜吃烤肉，原因是我们喜欢吃肉，除此之外，"美味"并没有意义。

[37] 相对于孔子，孟子经常谈及"士"，而"士"在英文里也经常译为"gentleman"。孟子认为"士"基本上是政府官员，但也常常采取广义的定义——君子。至于孟子对古代圣人——包括孔子在内——的评价，见《孟子·万章下》，第一章。

[38]《孟子·离娄下》，第十四章。

调，老师只能教人基本规则，不能教我们如何达到道德完善的最高目标。[39] 孟子不像孔子，并不认为自己是老师，甚至还反对教学,[40] 尽管他本身深知教学的乐趣，并且珍惜不已。[41] 此外，他也很少谈及学习的方法。

孟子对中国教育的影响主要在于他的论述方式，而不是他的教诲。最重要的有三点：第一，他对观念和中国过往历史采取了规范性的看法；第二，他非常关注统治者的德行与天下（人类）的关系；第三，他坚决游说当代统治者采取德治。这三者对于后续几千年的教育行为产生了深远的影响。

第一点反映了孔子有关"正名"的思想。孟子热切看待事物的定义。对他来说，一切定义都是规范性的，所以不道德的君主不算是"君",[42] 尧也没有把天下交给舜，因为根据定义，天子不能把天下交付别人。[43] 孟子经常驳斥历史人物的传说，但重点不在于匡正历史事实，而是说不是所有历史人物的品德都有条件能做出传说中的行为。从这样的思维当中，可以看出孟子非常强调道德成就与实际行为之间的终极统一。这种将历史人物概念化的做法，对于中国后代的教育实践具有重大意义。

与这种理解人格的规范性做法相关的，是孟子对古代历史的观点。孔子虽然崇古，却颇为实际，承认自己无从知晓过往的细节。孔子只说古代很好，尤其是周朝，而且周朝的制度可以重建或甚至复兴，但他从不曾描绘过古代的图像。换句话说，他很清楚古代的实际情形不等于他心目中的理想。不过，孟子却和他不同。在孟子眼中，历史就是道德教训的具体实例，而且他勇于利用历史，不太在意自己的说法是否前后一致或者是否合乎常识。他不惜窜改违背自身诠释观点的事实，并且经常采取先前提到的规范性论点。只要有需要编撰寓意鲜明的故事，他就任凭想象力自由发挥。对于孟子而言，古代世界，尤其是尧、舜时代，是个道德完善的光辉时代。

---

[39]《孟子·告子上》，第二十章；《尽心下》，第五章。
[40] 孔子说，一个人对于教导别人如果从不厌倦，即可获得别人无法剥夺的喜悦与满足，见《论语·述而第七》，第二章。孟子说孔子"学不厌而教不倦"，见《孟子·公孙丑上》，第二章。
[41]《孟子·离娄上》，第二十三章；《告子下》，第十六章；《尽心上》，第十九、三十九章。教学的喜悦显然是教学带来的结果，而非其本身的价值。
[42]《孟子·梁惠王下》，第八章。
[43]《孟子·万章上》，第五章。孟子拒绝接受历史传说的例子很多。

自此之后，中国人对古代都抱持这样的观点，而孟子则是最早以系统性的方式明确阐述了这种观点的人。就创造集体记忆而言，孟子无疑是一名伟大的实践者。而且，他为了抗拒其他当代人物的影响力而不得不采取的做法，也在往后两千年间一再为知识分子沿用。

最后一点，孔子是个四处奔走的哲学家暨教师，徒劳无功地寻求认同者。孟子则是一名孤独的战士，决心藉由改变统治者而改变世界。[44] 在孟子的时代，政府已成了社会变迁的源头。他明了当时的情势，也把握机会推广自己的理念。他虽然不是都一定能获得成功，但他为这种变迁赋予了正当性，也让自己的方法成为后代中国思想家常用的政治论述方式。如果说中国的知识人不断设法接近权力核心，希望从而可以由影响统治者来实践自己的治国理念，那么孟子不但是这种行为的起源，也为这种行为赋予了正当性。

简言之，孟子留下的遗产乃是他的人性论，而且他的影响也回荡在中国知识分子的辩论当中，尤其是在9世纪之后。由于孟子深信人性本善，他比较关注如何维系及培养这种善性，而不太注重教育制度本身。尽管如此，透过他的论点以及对过往历史的规范性建构，还有他就自己用来倡导道德教诲的政治力量所提出的分析，孟子仍然对往后好几百年的中国教育留下了无可磨灭的印记。就某方面而言，汉代的察举和隋代以后的科举制度如果算是儒家精英理想的体现，那么在这些制度当中取得成功的人士，就从孟子身上学到了这一点：参与这些选拔制度的目的不在于个人利益，而是为了促成政治变革。

■ 荀子

孟子在中国教育及思想史上的地位，并不是向来都如同现在这么崇高。他当今得以享有如此权威性的地位，是宋代以后的道学思想家的功劳。对于汉代期间以及汉代之后的教育观，荀子是孔子门徒中贡献最大的一位。他的身影最早出现在稷下

---

44 孟子对战士与战斗精神深为着迷，"勇"字在《孟子》书中出现了15次之多。

学宫的记载里,他在那里实验他的教育理论。要讨论儒家教育思想,绝不能不分析荀子的著作。

荀子特意谈论教育,也大力提倡良善世界(社会)的重要性。在他的著作里,第一章的标题就是"劝学"。这篇章也许是人类历史上出现这种文章的首例,后来在中国历史上一再得到呼应,也产生了许多中国人耳熟能详的格言警句。[45]

荀子以"性恶论"著称,他也花了很长的篇幅阐述这个立场。[46] 简单说,人性的"恶"是因为缺乏控制欲望的能力。这项理论的重要性在于为教育的意义提供了思想基础:教育能够把人性的"恶"转变为善。荀子的中心思维,就是以礼引导人远离人性中原本的恶及其从事恶行的自然倾向。在他看来,礼和社会行为的各样规范都是人类制定的,所以称为"伪"。圣人之所以制定礼仪制度,是因为这样的制度有其效用,一如工匠发明工具。[47] 工具一旦以正确的方式应用在材料上,材料即会产生变化("化");所以,人也因礼与道德教育而改变。

相较于孟子,荀子讨论如何选拔品德适格的人士担任官员,态度上比较直接。他在《儒效篇》与《君子篇》里的探讨,显示他比较关注阶层制度与社会分工如何能够造就良好的社会。因此,在他眼中,一个能让品德适格的人士各安其位的官僚制度是非常重要的。即便他的思想还是局限于儒家道德的框架之内,但法律手段与结构的需求在他的思想里也并不遥远。他经常以"法度"的概念补充"礼义"的不足。[48]

---

[45] 如"青出于蓝而胜于蓝"、"不积跬步,无以至千里;不积小流,无以成江河"、"锲而舍之,朽木不折;锲而不舍,金石可镂"等。

[46] John Knoblock 提醒读者切勿以为荀子的"恶"带有英文的"evil"那种邪恶阴毒的含意。见 John Knoblock: *Xunzi: A Translation and Study of the Complete Works* (Stanford: Stanford University Press, 1988—1994), vol. 3, p. 153;请并参看《荀子·劝学》及下一注释。又,有关西方研究荀子的情形,可以参看王陵康:《英语世界的荀子研究》,《台湾政治大学哲学学报》,第 11 期(2003),页 1–38。

[47] 梁启雄:《荀子柬释》,23(《性恶》):332:"凡礼义者,是生于圣人之伪,非故生于人之性也。故陶人埏埴而为器,然则器生于陶人之伪,非故生于人之性也。故工人斲木而成器,然则器生于工人之伪,非故生于人之性也。圣人积思虑,习伪故,以生礼义而起法度,然则礼义法度者,是生于圣人之伪,非故生于人之性也。"

[48] 梁启雄:《荀子柬释》,23:332、333。另见 Knoblock: *Xunzi*, vol. 3, pp. 154–155。

基于这种实际的考虑，他发展出了"礼"是一种具体措施的概念，[49]而他对"经"的看法也由此而来。[50]他首度以条理分明的方式定义了教育的基本内容应包含哪些"经"。在他眼中，"经"是最值得学习的著作："百王之道，同于一圣"。[51]他选为"经"的五部著作分别是《书》、《诗》、《礼》、《乐》、《春秋》。[52]荀子对《书》、《诗》、《春秋》三经的传播与教学扮演了关键性的角色，他对礼的看法后来也成了汉初成书的《大戴礼记》与《小戴礼记》这两部著作的核心。此外，他虽然没有把《易》纳入"经"的行列，却藉由实际教导这部著作，而协助其取得经典地位。[53]经学传统的兴起，几乎可确定应归功于荀子。[54]

长远来看，荀子对孟子的批判令自己付出了代价。不过，在战国时代晚期与秦、汉期间，他的影响力却极为广泛。他的法家倾向启发了两个门徒，一个是韩非子（前280—前233），他是中国史上思想最细密的法家思想家；另一个则是声名狼藉但同样重要的李斯（死于公元前208年）。这两人都不再认为遵循儒家的教育理念有其重要性，但两人的影响都非常重大。荀子是他们两人的老师，也是他们的启发者。

以"礼"作为治理的手段，以及主导汉代法律及社会思维的"礼制"，都可以追溯到荀子身上。就道德观及其落实于理性行为规范当中的情形而言，荀子思想中的辩证本质创造了一个行为礼仪化的世界。汉代认为普世的社会秩序和一个家庭的秩序是彼此一致的，而且礼仪关系可以扩大应用在秩序井然的社会上，从而认为所有人际关系都可以像举行大型典礼那样经营或管理。"礼"变成了礼仪，礼仪一旦形式化而成为制式的社会行为，就会变成所有人遵循的规则。不过，不是所有人都能够随时遵循规则，所以必须由教育提醒他们礼仪的道德目的。因此，教育的理想不只

---

49 荀子虽然经常把"礼"、"义"并陈，实际上对于"义"的概念却没有提出重大的阐释。
50 关于"经"这项概念的详细探讨，请参见徐复观：《中国经学史的基础》（台北：台湾学生书局，1982），页1–67。另见 Knoblock: *Xunzi*, vol. 3, pp. 154–155。
51 梁启雄：《荀子柬释》，8（《儒效》）：86；Knoblock: *Xunzi*, vol. 2, p. 76。
52 荀子在《劝学》篇里提到"五经"，见 Knoblock: *Xunzi*, vol. 1, pp. 139–140。《儒效》篇里则没有提到《春秋》。
53 关于荀子的经学，详见司马迁在《史记》里所写的传记。另见皮锡瑞着，周予同注释：《经学历史》（北京，中华书局，1959），页55–57。又参见 Knoblock: *Xunzi*, vol. 1, pp. 36–49。
54 注经的证据最早见于《左传》。庄子指称孔子是挑选若干著作并称之为"经"的第一人。

是把详细的礼仪当做规则教给学生，也要教导学生了解这些规则的内在意义。

荀子以分析见长，他一方面试图把礼定义为圣人形塑良好社会与道德行为的体现，另一方面又藉由一丝不苟的实践以唤起参与者（所有社会成员）的敬仰之心，在汉代产生了极大的影响。[55]此外，汉代人之所以深信经学是最核心的学问（汉代不论官学或私学，课程都以经学为主），主要也是由于荀子的影响。

4. 孝道与家法

在结束先秦儒家教育理想的探讨之前，最后还要再谈两点。第一点是对孝道的重视。至少自从战国时代以来，《孝经》就被广泛研读及引用。这部著作虽然作者不明，也有版本差异（今文经与古文经）及不同诠释的问题，其核心观念在历史上却大体上没有改变，也是中国历史上最广为研读与背诵的著作。[56]孝道大致上即是根据这部著作的观念而定义的。

第二点是"教师的（个人）学说"，即"家法"，[57]这是不同思想学派为了争取认同而发展出的概念。最早试图界定个人学问特色的人物大概是孔子，他公开讨论了自己的门徒的学问倾向。到了战国时代，师徒之间的关系变成由门徒能否延续老师的教诲精神或传统来定义。"家"（学派）的观念从此出现，而且每个主要思想学派——如孔子、墨子（约前468—前386）、荀子等人的学派——都各自有其分支学派。韩非子提到孔子的《论语》有八个"学派"就是个鲜明的例子。[58]

---

[55] 关于这点的初步探讨，请参见 Patricia B. Ebrey: *Confucianism and Family Rituals in Imperial China* (Princeton: Princeton University Press, 1991), pp. 26–33。

[56] 关于《孝经》的文本历史，见蔡汝堃：《孝经通考》（台北：台湾商务印书馆，1967，重印1936年本）；陈铁凡：《孝经学源流》(台北：台湾编译馆，1986）；张严：《孝经通史》(台北：台湾商务印书馆，1970）。至于近代的日文研究著作，见渡边信一郎：《中国古代国家の思想構造：専制国家とイデオロギー》（东京：校仓书房，1994），页170–248。

[57] 研究汉代思想史的学者通常把"师法"（学派的学问规范）与"家法"（老师的学问规范）区分开来，但我不认为这区别有甚么深远的意义。关于这种区分方式，见皮锡瑞著，周予同注释：《经学历史》，页136。另见钱穆：《两汉博士家法考》，载氏著：《两汉经学今古文平议》（香港：新亚研究所，1958），页165–233。

[58]《韩非子·显学》，见陈奇猷校注：《韩非子集释》（北京：中华书局，1958），19（50）：1080。

师徒关系在汉代以后成为经学的决定性特征。学问可以定义为管理家庭的一种方式，家中的每个成员都与家长有着独特的关系。这种传统可追溯到儒家对学问正统及个人关系的重视。也许可以说老师应该了解学习和个人性格的关系，以及性格如何影响个人与老师的关系。因此，家法是一种非常私人化的学习方式，而且学问也以师徒之间的个人关系定义。当然，这种做法不免导致思想发展的视野愈来愈狭隘。

5. 其他古代的教育思想

儒学虽然早在汉代就已获得正统地位与政府的认可，[59]官学及私学教育的发展却还是不断吸收儒家以外的影响。汉代的教育发展有两项特色：一是经学的重要性无与伦比，二是在日常生活中要全力遵循礼仪的要求。从宋代的观点来看，这样的教育显然颇为古怪。这两个朝代的教育都深受儒学影响，但在完全不同的社会与思想环境之下，不论是诠释观点还是教育重点自然都各不相同。此外，这两个朝代的教育也都受到非儒家思想的启发。以下，我将先探讨先秦时代若干不属于儒家传统的教育思想（"任贤主义"）。

▪ 学问的内在价值

学问的内在价值虽然深受儒家思想家的珍视，在墨子的功利思想中却完全没有地位。不过，这种观念在中国历史上一直具有强大的说服力。这种观念的重要性能够成长到这种程度，一定是有某种意识形态给学习的内在价值赋予了正当性。值得注意的是，这就是道家采取的立场。孔子与孟子总是担心自己能否成为有用的人，也为了争取别人认同自己的信念而焦虑不已，老子与庄子却认为这种做法反倒会造成反效果，只会导致进一步的复杂化以及社会的衰颓。他们认为孔子的努力并不成

---

[59] Sarah Queen: *From Chronicle to Canon: The Hermeneutics of the Spring and Autumn, According to Tung Chung-shu* (Cambridge: Cambridge University Press, 1966).

功，原因是他对于该如何响应人们遭受排拒时的逆境没有提出令人满意的答案。孔子与孟子拒绝面对遭受排拒的现实，在道家眼中并不是解决问题的方法。政治的现实是，官职的空缺总是不足以容纳所有的知识人或贤人。在这个不平等乃至不公义的世界里，道德上的正直根本不可能维系，因此也就不禁让人怀疑学习究竟是否有用或者有意义。孔子对这个问题稍微思考过，但没有提出完备的答案。孟子说服当代统治者的努力虽然一再失败，却似乎没有因此气馁。他们两人都谈到学习的内在乐趣，但主要是事后添加上去的想法而已。老子则和他们不同，他质疑知识的基本价值，并且认为学习不该以其对社会及政治的用处作为衡量准则。在他看来，只有扬弃了知识的功利性或甚至道德目的之后，才有可能获得真正的知识。学习之所以有价值，纯粹是因为学习能够提供一种和外在实用性完全无关的内在乐趣。

■ 老子与庄子

此外，学习应该轻松愉快，而且这种说法一点都不矛盾：一旦能够轻松愉快，距离享受乐趣就不远了。庄子在这方面谈了很多。

庄子对知识采取玩世不恭的态度。他完全不认同知识具有实用价值，对于想要利用知识创造道德社会的人更是鄙夷不已。他追求的是更高层次的知识，并且认为一般的学习方式无助于获得这种知识。实际上，他认为知识的获取跟学习丝毫无关——所以他才会采取那种玩世不恭的态度。

不过，庄子深深着迷于真正知识的神秘性质。在他最广为引用的一则寓言里，他把真正的知识比拟为高明的屠夫宰杀牛只的方式：技巧高超，轻松愉快。只要熟练，就毋须费力，所以他认为真正的知识必须成为个人的人生与经验当中不可或缺的一部分。唯有把自己和学习的对象合而为一，才能算是真正精通了这项学问。[60] 这种知识与对象的合一并不容易达至，但只要一旦成功，知识即会显得轻松愉快，而且因为如此而让人乐在其中。对庄子而言，达到精熟程度的程序或步骤完全不重

---

[60] 引文见本书第一章注 5。只要是探讨教育史的中文著作，几乎都会提到这则著名的寓言，并且藉此阐释庄子对于终极知识的观念。举例而言，请参见胡美琦：《中国教育史》，页 111–113。

要，唯有达至合而为一的奥秘境界才值得重视。

老子与庄子看待知识与学习的态度是互相矛盾的。然而，传统儒家学者却不曾主动把道家强调的"轻松愉快"和儒家以乐趣为学习目标的主张链接起来，宁可声称儒家传统中已有足够的材料足以支持学习是种自我享受的论点。这么说虽然没错，但我们也必须记住，许多中国知识人追求完美知识，以及列文森（Joseph Levenson）所谓的"业余理想"，其实都是从道家传统获得的启发与鼓励。[61] 因此，早自战国时代以来，中国人就已发现知识的价值不仅限于从事官职与促进道德完善的用途，而是有其本身的内在价值。知识的奥妙一旦以各种形式（如艺术、音乐等）吸引了知识人，便足以让人深深着迷。中国教育史的这个面向必须归功于道家的贡献。"进则为儒，退则释道"这句俗语，明确反映出道家教育对中国学者与知识人的吸引力和贡献。

■ 尚贤

"尚贤"是春秋末年已经浮现的重要观念。[62] 墨子可以算是这种观念的最佳代表，但这种观念的真正成形，乃是因为战国时代各国寻求人才以壮大国力的结果。这种国力的壮大不只限于军事或财政方面。由于当时认为政府的良窳和国家的强大与否并非仅由表面的财富与武力决定，因此各式各样的思想家也就很容易找到愿意接受他们观念的人。

尚贤的理想深深影响了战国时代许多统治者的观念，也在帝制兴起的过程中成为这种政治意识形态里不可或缺的一部分：只有贤能者才能在政府中占有一席之地。墨子对"贤"的功利式定义，后来败给了儒家的道德式定义，但认为贤能者应有平等的机会争取政治及社会的地位与尊重，却就此成为中国政治哲学里的一项基本观念。

---

[61] Joseph R. Levenson: *Confucian China and Its Modern Fate, A Trilogy* (Berkeley: University of California Press, 1968), vol. 1, pp. 15–43。此书有中译，题为《儒教中国及其现代命运》。
[62] 黄俊杰：《春秋战国时代尚贤政治的理论与实际》（台北：问学出版社，1977）。

■ 师徒关系

最后一项启发来源是师徒制度，这种制度始自墨子的准军事化组织。先前稍微提过家法的概念，并且把这种概念归因为儒家的影响。不过，墨子则是把自己的师徒关系奠基在军事纪律和组织或是工匠授徒的方式上。[63] 这套制度称为"巨子"，特别重视效忠。现代学者梁启超（1873—1929）指出，"巨子"制度类似罗马天主教的教宗制度，利用自己的组织规范（类似于教会法）以保证成员的服从与知识的传递。

墨子死后不久，巨子制度也就跟着消失了。不过，这套制度却明确反映在战国时代普遍可见的师徒关系里。[64] 当时，跟随老师的时间长度有严格的规定，[65] 而且师徒关系终生不变——这样的发展就是家法与巨子结合而成的后果。

---

[63] 墨子总是不断学习新的防卫科技与军事策略，以便利用自己在这方面的优越知识，说服统治者避免动武（非战）。难怪他也利用军事方法训练及组织自己的门徒。此外，墨子认识著名工匠公输盘，这名工匠自从西汉以来一般称为"鲁班"。据说鲁班发明了许多器具，被奉为木匠的鼻祖。自古以来，木工业就以严格的训练著称。关于鲁班，详见诸桥辙次：《大漢和辞典》（东京：大修馆，1957）内的许多引文，而现代各样数据库的全文检索，可以找到更多的数据。

[64] 例子请见傅筑夫：《中国工商业者的及其特点》，载氏著：《中国经济史论丛》（北京：生活·读书·新知三联书店，1980），页387–491，尤其是页391–393。梁启超比较墨家与西方宗教，见梁启超：《先秦政治思想史·本论》，收录在《梁启超全集》（北京：北京出版社，1999），第12册，页3688。

[65] 郑玄拜在马融门下，整整三年才终于进入核心（入室），得以接受马融亲自授课。像这样的记载非常多，可见当时的规范要求个人必须在老师门下待多少时间才算是正式的门徒。除此之外，门徒也必须学习达一段时间才能毕业。同样的传统也存在于工匠的行业里。工匠的训练采取类似的做法，几乎是以儒家的礼仪为样板，包括必须祭祀该行业的守护神，由同业公会订定学习进展与见习时间，并且必须绝对保守行业秘密。有关宋代之后纺织业的同业公会组织，见陈慈玉：《多能巧思——手工业的发展》，载刘石吉编：《民生的开拓》，收于刘岱编：《中国文化新论》（台北：联经出版，1982），页185–235。另见胡如雷：《中国封建社会制度形态研究》（北京：生活·读书·新知三联书店，1979），页265–273，其中谈及同业公会在中国（明代以后）的实际发展及其对见习时间的规范。

第二节　汉代礼治与儒家独尊地位的兴起

在中国思想史上，汉朝以实行独尊儒术的政策最为著名。这是一项重大发展，也需要仔细的理解。这一节的目的，就是要探讨汉代教育思想的显著特征、这套思想对中国教育史的发展有什么影响，以及影响有多大。

1. 董仲舒与汉代的合一思想

人与自然的关联，是汉代道德观的核心概念。董仲舒（约前179—前104）正是这方面的首要理论家。[66] 这种天人关联的思想早已被广泛研究，[67] 此处毋庸赘述。重要的是，我们必须了解这种思想是不同思想糅合而成（syncretism）的鲜明案例，系由先秦与先汉的各种思想汇集而成。对于董仲舒及其他许多汉代思想家而言，宇宙中的所有事物都和宇宙本身的建构方式相互呼应，所以自然现象与人为现象也会互

---

[66] 近来有一部研究董仲舒思想的著作，见 Sarah Queen: *From Chronicle to Canon*；另见 Michael Loewe: *Divination, Mythology and Monarchy in Han China* (Cambridge: Cambridge University Press, 1994), pp. 121–141。

[67] 有关这项思想的简要介绍，见 John B. Henderson: *The Development and Decline of Chinese Cosmology* (New York: Columbia University Press, 1984), pp. 1–58。

相影响。这种观念在战国晚期就已存在，可见于阴阳五行的学说里。到了公元前2世纪，吕不韦（死于公元前235年）发展出一套宇宙论，认为人类行事应该顺应自然秩序的循环，才能达到所欲的结果。[68] 吕不韦同时代的学者也都抱持同样的观念，包括《月令》这部著作的佚名作者，[69] 还有后来的刘安（约前180—前122）。[70]

与天人关联相关的是"感应"的观念。汉初思想家认为相互联系的事物会透过感应的方式彼此互动。彼此一致的现象自然会互相感应，但汉代思想家虽然不一定能够在事物之间找出令人满意的联系，却似乎认为一切事物都能够和其他事物互动或感应。值得注意的是，这种观念与李约瑟所谓的"有机观"（organicism）颇有关联，并且可能对现代科学思想带来重要意义。[71]

天人关联与天人感应的观念都是多种思想造成的结果，而且本质上就是融合的产物。不过，董仲舒则又把融合观进一步推向高峰。他借用儒家的德治观念，相当聪明地运用融合观探讨如何造就高效率的统治方法。在他的制度里，政治行为与自然现象相互感应，所以用心遵循自然秩序是良好治理的前提。

董仲舒最重要的成就，即是让自己这种融合式的儒家思想成为官方认可的正统思想。自此之后，政治性的天人关联论与感应论就支配了汉代的主流思想，连经学也不免受到董仲舒创造的意识形态影响。

在董仲舒对中国教育造成的影响当中，又以"三纲"的观点最为重要。三纲是君臣、父子、夫妻之间的关系。"纲"的字面意义是编网的主要绳索，在此则引申为人际关系的基础。董仲舒说："君为臣纲，父为子纲，夫为妻纲。"[72] 董仲舒对君臣

---

68 参见陈奇猷校释：《吕氏春秋校释》（北京：学林出版社，1984）。
69 这部著作已纳入《礼记》。见 Joseph Needham: *Science and Civilisation in China*, vol. 6, pt. 2 (Cambridge: Cambridge University Press, 1984), pp. 52–53。近期有一本探讨这部著作的日文书籍，见栗原圭介：《"礼"構造に見る月令の思考形態——中国古代後期における思想形成の一環として》，《集刊東洋学》，第 57 号（1987），页 1–18。
70 关于刘安的《淮南子》，见 Roger T. Ames: *The Art of Rulership*, pp. 2–4 各处。
71 Joseph Needham: *Science and Civilisation in China*, vol. 2, pp. 279–303 各处。
72 Tjan Tjoe Som: *Po Hu T'ung, The Comprehensive Discussions in the White Tiger Hall* (Leiden: E. J. Brill, 1952), pp. 559–560；另见 Wm. Theodore de Bary and Irene Bloom, eds.: *Sources of Chinese Tradition*, vol. 1 (New York: Columbia University Press, 1999), p. 344。

关系的重视甚于另外两种关系，明确显示了他的伦理社会思维以国家为优先。在他眼中，三纲是和谐社会最重要的基础，因为这三种关系乃是以宇宙间最基本的三股力量为样板，即天、地、人。这种意识形态以深信三纲的根本重要性为基础，在中国历史上回荡不已。三纲的观念在公元 79 年的白虎观宫廷辩论里首次确立。到了宋代，三纲又进一步结合了"五常"的观念，即仁、义、礼、智、信，从此成为中国最广为接受而且一再出现的伦理观。[73] 自此以后，五常的美德就成了三纲的基础。[74]

五常的概念其实在公元 79 年的白虎观辩论中就曾经探讨过，即《孟子》与《中庸》(《礼记》的其中一个章节）当中阐述的"五种恒常关系"。这五种关系包括君臣、父子、夫妻、兄弟（姐妹自然也涵盖在内）、朋友。不论这五常是关系还是美德，有德之人都必须以适切的方式予以实践，正如实践三纲一样。因此，以道德理念来适当地经营人际关系乃是汉代和谐世界观的核心要素。

2. 经学、政治与教育

就在汉武帝成立太学并设置五经博士之际，官方认可的教育课程也同时确立了。五经分别为《诗》（包括鲁诗、齐诗、韩诗三个版本）、《书》、《易》、《礼》(《仪礼》)、《春秋》(公羊注本)。[75] 汉代看待经学的态度有几项鲜明特征：在经书里寻求政治信息、正统的观念，以及与此相关的师法及家法概念，还有古文经与今文经的思想争论。[76]

经学的政治意义始于博士制度的建立。由于只任命经学家担任博士，学者之间于是掀起一股风潮，所有人都争相从找寻政治信息的观点研读经书。这种君主与读书人的相互影响，就此开启了中国知识人参与政治的传统。这种参与，是利用经书

---

[73] Kwang-ching Liu: "Socioethics as Orthodoxy: A Perspective," in his ed.: *Orthodoxy in Late Imperial China*, pp. 60–62.
[74] 佛教的"五戒"："不杀，仁也；不偷盗，智也；不邪淫，义也；不饮酒，礼也；不妄语，信也。"显然也是受到儒家的影响。参见下注 428，以及本书第六章第一节第六段的简短讨论。
[75] 关于西汉经学传统的研究著作，见汤志钧等：《西汉经学与政治》(上海：上海古籍出版社，1994）。如欲简单了解此处提到的经书，请参见 Michael Loewe（鲁惟一），ed.: *Early Chinese Texts: A Bibliographical Guide* (Berkeley: The Society of Early China and the Institute of East Asian Studies, University of California, 1993).
[76] 关于师法与家法的区别，见前注 57。另见罗义俊：《论汉代博士家法——兼论两汉经学运动》，《史林》，1990 年第 3 期，页 6–12。

响应统治者要求他们参与政治论述与决策的呼吁。中国古代的主要思想家虽然几乎全都致力于影响政治领袖,却是汉代的统治者才首度理解到良好的政治有赖于知识人的支持。到了1世纪,尤其是在王莽准备篡汉期间(9—23在位),许多经学家都参与了伪造神谕或观察自然现象以推断结果的行为,而且这些行为皆奠基于天人关联或天人感应的思想上。这种活动的普及,以及由此产生的著作,成了当时讨论及出版的主流,可以称为"谶纬神学",与汉代的天人关联思想及儒家学者喜欢利用这种思想传播政治信息的倾向直接相关。[77] 到了东汉,政治现实迫使许多学者——尤其是经学家——开始思考是否应与政治保持一定的距离,以便自己在追寻真理的过程中能够保有道德良知与学术良心。

汉武帝决定把"五经"提高至经典的地位,催生了"正统"的观念。"经"这个字最早出现于铜器铭文,意指织布机上纵向的线,后来在战国时代演变为"书籍"的意义,作者都经常把自己的著作称为"经"。[78] 五经的地位确立之后,儒家思想在中国思想传统中的优越地位就此巩固。此外,学者也从此认为所有思想活动都有纯洁与真理程度上的分别。致力追求与至高学术正统的和谐,就是通往真理的道路,而真理则存在于官方认可的经典当中。

武帝接受公孙弘(前200—前121)的建议,规定只有官方经典(即获得官方认可的经典版本)的经学家所带出来的真正门徒,才能获得任命为博士。汉代人把这种做法视为"师法"(官方认可的教条标准)。这项决定对中国的学术传统影响深远,也把家法概念提升到前所未有的高峰。严谨遵奉老师的教诲成了当官的条件,协助学生踏上仕途的官学也把教学范围限缩在与博士思想一致的观念当中。这种现象不是汉代独有,但官方明确规定思想发展的形态与界限取决于师法,则是汉代才有的情形。大多数汉代思想家的学术师承都明确可见。此外,由于汉代思想家几乎没有

---

[77] "谶"用现代的话说,就是神谕,"纬"是一套著作的集合名称,谶纬著作皆是对经书的扩充、讨论或阐释,但是常常用天人感应的理论来阐扬他们对经书的了解。"纬"的字面意思系指织布机上横向的线,因此代表了对经学知识的贯串及补充。汉代现存的纬书已有一套精心编纂的全集,见中村璋八、安居香山:《重修纬书集成》,六卷。(东京:明德出版社,1971—1981)。另见安居香山:《緯書の成立とその展開》(东京:国书刊行会,1979),尤其是页301–339。

[78] 汤志钧等:《西汉经学与政治》,页61–64。另见朱维铮编:《周予同经学史论著选集》(上海:上海古籍出版社,1983),页206–211。

人没受过正式的儒家教育（除了道家思想家以外，例如据称是2世纪撰《太平经》的于吉），[79]因此汉代的师徒关系特别紧密，并且深深影响了往后数百年，直到唐代的科举制度开始改变思想论述的形式才告终止。[80]与师徒关系有关的礼仪，在汉代尤其夸张造作，由此也可见汉代为何是个礼仪社会。

尽管如此，汉代的经学却因为发现新版本的经书而产生重大变化。这些新发现的经书大多都是以汉代以前的文字写成[81]。由于"古文经"的出现，有些本身也是高明政治人物的学者，也就因此有机会扩大政府认可经典的范围（见本书182页表4）。古文经的首要倡导者是刘向（前79—前6）和他的儿子刘歆（约前51—23）。刘氏父子无疑怀有政治野心，也积极参与了王莽篡汉的行动。

尽管刘氏父子参与了王莽篡汉的行动，他们对经学的贡献仍然不容忽视。古文经的提倡与精心研究使得中国的经学传统更为丰富，也更为灵活，但也不免因此变得比较复杂。

于是可以看出，汉代教育主要是经学的文化翻版。政府里的博士教导身家良好的优秀青年，其他经学家则教导一般人。由于事关重大，经学不但是最重要的教育活动，也成了最重要的社会活动。[82]新的注疏虽然持续出现，却是根据自己的老师或学派的学术目标或论点而精心发展出来的结果。不论在公开还是私人论述里，这种自我设限的做法终于因其钳制性的影响而引起强烈反弹。

另一项重要发展，则是古文经在思想界里取得支配地位的现象。当时许多杰出

---

[79] 尽管如此，《太平经》也纳入了汉代的天人关感应思想，而且除了宣扬其他道家观念之外，也提倡"天人合一"。见王明：《太平经合校》（北京：中华书局，1970），《前言》及页1–18；及其《道家和道教思想研究》（北京：中国社会出版社，1984），页183–200；还有任继愈主编：《中国道教史》，页19–25。另见Ofuchi Ninji（大渊忍尔）："The Formation of the Taoist Canon," in Holmes Welch and Anna Seidel, eds.: *Facets of Taoism*(New Haven: Yale University Press, 1979), pp. 253–67。
[80] 不久之后，这种师徒关系又在道学中复兴，并且形成"学案"（追踪学派演变）与"学统"（学术传承的统系）的观念。关于探究"思想史"的学案方法，见阮芝生：《学案体裁源流初探》，载杜维运、黄进兴编：《中国史学史论文选集（一）》（台北：华世出版社，1976），页574–596。
[81] 太学课程正式采用的五经系由汉代的文字写成，称为"今文经"。到了二十世纪，仍然有些学者拒绝相信古文经是真正的古代著作，遑论由孔子亲自写成。《经学历史》的作者皮锡瑞（1850—1908）就是个例子。关于今文经与古文经的差异及其各自的传统，见周予同：《经今古文学》，收录于朱维铮编：《周予同经学史论著选集》，页1–39。
[82] 参见本书第二章第一节第五段。关于私人经学家及其学校的主要来源，见余书麟：《两汉私学研究》。

的学者都把心力花费在辩论古文经的可信度以及内容的正确性上面。郑玄（127—200）的注释兼采用古文经与今文经，总算逐渐终结古文与今文的争论。整体而言，古文经学者在这场争论中胜出。但今文经学在东汉仍然是最重要的思想启发来源，也是最高教育机构的课程内容。

《论语》和《孝经》也广为研读，通常是个人识字后阅读的第一本书。这两部著作后来虽然同样取得经典地位，[83]《孝经》在汉代期间的影响力却远大于《论语》，这点可由孝礼的普及看得出来。[84] 汉朝历代皇帝谥号的第一个字都是"孝"。

表 4：汉代今文经与古文经[85]

经典名称		今文经	古文经
《诗》		《鲁诗》*、《齐诗》*、《韩诗》*	《毛诗》
《书》		欧阳本 *、大夏侯本 *、小夏侯本 *	古文本或孔安国本⟨1⟩
三礼	《仪礼》	十七卷本、大戴本 *、小戴本 *⟨3⟩、庆普本	三十九卷古文外加十七卷今文本，亦有五十六或五十七卷之说⟨2⟩

---

[83] 如同先前提过"经"的定义（见注 50），由于不是所有学者都同意这个字只能由国家用来指称受到官方认可的儒家著作，因此很难确定某一部儒家著作是在什么时候取得经典地位。不过，一般认为当今所谓的"十三经"是到了宋代才确立的。十三经分别为：《易》、《书》、《诗》、《周礼》、《仪礼》、《礼记》、《左传》、《公羊传》、《榖梁传》、《论语》、《孝经》、《尔雅》、《孟子》。

[84] 渡边信一郎：《中国古代国家の思想構造》，页 233–258。

[85] 根据朱维铮编：《周予同经学史论著选集》，页 2–3、206–270；汤志钧等：《西汉经学与政治》，页 289–306。

⟨1⟩ 古文本另有十六卷，现已认为是伪作，但请参见下一节。

⟨2⟩ 古文和今文都有十七卷，其他三十九卷（又说五十六或五十七卷）古文本已经佚失。

⟨3⟩ 大、小戴版本差别只在于章节顺序及文字细节。

⟨4⟩ 大、小戴版本和据说由刘向发现或找回的八十四卷本不同。

⟨5⟩ 郑玄在他的注释里用了上面两种版本，但有些人认为他只对小戴本做了疏义，而且大戴本绝大部分的内容都已佚失。

⟨6⟩ 古文本与今文本的内容几乎无所差异。汉代流行的高本已于三世纪散佚。

续表

经典名称		今文经	古文经
三礼	《礼记》	汉初为一百三十一卷,《大戴礼记》八十五卷,《小戴礼记》四十六卷[5],马融为《小戴礼记》添了三卷。	刘向接受今文本,但将其分为一百三十卷,接着又声称自己发现了另外八十四卷古文本。[4]
	《周礼》		仅有古文本,由刘歆找回或发现。
《易》		施本*、孟本*、梁丘本*、京本*[6]	费本
《春秋》[7]		公羊传（严彭祖本*、颜安乐本*）[8]、穀梁传*（瑕丘江松元）[9]、左传[10]	纯古文经

（标示 * 号者是太学正式采用的博士课程。）

3. 礼仪与仪式主义

在此暂且提出两项粗略的定义："礼仪"和"仪式"。前者是为了特定目的而采用或设计的行为，作为一个抽象性想法在行为上的象征，以达成一定的社会或道德性的目的；"仪式"则是个人在不知不觉或不假思索下做出的"礼仪"行为，这种行为具有社会已经共同认定的含意，并可达成众人认为这种行为所应达成的目的。因此，仪式是一种已经内化了的信念所规范的行为，并且根据既定的社会惯例实施。它的呈现，固然表现了一定的社会意义，但施行的人可能已经不清楚它的动作的意

---

[7]《春秋》也有另两个版本，邹氏传和夹氏传，但都早已佚失。
[8]《左传》有时候被认为是《公羊传》的古文版。
[9]《穀梁传》究竟是否应算是古文经，仍有许多争议。
[10] 这部著作曾经短暂设立为博士科目。现代学者同意这部著作不是《春秋》的注本，而是古文经。

义了。由礼仪和仪式的区别，可了解作为汉代教育特征的仪式性活动，也可了解象征行为——特别是那种一再反复的程序化的动作或举止——如何支配了后代的中国教育。

汉代的仪式主义源自儒家与民间宗教传统。虽然大多数的人类学家都认为仪式以宇宙结构或某种神圣个体为核心，[86]但汉代学者显然比较倾向于认为仪式行为是达成一种社会目标的行为，而这种社会目标乃是儒家经典所定义的"礼仪"——尤其以荀子对反省及思考礼仪的强调更著名。不过，汉代学者也把他们的礼仪观奠基于民俗传说及宗教思想对宇宙的猜测。[87]以下这些礼仪都曾招致汉代思想家的激烈争辩：祭祖、皇陵的修建、郊祀、明堂、夺服、社稷，以及皇室女性成员适当礼仪的各种规定。

在儒家经典中有三部是关于礼的，这三部著作都完成于汉代，由此即可看出礼仪在汉代思想史上的重要性。这三部著作分别为：《周礼》、《仪礼》及《礼记》。暂且不谈不同版本真实性的争议，这三部著作在汉代确实广泛流传，也广为研读。礼仪的发展乃是为了建立合乎天理秩序的社会与政府。由于政府的倡导，以及思想家的反复讨论，以致礼仪的设计就特别多而重要，而仪式性的行为也随之产生，他们都反映了朝向秩序和一致性的历史趋势。

礼仪思想对平民产生了若干方面的影响：因地位高低而有所不同的法律惩戒、规范孝道或服从观念的行为模式、朝廷或师徒（学校）之间所应采用的、适切的礼仪或仪式等等。儒家把社会地位优越的人士定义为品德较佳的人，并且认为他们应享有更多尊重；汉代把这种观念进一步扩大，认为这样的人士应该拥有比较优越的仪式性职位，以便他们的地位在社会互动中随时都鲜明可见。

---

[86] Evan Suesse: "Ritual," in Mercea Eliade, ed.: *Encyclopedia of Religion* (New York: Macmillan, 1987), vol. 12, p. 405b。上面对"礼仪"及"仪式"的区别是我自己的发明。在英文里，前者有类 rite，而后者近似 ritual。但在日常以及学术性的用法里，我没有看到有学者像我这样分别这两个字的意义的。不过 rite 的起源在英文里，是早过 ritual 的，因此以 rite 代表仪式行为的本意，而以 ritual 代表成了习俗，失去原意的社会行为，这也是说得通的。中文里这两个词显然也不作区别，就是受到现代学术影响的作品中，也是一样。这就是说，传统和现代的学者谈到礼仪时，并不把礼仪本身的思想性及社会性，拿来和已经失去（或忘记）这些含义的惯例行为作分别。

[87] 如汤志钧等：《西汉经学与政治》，页 197–198。书中指出"郊祀"源自民间宗教，但是经过了"儒学化"。

仪式行为达成了象征的功能。正统著作——尤其是儒家经典——所定义的礼仪也在仪式行为中获得了表达。有些道德忠告相当复杂抽象，即便是思想细腻的思想家也难以清楚说明，这时仪式性的行为就成了一种表达这种观念的简易方式。服丧即是一种尽孝的可靠表现，其重要性到了汉代甚至超越孔子所说的对父母心怀敬意的行为。[88]对广大的百姓而言，仪式性的行为就应该已经满足了该仪式的本来礼仪的企图了。

当时人认为忠于自己的老师，是迈向学习与道德纪律的第一步。要做到这一点，学生就必须长途跋涉寻求好的老师，然后切实做到所有的必需的仪式，以"表达"自己是真心诚意前来拜师。[89]扬雄是西汉极具影响力的一位思想家，曾把老师比拟为"模范"，反映了当时对老师的认知，亦即认为老师必须培养学生从事仪式性的行为。[90]

4. 才能的类别及知识人的分类

察举制度始于汉代，反映了儒家的任贤理想。孔子认为有些人是无法教导的，只是这种人的数目非常少。孟子认为所有人都有达成道德完善的潜力，因此没有人是不可教的。他们两人都认为只有道德正直的人才可以担任社会领袖，而且认为很少有人真正具备这样的资格。[91]

董仲舒继续探讨了这项议题，并且创立了分类人类潜力的传统：他认为人的本

---

[88]《论语·为政第二》，第五章："孟懿子问孝。子曰：'无违。'樊迟御，子告之曰：'孟孙问孝于我。我对曰："无违"。'樊迟曰：'何谓也？'子曰：'生事之以礼，死葬之以礼，祭之以礼。'"关于汉代有关孝道的仪式，见前注83所引渡边信一郎：《中国古代国家的思想構造》，页133–158。另见徐复观：《中国孝道的形成、演变及其历史中的诸问题》，载氏著：《中国思想史论集》（台北：台湾学生书局，1967），页155–200。徐复观后来改变想法，不再认为《孝经》是汉代的伪作，实际上的确不是。
[89] 例如扬雄（公元前53—18）的一名学生，在扬雄死后于墓旁盖了一座小屋，为老师守墓三年。见《汉书》，87b：3585。进一步的探讨请见第六章第一节第三段。
[90] 汪荣宝：《法言义疏》（北京：中华书局，1987），1∶18。扬雄以冶金比喻教学。见1∶15："或曰：'金可铸与？'曰：'君子问铸人，不问铸金。'又问：'人可铸与？'曰：'孔子铸颜渊。'曰：'善，吾问铸金，而知铸人。'"
[91] 关于汉代的察举制度，见本书第二章第三节第四段。

性有善有恶,[92] 教育则是强化善性的关键。他以道德及政治为准据,把人类的本性分为三种:"圣人之性"、"中民之性"和"斗筲之性"。[93] 因此,正直的人,思想言行都合乎儒家标准,可以赋予崇高的职位;职位低的人则缺乏当官的资格,但仍应致力达成儒家的道德要求。董仲舒对人类学习潜力的静态分类方式,对教育的影响有其矛盾性:这种观点认为教育有助于唤起人的善性,却又为失败找寻了合理化的借口,指称有些人天生不可教。[94] 汉代思想家对于"命"有所讨论,这种现象虽然深受王充(27—约97)的批判,却明确指出人的命运是先天决定的,而个人道德成就的高低则是教育带来的结果。比王充年代稍早但著作向来不受重视的桓谭(生于公元前31),也表达了相同的意见。他和王充一样反抗传统与权威,却深信人类禀赋由命运决定,而且无法改变。[95] 他把人的才能分为五类,同样显示了一种以固定式的观点理解人类本性的态度。[96]

人性或道德潜力的分类之所以重要,原因是这种观点为统治阶层提供了维系社会阶层的思想基础,从而巩固了社会的秩序和稳定。[97]

荀悦(148—209)也曾为治理或教育的目的而将人的才能与潜力加以分类。[98]

---

[92] 这种说法修改了孟子的论点。董仲舒一再指出,人虽然有为善的能力,却不表示人的本性必然是善的。见苏舆:《春秋繁露义证》(北京:中华书局,1992),35:297;36:311。

[93] 见韩愈:《原性》,见马通伯校注:《韩昌黎文集校注》(香港:中华书局,1972),1:11–13。人类才能的三分法源自孔子的《论语》(见下注)。其他许多思想家,包括韩愈在内,都采取董仲舒的观点。见 Charles Hartman: *Han Yü and the T'ang Search for Unity* (Princeton, Princeton University Press, 1986), p. 205。

[94]《论语·阳货第十七》,第三章:"唯上智与下愚不移"。

[95] 探讨桓谭的著作极少。此处请参考其《新论》("丛书集成")。另见董俊彦:《桓子新论研究》(台北:文津出版社,1989)。

[96] 桓谭:《新论》,页6,及全书各处。案:罗马史家 Plutarch 也对人的性格及能力作分类,也大致上认为人性是不会改变的。

[97] 扬雄延续了董仲舒的论点,指称人有三种:"任性而为者为兽,遵从礼义者为人,质地高洁者为圣。"见汪荣宝:《法言义疏》,5:85。王充秉持反传统的精神,利用学术标准区分人的四种才能:儒生、通人、文人、鸿儒。他认为学习是任ун的重要标准。见其《论衡》(上海:上海人民出版社,1974),《超奇篇第三十九》:212。请比较 Joseph Needham: *Science and Civilisation in China*, vol. 1 (Cambridge: Cambridge University Press, 1954), pp. 21–26 谈及的"灵魂阶梯论"(theories of ladder of souls)。按"灵魂阶梯论"(源出亚里士多德)也有称为"生命的大连锁"(the great chain of being)的。

[98] 见荀悦:《申鉴》(北京:中华书局,1985),《政体第一》:1–6。参 Ch'i-yün Ch'en(陈启云):*Hsün Yüeh and the Mind of Late Han China: A Translation of the "Shen-chien" with Introduction and Annotations* (Princeton: Princeton University Press, 1980), pp. 109–111。

一旦采取这种分类方式，有些人自然就会把个人先天的行为特征或道德潜力与后天的成长区分开来。[99]对他们来说，检视品德的发展并不比深入检视个人的天赋来得重要，所以发现先天的禀赋也就比从事后天的训练或教养更值得重视。人的才能或潜力必须被适切发现，才会得到最佳的发展。刘劭（约189—245）探讨个人才能的论著就是一个鲜明的例子："夫人材不同，成有早晚，有早智而速成者，有晚智而晚成者，有少无智而终无所成者，有少有令材而遂为隽器者……夫幼智之人，材智精达，然其在童髦皆有端绪。"[100]因此，人的才能是与生俱来的，每个人的品德差异则会影响教育所扮演的角色。

由此可见，儿童是成人的缩小版，一生下来就具备了先天的才能与潜力。教育的任务，就是彻底实现潜力。潜力如果没有彻底实现，那么这个人就仍是个"孩童"。至于早熟的人，就算年纪还轻，也仍然是个成熟的人。

这种区分人类才能的方式，与早期中国人对"段落"（block）时间的认知紧密相关。中国思想家比较重视单位里的实质，而不是构成单位的元素本身可能出现的细微变化。[101]在魏晋南北朝期间（220—589），人类才能的分类仍然是人类教育发展理论的基础。

5. 怀疑论与怀疑态度的萌芽

东汉开始出现一种怀疑论的态度。这种态度在王充与桓谭的著作里尤其明显可见。不过，另外也有许多学者，包括王符、仲长统（179—219）与许干（171—218），则带来了各式各样的观念进行政治与社会批判。这些思想家的核心关注是政

---

99 班固对历史人物的评比就是把个人名声与才能互相连结的例子。他对于道德成就并不特别乐观。相关议题的讨论请见本书第二章第三节第六段。
100 陈乔楚：《人物志今注今译》（台北：台湾商务印书馆，1996），10：252；J. K. Shryock: *The Study of Human Abilities, The Jen wu chih of Liu Shao* (New Haven: American Oriental Society, 1937), pp. 133–134。
101 关于"段落时间"的概念，见 Joseph Needham: "Time and the Eastern Man," in his *The Grand Titration: Science and Society in East and West* (Toronto: University of Toronto Press, 1969), pp. 228, 235, 263；案：此书有范毅军中译，题为《大滴定：东西方的科学与社会》。

治腐败以及土地分配的高度不平等。在荣景衰退的时代，这些议题尤其令人心惊。王充关注的对象其实不仅限于实际议题，也反映了他过人的思想能力，他对儒家道德哲学的许多基础假设都抱持怀疑的态度。就某种程度上，他确实对宇宙采取唯物论的观点。不过，他的思想之所以深刻，原因就在于他的怀疑论，质疑一般人所接受的各种传统观点，包括有关永生（灵魂不灭）、鬼神、气，以及上天是否具有意志的看法。这种怀疑论释出了一种思想动力，促使别人也纷纷以更明确的论点质疑汉代意识形态的失败。汉代意识形态的特征包括相信宇宙和谐、相信天人感应与天人之间的互动，并且相信人只要正确理解儒家经典及其注解，即可理解或甚至预言上天的意志。例如王充便批判所谓夭折是个人恶行的结果，认为这种说法是不可接受的。

对于东汉社会及政治秩序的衰落所提出的一连串智性的批判，后来终于造成了一种虚无主义，而不再只是较为理性的怀疑论。实际上，有些质疑乃来自受到道家思想影响的思想家，而他们贴近实际的质疑方式也相当值得注意，因为这种态度其实不属于老子与庄子的原始教诲。《太平经》里那种带有民俗色彩的观念，也许根本不是源自道家哲学，作者只是把道家思想当作一种抗议与异类态度的象征。无论如何，这些发展充满挑战性，也共同形成了公元前 2 世纪中叶以来对既有观念的首次系统性抗争。尽管儒家思想不能说是违背理性，但东汉学者批判仪式性儒家秩序的做法，却代表了一种在思想上追求自我觉醒的尝试。在我看来，这是一种理性的萌芽。这时候，可供大量新观念涌生的环境条件遂告成熟。[102]

---

[102] Etienne Balazs: "Political Philosophy and Social Crisis at the End of the Han Dynasty," in his *Chinese Civilization and Bureaucracy: Variations on a Theme*, tr. by Hope M. Wright (New Haven: Yale University Press, 1964), pp. 187–225。案：白乐日（Etienne Balazs）此书有中译，题为《中国的文明与官僚主义》。

第三节　魏晋南北朝时期

　　汉代思想对礼仪与仪式的强调，在 2 世纪末遇到了挑战。这是汉代社会开始衰落的时期，原因在于严重的社会不平等，尤其是土地分配方面。这问题反映了社会公义的失败，因为当时的社会公义乃是建构在一套不可靠的法律体系上。反对儒家礼仪与道德教诲的议论开始兴起而且快速普及。毕竟，东汉对儒家"名教"观念的重视造就了一种保守心态：精英人士开始认为自己有责任捍卫儒家礼仪和教育。只有这些人能够担任官职，而他们的权力则来自其地主身分，以及他们具备巩固教育而使儒家价值观得以延续下去的能力。遵循仪式性的行为标志了他们的地位，而他们对政治权力的垄断也保守了这种行为模式，直到受过教育的人士与穷人之间的社会距离再也无法维系或容忍下去才告终止。

　　接下来的一个世纪，人们开始对教育的程序和价值重新思考，这非常值得注意。儒家的名教价值观虽然早已内化于知识人的生活与思想当中，但许多人却开始质疑是否应该创造新的价值，并且为其赋予形而上的意义。由于当时有新宗教开始涌入中国思想界，所以这种感受也特别强烈。因此，魏晋南北朝的思想史对于教育也就具有深远的影响。

1. 本体思维与形而上学的追求

重新诠释儒家价值观的尝试源自一种压力，就是如何替汉代的思想所缔造的价值观赋予本体论的基础。中国人首度针对宇宙的起源及本质提出问题，试图了解宇宙究竟源自"有"还是"无"，以及是否有可能阐明这两者的形而上本质。[103] 这些问题最早由夏侯玄（208—254）提出，接着由王弼（226—249）与裴頠（267—300）进一步发展，最后在向秀（227—277）与郭象（252—312）手上臻于完善，反映了《老子》与《庄子》等著作历久不衰的影响力。这两部著作对于较为理论性但也比较复杂的思考提供了充满想象力的基础。[104] 另一部深具影响力的著作是《易经》。这三本书里的观念常可见于主张前述那些哲学议题的言论中。而且，由于这三部著作的本质充满了理论性、直觉性以及神秘性，因此经常被称为"三玄"；研究这三部著作的学问则称为"玄学"。[105] 这类问题后来逐渐扩大范围，纳入了其他各种议题，包括言与意、[106] 体与用、本与末、[107] 性与情。[108] 受到佛教思想影响之后，又

---

[103] 近来有两部著作对这类讨论进行了全面性的研究。见许抗生：《魏晋思想史》（台北：桂冠图书，1992）；王葆玹：《玄学通论》（台北：五南图书，1996）。英文世界里对于这种新兴思想观点并没有令人满意的著作，但可参考 Erik Zürcher（许理和）：*The Buddhist Conquest of China* (Leiden: E. J. Brill, 1972), pp. 87–92, 124–126 各处。案：本书有中译，题为《佛教征服中国》。

[104] 所以有人把它称为"新道教"，见下注。

[105] 这个学派传统上称为"新道教"，但这个名称并不适切，因为"玄学"主要是对儒家名教观念的反动，其思想来源除了《老子》与《庄子》这两部道家著作之外，也包括了儒家的《易经》。值得一提的是，"新道教"的名称在近来已被任继愈用来指称道家楼观派崛起之后（北魏梁谌为最重要之代表）发展而成的一支道教（按，有三支：楼观、华山、文始三支）。见任继愈主编：《中国道教史》，页 219–236。有些作者（如余英时）则以"新道教"指称宋末与元代的若干道教教派。王葆玹援引最近出土的马王堆《易经》抄本，指称玄学与道家较为接近，和儒家的距离较远。见其《玄学通论》，页 49–50。不过，我写作本章主要参考许抗生的论点，他显然认为儒学仍是玄学思想的核心。

[106] 经常引用的章句是《易经》："子曰：'书不尽言，言不尽意……。'"见《易经·系辞上传》。

[107] 本与末的探讨最早见于《大学》（《礼记》的一章）："事有始终。"见 Wing-tsit Chan（陈荣捷），tr. and comp.: *A Source Book in Chinese Philosophy* (Princeton: Princeton University Press, 1963), p. 86。另见 Araine Rump: *Commentary on the Lao Tzu by Wang Pi* (Honolulu: The University Press of Hawaii, 1979), p. xv。

[108] 性与情最早见于王弼对《易经》的注释。楼宇烈：《王弼集校释》（北京：中华书局，1980），《周易注·乾》，页 217、225。

纳入了形与神，以及人在知觉醒悟上的渐与顿。[109]

2. 思想的重新评价

以上概述的玄学思想，在汉代期间又因重新定义儒家价值观的尝试而进一步强化。在本体或形而上的思考之后，随之而来的乃是各种创新的尝试，企图由"自然"的角度重新定义道德生活。王弼、阮籍（210—263）与嵇康（232—262）等思想家对人生与社会生活都提出了接近享乐主义式（epicurianism）的看法。他们对道德思考与实践特意采取了一种近乎放荡的态度。这种批判传统道德行为——尤其是仪式行为——的态度，经常被视为是一种反儒的立场。不过，他们这种表面上的反儒态度其实也带有相当程度的严肃性。他们声称自己的观点乃是"自然而然"产生的结果。嵇康表示："六经以抑引为主，人性以从欲为欢。抑引则违其愿，从欲则得自然。"[110] 严格来说，"自然"确实不是儒家概念。不过，由于许多人论称名教的本质即是"自然"，[111] 而且谴责儒家道德价值观的人士其实也深深重视儒家的关注，因此他们虽然逃避现实且放荡不羁，却也不完全反对考虑或甚至致力于实用的事务。[112]

大多数参与争辩者都兼有官员与世袭贵族的身分。他们的关注反映了他们的政治立场。不过，真正重要的是他们思想视野上的拓展，以及他们为了重新定义早已被人视为理所当然的价值观，不惜提出极端对立的论点。第三、第四世纪的中国知

---

[109] 这两项概念的搭配早在先秦著作《列子》就已出现。见杨伯峻：《列子集释》（北京：中华书局，1979），4：125。在魏晋南北朝期间，向秀也许是第一个把形神这两个字眼放在一起的人："形神逝其焉如"。见向秀：《思旧赋》，收录于严可均校辑：《全上古三代秦汉三国六朝文》（上海：中华书局，1958），"全晋文"，72：5b–6a（总页1876）。关于禅思的"渐与顿"，以《法华经》始立其说，继而发明者，有如僧肇：《肇论》等。

[110] 引自许抗生：《魏晋思想史》，页116。关于"自然"，见 Richard B. Mather: "The Controversy Over Conformity and Naturalness during the Six Dynasties," *History of Religions*, vol. 9, nos. 2/3 (1969—1970), pp. 160–180。

[111] 何晏（？–249）与王弼都认为"自然"并不与"名教"冲突。嵇康对儒家教育和礼仪虽然采取比较批判性的态度，但也接受儒家对良善社会所设定的前提。见许抗生：《魏晋思想史》，页49–70、75–103、113–120。另见后注126。关于王弼，另见 Ariane Rump: *Commentary on the Lao Tzu by Wang Pi*, pp. xvii–xix。关于名教的定义，参见余英时：《中国知识阶层史论（古代篇）》（台北：联经出版，1980），页330–332。

[112] 余英时：《中国知识阶层史论（古代篇）》，页205–372，尤其是页294–302、326–327。

识人大量借用道家乃至佛教的观念，不但转变了儒家价值观的要义，也转变了这种价值观的实现过程。这种对教育的重新评价，造成的影响极为深远。嵇康的《难自然好学论》，就因为凸显了这种反智立场而著名。他建议读者扔掉儒家的六经，扬弃仁与义的观念，回归未经破坏的永恒宇宙，和宇宙永生共存，也就是说，回归到自然。[113]

当然，在这股强大的反传统以及儒家思想的潮流当中，也有反抗它的努力。傅玄（217—278）就是一个具体的例子。[114]他主张人心的可塑性（所以要"正心"），要政府"举清远有礼之臣，以敦风节"，"贵教"，"通儒达道，政乃升平"。他可以说是第一个把三纲（他称为"三本"）和五常合在一起谈的人，更提倡教育要以儒家为宗（"夫儒学者，五教之首也；尊其道，贵其业，重其德"），辅以历史的书籍。他对当时的教育制度（尤其是太学）显得十分不满意，特别指出太学博士应该在渊博的学术之外，也具有良好的品德。像傅玄这样的立场在当时是比较罕见的，可以说是旷野上孤独的呼声。

3. 佛教征服中国

上述这种重新评价臻于高峰之际，也正是佛教思想"征服"中国的时候。佛教在2世纪末传入中国之后，就与中国的思想传统不断互动；到了魏晋南北朝期间，已明智地利用中国人的词汇诠释乃至重新诠释各种源自异国印度的观念。这种发展使得佛教得以平顺地获得中国人的接受，同时其本身也逐渐转变为一种中国式的宗教。已故的芮沃寿（Arthur F. Wright）把这种发展称为"驯化"（本地化domestication），是非常贴切的说法。[115]到了魏晋南北朝末年，佛教在中国已经根

---

[113] 马秋帆主编：《魏晋南北朝教育论著选》（北京：人民教育出版社，1988），页44—45，引自戴明扬：《嵇康集校注》，（北京：人民文学出版社，1962）。

[114] 参看魏明安、赵以武：《傅玄评传》（南京：南京大学出版社，1996）。

[115] Arthur F. Wright: *Buddhism in Chinese History* (Stanford: Stanford University Press, 1959), pp. 42. 案：此书有中译，题为《中国历史中的佛教》。

深蒂固，成了形塑中国人思想与知识传统的重要力量。尽管曾经遭到至少两次的重大镇压（446 年的北魏太武帝灭佛与 574 年北周武帝灭佛），佛教还是没有因此衰微。[116]

■ 僧伽戒律

佛教丰富了中国人的思想，尤其是在复杂的形而上思维方面，此外也把僧伽的修行戒律、对话论辩及公开讲经带进了中国。佛经的翻译不但掀起了诠释学的兴趣，从而演变成所谓的"格义"，也推动许多人投入语音学的研究。我们稍后将检视这些发展，以了解教育在这动荡不安的数百年间朝什么方向发展。聚徒授课当然不是佛教传统独有的做法，在魏晋南北朝期间还未完全传入中国的僧伽戒律，也一直到唐代才真正确立下来。[117] 因此，许多佛教领袖训练徒众以及传播佛教教诲的方法，都仍然维持了传统的中国式做法。这些领袖包括道安（312—385）、[118] 支遁（314—366），尤其是鸠摩罗什（344—413）与慧远（334—417）。鸠摩罗什一生中著述及活动最丰盛的时期（401 年以后）都待在长安——当时是后秦（384—417）的首都。他在那里完成了主要的翻译作品，也教出了所谓的"四圣"、"八君"、"十哲"，其中包括道生（约 360—434）与僧肇（384—414）。[119] 据说他讲道的时候，听众常常多达数千人。[120] 就讲地道点与"宣传教义于三千听众"而言，鸠摩罗什相当近似于汉代的经学老师。不过，后来慧远来到太行山脉的恒山（位于今山西省境内；道安在

---

[116] Kenneth K. S. Chen: *Buddhism in China*, pp. 135–151, 190–194. Erik Zürcher: *The Buddhist Conquest of China*, pp. 254–285.

[117] 道安当初活跃于襄阳（今湖北）的时候，创立了一系列的寺院生活守则，在当时广获采用。有关这方面的记载，见慧皎：《高僧传》（台北：广文书局，1971，重印"海山仙馆丛书"本），5：1b–10b，尤其是 8ab。不过，寺院守则（戒律）的详尽汇编却是在唐代晚期乃至后代才告出现。另见以下注释。

[118] 关于道安的戒律守则，见汤用彤：《汉魏两晋南北朝佛教史》（台北：台湾商务印书馆，1962，重印 1936 年本），页 154–157；Kenneth K. S. Chen: *Buddhism in China*, pp. 99–100. 另见诸户立雄：《中国仏教制度史の研究》（东京：平河出版社，1990），页 53–55 及书中各处；鎌田茂雄：《中国仏教史》，第一卷（东京：东京大学出版会，1982），页 390–392。据说道安一心想学当时还未译为中文的"五百戒律"。

[119] Kenneth K. S. Chen: *Buddhism in China*, pp. 81–88, 105–110, 113–120. 另见汤用彤：《汉魏两晋南北朝佛教史》，页 235–238。

[120] 鸠摩罗什翻译了若干有关戒律的著作，包括说一切有部的重要作品《十诵广律》。

此建立寺院）跟随道安学习，[121] 尤其是他在庐山（位于今江西省境内）开始教学之后，对关于何谓适合教学的环境，却开始出现了新的观念。有关慧远从不跨过虎溪的传说（虎溪位于他隐居处的入口），显示他划下了一道界限，把国家与世俗的影响力都排除在外。[122] 从这时候开始，退隐到与世隔绝、宁静安祥，甚至奇诡神秘的山区里，开始成为进行个人修行善德的最佳方式。到了八九世纪，在风景优美的偏僻地区建立私人书房（或精舍、方丈），已经成为中国人根深蒂固的观念，认为智慧的成长是道德提升的一部分，要达成这样的目标，就必须与世隔绝，置身在优美迷人的乡间或山区里。

为僧人（比丘）建立"vihara"（寺院或僧院）的传统很早就传到了中国，当时中国人常以"精舍"翻译"vihara"。[123] 这个字眼选得非常贴切，充分表达了一座完美无瑕的建筑，供人冥想与陶冶性灵。不过，"精舍"一词的传统意义却相当广泛。许多汉代经学家都把自己的私学称为精舍，也没有证据显示他们特别在乎学校的环境或地点。尽管如此，汉代经学家与佛教僧侣对于这个字眼的使用仍有其相似之处。一般认为早期佛教思想家采取儒家（包括玄学）与道家观念阐释佛教教义，这点可由佛教采用"精舍"这项中国教育实践里的词汇得到证明。

■ 佛教宣讲

佛教与儒家实践上的共同点也可见诸佛教的教学法，而这也是佛教对中国教育思想的另一项贡献。汉代的经学大师虽然只在研讨课上与程度较佳的特选学生见面，[124] 3世纪之后的佛教僧侣却发展出了一套细致的公开宣讲制度，以及对话与教义辩论的仪式化程序。这些僧侣显然精心练就了高超的演说技巧，于是公开宣讲也就

---

[121] 关于道安，见慧皎：《高僧传》，5：1b–10b。另见 Erik Zürcher: *Buddhist Conquest of China*, pp. 184–204; Kenneth K. S. Chen: *Buddhism in China*, pp. 94–103。
[122] 慧远的传记可见于慧皎：《高僧传》，6：1b–14b。另请参看 Kenneth K. S. Chen: *Buddhism in China*, pp. 103–112。
[123] 请参见拙作《精舍与书院》，并参看本书页535。
[124] 其他学生则由助教负责教导，这些助教又称为"都讲"，后来佛教大师采用了这个字眼，并且在较为繁复的教学方法当中为其赋予新的意义。有些老师会与学生个别会面。见余书麟：《两汉私学研究》。以下对于都讲还有进一步的探讨。

成了主要的教学方法。佛经的阐释演变成一套繁复但优美的程序，经常公开举行。僧侣先吟诵佛经，再由担任助手的"都讲"说明经义。随着佛教愈来愈普及，公开宣讲的技巧也发展得愈来愈繁复，有些僧侣甚至获得"唱导师"的称号。这是5世纪以后的事情，据说杰出的唱导师：

> 所贵其事四焉，谓声辩才博。非声则无以警众，非辩则无以适时，非才则言无可采，非博则语无依据。[125]

这篇文字生动描述了诵经的魅力以及理论上的重要性。[126] 值得注意的是，作者慧皎（活跃于6世纪）把这项主要属于佛教的活动与儒家对音乐的兴趣及其理论连结了起来。儒家的这个面向长久以来备受忽略，当时才在不久之前由嵇康、阮籍及其侄阮咸予以复兴而已。[127]

佛经的唱诵必然深深打动了当时的平民听众。[128] 这种公开宣讲的重要性在于其阐释佛教教诲的开放态度。汉代经学家对讲学方式或念诵技巧都不曾发展出任何制度，也看不出他们对这件事有任何的兴趣，但魏晋南北朝期间的佛教僧侣却非常重视讲学的程序、表情，以及念诵经文的节奏、平仄与声音的运用。[129] 他们认为：

---

[125] 慧皎：《高僧传》，13：33a。读者也许会想知道，13：16b–34b 是著名唱导师的传记汇编，其中有两篇阐述诵经方法与重要的论文。

[126] 同上。

[127] 关于嵇康，可见高罗佩（Robert H. van Gulik）的著作：*Hsi K'ang and His Poetical Essay on the Lute* (Tokyo and Rutland, Vt.: Charles E. Tuttle, 1968), pp. 11–38; Robert G. Henricks: *Philosophy and Argumentation in Third-Century China, the Essays of Hsi K'ang* (Princeton: Princeton University Press, 1983), pp. 71–106。关于阮籍，见 Donald Holzman: *Poetry and Politics, The Life and Works of Juan Chi* (Cambridge: Cambridge University Press, 1976), pp. 88–93。阮咸没有深入的研究著作。关于音乐理论与佛教以外的声音与吟诵，请参见罗宏曾：《魏晋南北朝文化史》（成都：四川人民出版社，1989），页 593–611，但其中的探讨并不充分。

[128] 随着为平民举办的宣讲愈来愈频繁，称为"俗讲僧"的新式讲师也因此出现。不过，这是后来的发展（七世纪），本书在此不加以探讨。关于这方面的细节，请参见 Kenneth K. S. Chen: *The Chinese Transformation of Buddhism*, pp. 244–252。有关佛教的讲师训练，见 John Kieschnick: *The Eminent Monk, Buddhist Ideals in Medieval Chinese Hagiography* (Stanford: Stanford University Press, 1997), pp. 120–126。

[129] 参看注 127。"都讲"一词源出现于范晔的《后汉书》，26：901。关于这个词汇在魏晋南北朝时期的使用，见《陈书》，33：436；《魏书》，82：1799；《北齐书》，44：588，从中可见得这个词汇也广受儒家思想界使用。

> 夫音乐感动自古而然。是以玄师梵唱，赤雁爱而不移；比丘流响，青鸟悦而忘蕰。昙凭动韵，犹令乌马蜷局。僧辩折调，尚使鸿鹤停飞……[130]

诵经的技艺与仪式对教育造成的影响实在无可估量。[131]

随着宣讲与诵经逐渐发展，中国人也意识到中文与印度文这两种语言在音韵方面的鸿沟。我不能细谈这些领域的理论发展，只能简单概述三项发展如何影响了当时的教育实践。这三项发展都早已为其他专家的详尽记录与研究。首先，当时的学术界持续对音乐的本质与目的深感兴趣。传说中的《乐经》早已佚失，音乐本身——尤其是音乐理论——在汉代完全不受重视。[132] 由此可见，音乐在汉代的文化与教育思维当中并未扮演重要的角色。不过，这种现象在汉代末期已告转变，到了3世纪中叶，更有许多思想家针对这项主题撰写了不少著作。这项发展和利用中文诵唱佛经的方式大约同时出现。[133] 音乐于是取得了崇高地位，成为知识生活中的一部分，琴尤其如此。具备弹奏乐器的能力，特别是像琴这种高尚而广受喜爱的乐器，从此成为一种博学与高雅的表现。正式教育虽然很少把音乐演奏包含在内，弹奏乐器的知识与技艺却自此成为中国知识人的必备能力。[134]

一般人也在这个时候开始认为诵经是熟悉经文的有效方式，但念诵启蒙教材及经书其实是种存在已久的普遍做法。只要稍微比较汉代最普及的启蒙教材《急就篇》[135]与6世纪的《千字文》，即可发现一项值得注意的差别：这两部著作虽然都采用韵文，前者却是把相似性质的字词集中在一起以便参照，句长有三字、四字或七

---

130 慧皎：《高僧传》，13：22b。
131 见下一段提及佛教对"变文"的影响。
132 有关汇整中国音乐理论数据的近代著作，见蔡忠德编：《中国音乐美学史数据注释》，两卷（北京：人民音乐出版社，1990）。
133 慧皎最早提出佛教唱经始于曹植（192—232）的说法。见其《高僧传》，13：23a。当然，这项论点的根据只是传说。
134 不少著作探讨过这段时期的中国音乐与音乐理论，其中一部是 Donald Holzman: Poetry and Politics, The Life and Works of Juan Chi, pp. 26–27, 88–93, 138。中国人向来也称"琴、棋、书、画"为读书人的"四艺"。此说法最早见诸唐人张彦远在《法书要录》所引的《兰亭记》。
135 关于启蒙教材的探讨，请参见本书第五章第一节第二段。

字者；后者则是一律使用四字词句。《千字文》的特征在于容易记诵：四字为一句，全篇250句。[136] 这部著作共享了1000个字，[137] 主要目的在于让学童吟诵。相对之下，《急就篇》则是侧重实用目的：其中包含的字词比较多，而且经常重复出现。后来，《千字文》取代了《急就篇》以及其他许多启蒙教材，在往后1500年间成为三大初级读本的其中一部。这部著作的广为流行，显示了佛教唱经对中国启蒙教材写作方式的影响。

■ 语音学及文字学

语音学及文字学是对中国教育影响深远的第三项发展，并且促成了中国抒情诗的兴起。[138] 众所皆知，中国最早的拼音系统，即所谓的"反切"，乃是受到梵语影响而产生的结果。[139] 佛经翻译者对于中国人称为《声明论》的梵语语音学相当熟悉，也协助中国学者发展中文的语音理论，其中以沈约（441—513）最为著名。据说"四声"之说就是沈约开创的。语音的知识对于作诗相当重要，中国文学传统也就此出现了一个新面向：理论上而言，情感一旦与声调产生关联，诗人就又多了一项表达情感的新工具。杜甫（712—770）的例子，正可用来说明这一点：在140行的诗作《北征》里，杜甫选择以"入声"为韵，原因是这首诗描写了恐怖、悲伤与焦虑的景象。入声在此处特别恰当，因为音韵学家认为这种音调表达了"急迫而殷切"的感受。[140] 沈约也是第一位提出诗作基本理论的学者。佛教语音学通过沈约及其他学者而产生的影响，自此在中国诗的发展史上占有关键性的地位。

佛教的普遍及其在中国平民心目中造就的印象早已广为人知，这方面的议题除

---

136 这部著作在英文里有一篇差强人意的讨论之作，见 Francis W. Paar, ed.: *Ch'ien-tzu wen: The Thousand Character Classic, A Chinese Primer* (New York: Frederick Ungar, 1963)。

137 事实上，有一个字（洁）重复，故总共只有999个字。参看第五章注22。

138 陆侃如、冯沅君：《中国诗史》（北京：作家出版社，1956），第2册，页257–264。另见 Burton Watson: *Chinese Lyricism from the Second to the Twelfth Centuries* (New York: Columbia University Press, 1971), pp. 90–108。

139 见程湘清：《魏晋南北朝汉语研究》（济南：山东教育出版社，1988）。中国音韵学的研究自然是一门高度专门性的科目，我在此提及的只是一部近代著作。

140 Burton Watson: *Chinese Lyricism*, p. 5。

非与教育直接相关，否则不会在本书中加以讨论。在此只须提出一点：佛教的影响不但极为广泛，而且非常深远。尽管佛教经历了中国化（"驯化"）的转变，在中国文化里却仍是一股重大势力。不论世家士人或是平民，都逃脱不了佛教的吸引力。

魏晋南北朝期间，佛教在北方较为普及。有些北方城市，尤其是长安与洛阳，的确是佛教传播的重要中心。[141] 不过，却没有证据显示当时的北方知识人与佛教僧侣有任何有意义的交流。由于佛教在北方深受汉人喜爱，因此由异族建立的北方朝代都非常注重佛教机构的控制。第一道规范佛教寺院活动的严格诏令就出现在北方。佛教头两次遭到迫害（上面所提到的北魏太武帝及北周武帝的废佛）也是出自北方统治者的命令。[142] "监福曹"与"昭玄曹"等官方单位成立之后，由佛僧领袖担任主管，就此确保了佛教与世俗的关注得以一致而易于控制。[143]

佛教戒律应用于中国政治现实的一个重要面向，就是寺院田产观念的创立，而这种观念乃是佛图户与僧祇户出现的结果。僧祇户出现于469至470年左右，很可能是出自昙曜（第五世纪）的建议。[144] 大多数学者都认为僧祇户与佛图户的概念源自流传广泛的《十诵律》。[145] 这些户的建立相当重要，因为所谓的"寺户"就是因此而兴起，寺院也因此得以持有及经营土地。所有家户都在佛教的监督下，为寺院提供农奴般的服务。由此引申，寺院不但能够从事各种营利活动，也可购置大量地产。寺院田产制度的建立尤其意义重大，因为这是"封"这种中国传统观念衍生而来的结果。这种观念虽然废弃已久，现在却用来对寺院拥有独立公共财产赋予正当理由。当时的观念认为，有些家户应该获得免除国家的税捐与劳役的特权，以便对

---

[141] 举例而言，后燕首都中山（今河北定州）是竺法雅开始格义注解活动的地方。道安的追随者于四世纪中叶在滠泽（今山西阳城）形成一个社区，但是道安对格义本身有所批评，虽然他的著作还是带有格义的影子。有关格义的讨论，详细可参看汤用彤：《汉魏两晋南北朝佛教史》，页234–277。近来研究格义者颇有人，兹不列举。

[142] 诸户立雄：《中国仏教制度史の研究》，页58–101。

[143] Jacques Gernet: *Buddhism in Chinese Society: An Economic History from the Fifth to the Tenth Centuries*, tr. by Franciscus Verellen (New York: Columbia University Press, 1995), p. 343, note 29。案：谢和耐（Jacques Gernet）此书有中译，题为《中国五至十世纪的寺院经济》。

[144] Kenneth K. S. Chen: *Buddhism in China*, pp. 154–158; Jacques Gernet: *Buddhism in Chinese Society*, pp. 98–113。

[145] Kenneth K. S. Chen: *Buddhism in China*, p. 157 引述了第三十四章；Jacques Gernet: *Buddhism in Chinese Society*, p. 102 引述了第五十六章。因此可见昙曜的提议在许多文献里都有记载。

寺院提供服务，这种观念可能影响了后来的学田及孔庙田产的发展。这两种制度很难说是否存在着直接的关联，但佛教无疑为中国引进了这样的概念：政府指定的机构（如寺院、孔庙，特别是官学）可间接拥有土地，[146]并且由佃农耕种。这项重要性绝对不容忽视。

总结上面的讨论，我们可以看见佛教对中国社会造成极大的冲击，也对中国人性观的形塑有所贡献。佛教的教育观念与实践，透过对于纪律、公开宣讲以及演说技巧的强调，又透过中文与印度文这两种语言的文化交流，而对中国教育者产生了重大影响。音韵研究、抒情诗以及中国基础教育对念诵的重视，这些发展都多少可以归因于佛教的影响。寺户与寺院田产，也为政府指定的机构间接拥有土地开创了先例。由此衍生的观念，更为宋代的学田制度赋予了正当理由。

4. 家族教育的贵族理想

当然，家族教育并非始于魏晋南北朝。早自远古时期以来，强调提早训练的家族教育就一直备受重视。不过，一般都把《颜氏家训》视为最早的"家族教育"著作。这部著作写于魏晋南北朝。这个时期标志了一个新的起点，原因是中国社会在这段期间成为贵族社会，而家族教育在这样的背景下又特别重要。

由于家族教育将在第五章探讨，此处就不加详谈，仅指出家族教育和家族学术传统之间的重要关联。魏晋南北朝期间的贵族社会结构，依赖九品中正法这种官员招募方式的巩固；贵族成员也支配了为了服务及教育他们而创立的教育体系。因此，这种结构强化了家族在社会生活里的中心地位。年轻的贵族男子虽可直接获得官职，却大多在家族里接受基础教育。[147]

古中国的知识传递主要采取师徒关系的形式，这也是"家法"之所以重要的原因。不过，在魏晋南北朝时期，经学知识的教导与传递却集中在士人家族里。礼仪

---

[146] 关于这方面的详细研究，见 Jacques Gernet: *Buddhism in Chinese Society*, pp. 94–141。
[147] 见本书第五章第二节第二段。

的学习正是个绝佳的例子。许多名门望族都因守护某一门注释而扬名于世，该门注释的知识也在这个家族或宗族当中一代一代传承下去。[148]由于家族传统的重要性，"起家"一词因此在这个时期被普遍使用。[149]

在一个因为各种意识形态互相竞争以及不同民族与国家的生活方式相互混杂而愈趋多元化的社会里，家族在社会互动与个人生活中的崛起迫使了许多人回头仰赖家族。个人可在家族中找到安全感、信赖，以及道德上的平静。稍后将谈到，魏晋南北朝也是童年的概念首度获得高度注意的时期。[150]我们所知的一切，都深受贵族家族看待儿童的方式所影响。这种保护式教育的排他性确保了知识的家族传统得以传承下去。

家族里的知识传递不仅限于经学知识，也包括技术知识与实务技能。王羲之的家族擅长书法，就是一则著名的故事。[151]

因此，家族传统到了魏晋南北朝显然已经成熟，也成了中国教育经验当中非常重要的一部分。在这段时期，家族对于儿童人格的形成扮演了清楚可见的角色。这种情形在贵族家族里尤其明显。那么，家族教育的理想究竟是什么？

首先是孝道：《孝经》在基础读本中持续占有重要地位，还有礼仪学习的重要性，都足以证明这一点。礼仪学习早在东汉就已经兴起，到了魏晋南北朝臻于高峰，而且在中国北方比南方更为盛行。

第二是经学：不消说，几乎所有学者都认为经学知识可提升个人道德，也有助于从事官职。在魏晋南北朝的贵族社会里，家族教育的这个面向毋庸再予赘述。

第三是文学技能：稍后会提到，文学在魏晋南北朝期间发展成熟，成为一门独立的学科。刘勰的文学理论在这时影响了一般人看待文学的方式，也形塑了一般人

---

[148]《梁书》，38：540 记载了一个例子：贺琛向叔父学习"三礼"，后来在叔父的学校接掌了教学的职务。其他还有许多例子，见中国教育大系编纂委员会编纂：《中国教育大系·历代教育制度考》，页 413–428。

[149]《梁书》，48：664、676、680，及书中多处。"起家"一词早在汉代已经出现，见《史记》，109、101、107 卷）。在宋代（960—1278）的使用情形，见 Patricia B. Ebrey: "Conceptions of the Family in the Sung Dynasty," *JAS*, vol. 43, no. 2 (1984), pp. 219–245。

[150] 见本章第五节第三段。

[151]《晋书》，80：2093–2108。王家也以信仰道教著称。见本书第五章第二节第二段。

获取文学技能的方式。他最早提出"文"与"道"之间的关系。他认为文学训练可以"明道",这项信念在往后数百年间回荡不已。[152]

最后是口语:口语训练在中国教育当中首度受到史无前例的重视。由于佛教强调宣讲的影响,贵族子弟开始接受口语方面的训练,学习如何运用精美的语言表达观念。因此,这种训练的重点除了声音和语调的控制之外,也包括思想的条理清晰。刘义庆在《世说新语》当中的描写显示,语言的使用也包含在年轻贵族子弟接受的训练里。[153] 实际上,由《世说新语》的章节安排,可看出作者认为口语能力的重要性仅次于道德。文学的地位在当时愈趋重要,也让人更深信思绪敏捷与好口才是圆滑处理世间事务的必备条件。[154]

总而言之,家族在贵族子弟的教育当中扮演了重要的角色。当然,年轻人的训练主要在于为他们灌输强烈的道德观。刘勰的文学理论就认为个人必须平衡自己的情感,以便臻至道德上的完善。刘义庆对口语表达的关注,乃至他汇集的当代故事,目的都在于让人学得道德教训。贵族教育的主旨并未大幅偏离儒家教育的理想,[155] 只是家族扮演的角色比先前重要得多,对贵族而言尤其如此。

5. 师承与道教之影响

在影响中国教育的许多发展当中,其中一项就是对师承的高度敬重。一个学派或学说是否可靠,不是取决于内容,而是端看其组织,也就是能否指定优秀的门徒把这种教诲传承下去。这点在经学的教学官员或老师的更迭当中明显可见。汉代期间以经学家为主的私人教师也藉由确定师承世系而严谨守护自己的"家法"或"师

---

[152] 刘勰在《文心雕龙》第一章《原道》里阐释了"文"与"道"之间的关系。韩愈、周敦颐、欧阳修等人也都探讨过这项议题。

[153] Richard B. Mather: *Shih-shuo hsin-yü: A New Account of Tales of the World* (Minneapolis: University of Minnesota Press, 1976)。余嘉锡的《世说新语笺证》(北京:中华书局,1983)是一部考据详尽的著作。

[154] 类似的观念也可见于颜之推的《颜氏家训》。关于这部著作的探讨,请见本书第五章第二节第二段。

[155] 音乐虽然在孔子的思想当中占有重要地位,也在三世纪获得许多关注,儒家音乐理论的影响力在魏晋南北朝期间却显然已告消失。明末王阳明对吟诵歌诗重新加以重视。

法"。一般而言,墨家的"巨子"制度把正确传递教条或思想的重要性提高到了近乎神圣的地位,本质上乃是宗教性的做法。

师承制度与学问传嬗的神圣性,在东汉末年也出现了仪式化的发展。老师的地位愈来愈崇高。在某些较为极端的案例里,学生可能得在师门下待个好几年,才有机会和老师面对面接触。郑玄及其师马融的著名故事就是一个例子:郑玄的传记指出,他花了三年的时间才得以接受马融的亲自教导。学术传递也采取了近乎神秘性的做法,只指定一名可靠的门徒担任正统教诲的承载者。学者如果想要在自己的教诲里结合不同学派的思想,就可能遭到谴责。张玄(活跃于1世纪)是个典型的例子。他因为精通《春秋》而获得任命为博士。不过,后来太学诸生指控他混杂了不同注释以及不同学派的诠释观点,结果他就被撤除了职务。[156] 老师与门徒的关系出现了仪式化的面向,包括门徒必须在老师去世后守丧,也必须在老师身后给予褒扬性的谥号等等。老师的地位就此达到了史无前例的高度。[157]

师徒关系的神圣性在道教传统中发展得更是充分。早期道教广泛用"师"一字指称传播道教思想的人。按照马伯乐(Henri Maspero)的说法,这些人乃是道教创始人三张(张陵、张衡、张鲁)。另一项和教育事务密切相关的职位则是"祭酒",负责管辖地区的教学与行政。祭酒的职位是世袭的。[158] 正统的承继虽然是判断教义真实性与纯正性的标准,但职位的世袭很难说也具有同样的作用。尽管如此,在早期道教思想家的看法中,真理乃是透过一脉相承的大师传递而来,而且这样的传承也以世袭最好。简言之,道教从一开始就在其组织中安排了负责教学或宣教的人员,称之为"师"或"祭酒",又以祭酒的名称较为常用。

---

[156] 《后汉书》,79:2581。

[157] 见拙作《绛帐遗风——私人讲学的传统》,尤其是页361–365。另见余英时:《中国知识阶层史论(古代篇)》,页217–220。

[158] Henri Maspero: *Taoism and Chinese Religion*, tr. by Frank Kierman, Jr. (Amherst: University of Massachusetts Press, 1981), pp. 288–289。张陵的五斗米道初兴时,分所控制之地为二十四"治",治以"师宅"为中心,其领袖为"祭酒"。寇谦之改革(见下面)五斗米道,废祭酒世袭的制度。但是他又主张"天师"世袭。

■ 葛洪与寇谦之对师授的说法

葛洪（约283—343）呼吁以更为系统性的方式理解"师"的概念。他一再谈到"师授"、"师道"、"择师"的重要性，并且极力把师承拿来作为学术纯正的证据。[159] 在葛洪提倡的关系中，其神圣面向包括特殊的暗语，由老师传给特选的门徒。由于这种暗语极为隐秘，因此可能仅由口头传递。对他来说，唯有获得明师的指导，才能真正学得道教秘技，而葛洪所谓的秘技就是道教的炼丹术。

寇谦之（365—448）则在改革五斗米道之后，大力提倡以天师谱系一脉相承的信仰来确立领导的观念，宣称他所伪造的《云中音诵新科之诫》是得自张陵的玄孙。于是这种系谱（谱牒）可以证明信仰内容的纯真的说法就此成形。[160] 为了重振道教传统的活力，寇谦之提出了几项新做法，其中最重要的就是声称自己是三张的"天师"称号的直接继承者。由此再次可以见到寇谦之以及早期道教大师为老师赋予宗教领袖的重要地位。

把最高领袖称为"师"，本身就颇具启发性，但道教又把这个职位进一步世袭化。最著名的是天师是一脉相承而来的，据说可追溯至道教创始人张道陵（即张陵）。事实上，这项师承存在的说法在寇谦之死后许久才出现，但是寇谦之本人实际上已经开始了这样的说法。[161] 无论如何，在中世纪的中国，世袭原则已经开始决定道教的真伪：唯有透过世袭的传承，真理才得以保留及展现其本质与纯正。

道教实践中对于老师的尊崇，带有儒家思想所没有的宗教面向。不过，就教义或知识的传递而言，道教与儒家之间却有所交流。儒家的"师法"与道教的"师授"无疑彼此相关，也反映了中国人判断知识真实性或教义纯正度的特有方式。这

---

[159] 葛洪：《抱朴子·内篇》各处；吉川忠夫：《六朝精神史研究》（东京：同朋社，1984），页425–461。

[160] 见 Richard B. Mather: "K'ou Ch'ien-chih and the Taoist Theocracy at the Northern Wei Court, 425–451," in Holmes Welch and Anna Seidel, eds.: *Facets of Taoism*, pp. 103–122.

[161] 目前所知最早的信息显示，有关这项师承的说法直到1294年才首次出现，当时这个道教派别的政治影响力正臻于高峰。马伯乐（Henri Maspero）则认为这项师承的重要性有限。Henri Maspero: *Taoism*, pp. 397–398。关于天师道教的兴起，见任继愈主编：《中国道教史》，页546–549。

种以师承来判断学术或教义的正统性的做法，后来在佛教禅宗建立的教义传承（传灯的观念）当中达到巅峰。我们在后续的章节里将检视这方面的发展。

与禅宗的大师传承相关的是儒家的道统观念。对于一般的中国人而言，真理的最终仲裁乃是儒家经典里的证据，而且这样的教诲也必须由正统传承的老师适当传递而来。如果说"传统"是基督教检验教义真实性的试金石（宗教改革时期尤其如此），那么知识的师承系谱无疑就是中国思想活动中检验知识或教义真实性的标准。[162]

整体而言，道教对于教义传递的思想乃衍生自东汉末期发展出来的师徒关系。不过，在这种关系中注入神圣的元素，使其具有近乎神秘性的特质，则是道教本身的发明。后来，这种做法又回头影响了儒家思想，甚至对佛教徒形成挑战，促使他们发展出本身的教义系谱的观念。最后，这种种元素相互融合，形成了儒家"道统"思想。

6. 经学的新方向

尽管我们谈了许多佛教与道教的影响，儒家思想仍是最广获接受的意识形态，儒家价值观也持续影响着精英与平民。因此，儒家经学在魏晋南北朝期间的发展也有必要在此概述。[163]

■ 经学义理

首先是古文经与今文经两派的激烈竞争，随着郑玄的注释出现而大致告一段

---

[162] 关于宗教改革期间的"传统"观念，请参见 Donald R. Kelley: *Foundations of Modern Historical Scholarship* (New York: Columbia University Press, 1970), pp. 152–158. 另见 Jaroslav Pelikan: *The Christian Tradition: A History of the Development of Doctrine, vol. 4, Reformation Church and Dogma (1300–1700)* (Chicago: University of Chicago Press, 1984), pp. 264–265, 338–339 及书中各处。

[163] 皮锡瑞著，周予同注释：《经学历史》，页 141–192。另见孙培青：《中国教育史》，页 224–245；王仲荦：《魏晋南北朝史》（上海：上海人民出版社，1979–80），下册，页 873–881。

落。郑玄的注释巧妙结合了古、今两种版本的经文内容，在 3 世纪初获得广泛接受。不过，他也随即遭到批判，批判者中以王肃最为著名。郑玄死后约半个世纪，王肃就对他的支配地位提出挑战。不过，这些质疑不完全对王肃有利，结果郑玄仍然是经学界的主导势力，直到家法的概念在 6 世纪之后彻底瓦解为止。

对于汉代家法的反动，是这段时期的经学最重要的特征。[164] 对传统中国术语来说，这项反动开启了"义理"研究的大门。[165] 根据这种传统的观点，义理研究的特点就是对经学教导的诠释学探索，与汉代经学的文本研究不同。[166] 过去的家法传统强调对经书作学究式研究，因此限缩了学者的视野，也钳制了创新的诠释观点。[167] 在玄学的兴起当中，就已经可以看到对家法的反动：经学解释引进道家观念之后，各种诠释学派随即蜂拥而起。郑玄与王肃的注释都自由采用了各种版本的经典。王肃甚至还杜撰儒家著作。[168] 这些发展终结了汉代的"世守一经"的经学传统及其拘泥于字面意义的诠释观点。延续这样的发展，后代学者对郑玄与王肃的著作也不乏批判。

再一次，太学又成了经学的中心。三国魏政权在 224 年为太学任命了 19 名博士。值得注意的是，这 19 人全都专精古文经。[169] 魏的统治者至少表面上重视经学。魏

---

[164] 同上。

[165] 义理的权威章节是《礼记·礼器》，见朱彬：《礼记训纂》（北京：中华书局，1996），10：358。关于魏晋南北朝经学的概述，见章权才：《魏晋南北朝隋唐经学史》（广州：广东人民出版社，1996），尤其是页 80–93 对义理经学的探讨。

[166] 这种观点的问题，在于对文本及语文学研究与诠释学之间做了不必要的划分。基督教《圣经》的语文批评与现代诠释学之间显然具有连续性，因此经学的义理与考证研究之间的相互关系与连续性，也应该受到强调。见 Benjamin A. Elman: *From Philosophy to Philology: Intellectual and Social Aspects of Change in Late Imperial China* (Cambridge, Mass.: Harvard University Council on East Asian Studies, 1984), pp. 26–36，当中探讨了这两种经学研究之间的连贯性。

[167] 这不是说汉代经学没有义理研究方式。大部分学者都认为董仲舒探讨《春秋》的著作就是典型的义理著作。

[168] 不一定是经典。学者认定为出自他手笔的伪作，都是比较不重要的作品，而且几乎从一开始就被发现是伪作。关于王肃抨击郑玄经学思想的举动所带有的政治意义，见罗宏曾：《文化史》，页 34–36；章权才：《魏晋南北朝隋唐经学史》，页 62–70。

[169] 郑玄在当时的影响力极为庞大。由于郑玄对各种版本的经书采取兼容并蓄的态度，因此所谓古文经已亡的说法应该是言过其实。比较贴切的说法是家法或师法在三国魏以后就不再受重视。见皮锡瑞著，周予同注释：《经学历史》，页 148–155。这 19 名博士精通的经书究竟是哪些今文经或古文经，并没有留下特别的记载，见《三国志》，各卷；杨吉仁：《三国两晋学校教育与选士制度》，页 13–14。考察《三国志》的各种记载，大概可以这么结论说，就是博士未必专一经。另外，南方的蜀、吴两国也各有本身的太学与博士。另参见前注。

的最后一名统治者虽因司马昭（211—265）计划篡位而被降级为"王"，后来又降为"公"，但在位期间曾在太学里三度举行祭仪（214、244、246），甚至亲临太学（256）与博士讨论经学。[170]

西晋政府延续了魏国的做法，但这时的经学深受王肃的影响。[171]自此之后，南方与北方各国的政府都持续为太学任命博士，但博士的重要性与影响力却不断降低。

下表所列是受到太学课程采用的各主要经学注释学派：

表 5：魏晋南北朝时期太学中的经学课程

经典	时期	注释学派 / 备注
《易》	西晋	王肃、郑玄
		王肃的注释其实是他父亲王郎所作。
	东晋	王弼、王肃
		王弼本在 276 年之后才获得采用。
	宋	王弼
	齐	郑玄
	梁	郑玄、王弼
	陈	同上
	北魏	郑玄
《书》	西晋	王肃、郑玄
	东晋	郑玄、孔安国
		孔注是针对古文的《书经》所作。现已证明这部著作是 4 世纪的伪作。
	宋	郑玄、孔安国
	齐	郑玄

---

[170]《三国志》，4：119–121、135–136。关于这段时期的教育相关资料，见程舜英编：《魏晋南北朝教育制度史资料》。
[171] 这时太学的课程已完全由古文经所支配。王肃支持古文经。

	梁	郑玄、孔安国
	陈	郑玄、孔安国
《诗》	西晋	王肃、郑玄

此为《毛诗》本。其他版本没有获得太学采用。

	东晋	郑玄
	宋	郑玄（？）
	齐	郑玄（？）
	北魏	郑玄
《周礼》	西晋	王肃、郑玄
	东晋	郑玄
	宋	郑玄
	齐	郑玄（？）
《公羊传》	西晋	颜安乐、郑玄
	东晋	何休
	宋	何休
	齐	何休
	北魏	何休
《左传》	西晋	郑玄、服虔、王肃
	东晋	服虔、杜预
	宋	服虔、杜预
	齐	服虔、杜预
	北魏	服虔
《礼记》	西晋	郑玄、王肃

郑注是基于小戴本，大戴本极少受到研究。

	东晋	郑玄
	宋	郑玄

	北魏	郑玄
《仪礼》	西晋	郑玄、王肃
	东晋	—
	宋	郑玄
《论语》	西晋	王肃
	东晋	郑玄、何晏

郑注主要基于鲁本（今文经）。另两个版本（齐本与古文经）已经佚失。

	宋	郑玄、何晏（？）

《论语》和《孝经》由同一名博士教导

	齐	郑玄、何晏（？）
	梁	郑玄、何晏
	陈	郑玄、何晏
	北魏	郑玄
	北周	郑玄
	北齐	郑玄
《孝经》	西晋	郑玄

郑注基于今文的《孝经》，但一般认为是伪作。

	东晋	郑玄
	宋	郑玄（？）

《论语》和《孝经》由同一名博士教导

	齐	郑玄
	梁	郑玄、孔安国
	陈	郑玄
	北魏	郑玄
	北周	郑玄

	北齐	郑玄
《穀梁》	西晋	—
	东晋	—
	宋	糜信、范宁
	齐	糜信
	梁	范宁（？）
	陈	范宁（？）

注：数据源：《隋书》，32：913、915、926、933、935。严格执行"家法"的做法在这段时期已逐渐没落。到了6世纪初的梁代期间，博士已可自由选择自己想教的经书，也可任意使用各种注释。

■ 郑玄的崛起

由上表可以看出郑玄的注释主导了这段时期的太学课程。应该进一步指出的是，服虔对《左传》的注释（《春秋左氏传解》）也是从郑玄学派衍生而来。到了6世纪初，唐太宗（627—649年在位）颁布的第一套正统经典及其注释，也包括了郑玄所注的《诗》与"三礼"。[172] 郑玄影响力的持久性不但在往后数百年间获得证实，也不断被强化。

不过，这段时期也出现了新的研究，其中最著名的是王弼的《周易注》，[173]自从3世纪末就已纳入太学课程里。这部著作入选为唐代的"正经"，从而确保了其正统地位，以迄于19世纪末年。其他在魏晋南北朝时期广受使用的主要著作包括何休（129—182）的《公羊解诂》，[174]何晏（190—269）的《论语集解》，[175]范宁（339—

---

[172] 关于唐代的尊经运动，请参见下一段的探讨。

[173] 王弼《周易注》的现代版（清代《十三经》的版本）包括了韩康伯在四世纪所做的补充。

[174] 一般都认为何休与郑玄为同时代的学问对手。现在标示为他所著的这部作品，很多专家认为实际上的作者是徐遵明（475—529）。

[175] 《论语》的研究在这时候相当热门。何晏的注释虽然是基于鲁本，却也采用了其他版本的内容（齐本与古文本），因此有助于保存若干原本可能消失的内容。

401）的《谷梁集解》，以及杜预（222—284）的《左氏经传集解》。这些著作就算没有纳入唐代的"正经"，也还是深具影响力，并且在后来的朝代同样广受研读（见本书217页表6）。

《孟子》与《尔雅》在这段时期也相当重要，但两者都没有纳入太学的课程。赵岐（108—201）对《孟子》的注释与郭璞（276—324）对《尔雅》的注释，是这个时期最广为使用的注释，在唐代也非常普及。

最后，《尚书》以孔安国（死于408年）的注释最为有名。这部著作据说佚失了两百多年后才在南方重新发现，结果也在南方特别盛行。这套注释以及后人的研究，在往后三百年间一直广受使用，这套注释本身在唐初被尊为经典。[176]

唐代一项广为流传的评论，指出南方与北方的经学各有不同："南人约简，得其英华；北学深芜，穷其枝叶。"[177] 在这句话里备受鄙夷的北方传统，显然比较不受南方盛行的理论研究所影响。毕竟，王弼在北朝的影响范围仅限于曾短暂受到南朝控制的山东境内。唐代在6世纪初颁布《五经正义》的时候，南方的经学传统显然已经胜出。[178]

在我们结束探讨这项议题之前，应该再指出一点：家法传统的废弛正反映了经学的解放，而且当时经学也遭到研究其他学问的人士严厉质疑。不过，当时的社会是贵族社会，经学并不是社会流动的主要工具。因此，学习经书的学生必须对经学本身的价值抱有强烈的信念。许多记录都显示学生愿意接受严格的训练。不过，也许正是在这种氛围下，教义才得到解放。这是一个矛盾。在这个矛盾里，善于思考

---

[176] 古文《尚书》可能在公元前二世纪发现于孔子的故居，并且由孔安国引起了司马迁的注意。这个版本据说共有45篇，比今文版本多了16篇。这部著作发现之后，一般认为孔安国为这部古文经撰写了注释。这部著作连同孔安国的注释，到了公元二世纪已大致佚失，但许多地位崇高的注家，诸如马融（79—166）、郑玄，尤其是王肃，据说都曾根据这部著作撰写注释（这些注释也都佚失了）。孔安国注在317年重新出现，甚至由东晋政府纳入太学课程（见本书206页表5）。这套注释之所以如此盛行，也是因为其内容与当时仍然存在的王肃注释有许多相似之处。这部古文《尚书》与孔安国的注释，后来在唐初获得政府尊为经典，但在十八世纪由阎若璩证明为四世纪的伪作（见本章注351）。

[177] 《北史》，81：2709。

[178] 关于南方与北方经学的不同，见唐长孺：《读〈抱朴子〉推论南北学风的异同》，载氏著：《魏晋南北朝史论丛》（北京：生活·读书·新知三联书店，1955），页351-381。

的学生循着驳杂的途径追求思想上的满足，从而发现"为己之学"的可能性。"私人修史"的行为就是一个明显的例子。

7. 经学、史学与文学

南朝的宋朝政府在470年设立"史学馆"，史学就此开始独立于经学之外。[179] 下面我要简述史学思想对教育的影响。

■ 正统

首先是"正统"的观念。这项观念专门与朝代更替有关，但经常被人用"五行"学说的词汇来包装。[180] 我在此不讨论这项观念本身，只分析这项观念如何渗透入一般人的世界观当中。朝代更替的单线观念是"正统"（朝代的正当嬗递）的概念所造成的结果，在过去一再受到中国知识人的标举。学童从小就学得正统的朝代更迭为夏、商、周、秦、汉、曹魏、晋、南北朝（通常以南朝的宋、齐、梁、陈为正统）、隋、唐、五代（以及十国，通常以北方的梁、唐、晋、汉、周五代为正统）、宋、元、明、清。[181] 正统朝代的观念造成了一种汉人中心的准民族意识。这段时期编纂的许多史书都反映了一种阶层性天下（世界）秩序的观念，以中国位于同心圆的中心或是阶层体系的顶端。对前来征服中国的北方异族所抱持的民族或种族歧视，表达在史书中用来描述非正统朝代的语汇里。一般认为习凿齿（约317—384）是最早提

---

[179] 钱穆：《略论魏晋南北朝学术与当时门第之关系》，载氏著：《钱宾四先生全集》（台北：联经出版，1998），第19册，页247–329。

[180] 关于正统观念的研究，见饶宗颐：《中国史学上之正统论》（香港：龙门书店，1977）。Hok-lam Chan（陈学霖）: *Legitimation In Imperial China: Discussions under the Jurchen-Chin Dynasty* (1115–1234) (Seattle: University of Washington Press, 1988) 谈及更为广泛的正当性（legitimation）议题，但也对正统提出了精湛的讨论。

[181] 这项朝代更替的顺序可见于《三字经》、《杂抄》（八世纪）、《幼学歌》（十九世纪末）等教材里。《五言鉴》（十七世纪初）尤其值得注意，这部著作简单说就是朱熹标举道德史观的《资治通鉴纲目》（台北：台湾商务印书馆，1976）的删节或说减缩版，而且内容按照正统朝代的时间先后顺序编写。其他许多重要的启蒙教本也都利利用历史故事灌输道德教训，而且这些故事大多取自"正史"。《蒙求》就是一个绝佳的例子。关于启蒙教材的探讨，见本书第五章第一节。

倡正统观念的人，因为他为这个概念提出了道德性的诠释，不同于先前的自然主义观。[182] 在这种观念当中，族群论述包装在道德语汇里，呼应了儒家认为汉人以外的民族皆因缺乏"文"而属于野蛮人的论点。不过，习凿齿又更进一步，声称既然随时都只有一个正统的朝代，那么其他非正统的朝代，就算是由汉人建立，在道德上也必然不及拥有正当统治权的朝代。[183] 这项论点正合乎社会阶层的道德观，亦即道德品行的高低为社会阶层的差异赋予了正当性。正统观念的影响因此极为深远。

■ 新学科：史学与文学

第二点是"正史"观念的兴起。[184] 这是中国史料编纂学的一个重要主题，也是正统观念造成的直接后果。正史是正统朝代对历史的决定性记述。始自5世纪末，南朝宋就成立了史学馆，开始编纂前朝历史。这些史书大致上遵循司马迁立下的体例，也成了历史的标准诠释。魏晋南北朝之后编纂的正史虽然没有几本真的值得一读，但所有学生却都必须熟知这些史书的观点。国家决定哪些史书算是"正史"，自从唐代以来，政府更是直接编纂本朝的正史。因此，中国的正统不仅存在于经学当中，也存在于史学思想及诠释里。正史除了为官员学者提供决策时用以比较的所需数据，其中汇集的故事也可供道德教育使用。[185]

魏晋南北朝以出现大量私史而著名，这些都是史家私自编纂的国家或朝代历史。[186] 到了魏晋南北朝末年，私史的传统已然式微。后代的史家极少再编纂"非官

---

[182] Hok-lam Chan: *Legitimation in Imperial China*, pp. 32–33.
[183] 习凿齿的著作《汉晋春秋》在汉之后采用了蜀（三国时代的蜀国，221—263）的纪年，而不采取一般常用的魏来纪年，藉此把汉晋之间的正统地位给了蜀。魏和蜀都是汉人建立的政权。见 Hok-lam Chan: *Legitimation in Imperial China*, pp. 33–34.
[184] "正史"一词最早出现于萧绎：《金楼子》（台北：世界书局，1959），2：12b–13a，后来在七世纪初的分类架构里成为"史学"底下的次级分类，而此一分类架构即是《隋书》的《经籍志》，42：957。另见刘知几对于此一议题的讨论，见赵吕甫：《史通新校注》（重庆：重庆出版社，1990），外篇，《古今正史》，页669–772。另见 Denis C. Twitchett: *The Writing of Official History under the T'ang* (Cambridge: Cambridge University Press, 1992)。
[185] Robert M. Hartwell: "Historical Analogism, Public Policy, and Social Science in Eleventh and Twelfth Century China," *American Historical Review*, vol. 76, no. 3 (1971), pp. 690–727。
[186] 关于中国史学传统，尤其是这段时期的史学传统，见金毓黻：《中国史学史》（北京：中华书局，1962），页50–76。另见王仲荦：《魏晋南北朝史》，下册，页883–923。

方"（即未经政府核准）的国史或朝代史。[187] 轶事与评论，尤其是制度概要，继而成为私人史家创作力的主要发挥。偶尔也有人编纂全面性的朝代史，但这是例外的现象。[188] 简言之，正史的兴起为不同类型的历史写作带来了契机。地理学是这种新兴实验当中最突出的一项：郦道元（约 465—527）的《水经注》正是个绝佳的例子。[189]

史学著作的新类型与全面性的文学选集同时出现。其中最著名的是萧统（501—531，经常被称为昭明太子）的《昭明文选》。这部著作共有 60 卷，收录七百多篇文学著作，包括赋、散文、悼词，乃至信件。这部选集的新颖之处，在于当中表达了有别于过往的新观点——认为经学（与史学）以外的著作也有助于追求道德完善。《昭明文选》也反映了编纂者的这项信念：文学作品的优劣可以有评判标准，而且这样的标准确实有可能建立。[190]

因此，图书分类架构也就必须再加设一个新类别。图书编目的传统起自汉代。班固的分类架构以刘歆的《七略》为基础，把图书分为六类（外加一总类，是对分类方法的整体说明，项下并不包含图书）。"史"不是单独的一类，史学家视为史书的所有图书都置于"春秋"这个次级类目里，归于"六艺"之下。[191] 在班固眼中，由于这些图书的本质都与《春秋》近似，而且为数不多，所以算不上是一门独立的

---

[187] 隋朝开国皇帝杨坚在 593 年下令禁止私人编纂国史。《隋书》，2：38。必须注意的是，"国史"一词的意思后来成了以官方汇编的朝廷活动纪录（如"起居注"与"实录"）为基础所编纂的史书，也是后续正史的参考基准。见 McMullen: *State and Scholars*, pp. 20–21。

[188] 从唐到晚清（七世纪到十八世纪），极少有人不在政府的监督下编纂全面性的朝代史。例外包括王称（1370—1415）的北宋史《东都事略》、钱士升（1575—1652）延续王称之作的《南宋书》、王鸿绪（1645—1723）的《明史稿》。这些著作全都采用正史的体例。叶隆礼（生卒年不详）的《契丹国志》和据传由宇文懋昭所撰的《大金国志》，也同样采用正史的体例。十九世纪出现的许多朝代史与国史都是传统正史思想没落之后的产物。关于更详尽的资料，见金毓黻：《中国史学史》。

[189] 关于这部著作，研究十分复杂，但请参见曹尔钦：《郦道元和水经注》，收录于吴泽主编：《中国史学史论集》上海：上海人民出版社，1980），页 347–360，以及陈桥驿的数本研究，包括他的《郦道元评传》（南京：南京大学出版社，1994）；《水经注校证》（北京：中华书局，2007）等。有关所谓的"郦学"，读者可以参看"百度百科"：http://bk.baidu.com/view/3947644.html?tp=4_01。

[190] 关于这部作品的编纂过程，见 David R. Knechtges: *Wenxuan or Selections of Refined Literature* (Princeton: Princeton University Press, 1982), pp. 52–72。另见萧统的序，在他的《文选》（上海：上海古籍出版社，1986），第一卷，《文选序》，页 1–3。尤其值得参考的是李善的序。该序指出《文选》共有 30 卷。现代的 60 卷本是以李善出版于 658 年的版本与注释为基准。

[191] "六艺"即是"六经"，见本章第一节第一段的讨论。

知识类别。

在魏晋南北朝期间,由于史学写作活动增加,史书因此不再仅归类于"六艺"之下的次类里。281年,晋朝皇帝授命荀勖(？—289)编制新的图书分类法。在这份编目里,他提出了新的分类架构:经、子、史、集。这个分类架构简洁又实用,反映了当时对知识面貌的看法。[192]

在分类架构中把史书列为独立类别,必然对南朝宋政府成立史学馆的决定有所影响。当代人意识到史学著作的数量已大幅增加,足以获得独立学门的地位。已故的钱穆(1895—1990)指出,现在史学之所以独立于经学之外,就是奠基于这项发展。[193]当代人虽然深信恒久真理的存在,变动不居的历史真相却一再对这项信念造成挑战,于是这两者的关系也就相当复杂。当代的经学家与史学家一致认为,历史经验终将体现经典中所宣示的真理。这样的信念本来是非历史的,但有趣的是它反而是当时史学得以独立出来的知识基础。用英文来讲,这就是一种"吊诡"(paradox)。

简言之,历史先例对学生而言是相当重要的知识。他们必须阐述正史中记载的这种知识,在进入官场之前的政策讨论(策问、对策,或射策)当中也必须援引这些先例。此外,把历史视为汇集了许多道德教训的实例,从此也成为中国教学法当中颇为重要的一部分。这些发展都出现在魏晋南北朝期间,是史学重要性提升的具体表现。自此之后,史学便成为一门能够为经学的教诲提供证据的独立学问。

最后再稍为谈谈年轻人的文学技艺,以结束这部分的讨论。随着五言诗与七言诗的发展,以及音韵学和文字学的发达,探讨经学的著作大量出现,其中许多都有助于读者了解发音。这种性质的著作在魏晋南北朝末期开始出现。这种著作特别有用,因为学生研读经典都需要帮助才读得懂。在当时那个语言极为多样化的环境里,这些著作也相当重要。不过,最重要的是这种知识有助于提升演说或讲话的技巧,而演说正是年轻贵族子弟的教育活动中不可或缺的要素。

---

[192] 姚名达:《中国目录学史》(台北:台湾商务印书馆,1957,重印1938年本)目前仍是介绍中国图书分类法的最佳著作。
[193] 见前注179。

第四节　隋唐的兼容并蓄态度与自我知识认同的探求

到了魏晋南北朝末年，在 6 世纪即将结束之际，中国的思想环境已和 3 世纪期间由统一的帝国趋向分裂的状况大不相同。重新统一全国的隋（589—618）与唐（618—905）皆以兼容并蓄为特征。[194] 就思想方面而言，这个时期必然是中国历史上非常令人振奋的时代。不过，传统中国学者却认为这个时期思想贫乏，并且欠缺道德领导能力。在后续的段落里，我们将检视当时的多元社会如何对思想统一的意识形态及正统的建构造成威胁。

1. "正"的观念：儒家经典的确立与编纂

唐代知识生活最重要的特征，除了兼容并蓄之外，就是透过法律条文、文学选集以及经学的大量编纂，寻求一致的学术表达方式。这些寻求标准化的举措，大多

---

[194] Arthur F. Wright and Denis C. Twitchett, eds.: *Perspectives on the T'ang* (New Haven: Yale University Press, 1973), p. 1，把兼容并蓄（cosmopolitanism）列为唐代文明的第二项特征。Conrad Schirokauer: *A Brief History of Chinese Civilization* (Orlando, Fl.: HBJ, 1991) 把探讨这个时期的章节命名为"隋、唐时期兼容并蓄的文明"。Patricia B. Ebrey: *History of Chinese Civilization* (Cambridge: Cambridge University Press, 1996)，书中提到"兼容并蓄的唐帝国"。

完成于高祖与太宗两位皇帝在位期间（618—649），当时中国不仅军事力量强大，文化与文学方面的发展也开始趋于活跃。

■ 正史、正统、正义

萧统（501—531）在隋朝立国前夕编纂成《文选》这部重要的文学选集，显示了文学类型的概念在魏晋南北朝期间的盛行。不过，这部选集的意义不仅在于它认知了纯文学作为独立知识类别应具备哪些元素，也在于选录"正统"著作以定义优秀文学作品的观念。这部选集最著名的注释者李善（约630—689），也于658年公开倡导"标准化"（正）的观念。[195] 李善的关注反映了当时的时代精神。

对于"标准化"的寻求也可见于其他著作，并且与先前探讨过的"正史"概念相互呼应。唐代致力编纂先前各国各朝正史所作的努力相当重要。[196] 太宗时设立了特殊的历史编纂机构，由魏徵（580—643）主持，编纂梁（56卷）、陈（36卷）、北齐（50卷）、北周（50卷）与隋（85卷）等朝代的历史。[197] 这些正统朝代的历史编纂完成之后，标志了两项发展的起点，一是正史传统的标准化，二是以官方认可的历史版本作为历史诠释的基础。

由于这些史书的其中几本（梁、陈与北齐）是基于私人著作编成，[198] 有些人认为这些著作不能完全算是官方编纂的正史。在这些人眼中，另外两部史书是众人合撰的典型代表，因此也才具有"正史"的确切特征。另外有些人则认为这三部"私史"比不上另两部真正的私史，即李延寿（生卒年不详）和其父李大师（570—

---

[195] 见前注190。

[196] 见 David McMullen: *State and Scholars in T'ang China*, pp. 159–204; Denis C. Twitchett: *The Writing of Official History under the T'ang*；谢保成：《隋唐五代史学》（厦门：厦门大学出版社，1995），页27–69。

[197] McMullen: *State and Scholars*, pp. 165–170；金毓黻：《中国史学史》，页65–70、94–95；谢保成：《隋唐五代史学》，页32–60。关于魏徵，见 Howard J. Wechsler: *Mirror to the Son of Heaven: Wei Cheng at the Court of T'ang T'ai-tsung* (New Haven: Yale University Press, 1975)。

[198] 姚思廉的《梁书》是以其父姚察（死于公元606年）编纂的著作为蓝本。同样由他主编的《陈书》也是一样。李百药（565—648）的《北齐书》则是以其父李德林（531—591）共有24章的同名著作为基础。再加上《宋书》也是沈约私自编纂，因此金毓黻认为这几部著作实际上都是"私史"。见金毓黻：《中国史学史》，页67–68。

628）所编纂的《南史》与《北史》。[199] 不论这几部史书的正当性是否获得公认，唐代的官方立场却是把这五部著作，连同《魏书》（魏收，506—572）、《宋书》（沈约，441—513）、《南齐书》（萧子显，487—537），全都列为正史，不管这些著作是私人或官方修撰。可见正史观念的兴起在这段寻求正统的期间呈现了加速发展。当时政府的这项决定其实与官方的正统观是有矛盾的。因此朝代的合法嬗递观要到宋代才终于完全建立——就是完全被放弃。宋代时已经有 17 部所谓的"正史"，超过正统朝廷的数目。[200] 所以可以说，"正史"的观念，虽然与"正统"观念并不一致，毕竟是追求"标准化"过程中的产物。在唐代的科举当中，所谓的"三史"科虽然不重要，却反映了史学知识在官员选拔当中所占有的地位。[201]

对于"标准化"的关注，在经学当中更是明显可见。唐朝将一套"五经"的注释奉为经典，[202] 是这个朝代寻求学术或甚至思想统一性最重要的做法。政府指派一群学者官员研究哪些注释应由官方采纳，并且编写更进一步的注释。这套注释与再注释称为"正义"，彻底显露出政府对经书建构官方诠释的意图。《五经正义》的编纂始于唐太宗在 638 年颁布的诏令。[203] 孔颖达（574—648）主导《五经正义》的编纂，完成之后于太宗贞观 9 年（653）分发给国子监的学生。

不少学者认为孔颖达的《五经正义》缺乏新意，大致只跟随南朝的诠释传统。

---

[199] 前几注提到的事实显示家族传统在史料编纂界相当重要。见拙作《传统中国的历史教育——以宋代为中心》，《史学评论》，第 11 期（1986），页 3-33。不过，李大师是否真的对这两部著作有所贡献却仍无定论。
[200] 因此，到了十一世纪中叶，17 部"官方编纂"的朝代史已列入"正史"之林。在南宋时期可能已广为流传的启蒙教本《十七史蒙求》，必然就是奠基于这项正史观念之上。可见刘知几对"正史"的看法（以之对"杂史"，而不以为是"正统朝廷"的历史）较为后代所接受，但是虽然宋代以后对"正统"的看法已经不再重要，一般人还是以"正史"为正统朝廷的历史。
[201] 高明士：《隋唐贡举制度》（台北：文津出版社，1999），页 95-98。
[202] 一般而言，五经包括《易》、《书》、《诗》、《礼》、《春秋》。这样的看法在唐代以前相当普及。唐代决定在五经当中取《大戴礼记》而舍弃另外二礼，并取《左氏春秋》而舍《穀梁》与《公羊》。见本书 217 页表 6。
[203]《五经正义》所包含在其中的一连串著作其实是对于官方采纳的九经疏疏的再注释。见 McMullen: *State and Scholars*, pp. 72-83。关于这部著作的编纂历程，见野间文史：《五经正义の研究——その成立と展開》（东京：研文，1998）。

不过，正是因为这样的保守性，这部著作才得以达成标准化的目的。[204]下表列出了孔颖达纳入"正义"的各种注本。

表6：唐代《五经正义》

经书	官方采用的注本	备注
《易》	王弼 韩康伯 （活跃于385年左右）	王弼的注释仅限于文本本身（卦）以及"前两卦的注"（文言）。韩康伯对"说卦、序卦与杂卦"及"系辞"的注释。
《书》	孔安国	
《诗》	郑玄	采用毛本。
《左传》	杜预	
《礼记》	郑玄	

说明：隋朝国子监把下列作者的注释列为官方认可的著作：王弼（《易》）、孔安国与郑玄（《书》）、郑玄（《诗》）、郑玄（三礼）、杜预（《左传》）。见《隋书》, 32: 913、915、918、925—926、933。另见前注202：唐朝决定只纳入上列的五经，舍弃《穀梁传》、《公羊传》、《周礼》、《仪礼》。

■ 礼仪的标准化

7世纪初的标准化处理延伸到了礼仪的法典化。先前已经探讨过三礼的研究在魏晋南北朝期间的发展。这些研究显然深深吸引了当时学者的关注。

第一，是这项一再出现的主张：上古以后（尤其是秦代之后）的礼仪因为不曾充分体现古代的意义和意图，因此必须不断修正，以求有助于促成社会与政府的完

---

[204] 麦大维（David McMullen）强调指出，唐朝虽然颁布了《五经正义》，在经典诠释方面的态度却颇为开明，愿意采纳各种不同意见："以轻松的态度看待正统，并可自由直接诉诸经典，是那个时代非常重要的特征……。"见其 *State and Scholars*, pp. 78–79。

善。[205] 在隋唐时代，这项主张反映了国家在多元宗教环境下的弹性。遵奉儒家思想的学者官员都深深感受到有必要固守传统的信念，但同时也不断地重新诠释或甚至重塑这项传统。

第二，是仪式行为在平民与统治阶级的日常生活中的重要性。[206] 自从唐代以来，阐述国家礼仪的著作就愈来愈吸引学者的注意。[207] 私人的"家礼"在数量与重要性方面都足以和礼仪研究的影响相提并论，唐初的政府对于把主要的国礼编为定制而变得十分殷切。[208] 这项发展深具意义：就在这项发展出现的同时，若干传统国礼的重要性正逐渐降低。举例而言，南朝各朝代的开国皇帝，包括隋朝在内，都切实举行了"禅让"之礼，象征了登基为帝的过程、仪节以及天命的获得。不过，唐

---

[205] 礼仪研究的拟古主义，或谓保守主义，有其实用的层面，原因是当中规范性的观念：礼仪的修正可让学者把当代的需求纳入考虑，包括统治者的需求在内。麦大维指出："学者看待传统的态度当中有一项核心特征，就是认为礼仪的使用方式会随着时间改变，而且一直都会如此……历代皇帝也说，礼仪奠基于人性中的情感面，而人的反应本来就会随着时间而改变。"见 David McMullen: *State and Scholars*, p. 177。另见 Patricia B. Ebrey: *Confucianism and Family Rituals in Imperial China*, pp. 218-219 及书中各处，其中对于连续性与变化也提出了类似的观点。

[206] Howard J. Wechsler 谈到唐代礼仪愈来愈趋"公开化"的本质。他所谓的"公开化"，意思是指："采取较为'公开'的祭拜对象，并由更多人或团体参与其中或在旁观看。"这种"公开"的本质也受到日本学术界的探讨。见 Howard J. Wechsler: *Offerings of Jade and Silk: Ritual and Symbol in the Legitimation of the T'ang Dynasty* (New Haven: Yale University Press, 1985), p. 108 and pp. x, 193-194；金子修一：《中国古代における皇帝祭祀の一考察》，《史学雑誌》，第 87 编第 2 号（1978），页 174-202，尤其是页 194；石桥丑雄：《天坛》（东京：山本书店，1957），页 94。

[207] 唐初的隋代目录（《隋书·经籍志》），其中收集的可能是魏晋南北朝时期的书籍。由这份目录可统计出以下的数据：

《易》	69 种	551 卷
《书》	32	247
《诗》	39	442
三礼	136	1,622
《春秋》（包括三传）	97	983
《孝经》	18	63
《论语》	73	781
总计	64	4,689

探讨三礼的著作在所有卷数中占了三分之一强。见《隋书》，32：各处。

[208] 比较《隋书》的《经籍志》与《新唐书》的《艺文志》，即可看出丧礼对魏晋南北朝时期的礼仪作家而言有多么重要（在 136 部书籍当中占了 46 部，比例为 33.8%）。到了唐代，礼仪著作明显减少，探讨丧礼的著作更是如此（96 部当中占了 17 部，比例为 17.7%）。

朝的开国皇帝却未曾举行这项仪式。[209] 唐代振兴的礼仪当中，最重要的是传说中的"封禅"。[210] 这项礼仪最后一次出现，是由东汉开国皇帝举行于 1 世纪，后来又长达五百多年不曾举行。[211] 唐太宗在泰山举行了这项仪式，沿路的仪仗、銮驾、游行及各样的盛会想必让百姓留下了深刻印象。但是最后太宗并没有完成封禅仪式，因为这项仪式需要所有自然元素的共同配合。不过，他儿子高宗（650—683），以及武则天（690—705 年在位）和玄宗（713—755），都举行了盛大的封禅仪式。这项经过重塑的仪式极为公开，不像汉代只在宫廷里举行的禅让典礼那么隐密。在这种公开盛大的精神下，再加上各项节庆的仪式通常也带有国家教育的目的，典礼都举办得一丝不苟，也吸引了大批群众。[212] 值得注意的是，许多仪式都带有佛教与道教的观念及元素。

第三，是博士经常参与礼仪著作的编纂工作。这是早自汉代或甚至更早以前就存在的传统。不过，成立特殊的官方机构，召集著名的学者官员编纂儒家仪式著作，却是史无前例的做法。这项做法出现于唐太宗在位初期，但直到 722 年成立第三个政府机构编撰著名的《大唐开元礼》，才出现获得官方接受并颁行（732）的决定性著作。[213] 魏晋南北朝也有编纂其他礼仪书籍的尝试，但《大唐开元礼》的影响最为深远。[214] 负责编纂这部著作的都是高级官员，其中许多在编纂工作之前、之中或之后都曾分别在国子监担任博士。[215]

---

[209] 这方面有一部杰出的研究，见宫川尚志：《六朝史研究（政治·社会篇）》（东京：日本革命振兴会，1956），页 73–172。另见 Howard J. Wechsler: *Offerings of Jade and Silk*, pp. 92–97。

[210] 见 Howard J. Wechsler: *Offerings of Jade and Silk*, pp. 170–194。

[211] 晋初，曾有人建议武帝（265—290 在位）举行封禅仪式，但遭武帝拒绝。见《晋书》，21：655–657。

[212] 见前注 206。

[213] 更进一步的探讨请见 McMullen: *State and Scholars*, pp. 133–135 各处。

[214]《五礼》在晋展开编纂，并于 291 年成书付梓。见《晋书》,19：581–582。另一次编纂作为出现在梁武帝（502—549 年在位）期间，但没有证据可知是否颁布了完整的著作。北齐显然也有自己的《仪注》，但我们对这部著作的内容一无所知，更遑论何时成书。见《隋书》，6：107。"五礼"指吉、凶、兵、宾、嘉。《仪礼》说这是人世间最重要的五种礼。

[215] 随着家法传统没落，博士的尊崇地位也跟着衰微。后来，博士职务只成了学者官员仕途上的其中一站而已。

2. 从标准化到正统的建构

努力达成"标准化"的处理也扩及文学著作。麦大维（David McMullen）已充分讲述过唐代由国家赞助的文学选集编纂历程，所以我在此处不再赘述，[216] 只提一点：这些著作都是为了指引读者了解何谓真正的文学而出现的产物。其中两部著作对教育和国家科举特别重要，分别是成书于高祖武德五年（624）的《艺文类聚》（一般认为作者是欧阳询），以及先前提过的《昭明文选》。前者其实在不少方面都仿照了后者，但由于前者大致上根据若干既有的知识分类方式编排，因此不但是文学选集，也是一部近似百科全书的参考书。[217] 另一方面，《文选》的研究与评注仍把注意力集中于写作技巧，与知识分类几无相关。不过，这两部著作对于准备国家科举各有用处，特别是多数考入低层官吏群的考生们，他们比较多是平民出身。魏晋以降的贵胄社会逐渐式微，于是在唐代的低阶官员选拔中，科举考试的地位也就愈来愈重要。

唐朝初期的皇帝（尤其是唐太宗）看待文学的态度都相当模棱两可，尤其是对于出现于魏晋南北朝期间的作品。不过，这种摇摆不定的态度并不因此让世人不去努力改进自己的写作技巧。不久之后，写作能力就成了科举笔试当中不可或缺的要素。

■ 文学的标准化与科举

《艺文类聚》是部典型的百科全书，其序言虽然强调了这本著作的参考性质，作者却遵循唐高祖的指示，声称这部著作的目的在于"移浇风于季俗"。[218] 这段简短

---

[216] McMullen: *State and Scholoars*, pp. 206–212, 217–225。

[217] 十八世纪的《四库全书》把这本著作归类为接近现代百科全书的"类书"。McMullen 在 *State and Scholars* 里也把这些文学选集视为百科全书，并且没有特别区分这两者。

[218] 欧阳询：《艺文类聚》，汪绍楹校订（上海：上海古籍出版社，1982），《序》，页 xxvii。

的序即带有道德的意涵。

文学选集与百科全书在唐初的德治思想当中占有重要地位。先前提过，知识分类不是唐代才有的概念（也不是仅诞生于隋代的产物），却在 9 世纪之后渐趋茁壮，后来成为国家强化个人与集体记忆以及建构私人与公共传统的必要工具。[219] 尽管中国人的传统强调"背诵"，但科举考生还是发现采用百科全书编排形式的考试手册特别有助于记忆。[220] 这些手册成了一种值得注意的写作类型，随着科举制度在社会流动当中占有全新的重要地位之后，这类著作也开始大幅增加。

百科全书，尤其是政治制度的百科全书，例如杜佑（735—812）的《通典》，都是数据与信息的分类汇集。为一般人接受的古代（中唐以前）中国的政治制度史，就深受《通典》的影响。[221]

简言之，唐初 50 年里出现的文学汇编奠定了标准。文学选集经常以分门别类的方式编排经书或史书里的信息，因此这些信息，连同出色的文学作品，都可以在科举考试里运用。有这么一个科举上的有用工具，唐朝政府遂能够促成经学与经学知识的标准化。

不过，这项发展也有缺点。原来本身为独立知识门类的纯文学，独立性不免因此降低。政治敏锐度极高的儒家学者也随即对文学作为独立学科的价值与正当性提出了质疑。

李谔对魏晋南北朝时期的纯文学所提出的谴责相当著名：

---

[219] 类书的传统也许最接近于知识分类的做法。关于类书的研究，见胡道静：《中国古代的类书》（北京：中华书局，1982）。另见下一注。图书馆的类目一般反映了当代的知识概念，但刻意去分类知识又是另一回事。

[220] 关于中国传统记忆术的简短探讨，见 Jonathan D. Spence: *The Memory Palace of Matteo Ricci* (New York: Viking, 1984), pp. 155–160。案：史景迁（Jonathan D. Spence）此书已有两个中译本，分为题为：《利玛窦的记忆之宫》与《利玛窦的记忆宫殿》。

[221] 关于中国百科全书传统的研究，见 Wolfgang Bauer: "The Encyclopedia in China," *Journal of World History*, no. 9 (1966), p. 665 各处；Hoyt Cleveland Tillman: "Encyclopedias, Polymaths, and Tao-hsüeh Confucians: PreliminaryReflections with Special Reference to Chang Ju-yü," *Journal of Sung-Yuan Studies*, no. 22 (1990–1992), pp. 89–108。

> 江左齐、梁……贵贱贤愚，唯务吟咏。遂复遗理存异，寻虚逐微，竞一韵之奇，争一字之巧。连篇累牍，不出月露之形；积案盈箱，唯是风云之状。世俗以此相高，朝廷据兹擢士。禄利之路既开，爱尚之情愈笃。于是闾里童昏，贵游总丱，未窥六甲，先制五言。至如羲皇、舜、禹之典，伊、傅、周、孔之说，不复关心，何尝入耳。[222]

李谔的批评出现于我们此处探讨的标准化处理之前，但他的意见显然很快就获得各方赞同，也与唐朝的标准化政策相符。许多人就此认定缺乏道德内容的纯粹文学作品，就算不该受到彻底排斥，至少其价值也相当可疑。

■ 文学的式微

唐初思想家王通随即抓住这项两难的问题，重新提出李谔当初的批评。[223] 他仿照孔子的观念与风格的许多言论，以及对魏晋南北朝文学的批判，后来都获得韩愈（768—824）以精湛的文笔予以呼应。标准化的过程，到唐代中叶以后终结了纯文学追求人性荣耀与尊严的独立的传统。

讽刺的是，王通却从来不曾受人瞩目。不过，朝廷里的儒家官员都与他抱持相同的观点。换句话说，在唐代初年，佛教与道教虽然在民间相当盛行，儒家思想在朝廷里却具有无与伦比的影响力。因此也就不难看出李谔与王通的观念，为何会与政府追求掌控与标准化的思想彼此相符。事后回顾起来，唐代的儒家学者

---

[222]《隋书》，66：1544。文中的"遂复遗理存异，寻虚逐微"，语出陆机的《文赋》，意思大约是说没有讲完道理，留下了不同的意见；追寻的是空洞的或虚幻的想法与境界。"月露"和"风云"则泛指绮丽浮靡、吟风弄月的文字。"六甲"指的是天干地支中以甲为首的甲子等六个配对。这里可以看作是指天干地支配对的常识。五言指的是五言诗。
[223] 自从宋代以来，王通传记的真实性，乃至这个人是否确实存在过，都有过不少争论。近来的研究证实了王通确有其人，而且他的传记也非伪作。见尹协理、魏明：《王通论》（北京：中国社会科学出版社，1984），页236—292。在现代学者当中，冯友兰无疑是为王通在中国哲学界的地位定调的第一人。1949年之后，王通在中国完全没有人研究。在侯外庐编纂的那部流传最广的中国哲学史当中，也没有出现王通的名字。此外，任继愈主编的中国哲学史巨著也没有提及王通。Peter K. Bol 谈论王通之时并未提及这项争议，但认定他是王勃的祖父。王勃是唐初著名诗人。见 Peter K. Bol:" *This Culture of Ours*," pp. 106–107 及书中各处。另见 Howard J. Wechsler: "The Confucian Teacher Wang T'ung (584?—617): One Thousand Years of Controversy," *T'oung Pao*, vol. 63, nos. 4/5 (1977), pp. 225–272。

会认为王通是唐初朝廷里大多数著名官员最重要的老师,其实也不令人意外。[224]

最后,总结唐初儒家思想的这段漫长讨论,且容我再次强调儒家学者当时正努力重振自己在朝廷里的影响力。他们在这方面的努力,可以归结为创造一套经学、史学与文学的正统诠释。唐初编纂的许多选集都不全面也不详尽。[225] 尽管如此,这些作品还是反映了儒家学者提倡其德治理念的努力,并且对教育具有深远的影响。经学的再注释以及这段期间出现的若干正史,都包含着后续数百年间的科举考生所必须具备的知识。

但是七八世纪仍是文风盛行的年代。当时缤纷多彩的发展,使得儒家学者追求的标准化难以实现,必须再过几个世代才告成功。尽管如此,《文选》还是获得官方采用为科举考试的标准教材。文学"知识"的重要性在于其百科式的本质——即良好的知识可在杰出文学作品的选集里找到。由于这一点,文学的研读在良好治术(statecraft)的理念当中占有一席之地;有意为国服务的人才也必须接受这方面的知识测验。[226] 其他追求标准化的类似政策一直延续至 8 世纪中叶安史之乱爆发为止。若要描绘教育的思想背景,必须记住科举考试已愈来愈重要。进士科及格的考生在当时尤其活跃。许多文学方面的参考书陆续出现,但《文选》仍是最多人研读的作品,也是最佳的参考书,在科举考试中占有非常重要的地位。[227] 当然,这些参考著

---

[224] 关于以下这三点的矛盾关系,其讨论其实相当复杂。这三点分别为:一、王通与李谔对文学活动的理想与裨益所提出的反对意见;二、他们两人缺乏名气的现象;三、他们以道德家的立场寻求"标准"的行为。Peter K. Bol: "*This Culture of Ours*", pp. 84–92 对这个繁复的问题提出了一项类似但比较没那么复杂的解释。他谈到萧统与李谔主张的相反观点,认为唐初朝廷对"文"的追求催生了融合这两种观点的论述。我在这里所关注的是以第三点解释王通为何长期没没无闻,这个议题在传统中国学术当中颇具重要性。

[225]《艺文类聚》有 100 卷,《五经正义》130 卷。政府也另外出版了一部 1,300 卷的《文思博要》,但这部著作已完全佚失,令人不禁怀疑这部作品是否真的完成过。在往后一个世纪期间,若干内容庞杂的选集陆续出现:《文观字林》有 1,000 卷,663 年编纂的《瑶山玉彩》有 500 卷。不过,这两部作品也都没有留存下来。相较之下,宋代编纂的著作,包括 500 卷的《太平广记》与 1,000 卷的《文苑精华》,都保存至今。

[226] 关于文学技巧与分类知识的关系,刘肃在《大唐新语》里提出了一项值得注意的见解。他在书中说明了唐玄宗为何下令编纂《初学记》:"儿子等欲学缀文,须检事及看文体。《御览》之辈,部帙既大,寻讨稍难……"。《御览》是五世纪末的一部百科式著作,篇幅庞大,经常被视为《艺文类聚》的前身。见 McMullen: *State and Scholars*, pp. 112, 357n8。顺带一提,Peter K. Bol 探讨"文"的著作,在此有助于解释唐代为何以"文"为依归。良好的"文"不但是杰出的文学作品,也是良好的儒家文化(斯文)。见 Peter K. Bol: "*This Culture of Ours*", 尤其是 pp. 1–22。

[227] 关于唐代科举考试的内容,请参见本书第二章第三节第八段。

作都反映了官方认可的意见。[228] 标准儒家学术思想以及后来的正统思想（orthodoxy）都相当容易得到政府的支持，广为流传。正统思想与好的政府（良好的治理）这两项元素，这时已整合成互相依存的观念。[229] 纯文学渐渐被这样的道德性关怀取代了。

3. 韩愈、李翱与道统

在中国教育的思想史当中，最重要的一件事情，就是捍卫教育最力的人，正好也在提倡教学方面写下了最著名的一篇论文。这个人就是韩愈。[230] 韩愈在中国思想史上的地位早已确立，但他较为激进的观念却为朋友兼学生的李翱（774—836）所调和。李翱对佛教抱持比较宽容的态度，与韩愈的态度恰有互补之效。

■ 韩愈

韩愈对于重新评估中世纪中国教育思想最重要的贡献，在于他寻求复兴儒家理想，亦即重振儒家正统。就原创性而言，强调"文以载道"是他在这方面最佳的表现。他试图把地位崇高的"道"注入"文"里，显示了他反对把文学视为独立知识类型的态度。[231] 当然，韩愈本身仍是一位文笔精湛的作家，而且他写作风格的广博

---

[228] 其中最著名的是白居易的《六帖事类集》，目前有宋本的重印本：《白氏六帖事类集》，30 卷，吴兴张 圕影印江安傅氏藏宋刻本，1933。

[229] 关于何谓儒家"正统思想"（orthodoxy），见 Kwang-ching Liu（刘广京），ed.: *Orthodoxy in Late Imperial China*, pp. 6–12 各处。关于正统思想的观念，尤其是这项观念在佛教中的地位，见 Antonino Forte: "The Relativity of the Concept of Orthodoxy in Chinese Buddhism," in Robert E. Buswell, ed.: *Chinese Buddhist Apocrypha* (Honolulu: University of Hawaii Press, 1990), pp. 239–250。相对于西方对异端议题的关注，中国的正统思想乃是一套儒家的仪式化规范，以维系道德为其重点，缺乏知识论或形上论的兴趣。我在此处探讨的唐代时期，对于振兴这项正统思想显然有所犹豫。儒家正统思想真正复兴之际，已是唐代盛极而衰的时候。又，我把这里说的"正统思想"和前面讨论的倾向于政治上的"正统"作了分别，读者应该可以看出两者的不同。

[230] 关于韩愈，Charles Hartman: *Han Yü and the T'ang Search for Unity* 是一部极佳的研究著作。近来中文著作有邓谭州：《韩愈研究》（长沙：湖南教育出版社，1991）。

[231]《原道》这篇著名论文并未谈及文学活动。韩愈的文学理论主要可见于若干简练的文句里，引于 Hartman: *Han Yü*, pp. 213, 221，特别是 pp. 222–223。尽管如此，一般仍认为"文以载道"是他的核心思想。

也深受世世代代中国作家的敬重。他深知"道"与"文"的差别,[232] 但在他看来,文学写作的主要目的不仅在于体现写作活动本身的价值,更在于让人与"道"在现实世界的体现合而为一。一般皆认为这种观念是韩愈新创的,也是韩愈的典型思想,并就此产生了恒久的影响。在唐代后期与后续朝代,文学写作(尤其是诗的写作)在科举考试中的重要性日益降低,就是以韩愈为代表的这股新潮流所带来的结果。此外,在韩愈之后,"文"才恢复了原本的"文化"(斯文)含意。宋代与宋代之后的儒家学者都认为这正是孔子的本意。[233]

韩愈最重要的"古文"观念,也奠基在他的文学理论上。所谓的古文观,即是认为写作应该采取比较适合阐述事物的古文风格;至于当时还流行的、高度形式化的骈文风格,韩愈则认为会阻碍个人表达内心的想法。不过,古文的重点还不仅限于写作风格的改变。韩愈认为回归古文就是复兴奠基在儒家经学上的文化,亦即古代的文化或是圣哲的"道"。他强调模仿古人写作风格,其实隐含了一项信念:认为圣哲的"义"不但可以理解,也应该取代文字形式而成为理解与学习的目标。[234] "古文"的观念与"复古"紧密相关,而复古正是韩愈——尤其是李翱——的中心思想。

韩愈倡导"古文"不但对"复古或回归正统"的中国观念影响深远,也深深左右了往后一千年的写作风格。自此以后,准备科举的考生都必须学习写作古文风格及体裁的论文。儒家正统思想遂与古文合一,文不再只是题材的沿袭与运用,它更是"道"的阐述与发扬。[235]

---

[232] 他似乎认为人之所以写作,是因为"不平":"大凡物不得其平则鸣。……其于人也亦然。人声之精者为言,文辞之于言,又其精也,尤择其善鸣者而假之鸣。……唐之有天下,陈子昂、苏源明、元结、李白、杜甫、李观,皆以其所能鸣。其存而在下者,孟郊东野,始以其诗鸣,其高出魏、晋。"见韩愈:《送孟东野序》,收录于马通伯校注:《韩昌黎文集校注》,4:136–137。关于"不平"的概念,见大木康:《不平の中国文学史》(东京:筑摩书房,1996)。这部著作用"不平"(即愤恨不平)的观点研究韩愈。

[233] Peter K. Bol: "This Culture of Ours," pp. 123–136, 请注意,Bol 对于汉代"文"的观念并没有赋予如此明确的意义。韩愈复兴儒学的动机源自于他对佛教的强烈敌意,而他对佛教的批判也经常被视为道学运动的基础。我认为韩愈重新诠释"文"的目的,至少与这点同样重要。

[234] Peter K. Bol: "This Culture of Ours," p. 128 探讨了"义"这个字。另见 Hartman: *Han Yü*, pp. 220–225。

[235] Hartman 对于韩愈所谓的"古文"提出了深入的阐释,见他的 *Han Yü*, pp. 220–225。此处我只把重点放在受到韩愈的"古文"观念影响最大的写作风格。

韩愈生在中国贵族的"生活世界"（Lebenswelt）正趋没落的时期。[236] 他没有贵族的家族背景，只好参与科举，却又屡试屡败。这段充满挫折的经验困扰了他许多年，[237] 由此也可看出他为何对科举制度抱持批判的态度。不过，他对于自从8世纪中叶以来就已渐趋式微的传统贵族制度其实更不满。[238]

韩愈个人生活的特征，就是持续参与国家的教育活动。由于他和教学活动关系密切，因此对老师的角色特别敏感。他的散文《师说》忠实地反映了他身为备受尊崇的国子监祭酒所关注的事务，也明确提出了老师的理想角色："传道、授业、解惑也。"自此之后，中国人就一直以这句名言描述老师的典范。《师说》一文传达的信息有二：真正学习的内容是"道"，而且老师能否胜任教学工作与年龄无关。[239] 同

---

[236] 我找不到适切的字眼描述个人在其中生存并且省思个人存在意义的整体脉络，所以借用了这个字面意义为"生活世界"的德文字眼。关于这个字眼，尤其是狄尔泰（Wilhelm Dilthey）的用法，见 Helwig Schmidt-Glintzer, ed.: *Lebenswelt und Weltanschauung im frühneuzeitlichen China* (Stuttgart: Franz Steiner Verlag, 1990), p. ix，其中引用了狄尔泰的名言："die Gesamtansicht von der Welt und der Stellung des Menschen"（从世界与人的地位的总体观点）。关于"Lebenswelt"的进一步探讨，见 Jurgen Habermas: *The Philosophical Discourse of Modernity, Twelve Lectures*, tr. by Frederick G. Lawrence (Cambridge, Mass.: MIT Press, 1996), pp. ix, xi, 2–22, 298–327。

[237] 见韩愈近乎自虐的散文《进学解》，收录于马通伯校注：《韩昌黎文集校注》，1：26–27。关于落第考生常见的症候，大木康以"不平"概括称之，并且对此进行了有趣的研究。见大木康：《不平的中国文学史》，页 80–110。另见 Hartman: *Han Yü*, pp. 27–29。

[238] 关于贵族式的政治与社会结构渐趋没落的现象，近代的日本学者都把安史之乱（755–762）视为关键的分水岭。见砺波护、武田幸男：《隋唐帝国と古代朝鲜》，收录于桦山纮一等编：《世界の历史》，第六卷（东京：中央公论社，1997），页 208–221。爱宕元在为窪添庆文等：《中国史（第二卷）：三国～唐》（东京：山川出版社，1996，收录于松尾直雄等编："世界历史大系"）所写的文章里指出，九世纪初年标志了贵族秩序的没落，当时也正是最后一个世族族谱的编纂时间（814）（见页 323–326）。爱宕元进一步认为贵族世界真正的终结乃是唐朝覆灭的时候，见页 485–486。第二次的"终结"就是贵族生活世界的终结。英语世界的史学家通常把注意力放在反驳陈寅恪的著名论点（即科举考试造成了贵族官僚体系的衰微）。这方面尤其可参见 Michael Dolby 在 Twitchett, ed.: *The Cambridge History of China*, vol. 3, pt. 1 所写的章节（见 pp. 652–654）。另见 David George Johnson: *The Medieval Chinese Oligarchy* (Boulder, Colo.: Westview Press, 1977), pp. 149–150，Johnson 指出科举考试的影响虽然间接，却持续得极为长久。近来有些美国的宋代史学者甚至谈及贵族结构在北宋的持续存在。见 Patricia B. Ebrey: "The Dynamics of Elite Domination in Sung China," *HJAS*, vol. 49 (1989), pp. 493–519。至于中国学者的观点，见中国史研究编辑部编：《中国古代史研究概述》（扬州：江苏古籍出版社，1987），页 184–190。一般而言，最具影响力的学者，例如韩国盘，都认为"官僚士族"在唐代前半期仍然势力极大，到了唐武宗（841—859 年在位）期间才告没落。我认为，就算我们认为有些宋初精英在治家方面仍然深受贵族理想的吸引，爱宕元的诠释，认为唐末已经完全结束的说法还是应该算是最为满意。

[239] 马通伯校注：《韩昌黎文集校注》，1：24–25。

样的，也许因为他在科举考试当中一再遭到挫折，所以才写了《进学解》，努力想要说明教学为何是一项重要的工作，尤其是在这个"学虽勤而不繇其统，言虽多而不要其中"的时代。[240] 韩愈认为教学是士人（特别儒家知识人）应尽的义务，他这项倡议不但重要，也首度指出教学事业对学者官员的价值。这篇文章透露了韩愈的感想。他活在一个愈益为职业官僚所主宰的世界里，而且这些官员本身也都是学者。其中许多人踏上仕途之前，也许都从事过教学工作。

韩愈在这篇论文里用了"统"字。这个字眼通常用在政治正当性的辩论里，但在他的文章中却是用于描述正统学习的传承。他成了唐代中国触及道统观念的第一人。有些学者认为他的道统观乃借自禅宗思想。[241] 不过，韩愈愿意借用佛教观念，必然是因为他认定这项观念合乎儒家的思想。就道统而言，最早提出这项观念的是孟子。此外，韩愈自然也深知"正统"观念的重要性——这项观念在唐初的朝廷里曾经被广泛论辩，在韩愈的时代仍然回荡不已。[242] 正统与道统的观念对于政治或思想的正当性都非常重要，也更可能是后代（像熊赐履）所提倡的"学统"的起源。

道统的观念把学术传承的概念提升至崇高的道德地位。一方面，韩愈热切接纳了禅宗的"传法"观念，因为唯有面对面的教学，才能让学生真正理解老师所要传达的信息。另一方面，韩愈对于信息的正确理解极为关注。如此一来，就促成了教学法方向的改变，把重点转向学生追求真正知识的决心，而不是以读死书的形式按照既定的学术进程逐步升学。致力于领会正确的教学核心，正是道统观念对学生有意义的原因。就某方面而言，韩愈对于"道"的正统传递所进行的初步探讨，让后代思想家得以对学术活动采取较为开阔的视野，不仅限于谨守教材的形式化教学或

---

[240] 马通伯校注：《韩昌黎文集校注》，1：27。
[241] 见本章第三节第五段。
[242] 饶宗颐：《中国史学上之正统论》，页 25–27、64–70、273、299–300。

练习。[243] 这些观念非常重要，韩愈和李翱就是以此为根据，从而开启思想追求的新方向，最终开花结果，成为宋代的道学。如果说朱熹是中国中世纪晚期第一位振兴"为己而学"的观念并且谈论"自得之乐"的学者，那么他绝对是受到了韩愈道统观的启发。这项观念对于朱熹倡导重新找回孔子教诲的做法颇为关键。[244]

■ 李翱

把儒家学问复兴为思想正统，是韩愈思想追求的核心要务。李翱藉由思考"性"、"诚"、"道"等概念，以形而上的方式来处理这项追求。此外，李翱也非常重视《礼记》的《中庸》一章，并且提议为这份重要文件里的各项观念进行新的诠释。后来朱熹把这个章节列入所谓的"四书"当中，从而为其赋予了经典地位。简言之，李翱跟随韩愈的脚步，在9世纪初创造了一种新的世界观。这种新式观点为一种全新的思想前景定了调，也就是后来所谓的"道学"。在道学世界观许多重要的新发展当中，恢复原本的儒家思想大概可算是最重要的一项。这点必须归功于韩愈和李翱。[245]

---

[243] 此处探讨韩愈和道统的关系，大致上皆基于 Hartman: *Han Yü*, pp. 159–166。另外在这里补充指出"学统"观念的重要性。本书对这个题目没有交待，借这里略谈一下，以补充我对这个课题的思考。学与统联用，至少可以上溯至宋末元初人熊禾，但主要是道学兴起后，特别是元朝以后，才受到广泛的注意。吴澄（1249—1333）写有《学统》一书。可见当时对学统的构想与道统相似。至于近代以来，像牟宗三或钱穆，他们也都兼道统、学统、与"政统"、"治统"或"人统"合而并论，其中自有分梳，但是主要都是谈学术的传承以及中国学术与道的一统和致，以及中国学术如何自成为统的基础问题。这些问题的提出当然都是沿宋明道学而开展出来的，其中的保守性格处处可见（请来看下注）。

[244] 所以狄培理（de Bary）才会把"道统"译为"找回或赢回道"（repossession of the Way）。见其 *Neo-Confucian Orthodoxy and the Learning of the Mind-and-Heart*, pp. 1–3。也就是说，这里讲的道统，与下面的"复"有密切的相关，而"复"之为意，在中国典籍，一向就是"终而复始"（《易经》第二十四卦："复，亨。出入无疾，朋来无咎。反复其道，七日来复。利有攸往。"）的意涵，所以中国的保守主义是从循环的沉沦中创造出新的契机的信念。"文艺复兴"（renascito）原意也是如此，不过，到了十八世纪之后，进步的观念就逐渐取代"再生"的观念，而不再只追求破茧而出，而是能改变物种（参看本书第七章注14及31）。

[245] 关于宋代道统观的全面性探讨，见 Wing-tsit Chan: "Chu Hsi's Completion of Neo-Confucianism," *Études Song*, series. 2, no. 1 (1973), pp. 59–90；另见他的《新道统》，收录于氏著：《朱子新探索》（台北：台湾学生书局，1988），页429–435。值得一提的是，与韩愈同时代的皮日休（约834—883）曾建议把韩愈纳入孔庙。见皮日休：《皮子文薮》，萧涤非点校（上海：上海古籍出版社，1981），9：87–88。十一世纪中叶，石介（1005—1045）建议把韩愈纳入道统谱系里。当时的学者以及后来的朱熹都认同这项建议。

"复"的观念对于韩愈——尤其是李翱——虽然相当重要,[246]我却宁可将他们的作为描述为"建构正统",而非"恢复正统"。原因很简单:韩愈提倡了写作风格不该沿袭陈规的观念,而倡导"奇"的概念,意指采取创新的方式、运用艰涩的字汇与写作形式。[247]这种强调打破陈规的论点,带有创意的色彩。李翱还更进一步,甚至不惜编造故事并宣称为真实事件,藉此为他想鼓吹的论点增添正当性。为了提升《中庸》的重要性,李翱谎称这篇文章是一部原有47卷的作品唯一留存下来的一篇。他的动机非常明显:通过强调这部著作的高度智慧与庞大篇幅,即可提高其地位。这种做法在早期颇为常见,但到了9世纪已愈来愈不被允许。[248]李翱不惜采取捏造的做法,连同韩愈对于打破陈规的强调,标志了中国知识史上的又一转变。李翱恢复了把近代著作赋予经典地位的做法,启发了朱熹把《大学》与《中庸》列为"四书"。[249]由以上的讨论,再加上先前探讨的道统,明显可看出9世纪由韩愈和李翱为代表的知识界正致力于建构新的知识或学术正统。这努力后来终于成功恢复了儒家思想的权威地位,道学的兴起至少部分是这项发展的结果。

4. 晚唐理想教师观念的危机

到了9世纪,老师的角色已成为许多作家关注的主题。上面提到韩愈在这方面的贡献(《师说》)是最明显的例子。柳宗元(773—819)的思想虽然经常与韩愈相左,却也相当关注教学兴起成为一种事业的现象——尽管可能还算不上是专业。他深知韩愈为了提升教师的地位可以不择手段。不过,他的论述不像韩愈那么激烈。

---

[246] 见李翱的著名论文《复性书》。
[247] 《答李翊书》,收录于马通伯校注:《韩昌黎文集校注》,3:98–100:"惟陈言之务去……"。关于"奇",见Hartman: *Han Yü*, pp. 256–257。
[248] 所谓的"依托"曾被广泛认为是一种宣扬个人观点的方式。这做法基本上就是伪造,把自己的著作依托于某位著名作家,盼望藉由该位作家的名气提升作品的地位。这个思想界的惯例并未受到注意并作整体性的研究,但对此有兴趣的读者可参阅张心澄:《伪书通考》(上海:商务印书馆,1954,重印1939年本),其中收录了不少例子。
[249] 这种做法在朱熹之后就不再有效了。关于朱熹的经学,以及他编辑《大学》的相关议题,请参见本章第五节第五段。

他认为学生应该把老师当成朋友。此外，他也坚决认为只有跟随老师学习，才有可能达至道德的完善。他还进一步指出，老师是否适任与社会地位无关。这点正合乎他对老师的看法，亦即学生应把老师当成朋友，而且所有人都应该互相指点、学习。[250]

■ 教学与道统

把"教学"回归为一种志业的运动，反映了"道统"观念的变化，也反映了佛教及道教的教学法与教师地位对儒家学者带来的挑战。儒家与非儒家教学法的相互影响，在这段复兴儒家传统的关键时刻达到了高峰。

与"统"字密切相关的道德、治术乃至于思想传承的观念，传统上认为源自《春秋》。不过，"统"字在《春秋》里却用于指称地理上的统一。接着，孟子论述了正确传递德智的重要性。"统"字在往后一千年间支配了中国人对于正当程序的概念，尤其是在有关政治权力嬗递的辩论里。

在特定学派的正统性或真实性的辩论里，思想的传承也占有重要的地位。政治正统的观念至少有部分是受到这种思想传承观念的启发。这两种思维必然互相影响。[251] 显而易见，"统"的概念对这两者的传承都具有高度的重要性。

先前提过，到了4世纪，有些道教思想家已开始就师承主张教义的纯正性。[252] 这观念启发了中国佛教的教长制传统观点。提高老师的地位，并且为其赋予神秘性的特质，是传统儒家经学家从来不曾有过的想法。不过，有些3世纪的儒家教师至少在仪式上曾经达到这种神圣地位。由此可见，看待教师的宗教观点具有多么广泛

---

[250] 柳宗元对于老师的探讨可见于多篇论文里，包括《答严厚舆秀才论为师道书》、《答韦中立论师道书》、《报袁君陈秀才避师名书》、《师友箴》，见《柳宗元集》（北京：中华书局，1979），19：530–532；34：871–874、880–881；34：878–888。另见 Jo-shui Chen: *Liu Tsung-yüan and Intellectual Change in T'ang China, 773–819* (New York: Cambridge University Press, 1992), pp. 144–147。

[251] 饶宗颐：《正统论》页1–7正确地指出，历法或天文的周期循环是中国人正统观背后的基础。政治权力的更替向来都伴随着历法的变更，但却是班固（见《正统论》，页5；《汉书》，99b：4194；Homer H. Dubs: *The History of the Former Han Dynasty*, vol. 3, pp. 47–44）以条理分明的论述把"非正统"的政权视为"闰位"（悖逆天的秩序），就此为政治的正确传承赋予了至高的重要性。无论如何，在思想辩论中把正确或正当的传承视为保证因素的观念，可追溯到更早之前（就算不直接追溯到孔子本身，至少也可追溯到战国时代）。

[252] 先前已讨论过葛洪及其"师授"的观念。

的影响力。

■ 佛教对道统观念的影响

"统"字也以类似的方式开始出现在佛教教诲真实性的教义辩论当中。愈来愈多的僧侣都援引正统教诲的传承，证明自己信奉的教义具有权威性。一般认为智顗（538—597）为天台宗建立了传承的世系，但创立传统并不是智顗的专利。三论宗早期的大师一再谈及向老师学习的重要性。吉藏（549—623）指出："学问之体，要须依师承习。"[253] "师宗有在，非今始构也。"这件武器用于抵挡成实宗信徒的攻击，事实证明相当有效。[254] 他强调正确承习的观念，虽然无助于三论宗在他死后继续式微，[255] 其背后的方法及概念却就此在中国佛教里确立了下来。他援引"祖"的观念，也从此成为一种惯例。[256]

中国佛教以"宗"指称教派，当然显示了一种观念，认为教派的教诲系由过往的大师一脉相承而来。这也正是"宗"的原本意义。[257] 援引具有权威的思想先祖，成了个人为自身教诲建立可信度的通行做法。吉藏就采取了这种方式。[258] 智顗确立了这个字眼在中国佛教里的地位，意指教义议题的包容性与排他性。[259] 不过，"宗"

---

[253] 吉藏：《大乘玄论》，收录于《大正新修大藏经》，第45册，no. 1853，页1–15。关于鸠摩罗什以来正统教义传承的争论，见汤用彤：《汉魏两晋南北朝佛教史》，页758–765。

[254] 汤用彤：《汉魏两晋南北朝佛教史》，页759。关于吉藏"承习"观的详细讨论，见中村元主编：《中国佛教发展史》，余万居译（台北：天华，1984），第一卷，页239。另见任继愈主编：《中国佛教史》，第二卷（北京：中国社会科学，1988），页462–489。

[255] 另一派新的三论宗在他死后不久兴起，并且尊他为始祖。

[256] Bernard Faure在他研究禅宗世系的重要著作里，首先指出中国禅宗的首要特征就是"对教长(祖)制传统的坚持"。见Faure: *The Will to Orthodoxy*, tr. by Phyllis Brooks (Stanford: Stanford University Press, 1997), p. 1.

[257] 关于语源与权威著作的探讨，见中村元主编：《中国佛教发展史》，第一卷，页245–249。智顗曾对"宗"的观念提出最早的系统性探讨，见其《妙法莲华经玄义》，收录于《大正新修大藏经》，第33册，no. 1716，1a：683a；10a：804b。

[258] 关于这方面的例子，请见他的《三论玄义》，收录于石峻等编：《中国佛教思想资料选编（第二卷第一册）》（北京：中华书局，1983），页271–304，及书中各处。吉藏探讨了何谓正统的"宗"（页285–287），也探讨了真实教诲的传承（页289–293）。

[259] 中村元主编：《中国佛教发展史》，第一卷，页247–249。以现代较为时髦的用语，可以说"宗"就是"边界"（boundary）。

字原本的意义绝对没有这么形而上,而是比较接近于中国独有的传承观念。

"祖"的使用也应以同样的脉络理解。有些学者指出,佛教徒之所以亟于证明自己的教派确实源自印度,而且教义"始祖"的确是释迦牟尼,原因就是佛教在北魏(386—535)所遭到的挑战与迫害。[260] 他们的目的显然是要建立一道可靠的传承脉络,可追溯至原本的创始者,藉此确立这项宗教信仰的真实性。

世系的概念持续影响着中国的佛教与道教僧侣。智𫖮的门徒章安灌顶(天台五祖,561—632)宣称天台宗的教诲——阐述于《摩诃止观》里——乃是由一连串的大师自佛祖传承而来。[261] 这样的做法明确采用了一种与"统"及"宗"基本上相似的概念。智𫖮利用这项观念证明他本身教诲的正统性。反讽的是,章安灌顶竟赞之为"前代未闻"。[262] 自此之后,这个方法大为盛行,并且广为其他佛教僧侣所模仿。

禅宗僧侣对于该如何建立判断教法正统性的标准最为重视。他们提出的答案,就是检验该教法的传承世系。援引大师世系以证明教义正统性的最早范例,可见于710年(睿宗时)的《楞伽师资记》(又名《楞伽师资血脉记》)。由书名即可看出这部著作的内容乃是历代的师承。[263] 这是禅宗"传灯"制度的开端。必须指出的是,佛教的师徒关系乃是建立在严格遵循仪式与教条的基础之上,因此与在这项议题上采取规范性思考的儒者相当不同。在此只需要指出,佛教认为教师或祖师就代表了教条本身。儒家的教师从来不曾提出这样的全面性说法。[264] 在儒家的观点中,把老师视为真理的化身,就等于赋予老师一道超自然的崇高光环。[265]

---

[260] 曾有人指控佛教是汉代中国人捏造的宗教。因此,记录有关禅宗祖师的传承的《付法藏因缘传》在北魏期间曾经两度翻译成中文。敦煌所见也有多种译本。汤用彤:《隋唐佛教史稿》(北京:中华书局,1982),页106。

[261] 这部著作的点校摘录(第五章)可见于石峻等编:《中国佛教思想资料选编(第二卷第一册)》,页2–46,见页2–3。至于这部著作的全本,收录于《大正新修大藏经》,第46册,no. 1911,页1–140。

[262] 智𫖮:《摩诃止观》序,收录于《大正新修大藏经》,第46册,no. 1911,页1–11。

[263] 这部著作直到二十世纪才在敦煌发现,由胡适广为传布而成名。见 Bernard Faure: *The Will to Orthodoxy*, pp. 167–176。Faure 对这部著作的日期及后续添补所做的详细研究虽然重要,无损于我在此处所要说明的论点。

[264] 唐代中期之后,教师显然不太受到敬重,至少在佛教界是如此。睿宗元和五年(810),般若三藏翻译了《心地观经》。在这部著作里,早期中译佛经(像北魏般若流支译《正法念处经》)强调的父、母、如来、法师等四恩,改成了父母、众生、国王、"三宝"。"师"被剔除,显然反映了教师的重要性在他的时代已告式微(我在前文已经谈到这一点)。这部著作收见《大正藏》,第三卷,no. 159,页290–320。见页297a。

[265] 关于知识传递的相关讨论,请参见本书第六章。

■ 儒家把教学复兴为志业的作为

儒家教师确实有必要重新建立其权威与影响力。平民学者人数开始增加，贵族成员也不再享有任官的保证。许多科举考生或没有获得官职的贵族都选择了从事教学。

在这同时，随着科举进士科的重要性逐渐提高，经学也慢慢丧失了原本至高的重要性。[266] 就连官学的课程也不再只教导经学。[267] 经学家大致上都已扬弃了"家法"观念，也不再像过去那样享有崇高的地位。这种种发展带来的后果相当明显。

先前已经提过韩愈对"道统"观念的贡献。他可能也觉得有必要建立"师统"以提高老师受人敬重的地位。[268] 这点在他的著名论文《师说》里可以明显见到。韩愈在官学里任职，尤其是在国子监担任祭酒的经验，必然让他感到有太多官员都把自己在教育机构里的服务视为仕途生涯中的一个小站而已。他曾经指出："委国子祭酒选择有经艺堪训导生徒者，以充学官。近年吏部所注，多循资叙，不考艺能。"[269]

不过，9世纪的中国人看待老师的观点，大幅挑战了佛教徒与道教徒的观念。其中的根本差异在于儒家的观点缺乏宗教面向。长久以来，儒家教师已经不再神圣，就连汉代晚期与魏晋南北朝期间的那种仪式上的神圣性也荡然无存。另一项根本差异，是连续性（不可中断性）的观念在思想传承当中并不重要。这是韩愈的道统观影响所及的结果。先前已经解释过，道统的观念强调的是复兴儒家传统的原始教诲，并且以开明的方式加以理解。此处的核心教训是，经过数百年的中断之后，须再重

---

[266] 关于经学在唐代安史之乱以后的发展概述，见 McMullen: *State and Scholars*, pp. 92–112。关于经学倡导者与文学倡导者的冲突，尤其是在科举考试当中，见刘海峰：《唐代教育与选举制度综论》，页 173–208。

[267] 关于经学在唐末太学与官学当中的没落，见皮锡瑞著，周予同注释：《经学历史》，页 210。

[268] 陈荣捷认为道统的观念并未借用禅宗的传灯概念，但没有谈到禅宗如何向儒家借用了传承（或作传授〔transmission〕）的观念。Wing-tsit Chan: "The New Tao-t'ung," in his ed.: *Chu Hsi: New Studies* (Honolulu: University of Hawaii Press, 1989), pp. 320–335。另见他的《新道统》一文。另见土田健次郎：《道統論再考》，收录于鎌田茂雄论集刊行会编：《中国の仏教と文化——鎌田茂雄博士還暦記念論集》（东京：大藏，1988），页 613–630。土田健次郎支持陈荣捷的看法。

[269] 马通伯校注：《韩昌黎文集校注》，8：369。

新以道统连结原始的启发来源。这时候,连续不断的传承已不再是关注的重点。一个人只要能够与原本的教诲合而为一,就可以是一位好老师。这种看待教师的新观点为许多从事教学事业的学者提供了支持。在这个儒家学术与意识形态史上的关键时刻,教师观的重新诠释是相当重要的。

在结束这段探讨之前,我必须指出,唐代晚期的教师理想其实是若干思想潮流的共同形塑,其中包括了传承世系这个重要而且根深蒂固的信念。这个信念同样影响了佛教与道教看待理想宗教大师的观念,而且这些宗教大师通常也是教师。中国人相信统治者应通过教导人民而治理国家的独特信念在这里明显可见,而老师的权威则来自于证明自己乃是传承自该宗教或学派的创始人。这种看待教师理想的观点,在唐代佛教与道教的辩惑学(apologetics,或称为护教学)中最能充分感受得到。儒家强调教师身为学说大师的神圣性,就等于是给予了寻求从事教学工作的新一代儒家学者精神的支持,并且让他们觉得迫切需要证明自己承继了儒家教诲的源头。真正重要的就在于这种与原始观点的连结。以传承世系判断知识的真实性虽然原本是儒家的观念,但是在道教与佛教的诠释者手中却产生了宗教上的重要性。到了这时候,反而轮到由儒家思想家复兴这项观念。于是,老师的新式理想也就在 9 世纪诞生了。

5. 隋唐教育思维里的佛教思想

在形塑隋唐知识与社会环境的各股力量当中,佛教是影响力最大的意识形态。尽管常有人说唐代政府赞助佛教,实际上政府的这种资助行为却有其政治动机。威斯坦因(Stanley Weinstein)指出:"在 755 年的安史之乱之前,唐代政府对待佛教的政策是一方面给予充分的赞助,另一方面却又采取愈来愈严苛的约束。"[270] 唐代晚期,随着中央政府大权旁落,军阀与藩镇的势力愈来愈猖獗,自然谈不上什么官方

---

[270] Stanley Weinstein: *Buddhism under the T'ang* (Cambridge: Cambridge University Press, 1987), p. 5。案:此书有中译,题为《唐代佛教:王法与佛法》。

政策：这时佛教已丧失了"精英"（elite）的创造力，[271]而且其活力也逐渐与政府无关。实际上，佛教在唐武宗（840—846）治下遭到严苛的压迫，但唐代的佛教到这时已深深融入中国人的生活。我将探讨其他重要因素，藉此彰显佛教对唐代教育的影响。

■ 公开讲经的精致技艺

首先是佛教对公开传教的重视。最广泛使用的方法就是在魏晋南北朝期间发展出来的"俗讲"制度。变文的铺排对教育也有许多影响。[272]

隋代与唐初的俗讲与先前的佛教讲经颇为相似，通常伴随着音乐与唱诵。[273]不过，到了7世纪末，有些讲经者虽然仍旧全心追求原本的传教目的，却也开始在讲经活动中谈及佛教以外的热门议题。我认为这才是俗讲的真正滥觞。这样的实验也许起于偏远的地区，远离于首都长安。[274]不过，到了9世纪初，俗讲已广受欢迎，就连皇帝也亲自到寺院参加。当时旅居中国的日本僧侣圆仁（793—864）详细记录了一场典型的俗讲活动，兹引述如下。这场活动举行于长安的一座新罗寺院：[275]

> 辰时打讲经钟，打惊众钟讫。良久之会，大众上堂，方定众钟。讲师上堂，登高座间，大众同音，称叹佛名，音曲一依新罗，不似唐音。讲师登座讫，称佛名便停。

---

[271] 我在此处借用了上引 Weinstein 的论点。他认为唐初的玄奘（602—664）、道宣（596—667）、法藏（546—629）、神秀（?—706）等大师，以活跃的学术活动建构了佛教思想的中国传统。他们努力的成果到了安史之乱爆发之际已告结束。后续如净土宗的发展，则以其平等性或大众性著称，缺乏精英的特质。见 Weinstein: *Buddhism under the T'ang*, pp. 59–63, 66–74。

[272] 这项主题有一部规模庞大的文献，见 Kenneth K. S. Chen: *The Chinese Transformation of Buddhism*, pp. 244–245 (n. 17)。陈观胜所引用的中文文章，大多数都收录在周绍良、白化文编：《敦煌变文论文录》（上海：上海古籍出版社，1982），上册。以下的探讨主要取自 Kenneth K. S. Chen: *The Chinese Transformation of Buddhism*, pp.244–252。由于公开讲经与变文文学（见后续探讨）紧密相关，因此探讨后者的著作通常会对前者的性质有所阐述。

[273] "俗讲"一词是许久以后才出现的名称。这个名称在书面记载里出现的确切时间仍有争论。以下所述是俗讲的特征。关于俗讲起源时间的争论，见前一注引述的文献；也见下一注。

[274] 福井文雅：《唐代俗講儀式の成立をめぐる諸問題》，《大正大学研究纪要》，第 54 辑（1968），页 307–330，尤其是页 311–312。福井文雅与陈观胜都认为俗讲与早期的佛教讲经之间具有连续性。

[275] 圆仁：《入唐求法巡礼行记》（桂林：广西师范大学出版社，2007），2:61；参考向达：《唐代俗讲考》，收录于氏著：《唐代长安与西域文明》（北京：生活·读书·新知三联书店，1957），页 294–336。

时有下座一僧作梵，一据唐风，即云何于此经等一行偈矣。至"愿佛开微密"句，大家同音唱云，戒香、定香、解脱香等颂。梵呗讫，讲师唱经题目，便开题，分别三门。释题目讫，维那师（案："维那"是寺院的三光之一，"维那师"负责执行规矩；《十诵论》说他们是"知事之次第者也"）出来，于高座前，设申会兴之由，及施主别名，所施物色。申讫，便以其状转与讲师，讲师把塵尾一一申举施主名，独自誓愿。誓愿讫，论义者论端举问。举问之间，讲师举塵尾，闻问者语，举问了，便倾塵尾，即还举之。谢问便答。帖问帖答，与本国同，但难仪式稍别，侧手三下，后中解白前卒尔指申难声如大瞋人（案：生很大怒气的人），尽音呼诤。讲师蒙难，但答不返难。论义了，入文谈经。讲讫，大众同音，长音赞叹，语中有回向词（案：梵语，parinama，又作回向、转向、施向。以自己所修之善功德，回转给众生，并使自己趋向菩提涅槃）。讲师下座，一僧唱《处世界如虚空》偈，音势颇似本国。讲师升礼盘，一僧唱三礼了，讲师大众同音，出堂归房。

　　更有覆讲师一人，在高座南，下座便谈讲师昨所讲文至如会义句。讲师牒文释义了，覆讲亦读。读尽昨所讲文了，讲师即读次文。每日如斯。

　　唱诵的活动和讲经本身以及辩论一样，都属于俗讲主要内容的一部分。这套程序似乎相当繁复，但另外还有其他文献可以证明圆仁的记录是正确的。[276] 讲经部分的复杂度非常引人注意，高度发展的学术辩论形式也是前所未见。[277] 此外，圆仁也提到讲经挑选的都是比较艰涩的佛经。这点颇令人惊讶，因为俗讲的听众理当是一般世俗大众。不过，这时正是佛教臻于高峰的时刻，而且这些俗讲大多是国家资助的活动。当时的听众——至少是国家资助的俗讲活动的听众——有可能早已熟悉我们今天认为难懂或艰深的经典。

　　俗讲不但广为风行，内容的艰深程度也引人注目，因此成为各方的模仿对象。道士也开始举行传道会，并且同样获得皇帝的赞助。佛教讲经的戏剧性和音乐性

---

[276] 见 Kenneth K. S. Chen: *The Chinese Transformation of Buddhism*, pp. 247–252。
[277] 讽刺的是，赖世和（Edwin O. Reischauer）竟然认为俗讲——尤其是就"专精于一本经书的习惯"（专经）而言——可能受到中国学问传统的影响。见 Edwin O. Reischauer: *Ennin's Travels in T'ang China* (New York: Ronald Press, 1955), pp. 186–187。

让许多儒家教师留下深刻印象，他们也希望自己的讲学能够达到同样的效果。我后续谈到陆九渊的讲学礼仪，读者即可看到佛教俗讲对他应该有所启发。

■ 变文

讲经活动中，一般使用的文本都是佛教著作。但随着讲经的技艺逐渐普及，内容也开始趋向世俗化发展。这项发展可清楚见于"变文"的兴起。[278] 利用图画或雕塑阐明佛经的教诲，就称为"变"，[279] 平面或立体的艺术品则通常称为"变相"。[280] 变相的目的显然是要让世俗大众在讲经会或节庆上能够直接看得懂佛经内容。

到了9世纪，由于佛教讲经已成为一种极为繁复的艺术，也可能由于时代的变迁，讲经者开始以当代语言阐释佛经，让听众更容易吸收。在讲经中搭配图画，更有助于达成此一目的。另一方面，讲经也采取演绎的方式，把佛经"转变"为比较

---

[278] 见 Wu Hung（巫鸿）: "What Is Bianxiang (Pien-hsiang)? On the Relationship between Dunhuang Art and Dunhuang Literature," *HJAS*, vol. 52 (1991), pp. 111–192. 另见曲金良:《变文名实新编》,《敦煌研究》, 第 7 期（1986）, 页 48–56。

[279] 关于"变"字的字源探讨，见诸桥辙次:《大漢和辞典》, 第十卷, 页 614–618。这字眼与中国的生物化学观念有关（李约瑟称之为"延寿术"〔macrobiotics〕）。根据李约瑟的说法，阿拉伯魔术之所以令人对帽子中变出兔子的把戏深为着迷，就是因为"变"或"化"等中国观念的传入。现代魔术会不会是中国人发明的，也就是把娱乐元素注入"变"这种生物化学观当中呢？我不像李约瑟那么确定。但值得一提的是，有些故事确实谈到佛教僧侣（如佛图澄，活跃于 310—349）利用魔术技艺传道。这些表演魔术的僧人体现了当时译入中文的佛教观念与著作。"变"一字所指的也可能是雕塑与绘画所欲达成的"转化效果"。因此，这个字也隐含了阐释或扩展的意思。在儒家传统中，"变"经常与"权"（"权宜"的权）合用，指的是人在某种情况下必须采取的权宜行动，这行动虽然可能违反经典的规定，却仍然合乎道。道教对于"化"的着迷可见于十世纪谭峭的《化书》以及十二世纪的同名伪作。关于魔术，见 Joseph Needham: *Science in Traditional China* (Hong Kong: The Chinese University of Hong Kong, 1980), pp. 57–84。另见 Paul U. Unschuld: *Medicine in China: A Historical Survey* (Berkeley: University of California Press, 1985), pp. 132–153。关于佛图澄，见 Arthur F. Wright: *Studies in Chinese Buddhism*, ed. by Robert M. Somers (New Haven: Yale University Press, 1990), pp. 34–68。关于道教的《化书》, 见卿希泰:《中国道教思想史纲（第二卷）: 隋唐五代北宋时期》（成都: 四川人民出版社, 1985）, 页 678–679; Terry F. Kleeman（祁泰履）: *A God's Own Tale* (Albany, N.Y.: State University of New York Press, 1994), pp. 23–27, (n. 65), 书中各处; Judith M. Boltz: *A Survey of Taoist Literature, Tenth to Seventeenth Century* (Berkeley: Institute of East Asian Studies, 1987), pp. 67–68。关于"权变"（或"权宜"）的重要著作，见 Wei Cheng-t'ung（韦政通）: "Chu Hsi on the Standard and the Expedient," in Wing-tsit Chan, ed.: *Chu Hsi and Neo-Confucianism* (Honolulu: University of Hawaii Press, 1986), pp. 255–272。

[280] 我大致采取巫鸿的定义。见注 278 所引他的文章。

浅白但同样铿锵有力的形式和用词。这些讲经活动所使用的佛经，通常结合了图画与不同风格的文字，以引起并维持听众的兴奋。如此一来，变文文本即告出现。当然，变文最重要的地方在于其反映了唐代对文学创作的着迷，亦即以文为尊。不过，我们此处所关注的是通过口头传递的许多传奇及寓言故事。许多变文故事都取自佛经，但也有不少乃是从传统中国著作"转化"而来。敦煌变文手稿包含了不少著名人物的故事，如佛教传说中的目莲、司马迁的《史记》所记载的季布，以及《后汉书》记述的王昭君。[281]

这些变文文本的出现，让一般人首度有机会接触丰富的中、印传说与神话。后来劝善书一类的道德书籍或册子，其起源无疑可以追溯到利用变相与变文传播宗教与道德教诲的做法。而中国市场上一直流传不断的说书人的传统，当然也受过这些俗讲及演绎变文的活动的启发。[282] 至于变文对中国白话小说的影响，那就更不用提了。

■ 流行读物

除了讲经之外，编写基础读本也相当常见。天台宗创始人智𫖮就是一个典型的例子。为了促进追随者对《摩诃止观》的理解，他编写了只有10卷的《小止观》。[283] 像这样的尝试例子很多。在佛教寻求扩大接触一般民众的尝试当中，智𫖮的实验只是其中一部分而已。这项实验后来融入了佛教劝诱皈依的方法。中国的佛教机构向来喜欢散发免费传单或小册子给一般民众。较常印行分发的著作包括了《心经》、《金刚经》、《法华经》等。

---

[281] 关于目莲，见 Kenneth K. S. Chen: *The Chinese Transformation of Buddhism*, pp. 24–30。另见 Arthur Waley: *Ballads and Stories from Tun-huang* (London: George Allen & Unwin, 1960), pp. 216–235。Waley 在这部著作里也概述了此处提到的另外两则故事。另见 Victor H. Mair: *Tun-huang Popular Narratives* (Cambridge: Cambridge University Press, 1983), pp. 87–122。近来还有一部关于目莲的研究著作，并不局限于敦煌出土的资料，见 Stephen F. Teiser（太史文）: *The Ghost Festival in Medieval China* (Princeton: Princeton University Press, 1988)，书中各处。Stephen F. Teiser 此书已有中译，题为《幽冥的节日》。

[282] 最近对这个课题的研究作品有富世平：《敦煌变文的口头传统研究》（北京：中华书局，2009）。

[283] 这部著作现有点校本：李安校释：《童蒙止观校释》（北京：中华书局，1988）。讽刺的是，Thomas Cleary 摘译了《摩诃止观》，书名为 *Stopping and Seeing, A Comprehensive Course in Buddhist Meditation* (Boston: Shambhala, 1997)。Cleary 其实大可翻译《小止观》。

由于唐代佛教也有许多社会底层的信徒，因此自然特别注意对一般信徒的教化或教导。于是，着重于教导及劝化大众的努力也就成了隋、唐佛教最重要的特征。

■ 禅宗的寺院戒律

另一项重要特征，则是引进戒律和对话。在戒律方面，大多数的作者都注意到著名的《百丈清规》。由于这部作品经常被提起，又只有北宋版本流传下来，因此究竟实际上是不是唐代的著作，仍有各样争论。[284] 不过，中国的寺院规章到了八九世纪确实有可能已经发展成熟，而禅宗的僧侣领袖则是最早深入研究这些规章的人，也尝试订立新规条。

早期的规章显然非常注重劳动，[285] 也带有平等的精神。[286] 不过，到了 11 世纪，禅宗寺院的规范已变得更为繁复。宗泽（南宋初抗金名将）在 12 世纪初始汇编的规章多达十卷，内容涉及人员组织、建筑安排、日常典礼、祭拜仪式、讲经活动等各种事务。其中也提及新进人员的训练，并且详细规范了寺院僧侣和外界的关系。[287] 这类规范的实施让宋代的儒家学者留下了深刻印象，也促使他们寻求官学以外的教育课程。道学书院和佛教的寺院一样，目的都在于为其成员培养独立的人格，不以追求世俗利益为要务。书院提倡的，是比官学所标榜的还更崇高的价值。

因此，唐代佛教对中国的教育实践产生了不少重要影响。唐代佛教的思想活力到了 9 世纪确实已经衰竭，但宋代教育的特征仍是形成于儒家思想与佛教之间的持续互动，偶尔也包括道教在内。俗讲、变文、基础读本或简易佛经的流传，以及禅宗戒律和规范的引进，都促使唐代以后的思想家积极省思一般大众的重要性。这些发展也推动儒家思想家为自己信奉的儒家真理或信念寻求不同的传播方式。

---

[284] 关于这项议题，见本书第六章注 147。另见 T. Griffith Foulk: "Myth, Ritual, and Monastic Practice in Sung Ch'an Buddhism," in Patricia B. Ebrey and Peter N. Gregory, eds.: *Religion and Society in T'ang and Sung China* (Honolulu: University of Hawaii Press, 1993), pp. 147–208，尤其是 pp. 156–159。

[285] 朱熹把子夏要求的"洒水扫地"重新确立为基础教育的第一步，会不会是受到禅宗影响的结果？关于"洒水扫地"，见本书第五章第一节第四段。

[286] 佐藤达玄：《中国佛教における戒律の研究》（东京：木耳社，1986），页 479–491。

[287] 佐藤达玄：《中国佛教における戒律の研究》，页 492–532。

第五节　道学教育和博学

中国近代的教育可以说形成于宋代以后,随着道学世界观逐渐支配中国思想界而诞生。这种世界观在9世纪之后开始出现。大多数的中国史学家都认为,中国人看待佛教的态度之所以改变,并且认定有必要重振儒家思想与教育,乃是韩愈促成的结果。就韩愈致力于鼓吹复兴儒家思想的行动来看,这种观点确实没错。不过,韩愈在儒家重要思想家当中占据重要地位,却是由于人们对道学的偏重。宋代的思想史其实比道学思想家描绘的还要复杂得多。以下我将指出,宋、元时代的学术活动其实也带有一股强烈的开明潮流与广泛的治学兴趣。这两个发展,后来终于受到另一群人的质疑,这群人要求可靠的参考标准,也就是孔子所谓的"约"。[288] 道学"运动"的重要性,就在于这项运动为中国社会与思想重新标举了儒家价值观。这项做法也付出了代价,就是促成后代儒家正统的兴起。这一节将探讨儒学复兴最具创造力也最令人振奋的初期阶段。

---

[288]《论语》之《子罕第九》,第十一章("博我以文,约我以礼");《颜渊第十二》,第十五章("君子博学以文,约之以礼")。

1. 道学教育的思想背景

在教育方面，道学可以视为贵族生活世界没落而科举考试的重要性崛起的一部分。就思想上而言，当时的人对于何谓思想活动的核心，产生了观点上的改变，道学也和这种改变脱不了关系。贵族精英文化重视文学成就，并把纯文学视为生活的核心，道学世界观则是逐渐把关注重点转向哲学与思想上的思考。[289]

柳宗元虽然比韩愈年轻，他的观念却比较合乎唐代中期以佛教与道教为主流的思想观点。他虽然诉诸儒家原本教诲，却试图证明儒家思想与佛、道并无本质上的矛盾。许多与柳宗元同时代的思想家都抱持相同的态度，而促使后代的思想家继续研究佛教与道教，陆续从中引用许多概念。[290] 换句话说，中唐与晚唐的思想虽然因韩愈等人的领导而明确反对佛教，大多数学者却还是认为佛教提供了儒家与道教思想所没有的许多重要观念。他们认为个人应私下信奉佛教与道教，才能在纷扰困顿的世界里达致内在的平和。柳宗元认为退隐寻求内心的平和，与儒家思想要求个人积极参与公共事务的观念有着互补之效。[291] 白居易（772—846）则曾写有《三教论衡》主张三教圆融，对后代的文人有相当大的影响。

不过，在韩愈和李翱眼中，人必须先信奉并且内化孔子的道德教诲，才能维系或改革既存的世界秩序。[292] 他们的好斗精神几乎完全对准了佛教这门外来宗教，虽然佛教到这时已经传入中国近千年。往后一两百年间，他们的支持者的意识态度也

---

[289] 这就是 Peter K. Bol:" *This Culture of Ours*"一书的核心主题。他把这项转变称为由"文"转向"道"。这项转变广为人知，但不同学者对于其本质与范围都各自有不同的强调。

[290] 关于唐代中叶所谓"三教"的相互影响，见孙培青、李国钧主编：《中国教育思想史》上海：华东师范大学出版社，1995），第一卷，页 561–587。本章探讨的教育思想，就是以柳宗元及白居易（772—846）为代表的三教调和观为基础。有关柳宗元，可以参看前引 Juo-shui Chen: *Liu Tsung-yüan* 一书。最新张勇写有《柳宗元儒佛道三教观研究》（合肥：黄山书社，2010），我还没看到，或许可以参考。有关白居易，可以参看胡小伟：《三教论衡与唐代俗讲》，收录于白化文等主编：《周绍良先生欣开九秩庆寿文集》（北京：中华书局，1997），页 405–422。

[291] Jo-shui Chen: *Liu Tsung-yüan*, pp. 21–22, 120–121 及书中各处。陈弱水认为关注公共事务是柳宗元思想中的决定性特征。

[292] 柳宗元比较抱持改革态度，对不平等的社会分层制度也多有批判，韩愈在这方面的态度则比较模棱两可。

以这种立场为最鲜明的特征，至少表面上看来是这样。尽管如此，几乎所有思想家与社会活动家仍然遵循柳宗元的榜样，借着退缩进佛教或道教的冥想中去寻求个人内心的平和。

这种矛盾态度反映了在政治及社会变迁方面，拥护儒家复兴的人士在意识上所感受到的不安。唐代中叶的儒家复兴主义者，对于旧贵族精英以及透过科举产生的新兴学者、官员究竟抱持支持还是反对的态度，实在不容易确认。不过，我们大概可以说柳宗元和刘禹锡（772—842）都倾向于质疑旧贵族秩序；亟欲寻求社会认同的韩愈，则比较倾向妥协并且维持现况。[293] 不过，他们两人都支持科举制度。所以，对于公正客观的科举考试，儒家复兴主义者倒是一致拥护。[294]

因此，科举制度的地位到了 10、11 世纪已告确立。这时候，对于儒家学者而言，问题已不再是科举制度作为政治或社会制度的正当性，而是该如何公正举行。另一方面，科举考试对于教育目的所施加的钳制性影响——也就是后代对科举制度最主要的批判——则还不明显。

北宋对科举制度不断地来回辩论，重点都是放在如何找出改善这项制度的最佳方法上。当时虽然偶尔也有人质疑这种制度的教育价值，但这样的质疑还太过零星，尚未发展成全面性的攻击。[295] 由此可见，在 11 世纪期间维系儒家学问与意识形态的文化，跟采用儒学内容的科举考试所维系的思想，显然彼此一致。几乎所有儒家思想领袖都拥有科举考试的功名，而且他们也都认为参加科举的教育意涵与儒家教育的终极目标并不相悖。

---

[293] 陈弱水虽然没有特别探讨柳宗元看待贵族结构的态度，但他对柳宗元涉入顺宗永贞元年（805）的短暂改革运动所提出的诠释，却显示柳宗元对新兴的官僚颇为同情，尤其是拥有功名的官员。有一部著作以柳宗元的思想为背景，对 805 年的改革运动提出了激进的正面观点，见侯外庐主编：《中国思想通史》，第四卷（北京：人民出版社，1960），页 390–397。关于柳宗元反对恢复汉代察举制度而为科举制度提出的辩护，见刘虹：《中国选士制度史》，页 182–183。顺带一提，对于进士官员的利益多所批判的李德裕（787–849），乃是抱持激烈的反佛态度。
[294] 关于公正性的议题，见拙作 *Government Education*, pp. 203–205 及书中各处。
[295] 关于北宋对科举制度的辩论，见拙作 *Government Education*, pp. 233–245。另见 John W. Chaffee（贾志扬）: *The Thorny Gates of Learning in Sung China: A Social History of Examinations* (New York: Cambridge University Press, 1985), pp. 48, 182–186 及书中各处。

同样的，对于周敦颐及程氏兄弟等思想家而言，谴责佛教与道教也只不过是聊备一格而已。在11世纪，几乎所有主要的儒家思想家都认为佛教与儒家思想并非互不兼容，也经常与佛教僧侣交往，偶尔也包括道教僧侣。[296]

由以上的讨论可见，在11世纪之后成为中国历史上影响力最大的意识形态的道学，乃是兴起于争论当中；争论的议题是两种不同社会结构的利弊，一种是贵族社会结构，另一种则是奠基于任贤式科举制度上的社会。到了11世纪，随着科举确立成为首要制度，这场争论也失去了意义。此外，道学兴起之际的另一场争论，则是关于佛教与道教在中国知识界里的地位。这些争论在唐末消耗了许多知识能量。不过，到了11世纪，这些辩论已变得温和无害。就算思想家表面上必须摆出愤怒的姿态或提出激烈的批判，但知识界里繁复的人际关系，早就让思想家作好了准备：最后接受观念互动与交流的必然结局。

2. 为个人生活与社会秩序奠定基础的道德人格

宋代思想家主要都是道学家，他们最重要的关注就是反对科举制度导致的功利式教育目的。为了推翻这种扭曲的理想，他们认为不论是智性的思考或是寻求完美人生的基础，乃是在于道德人格的培养。实际上，自从11世纪晚期以来，在程颢（1032—1085）、程颐（1033—1107）、司马光（1019—1086）等人的著述中就可以看到一种强烈的怀疑观点，认为制度变革不一定是解决社会与政治危机的答案。之

---

[296] 关于邵雍早期接触佛教，后来终于接纳佛教的经过，见 Don J. Wyatt: *The Recluse of Loyang: Shao Yung and the Moral Evolution of Early Sung Thought* (Honolulu: University of Hawaii Press, 1996), pp. 19–20, 213–214。关于周敦颐与佛教，见阿部肇一：《中国禅宗史》，关世谦译（台北：东大图书，1988），页329–337。程颐对佛教与道教的接触似乎少得多，见横田宗直：《宋儒の禅悟研究について》，《史学杂誌》，第23编（1912），页1310–1342；第24编（1913），页79–87、213–232、341–365、459–479、756–776，尤其是页217–219，其中引用了《佛祖统纪》的话，提到程颐对佛教戒律和一丝不苟的行为举止深感认同。整体而言，程氏兄弟无疑是抱持反佛态度；但其他重要的儒家领袖，例如范仲淹，却不排斥佛教教诲。重要的禅宗倡导者暨信徒张商英（1043—1121）对欧阳修批评佛教的言论深觉反感。见黄启江：《北宋佛教史稿》（台北：台湾商务印书馆，1997），页133–152、359–416。关于道教对北宋道学的影响，见卿希泰主编：《中国道教史》，第二卷，页670–715。

所以会有这种观点出现，原因是先前曾出现一连串试图改革科举考试并且改善学校制度的举措，推动者包括范仲淹（989—1052）、胡瑗（993—1059）、孙复（998—1057）、王安石（1021—1086）等人。

到了南宋，由王安石提倡并由蔡京延续至12世纪的制度改革，明显可见已成强弩之末。于是，这时也就开始有愈来愈多人把注意力转向构成社会的个人。朱熹的这段话颇具代表性：

> 今世有二弊：法弊，时弊。法弊但一切更改之，却甚易；时弊则皆在人，人皆以私心为之，如何变得！嘉佑间（1056—1063）法可谓弊矣，王荆公未几尽变之，又别起得许多弊，以人难变故也。[297]

尽管今人认为朱熹的思想以"心"的培养为核心，[298]但他和其他宋代思想家也同样重视过程：即为了培养道德人格而必须作出的一连串努力。大多数的宋代道学家都认为个人有分辨是非的能力，但也强调个人必须不断追求独立判断道德事物的目标。唯有以严谨的态度认真探究相关事物，才能达成这项目标。

■ 胡宏与张栻

胡宏（1106—1162）认为人性是中性的（不善也不恶），而人之所以能够培养道德，则是因为人性有分辨善恶的本能。他这种观念，就是一个早期的例子。在他眼中，学习有助于人对"理"的理解。[299]张栻（1133—1180）强调"心"的重要，认为心是知识的主体也是客体，并且完全由"仁"构成。因此，对张栻而言，培育及保护"心"乃是最重要的事情。道德上，张栻认为行动就是知识。他和先前的胡宏一样，认为只有行动才能带来知识。透过行动，尤其是道德训练与实践，个人才能

---

[297] 黎靖德编：《朱子语类》（北京：中华书局，1986），108：2688。

[298] Wm. Theodore de Bary: *Neo-Confucian Orthodoxy and the Learning of the Mind-and-Heart*.

[299] 胡宏：《胡宏集》（北京：中华书局，1987），页16–20。

获得通往道德完善的知识。张栻对朱熹的影响相当重要，但不论他对朱熹的影响是什么，他的教育理念毕竟只在于道德纪律以及"格物"。[300] 湖湘学派经常被认为与陆九渊（1139—1192）后来发展出来的"心学"关系密切，而在这两位湖湘学派领袖的思想里，我们即可看出分辨善恶以及探究、省思内心的重要性。这些活动都以严格的纪律与修养为基础。

■ 朱熹

朱熹对这些议题的思考更为直接。他有关教育的道德教诲，就是认为人可通过抑制自我而复归于礼，并且发扬人的善性，从而矫正邪恶的气质。[301] 这些观念促使他批判当代教育的许多问题：易于产生贪腐的科举之本质，以及在教育过程中使用威胁及惩罚等负面手段。他固然强调为己而学，但也认为学习必须有适当的环境。他更强调个人在成长初年就必须受到良好的关怀与指导。因此，朱熹对识字教育也十分关心。他编有从洒扫应对入门的《小学》，成了后代幼童教育的重要参考书。[302]

朱熹的知识理论丝毫不含糊。他深切认为"格物"有其必要。他所谓的"格"确实带有道德的本质：格物的目的在于取得道德知识。不过，获取知识的过程却奠基在博学上，这点从他为教学课程推荐的大量书籍即可看得出来。因此，严谨的反思、格物以及勤勉练习，以鼓励的教学法和从旁叮咛与协助，透过实行礼仪来转变人的气质；这些就是朱熹教育观念的核心思想。

就实用方面来说，朱熹对教育最重要的贡献乃是他对学校模式的寻求。他希望建立一种学校，能够成为教导道德知识的工具，而且这种知识无关乎追求利益和官

---

300 关于张栻的思想，见 Hoyt Cleveland Tillman: *Confucian Discourse and Chu Hsi's Ascendancy* (Honolulu: University of Hawaii Press, 1992), pp. 43–82。

301 探讨朱熹教育理论的著作非常多，我此处的探讨是依据孙培青、李国钧主编：《中国教育思想史》，第二卷，页 142–168。关于朱熹强调实用性的教育目标，见 Wm. Theodore de Bary: "Chu Hsi's Aim as an Educator," in de Bary and Chaffee, eds: *Neo-Confucian Education*, pp. 186–218。另见 Peter K. Bol: "Chu His's Redefinition of Literati Learning," in de Bary and Chaffee, eds: *Neo-Confucian Education*, pp. 151–185。

302 参看本书第五章第一节第四段。

职的世俗学问。书院是他最具体的实验。[303]旁的不提，他对教育的独立形式所从事的探究即已造成了非常深远的影响。在往后数百年间，他的实验计划不但获得追随者的延续，并且还不断扩张。

最后，朱熹对教育采取了广义的看法，因此他十分重视一般老百姓的教育。从设计或注释各种传统的礼节仪式到发布榜文，他都有所着墨，可见教育是朱熹学术的中心。[304]

■ 陆九渊

当然，宋代思想家在如何创造适合的居住环境以及追求个人道德完善等方面，提出了许许多多的观念。有些思想家，特别是陆九渊（1139—1193），虽然认为读死书的学习方式不重要，但他们对道德人格的关注却丝毫不减。陆九渊重视的是心，他认为心是所有学习活动的核心，不但是起点，也是终点。因此，教育的过程必须由心展开，为内心本有的"理"追求完善。这样的过程，就是"作人"。因此，对陆九渊而言，真正的教学法不在于广泛阅读，而是在于把注意力放在个人的本心，以便追求道德原则的完善。在他看来，如果心不正，博学只会造成更多的恶。[305]他与朱熹虽然同为思想家，但他代表的是更为个体性的学习概念，并且对心更为重视。他认为，在个人追求道德知识的过程中，心总是扮演着正面的角色。[306]

陆九渊似乎也相当关注家族组织在社会中所扮演的角色。就在朱熹于地方上进行教育机构的实验之际，陆九渊已了解到地方上的家族与亲属组织，才应该是平民

---

[303] 有关书院的实践，参见第二章第二节第四段。
[304] de Bary and Chaffee, eds.: *Neo-Confucian Education*，各处。以上讨论朱熹，读者或许会觉得太短。朱熹对传统中国的教育影响的确很大，本书各处都讨论到他的具体贡献。这里因此只谈他在教育上的基本理念，避免谈到太多他对人性或天理与私欲之间的深刻见解。
[305] 毛礼锐、沈灌群主编：《中国教育通史（第三卷）》，页232–258。另见孙培青、李国钧主编：《中国教育思想史》，第二卷，页179–190；Hoyt Cleveland Tillman: *Confucian Discourse*, pp. 203–230。
[306] 日本学者以及de Bary都强调朱熹也十分重视"心"，认为朱陆没有基本上的不同。我这里沿用中国学者比较传统的看法。

大众赖以完成教育程序的真正工具。[307]杨简（1141—1226）是陆九渊最重要的追随者，他持续阐述了心的重要性，并且鼓吹回归人类本心中先天存在的真理，经常把人的本心称为"道心"。[308]这种认为人心与万物合一的概念，使得"外在"活动——诸如读书、冥想，甚至道德的培养——显得不再有其价值。

整体而言，南宋道学思想家——尤其是受到朱熹影响者——都深信通过自修以追求完善道德人格极为重要。教育的整体目的就是以这项哲学共识来定义。

3. 童年与童科考试

在中国，童年更多的被理解为道德人格建构的时期，而不是身心成长的阶段。我先前已经指出，东汉期间中国人开始讨论人的质量或天赋。他们对人类质量或甚至人性的分析，形成了一种对于人类能力的静态理解。他们认为人天生就具备终生不变的人格或能力。这项假设对中国人的教育观及童年观影响极为深远。中国社会虽然经常被视为具有权威或顺服的特质，中国的教育理想及教学法却强调天赋的差异以及因材施教的观念。至少这是孔子阐述的教学方式。

对人格与个人天赋的静态理解，导致中国人认为天赋与能力不会有真正的发展。唯有在道德成长方面，才可能出现真正的变化。当然，要把人的天赋或能力与道德品行区分开来并不容易。[309]不过，汉代的人一旦提到"童年"，指的很可能就是道德方面的"幼稚"时期。

童年是人类成长过程中的一个阶段，这样的概念并不难想象。唯有在社会决定对童年采取另类的观点之时，才能称为"发现童年"。[310]

---

[307] Robert P. Hymes: "Lu Chiu-yüan, Academies, and the Problem of the Local Community." 陆九渊表面上虽然对书院不感兴趣，却也建立了自己的书院。
[308] 杨简认为本心天生是善的，并且与真理为一体。这是他与朱熹的不同之处，朱熹认为人心与道心是两回事。见 Hoyt Cleveland Tillman: *Confucian Discourse*, pp. 246–247。
[309] Anne B. Kinney: *Chinese Views of Childhood* (Honolulu: University of Hawaii Press, 1995), pp. 6, 157–159。案，请参看本书第五章第一节对儿童教育的讨论。
[310] Phillippe Ariès: *Centuries of Childhood: A Social History of Family Life*.

把童年视为生理阶段的看法，可以追溯到非常早期的年代，也许上达汉代。[311] 有些人可能会说，汉代出现了许多和儿童教育有关的新观念，因此汉代发现了道德或教育上的"童年"，而"中国名人的童年不一定就是耀眼的童年"。[312] 同样的说法也适用于魏晋南北朝，当时童年受到教育实践中的威权所拘束，以致儿童没有机会成长为自由的人。

不过，道德教育及生理发展这两种意义的童年，却是在宋代才真正被发现。首先检视生理面向。儿童疾病治疗方式的讨论在极早以前就已经相当普及，但专门论述"儿科"的系统性著作却要到10世纪才开始出现。[313]《宋史·艺文志》收录的509部医学著作当中，至少有29部都直接探讨当今视为小儿科的疾病。[314] 此外，宋代也是"儿童画"这种画作类型兴起的时代，那是因为苏汉臣与李嵩等画家的作品很出名。[315]

就知识与道德方面的关怀而言，宋代也出现了重大的突破。首先，童子科的考试终于在宋代取消。政府为了选拔儿童任官或赐予奖赏而举办考试，可以追溯到汉代。12到17岁之间的少年，只要具备出色的能力，即可担任官职。[316] 当时也的确有儿童（年纪通常为12岁）被选为"神童"而任官的例子。唐代政府正式设立"童科"选拔10岁以下的男童，参加考试的男童必须学过《论语》、《孝经》以及一部

---

[311] Anne B. Kinney: *Chinese Views of Childhood*, p. 17。另见拙作 "The Discovery of Childhood: Children Education in Sung China (960–1279)," in Sigrid Paul, ed.: *Kultur: Begriff und Wort in China und Japan* (Berlin: Dietrich Reimer Verlag, 1984), pp. 159–202.

[312] Anne B. Kinney: *Chinese Views of Childhood*, p. 76。

[313] K. Chimin Wong（王吉民）and Wu Lien-teh（伍连德）: *History of Chinese Medicine: Being a Chronicle of Medical Happenings in China from Ancient Times to the Present Period* (Tientsin: The Tientsin Press, 1932), bk I, pp. 63–65.

[314]《宋史》，207：5303–5320。

[315] James Cahill: *An Index of Early Chinese Painters and Paintings* (Berkeley: University of California Press, 1980), pp. 118–121, 174–175，其中列出了至少四幅宋代图画，都以"'挑担'货郎"为题，画面上经常描绘小贩身边围着一群儿童的景象。书中的索引也列出了描绘儿童与玩具的其他画作。另见 Ellen J. Laing: "Li Sung and Some Aspects of Southern Sung Figure Painting," *Artibus Asiae*, vol. 37, nos. 1/2 (1975), pp. 5–38. 另外，中国绘画史中流传很久的"村学图"或"村童闹学图"，现在可以找到的最早的作品也是在宋代画的。有关宋代的儿童教育，还可以参考周愚文：《宋代儿童的生活与教育》(台北：师大书苑，1996)。

[316]《新唐书》，44：1161–1162。案：唐代也举行神童试，虽然不是特别重要。参看下面两注。

儒家经典。[317] 由于唐代考试的性质，参与考试的男童通常也善于作文。杨炯（生于650年）就是个例子。他参与童科考试而进入官场，后来成为"初唐四杰"中的一位大诗人。[318] 这种选拔制度持续了整个10世纪，直到宋代。不过，童科考试的规范虽然愈来愈详尽，这项考试的吸引力却日益下降。到了道学思想家最敬重的两位皇帝——仁宗（1032—1063在位）与理宗（1225—1264在位）——统治期间，这项考试都未曾举行。[319]

诚如窦仪（914—966）在955年（宋朝立国前夕）指出的，童试导致"抑嬉戏之心，教念诵之语……仆跌而痛楚多及"。[320] 于是，宋代的制度出现了不少重大变革，其中最重要的就是把年龄下限提高到15岁。[321] 随着童科考试内容与一般科举考试内容愈来愈相近，童科也就愈来愈缺乏存在的正当性。最后，在1266年（度宗在位期间）这项制度即告废止。后来尽管偶尔还是有杰出的少年被任命为官，但在宋代之后100年左右，这个科目就已完全消失，再也不曾恢复考试。在建议废止这制度的奏疏里，简明提出了应予废止的原因："人材贵乎善养，不贵速成，请罢童子科，息奔竞（案：指拉关系、行贿、走后门），以保幼稚良心。"[322]

从这道奏疏使用的"良心"两字，明显可以看出道学的影响。宋代道学家也许不认同窦仪或政府的观点，对幼童的教育及人心原本状况的研究却非常关注。这种追求人类善性来源的努力，促使他们撰写基础教材。其中最著名也最重要的，就是朱熹的《小学》。[323] 思想大师初而透彻观察，进而讨论儿童的内心状态，这在中国

---

[317]《新唐书》，44：1159；另外请也看75a：3270；145：4732；201：5741。
[318]《新唐书》，201：5741。
[319] 关于唐代童科考试的详细资料，请看上面注317。另见王钦若等编：《册府元龟》，卷639–642。关于宋代的童科考试，见《宋史》，156：3653；陈梦雷纂辑：《古今图书集成》（上海：中华书局，1934），664：30a。
[320] 王钦若等编：《册府元龟》，642：7702–7703 (17b–20a)。
[321]《宋史》，156：3653。
[322]《宋史》，46：896。另见叶德辉对童科考试的批判，引于 Pei-yi Wu: "Education of Children in the Sung", in de Bary and Chaffee, eds.: *Neo-Confucian Education*, pp. 315–316。顺带一提，金朝政府也举行童试，但在宋代正式废止童科考试之前，金朝就已在1234年遭到蒙古征服。
[323] 见本书第五章第一节第三段的讨论。

传统知识中极为少见。[324] 许多人也支持特别为救济儿童而从事的活动：宋代建立了史上第一座公立孤儿院（举子仓或慈幼局），慈幼局更在理宗淳祐九年（1249）之后制度化，成为政府应负的责任。[325]

因此，从儿童生理成长以及照护与养育这两种观点来看，可知宋代确实是发现了"童年"的时代。[326]

4. 教学作为职业与志业

教师地位的提高，是宋代以来最重要的一项发展。把教学视为职业的观点虽然在明代臻于高峰，但教学重新被视为职业与志业却是始于宋代。造成此变化的原因有二，首先是经学家社会地位的衰微，第二是科举制度的兴起对教学的观念造成重大冲击。宋代虽然没几篇文章和韩愈的《师说》选取同样的标题，[327] 但探讨教学及其意义的文章却非常多，绝大多数主题都是选拔人才的重要性与方法。有史以来，政府首度立法规范教师的资格。[328] 事实上，宋代的官僚体系逐渐出现一种类似职务专业化的升迁途径，像专司编纂文书以及秘书事务的官员就大多会遵循一定的升迁路线。对这一类的官员来说，他们的最高成就便是担任太子或皇帝的教师（荣誉衔的太师、太傅、太保，或少师、少傅、少保；真正负起教学责任的是一般由翰林学士充当的经筵讲席等）。[329]

---

[324] 见吴百益在 "Education of Children in the Sung," p. 376 所引用的文句。

[325]《宋史》, 43：840。佛教僧院与寺庙传统上都会收容孤儿。按，1249 年，明代以后多说是 1247 年（如邱浚:《大学衍义补》），误。早于慈幼院的居养院或安济坊也都有育养孤儿的工作。

[326] 按照 Philip Ariès 的说法，发现儿童并不一定对儿童是一件好事，实际上可以说反倒牢笼了儿童，把他们钢桎在一个缺乏自由、与大人的世界隔绝的世界里头，妨碍了他们的成长与进步。我在这里采取一个与他相反的看法，供读者相互对比与参考。参看 Philippe Ariès: Centuries of Childhood, pp. 411–415。

[327] 柳开有《续师说》（在《河东集》，卷一）。王令也有《师说》(《王令集》，卷 12；上海：古籍出版社，1980，12：225–229）。吴如愚也写有《师说》(《怀斋杂说》，卷下）。另外，程颐弟子编有《师说》(《二程遗书》卷 21 上），尹焞的弟子也替他编有《师说》(《和靖集》，卷 5、6、7）等等。

[328] 请参见拙作 Government Education, pp. 112–123。

[329] 请参见拙作 "Life in the Schools of Sung China," JAS, vol. 37 (1977), pp. 30–45。

■ 科举对教学职业的影响

科举对教学的职业发展造成了最重要的冲击。自此之后，许多科举考生都开始以教学为业。像朱熹或陆九渊这样的思想家，最主要的身分也都可以说是老师。大多数宋代官员与学者都认为教学是他们最主要的使命——毕竟，门生的观念在政治与社会运作中都居于核心地位。后续将会提到，许多学生都因为跟随著名官员学习，后来就成了他的政治门徒。这是唐代"温卷"惯例的结果。所谓温卷，就是考生把自己的文章呈给著名官员，希望藉此获得官员的拔擢。考生的才能一旦得到肯定，通过进士考试的机会即大幅增加。考试及格的考生应把拔擢他的官员视为老师。这种做法无疑为"老师"或导师的定义增添了一个新层次。宋代政府虽然禁止考生在考前拜访政府官员，[330]并且在科举考试中实行弥封的措施，[331]但这种观念还是保存了下来，政府官员仍然习于把下属视为自己的"门生"。对他较为忠实的下属，也成了他的学生。中国教育实践的这个面向显然可见深受科举的影响。

教师必须负起的新责任，包括为学生准备科举考试以及培养个人品德。道学思想家对于这两项责任之间的紧张关系特别焦虑，因此认定必须开创不同的教育方式，因而成立了书院。事后回顾起来，这种紧张关系虽然没有道学思想家所说的那么严重，但也的确影响了中国教育理想，并且影响了教学这种职业的发展方式。

■ 朱熹及其师李侗

朱熹追随其师李侗（1093—1163）学习的过程广为人知，也展现了学生对老师的敬爱。[332]朱熹在1048年通过科举考试，当时他还不到18岁。根据他自己的记述，他只不过"胡说"他自一名禅宗僧侣处学得的观念，就通过了考试。他对自己通过

---

[330] 请参见拙作 *Government Education and Examinations*, pp. 154–155。

[331] 见本书第二章第三节第九段。

[332] 黎靖德编：《朱子语类》，104：2620。关于朱熹与李侗的关系，见钱穆：《朱子新学案》（台北：三民书局，1971），第 3 册，页 1–36。另见刘述先：《朱子哲学思想的发展与完成》（台北：台湾学生书局，1982），页 29–70，及 Hoyt Cleveland Tillman: *Confucian Discourse*, pp. 40–42。

考试的表现并不得意，连那名僧侣的姓名都懒得提。[333] 当然，朱熹自从年幼以来就接受了非常完整的科举训练，研习了与科举考试相关的所有儒家经典与学问。他的父亲和不少朋友都充当过他的老师。不过，李侗才是形塑他思想的决定性人物。朱熹的思想特征，就是对科举文化以及所有人争相中举的现象严加批判。

朱熹在1153年认识李侗，并且在往后的11年间一直和他密切合作。[334] 李侗对朱熹最具决定性的影响，就是对佛教思想的排斥。不过，朱熹过了几年时间，才正式寻求成为李侗的门生。这是1160—1161年间（高宗绍兴末年）那个冬天的事情，当时他和李侗相处了几个月。朱熹在记述这场会面的其中一首诗里，提到自己以李侗为师。不过，他却是又过了两年，才理解到李侗对于形塑他的思想有多么重要。那年，他第四度拜访李侗，意识到李侗对他的影响最具决定性。他在次年（1163）出版的《论语》研究著作的序文里暗示了这一点："晚亲有道，窃有所闻。"[335] 当时朱熹其实才33岁。学者一致认为朱熹在这一年达到了思想上的成熟。套用孔子的话，朱熹此时已达到"不惑"，而不只是"而立"的境界。[336] 李侗在那年稍晚去世。

朱熹追随李侗的学习经验有几个值得注意的面向。第一，在朱熹的心目中，"老师"就是对学生的心智成熟具有决定性影响的人。朱熹确实承认自己从小就受过不只一位老师的影响，包括他父亲在内。[337] 但在他心里，只有李侗才算是他真正的老师。第二，朱熹对科举文化采取相当批判的态度。这是在他的著作与本书中一再出现的主题，毋庸赘述。第三，在朱熹年轻时寻找终极学习目标的当儿，经学教师所占的地位并不重要。道学思想家改变了教育方向之后，对于老师的认知也随之改变。

---

333 黎靖德编：《朱子语类》，104：2620。

334 钱穆：《朱子新学案》，第3册，页1–2。

335 郭齐、尹波点校：《朱熹集》（成都：四川教育出版社，1996），75：3923–3924。值得一提的是，"晚亲有道，窃有所闻"这句话在朱熹的其他作品中至少出现过两次，可见"有道"是朱熹专门用来指称李侗的话。见郭齐、尹波点校：《朱熹集》，38：1727；40：1839。

336 刘述先：《朱子哲学思想的发展与完成》，页48。必须注意的是，刘述先认为朱熹的思想后来毕竟偏离了李侗。另见 Wing-tsit Chan, ed.: *Chu Hsi and Neo-Confucianism*, pp. 472, 505–506 及书中各处。关于"不惑"的概念，见《论语·为政第二》，第四章。

337 钱穆：《朱子新学案》，第3册，页37–47。刘述先：《朱子哲学思想的发展与完成》，页2–6。

难怪欧阳修曾说没有一位老师能够像经典本身一样好，在老师与儒家经典之间作出了一种奇怪的区别。[338]

最后，我们必须也注意到由于印刷术的普及，求学的人也跟着增加，教师行业也因此发达，担任老师的人也增加了。据《黑鞑事略》的记载，[339]宋代更还有"教书行"的行业组织，虽然我们不知其详，但应当反映了教师职业在社会上的普及情形。

总而言之，我们可以看到愈来愈多的知识人认为自己是教师，即便他们的职业仍是在官场当中。踏上仕途的人，把官僚体系当成一套师生关系网络而经营。仍在准备考试的考生，则往往靠着教学维生，而且有许多人后来都成为私学教师。不过，教学在这时候已取得了比先前更受敬重的地位，因此也就不再只是一种职业，更成了一种使命或是志业。在朱熹谈及其恩师李侗的许多诗作及文章里，都可看出教师在儒家的人类关系思想中，回归到了原本应有的地位。当然，这样的发展不免影响深远：宋代以后对老师的崇敬，推高到与"天、地、君、亲"并列，这又是很耐人寻味的发展了。[340]

5. 经学与"四书"

经学在宋代以及后世朝代的教育中仍然占有重要地位。接下来要探讨的，就是经学在宋代的发展。

许多中国学者一致认为，宋代经学的特征是勇于实验新诠释。这个说法在某种程度上确实没错，但这样的发展却是怀疑论与原初理性主义所造成的。宋代学者效法李翱谎称伪作为真的做法，甚至还更进一步，对若干经书的可靠性提出质疑。实

---

[338] 欧阳修指出："夫世无师矣，学者当师经。"见曾枣庄、刘琳主编：《全宋文》，第 17 册，页 96。后代对于"经师"与"人师"孰优孰劣的辩论至少可以追溯到这个时候。
[339] 彭大雅：《黑鞑事略》（"丛书集成"），页 8。这是当时蒙古人统治下的燕京的情形。
[340] 有关"天地君亲师"这个说法的讨论，可以参看余英时：《谈"天地君亲师"的起源》，收录于沈志佳编：《余英时文集（第二卷）：中国思想传统及其现代变迁》（桂林：广西师范大学出版社，2004），页 71–74。案：余先生指出最早把这五个字连用的应该是南宋俞文豹的《吹剑录》，但是现在可以确定还能推到北宋的邵雍所辑的《梦林玄解》。显然的是，"天地君亲师"五字连用确是宋代的发展。

际上，许多重要学者都主张扬弃传统上为人接受的注释。在制度变革上采取保守态度而著称的司马光，曾经这么批判当代的经学：

> 新进后生，未知臧否，口传耳剽，翕然成风。至有读《易》未识卦爻，已谓《十翼》非孔子之言；读《礼》未知篇数，已谓《周官》为战国之书；读《诗》未尽《周南》、《召南》，已谓毛、郑为章句之学；读《春秋》未知十二分，已谓《三传》可束之高阁。[341]

这段文字反映了 11 世纪末看待经学的态度。但是就是司马光本人也并没有全盘接受传统的观点（见下文）。

■ 怀疑论

以下简要列出 11 世纪若干较为著名的经典批判论点：

欧阳修：在《易童子问》一文里，对于《十翼》的若干部分是否为孔子所写表示怀疑，包括《系辞传》与《文言》等。[342] 欧阳修的论点后来被采纳为标准看法。

欧阳修、苏轼、苏辙：他们三人都不认为周公曾经编撰《周礼》的部分内容，更不要说整部《周礼》了。[343]

李觏（1009—1059）**与司马光**：他们两人都对《孟子》书里的矛盾部分以及违

---

[341] 司马光：《论风俗札子》，收录于曾枣庄、刘琳主编：《全宋文》，第 28 册，页 189–90。

[342] 欧阳修，收录于曾枣庄、刘琳主编：《全宋文》，第 18 册，页 59–76。关于《易经》的英文书目介绍，见 Richard Whilhelm: *The I Ching or Book of Change*, tr. By Cary F. Baynes (Princeton: Princeton University Press, 1967), "Introduction"。至于比较新的学术研究，见 Edward L. Shaughnessy: *I Ching, The Classic of Change* (New York: Ballantine Books, 1996)。

[343] 欧阳修，收录于曾枣庄、刘琳主编：《全宋文》，第 18 册，页 34–35。苏轼，收录于《全宋文》，第 44 册，页 663–664。苏辙，收录于《全宋文》，第 47 册，页 305–307。

背常识之处提出质疑。[344]

苏轼：对《尚书》部分章节的可靠性提出质疑。[345]

晁说之（活跃于 11 世纪）：最早对《诗经》序言的真实性提出质疑。[346] 这个主题后来成了宋代经学的特征。

王安石：对《春秋》抱持怀疑的态度，建议一般人对这部作品弃而不学。[347]

除了怀疑《春秋》之外，王安石的科举政策更深深影响了往后数百年的经学发展。其中一项政策，就是他认为政府应该寻求统一全国的道德标准（"一道德"）。[348] 这项建议反映了当时经学的状况，许多人都对此深感忧心，包括神宗与王安石在内。为了建立标准，王安石亲自为《周礼》写了一套新的注释，并且邀集其他学者，尤其是他的儿子王雱（1042—1076），为《尚书》及《诗经》编纂注释。这三部注疏合称为《三经新义》。接着，他又下令科举考试必须以这三部注疏作为标准参考书。这做法引起同时代人的反对，导致往后五十年持续争议不休。王安石愿意实验新观念，甚至新的注释方法，例如在科举中纳入"经义"题目，反映了 11 世纪对经学采取的开明态度。"经义"的写作特色是以对经典的正确理解为基础，再利用书中的观念或文句建构论点。[349] 这种写作方式得以纳入科举当中，主要是因为王安石厌恶当时在

---

344 李觏：《常语》，收录于《李觏集》，32–4：364–377；附录 1：512–519。司马光：《疑孟》，收录于曾枣庄、刘琳主编：《全宋文》，第 28 册，页 533–540。我刻意用"常识"一词，以免读者以为"理性"（reason 或 rationality）是当时的批评原则。那时候的批评通常都以道德为主，而不是文本或科学性的批评。关于《孟子》在十一世纪受到的研究，见黄俊杰：《孟子》（台北：东大图书，1993），页 199–217。

345 苏轼：《书传》。见 George Hatch 探讨这部著作的论文，收录于 Yves Hervouet, ed.: *A Sung Bibliography* (Hong Kong: The Chinese University Press, 1978), pp. 13–19。

346 晁说之：《景迂生集》（"四库全书"），11：29a–37a。关于《诗经》序文真实性的问题，见陈奂：《诗毛氏传疏》（台北：台湾学生书局，1981）。另见 Steve van Zoeren: *Poetry and Personality: Reading, Exegesis, and Hermeneutics in Traditional China* (Stanford: Stanford University Press, 1991), pp. 178–181, 276；顾颉刚编：《古史辨》，第 1 册（上海：上海古籍出版社，1982，重印 1926 上海朴社本），页 44–57。

347 近来有一部探讨王安石经学的著作，见程元敏：《三经新义辑考汇评》，三卷（四册）（台北：台湾编译馆，1986），请参看书中各处。

348 这句话首度出现于他向神宗建议实施全面改革的著名奏章里。当代人经常以赞同的态度引用他这句话。见拙作 *Government Education*, pp. 240–241。

349 一般认为这种写作体裁就是"八股文"的滥觞。见本书第二章第三节第十二段。朱瑞熙：《重新认识宋代的历史地位》一文中就是采取这个立场，见《河北学刊》，2006 年第 5 期，页 96–104。

科举里仍然占有中央地位、以追求词藻华丽为务的诗文写作方式。他认为经学才应该是考生关注的重点。对于如何以更有效的方式评估考生的经学知识，这种新式题目就是王安石提出的方案。如同他的《三经新义》，"经义"题目也遭到同时代人的激烈批评。难怪朱熹谈到经义题目的时候会说：

> 今人为经义者，全不顾经文，务自立说，心粗胆大，敢为新奇诡异之论。[350]

其实，朱熹对经典的改订，何尝不也是如此！不管如何，11世纪的经学已达到转折点。先前的传统经学至此已完全遭到摒弃。宋代的科举和教育文化产生了重大的转折。

除此之外，还有许多的怀疑论及开明观点，尤其是在12世纪：

吴棫：质疑孔安国的古文《尚书》的可靠性。[351] 他的质疑获得朱熹等其他学者的赞同。

胡宏（1006—1162）与**王应辰**（1118—1176）：朱熹说他根据这两人的说法修改了《孝经》的内容。[352]

郑樵（1104—1162）：采取苏轼的怀疑观点，质疑《毛诗》与郑玄注本的权威地位。他认为《毛诗》是因为郑玄的注本才得以取得崇高地位。他对《毛诗》的地位提出质疑，也怀疑《毛诗》的序文是否真是孔子门徒子夏所写。[353]

不过，对经学造成最大冲击的却是朱熹。下一节将谈及朱熹以及"四书"传统的形成。

简言之，从9世纪至12世纪，经学开始朝向开放而理性（重视常理或常识）的

---

[350] 黎靖德编：《朱子语类》，109：2693。
[351] 皮锡瑞著，周予同注释：《经学历史》，页165（注6）、235。细节请见阎若璩：《尚书古文疏证》，收录于王先谦辑：《皇清经解续编》（上海：蜚英馆，1889），卷28—30。参见《尚书古文疏证》，卷8，第128条（页54a—56a）。另见前注176。
[352] 郭齐、尹波点校：《朱熹集》，66：3467。
[353] 《宋史》，436：12944—12945。关于郑樵的经学，见Steven Van Zoren: *Poetry and Personality*, pp. 223–227及书中各处。

方向发展。[354] 有些经学批判以文本为考据的依归，但也有人试图把眼光放大到文字本身的校雠之外，利用常识原则来求得对经典的年代考证，让理解达到更佳的成果。为了进一步理解经典的原意，有些学者开始提出经书内容（意义）一致性的问题。不过，最重要的是新兴的诠释立场，而这种立场后来也成了道学运动的一部分。这因此也加速了新"文本"（经文）的出现。

■ "四书"

朱熹是创制或凭己意增删经文的代表。朱熹为中国教育所开创的思想世界，就是背离传统的"五经"之外，迈向"四书"：《论语》、《孟子》、《大学》、《中庸》。

朱熹写了许多探讨四书的著作，其中最重要的一部，同时也完整呈现了他对四书看法的，就是《四书章句集注》，这无疑是12世纪晚期以来中国最具影响力的著作。

《论语》的研究在中国学术史上向来占有重要地位。不过，在唐代之前，一般认为由孔子编撰或修改过的五经，却一直被认为比《论语》更忠实表达了孔子的思想。[355] 在10世纪之前，《孟子》并不广受尊崇，更少有人研读。[356] 现代有些学者认为，《孟子》之所以能够和《论语》齐名，乃是韩愈在《原道》这篇著名论文里倡议的结果。[357] 11世纪期间，学者持续质疑《孟子》是否该在儒家经典当中享有如此重要的地位。先前提过，《孟子》受到不少思想家的批评。不过，情况到了朱熹的时代已经改变。朱熹把《孟子》和《论语》的地位提高到与传统的五经不相上下，也为这两部著作赋予了极为崇高的地位。这种观点一直延续到今天。[358]

朱熹为《论语》和《孟子》编纂的注释都仔细遵照文本，几乎终生都投入于研

---

354 见前注344。
355 关于《论语》地位的历史发展，见佐野公治：《四書学史の研究》（东京：创文社，1988）。
356 在本书第四章第一节有关儿童启蒙教材的调查里，细心的读者将会发现《孟子》在宋代以前从来不曾名列其中。
357 钱穆：《朱子新学案》，第4册，页180–229。至少有两名九世纪的学者也曾为《孟子》撰写新注释，而对《孟子》后来的兴起有所贡献。见下一注。
358 关于《孟子》获得接受的过程及其诠释发展史，见黄俊杰：《孟子》，页165–255。

究这两部著作。[359] 不过，他选择把《大学》与《中庸》纳入四书当中，更是作出了一项影响深远的重要决定。

《大学》与《中庸》皆取自《礼记》。[360] 朱熹更改了《大学》的内容顺序，根据自己的阅读和推测，指若干章句乃是经典的原文，又说有若干章句其实是古人的注释。接着，他又自行添加了一段探讨"格物"的文字。经过这样的修订、重新安排乃至窜改，《大学》就变成了一部独立的新经典。

至于《中庸》，朱熹则提出新的分段方式，但没有更改文字内容或章句顺序。在朱熹的建议下，这两部著作自此之后就和《论语》及《孟子》合称为"四书"，成了其后最广受研读的儒家经典，超越传统的五经。[361]

四书的历史重要性无可估量。这套著作强调以完整而且道德的态度追求知识，深深影响了中国儒家学者乃至其他宗教的学者对学习目的所抱持的看法。朱熹的《四书章句集注》也被视为最具权威性的注释。更重要的是，这部著作在1313年被宣告为科举考试的标准参考作品。[362] 这项由蒙古统治者元仁宗（爱育黎拔力八达，1285—1320）推行的措施，所产生的影响远超出科举之外。此后数百年间，所有科举考生都透过朱熹的观点学习孔子的思想。考生一旦通过考试，就成为官员；如果没有通过，就往往留在小学或书院里担任老师。从此，儒家的世界观及道德教诲就深入到中国社会的各个阶层。

---

[359] 见钱穆：《朱子新学案》，第4册，页180–229。陈来：《朱子书信编年考证》（上海：上海人民出版社，1989）考证了朱熹书信的年代，而对钱穆的著作有所增补。

[360] 《大学》与《中庸》本来是《礼记》的第四十二与三十一章。见朱彬：《礼记训纂》，42：866–869；31：772–780。朱熹修改过的《大学》附录于该书页870–873。

[361] 钱穆：《朱子新学案》，第4册，页180–181。参考 Daniel K. Gardner: *Chu Hsi and the Ta-hsüeh: Neo-Confucian Reflection on the Confucian Canon* (Cambridge, Mass.: Harvard University Press, 1986), pp. 27–45。另见 Kao Ming（高明）: "Chu Hsi's Discipline of Propriety," in Wing-tsit Chan, ed.: *Chu Hsi and Neo-Confucianism*, pp. 312–336。

[362] 《元史》，81：2019。清高宗编：《续通志》，141：4107。

6. 博学

道学无疑是宋代中国最具影响力的思想。不过,有些学者认为道学的形而上关注却盖过了其思想上的怀疑主义和广泛的学术兴趣——而此一兴趣以"博学"称之最为恰当。道学竟然被视为与知识的追求互相对立,而且认为它最重要的成就,乃是抗衡并且击败十一二世纪期间蔚为中国世界观特征的博学思想传统,实在是历史上的一大讽刺。这样的看法与实情相去甚远。中国学术史上的这一章之所以重要,原因是这段时期可以解释18世纪考据学的发展。[363] 此外,宋代的博学传统也见证了中国思想传统在宋代以后的视野愈来愈狭窄。儒家正统的兴起虽然反映了社会思想在科举文化的影响下,思想态度愈来愈保守,也愈来愈自满,但宋代以后的思想界却还是保有以博学观念为主的心理。至少朱熹就维持了博学的信念,而且在他的哲学思考中保持相同的态度。如果想要了解科举文化以外的中国知识发展,就必须探究宋代的博学传统。

道学思想既然强调道德修养,必然忽略专门教育而重视通才学习。朱熹的教育理念更是如此,其课程涵盖了各式各样的知识。朱熹本身是一位杰出的博物学家,譬如他在天文学方面就具备丰富的知识。除此之外还有许多例子,而且许多宋代学者似乎都把医学视为一种兴趣暨严肃知识,有助于社会的治理。因此,宋代出现了许多专家,但他们接受的训练不一定都来自道学。他们都是热切的观察家,或者能力优秀的科学家,也是博学的历史学家、考证学家及博物学家。

宋代学术追求的广博,始于11世纪初政府下令编纂的一系列百科著作,包括《太平广记》、《太平御览》、《太平寰宇记》、《册府元龟》。这些编纂活动虽然不是史无前例,却为宋代文人的博学传统定了调。另一部同样引人注目的汇编著作,则是

---

[363] Ying-shih Yü(余英时):"Some Preliminary Observations on the Rise of Ch'ing Confucian Intellectualism",《清华学报》,第11卷第1/2期(1975),页105–146;《从宋明儒学的发展论清代思想史》,收录于氏著:《历史与思想》(台北:联经出版,1976),页87–119。

《太平圣惠方》。[364]

这一连串庞大的编纂计划，乃是与展开于10世纪末的佛教《大藏经》出版计划同时进行。第一部印行的佛经（称为《开宝藏》）共有5048卷，480函。[365] 这项佛教出版计划完全不在政府监督下进行，以极为惊人的雄心壮志持续长达200年以上。称为"思溪"版的《大藏经》，亦即这项印刷计划共五次印刷活动的最后一次（南北宋之际），总共动用了超过160名印刷工人，成书共有5687卷，548函。[366]

其他由私人或公家编纂的大型汇编著作也陆续出现，[367] 包括李焘（1115—1184）、李心传（1166—1243）、徐梦梓（1126—1207）、王应麟（1223—1296）、郑樵（1104—1162）等人编纂的重要史书。当然，最重要的史学汇编乃是司马光备受赞誉也广为流传的《资治通鉴》，后来朱熹也据此写下了《资治通鉴纲目》。朱熹这部著作的重要性不在于其篇幅，而在于尝试提出一套历史的道德哲学，以便从书中汇编的庞大史料中找出意义。

宋代的博学还有另一项特征，就是一种重要文类的兴起，即政治与文化地理学的写作。这种文类兴起的现象，就是地方志的大量出现。地方志广泛收集地方上的各样数据，是以前很少见的写作方式，成为研究中国地方历史或相关知识所不可或缺的数据及新方法的基础。另外，从地方志可以看出自然产品深受重视——如橘子、桃子、茶叶、牡丹——许多研究这些产品的著作也在此时首度出现。这不仅是中国

---

[364] 郭伯恭：《宋四大书考》（台北：台湾商务印书馆，1967）《太平圣惠方》成书于宋太宗年间(《太平广记》《太平御览》、《太平寰宇记》亦然)，体现了宋太宗对医药的重视。宋太宗在晋王时前即搜集名方千余条，即位后则全力搜集验方，诏令翰林医官整理、出版，《太平圣惠方》即为这项总结性的成果。见 Paul U. Unschuld: *Medicine in China: a History of Pharmaceutics* (Berkeley: University of California Press, 1986), p. 58。

[365] 道安：《中国大藏经雕印考》，收录于张曼涛编：《大藏经研究汇编》，"现代佛教学术丛刊"本（台北：大乘，1977），页105-167；李富华：《〈开宝藏〉研究》，《普门学报》，第13卷（2003），页1-16。另见 Kenneth K. S. Chen: "Notes on the Sung and Yuan *Tripitaka*," *HJAS*, vol. 14 (1951), pp. 208–214.《开宝藏》刻成于北宋初太祖、太宗时。现已大多亡佚。

[366] 吕澂：《中国佛学源流略讲》（北京：中华书局，1979），页388。又有纪录说是5,480卷。1175年，又有51函印刷成品加入这套典籍里。这套共有599函的典籍，有时候也称为"后思溪本"。

[367] 道教经典（道藏）目录的编撰早在南北朝已经开始。首次印刷则在政和年间(1111—1118)，系出于宋徽宗的命令，称为《政和万寿道藏》。这套经典后来在1192年（金人统治时）又增入更多材料重印，共有6,455卷。见 Judith M. Boltz: *A Survey of Taoist Literature, Tenth to Seventeenth Centuries*, pp. 1–7。

历史上的首例，甚至在世界历史上也是前所未见。文人对这些题材的兴趣反映了博学的潮流。

因此，宋代学问的特色就在于其强调博学的教育，以及朱熹与道学对知识的追求。这项特色带来了宋代一种特殊的博学传统，在中国的教育和思想史上占有独特的地位。

■ 相互关联的"通"（贯通）

朱熹的著作代表了当代对于后设 述之必要性的认知。这点可以"通"字为例加以说明："通"可以指"贯通"（interconnectedness），也可以指事物在检视之下呈现出来的互相关联的本质，尤其是人文与历史方面。自从 9 世纪以来，有愈来愈多的学者用这个字眼命名自己的著作。尽管很少有人明确指出这个字眼的双重意义，但当时已有愈来愈多人认定真正的理解就是深入事物的内在结构。郑樵的历史著作和知识分类观念，还有马端临（1254—1325）的制度研究，都显示他们已经触及因果关系的问题。郑樵致力于寻求理解所有知识的方式，就反映了他不曾明说的内心信念——即世界上所有"事实"都具有形态、模拟或演化上的关系。[368]

袁枢（1131—1205）是中国史料编纂史上相当重要却又备受忽略的一位史学家，他也注意到了学者对历史事件之间互相关联的本质深感兴趣。他曾根据司马光在《资治通鉴》里按照时间顺序所会集的大量史料，试图撰写一部专史。他的构想是把"相关"的史实集中在一起，以便向读者证明有些史实具有因果关系，一旦摆在一起就会形成一段"故事"。

由郑樵与袁枢等思想家的这些表现，可以看出当时的人认为博学有其目的，也就是证明万物存在的内在逻辑。世上的事物就算不一定有目的，至少都互有关连。这里讨论相关的一个观念："势"。许多学者提出用"势"的想法来解释历史事件发生的原因。这是由于道德律不足与历史的想象常常使人对"经书"的教训产生怀疑，觉

---

368 "形态"及"模拟"这两种用语系基于 Oswald Spengler: *The Decline of the West*。参考 Bruce Mazlish: *The Riddle of History* (New York: Harper & Row, 1966), pp. 321–326。

得在永恒的历史定律中，一定有许多人事的决定乃是权宜（即权衡现实的需要）之计。因此经书的教训并不会经常在历史中实现，这就是经与权的辩证关系；历史的发展必然有它自己的逻辑。他们称这个逻辑为"势"：它是左右历史发展的因果关系。"势"的观念由苏洵、苏辙、曾巩等人提出，对于后代的学者（像王夫之）有重要的影响。[369]

7. 平民百姓的道德信念

宋代虽然是儒家思想复兴的重要时期，却也是精英思想与平民信念密切交流的时期，前者如道学与道教，后者则以道德观念最值得注意。

多亏纸张与印刷术的普及，统治阶级因此能够更为直接而有效地接触平民百姓的世界。宋代使用印刷术的规模不但达到史无前例的程度，也开创了纸张的文化。如果没有纸张，印刷术绝不可能那么盛行。[370] 不过，印刷术是把双面刃。一方面，统治阶级的意识形态可以更快，也更有力地渗入平民社会。另一方面，非正统的观念从此大为流传。禅宗思想对工作伦理的影响，显示佛教已传入了平民阶级。唐代的佛教虽然直接影响了平民的生活，但思想上并没有证据显示平民参与了佛教演变为中国宗教的过程。佛教的渗透力限于仪式、祭典、表演以及节庆。不过，自从宋代以来，民俗宗教活动开始带有意识形态的层面。宋、元时代的道教复兴也反映了有利于宗教传播的社会环境，以及不同道德思维的密切交流与结合。纸与印刷术的使用在这些发展中清晰可见。

---

[369] 请参看我的 "History, Erudition and Good Government: Cheng Ch'iao and Encyclopedic Historical Thinking," in Thomas H. C. Lee, ed.: *The New and the Multiple: Sung Senses of the Past* (Hong Kong: The Chinese University Press, 2004), pp. 163–200。有关"势"的讨论，请参看我的 "New Directions in Northern Sung Historical Thinking (960–1126)," in Georg G. Iggers and Edward Q. Wang, eds.: *Turning Points in Historiography: A Cross-Cultural Perspective* (Rochester: University of Rochester Press, 2001), pp. 59–88；此文已经修订并以中文发表于北京大学中国古代史研究中心编：《邓广铭教授百年诞辰纪念论文集》（北京：中华书局，2008），页 49–75，题为《北宋历史思潮的新方向》。

[370] 关于纸张文化的探讨，请参见拙作 "Books and Bookworms in Song China: Book Collection and the Appreciation of Books," *Journal of Sung-Yuan Studies*, vol. 25 (1995), pp. 194–218。对于中国纸张与印刷术普及的密切关系，可参考钱存训：《中国古代书籍纸墨及印刷术》（北京：北京图书馆出版社，2002）。

■ 禅宗与中国工作伦理

禅宗的发展最能反映佛教的中国化。

禅宗对道学的影响是个充满争议的议题,但我们已认定有不少证据显示道学思想从禅宗思想与僧伽实践获得了不少启发。除了形塑书院的教育方式之外,禅宗在道德修养相关议题上的教诲也深深影响了道学理论。此外,禅宗还左右了平民百姓(尤其是商人)的道德信念。明、清商人的两大美德是节俭与勤奋,而这两者都源自禅宗戒律。[371] 实际上,禅宗的工作伦理也弥漫着平等主义的气息。[372] 这种种教诲都是道学与禅宗所共通的,到了南宋末年,甚至可以说"这两股思潮已趋向同一"。[373] 这些发展和互相影响都具有平民面向:书院向更大范围的学生开放,其中许多甚至不是准备科举的考生。在宋代愈来愈趋商业化的社会里,学者与商人的界线也愈来愈模糊。陆九渊的宗族为族中成员的医药生意和学术追求投注了许多资源,就足以说明这种现象。这种情形在元、明两代更是愈来愈明显。商人传统上确实地位低落,经常遭到儒家学者的鄙视。不过,到了明代晚年,商人在中国社会阶层却取得了较为崇高的地位。这种现象多少可归因于明代商人学习态度的改变,以及儒家学者看待商人伦理的态度。商人伦理与道学及禅宗的伦理教诲,都发展得愈来愈相近。

■《太上感应篇》

更重要的是,道教对中国伦理观念的影响在宋、元期间变得非常明显,在平民之间尤其如此。首先,这是道教复兴的重要时期,道教的各种新派别在中国各地如雨后春笋般纷纷冒出,较为著名的有王嚞(1113—1169)创立的全真教、萧抱珍(死

---

[371] 余英时:《中国近世宗教伦理与商人精神》(台北:联经出版,1987)。这部论著又收录于他的《中国思想传统的现代诠释》(台北:联经出版,1987),页259–404,尤其见页377–386。请注意,余英时提议用"新禅宗"指称慧能(638—713)之后的禅宗,亦即他的研究对象。由于我们探讨的是宋代以来的禅宗,因此我没有采用余英时提议的词汇,以免造成混淆。
[372] 见前注286。
[373] 同上。

于 1166）创立的太一教、刘德仁（1122—1180）创立的大道教，以及南宋初年创立，后由刘玉（1257—1308）复兴的净明教。除此之外，还有以内丹闻名的其他派别。[374]

这些道教派别的鲜明特征，就是倾向于融合儒家与禅宗的影响。这项传统中最重要的著作，就是《太上感应篇》。[375] 这部著作的作者是谁已不可考，其篇幅甚短，偶有押韵，以四言短句为主，合乎中国幼学教材的传统（见第五章）：简短的文句和篇幅，都是为了便于念诵。《太上感应篇》的主旨是因果报应，这观念与轮回近似，但这部著作的关键论点并非轮回，而是道德优劣在现世获得的奖赏或惩罚。据说《太上感应篇》之所以吸引平民大众，就是因为这种入世观点正合乎中国人的实用世界观。[376] 不论什么原因，总之这部著作受到了社会各阶层的一致喜爱，也是明、清时代印行最广的书籍。[377]

《太上感应篇》带有儒家教诲；书中强调合宜的人际关系——例如"五伦"（或称"五常"）[378]——是个人应该累积的美德。儒家教诲虽然没有累积美德以换取现世奖赏的互惠观念，宋代的儒家思想家倒也乐于接受因果报应的概念。道学思想领袖真德秀（1178—1235）写了一篇序文宣扬这部作品，可见其内容确实得到严谨儒家思想家的认同。[379] 就连以赞助道学而备受敬重的宋理宗，也下令印行这部作品并且广为发散。由于《太上感应篇》的确纳入了许多儒家观念，有些藏书家将它视为儒家类的著作。书中许多文句极为著名，都成了日常谚语——"祸福无门，惟人自召；善恶之报，如影随形"、"不彰人短，不炫己长"或"诸恶莫作，众善奉行"等，都

---

[374] 关于这段时期的道教，见卿希泰主编：《中国道教史》，第三卷，页 1–384；任继愈主编：《中国道教史》，页 489–576。另见 Judith M. Boltz: *A Survey of Taoist Literature*，书中各处。陈垣的经典之作《南宋初河北新道考》（北京：中华书局，1962），至今仍是探讨中国北方新道教派别的重要著作。以下将进一步讨论新道教派别。

[375] 关于这部著作的介绍与研究注记，见 Cynthia J. Brokaw: *The Ledgers of Merit and Demerit* (Princeton: Princeton University Press, 1991), pp. 35–43。"太上"系指老子，也就是道教的源头。

[376] 卿希泰主编：《中国道教史》，页 101–102。

[377] 《太上清净经》大约同时出现。这部著作共 300 字，也以四言句为主，内容综合儒、道、佛三家的道德教诲。这部著作在明、清时代也广为流传。见郑志明：《中国善书与宗教》（台北：台湾学生书局，1988），页 99–111。

[378] 案："五常"原指孔子所说的"仁义礼智信"，与出自孟子所说的"五伦"（君臣、父子、夫妇、兄弟、朋友）并无关系，但后代多混用之。"仁义礼智信"也有称之为"五德"的。参看第一章注 44。

[379] 真德秀：《西山文集》（"四库全书"版），27：12a–13b。大词家周密（1232—1308）对"道学"（即后世所称的宋明理学）的鄙夷极为著名，曾说真德秀是道士转世而来。见周密：《齐东野语》（北京：中华书局，1983），1：11–12。

是典型的例子——可见得这部著作多么普及，又多么富有影响力。

另外值得一提的是，这部著作虽然强调因果报应，全书却也一再凸显忏悔的重要性。悲悯是《太上感应篇》的特征，这点反映了佛教的影响。

这部著作的历史也显示了印刷术在12世纪之后对中国历史有多么重要，并且反映了当时中国大众教育的方法。

■ 三教合一

在儒、道、佛之间寻求共同点的意识和愿望，可说自从道教创立以来即告出现。[380] 佛教传入中国之后，调和这三种教诲的愿望又变得更加积极也更加强烈。敦煌出土的许多魏晋南北朝到宋代期间的文献，都证明了这项趋势的盛行，但实际上却很少有人试图进行严肃的思想性研究。[381] 尽管如此，认为这三种教诲具有共通性的信念似乎对平民大众深具吸引力。到了唐、宋期间，如唐玄宗（712—755年在位）与宋真宗（998—1022年在位）等个别皇帝都曾公开推崇"三教"的观念。这项观念后来吸引了金、元时代的首要知识分子，诸如李纯甫（又称李屏山，活跃于13世纪初）与郑思肖（1241—1318或1206—1283）。不过，三教合一的观念是在全真教的提倡下，才逐渐奠定了基础。金、元时期，全真教在中国北方居于领导地位，其大众信徒也接受了三教合一的观念。全真教创始人王喆甚至建议儿童从小学习禅宗教诲（如《心经》与《金刚经》）、《道德经》与《孝经》。[382]

---

[380] 奥崎裕司：《民众道教》，收录于福井文雅等监修：《道教》（东京：平河出版社，1983），第二卷，页135–168，尤其是页141–142。

[381] 饶宗颐：《三教论及其海外移殖》，收录于氏著：《选堂集林·史林》（香港：中华书局，1982），下册，页1207–1249。《新唐书》，199：5662；200：5703 有饶宗颐没有提及的若干"三教"相关资料。另见 Liu Tsun-yan（柳存仁）and Judith Berling: "The 'Three Teachings' in the Mongol-Yuan Period," in Hok-lam Chan and Wm. Theodore de Bary, eds.: *Yüan Thought: Chinese Thought and Religion under the Mongols* (New York: Columbia University Press, 1982), pp. 479–512. 关于王喆的思想，见蒋义斌：《全真教祖王重阳思想初探》，收录于宋史座谈会编：《宋史研究集（第二十二辑）》（台北：台湾编译馆，1992），页305–327。另见孙克宽：《宋元道教之发展》（台中：东海大学，1965）；《元代道教之发展》（台中：东海大学，1968）。

[382] 卿希泰主编：《中国道教史》，第三卷，页55。

三教合一观最重要的贡献，大概就是受到禅宗怀疑知识的态度所影响，而兴起的对个人直觉的重视。这项特征对一般大众尤其深具吸引力。除此之外，全真教的教诲当中也带有鲜明的平等（民粹）主义思想：其文献多以口语写成，也强调禅宗所重视的勤奋、禁欲和自立。王喆原本的教诲甚至主张信徒应当自己兴建小屋居住，并且过着简朴的冥想生活。[383] 这种种"观念"对于没有受过教育的平民都具有直接的吸引力，因为他们相当厌恶——至少不喜欢——学术辩论或省思性（批判性）的知识，以及精英阶层的生活与财富。一旦把这些观念和愈来愈以"心"为根本的道学知识结合在一起，即可了解为何会出现反智的反应：转而重视实践，认为所有人皆可成圣成佛，或是达到平静（空）与清净的境界。[384] 全真教对三教的道德教诲所提出的阐述，反映了一种务实的道德观，以佛教的轮回观念与儒家的互惠思想所支持的常识观点：亦即道德行为是世界上唯一正确的行为。此外，我们也可以看出儒家以维系社会秩序或社群团结及以和谐为基础的伦理观念，正是全真教道德教诲的核心。同样的，在三教合一观的后续发展中，为了强调公共道德的实践，采用最简单也最直接的教诲乃是较受欢迎的方法。平等主义的光环及其对平民百姓的吸引力，都是三教合一观如此强大而且如此持久的原因。

　　以这么长的篇幅探讨宋代学术及思想史有其必要，目的在于矫正过去的一种误解：认为宋代——尤其是道学思想——乃是阻碍中国"现代化"的罪魁祸首。20世纪初期的许多学者之所以会把这点归咎于道学，原因是道学在发展过程中愈来愈趋向形而上与内观的方向，从而偏离其早期强烈的知性倾向。在传统中国思想演化的最后一个阶段里，可以看到中国知识人拒绝依循宋代的怀疑论、博学以及追求理解等思想途径，而愈来愈自满地倾向混合式的思想，还标举这种和稀泥的融合主义的大旗。"三教合一"与儒家思想正统的混融带来了一种思想上的稳定，但也同时导致知性的贫乏乃至空虚。这才是现代化困难的真正原因。

---

[383] 任继愈主编：《中国道教史》，页 540–543。关于现代全真教修道生活的描述，见 Yoshitoyō Yoshioka（吉冈义丰）："Taoist Monastic Life," in Holmes Welch and Anna Seidal, eds.: *Facets of Taoism*, pp. 229–252。

[384] 全真教实行禅宗"不立文字"的观念。见卿希泰主编：《中国道教史》，页 61–62，其中深入探讨了实践为何重于冥想。

第六节　游牧民族知识人与汉人世界观的接触

辽与金（更不要说夏）这两个游牧民族朝代的思想史非常复杂。由于他们的历史经常出自汉人所写的记录，因此很难取得客观的观点。不过，如果只把焦点放在汉人的教育理想与实践如何影响了这些民族，也不能算是完全错误，因为本书的中心课题是中国人的教育。以下的探讨将集中在契丹人、女真人以及蒙古人如何在教育方面接触了中国人——尤其是汉人和儒家——的思想。

1. 辽、金社会里的儒家思想

佛教对辽代社会的影响是一项重要的史实。在国家的资助下，佛教的影响力于 10 世纪达到史无前例的高峰。辽成了中国西、北、东边界的佛教活动的中心。此一分布范围从当今的中国新疆延伸到朝鲜与日本。[385] 不过，契丹人在 916 年建立了中国式的政府，称国号为辽，当时儒家思想早已在该国扎根。辽代开国君主在太子的敦促下，于 918 年下令为儒、佛、道各建立一座寺庙。此举显然是模仿唐代政府的

---

[385] 中村元主编：《中国佛教发展史》，第一卷，页 437–444。

政策。[386] 这可以说是汉式教育在辽代的滥觞。当然，在辽代流传已久的佛教仍持续盛行，但汉族人口信奉的儒家思想毕竟逐渐渗透了辽代人民的生活与信仰。[387] 至于道教在辽代流传的记录，则材料很少。[388]

不过，尽管我们知道有些辽人学会了以汉文写作，也是杰出的诗人，但辽的史书却对儒家思想几无记载。[389] 由于辽代政府禁止臣民把文学作品带出国境，因此也就没有多少著作保存下来。

女真金朝的思想史则留下了比较完整的记录，并且深为学者所知。

■ 金代的汉族文人与汉式教育

金代政府对儒家思想重要性的认知，可以追溯到他们征服中国北方的时候。他们以相对宽容甚至敬重的态度对待汉族儒家文人。统治者与被治的文人寻求彼此的共识，并且一再相互合作。[390] 这点在1170年代尤其明显可见。在金世宗（1161—1189年在位）的支持之下，汉族文人社群也随之出现。

金世宗一手推行了宽容政策，在中国历史上被视为可与尧、舜相比的仁君。不过，由于金、宋之间征战不断，金对汉人文化与教育的理解仅限于北宋的影响。实际上，金代学者对唐代的知识界显然远比对宋代的发展更熟悉。其科举体系主要奠基于辽与唐的制度之上，因此诗文的写作成了知识阶级主要的兴趣，而且科举的主要目的也在于选拔杰出的文学学者。唐对金的巨大影响力可以见于几项事实当中，一是金代统治者特别喜欢把自己比拟为唐代君主，另外则是金代科举考试所使用的经典采用了以下这些注本：王弼和韩康伯注的《易》、孔安国注的《书》、郑玄注的《毛诗》、杜预注的《左传》、孔颖达注的《礼记》、郑玄注与贾公彦疏的《周礼》、何

---

[386]《辽史》，1：4；72：1209。
[387]《辽史》，15：171。辽圣宗（983—1030年在位）曾写下带有浓厚儒家色彩的《诫谕》。见叶隆礼：《契丹国志》，贾敬颜、林荣贵点校（上海：上海古籍出版社，1985），14：153。这部作品收录于陈述辑校：《全辽文》（北京：中华书局，1982），页17。
[388] 叶隆礼：《契丹国志》，14：153 有齐国王隆佑崇信道教的记载。
[389] 陈述辑校：《全辽文》，页3。现存的辽代文学作品包括了64首诗，作者主要为汉人及三位辽代皇帝。
[390] Peter K. Bol: "Seeking Common Ground"。

晏注与邢昺疏的《论语》、赵岐注与孙奭（962—1033）疏的《孟子》以及唐玄宗注的《孝经》。[391]

不过，到了12世纪80年代末期，情况开始出现变化。1188年，金把"经义"科与"诗赋"科并列，供考生选择。[392] 接着，又实行了宋代的三舍法。这些决策施行之后，通过考试的考生随即大幅增加，由此可见金在科举方面的制度已逐渐赶上当时的宋朝。

在金代知识界留下影响的汉族文人，如赵秉文（1159—1243）与元好问（1190—1257）等，虽然都在12世纪80年代之后才开始出名，但道学可能在12世纪80年代就已对金产生了影响。《孟子》在1190年正式纳入科举当中。毕竟，《孟子》是在获得北宋道学家的提倡之后，才真正取得受人敬重的地位。

然而，总体来说，金代的知识环境仍然由佛教支配，另加上唐代与北宋的影响。宋代的影响力其实到了13世纪才真正显现出来。这一切都可见于元好问的思想与著作当中。他虽然出身游牧民族的拓跋族，其家族却至少从他父亲以来就已彻底汉化。[393] 元好问是位杰出的诗人，[394] 他的教育观包括了以实用态度看待知识的作用。他精通天文历算，更通医术，由此可看出他对知识本质所持有的功利观点。他也强调与学者朋友合作的重要性，以便在知识上互相鼓励与交流。[395]

最后，辽、金（也可能包括元在内）的教育实践还有值得注意的一点，就是鼓励学者出外游历、观察。游牧生活影响了契丹与女真统治下的学生。由辽金君主的"观渔"、"观银冶"、"观伐木"、"观驯鹿"、"问佛法"等活动，可看出他们经常四处

---

391 《续文献通考》，47：3211。除了邢昺与孙奭之外，其他注本都与唐代政府所立的注本相同。关于《孟子》，请看下面。
392 《金史》，51：1136。诗赋写作原是考生的唯一选择。因此，金代思想史的这个阶段仍以"文"的观念为依归。"经义"科设立之后不久，"策论"科也随之出现。此后，考生即可在这三科当中择一应考。
393 《金史》，126：2742–2743。Peter K. Bol 的 "Seeking Common Ground" 及其书目信息也非常有帮助。
394 John T. Wixted: *Poems on Poetry: Literary Criticism by Yuan Hao-wen (1190–1257)* (Wiesbaden: Franz Steiner Verlag, 1982).
395 程方平：《辽金元教育史》，页139–147；毛礼锐、沈灌群主编：《中国教育通史（第三卷）》，页339–345。

游历(称为"四时捺钵")。[396]学生可能也喜于四处旅游,就算不一定是为了学习。[397]元好问在中国北方的长途旅行相当著名,曾与数学名家李冶(1192—1279)结交。他确实可以说是金代知识人的代表。

2. 蒙古人与元朝的教育理念

汉人对蒙古教育的影响,有部分来自蒙古人在金朝的经历,另有部分则来自蒙古统治下的汉人学者。耶律楚材(1190—1244)是金代汉化学者的代表,但他实际上是契丹人,而且是佛教信徒。[398]

■ 耶律楚材

耶律楚材是为蒙古人引进文官政府的关键。他也说服了元代统治者窝阔台(1229—1241年在位)于1238年实施科举制度,选拔愿意进入政府服务的汉族学生(其中约有四分之一都是受到金代奴役的人口)[399]。不过,这项措施维持的时间非常短。后来又过了76年,元朝才在许衡的再传弟子李孟的建议下再次举行科举考试(1314年)。耶律楚材也倡议为佛教与道教僧侣举行考试,但没有获得采纳。[400]

耶律楚材的思想深受儒家实用主义的影响,尤其是在文官统治方面。但就个人生活而言,他比较偏好的却是佛教教诲。他显然对道学思想有所认知,这点可由他使用的言词当中看得出来,例如"穷理尽性"这句话就是典型的道学词汇。不过,

---

[396] 傅乐焕:《辽代四时捺钵考五篇》,《中研院历史语言研究所集刊》,第10本(1948),页223-347。金代也有这个习俗。谢谢邱逸凡先生提供这条数据。
[397] 《辽史》,68:1040、41、46、73及各处。
[398] 赵振绩:《耶律楚材》,收录于赵振绩等:《耶律楚材·许衡·方孝孺》,收录于王寿南主编:《中国历代思想家》(台北:台湾商务印书馆,1999,修订版),页1–44。另见 Igor de Rachewiltz: "Yeh-lü Ch'u-ts'ai (1189–1243): Buddhist Idealist and Confucian Statesman," in Arthur F. Wright and Denis C. Twitchett, eds.: *Confucian Personalities*, pp. 189–216。案:此书已有中译,题为《中国历史人物论集》。
[399] 《元史》,81:2015、2017。案:萧启庆认为那一年的"戊戌之试"不能算是正式的科举考试。参考萧启庆:《元代的儒户:儒士地位演进史上的一章》,收录于氏著:《元代史新探》(台北:新文丰出版,1983),页1–58。
[400] De Rachewiltz: "Yeh-lü Ch'u-ts'ai," p. 207。

他认为必须以佛教教诲为基础，才能达成这个道德目标；至于儒家教诲，则主要适用于政府事务。

耶律楚材对元代教育的影响，也许就在于他强调儒家思想特别有助于推行文官政府的观点，而蒙古人也乐于落实他这项观点。耶律楚材死后不久，许衡受到了忽必烈的注意。要理解他如何能够把朱熹的思想介绍给蒙古君主，就必须了解当时蒙古人倾向以儒家学说为治国之道的态度。[401]

■ 道学思想家：许衡、刘因与吴澄

许衡（1209—1281）极力倡导朱熹思想，尤其是朱熹对学问采取的智性态度。他受到忽必烈的重用，在1261年获得任命为国子祭酒，是他人生的转折点。自此之后，他终于有机会实现自己的教育信念。他采取了务实的态度：强调百姓的生计比道德培养更重要。[402]这种实用思想促使他探讨有关当代政府事务的议题。接着，他又主张设立学校，甚至认为灌输知识乃是最迫切的要务。他的判断基准是道学的智性主义。他的著作里虽然使用了大量的道学词汇，但他的基本关注却是招募具备适切品德的儒家学者为元朝服务。[403]曾有不少人指出，许衡思想中的支配要素，乃是对于"行"（实践）的关注。这点确实没错，可由他的文章佐证。[404]他不断阐述朱熹对道德完善的理念，但论述的重点总在于如何建构良好的政府以及秩序井然的社会。由此可以理解他为何不曾针对课程进行有系统的探讨。他不太重视博学的教育

---

[401] 关于把朱熹如何把道学实践在经营社会上面，见 Robert P. Hymes and Conrad Schirokauer, eds.: *Ordering the World: Approaches to State and Society in Sung Dynasty China* (Berkeley: University of California Press, 1993), pp. 22–27, 357–359。

[402] 对他来说，大自"君臣父子"，小至"盐米细事"，都属于"文"（文化）的范畴。见他的《鲁斋遗书》（"四库全书"），1：17a。

[403] 王民信：《许衡》，收录于赵振绩等：《耶律楚材·许衡·方孝孺》，页45–99。又，陈正夫、何植靖：《许衡评传》（南京：南京大学出版社，1995）。英文作品中可以参看：Hok-lam Chan: "Hsu Heng", in Igor de Rachewiltz et al., eds: *In the Service of the Khan: Eminent Personalities of the Early Mongol-Yüan Period (1200–1300)* (Berlin: Harrasowitz, 1993), pp. 416–447. 也可参见 Wm. Theodore de Bary: *Neo-Confucian Orthodoxy and the Learning of Mind-and-Heart*。

[404] 孙培青、李国钧主编：《中国教育思想史》，第二卷，页231–232。另见许衡：《鲁斋遗书》（"四库全书"）1：5ab、6b；2：25ab，书中各处。又见王民信：《许衡》，页88–90。

理想，[405] 却真心关注学习的实践，而这项关注也极为鲜明。

因此，许衡的务实态度在科举的目的方面给自己造成了一种两难情况：如同大多数的道学思想家，他也反对科举制度，但没有提出更好的人才选拔方法。

延续许衡思想的儒家学者包括刘因（1247—1293）与吴澄（1249—1333）。刘因不参与科举，而选择了退隐。[406] 要了解他的立场，首先必须记住中国（汉族）读书人在元代初期经常遭到奴役，就算通过科举也必须付钱赎身（前此，科举考试也只在 1238 年举行过一次）。[407] 有些人遭到流放充军，而登记为军户。读书人缺乏进身机会，因而心生怨懑，更重要的则是从此退隐从事独立研究。因此，元代的隐世思想充满了对道教退隐观念的省思。庄子与陶渊明都曾明显的提及这种退隐的观念。刘因的隐世思想一方面是这种消极避世的典型表现，另一方面也是一种抗议。[408] 以下将探讨佛教与道教对元代知识界的影响。

刘因的思想深受道教哲学的影响，他的形而上思考也反映出对世俗事务的漠然态度。由此可见，他已开始偏离朱熹对广博知识的注重。[409] 这种转向可从若干细微的现象上看得出来，包括在他超过 20 卷的作品集里完全没有提及"格物"这个字眼，以及他一再把关注重点放在形而上议题以及"静"、"空"、"理"这类观念上。简言之，他表面上虽然还是忠于道学（或至少程朱理学）的立场，实际上却已背离了道学哲学论述的形而上核心。

吴澄是元代最后一位道学思想家，他一生投注于道学的学术研究，只曾在元代

---

[405] 他对朱熹强调博学的论点不以为然。除了反复强调必须研读朱熹的《小学》与"四书"之外，他并未谈及任何系统性的课程。见孙培青、李国钧主编：《中国教育思想史》，第二卷，页 233–234，其中探讨了许衡与朱熹的差异。侯外庐等主编：《宋明理学史》（北京：人民出版社，1984），第一卷，页 692–703 同意许衡特别强调实践，但也指出许衡已开始主张心的自主与自觉，可以看出日后王阳明思想的端倪（见页 700）。关于这一点，另见 Wm. Theodore de Bary: *Neo–Confucian Orthodoxy*, pp. 131–147。

[406] Frederic W. Mote: "Confucian Eremitism in the Yüan Period"。另见 Wei-ming Tu（杜维明）: "Towards an Understanding of Liu Yin's Confucian Eremitism," in Hok-lam Chan and de Bary, eds.: *Yüan Thought*, pp. 233–278。

[407] 参看上面注 399。

[408] 刘因对老、庄的认同，在他的文章里历历可见。侯外庐等主编：《宋明理学史》，第一卷，页 707–711、712、715–716 等部分的作者也指出了这一点。

[409] 刘因对于纯粹基于文本或文字的经学研究批判甚烈，这点可见于他的传记，收录于《元史》，171：4007。

朝廷里短暂担任过中阶官职。[410]吴澄自从年轻时代就已发展出一种傲慢的英雄主义思想，隐隐连结于儒家或道学思想中以修身达成道德完善的英勇面向。由此观之，难怪他认为知识唯有付诸实践才有意义。一切英勇行为都源自原本善心的自我意识或自觉。[411]他对心的功能深感兴趣，因而赞同刘因的立场。一般也认为由此可以看出他逐渐偏向道学思想中重视"心"的倾向。

因此，吴澄思想中隐含的教育理念乃是"约"，亦即对理解的重视甚于博学。[412]他一直遵循朱熹订立的课程，但主张"闻见虽得于外，而所闻所见之理则具于心，故外之物格，则内之知致"；[413]这句话从道德的立场来说，它的意思就是，先天本善的人心乃是一切知识的源头，藉由发扬本心而恢复人的善性，不但是学习的发轫，也是其终极目标。唯有唤醒了道德意识，才有可能培养道德。[414]

吴澄的观点绝对已经偏离了宋代主流道学家那种较为实际的主张，宋儒把博学以及对道德人格的思想追求视为学习的核心要务，吴澄则是把学究式的读书法退为次要，以回归本心为首。而这样的观点乃是衍生自他对诚心（敬）与实践（行）的强调。这样的发展无可避免，也反映了儒家学者在蒙古统治的险恶环境下所面临的变迁。[415]

3. 佛教与道教及其重要性

中国宗教史上最重要的一项发展，就是禅宗在宋代的兴起。道教的若干新教派

---

[410] 关于吴澄的一生，见《元史》，171：4011–4014。关于他的思想，见侯外庐等主编：《宋明理学史》，第一卷，页731–748。另见下一注。
[411] 参看王素美：《吴澄的理学思想与文学》（北京：人民出版社，2005）。David Gedalecia: "Wu Ch'eng's Approach to Internal Self-Cultivation and External Knowledge-Seeking," in Hok-lam Chan and de Bary, eds.: *Yüan Thought*, pp. 279–326。
[412] 见前注288。
[413] 吴澄：《吴文正集》（"四库全书"），2：4b–5a。
[414] 黄宗羲著，全祖望补修：《宋元学案》（北京：中华书局，1986），92：3047："应接酬酢，千变万化，无一而非本心之发见，于此而见天理之当然，是之谓不失其本心"。
[415] 有关吴澄思想的教育意义，见孙培青、李国钧主编：《中国教育思想史》，第二卷，页234–247。

也是在宋、元期间开始普及。这些教派或教诲的兴起和流传带有平等意味。这点反映了印刷术普及之后，识字率和阅读人口也随之提升的社会状况。

严肃的教诲或是学习的智性倾向愈来愈受质疑，再加上道学思想认为个人经验或直觉当中具有不证自明的真理，都促进了这种平民化的趋势。这种发展对教育思想影响深远。在这个章节里，有必要概述佛教与道教的若干发展趋势。后来，为了提供一般大众能够明了的教诲，这些趋势都愈来愈相互交织。

元代朝廷保护喇嘛教，[416] 但极少有汉人信奉这个教派。另一方面，中国佛教则愈来愈盛行，甚至多少影响了元代初期的统治者。举例而言，刘秉忠（1216—1274）曾任忽必烈的主要顾问，在蒙古扩张之前，就协助他们建立了中国式政体。刘秉忠是佛教僧侣。[417]

■ 佛教与禅宗清规的修订

这项发展对中国教育影响极大，首先是佛教与儒家思想家的交流因此增加。几乎所有著名的佛教僧侣都熟知儒家教诲，例如耶律楚材就曾说过："以儒治国，以道治身，以佛治心。"[418] 先前提过，尽管道学思想愈来愈偏向"心学"的方向发展，或者也许该说正是因为如此，蒙古人于是把儒家思想视为理想的治国手段。这项发展造成的一个必然结果，就是佛教徒与道教徒在元代政界里的激争论。最后，由于蒙古人赞助佛教，道教于是落居下风。[419] 不过，真正重要的影响乃是在于"三教"的密切交流与相互之间的深入理解。这种现象影响了一般信徒，也为往后持续寻求三教合一的努力提供了思想背景。

第二项影响是禅宗寺院规章的全面修订。一般认为《百丈清规》早在11世纪前

---

[416] 元代保护西藏喇嘛教的政策，被称为是促成三教合一观普及的因素之一。见 Liu Tsun-yan and Judith Berling: "The 'Three Teachings'"。

[417] Hok-lam Chan: "Liu Ping-chung (1216—1274): A Buddhist-Taoist Statesman at the Court of Khubilai Khan," *T'oung Pao*, vol. 53, nos. 1–3 (1967), pp. 98–146.

[418] 引自 Jan Yün-hua（冉云华）: "Chinese Buddhism in Ta-tu: The New Situation and New Problems," in Hok-lam Chan and de Bary, eds.: *Yüan Thought*, pp. 375–417, 引文出自 p. 378. 冉云华的文章详细记载了佛教徒与儒士的多次合作。

[419] Kenneth K. S. Chen: *Buddhism in China*, pp. 421–425。

佚失，其后就一直有人试图找回或重撰这套规章。最重要的一次尝试，自然是1103年汇编的著作，编著者宣称它是以原作为基础而编纂出来的结果。由于有这样的说法，这部1103年的作品因此广获接纳为权威著作，一般人遵行当中的规范都毫无疑虑。后来在1274年与1311年重新编纂的结果，都几乎没有增加新的文字。不过，这部作品却在1335年在德辉和尚的主导下经历了重大修订。他重新编纂了整套《百丈清规》，并且自行加入了许多新观念。这部修订后的版本，就此成为往后数百年间禅宗寺院的标准规章。其中有两项观念特别突出：第一是劳动的复兴，所有僧侣都必须参与劳动。从日本僧侣圆仁的记载中可以看到，这种做法本来在唐代就已经普及。不过，后来在唐代末年乃至宋代期间即告式微，即使有人奉行，也只不过是表面工夫而已。德辉把应该重视劳动的信条写入修订后的《百丈清规》里，藉此复兴了这种做法。禅宗"一日不做，一日不食"的理想，从此又成为普及的座右铭，而且这项观念也深深影响了后代的世俗民众与僧侣本身。中国人是否因此变得较为勤奋是另一个问题，重点是一旦面临逆境，这项观念让人更有理由也更有动力以勤奋克服困难。

第二点是重振寒暑两会的制度。在冬季会议里，中国各地的僧侣齐聚一堂，针对教义等议题彼此讲学及讨论。这种聚会有时候又称为"江湖会"。[420]当然，由这种年度会议的举行，可以看出当时的社会愈来愈多元，因此需要通过辩论以及观念的交流，才能在教义方面达成一定程度的统一。

这种做法也受到儒家学者的注意。相对于朱熹和他那个时代的思想家所举行的著名讲学或论辩，德辉的想法则在于建立恒久的制度。另一方面，德辉必然也从宋人的讲学论辩中获得了灵感。后来，在著名的道学会讲中，更可看出源自佛教的这种做法已得到了完整的发展。经过道学家的借用和提倡之后，这种做法成了不只是德辉或禅宗的传教工具。明代的道学家又把讲学论辩借回来当成传播儒家思想的主要工具。[421]

---

[420] "江湖"意指各地，佛教经常用这个字眼描述游方僧的生活。
[421] 关于"会讲"，见本书第六章第一节第八段（宋代书院里的生活：一个传统的形成）的讨论。

■ 道教伦理思想的演化

从先前简略提过的道教发展，可以看出道教因为当时盛行的融合观，致令宗教认同趋于模糊。净明宗是三教合一发展中最激进的教派。不过，历史比较悠久的正一宗、上清宗、灵宝宗，则变得比较愿意接纳其他宗教的观念。正一宗因为获得宋真宗与徽宗的提倡，而在 11 世纪初成为重要教派，基地位于龙虎山（今江西贵溪）。[422] 张继先（1092—1127）大概是这段时期唯一具有创意的思想家。他为《太上感应篇》写了一篇跋。他说"法（案：在儒家思想意为方法、政策；在法家意为法律；在佛教意为真理；在道教则意为典仪）即是心"，正是三教合一的典型观念，而他也经常使用儒家与禅宗的词汇。他对男女关系提出近乎禁欲的主张，也反对道教养生派标举的房中术。这些无疑都反映了中国社会伦理中逐渐突显的趋势。[423] 由此可见，一般大众的伦理观到了这时候也已受到道教领袖的关注。[424]

追求三教合一的倾向也可见于上清宗，这是前述三个教派里最传统的一个，在宋代期间已大幅没落。道教虽然一直仰赖传统的"外丹"观念，有些人却已开始接受所谓的"内丹"。例如上清宗领袖杜道坚（1237—1318）就利用邵雍的观念诠释老子的思想。他也利用《大学》（在不久之前才被朱熹选立为独立的儒家经

---

[422] 陆象山于 1187 年迁居应天山，将其改名为象山。这座山其实是龙虎山脉的一部分。在山上接待陆象山的主人是一位姓彭的学生。他因为拜访龙虎山的张氏家族，而在他们的鼓励下邀请陆象山前来。既然正一宗的领袖就是著名的张氏家族，彭先生会不会和他们有关系呢？这是一个有趣的问题。参看"陆象山年谱"，收录于《陆九渊集》（北京：中华书局，1980），页 499–500。另外，陆象山曾写信给一位显然是道士的张伯信，关于这封信，见 17：219。

[423]《太上感应篇》对男女关系着墨不多。八世纪的"十戒"对此也没有特别规定。大约同时出现的另一套"十戒"也只禁止乱伦关系。见本书第六章注 139 引述的为道教俗民信徒所订立的"（无上）十戒"。此处所提的是道士应当遵循的十戒。见任继愈主编：《中国道教史》，页 332–333。另外，关于道教禁欲思想的探讨，见 Henri Maspero: *Taoism*, p. 539。

[424] 任继愈主编：《中国道教史》，页 551–553。任氏认定为张继先的著作都是编纂于十四世纪末，因此他在道教传统中的重要性也许有夸大之嫌。此外，有些据认为是他所提出的观念，可能也是后代杜撰的。读者也许会想进一步探究相关的文本问题，但我们此处对他的探讨仅限于十三与十四世纪，并且应该把他视为当代道教思想潮流的代表。若欲进一步了解张继先，见 Judith M. Boltz: *Taoist Literature*, p. 194 及书中各处。又，最近讨论张继先的文章有庄宏谊：《宋代道教正一派——以三十代天师张继先为主之研究》，《辅仁学志：法、管理学院之部》，第 38 期（2004），页 79–110。

典）里的观念诠释老子的"德"。另一个重要的思想家是张雨（1283—1356）。他住在杭州，但当初学道是在茅山，后来退休后也回到了茅山。因此他是属于上清宗的茅山派。他非常博学，也是杰出的诗人，和当代许多道教以外的文人都有来往。[425] 他显然并非以传统的内丹修炼而闻名。但是他代表了儒、道之间的联系。道教思想在 14 世纪的演化极为迅速，特征乃是对内在修养（内丹）的重视。

第三个教派，也就是灵宝宗，则是在史料记载里最少的一个。郑思肖是灵宝宗信徒中最重要的记录者。根据他的说法，灵宝宗也不免受到当代的影响，同样采纳了内丹或冥想的修炼方式。灵宝宗一名领袖指出，早晨应当静坐以获得平静，方法是集中注意力，保持严肃，阻绝一切杂念。郑思肖对这种技巧非常熟悉，因为他本身就信奉也实践这种技巧。不过，他还把儒家及佛教的许多观念融入了自己的文字里。[426]

简言之，这三个传统道家教派，都愈来愈乐于吸收佛教与儒家的观念，而且修炼方式也从传统的外丹转为所谓的内丹，显示他们偏好以冥思及内在修养的方式达致宗教上的了悟。这种现象在传统道教里也许没那么明显。

宋、元时代还出现了其他道教宗派，首先是所谓的大道宗，在元代又称为正大道。

大道宗的创始人是刘德仁（1122—1180），他也强调把重点转向内心修养。他独树一格，彻底扬弃了传统上依赖符咒与外丹术的做法，而他这样的选择也造成了深远的影响。他的态度不但在某种程度上反映了宋代的理性倾向，也反映了儒学复兴所带来的影响。《元史》的传记说他"以苦节危行为要，而不妄取于人、不苟侈于

---

[425] 关于张雨的生卒年份，见 Judith Boltz: *Taoist Literature*, pp. 270–274n。最新的看法认为他死在 1350 年。参见张光宾：《元玄儒张雨生平及书法》，收录于台北故宫博物院编辑委员会编辑：《中华民国建国八十年中国艺术文物讨论会论文集・书画》（台北：台北故宫博物院，1992），页 239–278。关于他的一生以及文学著作，见孙克宽：《寒原道论》（台北：联经出版，1977），页 285–311。另外可参考孙静如：《元代张雨书法艺术与道教关系之研究》（台北：台湾大学艺术研究所硕士论文，2000）。台北故宫博物院收藏有张雨亲笔书写自己诗作的作品，至为壮丽。

[426] 郑思肖一般以其《心史》（但此书是否确定是他的作品，略有争议）及忠义思想而为后人所尊崇，但是他不只是一位提倡纲常的儒家，也是一位画家，更是一位道教的信徒，著有《太极祭炼内法》，收录于《正统道藏》（台北：艺文印书馆，1964）。《心史》书中也有关于"三教"的文章。

己"。[427] 他最关注的显然是该如何打造完善的道德生活。据说他根据老子《道德经》的教诲订立了"九戒"：

> 视物犹己，勿萌戕害凶嗔之心；
> 忠于君，孝于亲，诚于人，辞无绮语，口无恶声；
> 除邪淫，守清静；
> 远势力，安贱贫，力耕而食，量入为用；
> 毋事博奕，毋习盗窃；
> 毋饮酒茹荤，衣食取足，毋为骄盈；
> 虚心而弱志，和光而同尘；
> 毋恃强梁，谦尊而光；
> 知足不辱，知止不殆。

这些戒条虽然反映了道教的伦理哲学，却也相当合乎一般常识观念；即便由儒家或甚至佛教的观点来看，也一样可以接受。这套戒律与道教的"十戒"、"十四戒"，或是佛教的"五戒"、"八戒"，都是同一个传统的产物。[428] 只要检视一下这套戒律，探讨大道宗的著作，即可发现当中带有一种新兴的关注，亦即重视庶民信徒的道德行为。这种关注必然是受到禅宗与儒家思想启发而产生的结果。刘德仁虽然不曾明确鼓吹三教合一的观念，但他偏离外丹术而强调个人内在修养的观点，绝对有助于三教合一的运动。

太一宗创立于1138年，留下的记录少之又少，似乎主要以法术——如使用符箓——招徕信徒。尽管如此，从我们所知的有限数据当中，还是可以看出内丹在这个教派的教诲似乎也占有愈来愈重要的地位。其创始人的墓碑上写着：

> 本之以湛寂，而符箓为之辅……迹其冲静玄虚，与夫祈禳祷祀者，并行而

---

[427]《元史》，202：4529。
[428] 见本书第六章第一节第六段的简短讨论。

不相悖。[429]

先前提过的净明宗，是道教新兴教派当中最重要的一个。这个教派不但呈现了相同的倾向，对于所谓"儒家正统"的观念也贡献良多。净明宗强调"忠孝"的观念。[430] 众所皆知，把"忠"与"孝"结合在一起，是宋代出现的做法。[431] 因此，净明宗的思想反映了时代的潮流。这个教派也借用了禅宗与儒家的教诲，这点可见于以下这两句话："净明只是正心诚意"；"何谓净，不染物。何谓明，不触物"。[432] 净明宗创始人刘玉提出所谓的"八宝"：忠孝廉谨，宽裕容忍。这八项美德除了最后两项之外，几乎全是儒家的观念。挑出若干行为特征，写成四言句以便于记忆，这种做法在当时似乎愈来愈流行。这是启蒙教材普遍采用的方法（见第五章第一节第四段），在明代更成为大众教育著作的常见做法（见第六章第一节第九段）。

总而言之，在前述几个教派里，就数净明宗最接近"三教合一"的思想。不过，三教合一观的真正成熟，却出现在新教派当中最强大的全真教。就教育思想而言，我们对全真教的探讨除了三教合一思想之外，只须再提及该教派严格的禁欲清规，包括对贪食、酗酒、性爱，乃至贪睡所提出的告诫。[433] 全真教创始人王喆特别指出以下十二项恶行，告诫信徒予以弃绝：财色酒气、攀援爱念、忧愁思虑。

全真教的禁欲主张甚至鼓励信徒模仿佛教徒过寺院生活，其禁止性爱的戒律

---

[429] 陈垣编：《道家金石略》，陈智超、曾庆瑛校补（北京：文物出版社，1988），页844。卿希泰根据这段文字而认为内丹修练在太一宗的教义里也占有重要地位。
[430] 一部书名为《净明忠孝全书》的选集留存至今，是此处的讨论最重要的参考数据。见 Judith M. Boltz: *Taoist Literature*, pp. 75–77，Boltz 说："基本上，忠与孝的概念经过重新诠释后，带了顺服权威与镇压反抗的意思。"
[431] 孝道自古以来就是中国人不断灌输儿童的道德观。到了宋代，这个观念开始与"忠"搭配成对。政府的中央集权以及游牧民族的威胁，使得"忠"成为一项备受重视的美德。随着"忠"的价值观对"孝"形成质疑，对孝道的诠释因此扩大，认为孝包含了忠在内：要求绝对顺服的忠君观念就此成为孝道的一部分，孝是忠的必要条件，忠也是孝的必要条件。净明宗创始人刘玉指出："忠孝者，臣子之良知良能，人人具此天理"，"大忠者，一物不欺。大孝者，一体皆爱"。关于宋代"忠"的观念，请参看 James T. C. Liu（刘子健）："Yüeh Fei (1103—1141) and China's Heritage of Loyalty," *JAS*, vol. 32, no. 2 (1972), pp. 291–297。
[432] 《净明忠孝全书》，第三卷，引自任继愈主编：《中国道教史》，页571。第一句话衍生自道学思想，第二句话则是源自禅宗思想。
[433] 王恽：《秋涧集》（"四库全书"），56：13ab，禁止打瞌睡。

更是极端,连婚姻中的激情关系都予以否定。这样的伦理观显然已超出一般大众能够接受的程度,但全真教的领袖似乎认为内心的冥想与修练有助于造就这么极端的宗教生活。这项发展不但显示宋代道学的"内观"(inward looking)倾向的确是一套全面性的世界观中的一部分(13世纪的道教也深受这种世界观的影响),也反映了禅宗思想愈来愈重视内在的发展趋势,以及道学朝心学方向迈进的现象。[434]

最后一点:全真教的政治哲学要求信徒遵守"国法",也建议政府官员建立"清政"。难怪全真教领袖经常提起和儒家德治有关的"三纲五常"观念。

■ 小结:宗教与平民的伦理价值观

佛教到了南宋已开始没落,至少就其财产与传教能力而言。不过,随着禅宗兴起,佛教教诲也开始积极参与中国各项思潮的对话,并且协助形塑了道学的初期发展,我讨论了禅宗寺院生活的演化过程,也指出寺院生活的复兴以及禅宗戒律的修订对中国思想都有所影响。更值得注意的是,寺院生活的理想竟然深入一般民众的心中,让他们在现世生活中有了追求的目标。我们稍后就会看到,这项伦理观是中国平民大众生活的基础,为他们的人生赋予了意义和目的。

就道教而言,则有两个重点:第一是由外丹术转向内丹术,藉此达成道教理想中的清静状态。这项转变反映了佛教——尤其是禅宗——与道学的影响,而且道学本身的教诲与组织也吸收了禅宗的冥想与寺院清规。第二,则是愈来愈重视伦理教诲,这点反映了三教合一思想的影响。在这样的发展过程中,道教教诲继承了注重平民大众伦理生活的传统。个别伦理观究竟源自儒家或道教思想,通常并不容易辨认,但这段时期的道教教派对忠、孝、禁欲等美德特别感兴趣,也特别注重以直截了当且常识性的方式——换句话说,就是平民化的方法——把这些观念呈现给一般大众,让他们能够理解并且实践。当时的确有一股强烈的平民主义潮流,许多适用于所有人的道德观念,不论是新兴还是经过复兴的观念,都受到了这股潮流的影响。

---

[434] 关于"内观",见 James T. C. Liu: *China Turning Inward: Intellectual-political Changes in the Early Twelfth Century* (Cambridge, Mass.: Council on East Asian Studies, Harvard University, 1988), pp. 1–16。

第七节　明代的道学思想

道学思想的转向早自 14 世纪就已展开，这时优先强调的乃是"心"。关注个人道德完善的想法早已根深蒂固，明代思想家更为如此。不过，他们认为唯有透过内心的活动，才有可能达至道德人格与完美的世界。宋代道学——尤其是朱熹思想——当中的智性主义，已在这种趋势的影响下逐渐式微。明代道学家认为人心天生本善；人心指引人类行动与天理知识的能力，是明代道学形而上思想的基本前提。

明代道学的首要倡导者自然是王阳明（王守仁，1473—1529），但陈白沙（陈献章，1428—1500）与湛甘泉（湛若水，1466—1560）却在他之前就为明代的道学划定了方向。[435] 王阳明之后的发展也相当重要，因为这些发展影响了晚明与清代的大

---

[435] 在探讨明代思想的许多著作当中，我认为容肇祖的《明代思想史》（台北：台湾开明书店，1962，重印 1941 年本）是最佳的综论。沟口雄三：《中国前近代思想の屈折と展開》》（东京：东京大学东洋史研究会，1980）对于日本学者所谓的"前近代"中国史（起自明代末年）提出了非常个人化的诠释。沟口雄三的论述方式与较早之前的岛田虔次恰成对比。岛田虔次的名作：《中国における近代思惟の挫折》（东京：筑摩书房，1949）至今仍然非常值得一读。山井涌：《明清思想史の研究》（东京：东京大学出版会，1980）是比较合乎严格定义的哲学研究，其目的在于为清代的学术发展提供背景。读者自然不会忘记 Wm. Theodore de Bary: *The Message of the Mind in Neo-Confucianism* (New York: Columbia University Press, 1989)，其中仔细说明了思想家拥抱"心学"的趋势，连程朱道学家都不例外。最后，Peter K. Bol 的新作：*Neo-Confucianism in History* (Cambridge, Mass.: Harvard University Asia Center by Harvard University Press, 2008) 也应该被提到。

众教育。

1. 陈白沙与湛若水

陈白沙的哲学主张虽然经常被视为与朱熹的思想相对,但他其实致力于厘清朱熹未及阐明的问题。[436] 陈白沙是来自南方的广东思想家,不但科举落第,跟随的老师又是江西的吴与弼(1392—1469)。当时江西的经济与文化中心地位已然没落,[437] 因此他与主流思想活动的各大中心都少有接触。[438] 如果说,他从自己身上寻求启发,把自己当成思考的对象,这也没错,因为这是必然的路径。他向吴与弼问学一年,然后归隐新会(今广东新会县)。在这段期间,他发展出的一项关键概念就是"自得":学习的目的在于达成自然界当中所能够找到的平静。任何人只要到过陈白沙成长时所居住的乡下(今新会江门市白沙里),并且经历过追求功名失败而遭到社会边缘化的结果,就会明白这位当地人至今仍称为"广东孔子"的思想家如何从自然界获得了启发,并且从自然中求得自我的平静。他在自然界里找到了中国思想家自古以来所谈论的"道"。"道"就是促成自然界运行的力量,也为自然界赋予了目的与原则。

陈白沙认为人心具有运用或单纯理解"道"的能力,也能够把"道"与人生的道德需求结合起来。人体是内心活动的物质基础,心会指引人追求人与自然界所共通的天理,并且根据此一天理安排人生。道德观念的普遍性,还有人与自然的共同命运,都可以此证明。

---

[436] 关于陈白沙,见宋志明:《陈献章》,收录于宋志明等:《陈献章·王守仁·李贽》,收录于王寿南主编:"中国历代思想家"(台北:台湾商务印书馆,1999,修订版),页1–92;章沛:《陈白沙哲学思想研究》(广州:广东人民出版社,1984);Jen Yu-wen(简又文):"Ch'en Hsien-chang's Philosophy of the Nature," in de Bary, ed.: *Self and Society in Ming Thought*, pp. 53–92. 另见简又文:《白沙子研究》(香港:简氏猛进书屋,1970)。

[437] 吴与弼是明初的道学思想家,深深信奉朱熹的思想。江西在宋代曾是文化与经济的昌盛之地,但在元代之后即渐趋没落。关于这个地区的历史研究,见许怀林:《江西史稿》(南昌:江西高校出版社,1993),尤其见页462–504。

[438] 他的情形令人联想起维科(Giambattista Vico)。维科也是被隔绝于笛卡儿(de Cartes)主导的学术主流之外,而不得不发展出自己的观点。清初的王漠写有《汉唐地理书钞》,其情形也类似。

陈白沙接着指出，人的优先要务与责任，就是找出自然的天理，从而达成道德的完善。个人的道德修养，以及与天理融合为一，都需要真正的行动。不过，陈白沙认为要采取这种行动，首先必须清空自己的心，达到"虚"和"静"的状态，如此才能接受及理解天道。[439]因此，个人唯有达致真正的平静，才有可能进行学习。在这样的思想脉络下，自然可以了解他为何提倡静坐。但在他眼中，静坐只是获得真正知识的一条途径，知识还是必须努力学习而来。当然，勤奋用功不会让人达到学习的目标，只是让人一再回归心的平静与虚空，以便进行真正的学习。在他的定义里，这样的学习自然是一种愉快的经验。他经常提及《论语》里"风乎舞雩"的著名篇章，藉此说明人在学习中所能够获得的喜悦。[440]

在伦理思想方面，陈白沙认为孝道是最根本的美德，其次是尽忠，排名第三的则是坚定不移（"节"）。"守节"在中国伦理思想中算是相对新颖的观念，指的是在极端情景下，为了尽忠而不得不殉身的做法。此外，守节的观念也要求女性在丧夫之后不得再嫁。这样的要求自从宋代以来就已经兴起，到了陈白沙，他就加以公开倡导。[441]

陈白沙的形而上思想受佛教的影响。他与禅宗僧侣无相太虚的友谊，也许是他获得佛教启发的来源，也为儒家与佛教学者在明代期间的交流定下了基调。[442]

湛若水（1466—1560）年少时曾跟随陈白沙学习，但他通过了科举考试，仕途也相当顺利。繁忙的政治生活让他获得了陈白沙所欠缺的经验。这段经历确实有助于形塑他的思想，但他终其一生都把陈白沙视为自己的启蒙导师。据说他每到一个地方，只要能够建立书院，就会建造一座纪念陈白沙的书院。

因此，湛若水的哲学不但遵循陈白沙的思想原则，跟陈白沙的学说也极为相似。

---

439 他并不反对朱熹强调格物与读书的学习方式。
440 本书第四章开头完整抄录了《论语》的这篇文字。
441 关于陈白沙对于"节"的讨论，见宋志明：《陈献章》，页 75–77。
442 我不认同荒木见悟指称陈白沙从佛教获得重要启发的论点。不过，由于道学思想家持续和佛教僧侣——尤其是禅宗僧侣——往来，因此常在无意间吸收了佛教的影响。这点在王阳明的思想中更是明显可见。见荒木见悟：《明代思想研究——明代における儒教と仏教の交流》（东京：创文社，1972），页 23–50。另见容肇祖：《明代思想史》，页 41–42。

他和陈白沙一样，认为"心体物而不遗"。[443] 因此，在他看来，心、人性与天都是一体的。

"心"在湛若水的思想中虽然占有重要地位，他却没有因此忽视了获取知识的过程，无论是道德知识或甚至天理。他和陈白沙一样，强调个人必须确定自己追求的是天道，但这点必须下定决心才能做到。他试图承袭程颐和朱熹对实际学习的强调，就是在这方面展现得最为明确。他认为，灵性修养——亦即用"心"理解真正的知识——所追求的完美状态，同样可以透过研读书本或搜集与探究而获取知识的方式达到。[444]

总而言之，陈白沙与湛若水都认为"心"在获取真正知识的过程中占有核心地位，而真正的知识乃是与天理或万物的合一。不过，他们两人都不愿彻底放弃学习活动。他们认为学习活动有助于达成这种合一的状态。湛若水虽然经常使用"心学"一词，却无碍于他遵奉程朱学派致力寻求知识的主张。尽管如此，一旦谈到"格物"的定义，即可看出强调的重点确实已经出现了转变。接下来要探究的就是这一点。

▨ 格物

陈白沙与湛若水们强调的是心的优先性。这种观点和朱熹的格物观有所偏离。在过去三个多世纪以来，朱熹的格物观一直是教学法不可或缺的基础。现在思想开始转向，逐渐不再重视知识的探究，只将其视为"外在"活动。

强调的重点之所以改变，原因是为了重视格物的结果。道德行为是否紧接在学习和探究之后，乃是当时的争论点。显然不是所有的格物活动都一定会导向有效的道德行为。这项理解驱使思想家重新讨论行为的基础，探索究竟知识的取得是不是德行行为的基础。先前提过，这个问题在元代已可见于许衡的思想中，在吴澄的学

---

[443] 引自侯外庐等主编：《宋明理学史》，第二卷，页178。原文出《甘泉文集》第七卷。
[444] 湛若水确实认为勤奋研究的学习方式不如"虚心守静"的方法。前者只能让人达到"贤"的境界，后者则可让人达成"圣"的状态。不过，他也一再强调这两者只是一体的两面。见其《湛甘泉先生文集》（1866年资政堂刊本），2：6a；7：9b。

说中更是明显。

第一位探究这项议题的明代思想家是薛瑄（1389—1464）。他把"致知"解释为回归人天生的善性。如此一来，他就以道德主张取代了朱熹的智性倾向。在他看来，唯有透过"敬"——不是追求知识——而回归本性，才能真正达成道德的完善，也就是与天道融为一体。[445] 重心在此时已经出现了转移。

湛若水延续了这个重心转移的趋势，详尽探讨了格物的意义。他的精心阐释加速了格物观念的衰亡。自此之后，格物再也不是追求道德完善的思维途径。程颐说过一句名言："涵养须用敬，进学则在致知。"湛若水则评论道，涵养与进学其实不可分，两者都同样重要。他曾写信给王阳明这位明代最具影响力的思想家，在信中指出"格物"的"物"乃是指天理。[446] 因此，格物即是探究天理。藉由这种意义的细致扭转，他于是把"格物"重新定义为"体认天理"。他虽然重申知识学习和道德修养具有互补之效，但知识学习的正当性早已被道德关注取代了。[447]

这项发展在王阳明身上臻于圆满：朱熹与王阳明向来都认为知识具有道德的本质，但王阳明为这项观念赋予了决定性的地位。

---

[445] 容肇祖：《明代思想史》，页 15–16。另见 Wing-tsit Chan: "The Ch'eng Chu School of Early Ming," in de Bary, ed.: *Self and Society in Ming Thought*, pp. 33–35, 37–38。最近研究薛瑄并出版有重要论文的有许齐雄：《我朝真儒的定义：薛瑄从祀孔庙始末与明代思想史的几个侧面》，《中国文化研究所学报》，第 47 卷（2007），页 93–114；《国家政治目的和理学家教育理想在官学和科举的结合——以薛瑄思想为例》，《汉学研究》，第 27 卷第 1 期（2009），页 87–112。

[446] 湛若水：《甘泉文集》（1866 年资政堂刊本），7：18ab、25a–26b。

[447] 容肇祖：《明代思想史》，页 60–64。

2. 王阳明

王阳明（守仁）在中国思想史上的中枢地位毋庸置疑。[448] 他的思想有三点与中国教育史特别有关，分别为：能够理解天理的心所具备的至高地位、知行合一，以及对大众教育的关注。我在此处先探讨前两点，与教育直接相关的第三点则留待下两段再行讨论。

王阳明踏出了决定性的一步，彻底背离朱熹格物观的智性思想。在他看来，除非透过心而与天理中的终极真理融合为一，否则学术追求或甚至对外在信息的严谨搜集与探究都将徒劳无功。[449] 他为陆九渊的思想提出辩护，并且自诩为陆九渊的代言人。[450] 王阳明接着提出他的中心论点，即人心本善，[451] 并且为心赋予良知的能力："心自然会知。见父自然知孝，见兄自然知弟（悌），见孺子入井，自然知恻隐。此便是良知。"[452]

由于良知最为重要，因此只要行为的决定是出自良知的指引（"诚意"），那么这样的行为就是合乎道德的行为。这就是所谓的"致良知"。不过，王阳明认为致良知并不需要勤奋这类外在的努力，只须要让心主导人的情感和欲望即可。如此一来，

---

[448] 关于王阳明，见王熙元：《王守仁》，收录于宋志明等：《陈献章·王守仁·李贽》，页 97–191；冈田武彦编：《陽明学の世界》》（东京：明德出版社，1987）；秦家懿：《王阳明》（台北：东大图书，1987）；陈荣捷：《王阳明与禅》（台北：台湾学生书局，1984）。另见牟宗三：《从陆象山到刘蕺山》（台北：台湾学生书局，1979）；冈田武彦：《王陽明と明末の儒学》（东京：明德出版社，1970）；Wei-ming Tu: *Neo-Confucian Thought in Action, Wang Yang-ming's Youth* (Berkeley: University of California, 1976); Julia Ching（秦家懿）: *To Acquire Wisdom: the Way of Wang Yang-ming* (New York: Columbia University Press, 1976)，秦家懿的《王阳明》搜罗了中、英、日、德、法等几种语言的详细书目。又，陈来：《有无之境：王阳明哲学的精神》（北京：人民出版社，1991；北京：生活·读书·新知三联书店，2009），应该是重要的作品。可惜我还没有看到。

[449] 一旦谈到以实际努力而达成道德完善或取得真正的道德知识，王阳明仍不免被讥为与朱熹近似。见侯外庐等主编：《宋明理学史》，第二卷，页 227。并参见以下的探讨。

[450] 一般把陆、王并举，其由来如此。但实际上，朱熹的思想中其实也带有所谓的"心学"的基本要素；朱陆因此也有许多相同的见解，不必视为相对立。

[451] 这是承袭孟子的思想。到了明代初年，《孟子》的经典地位已然确立。孟子的人性本善论支配了明代各大思想家的思想。

[452] 陈荣捷：《王阳明传习录详注集评》（台北：台湾学生书局，1983），页 40。

人即可回归原本的善性。

因此，王阳明对于行为并不采取外在定义，而认为行为属于良知的范畴。在道德方面，如果没有真正的知识，就没有行为可言。由于良知与天理一致，所以良知乃是善的，而真正的行为也因此而合乎道德。如此一来，"知行合一"就成了他的道德哲学当中不可或缺的要素。

要概述王阳明对于知识及其指导行为的地位所抱持的哲学观点，可以参考《天泉证道记》里著名的"四句教"：

> 无善无恶心之体，有善有恶意之动，知善知恶是良知，为善去恶是格物。[453]

这段著名的文字简要说明了王阳明的思想。他死后出现了一连串的论争，质疑除了王阳明本身之外，是否有人能够理解他的教诲。就此处的探讨而言，我们只须指出，王阳明当初提出这四句教，本来就只是针对他所谓的少数"上根人"，这些人不费吹灰之力即可达到道德完善以及与天理融合为一的终极境界。其他人则"不免有习心在，本体受蔽"，因此必须努力奉行四句教里的第三与第四句，才能达致真理。这种观念所带有的教育意义非常重要。[454]

■ 王阳明对教育的影响

由以上的讨论，应可明白看出王阳明的思想所衍生的教育哲学必然与朱熹大不相同。朱熹强调严谨的学习和对知识的追求，王阳明则认为人有能力"自然知道"善恶的分别。王阳明的观点显然带有中国思想从来就具有的平等主义的含意，读者现

---

453 陈荣捷：《王阳明传习录详注集评》，页 359–360。另见 Wm. Theodore de Bary and Irene Bloom, eds.: *Sources of Chinese Tradition*, vol. 1, pp. 850–851。秦家懿写过一篇艰涩的论文，探讨四句教里的善恶观念。见其《王陽明の"四句教"の善惡思想》，收录于冈田武彦编：《陽明学の世界》》，页 107–117。

454 这种观念又让人回想起孔子把人分为"上知、下愚、中人"的说法。王阳明此处的想法也许和孔子不同，也还不打算宣称有些人无可救药，但他的话还是带有精英主义或惟才是用的含意在内。不过，他关注的乃是须要努力追求道德精进的人，而且他的哲学观是平等主义式的观点。

在对这一点应该已有所了解。这种观点为全民教育提供了基础。不过，王阳明的想法未免过度乐观，可能导致反智主义（anti—intellectualism），或至少是民粹的反精英主义。这样的后果出现于 17 世纪。东林学派的学者察觉了这个问题，而试图回归朱熹的思想。尽管如此，王阳明的教诲仍然深具影响力，原因是他的思想适用于一般大众。

在此必须简略提及王阳明对儿童教育的看法。与朱熹相反，王阳明对儿童的心具有敏锐的知觉。他强烈反对以负面的方式对待儿童，主张避免以惩罚为主要的教育手段。尽管他认为儿童教育的最终目的仍是要对儿童灌输"孝悌忠信，礼义廉耻"的观念（这是朱元璋提出的国家意识形态），但他对于升学进程的强调已是一大进步。[455] 他规划的日常学术活动，也显示了若干偏离传统的有趣发展。[456] 这点在本章稍后将会谈到。

3. 明代心学思想的进一步发展

"心学"成了王阳明思想的主要宗旨，也是对门徒的正统教诲。他的思想对追随者的影响非常多面，以下集中探讨与教育思想及实践有关的一般主题。

■ 援引佛教思想

第一个特征是王阳明的追随者广泛接触佛教教诲。[457] 王畿（1498—1583）是

---

[455] 王阳明对儿童教育的探讨，在《训蒙大意示教读刘伯颂等》一文里有最为完整的概述。见陈荣捷：《王阳明传习录详注集评》，页 276–277；王阳明（王守仁）：《王阳明全集》，吴光等编校（上海：上海古籍出版社，1992），2：87–89；孙培青：《中国教育史》，页 432–434。

[456] 见孙培青、李国钧主编：《中国教育思想史》，第二卷，页 301–320。另外还有一段简要的讨论，见侯外庐等主编：《宋明理学史》，第二卷，页 237–243。关于深受王阳明影响的各种教育实践，见吴宣德：《江右王学与明中后期江西教育发展》（南昌：江西教育出版社，1996）。

[457] 王阳明及其门徒受到禅宗影响的程度究竟多高，至今仍有争论。见陈荣捷：《王阳明与禅》，页 73–81。大多数学者都同意，禅宗思想在王阳明及其追随者的思想发展过程中确实扮演了相当重要的角色。见 Araki Kengo（荒木见悟）: "Confucianism and Buddhism in the Late Ming," in Wm. Theodore de Bary, ed.: *The Unfolding of Neo-Confucianism* (New York: Columbia University Press, 1975), pp. 39–66。另见侯外庐等主编：《宋明理学史》，第二卷，页 246–265，其中有非常详细的比较研究。

吸收佛教思想的主要代表。王阳明所谓的"良"（原始的、内在的、天生的）即是王畿所谓的"真"（真正的、真实的、诚实的）。他认为"真"的状态超越了善恶之别，是一种连"念"都不存在的空无状态。[458] 这种观念显然源自佛教，呼应了佛教思想中的"空"。[459] 聂豹（1487—1563）拥护"归寂"的观念，近似于佛教的涅盘思想，[460] 但他总是明确表示道学与佛教的道德生活各有不同的目的。同样，罗洪先（1504—1564）也认同佛教寺院戒律。他的思想出现转向，就是在一个酷似寺院的环境里冥思而产生的结果。[461] 佛教对道学思想家造成的影响也可见于胡直（1517—1585）等，[462] 尤其是泰州学派的学者，如王艮（1483—1541）[463]、罗汝芳（1515—1588）[464] 与李贽（1527—1602）。[465] 在焦竑（约1540—1620）及其同僚管志道（1537—1608）的思想中，仍然可以清楚看见这种趋势。[466] 管志道支持佛教的态度相当坦率，以致道学家通常不把他视为真正的同道。可见佛教的影响对晚明道学的

---

[458] 传统上，"念"这个字乃是用于指称思想、观念或意识，如恶的观念，或行善的观念。中国以"念"翻译梵文的"smriti"（即巴利文的"sati"），在佛教文献里极为常见。

[459] 见容肇祖：《明代思想史》，页110–117；侯外庐等主编：《宋明理学史》，第二卷，页272–279。另见Okada Takehiko（冈田武彦）: "Wang Chi and the Rise of Existentialism," in Wm. Theodore de Bary, ed.: *Self and Society in Ming Thought*, pp. 121–144。黄绾（1480–1554）也是王阳明的门徒，却批评王阳明过于仰赖禅宗思想。见黄绾：《明道篇》（北京：中华书局，1983），2：21–22；5：59–60。

[460] 涅盘（nirvāna）也经常译为"寂灭"。聂豹提到这个概念，并且表示借用禅宗观念并没有关系，但他声称自己的"寂"和禅宗的"寂灭"互不相同。聂豹描述自己认知到"归寂"这项观念的过程，显示他的启发来源主要是道学，例如周敦颐的"静"。见黄宗羲：《明儒学案》（北京：中华书局，1985），17：372–373；侯外庐等主编：《宋明理学史》，第二卷，页307–313。容肇祖在《明代思想史》一书中对聂豹的诠释并不充分。

[461] 黄宗羲：《明儒学案》，18：389。

[462] 黄宗羲：《明儒学案》，22：521–522。胡直也认同道教思想，但他在文章里很少提及道教观念。见容肇祖：《明代思想史》，页205–218；侯外庐等主编：《宋明理学史》，第二卷，页353–354。

[463] 王艮一再致力于厘清王阳明的"良知"概念，并且发展出一种带有玄学或心理学的观点，多少带有禅宗的影响。见侯外庐等主编：《宋明理学史》，第二卷，页430。

[464] 容肇祖：《明代思想史》，页264。

[465] 在王阳明的教诲所衍生而出的学派当中，泰州学派是势力最大的一个。后续的讨论将谈及这个学派对教育产生影响的教诲。本书把李贽归为泰州学派。关于李贽的重要研究著作很多，至于近代的英文著作，见Hok-lam Chan: *Li Chih, 1527–1602, in Contemporary Chinese Historiography: New Light on His Life and Works* (White Plains, N.Y.: M. E. Sharp, 1980)。另见Wm. Theodore de Bary: "Individualism and Humanitarianism in Late Ming Thought," in his ed.: *Self and Society in Ming Thought*, pp. 145–225，尤其是pp. 188–222。另见沟口雄三：《中国前近代思想の屈折と展開》，页51–189。另见容肇祖：《明代思想史》，页154–155。关于佛教思想与泰州学派思想家的关系，见荒木见悟：《明代思想研究》，页265–291，以及他的"Confucianism and Buddhism"。

[466] 容肇祖：《明代思想史》，页256–264。另见荒木见悟：《明代思想研究》，页149–185。

发展非常重要。许多道学家确实对佛教思想有批判，尤其是禅宗思想，但这乃是意料中事，也掩盖不了这样的事实：即佛教是他们不得不与之抗衡的一大势力。[467] 佛教思想活动在十六七世纪的复兴，只有放在这种热烈互动的背景下才能理解。

■ 心的中心地位

第二个特征是道学思想家对"心"的中心地位（尤其是心在道德完善的追求当中所具备的功能上面）仍然持续争论不休。王阳明的门徒大都不断强调心的重要性，有些人甚至彻底否认学习的必要，推翻了程颐与朱熹的智性主义。王畿与钱德洪（1496—1574）是两个早期的例子。为了强调"良知"或"真"的优先性，他们于是把焦点放在毋须仰赖读书的个人道德修养上。同样的态度也可见于邹守益（1491—1562）身上。他主张"寂"与"静"，还有"体"与"用"的结合，也就是说他扩张了王阳明的知行合一论，利用这个论点为道德修养提供形而上的基础。这些思想家全都强调个人的"慎独"，采取"戒慎恐惧"的态度。这样的发展是他们哲学主张的自然结果。[468] 聂豹也因为抱持归寂观而对当代学者在教育思想中主张的智性思想提出谴责。他的"静"是"寂"的延伸，由此即可看出他认为心本身就是所有道德判断的基础。

的确，有些思想家（尤其是罗钦顺〔1465—1547〕与王廷相〔1474—1544〕）与王阳明有很大的不同。他们对于良知与心的目的及功能不采取任何立场。[469] 他们抱持对人性的一元解释（相对于先前的二元人性论）：认为人欲和私心是自然现象，

---

[467] 关于"异端"的辩论在晚明成了非常热门的主题。罗洪先讨论过这项议题，见其纪念尊经书院的著名文章，见《罗洪先集》（"四库全书"），5：35a-37b。罗洪先还写过一篇分为三部分的论文，题为"异端论"，见《罗洪先集》，3：26a-31a。他主要的关注的确是在于维持王阳明教诲的纯净，但"异端"观念的普及，反映了道学家旺盛的战斗精神，尤其是在对抗佛教时。
[468] 侯外庐等主编：《宋明理学史》，第二卷，页280、289-294、323-324、635-640。
[469] 关于罗钦顺，见 Irene Bloom: *Knowledge Painfully Acquired, The K'un-chih chi by Lo Ch'in-shun* (New York: Columbia University Press, 1987)。又看胡发贵：《罗钦顺评传》（南京：南京大学出版社，2001）。有一部著作对罗钦顺的思想提出负面的评述，见林继平：《明学探微》（台北：台湾商务印书馆，1984），页274-296。关于王廷相，请参看：高令印：《王廷相评传》（南京：南京大学出版社，2002）；王俊彦：《王廷相与明代气学》（台北：秀威信息，2005）。又参见侯外庐等主编：《宋明理学史》，第二卷，页493-516。

与天理不必对立，使得他们相信道德修养的需求会自然地与形而上思维一致的。他们企图把"理"和"气"这两种观念结合起来，因此扬弃了程颐和朱熹的比较接近二元论的倾向，推动理在气中的新说法。[470] 这就是说，他们一方面维持当代道学的基本关注，寻求道德生活的形而上基础，但是他们又和王阳明其他较为忠实的追随者不同，开始把注意力放在提出一套完整的理论，以解释人欲或恶的起源。在罗钦顺与王廷相眼中，道德修养之所以必要，原因是人生来自然就充满欲望和自私：为恶的倾向是人与生俱来的本性。如此一来，罗钦顺与王廷相重新定义了道学对"理"的正统诠释，批判了阳明学说的乐观，而重新强调程朱学派的智性主义及其对道德修养的积极态度。[471]

■ 童心

第三个特征是前两项特征产生的自然结果，也就是对人性本善的信赖。一种典型的论点，就是李贽阐述的"童心"。[472] 对于李贽而言，"童心"一词最能直接表达人心未经分化的原始情形，以及完全平静的情感状态。最原初而没有受到玷污的天真，就是人类得以达成道德完善的凭据。这种观点强调人心未受教育的原始状态，从而产生了自发性的观念。晚明思想家所谓的自发性，指的乃是一种在当下瞬间作出的直觉判断。这是一种自主自我的宣言，能够在没有外力帮助的情况下作出决定。以王阳明的说法，这样的人就是"豪杰之士"；[473] 按照泰州学派的用语，则是"大丈夫"。[474] 因此，这种思想也就带有鲜明的个人主义或英雄主义的特色。许多晚明知

---

470 山井涌：《明清思想史の研究》，页 22–39、162–198。
471 关于智性主义，见前注 363 所引余英时的两篇文章。
472 沟口雄三：《中国前近代思想の屈折と展開》，页 190–213。沟口雄三指出，李贽称为"童心"的"真心"，是源自佛教的概念。李贽的"童心"与罗汝芳的"赤子之心"颇为相似。关于罗汝芳，见侯外庐等主编：《宋明理学史》，第二卷，页 460–464。
473 Wing-tsit Chan, tr.: *Instructions for Practical Living and Other Philosophical Writings by Wang Yang-ming* (New York: Columbia University, 1962), p. 124。又见他的《王阳明传习录详注集评》，页 198。
474 关于这个字眼的探讨，见 Wm. Theodore de Bary: "Individualism and Humanitarianism," pp. 169–171。另见岛田虔次：《中国に于ける近代思维の挫折》，页 94–177。

识人显然都从这里获得了启发。在他们追求或维系完美无瑕的道德生活当中，英雄主义扮演了极大的角色，协助他们在巨大的政治压力与压迫下作出存在主义式的判断。

■ 重新思考程朱理学的智性主义

最后要讨论的一点，是晚明思想家对前述主张提出的重新思考。到了 16 世纪末，许多人已发现这种个人主义式的观点（即认为赤子的本心具有天生的善性，并且有独立判断善恶的能力）其实有严重的问题：这种观点瞧不起努力追求道德完善的行为，甚至否定这种努力的重要性。王阳明及其追随者的思想当中的若干基本前提，因此受到了严谨的检视。简单说，学者开始以严肃的态度，重新检视阳明学派对程朱学派提倡的智性主义以及看待道德纪律的积极观点，是否有贬抑过度的问题。这项发展也可以描述为英雄主义的落实，而且这种英雄主义可以是促成激烈行动的动机。最抱持个人主义的人可能最英勇，最英勇的人也可能最激进。

高攀龙（1562—1626）的思想，反映了他对王阳明及其追随者的哲学感到不满与怀疑。这两种看待道德生活的矛盾观点，可明显见于高攀龙的思虑里。他对程朱思想的遵循虽然毋庸置疑，但他后来为政治殉节的行为，却展现了大丈夫的道德勇气，而这正是一种高度个人化的重要概念。为了政治理想不惜殉身的现象，的确是在宋代之后才真正成为一大议题，这点可见于文天祥（1236—1282）遭蒙古人处决之前所写的《正气歌》一文。对他而言，人生的至高原则是对国家民族尽忠。到了晚明，"忠"已成了一种道德哲学的概念。这种深信自己的良心合乎正义的道德信念，促使许多东林党人以身殉道。高攀龙与顾宪成（1550—1612）虽然都拥护程朱思想，但他们为了理想不惜殉身的道德使命感，却也让人看出他们的确是 17 世纪后王阳明时代的人。

这种强调赤子之心的观点带来的一项必然结果，就是平民或庶民主义（populism，或作平民主义、民粹主义）的发展，泰州学派正是个鲜明的例子。[475] 这

---

[475] 在二十世纪初年，平民主义或庶民主义也有用来翻译英文的 democracy 的，但是现在大概都是用来翻译 populism，其意思与现在通用的民粹主义相似。

项发展对中国的教育实践具有特别重要的影响，也将在下一个段落里加以讨论。在此只须暂时指出，道学发展到了 17 世纪已达到一个转折点：阳明学派的活力已逐渐消散没落，其对人的自主性与个人达成道德完善的能力过度乐观的看法，也开始引来了反动。尽管如此，王阳明及其追随者对中国教育最重要的贡献，却正是这种看待人性的平等主义式观点，这对传统中国教育最后阶段的发展具有深远的影响。

4. 庶民主义、威权主义与儒学正统

到了东林学者重新检视程朱思想的价值与有效性时，中国教育思想已在王阳明思想的冲击下出现了重大变化。王阳明对人性与人心自主的观点，显然受到佛教（尤其是禅宗）影响，此外道教也有些许贡献。认定人类具有良知，而且只要依循良知即可产生正确的行为，这样的观点同样让人相信个人具有自主能力，即便在最艰困的情境下也能作出正确的判断。未经玷污的本心与如赤子般的天真，既然能够让人作出正确的选择，那么任何人只要保有纯洁的本心，就都同样有达成道德完善的能力。这样的论点带有中国思想史上前所未见的一个重要概念：人生而平等。不用说，这样的概念也对中国教育影响深远。

宋代期间，朱熹意识到受过教育的阶层有义务协助老百姓接受教育及提升道德。这项工作在传统上一向属于政府的责任。朱熹在这项议题上的发言乃是基于一项前提信念，即知识人是政府权力的延伸，能够弥补政府的不足之处，并且在地方上落实政府的行动。到了明代，知识人认定教育是自己的至高责任，如果没有他们，政府就什么也做不了。实际上，有些人深深认为政府经常掣肘他们，批评政府恶意束缚平民追求道德生活的自主行为。因此，这种庶民主义乃是传统教育史最后阶段的特征。

■ 庶民主义

平民教育的兴起，尤其是晚明的书院，反映了王阳明及其追随者的哲学。他们

的教育思想带有强烈的关注平民大众的特征。王阳明探讨社学的文章,以及他对乡约的实验,对平民教育都具有非常重大的意义。相较于一再撰文倡导士人参与地方社会的朱熹,王阳明显然更为积极地推动朱熹的提议。

1517年,王阳明奉派前往当今的江西南部担任军事指挥官的职务。当地地势崎岖,盗匪盛行,私盐及各种违法行为猖獗不已。他的职务迫使他必须把当地人民组织起来,好能守望相助。王阳明的做法颇具启发性,他除了招募民兵建立防卫势力之外,也为当地建立公民秩序做了各项准备。秩序一恢复之后,他就随即致力于设立社学和乡约。他的大众教育观念非常重要,对后代造成了深远的影响。记载学校经营方式以及乡约制定方法的文献,都保存在他的重要著作《传习录》中。[476]《训蒙大意示教读刘伯颂等》是王阳明对儿童教育最直接的论述:合理诱导,启发为主,学贵自得,循序渐进,因材施教。这篇文章是专为儿童教育而写的。[477] 不过,唯有把这篇文章和程朱教学法作比较,才能看出其真正的重要性。程朱教学法比较过度依赖书本知识的学习、古代著作的背诵,以及高压纪律的施行。

另一篇文章《南赣乡约》发表于1520年,在江西南部的乡约实验之后不久。[478] 这篇文章充分表达了王阳明对大众教育的信念与热情。乡约是一种在地方社会促进小区团结的机制,藉此达成控制与防卫的目的。这种观念的起源可以追溯到11世纪。不过,后来是朱熹为这项观念赋予了思想基础,并以此作为在农村社群里维系秩序及品行道德教育的机制,因为农村社群乃是国家权力中最边陲的单位。[479]

王阳明思想中的乡约是一种管教民众的中心,利用互相鼓舞的方式让地方上的百姓达成道德的提升。所有人都组织起来,由年长者担任领袖。他们每月定期聚会,

---

[476] Wing-tsit Chan, tr.: *Instructions for Practical Living and Other Philosophical Writings by Wang Yang-ming*, pp. 182–186, 298–306. 又见陈荣捷:《王阳明传习录详注集评》,页276–280(《训蒙大意示教读刘伯颂等》及《示教》两篇)。关于王阳明探讨建立社学的文章,见《王阳明全集》,17:599–604、604、610。

[477] 侯外庐等主编:《宋明理学史》,第二卷,页237–243;孙培青、李国钧主编:《中国教育思想史》,第二卷,页317–320。

[478] 关于其日期,见 Wing-tsit Chan, tr.: *Instructions on Practical Living*, p. 298。

[479] Monika Übelhor: "The Community Compact (Hsiang-yüeh) of the Sung and Its Educational Significance," in de Bary, ed.: *Neo-Confucian Education*, pp. 371–388.

场地通常是借用地方上的寺院或庙宇。王阳明为这种聚会详细制定了礼仪，反映了他的基本关怀。这些仪式定期在聚会上举行，因此一般民众参与这种典礼，即可学得良好社会行为的内容。值得注意的是，这种聚会里不推行讲学活动，但参与人员必须报告善行与恶行，并且加以讨论。歌唱吟咏是聚会当中的重要活动，由此可看出王阳明对乡约的教育功能的重视。[480]

乡约保有一本记录簿，里面登记了成员报告的所有行为。详述乡约组织与目标的文章也罗列了适当的社会行为。乡约的聚会只要适逢月圆之日，就在会上宣读这些条目。

王阳明之所以对乡约如此热心，无疑是因为他实际担负了治理地方的责任。他的确只建立了这么一个乡约组织，也没有证据显示乡约的观念就此普及，更别说乡约成为一个社会的运动。尽管如此，乡约仍是道学（尤其是阳明学）在地方社会提倡道德的做法，这种观念影响了许多晚明思想家。

泰州学者是王阳明大众教育思想最热切的追随者。他们按照自己的平民主义信念，热切从事大众教育活动，因而为传统中国教育的晚期发展添加了值得注意的一章。

王艮有一种传教士般的热情，"驾车仿徨，随处讲学，男女奔忙"。[481] 根据他的年谱记载，他曾多次直接与平民讨论及交换意见。他的听众包括农夫、商人、陶工与木工。王艮按照王阳明倡导的思想，把"道"定义为"百姓日用"，即便"愚夫愚妇"也有能力通晓终极的道德真理。由于王艮本身就是平民，终生不曾参加科举，所以他的观点更为自然，影响也更为重大：之所以自然，因为他自己就是平民的身分；对中国教育史影响重大，则是因为这种观点的独特性。

何心隐（1517—1579）是另一个例子。这位在泰州学派中地位较低的思想家，

---

[480] 见注 455 所引王阳明的文章。另见吕坤探讨社学的文章，引于第五章注 201。

[481] 王艮：《心斋王先生全集》，1631 泰州王秉谦等重刊本，5：8b–9a。案：这句话后来发展成了他实践平民教育思想的重要论据。为其传记及年谱所采用，说是在他北上京都时，"沿途聚讲"，人们"聚徒围观"，等等。参看侯外庐等主编：《宋明理学史》，第二卷，页 421–432。

热切倡议"会"的组织，反映了他对集体教育的关切。[482] 他设立了一所学校，要求学生必须住校，以便接受老师的正确教导。[483] 在北京，他开设了一家"会馆"，吸引了各式各样的听众前来听他讲学。[484] 这些活动自然引来了怀疑，于是何心隐也就一再处于遭人牵连入罪的危险当中。不过，他对"会"的用心却不曾消退。在"会"的组织里，老师扮演着非常重要的角色，而且组织结构也是仿照教育集会。后来，何心隐遭到一名他根本不认识的罪犯牵连，死在牢里。总之，透过讲学吸引平民大众，就是何心隐的思想特征。他的思想虽然偏离了王阳明及主流道学，但他忧虑官僚不公，并且笃信良知与庶人追求道德完善的能力，因此在明代关注大众教育的思潮中也占有一席之地。

提倡大众教育或是利用大众教育机制促成社会变革，这方面最重要的思想运动就是东林书院运动。这项运动是晚明政治史中最重要的事件。[485]

东林思想家虽然对王阳明及其门徒（尤其是泰州学派）的大众教育哲学观多所批判，却也认同大众教育的重要性。首先是把平民百姓组织成学会，以从事讲学。这种组织超越了传统的宗族组织。这项发展非常重要。把基本组织单位扩大到家族以外的做法，源头可追溯到民俗宗教以及宋代以来的同业公会。[486] 随着商

---

[482] 何心隐：《何心隐集》（北京：中华书局，1981），2：28–29。
[483] 何心隐对于老师形塑学生人格的重要角色特别关心。见 Ronald G. Dimberg: *The Sage and Society: The Life and Thought of Ho Hsin-yin* (Honolulu: The University Press of Hawaii, 1974), pp. 92–114. 关于何心隐在这所学校里的实验，见 Ronald G. Dimberg: *The Sage and Society*, pp. 44–46. 关于他对宗族组织的见解，见《何心隐集》，3：68–72。
[484] "会馆"这个名称最常用于指称大城市里的旅社。这些旅社皆由成功的商人或官员所设立，供同乡学生到城里参加科举时住宿之用。不过，何心隐显然为这个名称赋予了新的意义。他的影响可见于罗汝芳身上。罗汝芳持续阐扬王艮的"百姓日用"，并且在江西创立了"会讲"的会馆。这个组织颇为庞大，吸引了社会各阶层的人民。
[485] 近来有一部详述东林运动历史的著作，见朱文杰：《东林党史话》（上海：华东师范大学出版社，1989）。有一部早期的现代著作为相关的东林研究定下了基调，这部著作就是朱希祖：《明季社党研究》（重庆：商务印书馆，1945）。在英文著作里，探讨书院的早期作品是 Heinrich Busch: "The Tung-lin Academy and Its Political and Philosophical Significance," *Monumenta Serica*, vol. 14 (1949—1955), pp. 1–163. 另见 Charles O. Hucker: "The Tung-lin Movement of the Late Ming Period," in John K. Fairbank, ed.: *Chinese Thought and Institutions* (Chicago: University of Chicago Press, 1957), pp. 132–162.
[486] 竺沙雅章写有多篇有关中国唐、宋时代的"社"、"会"组织的著作，经常提出深刻的意见。关于同业公会组织可参考今崛诚二、仁井田升及傅衣凌等人的研究。值得注意的是，"教师公会"（教学行）据说自从宋代以来就已经存在（见上面注 339）。

业化与都市化的程度愈来愈高，家族以外的组织也愈趋盛行。就是在这个背景下，像何心隐这样的学者才会发展出重视教育集会的思想。东林学派的公开讲学，以及把来自中国各地的成员组织成讲会，都与何心隐追求的做法基本上相同。

第二是"约"的使用。王阳明为乡村组织制定的"乡约"，以及何心隐为讲会所编制的会约，起源都可追溯到11世纪的中国历史上第一份乡约。[487] 值得重视的是，16世纪东林书院的成员自行制定了"会约"，[488] 这和大多数道学思想家为书院制定的"学规"不太相同。这份"会约"详细规定了书院成员在行为、教学、礼仪以及学习目的等方面所应该遵循的细节；学规则是只供学生遵守，而且内容主要是关于教育目的与合宜的行为。

根据会约，东林"讲会"每年举行一次大会，所有成员都必须参加。此外，一年之间还有八次聚会，每次为期三天，皆举行于满月之时。这些"小会"可自由参加。聚会第一天的第一项活动，就是祭祀孔子及其他儒家贤哲（尤其是东林书院创始人杨时〔1053—1135〕）的典礼。典礼上，所有成员的座位都按照年龄与出身地区排列。

接下来的两天，则以讲学活动为主。必须注意的是，原始会约的制定者顾宪成特别要求讲学内容必须以"四书"为主，并且鼓励成员"有问则问，有商量则商量"。讲学一旦拖得太长，成员可进行"歌诗"，"以为涤荡凝滞，开发性灵之助……庶几心口融洽，神明自通，有深长之味也"。在这些休息时间，皆邀请书院的蒙学学生举行歌诗仪式。[489]

最后，会约也详细规定了后勤安排与出勤记录等细节。整体而言，会约的仪式性内容显示其所遵循的乃是儒家教育观念的传统，与官学的威权做法恰成对比。当然，官学的教学内容完全由明代开国皇帝及后继统治者的训诫与诏令所支配，缺乏

---

[487] 关于十一世纪的这份"吕氏乡约"，见前注479所引Monika Übelhor的文章。
[488] 高桂、许献等编：《东林书院志》（1881年本），2：1a–18b，其中页13a–14b探讨的是学校礼仪。
[489] 关于"歌诗"的重要性，见前注480。另见本书第二章第二节第九段与第四章第一节第七段。必须注意的是，关中书院的会约也提及"歌诗"活动，这份会约收录于陈谷嘉、邓洪波主编：《中国书院史资料》（杭州：浙江教育出版社，1998），上册，页733–736。

像东林书院这样的自发与自主的色彩。

东林书院的各项活动，包括讲会在内，虽然表面上只对受过教育的阶层开放，实际上的听众却包括了平民百姓。许多文献都记载了东林讲会吸引的听众人数。由此可见，东林学者虽然致力于复兴智性主义的程朱思想，但他们的哲学观其实比较接近当时的主流思想，强调个人有能力在人生中达致道德的高标。这种思想主要衍生自王阳明及其追随者的主张，其中无疑隐含了庶民主义的观念。[490]

■ 权威与威权主义

明代政体最重要的特征，就是专制统治。明朝开国皇帝朱元璋是专制统治兴起的重要因素。本书不打算讨论朱元璋的思想，但我希望说明他的思想对明代教育最后一百年的发展具有多么重要的形塑效果。更重要的是，明代的知识人对于自律也抱有一种宗教般的决心。在这里，我所谓的威权主义也包括了非常私人的严谨道德修养。这种克己、自责却又自诩为"大丈夫"的观念，显示当时的人不遗余力追寻至高的道德完善境界。我们必须了解这一点，才能理解东林学者以及明代以后许多学会的政治运动。这项发展是现代中国教育的开端，特征即是其威权性格。

严谨自律和人性天生即可辨别善恶的观点，看起来似乎相互矛盾。不过，正如卡尔文教派一样，在不完美或不道德的世界里，以为自己的道德是能够完美的，这样的自信显示出一种十分强烈的优越感，认为自己就是道德权威的化身。由于对自己的道德优越深感自信，这种人通常也是对自己鞭策最力的人。就卡尔文教派（Calvinism）的清教徒而言，他们的勤奋体现了他们信奉的新教伦理；明代思想家则深信自己天生具有达成道德完善的能力，因此他们竭力自律的行为也就反映了他们对自己天生善性的信念。

于是，致力追求高度自律，也就成了明朝数代道学思想家的特征。"童心"与"大丈夫"这两种观念之间的关系，就是以这种绝对的自信为前提，认为人生来就有

---

[490] 焦竑的讲学吸引了"荐绅先生以至儿童牧竖四方之人"，即是号召平民百姓的另一个例子。见焦竑：《澹园集》《丛书集成》），48：1ab。

根本的正义性，可以作出正确的选择与行为，并且绝对地相信自己的"义"合乎天理。

吴百益在他研究传统中国的自我忏悔（自讼）与自我反省（自责、自反）的著作里，提到了明代知识人自我检讨以及自责文章的若干例子。[491] 从这些著作里，可以看出明末人心里追求个人道德完善的强烈驱动力。这项动力的催迫毫不放松，具有难以言说的压迫性。

同样的动力也可见于另一种道德行为当中，这种行为基本上近似于稍后将谈及的"功过格"。有些明代知识分子利用像账簿一样的本子记下自己每天的行为，分别标上白色或黑色的点或圆圈。这样做的目的，就是要把个人的道德行为记录下来，以便随时反省。王阳明在《南赣乡约》一文里指出，乡约应张贴三张榜示，一张列出乡约所有成员的姓名，另两张则分别列出合乎道德与违背道德的行为。这三张榜示就是利用公开展示的方法，一方面鼓励行善，同时也羞辱行为不检点的人。吴廷翰（1490—1559）为个人道德修养采取了类似的措施。他说他利用一本小簿子记录每天的善行与恶行，标上白色或黑色的圆圈。过了一阵子之后，这本簿子因为深受他的重视，以致取代了他的日记。[492] 海瑞（1514—1587）桀骜不驯的权威性格相当著名，在政治抗争方面尤其如此。他也采取了类似的做法，显然是模仿王阳明为南赣乡约制订的做法：

> 今立大簿二扇，一稽德，一考学。稽德簿记诸生某月某日行某好事；某月某日行某不好事，责几。礼貌得失附焉。考学簿记月日背复何书，全记并记多忘少，责几；记忘相半，责几；记少忘多，责几。考课之记如之。写字敬简附焉。[493]

---

[491] Pei-i Wu: "Self-examination and Confession of Sins in Traditional China," *HJAS*, vol. 39 (1979), pp. 5–38.
[492] 吴廷翰：《吴廷翰集》（北京：中华书局，1984），《文集·卷下》，引自高时良主编：《明代教育论著选》（北京：人民教育出版社，1990），页399。黄绾也采用了类似的方法，以红点与黑点标记属于"天理"和"人欲"的念头，每10天总计一次。见黄绾：《明道篇》，2：23。
[493] 海瑞：《海瑞集》，陈义钟编校，两册（北京：中华书局，1962），上编，2：18。

海瑞的做法虽然基本上和王阳明颇为相似，却反映了明代看待个人道德行为的权威（也可以说是威权）观点。[494]这种做法有必要和第六章引述的"学规"互相比较。[495]这种着重于惩戒的严格做法，忠实反映了他和一般明代人的心理——他们总是不断追求行为上的完美。任何人只要达不到他所设定的道德高标，他就绝不轻易原谅。他的政治哲学反映了明代知识人的主流观点，对国家或皇帝绝对效忠。他期待自己的学生或是平民所达到的标准，是永远没有止境的。人也许要到临死之际，才能算是对这项标准开始有了初步的实现。当然，这项目标还可通过殉道的行为达成。海瑞自己可真是非常愿意实践这种行为，而且几乎就成功了。

　　为了追求道德完善而不遗余力，利用账簿般的册子和墙报，以圆圈等标示记录善行与恶行，是明代才有的做法。这种做法与源自道教的"功过格"关系非常密切。[496]这种记录簿的出现深具意义，因为先前似乎不曾有过类似的东西。[497]这种记录簿的出现反映了明代伦理思想特有的道德驱动力，也反映了一种本质上愈来愈趋于功利主义的发展。我们可以用"道德计算"（moral calculus）一词来描述这种思想。[498]这些知识人虽然没有明确表示自己想藉由累积德行换取"救赎"，但他们必

---

[494] 在前述的东林书院"会约"里，也规定张贴两张"榜示"，分别记录每天的善行与恶行，以及会后应办事项。不过，这些榜示似乎不是采用账簿的格式。另见本书第五章第二节第四段（注198），其中提及十四世纪的一个郑氏家族也使用了"劝惩簿"。

[495] 本书第六章第一节第十一段。

[496] Cynthia J. Brokaw: *The Ledgers of Merit and Demerit*。另见奥崎裕司：《民眾道教》。我单纯把此处所述的做法视为与普遍流传的"功过格"具有根本上的相似性。当然，这些学者的纪录簿（又称为"记过格"〔刘宗周〕、"迁改格"〔刘宗周〕，或"圣功格"〔刘学献〕）主要是为了个人的道德修养，因此不像传统的功过格带有那么功利或斤斤计较的性质。不过，我在这里不细谈这种区别。见酒井忠夫：《中国善书の研究》（东京：弘文堂，1960），页383–390。酒井忠夫后来出版了增订过的新版：《增补中国善书の研究》，二卷（东京：国书刊行会，1999—2000），读者可以参考。

[497] "格"带有多重意义，诸如方格、标准、矫正等等。这个字在《尚书》里经常出现，魏晋南北朝时佛教用了格义的词，但在哲学上却是因为朱熹提出"格物"的概念而著名。这个字用于指称流水账或表格，则是在这时候才出现。"格"的哲学意义与道德意义之间的关联明显可见。

[498] "道德计算"这个用法最早出现在一篇讨论富兰克林（Benjamin Franklin）自传中有关自我道德的鞭策文字。它现在已经变成伦理学的一支，用法与原先富兰克林用点数来计算自己每天的道德表现已经不同。我这里用的是原来作者的意思，泛指计算自己的道德表现的观念和做法。参看Louis I. Bredvold: "The Invention of the Ethical Calculus," in Richard Foster Jones, ed.: *The Seventeenth Century: Studies in the History of English Thought and Literature from Bacon to Pope* (Stanford: Stanford University Press, 1951), pp. 165–180。参看本书第七章第二节的讨论。

然认为这种自我检讨包含天道层面，可以让他们获得"天理"。

使用记录簿、热切追求道德完善、毫不留情的自我谴责，这一切都指向明代特有的威权性格。这种威权主义，和明朝开国皇帝朱元璋下令学校教育及大众教育严格要求纪律的做法密切相关。朱元璋管治下的政府，基本上建立了中国史无前例的专制统治。这种专制统治不仅限于政治运作上，更重要的是对百姓灌输教条思想。权威性格以及追求威权的动力，反映了明代严格要求纪律的做法与心态，尤其是在16与17世纪期间。明代道德哲学的自信，为众人不遗余力地追求实践道德的完美提供了充分的理由，甚至不惜为之付出殉身的代价。这是道德威权主义的极端展现。

■ 儒家的思想正统

明代庶民教育的做法，是传统中国教育最后阶段具有极大重要性的一部分。泰州思想家作出了一大贡献：即直接对平民大众施行教育，把教育视为一种沟通、互动的过程。这样的认知不但让他们得以实验在传统儒家论述中比较不受重视的公开讲学，也实验了更重要的公开讨论。[499] 志趣相投的学者齐集一堂进行思想交流，是这种大众教育信念的自然结果。

以演说作为一种教学方法，在佛教观念与讲道活动中非常重要。到了宋代，公开讲学早已不再盛行，也不再有佛教僧侣展现杰出演说技艺的记载。在道学的教育实践里，演说也不占有重要地位，只有陆九渊是个例外，因此有必要在此引述他描写自己讲学方式的这段文字：

> 每旦，精舍鸣鼓，则乘山篼至，会揖升讲座，容色粹然，精神炯然。学者又以一小牌书姓名年甲，以序揭之，观此以坐，少则不下数十百，齐肃无哗，首诲以收敛精神，涵养德性，虚心听讲，诸生皆俛首拱听。非徒讲经，每启发人之本心也，间举经语为证。音吐清响，听者无不感动兴起。[500]

---

499 朱熹并不特别以善于演说著称，但他的学术同道陆九渊则是杰出的演说家。
500 陆九渊：《陆九渊集》，页501。参看同卷记载他应朱熹之邀到白鹿洞讲学的动人盛况。

不过，这演讲的技术似乎没有在他身后流传下来。讲学虽然仍是一种教学方法，道学家却把注意力转向小型聚会，只由一小群门徒参与。"语录"的大量出现，就反映了这种发展。小组讨论尤其有助于互相鼓舞，也培养出门徒的同志情谊。师徒之间的密切关系也延伸到了门徒之间。教师地位的提高，有一部分是这种密切关系造成的结果。但更重要的是，明代教育的组织面向，尤其是书院里的组织正是"讲会"活动崛起的原因。[501]

东林讲会仅限学者参加，但明代中、晚期的书院经常举行向一般民众开放的大规模公开讲学。这些讲会在大众教育里扮演了重要的角色。

除了与大众教育有关的讲会之外，供平民百姓使用的教材也出现了新的观点。15世纪之后，为儿童与平民撰写的教材大量出现，吕坤（1536—1618）是最重要的一位作者。他在学术上虽然特立独行，[502]对大众伦理教育却格外重视。[503]他写了几本重要著作，倡导传统的儒家伦理教诲，以三纲、五常为代表。[504]他也相当认同明代政府的官方教诲，即所谓的八德：孝悌忠信，礼义廉耻。[505]这些道德观可向人民灌输顺服的美德，而这样的效果显然合乎统治者的利益。吕坤关注的其实不是道德教诲的内容，而是实际上的实践。他的主张只不过是一种直观朴实的道德原则，以人生经验为基础，并以功利角度为考虑。因此，他的建议通常极为实际、平民化，也合乎一般人的常识观点。更重要的是，包括吕坤在内的许多学者都编写了基础教材，或者内容简单直接甚至粗俗的宣传小册。知识人开始意识到有些文章必须简易而实用，这几乎可说是中国历史上的头一遭。

明代平民教育的发展，对刘广京所谓的"儒学正统"（Confucian orthodoxy）的

---

[501] 陈宝良：《中国的社与会》，页310–314。
[502] 他对各种道学思想都抱持严厉的批判态度。见 Joanna F. Handlin: *Action in Late Ming Thought: The Reorientation of Lü K'un and Other Scholar Officials* (Berkeley: University of California Press, 1983)。
[503] 他的《社学要略》就是个良好的例子。出处引于本书第五章注201。
[504] 参见本章第二节第一段。
[505] 详见本书第六章第一节第十段。另见 Edward L. Farmer: "Social Regulations of the First Ming Emperor: Orthodoxy as a Function of Authority," in Kwang-ching Liu, ed.: *Orthodoxy in Late Imperial China*, pp. 103–125。

兴起有着重大影响。[506]过去数百年来由不同思想家所提出，并且成为儒家伦理教诲核心的各种观念，到了16与17世纪已经成为教条，通常以简单的句子写出而发散给一般大众。这项发展反映了当代的哲学信念，同时也是社会环境渐趋复杂的结果。都市化、商业化与初步的工业化，促使一般人民对自己在经济、政治与社会当中所扮演的角色产生强烈的认知。[507]

一般百姓对自己的参与能力一旦产生认知，思想家就不得不承认他们扮演的角色，也因此必须为他们提供教育。当代知识思潮有助于这样的发展。由此带来的结果，就是认为教育应该直接诉诸传统"人性本善"的观念；唯一正确的做法，就是以直接而且合乎直觉的方式为平民灌输这种价值观。

以上的讨论聚焦于明代的思想发展，其内容乃是人心的本质，还有王阳明及其追随者根据人类获取和实践道德知识的能力而对人心本质所提出的诠释。这项发展促成了平民式大众教育的兴起，也使得知识分子与平民都对自己达成道德完善的能力产生了自信。接着，这份自信又促使他们全力追求道德完善，并且不惜为此牺牲性命。这种以严格纪律看待伦理事宜的观点，造成了一种追求社会控制的威权性格，而政府也积极提倡这种思想。明代道学思想的最后一项重点，就是儒学正统的兴起，这是各种传统儒家伦理观和其他思潮混合而成的结果，特色在于其内容与传播方法皆采取直觉式的直接手段。

---

[506] Kwang-ching Liu: *Orthodoxy in Late Imperial China*, pp. 1–26.
[507] 余英时：《中国近世宗教伦理与商人精神》；林丽月：《东林运动与晚明经济》，收录于淡江大学中文系编：《晚明思潮与社会变动》（台北：弘化文化，1987），页561–594。

第八节　总结中国教育思想的社会史

　　传统中国教育的最后阶段，自然是教育定义的扩大。到了 17 世纪，教育对象已扩展至平民大众。在这个时代，随着商业社会兴起（尤其是在江南地区），平民大众开始在国家政治扮演愈来愈鲜明的角色，于是知识人也就不得不对他们予以注意。另一方面，道学本身也进入了转向的时期：影响力巨大的阳明思想在这时已被人认为过度乐观，甚至于不负责任，原因是他的学说诉诸人类的本心，认为凭此即足以作出道德判断。有些人试图回归程朱思想的智性主义；另外有些人则进一步简化了王阳明的教诲，以便纳入通常带有反智色彩的禅宗思想。不过，这两派都深知他们必须直接面对大众。

　　在这样的背景下，三教合一因此成了切合时代的思想：这种思想诉诸三教共通的普世道德教诲，以简单易懂的方式表达出来，于是和当代道学教育思想有所呼应，也正好适合当时逐渐崛起的商业社会和大众阅读能力的扩充。这种思想带来了许多后果，包括善书的大量出现、功利性的宗教观，以及思想活动的仪式化。

　　中国史学家在过去一个世纪中面对的一项重要问题就是：道学如何导致了中国教育乃至中国文明的没落。在这一节里，我将提出以下的论点：传统中国教育的最后阶段，虽然获得道学思想的启发，尤其是心学一派的学说，实际上却是把道学思想庸俗化。此外，这个阶段也不分青红皂白地混合了各种互不兼容的思潮，并且认定一般人自己有能力达成道德完善，结果贬抑了道德严肃性与智性主义的重要性。因此，说中国现代化的困难有相当程度是这种庸俗、正统而激进民粹世界观的普及所致，也许不为太过。只要检视中国民间盛行的观念，即可获得足够的证据。但是，话又得说回来，那就是中国人一直坚持的中国文化的独特性。这个根本信仰本来就和现代化的基本假设相互矛盾。如果说中国没有发展科学是当然的事，那么说中国本来也不会追求现代化也不是太错了。

1. 善书与功过格

善书在中国大众教育史上的重要性已毋庸置疑。根据酒井忠夫的说法，善书最早出现于宋代，但到了明代才成为童幼教材的一种重要文类。[508] 这种书籍通常以简单的词句写成，告诫人行善可获得善报。报应的观念是受到佛教影响的结果，但就其中提倡的伦理观念而言，大多数善书标举的都是传统儒家思想。道教的影响也明显可见，因为许多善书原本可能都是出自道教人士的手笔，这点在先前探讨《太上感应篇》的时候已经提过。《太上感应篇》广为流传之后，促成其他许多类似的著作纷纷印行。[509] 这些书籍泛称为"劝善书"或"善书"。整体而言，善书里的伦理观念包括了儒、道、佛三教的思想。

明代善书的兴起，有部分原因也是来自政府的鼓励与支持。历代皇帝曾下令编撰多达 56 部书籍，用于提倡官方意识形态。[510] 不过，最广受诵读与倡导的，则

---

[508] Sakai Tadao（酒井忠夫）："Confucianism and Popular Educational Works," in de Bary, ed.: *Self and Society in Ming Thought*, pp. 331–366。

[509] 供平民阅读的善书当然可以追溯到《太上感应篇》之前。郑志明认为唐王梵志的诗是善书的起源，见郑志明：《中国善书与宗教》，页 5–40。但王梵志诗中的许多教诲也可以见于其他的敦煌佛教经卷里，例如《太公家教》，甚至于可以在汉末的《太平经》看到。

[510] 酒井忠夫：《中国善書の研究》，页 7–27。这 56 部书籍是否应归为同一文类当然有质疑的空间。不过，就此处的讨论目的而言，这些书籍全都反映了明代政府向平民灌输官方思想的政策。

是明太祖《教民榜文》第十九条的《圣谕六言》。[511]此六言分别为：孝顺父母、尊敬长上、和睦乡里、教训子孙、各安生理、毋作非为。这些观念与朱熹在《童蒙须知》里提出的观念颇为近似，[512]由此可见朱熹的观念对明代思想的影响有多大。

在明代的许多善书里，忠、孝等观念已成为关键理念。有些当代中国史学家指称明代统治者的主要目的就在于创造及维系秩序井然的稳定社会，向平民灌输顺服君主和父母的至高重要性。鉴于忠、孝这两大美德的高度重要性，这样的说法显然不是完全不对。这些观念都非常有助于社会控制与一统思想。在倡导这类观念的种种行动里，可以清楚看出明代专制统治的大众教育层面。

善书有许多种类。酒井忠夫认为功过格是其中最重要的一种。功过格的特色在于其看待道德生活的功利角度：善有善报，恶有恶报。这些书籍列出了各种善行与恶行相应的分数，个人则必须每天记录自己的行为，并且每月结算一次，藉此省思及培养自己的品德。其中除了宗教的成分之外，道德积分（或计算）的观念也显示了明代道学思想对16与17世纪激烈的社经变动所产生的反应。®[513]随着功过格逐渐发展，其理想与实践也愈来愈着重于如何奉行社会规定的道德行为。这种善书愈来愈具有公众教化的性质，也深受流行宗教的伦理观所影响。佛僧释袾宏（1532—1612）是晚明佛教复兴运动的领导人物。他明确指出了奉献金钱以及遵行佛教规范所能获得的道德积分。[514]道教对若干首要功过格的影响也同样如此。因此，功过格的使用遍及各界，而且其中的道德教诲所针对的事务，主要都与暴力、尽忠、孝顺、

---

[511] 此一榜文颁布于1398年。《圣谕六言》和明太祖的"孝悌忠信，礼义廉耻"同样广受引述。这个文件又常称为《教民六谕》、《六谕》。

[512] 郭齐、尹波点校：《朱熹集》，100：1500–1502。

[513] 关于这方面的英文研究著作，见Cynthia J. Brodaw: *The Ledgers of Merit and Demerit*, pp. 25–27, 226–240，Brokaw指出功过格的强调重点在明、清改朝换代之际出现了转变。此处探讨的对象是她所谓的"新功过格"。根据Brokaw的说法，"旧功过格"比较强调社会地位提升的世俗奖赏，"新功过格"则强调社会认可的行为，以便维系社会阶层及社会秩序的安定。

[514] 引自袾宏的《自知录》，见郑志明：《中国善书与宗教》，页81–82。关于研究袾宏的著作，见Chun-fang Yu（于君方）：*The Renewal of Buddhism in China: Chu–hung and the Late Ming Synthesis* (New York: Columbia University Press, 1981)。

贞节及其他普遍的宗教观念脱不了关系，并以这些宗教观作为合理化的基础。[515]另外必须注意的是，道德积分的做法虽然充满功利意味，大部分的功过格还是强调节俭甚于赚钱。尽管如此，功过格与道德积分观念的普及，必然促成了管理意识的萌芽，亦即个人必须学会规划及管理自己的道德资本。功过格无疑带有资本主义的性质。[516]

其他影响力巨大的善书，包括了《宝卷》这类书籍。这种文类的兴起与晚明的商业化及都市化直接相关，也是以音乐（唱诵）作为表达手段的做法普及之后所产生的。郑振铎认为宝卷深受佛教的影响。佛教仪式自从 1 世纪传入中国以来，诵经就一直是其中的一项重要活动，而宝卷也从这种活动当中获得了许多启发。[517]因此，我们可以说宝卷反映的社会道德比较属于正统的佛教思想。然而，许多宝卷也是当时盛行的"三教合一"思想的产物。[518]宝卷是为了念诵或吟唱而出现的，因此往往押韵，而且四句一组，以四言、七言或甚至十言为一句。

从以上的讨论，可以看出善书在晚明以来的社会里占有多么重要的地位。这些书籍大多带有宗教伦理信息，主要以超自然的报应为道德行为提供充分的理由。这些宗教观念从所谓的三教合一论获得了启发。这种观点带有强烈的功利意味，因为奖惩都与个人行为直接相关。所以，当中也就带有晚明知识人特有的自我省思与自我检讨。至于当中的道德观念，则朴实得多，主要都是有助于社会和谐的基本美德，强调社会阶级的服从本质。这些往往都与明代统治者希望灌输给人民的观念，包括尽忠、孝顺等直接相符。几乎所有善书里都弥漫着强烈的君臣观念，并且涵盖了所有社会层级关系。最后，由于其中若干道德戒律极为严苛，有些善书也散发出一种同样强烈的退隐欲望。整体而言，受到功利观点所鼓舞的道德计算，造成了必须管

---

[515] Cynthia J. Brokaw: *The Ledgers of Merit and Demerit*, pp. 175–203，其中强调了上层阶级在君臣关系中对于服从的重视。另见郑志明：《中国善书与宗教书》，页 88 引述杨主显的话。

[516] Cynthia J. Brokaw: *The Ledgers of Merit and Demerit*, pp. 207–216。另见 Judith Berling: "Religion and Popular Culture: The Management of Moral Capital in *The Romance of the Three Teachings*," in David Johnson, Andrew Nathan and Evelyn Rawski, eds.: *Popular Culture in Late Imperial China* (Berkeley: University of California Press, 1985), pp. 188–218。

[517] 郑振铎：《中国俗文学史》（台北：台湾商务印书馆，1981），页 311。最近研究宝卷、值得注意的作者是车锡伦。

[518] 见喻松青：《民间秘密宗教经卷研究》（台北：联经出版，1994），书中各处。另见郑志明：《中国善书与宗教》，页 161–184。

理所谓的道德资本的想法。善书里针对经济生活所提出的俭朴教诲，于是和注重日常行为"得失"的观点合而为一。这就是晚明以宗教伦理面貌出现的中国世俗主义和资本主义。

2. 学术研究的仪式化：以经学为例

只要探究传统中国教育的思想或学术史，尤其是其最后阶段，即可发现道德人格几乎可说是所有哲学思考唯一的根本关心。明代开国皇帝朱元璋利用这项道德关注遂行社会与思想控制，结果这种做法又受到王阳明倡导的哲学思想所强化。于是，学问的追求就此不再是政府的责任；官方极少鼓励这种活动。数学的教学即是一个简单的例子：数学教学原本是国子监里教育活动的一部分，但如果检视国子监留下的记录，会发现明代前三任皇帝在位期间只有零星几项记载。在此之后，更是完全看不到数学教育的记录。[519] 简言之，在宋代教育的博学兴趣影响之后，严肃的学习活动出现了衰退。

文树德（Paul U. Unschuld）也指出，明清医学思想的特色，就是个人致力于阐扬宋元医学思想家（如朱震亨）所提出的观念，而且这样的努力虽然林林总总，却都没什么系统的成果。[520] 有些论点相当杰出，但都不足以取得共识。这点非常重要，因为由此可见医学思想的领域在这时已成为库恩（Thomas Kuhn）所谓的"常态科学"（normal science）。库恩的这项观念毋须多加阐述。明代科学思想的问题，显然就是一个后典范的时代正在寻求自信的摸索阶段，因此看不到什么向前迈进的努力。

寻求稳定并且仰赖权威给予信心，的确支配了明代的学术发展，也影响了学习的一般态度。这点在中国经学的这个最后阶段尤其显而易见。只要概述经学在明代的发展，就足以总结出传统中国历史上试图定义并发展教育理论与实践的漫长历程，

---

[519] 此处谈的是黄佐：《南雍志》，收录于首都图书馆编：《太学文献大成》（北京：学苑出版社，1996），第 1—4 册。关于数学及一般技术教育，见本书第五章第三节第三段。

[520] Paul U. Unschuld: *Medicine in China: A History of Ideas*, pp. 194–197 及书中各处。

以及它如何在遇到现代化的挑战之后不得不解体的悲剧。

明代经学最重要的事件,就是《四书大全》和《五经大全》的编纂与印行。[521] 编纂这些作品的命令颁布于1414(永乐十二)年,但总计260卷的作品却在次年即告完成。[522] 编纂时间的短促,是这几部作品被人讥评的原因之一。不过,由这几部作品对宋代道学的依赖程度,即可了解其编纂时间为何能够压缩得这么短。

下表列出这几部作品的数据源:

表7:明代《四书大全》与《五经大全》

《四书大全》(36卷):

以朱熹的《集注》及另外两本关于《大学》与《中庸》的著作为基础;在《论语》和《孟子》方面,则引用元代学者的论述弥补朱熹注释的不足之处。书中总共引用了106位道学家的文章,而且几乎全都是名不见经传的学者,他们本身的著作也大致都已佚失。

《五经大全》(154卷)

《易》:以程颐与朱熹的注本为基础。

《书》:以蔡沈的注本为基础。

《诗》:以朱熹的注本为基础。

《礼》:以陈澔的注本为基础。

《春秋》:以胡安国的注本为基础。

---

[521] 另外还有一部编纂著作,书名为《性理大全》。见侯外庐等主编:《宋明理学史》,第二卷,页1–44。另见皮锡瑞著,周予同注释:《经学历史》,页289–294;曾一帆:《明代官修大全散论》,《史学史研究》,1996年第2期,页52–59。林庆彰:《〈五经大全〉之修纂及其相关问题探究》,《中国文哲研究集刊》,创刊号(1991),页361–383,对这几部作品抱持比较正面的观点。他认为,把明代经学的式微归咎于这几部大全,等于是帮八股文及科举制度脱罪。

[522]《明史》,147:4126。

可见，这两部选集的特征就是深受朱熹思想的影响。《四书大全》完全以朱熹的注本为基础，而且书中引用的其他学者也全都支持朱熹的观点。在《五经大全》里，朱熹的影响力也一样鲜明。他研究《易经》的著作，书名为《周易本义》，基本上和程颐的《易传》极为相似。[523] 著有《书集传》的蔡沈（1167—1230）是朱熹的学生。胡安国（1074—1138）虽然独立研究《春秋》，但私下采用程颐的主要思想，因此和朱熹的观点也相似。胡安国是北宋经学最具影响力的学者。[524] 最后，以《礼记集说》一书深受吴澄赞赏的陈澔（1261—1341），也因师徒关系而与朱熹间接相关。[525]

若把这两部选集采用的注释与元代科举考试采用的标准注释互相比较，可以看出鲜明的连续性。元代采用的著作包括：朱熹的《四书集注》、朱熹的《诗经集注》、蔡沈的《书经集注》、朱熹的《周易本义》、胡安国的《春秋传》，以及《礼》的各种不同注本。[526] 元、明两代的经学显然都受到朱熹的影响。朱熹确实不可能彻底扬弃过往累积而来的研究成果，许多唐代甚至更早之前的既定诠释也都得到保留，并且一直被接受为正统。尽管如此，朱熹的观念仍然彻底支配了这两部选集的编纂者的思想。

到了这个时候，经学在宋代的创新高峰确实已经过去。典范的创造或改变已经消失，取而代之的做法只能称为常态科学："这种研究行为彻底奠基于过往的科学成就，特定群体把这些成就视为进一步研究的基础"。[527] 这两部（或者该说是三部）明代经学概要的高度重要性绝不可以低估。明代道学思想家后来虽然背离了朱熹的智性主义，而自行开创了一个独立的研究的假定（这个假定的最佳描述字眼就是"自得于心"），但其中的学术内容，尤其是获取道德知识的过程，却几乎都局限在这几

---

523 这两本著作都列于 Yves Hervouet, ed.: *A Sung Bibliography*, pp. 3–4, 11. 另见纪昀等编纂：《四库全书总目》（台北：艺文印书馆，1957，重印武英殿本），2：8b–9b；3：11a–14a。
524 Hervouet, ed.: *A Sung Bibliography*, pp. 39–40。纪昀等编纂《四库全书总目》, 27：11b–13a。关于《春秋》的研究，见牟润孙：《两宋春秋学之主流》，收录于氏著：《注史斋丛稿》（香港：新亚研究所，1959），页 141–162。
525 纪昀等编纂：《四库全书总目》, 21：7b–9b。皮锡瑞认为，陈澔注《礼》的出现，标志了郑玄注本时代的结束。
526 详见本书第四章第一节第六段，注 114–117。皮锡瑞认为元代政府大致上持续接纳与郑玄观点一致的注释。
527 Thomas S. Kuhn: *The Structure of Scientific Revolutions*, 2nd enlarged edition (Chicago: University of Chicago Press, 1970), p. 10.

部概要的研究当中。

我以"仪式化"一词描述这种常态科学的发展。实践礼仪的人一旦不再对其意义或目的有积极的反省，而只是沦为例行公事，欠缺原本的意图，那么礼仪就变成了单纯的仪式。把明代的经学乃至一般思想研究描述为一种仪式化的发展，确实相当贴切。显然的是：宋代学者乐在其中的那种严肃的知识或智能的追求，到了明代已不复得见。明代思想家对道德行为的领域贡献极大，尤其是每个人都可追求道德完善的观念，因此这方面的发展显得充满启发也令人振奋。不过，在三教合一论或甚至企图在各大宗教之间另辟蹊径的尝试上，他们的平民主义论述却是每下愈况，沦落为黑格尔所谓的"常识"。[528]道学思想的发展至此又回到了原点，有些严肃思想家也意识到回归朱熹的智性主义将有助于跳脱泥沼。不过，另外有些人则认为，道德真理其实就是我们藉由天性或天赋而直觉可知的观念，不但不证自明，而且完全无须诡辩。

差不多在17世纪末，也出现了仪式主义的复兴。学者所谓的仪式主义，系指透过复兴儒家礼仪或仪式从事文化或甚至民族认同的表达。[529]仪式复兴的现象在18世纪末达到高峰。然而，这项复兴之举虽然目的在于重振"礼"的儒家理想与实践，却也显然是透过经学表达出来的纯粹自我探索。不过，我认为这种对于礼仪研究的着迷，实际上是源自一种认知，认为人生只不过是一项空洞的仪式。道德判断一旦不再需要哲学表达或思想基础，仪式性的行为（包括以身殉道的英勇行为）就成了

---

[528] 黑格尔谈孔子的部分见诸他的《历史哲学》："孔子的教训不外是把一些常识性的道德理念用优美而正确的形式加以表达而已，没有甚么特别的深意，在世界上其他地方或时代都可以看见。"案："常识"是个很棘手的字眼。我在此处采用的意义，就是黑格尔当初用这个字眼批评《论语》当中的观念所采取的定义。"常识"其实可以是一种赞美，因为有些十八世纪哲学家也用这个字眼指称道德感。康德（Kant）就是如此，里德（Thomas Reid）更是。边沁（Jeremy Bentham）也认为常识是道德感的来源之一。见 D. D. Raphael: "Moral Sense," in Philip P. Wiener, ed.: *Dictionary of the History of Ideas* (New York: Charles Scribner & Sons, 1973), vol. 3, pp. 230–235。"道德感"在本书第七章还会有进一步的讨论。顺带一提，埃默森（Emerson）也认为"常识"是儒学的特征之一。有关"道德感"这个哲学观念，请参看第七章第二节特别是其第四段。

[529] 取自 Kai-wing Chow（周启荣）：*The Rise of Confucian Ritualism in Late Imperial China* (Stanford: Stanford University Press, 1996)，书中各处，尤其是 p. 223。这本书的索引里虽没有"ritualism"（仪式主义）的条目，但这个字眼可见于书名。所谓民族认同指的是明末遗民对传统中国文化，特别是汉文化的坚持与认同。

常态。这正是明末清初学术发展的最佳描述。严肃的学者，尤其是东林的知识人，虽然持续追寻可以拥有坚实基础的道德高标，学问追求的常态科学却产生了仪式化的后果。这种仪式主义极为强大，足以诱导学者为了文化认同而不惜殉身，因为文化认同正是最仪式性的表现，而且学术追求也因高度仪式化而变得深具钳制性。学术研究的仪式化与实践儒家道德承诺的仪式行为之间，具有一种内在的联系。这正是儒学变成了"正统"的最佳写照。

第四章

历代教育内容的演变和学习的乐趣

《论语》里,我们所看到的孔子就是那么一个同我们一样的平凡人。他会批评弟子,但也会开自己的玩笑。更重要的是他并不隐瞒自己对失败的感慨。他真的想要逃避他那种深切的对社会或世界的责任感。在《论语》中最长也最美的一章里,孔子表白了他对人生和世界的感受,那是他面对知识的真实时的宝贵一刻:

子路、曾皙、冉有、公西华侍坐,子曰:"以吾一日长乎尔,毋吾以也。居则曰:不吾知也。如或知尔,则何以哉?"子路率尔而对曰:"千乘之国,摄乎大国之间,加之以师旅,因之以饥馑,由也为之,比及三年,可使有勇,且知方也。"夫子哂之:"求,尔何如?"对曰:"方六七十,如五六十,求也为之,比及三年,可使足民。如其礼乐,以俟君子。""赤,尔何如?"对曰:"非曰能之,愿学焉。宗庙之事,如会同,端章甫,愿为小相焉。""点,尔何如?"鼓瑟希,铿尔,舍瑟而作,对曰:"异乎三子者之撰。"子曰:"何伤乎?亦各言其志也。"曰:"暮春者,春服既成,冠者五六人,童子六七人,浴乎沂,风乎舞雩,咏而归。"夫子喟然叹曰:"吾与点也。"[1]

几乎从一开始,坚持"知其不可而为之"的孔子就明显表达了自己对隐退的一种渴望。他希望过的是一种不为人所注意,飘然物外的生活。

上面所引《论语》的这段话,它的重要性在于显示了孔子教育思想的有趣一面:内心所追求的灵性世界比参与公众世界的生活更有意义。孔子似乎更渴求一种心灵上面的满足和解放。我认为孔子思想的这一个神秘面向很能说明中国人的教育理想:当人们不再担负责任时,沉思和退隐的生活会一样的具有吸引力。中国人素来说"出则为儒,退则为释道",无非是这个意思。

本章集中讨论不同类型的学者生活,说明了学习的乐趣是儒家整体生活的一部分,而儒家教育思想强调:必须在个人完美的道德生活和服务社会两者之间取得平衡。简单地说,教育的目的不只在能出仕当官,服务国家,也同时应该追求个人道德生命理想的实践。

---

[1] 《论语·先进第十一》,第二十六章。英译可以参看 Simon Leys, tr.: *The Analects of Confucius* (New York: W. W. Norton, 1997), p. 53。也请参看 Arthur Waley, tr.: *The Analects of Confucius*, pp. 159–160; Brooks and Brooks:*The Original Analects*, pp. 149–150。注意 Brooks & Brooks 同许多传统中国注家一样,认为老子或道家对这一段文字有影响。

第一节　历代教育内容的变化

孔子教育思想最为重视学习的乐趣。孔子本人的教育一定和他所宣示的生命态度一致。不过这不须先检讨他本人所受的教育的内容：究竟孔子读过或研究过什么书，或者跟什么老师听过"书"。重要的是孔子乃是中国教育的鼻祖，是中国经典知识的开端：他是儒家经典的作者，或整理者、校对者。我这里所说的"书籍"在孔子的时代当然还不能说已经完备，因此我们今天所看得到的"书籍"只能有限的提供我们古代中国的历史真相。孔子时代的教育，当然是学习后代人当作是"经典"的那些"书籍"，但是其内容毕竟相当有限。换句话说，古代人的教育内容主要是从教师那里听到的知识，而很少来自系统的、已经编撰成的"书籍"。现在的经书是历代积累、层层编撰修订而成，古人是看不到这些书的。[2] 不过，有一点是不成疑问的：从孔子时代起，中国人就热爱书籍，尤其是那些儒家的经典著作。中国人从来就把学习看作是教育历程的中心。

---

[2] 关于古代中国的"书籍"，见 Michael Loewe and Edward L. Shaughnessy, eds.: *The Cambridge History of Ancient China: From the Origins of Civilization to 221B.C.* (Cambridge and New York: Cambridge University Press, 1999), pp. 587, 746–747。此书中有新颖的讨论。这里根据他们的说法，强调在孔子的时代，不仅儒家经典还没有结集成书，更强调儒家的经典是经历长期的演化而形成的。

学习既然不以书籍或书册为中心，而是从老师那里口耳相传，那么身教的特色也就十分重要。荀子对孔子的教育有所传承。在其著名的《劝学》篇中便可以看到一些早期儒家的身教思想。[3] 他认为，学习的最终目的是完成道德的人品，也就是成为君子。为了达到这个目标，一个人要从学习经典著作和各种礼（仪）开始。[4] 荀子这个说法影响久远。事实上，儒家经典的学习可以说就是从他那里开始；荀子或许可以说是中国思想史上第一个思考并系统地演绎所谓"经典"观念的人。

当然，古代的著作很多，不限于儒家的经典。到了公元前3世纪晚期，秦统一了中国。这时，我们可以说不同的教育课程确实存在了，而且它们之间一定也有相当的竞争。这是秦朝"焚书"的部分原因，即使秦始皇或许并没有摧毁"学问"这个概念的意思。[5] 以下将限定于讨论中国历史上的书籍的传承，特别是各代通用的官学课程。有关身教或非正规课程的部分在别处讨论。本章共计分三节，第一节谈的是历代官学课程，第二节论书籍的重要性和中国人热爱读书和收藏书的心情。第三节是结论，简略谈一下中国人对读书的乐趣所持的态度。

1.《论语》、《孝经》和汉朝的官学课程

汉朝太学教授"五经"，这可看作是中国有系统的官学课程的开始；至少可以这么说，这是官方正式认可的课程的开始。所谓"五经"也者，那便是《诗》、《书》、《易》、《礼》和《春秋》这五种最基本的儒家著作。[6] 但是，这五种经典并不是一般人可以马上读懂的。事实上，另外还有两本重要的著作更为根本。虽然当时它们并

---

3 梁启雄：《荀子柬释》，1：1–11。
4 这是根据梁启雄：《荀子柬释》的说法（见上注）。他认为荀子讨论的是儒家的经典以及礼仪方面的著作。
5 Loewe and Shaughnessy, eds.: *The Cambridge History of Ancient China*, p. 645 对先秦中国的"书籍"的地位另有有趣的说法。作者认为上古（特别是秦）政府对书籍的态度是利用它来为控制读书人（学者）的手段，而非反对学术。作者又说不识字的老百姓只是以被提及或被管理的方式在典籍或纪录里出现，因此书籍没有他们的真正声音。
6 当时每一部经书都有不同的版本，传授各有不同，《礼》经的各样版本尤为复杂，最后分成三本书，而《春秋》的经和传就交缠不清，因此东汉时，"五经"在太学的传授便有15家之多。在本书第二章第二节第一段我已经简要讨论过这个问题。

未取得像"五经"一样的崇高地位。这两本著作是《论语》和《孝经》。在学完蒙学的读物之后,年轻人通常就要学习这两本著作。汉昭帝(前86—前74在位)曾提到他学习过这两本书和《尚书》。[7] 宣帝(前73—前49在位)在18岁登基之前,也已经学习过这两本书,外加《诗经》。[8] 宣帝的儿子,即后来的元帝(前48—前33在位),在还是12岁的孩子时,也已经熟读了这两本书。[9] 东汉的顺帝(126—144在位)在进入宫廷中的启蒙学校(小学)时也学习过《孝经》。[10]

大多数皇室成员年幼时相信也都要学习这些著作。[11] 公主或者皇室的女性成员也要和皇室中的男孩子一样,经常学习。汉元帝的皇后邓氏曾学习过所谓的"历史著作"("史书"),注家一般认为这是太史籀写的蒙学读本。在12岁时,邓氏就已经读完《诗经》和《论语》。据说她对读书的兴趣远远超过了对家务的兴趣,令她父母深感讶异。尽管如此,他们还是允许她读书。当时人给她起了个绰号,叫做"诸生"。[12] 顺帝(126—144)的梁皇后年少时也学过《史书》,并且九岁就能背诵《论语》和《诗经》。[13]

个别学者也学习过《论语》和《孝经》。西汉末的杰出学者范升就是一个很好例证。他九岁就已经熟读《论语》和《孝经》。以此为基础,他进一步研读《易经》和《老子》。[14] 还有马续(70—141),他虽然生长在一个著名的军事家的家庭,但他的父亲注重追求读书人的理想。他七岁就读完了《论语》。到15岁时,他更已经掌握了《尚书》;16岁时开始学习《诗经》。[15] 荀爽(128—190)又是一个例子。他是著

---

7 《汉书》,7:223。东汉的光武帝(25—57在位)和顺帝(126—144在位)在年少时也学习过《尚书》。见《后汉书》,1:1;刘珍等:《东观汉记校注》,吴树平校注(郑州:中州古籍出版社,1987),1:2;3:112。
8 《汉书》,8:238。
9 《汉书》,71:3039。
10 刘珍等:《东观汉记校注》,3:112。启蒙学校(小学)的入学年龄一般是八岁,就像《礼记》中所描述的。
11 《汉书》,53:2428。
12 《后汉书》,10a:418。关于太史籀,见本书第五章第一节第二段。"诸生"这个名词当时被广泛使用,有点书呆子的贬义意味。另一个"诸生"的例子见刘珍等:《东观汉记校注》,3:101。
13 刘珍等:《东观汉记校注》,10b:438。
14 刘珍等:《东观汉记校注》,36:1226。
15 《后汉书》,24:862。还有记载说他精通算术《九章》(《九章算术》)。关于《诗经》,另一个例子是邓禹(2–58)。他13岁就能完整地背诵《诗经》(见《后汉书》,16:599)。

名思想家荀悦（148—209）的父亲。荀爽在 12 岁时就已精通《春秋》和《论语》。[16]

总之，"五经"以及《论语》、《孝经》和一些先秦时期比较著名的作品，[17] 是汉朝学生普遍学习的著述。

2. 魏晋南北朝时期的官学课程

著名学者钟会（225—264）的传记中有关于学习进度的详细记录。钟会在"玄学"传统方面是一位重要的学者：

> （其母）年四岁授《孝经》，七岁诵《论语》，八岁诵《诗》，十岁诵《尚书》，十一诵《易》，十二诵《春秋左氏传》、《国语》，十三诵《周礼》、《礼记》，十四诵《成侯易记》，十五使入太学，问四方奇文异训。[18]

魏晋南北朝时，太学中的教学内容仍延续儒家的经典著作。这一现象在南方尤其明显。但是知识人对"三玄"的关注在不断提高，他们经常系统地学习《易经》、《老子》、《庄子》这三部著作。王弼注释的《易经》被允许作为太学的课程之一，这反映出"玄学"的重要性。[19]

相对于这些比较南方的作风，中国北方的知识人的教育则更多保持汉朝的作风，延续汉朝传统。尤其值得注意的是，中国北方的少数民族统治者显然已经普遍接受了儒家教育。一些领袖甚至努力吸收儒家教育和中国学问。魏晋南北朝时期第一个

---

[16]《后汉书》，62：2050。请注意他在 16 岁时，也同时"博观群籍，善《九章算术》"。关于荀爽，可以参看 Ch'i-yün Ch'en: *Hsün Yüeh and the Mind of Late Han China*。

[17] 例如，人们还要学习其他科目，但这些科目不是正规学校课程的一部分，对于培养典型的汉代人并不重要。它们是用来丰富生活的。除了流行的谶讳学、相术、占卜、律学、医学、数学也都被广泛学习。关于这些学问的教材，见程舜英编：《两汉教育制度史资料》（北京：北京师范大学出版社，1983），页 58–80，151–154。

[18]《三国志》，28：785。有趣的是这里没有提到《孟子》。对钟会思想的最近研究，见王葆玹：《玄学通论》，页 295–302。

[19] 见本书第二章第一节第六段。传统认为由王弼注释的《易经》成为正规的太学课程发生在东晋时期（见本书第三章第三节第六段），但王葆玹认为实际时间要晚一些，在公元 439 年。见王葆玹：《玄学通论》，页 620–628。

由外族建立的国家（自称为汉，一般称为前汉，310 至 329 年，与刘邦所建的汉名号相同）奠基者刘渊是一个很好的例子。他曾学习过《毛诗》、《京氏易》、《马氏尚书》、《春秋左氏传》、《孙吴兵法》（孙武和吴起写的军事理论著作）、《史记》（司马迁著）和《汉书》（班固著），其中《春秋左氏传》是他特别喜欢读的一本书。[20] 他的儿子刘和也学习过《毛诗》、《左氏春秋》和《郑氏易》。[21] 他的第四个儿子刘聪更胜他一筹，14 岁时就学习过包括孙武和吴起著作的《孙吴兵法》的各种书籍。[22] 后赵（328—351）统治者石勒家族和前燕（337—370）的统治者，都努力发扬儒家教育，这也是有名的例子。除了标准的儒家著作，军事著作和历史著作对他们似乎有特别的吸引力。

在北方，儒家经学的作品以郑玄所注释的版本最为普及。这虽然是传统的说法，但应该有相当的事实依据。[23] 当时人对儒家经典的态度基本上反映了汉代私人讲学的理想和作风。

4 世纪末，在姚苌（386—393 年在位）创立的后秦（386—417）境内，长安和洛阳是主要的私人讲学中心。[24] 颇负盛名的学者胡辨经常能吸引上千人来听他讲学。而后秦的统治者姚兴（394—416）甚至命令洛阳的驻军允许胡辨的学生自由往来。他说："诸生咨访道艺，修己厉身，往来出入，勿拘常限。"[25]

5 世纪，在北魏（386—533）时代，由于几位著名的教育家的贡献，北方学习经典著作蔚然成风。第一位教育家是刘昺，他选择在敦煌讲学，门下弟子大约 500

---

[20]《晋书》，101：2645。
[21]《晋书》，101：2652。
[22]《晋书》，102：2657。
[23] 有许多学者挑战这个说法，我也相信挑战这个陈旧的说法并非难事。但这里不深入检讨这一个观点。我还是选择提供这一个传统的观点。
[24]《晋书》，117：2979。
[25] 同上。

人。[26] 他的著作包括了对所谓"三史"的修订。"三史"即《史记》、《汉书》、《后汉书》。他另外撰写了《（后）凉书》和《敦煌实录》,[27] 并为《易经》《韩非子》和刘劭《人物志》注释。

李孝伯，赵郡人（今河北赵县），治《郑氏礼》和《左氏春秋》，教授学生。[28]

这个时期著名的学生包括孙惠蔚。据说他在13岁时就初步学习了《诗经》、《尚书》、《孝经》和《论语》；在18岁时学习了《易经》；19岁时学习了《礼经》和《春秋》的三传。[29]

在后汉和魏晋南北朝时期的学生中，徐遵明（475—529）的经历也是典型的。他游历了很多地方，向著名的教师学习，除了《论语》和《孝经》外，他还学习了五部经典著作：

> 年十七，随乡人毛灵和等诣山东求学。至上党，乃师屯留王聪，受《毛诗》、《尚书》、《礼记》。一年，便辞聪诣燕赵，师事张吾贵。吾贵门徒甚盛，遵明伏膺数月，乃私谓其友人曰："张生名高而义无检格，凡所讲说，不惬吾心，请更从师。"遂与平原田猛略就范阳孙买德受业。
>
> 一年，复欲去之。猛略谓遵明曰："君年少从师，每不终业，千里负帙，何去就之甚。如此用意，终恐无成。"遵明曰："吾今始知真师所在。"猛略曰："何在？"遵明乃指心曰："正在于此。"乃诣平原唐迁，纳之，居于蚕舍。读《孝经》、《论语》、《毛诗》、《尚书》、《三礼》，不出门院，凡经六年……遵明每临讲座，必持经执疏，然后敷陈。[30]

---

26 关于学生人数的计算法有各样争议。中国北方的儒家学者也经常教授大量的学生。从二百人（《魏书》，84：1851）、数百人（《魏书》，79：1760，84：1858；《北齐书》，44：585）、七百多人（《魏书》，84：1848）到一千多人（《魏书》，69：1526）等等。有意思的是，随着魏晋南北朝的结束，有关学生人数的纪录就逐渐消失了。换言之，魏晋南北朝时代的史家对听众多寡的纪录似乎比较注意。

27 《魏书》，52：1160。参看刘知几：《史通》，见赵吕甫：《史通新校注》，内篇，《论赞》，页192–193；外篇，《杂述》，页582、593。

28 《魏书》，53：1167。

29 《魏书》，84：1852。

30 《魏书》，84：1855。

如果把这段传记中的记叙和本章节开头提及的钟会的传记进行比较的话，可以发现徐遵明所学习的古典著作中有一些在钟会时代还没有被广泛运用。二十多年之后，徐遵明成为一位非常有探索精神的教育家。教出了许多著名的弟子。[31]

在 6 世纪，徐之才（492—572）也是从学习《孝经》开始起步的，他最终以医药学知识而闻名。徐之才的传记作者大概为了说明徐之才为何没有成为一位成功的古典学者，因而谈及徐之才在三年的学习之后，只是尽力去理解古典著作的内容。但是，在 13 岁进入大学时，徐之才已经"粗通"《老子》、礼仪著作和《易经》，也因此以神童而闻名。[32]

我们也可以将有关李铉（6世纪时人）学术经历的详细记录和钟会的经历作比较：

> 九岁入学，书《急就篇》，月余便通。家素贫苦，常春夏务农，冬乃入学。年十六，从浮阳李周仁受《毛诗》《尚书》，章武刘子猛受《礼记》，常山房受《周官》《仪礼》，渔阳鲜于灵馥受《左氏春秋》。铉以乡里无可师者，遂与州里杨元懿、河间宗惠振等结侣诣大儒徐遵明受业。居徐门下五年，常称高第。二十三，便自潜居，讨论是非。[33]

从上述例子中，可以看出北方正规的古典著作包括"三礼"、春秋"三传"和《论》《孝经》。对于学做儒家学者的人来说，这些是最普通的著作。

现在谈南方：南方的私人古典教师同样是活跃的，也经常教授几百个甚至几千个学生，但南方学者学习的方法和内容明显受到了"玄学"的影响。首先要指出的是，与北方相似，南方也流行研读"三礼"（《周礼》《仪礼》和《〔大戴〕礼记》）。[34]其次，对《老子》和《庄子》两部道家（教）著作的学习也很重视。因为"玄学"

---

[31] 他的弟子有下面将讲到的李铉。其他相关记载见《周书》, 38 : 682 ; 45 : 812、814。

[32]《北齐书》, 33 : 444。

[33]《北齐书》, 44 : 584。类似的例子见于本书第二章第一节第五段（注45）提到的原别，和第六章第一节第四段（注86）提到的陶弘景。

[34] 参见第三章第四节第一段，尤其要注意注 202、207。关于《礼记》，其流行的版本自汉以来，常有改变和争议。一般言之，所谓的《大戴礼记》流行最广，但就是《大戴礼记》的篇目究竟如何，历代也有不同的意见。

暂时成为了太学正式课程的一部分,许多年轻学生都虔诚地把它作为主要学习内容。第三,许多学者对佛教和道教的著作都非常熟悉。很明显,佛教和道教对中国教育产生过重要影响。

现在,让我们来看看南方的学者,先从杨轲开始。据杨轲的传记记载,他年轻时对《易经》很感兴趣。他门下有成百上千个弟子,但他只当面教授那些被正式接纳为"入室弟子"的学生。[35] 而他对他们的教授主要是进行私人的对话。其他及门弟子则只能由受过他面授的人代为转教。[36]

马枢(522—581)也是 6 世纪南方一位典型的学者。他的传记记载他年幼时就能阅读甚至背诵《孝经》、《论语》和《老子》。长大之后,他继续扩充自己的知识,尤其熟习佛教典籍,并及于《易经》和《老子》。他经常被邀请去宫廷就《维摩》(佛经)、《老子》和《易经》发表演讲,他讲经常常吸引许多观众,曾听过他讲授的有两千多名佛道信徒,以及一般世俗人士。

此外还有许多例子,都足以说明"玄学"在南方的学校课程中是相当重要的。[37]

在结束这一章节之前,让我们再讲两个故事。史书里记载了这么多类似的故事,表明当时人(至少是有能力受教育的人)对学习当时所流行的学术非常重视。这些记录反映了当代人非常重视学习的过程。这和我们一向所了解南朝士人品行浪漫、道德颓废的印象有出入,值得注意。第一个故事关于沈峻。据说沈峻学习时经常拿着一根棍子,一旦想打瞌睡了就敲打自己。[38] 至于祖莹的故事也非常有名:

> 莹年八岁,能诵诗书,十二,为中书学生。好学耽书,以昼继夜。父母恐其成疾,禁之不能止。常密于灰中藏火,驱逐童仆,父母寝睡之后,燃火读书,

---

[35] 关于"入室",见《论语·先进第十一》,第十四章;在本书第六章第一节第一段(注 6),我谈到了孔子用房子的构造来比拟他和弟子的关系。

[36]《晋书》,94:2449。在本书第二章第一段第五节(注 42)还提到了一个相似的故事,即郑玄向马融学习时,也要经历数年才得马融亲授。

[37] 这些例子是从不同的著作中找出来放到一起的,见中国教育大系编纂委员会编纂:《中国教育大系·历代教育制度考》,页 413–423。

[38]《梁书》,48:678。

以衣被蔽塞窗户，恐漏光明为家人所觉。[39]

3. 隋唐时期的官学课程内容

一旦科举考试成为确定的制度，就开始对学习的目的产生了影响。由政府所认可的课程，即官方课程，因此可以说已经形成。隋朝开始了科举（贡举）考试，于是隋唐时官方课程的观念开始形成。

儒家经典成为了主要的考试内容，但是考试的科目还包括法律知识（明法）等。[40]只是大多数学生还是集中精力研读儒家的经典。年轻人在学完初级读本后，便转而学习官方认可的经典，尤其是政府规定的注疏。《论语》和《孝经》是科举一定要考的书，因此对所有年轻学子来说，这两部典籍几乎是标准读物。甚至唐玄宗本人也写过《孝经》的注释本。它在唐朝知识分子生活中的重要性是不可估量的。除了这两本着作，在整个盛唐及中唐初期，老子的《道德经》也因为属于考试内容之一而被广泛学习。[41]

清初的赵翼对唐朝的学术特色作了总结。他指出，唐朝的学问基本包括三个主要领域，即对三礼《汉书》和《文选》的学习。[42]他认为唐朝（至少初、盛唐时代）的学者致力于学习这些著作。[43]赵翼所说的是学术的风尚，但他的结论相当程度反映了唐朝学生的学习内容。

魏晋南北朝以来，对"三礼"的学习就非常普及，历隋、初唐不衰。《汉书》相对而言是一个新的学习领域，但人们对它的兴趣和对司马迁的《史记》的兴趣一样，

---

[39]《魏书》，82：1798–1799。他的运气真好，没有因一氧化碳中毒死亡。也见《北史》，47：1734。祖莹的故事被收在《三字经》里。
[40] 见本书第二章第三节第八段。
[41] 高明士：《隋唐贡举制度》，页282–284。我用《道德经》，而不用《老子》，因为在唐朝习惯使用前者的名称。
[42] 赵翼：《廿二史札记》，20：273–275。
[43] 赵翼的结论也见于中国教育大系编纂委员会编纂：《中国教育大系·历代教育制度考》，页633、638。

乃是前几个世纪的持续发展。这种情况在南方更为明显。上面我已经指出，自 470 年（刘宋明帝泰始五年）后，"史学"就已经正式成为南方国学的课程。[44] 魏晋南北朝时期，人们在政治历史方面的兴趣也能说明为何唐初（特别是太宗〔627—649 年在位〕时）要编撰正史。对历史著作的学习，可以说是来自对这种政治经验的兴趣。同时有的学者或许会这么认为：司马迁和班固著作的重要性日益上升，正好反映了唐朝君臣的自我想象情结，认为自己是一个强大的帝国，是传统中国文化的继承者。最后，《文选》之学也继承了魏晋南北朝时期南方的兴趣。因研究《文选》而衍生的音韵学也吸引了唐朝的学者。

不过，唐朝早期的考试还没有能完全集中在上面所提到的这些书籍。也就是说，考试本身还未能促使以上述著作为主的学术的发展。这一点有重要的意义。实际上，初唐时，考生并没有马上重视"三礼"。因为这三本礼经内容复杂，卷帙又特别多。[45] 史学作品方面，尽管在京都的国子学里，具权威性的历史著作（特别是记述两汉和三国的所谓"四史"）已是标准的教材，国子学生都诵习。但要到 822 年（穆宗长庆元年）以后，历史著作才成为正式考试内容。[46] 相同的，《文选》也一直没有成为考试科目，尽管它是学生学习文学体裁的主要著作。事实上，《文选》对考生准备考试的重要性是不能否认的，有许多记录可以证明这一点。[47] 唐代考试重视诗作，等于认为作诗乃是学问的根本，所以文学技巧非常重要。到了宋代，学者仍然以写诗为做学问的基础。

其他被广泛学习的著作包括《老子》[48]《庄子》《离骚》[49] 和《国语》等。当然，

---

[44] 见本书第二章第一节第六段（注 79），或第三章第三段第七节。
[45] 见本书第二章第三节第八段（考试科目）。有趣的是，在 786 年，德宗皇帝（780—804 在位）下令把三礼作为考试科目。见高明士：《隋唐贡举制度》，页 93—95。但我们并不清楚这个科目在科举中存在了多长时间。
[46] 见本书第二章注 284 和第三章注 201。
[47] 见 David R. Knechtges: *Wenxuan*, vol. 1, p. 54 and p. 486 (note 1)。作者引用陆游（《老学庵笔记》）及王应麟（《困学记闻》）的说法。
[48] 《老子》，唐代一般指《道德经》，从 675 到 796 年间不时地被作为考试科目。见高明士：《隋唐贡举制度》，页 283—284。
[49] 是具有传奇色彩的爱国诗人屈原（公元前 340—278 年）的诗作。唐朝的学者经常用《离骚》来指整本的《楚辞》；《离骚》是《楚辞》最有名的一章。

没有人会忘记为官方认可的《五经正义》是最重要的著作，基于它在科举考试中所起的作用。有趣的是，几乎没有记载直接提及这部著作是课程的一部分。或许这件事十分明显，以致没有人费心去记录它。

在八九世纪之交，唐朝的课程经历了巨大的改变，那也是中世贵族社会走向灭亡的时代。贵胄家庭的优势失去，其教育方式也跟着衰落，特别是谱牒之学更因而佚失。谱牒之学对维持贵族阶级的生活风格有重要的作用。[50]10世纪，《百家姓》的出现也许可以看作是一种象征；这是最后一个传统谱牒的编辑，魏晋南北朝以来家学的时代精神已经逐渐扬弃。[51]这是韩愈的时代。韩愈对复兴儒家的呼吁确实是这个时代的精神，并且与深受科举考试影响的文化息息相关。这一时期也可看作是《孟子》复兴的时代。先此，特别是在魏晋南北朝时，很少有人重视《孟子》。[52]尽管"三礼"之学是考试科目，但社会的风尚则对它们不再那么重视。

柳宗元对一个人的读书和学习进程的意见，正好反映了新的态度：

> 本之《书》以求其质，本之《诗》以求其恒，本之《礼》以求其宜，本之《春秋》以求其断，本之《易》以求其动，此吾所以取道之原也。参之《穀梁氏》以厉其气，参之《孟》、《荀》以畅其支，参之《庄》、《老》以肆其端，参之《国语》以博其趣，参之《离骚》以致其幽，参之《太史公》以着其洁，此吾所以旁推交通而以为之文也。[53]

尽管柳宗元把"五经"看作是个人教育的中心，但他的课程仍包括有《孟子》和《荀子》。同样重要的是，司马迁比班固更受欢迎，班固《汉书》的流行明显大不如前。这里提及的《穀梁春秋》也具有重要意义，因为《公羊春秋》和《穀梁春秋》

---

[50] 关于家学的例子见中国教育大系编纂委员会编纂：《中国教育大系·历代教育制度考》，页643，引自《旧唐书》和《新唐书》。或见 Patricia B. Ebrey: *The Aristocratic Families of Early Imperial China* (Cambridge: Cambridge University Press, 1978), pp. 39–42。

[51] 关于《百家姓》，见本书第五章第一节第三段。

[52] 黄俊杰：《孟子》，页183–198简短地讨论了《孟子》在历代的受容史。

[53] 柳宗元：《答韦中立论师道书》，《柳宗元集》，34：543。

不再被单独学习。它们的兴起或许代表了"三礼"之学的式微。在"史学"成为考试科目的那一年,朝廷也同意把"春秋三传"作为考试的科目。[54] 把柳宗元所列的书目和前面我所讨论的课程内容作比较,可以发现重点有了变化。

除了儒家课程上的这些变化之外,还有其他的发展值得注意。首先,佛教和道教的教育有了极大的扩展,越出了寺庙和宫观的界限。其次,教学上有了变化:学生愈来愈依靠自学,传统上以大规模讲经为重要的教学方式,此时已经衰落。

隋唐时代,佛教的寺庙和道教的宫观遍布各地。许多寺庙和宫观还为学生提供住房、膳食,甚至生活津贴,使他们能利用寺庙的设施自学,甚至于学习儒家学说也没有问题。唐朝的许多儒家学者同时也信仰佛教或道教,他们经常向寺庙捐赠图书。同样地,许多佛家的和尚也精通儒家和道家的典籍。唐朝末年,居然有记录显示许多学生从和尚那里学习儒家的学问,这也许是因为佛教的资源比较丰富,学生可以利用之故。例如,和尚皎然(8世纪中期)曾是李端(732—792)的老师,而李端后来顺利通过了科举考试,成为唐朝的一位著名官员。[55] 许多道士同时也是儒家学者。一位著名的道士甚至还当上了皇帝的教师,向未来的皇帝德宗(780—804年在位)传授儒家典籍。[56]

在寺庙和宫观里的教育活动,显示了佛教和道教对唐朝社会和知识人的生活所产生的巨大影响。寺庙和宫观周围的宁静环境对学生们产生了巨大的吸引力,学子们对儒家经典的兴趣,并未阻止他们寻找如此幽静的佛寺或道观来准备科举考试或丰富自己的知识。结果,在中国教育早期有着重要地位的公开演讲(讲经)开始式微,为个人在山林读书所取代。学者的个别教学或自学,成为一种比较普遍的教育和学习的方式。遥远而隐蔽的山林胜地或寺观,成为更严格挑选的个人读书场所。比较六七世纪及晚唐和宋朝时期的记录,我们会很快发现早期的那种聚集大批学生

---

[54] 高明士:《隋唐贡举制度》,页95–97。《公羊春秋》和《穀梁春秋》从此作为《春秋》的传,被一起学习,共同对待,一同出版。尽管《左氏春秋》(《左传》)也是一门考试科目,和前述两传一同考,但人们主要还是把它作为一部独立的著作。
[55] 引自高明士:《唐代私学的发展》,《台湾大学文史哲学报》,第20期(1971),页219–289(见页261)。
[56]《旧唐书》,190b:5057。

讲习的特色到了晚唐已经消失。到了宋朝，则所看到的记载总是几十个到最多几百个学生。[57] 大规模的学生聚集在一起、接受系统的演讲的时代已经结束。[58]

4. 宋朝早期的变化

随着9世纪后贵族的没落，人们的学习态度也发生了变化。宋朝关于早期学习阶段的记载，说明当时更强调儿童每天所学习的文字的数量，以及儿童需要多长时间才能学会写作文章。对后者的强调并不令人惊奇，因为这是为了学习写作的技巧，而写作技巧本来就是唐代人重视"文学"生活的一个重要部分。[59] 虽说宋初已经开始偏离所谓的"文"的导向而逐渐转向"道"的关心，但是北宋的教学不免仍然（但有充分理由地）延续了唐朝以来历久不衰的重视文学的风尚。事实上，科举考试日益重要，文学技巧在一个人的读书过程中不免继续扮演重要的角色。

宋朝的文献中记载了大量数据，都是有关特别聪明的孩子一天之内能够背诵多少字的，往往达到1000。[60] 这相当不同凡响。我们很幸运，有一篇11世纪中叶京兆（今陕西西安）地区（京兆府）的小学的学规现在仍保留，可以拿来对照一下。按照

---

[57] 见中国教育大系编纂委员会编纂：《中国教育大系·历代教育制度考》，页888–892的例子："几百人"、"几十人到一百人"、"几十人到一百人"、"毫无疑问有几百人"、"两百多人"、"一百多人"、"常数百人"，又重复说"经常数百人"。上述提法没有一个是超过1,000人的。

[58] 以上一段系整理自高明士：《唐代私学的发展》；严耕望：《唐人习业山林寺院之风尚》。宋人也有擅长演讲的，例如陆象山（九渊）。关于他讲演的精彩情形，本书第三章第七节第四段有提到。但是宋代人的纪录并未说到他的听众的数目。这也就是说，宋代人对听众数目似乎比较不重视。

[59] Peter K. Bol: *This Culture of Ours* 一书对这点有详细的讨论，特别请看页76–147。作者在页147这么说："当士人不得不重估甚么才是应该认同的价值时，中世纪贵族的文化便消亡了。但这并不意味着写作文章的结束。"

[60] 周愚文：《宋代儿童的生活与教育》，页156。案：本书第六章第一节第三段提到的汉代记载说明，汉政府要求候选官员须年满17岁以上，"讽书九千字"。我认为这话的意思是：到17岁时，候选的官员必须诵读过九千个不同的字。如果我的理解没有错，那么宋朝所要求掌握的字数和汉朝是不同的。当然，汉朝也没有统一的用法。例如，东方朔（公元前154—93）16岁时，已经学完《尚书》和《诗经》。他的传记说他已经"诵二十二万言"。这显然说明，他所读（或背）过的书合计有这么多的字。见《汉书》，65：284。再例如，王充（27—91）曾说在还是孩子的时候，他"日讽千字"，这里应当也是每天读了1,000字，而不是学会了1,000个新字。见王充：《论衡》，30：447。

该学规的记载，学生每天只须学会或记住约 100 个字。[61]这一记录的可靠性是毋庸置疑的，[62]同时反映出当时日益重视文字背诵。这与道学的教学形成了鲜明的对照，后者在小学的阶段重视的是道德的培养。毫无疑问，科举考试的实施影响了教育思考和着重点，因此即使学者知道教育的目标必须是个人道德的涵养，但对记忆的重视却仍然继续，甚至有扩张的趋势。

宋朝的记载中有许多故事提到早熟孩子（年龄从 6 岁到 15 岁不等），年纪轻轻地便能写得一手好文章。显然的，这类故事反映了科举考试所产生的巨大影响。北宋在古文写作上是一个伟大的时期。换言之，从 11 世纪早期开始，古文已经开始变成文体上的新风尚。虽然流行的文体有了改变，但是文学写作之作为基础课程的一个完整部分，则仍然持续。考试的作用处处可见，可以想象得到，小学里习作文章所拟的题目和科举考试中所考的应当是相似的。[63]

在学完基础课本之后，最为广泛学习的著作仍然是《论语》、《孝经》。《孟子》的重要性也逐渐明显起来。宋代时，前两部著作的重要性已经确立了，而《孟子》则不然。它只在唐朝末年才开始受重视，而且它的地位在北宋仍是不确定的。[64]然而，虽然北宋诸子对《孟子》仍有异议，它的哲学价值也还未能确立，但这并未阻止它成为学习的课程。

关于上述这些著作的重要性的记载非常多，我只能略举一二：首先是《京兆府小学规》，上面已提到。[65]这是一份重要的文献，它让我们知道《论语》和《孟子》是学子最先学习的著作。这种情形也可以在朱熹的学习过程里看出来。朱熹年幼时

---

[61] 这篇学规在本书第六章第一节第七及八段（注 161 及 179）有完全引录。这里的 100 个字也或许是指记住长 100 个字的篇章，而不是指不同的新字。Evelyn Rawski 研究清朝的识字教育一书中认为一般所说的字数是指每天学的新字。请参看她的 *Education and Popular Literacy in Ch'ing China* (Ann Arbor: University of Michigan Press, 1979)。

[62] 周愚文曾提供过几个例子，见上面注 60。还可见《宋史》，386：11858；389：11930；421：12599；434：12875 等等。

[63] 诗的写作相信也类似。见周愚文：《宋代儿童的生活与教育》，页 159–160。

[64] 黄俊杰：《孟子》，页 199–229；或见他的《孟学思想史论（卷二）》（台北：中研院中国文哲研究所筹备处，1997），页 127–190；或见夏长朴：《王安石思想与孟子的关系》（台北：大安出版社，1989），页 175–212。

[65] 王昶：《金石萃编》（石刻史料新编，台北：新文丰出版，1977），132：16a–22a；134：23a–25a。该"学规"全文引在本书第六章第一节第八段（京兆府小学规）。

除学习《孝经》外，还学习《论语》和《孟子》。宋朝的官方历史中记载他开始学习《孝经》不久，就自己写道："不若是，非人也"。[66]

陆游（1126—1210）的一些诗里，也清楚地表明《论语》和《孝经》被广泛地用来教育孩子。他有一首诗写道："孝经章里观初学"。在另一首诗中，他写道："客问我起何所作，孝经论语教儿童"。[67]

其次，是儒家的经典。在 11 世纪早期，政府重新印行了唐朝的《五经正义》，该书在邢昺（932—1010）的领导下做了修订汇编。[68] 尽管怀疑古书的记载已经蔚然成风，影响了治经的态度，但《五经正义》仍然是士子学习的标准课本。学生虽然不免有自己所喜欢的书籍，但宋朝科举制度一路发展下来，简直不允许在典籍选择上有灵活性。尤其在"进士科"成了最重要的科目（王安石变法之后，变成唯一的科目）后，这情况变得更为突出。然而，宋人治学广博，富有怀疑的理性精神，这是大家都知道的事；在考试的内容上面，这样的为学态度最后还是反映了出来。表 8 列出宋朝科举考试制度所要求的著作和注释本。这个表格有助于我们了解儒家经典及其注释在宋朝是如何被对待的。

表 8：宋朝科举考试所采用的标准参考注释本

1. **11 世纪早期：**

    孔颖达注：《五经正义》（参看本书 217 页表 6）；

    徐彦注：《公羊春秋》；[69]

    杨士勋注：《穀梁春秋》；[70]

---

[66] 《宋史》，429：12751。值得注意的是，尽管这个故事似乎很有可能，但朱熹一生从未提及这件事。对朱熹的自传性文字的收集，见陈荣捷：《朱子新探索》（台北：台湾学生书局，1988），页 8–29。

[67] 陆游：《野步至近村》《农事稍闲有作》《剑南诗稿》，收录于《陆放翁全集》（"四部备要"），57：817。

[68] 关于对邢昺工作的简评，见石训等著：《北宋哲学史》（郑州：河南人民出版社，1987），页 44–48；或见野间文史：《五经正义の研究》，页 389–477。邢昺的传记见《宋史》，431：12797–12801。

[69] 徐彦的著作，编辑于唐代，是在何休和郑玄注释本的基础上的扩充。见纪昀等编纂：《四库全书总目》，26：4b–6b。

[70] 基于范宁的注释本，见纪昀等编纂：《四库全书总目》，26：7a–9a。

贾公彦注:《周礼》;[71]

贾公彦注:《仪礼》。[72]

2. **1068—1085（王安石变法）:**

王安石注:《尚书》、《诗经》、《周礼》;[73]

王安石注:《易经》;[74]

王安石注:《礼记》;[75]

王安石注:《论语》;[76]

王雱（1042—1076）注:《孟子》;[77]

王安石:《字说》。[78]

3. **1086—1100（哲宗亲政；采用反新法的政策）:**

与 1 相似，此外王安石新注的:《尚书》、《诗经》、《周礼》仍继续被采用。

4. **1001—1126（徽宗期间：大部分时间由蔡京主政）:**

与 2 相似，此外在 12 世纪初期，道家典籍也是科举考试的科目：宋徽宗（1101—1125 年在位）注的《老子》和其他三部道教经典。

5. **南宋早期:**

与 1 相似，此外，王安石注的《论语》也是学校课程和科举考试的常用教材。

6. **南宋后期:**

与 1 相似，此外，朱熹注的《论语》、《孟子》、《仪礼》也是学校课程中广泛使用的教材。其他的理学典籍也被广泛使用到宋朝末年。[79]

---

[71] 编辑于唐代，贾公彦的注释本依据郑玄的《周礼注》，见纪昀等编纂:《四库全书总目》, 19 : 1b–5a。
[72] 纪昀等编纂:《四库全书总目》, 20 : 1a–3a。
[73] 关于王安石的《三经新义》，见本书第三章第五节第五段。
[74] 这部著作已经佚失。
[75] 同上。
[76] 同上。
[77] 同上，王雱是王安石的儿子。
[78] 同上。这部著作已佚，有多种辑本。
[79] 更多的细节，见下一节。

资料来源：

袁征：《宋代教育——中国古代教育的历史性转折》（广州：广东高等教育出版社，1991），26、31、36、43、70、76页。

据说司马光（1019—1086）对《左氏春秋》非常推崇。[80] 但是，朱熹因为自以为是常反对历史著作，因此在15到20岁期间他并没有学习任何历史典籍，包括《左氏春秋》。[81] 从表6及表8中，我们可以看见《左传》在宋代仍然是学生必须学习的儒家经典，只是它似乎仍未普遍被接受是《春秋》的传。

就课程而言，理学的兴起是一个新的转折点。我们可以这么说：系统的"读书的进程"（学有先后）的观念或者说课程的观念，在朱熹以后真正出现了。当然，我们并不是要谈论究竟儿童有没有意识到这个观念，我们也不是想指出朱熹已经清楚地认识到学习能力和儿童的智慧或心智有一定的关联。我认为对这种儿童的认知能力、或说"认识心"的把握，在中国恐怕是要到16世纪王阳明的时代才开始。虽然中国人对儿童的观念，到了宋代已经开始有了比较清楚的把握，知道它是生命里的一个明显的、不同于大人的阶段，[82] 但是我认为宋代诸子和朱熹都未必已经掌握了心智会因年龄的成长而逐渐改变的这个想法。

5. 道学的课程思想和实践

毫无疑问，朱熹是中国第一位系统讨论所谓"读书法"的人。朱熹全部的学习生活，都围绕着创造新教育来展开。考察他对课程的注释，有助于我们理解理学的教育理想和实践，而理学家的教育理想和实践，在后来的几个世纪里，为中国人所

---

[80] 朱熹：《三朝名臣言行录》，收录于《宋名臣言行录五集》（台北：文海出版社，1967），7：595，引自周愚文：《宋代儿童的生活与教育》，页174（见注76）。朱熹还说他父亲非常喜欢《左氏春秋》。见郭齐、尹波点校：《朱熹集》，82：4248。

[81] 黎靖德编：《朱子语类》，104：2616。朱熹接下来批评了吕祖谦（1137—1181），因为吕祖谦建议人们学习《左氏春秋》。当然，朱熹从未说过人们根本不需要学习历史。

[82] 请参看本章第一节第三、四段。又请参看本人的"The Discovery of Childhood"。

普遍实行。[83]

朱熹从未直接讨论过所谓的课程。他更关心的是怎样获得真正的知识。但是，如果阅读他的著述，通过他在所应学习的书籍中所作的注释，你会很容易地发现他的原则。

首先可以预知的是四书，朱熹几乎毕生都在学习和注释四书。其次是五经，他详细列举了希望学生掌握的注释本。对经典知识，他持一种相对提倡打破旧习的态度，这是非常显著的。[84] 他所引用的有关学习儒家经典的注释本，几乎都是宋朝人作的。[85] 对朱熹来说，比较值得信赖的作者是刘敞（1109—1068，他对《尚书》、《周礼》、《春秋》和《仪礼》都着有注释），[86] 王安石（对《易经》、《诗经》、和《尚书》都有注），[87] 程颐（有《易经》和《尚书》注），[88] 张载（1020—1077，有《易经》、《诗经》和《礼记》注）[89] 和杨时（1053—1135，有《易经》《尚书》《诗经》和《周

---

[83] 钱穆收集了许多有关朱熹的教育思想和读书法的材料，见他的《朱子新学案》，第五册。或见黎靖德编：《朱子语类》，10–11：161–198。这两章现在已翻译为英文，见 Daniel K. Gardner: *Chu Hsi: Learning to be a Sage, Selections from The Conversations of Master Chu, Arranged Topically* (Berkeley: University of California Press, 1990), pp. 128–162。

[84] 见郭齐、尹波点校：《朱熹集》，35：1535。在此，朱熹强调了一个人掌握《论语》和《孟子》后，学习经典著作的重要性。对我选择的这个词，"提倡打破旧习的人"（iconoclast），也许会有学者提出异议，但我认为使用这个词是相当合适的，尤其是用在朱熹关于经典学习的观点方面。在他的许多注释里，朱熹没有提到宋朝以前的《易经》注释者。关于《诗经》，他曾说："唐初诸儒为作《疏义》，因讹踵漏，百千万言，而不能有以出乎二氏之区域。至于本朝，刘侍读（刘敞）、欧阳公（欧阳修）、王丞相（王安石）、苏黄门（苏辙）、河南程氏（程颐）、横渠张氏（张载）始用己意，有所发明。"郭齐、尹波点校：《朱熹集》，76：3970。见钱穆：《朱子新学案》，第四册，页 231–300。案：苏辙（1039—1112）有《诗传》、《春秋传》等著作。

[85] 他所列举的宋朝学者的著作并没有全部保存下来，因此本文没必要列出这些著作。除了《春秋》及其三传，其他的典籍，即他提到的《易经》、《尚书》、《诗经》、《周礼》、《仪礼》，和大、小戴的《礼记》，列举的都是宋人的注疏。见郭齐、尹波点校《朱熹集》，69：3638–3639，《学校贡举私议》。

[86] Yves Hervouet, ed.: *A Sung Bibliography*, p. 49 列举了他的《七经小传》。纪昀等编纂：《四库全书总目》，33：7a–9b 也列举了此书。《四库全书总目》，26：25a–29b 还列举了他所著的另外四部关于《春秋》的著作。

[87] Hervouet, ed.: *A Sung Bibliography*, p. 29 列举了《周官新义》，但是王安石其他的典籍注释本大部分都失传了，只有部分保存下来。见纪昀等编纂：《四库全书总目》，19：5a–7a。

[88] Hervouet, ed.: *A Sung Bibliography*, p. 3 提到了《伊川易传》。纪昀等编纂：《四库全书总目》，2：8b–9b 也提到了此书。《四库全书总目》，33：9b–10b 还列举了一部编辑了程颐对诸经的解说的著作。

[89] Hervouet, ed.: *A Sung Bibliography*, p. 3 列举了《横渠易说》。纪昀等编纂：《四库全书总目》，2：6a–7a 也提到了此书，这是张载在该目录中列举的唯一儒家经典。

礼》注）。[90]

在其著名的《学校贡举私议》中，除了政府规定的教材外，朱熹还提到了其他哲学和历史的著作，因为他们可以帮助士子写作好论或策的科举文字。宋代以来，科举逐渐普遍要求考生写这些文章。[91] 他提到的哲学著作包括老子、庄子、荀子、韩非子、扬雄（前53—18）、王通，以及其他宋朝学者的作品。他提到的历史典籍有《左氏春秋》、《国语》、《史记》、《汉书》和《后汉书》。另外，《三国志》、《晋书》、《南史》、《北史》、《新唐书》和《旧唐书》、《五代史》，[92] 以及司马光的《资治通鉴》，也在他所建议的学习范围之内。

同时，朱熹还建议把宋朝政府所编纂有关礼仪方面的知识、历算、地理、法制，以及杜佑（735—812）的《通典》列为学习的内容。显然的，他认为这些书也都应列入一个学生应该修习的课程。

总之，朱熹的课程十分广泛。[93] 这应该可以视为中国教育史上第一次对课程的自觉性的讨论，其重要性相当突出。除了具有广泛性外，朱熹的课程还有另外一个特点，那就是他大力提倡同时代的宋朝思想家的著作，拿它们作为学习的内容。朱熹这一个做法对后世产生的影响非常深远。

此后，宋人受到朱熹的影响，学习理学（或说是道学）著作。[94] 由于宋明理学学者的努力，加上元朝决定采用朱熹的《四书章句集注》和其他理学家的注疏作为科举考试标准，宋明理学的正统性得以建立。不久之后，出现了另一次重要的对课程系统的讨论。[95]

---

90 Hervouet, ed.: *A Sung Bibliography* 没有列出任何杨时注释的典籍。纪昀等编纂：《四库全书总目》也没有。
91 郭齐、尹波点校：《朱熹集》，69：3632—3642。这篇纪念文已被部分翻译成英文，见 Wm. Theodore de Bary and Irene Bloom, eds.: *Sources of Chinese Tradition*, vol. 1, pp. 737–742. 这部分译文误把王充作为王通，当作是朱熹所欣赏的思想家。
92 这最有可能是薛居正的《旧五代史》。欧阳修的《五代史记》要到十三世纪，才开始被称为《新五代史》。
93 Wm. Theodore de Bary: "Chu Hsi's Aim as an Educator" 一文中讨论了朱熹的读书法。
94 见《宋史》，408：12301；434：12874；437：12965；450：13257 等例子。一些金的学者也遵循朱熹的建议。
95 Daniel K. Gardner: *Chu Hsi and the Ta-hsüeh: Neo-Confucian Reflection on the Confucian Canon* (Cambridge, Mass.: Harvard University Council on East Asian Studies, 1986), chap. 1. 作者强调宋代理学对儒家经典的研究有从"五经"转到"四书"的趋势。

这便是著名程端礼（1271—1345）的《程氏家塾读书分年日程》，该书出现于1315年。[96]整个明、清时代，这篇作品被当作学术模式而被广泛采用。[97]以下是该读书日程的重点摘要：[98]

首先是蒙学课本。程端礼推荐程端蒙（1143—1191）的《性理字训》，尤其是经程逢原修订和扩充过的本子。[99]接下来就学习朱熹所推崇的《小学》，[100]此后再学习《大学》——"四书"的第一本，接着学习另外三本，即《论语》、《孟子》、《中庸》。当然，程端礼强调要用朱熹的《四书章句集注》。

学完"四书"之后，学生接着学习《孝经》。程端礼特别推荐由朱熹比较各种版本而编订的《孝经刊误》。[101]接下来，要学习"六经"及其宋朝流行的注。[102]"六经"依次为《易经》、《尚书》、《诗经》、《仪礼》、《周礼》及《春秋》（包括其三传）。

程端礼认为，如果一个学生在 8 岁就开始学习，那么到 15 岁时，他就能学完所有的蒙学读物、"四书"和"九经"。"九经"包括《易经》、《尚书》、《诗经》、"三礼"和《春秋》的三传。本来只有"五经"，后来加入了大戴《礼记》，（于是礼经一分为三：《礼记》、《周礼》、《仪礼》），而《春秋》三传也各立为一经，于是便

---

[96] 程端礼：《程氏家塾读书分年日程》（"四库全书"，题为《读书分年日程》）。

[97] 参考 John Meskill: *Academies in Ming China, a Historical Essay* (Tucson: University of Arizona Press, 1982), p. 55；《元史》, 90：4343。

[98] 该文已被部分翻译为英文，见 de Bary and Bloom, eds.: *Sources of Chinese Tradition*, vol. 1, pp. 816–819; John Meskill: *Academies in Ming China*, pp. 160–164; Patricia B. Ebrey, ed.: *Chinese Civilization: A Source Book*, 2nd ed. (New York: Free Press, 1993), pp. 195–198。

[99] 这本著作已有部分翻译为英文，见 de Bary and Bloom: *Sources of Chinese Tradition*, vol. 1, pp. 814–816。程端礼主张以此书来代替传统的《蒙求》和《千字文》。关于后两部著作，见本书第五章第一节第二段。程逢原（若庸，1268 进士）是元末学者，他修订的版本至今仍为最通行的本子。

[100] 关于该书的讨论，见本书第五章第一节第四段。作者同时主张这一阶段的学生应该背诵朱熹的《童子须知》。此书可能就是第五章第一节第四段（注 61）所讨论的朱熹的《童蒙须知》。

[101] Hervouet, ed.: *A Sung Bibliography*, p. 48；纪昀等编纂：《四库全书总目》，32：9a–10b。

[102] 这里（1：11b–12a）的原文小注说："六经正文，依程子（程颐，有《易传》）、朱子、胡子（当系指胡瑗，有《周易口义》等书；另，胡铨有《易传拾遗》，但清初已佚）、蔡氏（或系指蔡渊，有《周易经传训解》及《易象意言》，俱不见《宋史艺文志》，但收入"四库全书"）；句读参廖氏（不知所指）及古注、陆氏音义（唐人陆德明：《经典释文》），贾氏《音辨》（宋人贾昌朝：《群经音辨》）、牟氏《音考》（不知所指）"。

有了"九经"的说法。

《程氏家塾读书分年日程》所建议采用的各种经书传注以及其他的重要读物对后代的影响极为深远。显然的，在他编写这个课程进度表时，宋元理学家的地位已经完全奠定，成为中国教育和思想的主流了。

尽管学生们只在学完了经学之后才学习历史，但历史著作在一个人的学习进程中也具有同等重要的作用。在这一学习进度表上，司马光的《资治通鉴》和朱熹的《资治通鉴纲目》列为最先学习的历史著作。接下来要学习的是《史记》、"两汉书"和几位宋朝学者的历史著作。程端礼还提到了《资治通鉴》的胡三省（1230—1302）注，建议把它作为参考书。

在掌握了这些主要的历史著作之后，学生们要继续学习的是韩愈的文学著作[103]和《楚辞》。[104]在这一日程表里，文学作品的学习还扩展到了许多著名的古文，如萧统的《文选》、宋朝和元朝早期作家的古文诗文等。

其他还有大量的作品必须学习，反映了博学的旨趣。大多数书籍是同时代人的有关礼仪和制度方面的著作。[105]令人感到有趣的是，程端礼还列出很多有关音韵学方面的著作。到了这个阶段，一个典型的学生大概已经二十多岁了，可以开始学习著名的思想家，如陆贽（754—805）、[106]范仲淹、王安石、苏轼等有关经世的文字。

显然的，程端礼不再要求那些已经21至24岁之间的学生仍然谨守严格的进度表去学习。然而，他继续提供参考书，提醒学生在学完上面的书目之后，应该阅读张载、邵雍、[107]三胡（胡寅〔1098—1156〕、胡宏〔1106—1162〕和胡安国〔1074—

---

[103] 程端礼建议使用真德秀的本子。这一著作仍然看得到。但现代人一般并不认为这本书是一本好的韩愈的入门著作。
[104] 程端礼建议使用朱熹的注。
[105] 元朝人出版的有不少音韵学方面的作品。不知是不是因此，程端礼会重视这方面的知识。
[106] 这位唐朝的重要官员，其思想可能带有法家的倾向，但是由于他的忠诚和牺牲，因此很得传统儒家的赞赏。英文作品可以参看 Denis C. Twitchett: "Lu Chih: Imperial Adviser and Court Official," in Arthur F. Wright and Denis C. Twitchett, eds.: *Confucian Personalities*, pp. 84–122. 最近中文有关陆贽的作品，请参看王素：《陆贽评传》（南京：南京大学出版社，2001）。
[107] 有关邵雍的英文作品可以参看 Don J. Wyatt: *The Recluse of Loyang: Shao Yung and the Moral Evolution of Early Sung Thought*。中文作品请参看唐明邦：《邵雍评传》（南京：南京大学出版社，1998）。

1138〕)、张栻（1133—1180)、吕祖谦（1137—1181)、真德秀（1178—1235)、魏了翁（1178—1237）和其他程颢、程颐及朱熹的弟子等人的著作。这些当然都是当时流行的理学家的作品，任何人对中国文化、历史有一点认识都对这些名字不会感到陌生。[108]

程端礼的课程充分地反映了理学家的观点。这很快地变成了中国人的标准课程，占有核心的地位，并在元朝和明朝早期的许多学校里作为教学指导被广泛使用。[109]但是，明朝中叶以后，由于新的著作日益增加，人们又期望有新的课程标准了。

6. 道学教育内容的延续和发展

理学教育的特色，就在于它为了个人的快乐和道德的完善而追求学习所固有的价值。这和大多数学生的愿望是相反的，因为他们只是为了参加并通过科举考试而学习。但是，理学不满科举考试的破坏性的影响，却不能阻止学术团体的官方化。这在元朝时变得尤为明显，当时，学术团体的领导人不断获任命为官员，接受政府的报酬。更重要的是，理学思想家们系统地努力影响科举考试的内容。许衡（1209—1281）的故事就是一个有益的例子：

> 七岁入学，授章句，问其师曰："读书何为？"师曰："取科第耳。"曰："如斯而已乎？"师大奇之。每授书，又能问其旨义。久之，师谓其父母曰："儿颖悟不凡，他日必有大过人者，吾非其师也。"

于是，这位老师不顾许衡父母的一再挽留，辞职走了。许衡后来还有过三次同样的经历，每一次都改变了他的老师。作为元朝蒙古人的朝廷中最受尊重的理学学

---

[108] 英文关于道学运动的简要研究，见 Hoyt Cleveland Tillman: *Confucian Discourse and Chu Hsi's Ascendancy*。该书的重要论点可以在同作者的中文作品看到；田浩：《朱熹的思维世界》（台北：允晨文化，1996；增订版，2008）是比较详细的中文作品。请看侯外庐等主编：《宋明理学史》，第一卷。
[109] 例如，见刘因：《静修续集》（"四库全书"），3：10b–19b。

者和中国知识人，许衡的这个故事突出了他所代表的教育哲学。[110] 理学家的课程继续支配着元朝时年轻学子们的教育。[111]

1287 年（元世祖至元 24 年），许衡推荐的课程为官学所采用，这些课程包括：首先应该学习的著作是《孝经》、朱熹的《小学》、《论语》、《孟子》、《大学》和《中庸》。掌握了这些著作之后，便接着学习《诗经》、《尚书》、《礼记》、《周礼》、《春秋》。最后则学习《易经》。[112] 这张课程表扼要而简明，但是强调的无疑是朱熹的思想。[113]

这些著作在 1313 年（元仁宗皇庆二年）变成了科考的基本内容。按照当时颁布的条例，学生所采用的注疏本如下："四书"用朱熹的《集注》。其他的注疏则为：朱熹注的《诗经》、蔡沈（1167—1230）注的《尚书》[114]《易经》兼用程颐和朱熹的注[115]《春秋》用胡安国注。[116] 至于"三礼"的本子，元朝政府允许学子们参考旧注；这大概不外是指郑玄的注。郑玄注正是唐朝《五经正义》的本子。[117]

这一著作表被科举考试的权威机构采用为标准教材，在所有年轻学子的学习进程中非常重要。我们完全可以想象到，大多数教师都会要求学生集中精力去记忆和学习这些著作。

---

[110]《元史》，（158：3716）英文有关许衡的研究，见 Wm. Theodore de Bary: *Neo-Confucian Orthodoxy and the Learning of the Mind-and-Heart*。中文最近的著作可以参看陈正夫、何植靖：《许衡评传》。参看本书第三章第六节第二段。

[111] 池小芳：《中国古代小学教育研究》（上海：上海教育出版社，1998），页 169–170；中国教育大系编纂委员会编纂：《中国教育大系·历代教育制度考》，页 893–896；清高宗编：《续通志》，179：4896。案：此处记载元朝政府曾命令官学学术必须学习有代表性的著作，如周敦颐的《太极图说》、张载的《西铭》、程颐的《易传，序》、刘敞的《春秋注·序》。其他可以参考的数据如下述：《元史》，189：4326；190：4335，记朱熹的《小学》也是学习教材；《宋史》，450：13257，记载"四书"和儒家经典都是学习课程；又柯劭忞：《新元史》，234：905a，记载了朱熹的三本著作，《四书章句集注》、《近思录》和《小学》被作为课程而广泛接受；又《新元史》，234：906b，记载有著名道学学者徐干（1270—1337），跟从母亲学习了《孝经》和《论语》；又《新元史》，206：820a，记载说著名道学学者欧阳询（1283—1357），也是跟从母亲学习了《孝经》和《论语》，外加朱熹的《小学》。

[112]《元史》，81：2029。

[113] 许衡的推荐先于程端礼 1315 年写的《程氏家塾读书分年日程》。

[114] 蔡沈的《书集传》在本书第六章还会提到。参考 Hervouet, ed.: *A Sung Bibliography*, p. 23；纪昀等编纂：《四库全书总目》，11：20a–22b。

[115] 关于程颐的注，见上面注88。关于朱熹的《周易本义》，见 Hervouet, ed.: *A Sung Bibliography*, p. 11；纪昀等编纂：《四库全书总目》，3：11a–14a。

[116] Hervouet, ed.: *A Sung Bibliography*, pp. 39–40；纪昀等编纂：《四库全书总目》，27：11b–13a。

[117] 有关元朝经学，见皮锡瑞著，周予同注释：《经学历史》，页 281–284。

另一个有关课程的记录，可以在元成宗（1265—1307年在位）设立社学的条文里（1300）找到。社学的设立是中国教育史上有特别意义的事，是与科举文化比较没有直接关系的创举。[118] 诏书上说："今后每社设立学校一所，择通晓禁书，于农隙时月，先读《孝经》、小学书，次及《大学》、《论》、《孟》、经史，务要各知孝悌忠信，敦本抑末。"[119] 这里提到的著作虽然表面上看似没有新意，但是值得注意的是"四书"的地位大大地提升了。

从上面的讨论，我们可以看见宋明理学的重要著作已经普遍成为中国学生的基本教材了。元朝末年，由程端礼所拟的课程已经成为中国政府的科举、中央官学和地方社学的共同标准。学术团体也主要教授理学的典籍，这儿就不再重复了。

7. 明朝的道学课程

虽然理学家的课程到了元末已经是全国奉行的标准，但是明初在太祖开始注意学校教育时，这个课程应如何推动和实施，居然还有了一些变化。朱元璋对理学的教学理想作了特殊的解释。他经常采用一种属于他个人的、比较特殊的方式来理解他的理学教师所教给他的东西。这从他1385年（洪武十八年）和1387年（洪武二十年）之间颁布的《御制大诰》中可以看出来。这个《大诰》是他亲自写的，向全体人民颁布，要人民学习和背诵。[120] 它的内容包含有劝诲、禁制、惩罚等等。用这种办法来齐整社会的道德，简直是对理学的信念的一个讽刺，因为道学者相信个人应该也能够独立追寻一己道德的完美，不假外求。明太祖在世时，《大诰》广为流

---

118 这个法令见元代人所编的《庙学典礼》，王颋点校（杭州：浙江古籍出版社，1992），6：134。关于社学，见本书第二章第二节第八段（社学）。
119 明太祖在他颁布的国子监规条中反复提到"孝、悌、忠、信"，因此为众所熟悉。另外，"礼、义、廉、耻"在整个明朝也都被广泛作为教育的目标。见本书第六章第一节第十一段（朱元璋的威权做法：国子监学规），该处会提到这些字的起源。附带说一下，古代以后，"孝、悌、忠、信"作为教育目标被提及并不是第一次。真德秀在他的《家塾常仪》就曾提到它们。
120 这个《大诰》现收录于吴相湘编：《明朝开国文献》（台北：台湾学生书局，1966），第一卷，页1–85。《大诰》有两次增补。我们所关注的是最开始颁布的本子。请特别参考邓嗣禹为该书所写的序。

传，屡次刻印。但是，明太祖一去世，这个档案就被遗忘了，几乎不再印行，直到文化大革命时，一些学者出于历史兴趣才再次把它印出来。[121]

朱熹的理学（或称道学）作品，尤其是他的《四书章句集注》，在明朝继续成为统治者采用的正统思想和教育的教材。明太祖完全熟悉朱熹的思想和用语。"四书"、"五经"成为明朝学校课程的中心教材，而且用的几乎都是宋朝和元朝作者的注。

在明朝，甚至宋朝和元朝的文献中有时也会提到"六经"，而明朝似乎更经常使用"六经"一词，仿佛全部的"六经"都能用于学习。但是事实上，"六经"中的《乐经》已经佚失很长时间了，[122] 只是人们总以为这部古老的作品能被重新发现或恢复。然而，明朝经学家对恢复这样一本经籍也未必真的有信心。终明朝一代，这个公案并没有得到解决。不过"六经"之名一再出现，广泛使用，这大概反映了明朝人对《乐经》的兴趣。下面我们会谈到阳明及其后学关心吟诗咏诵的事，这应当和他们对所谓的《乐经》的兴趣是关连在一起的。

到 15 世纪早期，第三位皇帝明成祖（1403—1424 年在位）即位时，出现了新的发展。他下令编纂三种大全，即《四书大全》、《五经大全》和《性理大全》。过去学者并不重视这三部书，因为它们都只是剪贴而成，而且收录的多是一些不是真正有价值的宋、元作者的文字。学者历来认为这三部书是明朝经学中衰的象征。[123] 这样的批评大致不算错，但不可否认的是：这三种著作长期使用，对学校课程不免产生了重大的影响。所有的学子都必须把它们当作科举考试的标准教材来学习，其影

---

[121] 毛泽东推崇朱元璋，这大约因为两人都有"作之君、作之师"的使命感，推行专制，希望齐整社会的信仰。学者翻刻并研究明《大诰》大约是对这样的作风的一个批判吧。

[122] 有的学者根本不认为有《乐经》这么一本书。至少它从来没有真正成为一部"经"。参看下一注。

[123] 在讨论《大全》之前，先补充说一两句有关对音乐和《乐经》的话。明朝的学者确实出版了一些有关音乐理论的著作，但除了湛若水之外，没有人认为《乐经》能被恢复，而湛若水的努力也一般被否定。朱载堉（1536—1611）的研究固然相当出色，但是在现代音乐理论传入以前，他的贡献尽管令人赞赏，却没有完全被理解。而且，他理论之具有吸引力又和教育家的经学中心观并不直接有关连。至于三种《大全》，请参见本书第三章第八节第一段。最近有关这三种《大全》的重要性的研究（从道学霸权的成立的观点来看）的英文著作有：Benjamin A. Elman: "The Formation of 'Dao Learning' as Imperial Ideology During the Early Ming Dynasty," in Theodore Huters, R. Bin Wong, and Pauline Yu, eds.: *Culture and State in Chinese History, Conventions, Accommodations, and Critiques* (Stanford: Stanford University Press, 1997), pp. 58–82。

响众人之深，不言而喻。这个重要性延续了500年之久。

国子监的学生也学习各样政府文献、官僚体制的律令、规章和程序，这方面在明太祖所写的太学规章中有明确的规定。这就是说，官僚政治体系的知识成为太学课程所要求的一部分，这是宋元高等教育机构教学活动的记载中所罕见的。总之，朱元璋注意学生任官之后的表现，下了许多规定，明令要把政府的程序和官场的公文文字作为整个太学课程的一部分。[124]

同样地，太学生还要学习书法，选择自己喜欢的字体来练习。在宋朝和游牧民族政权的文献记载中，很少有关于正规太学教授和训练书法的记录。但是到了明朝，似乎有了改变。政府开始要求太学生必须能兼习好的书法。换言之，书法成为国子监课程的一个重要部分。数学知识也是太学课程的一部分，太学生规定要学《九章算术》。[125]

明朝时，有一个比较意外的发展：这便是在1381年，明太祖命令太学生必须学习刘向（前77—前6）的《说苑》。这部著作由各种故事组成，大多是有关著名历史人物的故事，讲的多是个人修养和实行善政的教训。《说苑》是一部汉朝的著作，而且很大一部分已经佚失几个世纪了，北宋时（11世纪）才被重新发现和恢复，如今它却得到了皇帝青睐。有人怀疑它不见得对教育有充分的影响力。但是，明代有关这本书的研究有了明显的进步。可见皇帝的重视的确有相当程度的重要性。

最后，明太祖强烈反对教授全本的《孟子》，他颁布了一本经过删节的《孟子》，[126] 把一些令他不满意的章节都删除了。这个节本成为整个明朝科举考试的标准教材。[127]

这位开国皇帝的不合理焦虑，超过了对政治和意识形态控制的需要，以致于

---

[124] 关于明太祖所颁布的大学规章制度，详见本书第六章第一节第十一段。
[125] 参看下面注144。有关技术教育，包括书法和数学的详细情况见本书第五章第三节。
[126] 这本书（《孟子节文》）由刘三吾（1319—1400）主其事，现代人最先由容肇祖在1947年写文章讨论它，指出删节了85条。有学者指出所删不止于此，现在北京国家图书馆还藏有三本。
[127] 关于明朝太学课程和考试标准课本的争论，大多基于毛礼锐、沈灌群主编：《中国教育通史（第三卷）》，页403-406。

他不断颁行有关教育或实际上是控制人民行为的法令。于 1381 年（洪武 14 年）颁行的一个法令中，他对实施惩罚的热情使他规定所有社学的学生都要学习明朝法律。[128] 这是他发行《御制大诰》前几年的事。尤为明显的是，这位明朝统治者在上了年纪后，对意识形态控制的关注加强了。其他皇帝所采取的措施，包括要求学习适用于各种重要场合的礼仪，如冠礼，婚丧礼等等。[129] 朱元璋这样的举措为历代皇帝所继承，一直到明朝覆亡为止。崇祯皇帝在位时仍曾下令在所有地方学校发行朱熹的《小学》。[130] 这可以算是明朝最后一次的努力，要把理学课程作为意识形态的控制工具吧。

社学和地方政府学校的教育课程与太学的课程几乎没有不同。在地方上，教育质量自然不可能与中央官学一样的严谨或有系统。一些有关地方社学的建立及学校规章的记录证明了这一点。魏校（1483—1543）在对广东社学的记录中建议学生们应该从学习朱熹的《童蒙须知》开始，接下来学习《小学》《近思录》[131] 和四书。[132] 他还提到了吕本中的《童蒙训》[133] 及《孝经》；还有更重要的，就是吟咏《诗经》。[134]

黄佐（1490—1566）和叶春及所提出的课程大致采纳了魏校的建议。但是，他们认为孩子应该直接学习黄佐的《小学古训》以及《孝经》和四书。魏校所提出学习吕本中《童蒙训》的建议则没有被采纳。这两位作者还认为学生应学习吟诵《诗

---

[128] 李东阳等撰，申时行等重修：《大明会典》（台北：东南书报社，1964，重印 1587 年司礼监刊本），78：11b、14a，或见《中国教育史大系》，页 1170，列出了同一时期颁布的有关地方政府学校的法令。第 78 章有关于明朝学校的基本纪录中，可以看见在 1392 年（洪武 25 年）的法令中，还包括习射。
[129] 引自池小芳：《中国古代小学教育研究》，页 175。
[130] 同上。
[131] "近思"也者，是就近身的事物的思考或反省，当然，也可以看作是最近的思考和反省。
[132] 魏校：《庄渠遗书》，卷 9。引自中国教育大系编纂委员会编纂：《中国教育大系·历代教育制度考》，页 1228-1231。
[133] 关于这部著作，见本书第五章第一节第三段。
[134] 许多明朝的学者，特别是王阳明，都强调唱歌和音乐。参见本书第六章第一节第九段。或见吕坤的建议："每日遇童子倦怠懒散之时，歌诗一章。"见吕坤：《社学要略》，引自中国教育大系编纂委员会编纂：《中国教育大系·历代教育制度考》，页 1234。现在常熟地方志仍然保存了一些让童子吟诵的诗篇，日人鹤成久章有专文讨论书院的"歌仪"：《飞动梁尘的圣歌声：关于明代书院的歌仪》，收录于本人编的《中国与东亚的教育传统（一）：中国的教育与科举》（台北：喜玛拉雅研究发展基金会，2006），页 363-385。

经》。课程中另外提出了习射以及礼这两门科目。[135]

讨论明代的社学不能不提到王阳明。王阳明一生致力于地方教育，发展地方学校和乡约。这样的努力在中国教育史上，尤其是平民教育方面，起了十分重要的作用。[136] 王阳明的哲学观点与朱熹有着很大区别，朱熹的思想和教育学支配了明朝早期的教育。王阳明的思想兴起之后，或许有人会以为课程内容上会有所变化，但事实并非完全如此。与其哲学立场一致，王阳明几乎从不谈论课程，而一旦提到要学习的书籍时，他似乎只是跟从朱熹的说法。不过，在读书法（学习方法）上，他显然不同于朱熹；根据他挑选给学生学习的版本，他与朱熹很不相同。朱熹追求的是原文和文章含义之间的协调理解，而王阳明则更关注如何领会文章的本质含义。他并不重视朱熹的《四书章句集注》，却建议他的学生学习《大学》的原文。[137] 他的学生一般是以学习他的《〈大学〉问》开始。这并不是一篇简单的文字。这本书在王阳明死后，还同王阳明的《传习录》[138] 被收录在许多书院、官学和社学的书目里。

除了以上这许多课程表外，还有一些理学的著作也十分流行。在儿童教育一类的书中，我们很容易看到诸如朱熹的《家礼》，[139] 吕祖谦的《少仪外传》[140] 和一些发挥朱熹《小学》的著作广泛流行。总之，宋明理学著作的影响至为巨大。尽管这些作品从来不能完全取代传统的、更简短的基本读物的位置；[141] 那些更重要的传统儒

---

[135] 以上关于黄佐和叶春及的讨论，参见池小芳：《中国古代小学教育研究》，页 182–184。

[136] 关于王阳明涉及社学教育的讨论见本书第三章第七节第四段。

[137] 除删减了一些句子外，朱熹还曾改变了《大学》原文的次序，并作了些补充。王阳明经过艰苦的努力，恢复了《大学》的原文。关于朱熹和《大学》，请参看 Daniel K. Gardner: *Chu Hsi and the Ta-hsüeh*, pp. 27–45。并请参看 Wing-tsit Chan, tr.: *Instructions for Practical Living and Other Neo-Confucian Writings by Wang Yang-ming*, pp. xxv, xxxi–xxxii, 5–6, 159–161。

[138] 《〈大学〉问》是相当难读的一篇文字，可参看《王阳明传习录及大学问》（台北：黎明文化，1986）；《王阳明全集》，26：967–973。其英文翻译见 Wing-tsit Chan, tr.: *Instructions for Practical Living and Other Neo-Confucian Writings by Wang Yang-ming*, pp. 269–280。请并参见 de Bary and Bloom: Sources, pp. 844–847。该处有部分翻译，并就陈氏原译作了一些修订。

[139] 见 Patricia B. Ebrey, tr.: *Chu Hsi's Family Rituals: A Twelfth-century Chinese Manual for the Performance of Cappings, Weddings, Funerals, and Ancestral Rites* (Princeton: Princeton University Press, 1991)。

[140] 参考吕祖谦：《少仪外传》，收于黄灵庚、吴战垒主编，《吕祖谦全集》（杭州：浙江古籍出版社，2008），第 2 册。

[141] 有关讨论见本书第五章第一节。

家经典本身当然也继续占有根本的地位，它们的重要性已经被科举所认定。因此，一代又一代的中国学生在官学或私学都一样学习它们，行为的模式受它们的影响，历久而不衰。

8. 在明代儒学视野之外

从前面这章的讨论中，我们可以看出朱熹有关理学教育的著作，影响了明朝的课程。但是，我们也注意到了学习法律条文、吟咏诗歌或《诗经》、射箭和学习适当的礼仪等等，也构成了学校课程的一部分。结束这一段的讨论之前，我想对这部分的教学内容作一个摘要，以说明宋明理学对后来中国传统教育的课程观念和实践的影响。这一讨论，应该让我们对传统中国教育的最后阶段的实际情形，可以有一个比较全面的了解。理学的视野固然促成了这个教育传统的生命力，但也造成了它自身的局限性。

首先，学习的课本是法令，一般又称为圣谕，是由开国皇帝明太祖发布的。学习诏书、敕令，这是中国教育经验中的新鲜事。这让我们对明太祖的政策及其著名的专制政治有了更深刻的了解。事实上，这件事从上面提到的《大诰》以及国子监生必须学习官场的公文诏令上，已经充分看出来了。

诸如《弟子职》和选自《礼记》的《内则》等传统著名作品，频频出现于地方学校的课程记录中。[142] 这些著作其实也都是儒家的，[143] 它们算是明朝课程中不属于道学课程的第二类著作。

---

[142]《内则》是有关妇女在家庭及社会中的行为准则的最早的文字之一。见于《礼记》（英译见 James Legge: *The Sacred Books of China, The Texts of Confucianism, pt. iv:" The Li ki (Li-chi)"* (Delhi: Motilal Banarsidas, 1986, reprint of 1885 Oxford University Press ed.), 10: 449–479。《弟子职》选自《管子》，对它的讨论见本书第六章第一节第二段。池小芳:《中国古代小学教育研究》，页 236 对这两本书在明代教育中的角色有一些讨论。《内则》包括在课程当中，不知这一事实是否意味着女孩们也可以进入地方小学学习？

[143] 尽管有人怀疑《弟子职》列为儒家著作是否适当，但许多儒家教育思想家还是把它看作是学生应遵循的基本规定。

如上所说，数学是完整的明朝教育的一个部分。传统的《九章算术》仍然被选为课本。不幸的是，我们对其他数学基本教材知之甚少。[144] 当然，中央政府设立的专业训练学校，它们的学生所使用的数学、天文和历法计算的课本是更先进的，不同于普通学校学生所用的较为浅易的课本。[145]

文学作品也是重要的。自宋朝后期以来，书店为准备参加科举考试的士子印刷著名诗文选集已经成为风尚。因为这些选集是教导士子学习和背诵的，所以大多数文章往往是同时代作者所写，又被称为"时文"或"程文"。一些著名的作者甚至会出版他们自己的文章。[146] 整个明朝期间，尤其是16世纪末之后，出版当代文章已经十分流行，官员们也经常为文集作序，使得这类文字更为畅行，也使它们取得正当性。

"时文"在考生准备考试上的重要性，从辛弃疾（1140—1207）的经历中就可见一斑。为了通过科举考试，辛弃疾也购买了范文来参考。孝宗皇帝（1163—1189年在位）看到他时，不免对他用的参考书这回事开起玩笑。[147] 明末之后，考生们有时甚至整理自己的文章来出版，送到可能会主持考试的考官门下，以期主考官能记得他们特殊的写作风格，使他们在考试中受益。无怪乎顾炎武把这样的事拿来同唐朝的"行卷"相比。[148] 唐朝的"行卷"又称为"温卷"；允许考生把自己的作品正式送给主考官以博得青睐。当时公然实行"行卷"，京城的诗文圈子挤满了新近参加科举的士子，他们最大的希望便是可以在这样的圈子里出名，这才可以赢得考官的认识和提

---

[144] 明朝的都察院曾有印书的纪录。据周弘祖《古今书刻》记载有33种，如《演算法大全》、《七政历》、《千金宝要》等。这本《演算法大全》似乎在明朝灭亡以后也佚失了。

[145] 有关政府专门技术训练场所使用甚么课本的信息少之又少，这非常令人沮丧。但可以想象得到的是宋朝保存了这方面的实例。关于宋朝数学和医药学校所用教科书的情况，见徐松辑：《宋会辑稿・选举》，3：7a、18b–19b。

[146] 以谢枋得（1226—1289）为例，他编撰了《文章轨范》。因为"时文"和"八股文"有着密切关系，因此这两种文体有时被认为是可以互换的。关于"时文"的研究，请参见刘祥光：《时文稿：科举时代的考生必读》，《近代中国史研究通讯》，第22期（1996），页49–68；或见朱瑞熙：《宋元的时文：八股文的雏形》，《历史研究》，第3期（1990），页29–43。

[147] 引自刘祥光：《时文稿》，页51。

[148] 顾炎武著，黄汝成集释：《日知录集释》，16：382

拔，通过考试。[149]明朝的科举制度不允许这种事情，但到了17世纪，为了争取当权的考官认识自己，考生们想尽办法来找寻类似"行卷"的途径。

因此，当代文学家所写的文字，在学生们的非正式课程中其实占有非常重要的地位，只是大家不明说就是。我在这里提及这种时文的风尚，目的在于说明学生们的阅读范围十分广泛，即使大部分是为了准备考试。人们曾认为理学思想对明朝课程有令人瞩目的影响，这固然没有错，但是其实它的支配情况不能简单地说是全面的。

以上讨论主要集中在官学课程，特别是为了学生准备应考科举的部分。可以想象得到的是，太学使用或实行的课程应当比社学或地方学校更为严谨。尽管有人主张学生应当有学习其他知识的灵活性，而不应只是学习狭义的儒学，更不用说宋明理学，但朱熹和宋明理学的影响至为明显。但即便如此，在宋明理学的课程里，我们也看到有所演进：作为教育进程的一部分，歌颂吟咏在这一时期得到了发展。由于16和17世纪间都市化的迅速扩张，通俗音乐的发展在明朝达到了空前的高度。这和阳明弟子对吟咏诗歌的重视应当有些关系。[150]

---

[149] 有关"温卷"或"行卷"的详细情况，见本书第六章第一节第五段（形式的师徒关系：温卷制度）。
[150] 金文达：《中国古代音乐史》（北京：人民音乐出版社，1994），页445–450、500；或见杨荫浏：《中国古代音乐史稿》（北京：人民音乐出版社，1981），页746、749、792–796。

第二节　勤奋读书的乐趣

　　学习是为了自己的满足（自得），这一观点表明了一种信念，即教育有它内在的价值。但是，价值和乐趣并不是一回事。当然，如果把真理本身当作是一种乐趣和价值的结合，那么一个人便能发现追求真理的本身可以同时是一种乐趣。这样的事并不是没有：中古欧洲的修道院文化，就是认为整个生命的本身是对上帝的渴求和对学习的热爱的结合。[151] 显然，追求知识的活动若看作是知识本身，那么追求知识自然也就变成了可以同时是一种非常有乐趣的活动了，这种快乐是活动本身所固有的。在中国教育史上面，许多有关儿童勤勉、刻苦学习的故事，反映了上面所说的两种不同信念的合一。一旦活动本身便是乐趣，而乐趣的本身是勤勉的、努力上游的学习活动，那么学习本身当然完全可以是一种乐趣了。这样的信念认为学习本身就是一件愉快的事，而且同时也是它的目的。一个学生愈相信这一点，他付出的努

---

[151] Jean Leclercq: *The Love of Learning and the Desire for God; A Study of Monastic Culture*, tr. by Catharine Misrahi (New York: Fordham University Press, 1961).

力就愈多而且也愈自然。[152]

1. 勤奋学生的故事

中国的历史作品中，有许多关于勤奋孩子最后成为显赫官员或为人敬重的学者的故事。很显然，这种故事企图表达出这么一个信息：刻苦学习终将实现世间的目标。但是，许多这类故事并不是在教导小孩子要懂得计算成果，它们大多是在传达这么一个信息：学习本身便是一种价值。确实，几乎所有的孩子们都被教导说不要去计较学习的目的，也不须争辩学习的最终目的是什么。就这一意义说，学习对孩子们的影响可能会相当令人不解，或甚至于是沉闷的：他们从不知道怎样去计算他们投入学习的精力和他们可能获得的回报之间的比例。[153] 换句话说，太多的计算最后导致无力计算。如果不是如此，科举大概也不会继续实行了这么久。过程变成了目的，无怪乎中国的学生对学习本身会那么不认同，因为除了学习本身的内在价值之外，他们实在不懂得去计算其他的价值。

古代此类故事中最著名的人物是战国时期的外交家苏秦（死于公元前 280 年）。《战国策》说，他和张仪（死于公元前 309 年）是同学，在同一位老师门下学习，竞争非常激烈。苏秦为了不让自己晚上学习的时候打瞌睡，就用锥子扎自己的大腿来保持清醒。据说，鲜血常常流到了他的脚踝。[154] 我们很难想象学生们是不是真的会去模仿他。但是，这种自我伤害在后代的作品里却成了一个流行的主题，在中国历

---

[152] 这就像卡尔文教派有关上帝对所有信徒都仁慈的观念一样，这一教条有它的吊诡性：它激发了卡尔文教徒去更努力工作、更有进取心。美国新教主义中的"恩典的誓约"（covenant of grace）教义同样也是这种情况，它是卡尔文教义的扩充。请参看 Perry Miller: *The New England Mind, the Seventeenth Century* (Boston: Beacon, 1961)。又请参看 Max Weber: *The Protestant Ethic and the Spirit of Capitalism, Talcott Parsons* (New York: Charles Scribner's Sons, 1958)。有关这一个问题的详细讨论见本书第七章。

[153] 对利益追求的轻视在孔子的思想中就已很明显了，但孟子使这一思想成为了一个重要的信念。董仲舒的名句，"正其谊而不谋其利；明其道而不计其功"，为后人所常常引用，成为儒家伦理原则最有名的说辞。朱熹还把它写进了著名的《白鹿洞书院揭示》中。有关该揭示的引文和讨论，见本书第六章第一节第七段。

[154]《战国策》中有记载，见诸祖耿：《战国策集注汇考》，3：119。苏秦的故事还被写进了许多著名戏剧中；见庄一拂：《古典戏曲存目汇考》（上海：上海古籍出版社，1982），页 90—91。

史的记载中经常出现。[155]

作者们所称许的另一个主题，是学生必须专心致志地学习，忘记自身的其他责任。据说高凤读书非常专注，以致于忘记了他妻子交代他照料正在院子晾晒的麦子。一阵突如其来的暴风雨打湿了小麦，但高凤却仍然沉浸在书中而没有警觉到下了一场大雨。[156]

其他还有很多为了鼓励刻苦学习而编撰的类似故事。有的是以极为聪明的方式来寻找烛火，以供晚上读书之用。匡衡（前1世纪）是他那个时代最著名的学者，也是地位显赫的丞相，据说他年轻时家境贫寒，为了看书而在墙上凿洞以借邻居家的灯光。[157]类似的故事在以后的文学作品中一再出现。例如，晋朝时期的车胤（4世纪）非常贫苦，买不起蜡烛。为了解决这一问题，他捉了许多萤火虫装在瓶子里，晚上阅读的时候用来照明。又说在寒冷的冬天，他打开窗子来让照在雪地上的阳光反射进来照亮屋间，以便读书。[158]对读者来说，这些故事似乎很奇怪，然而，它们被反复讲述、赞扬，代代相传，不断出现在诗、赋、散文里，更常写入蒙学课本中，甚至编进乡村的戏剧里上演。

类似上述的故事非常多。这充分说明勤奋学习这一主题，在中国中古时代的早期异常突出。

勤奋和蕴含在学习中的乐趣在后世的文学作品中仍不断出现，但它们已经变得很平常，不再令人激动。例如，宋朝历史学家范纯仁（1027—1101），即著名改革家范仲淹的儿子，曾师事同时代的一流学者（胡瑗）。据说他读书非常勤奋，总在

---

[155] 例如：《梁书》，48：678；李昉：《太平御览》（北京：中华书局，1960，重印1935—1936年〔上海〕商务印书馆影宋本），卷611中所记载的类似的故事。

[156] 《后汉书》，83：2769。这个故事被剧作家关汉卿吸收，写进了一出戏剧里，题为《高凤漂麦》。见明人程明善辑：《啸余谱》（上海：上海古籍出版社，1995），"北曲谱"，卷13。这个故事还包括在李瀚的童蒙书《蒙求》中，作：《高凤漂麦》。

[157] 摘自《西京杂记》，该书编在后汉、三国之间。《汉书》，81：3331-3347是匡衡的传记，但没有记载这个故事。这个故事曾是一些诗、散文和至少两部戏剧的主题。关于戏剧，可以参见庄一拂：《古典戏目存目汇考》，页158-159、1052。

[158] 《晋书》，83：2177。由于几篇诗文和至少一部戏剧的流传，这个难以置信的"囊萤读书"故事一直沿袭下来。另一个类似的故事见《南史》，73：1827。

蚊帐里点着烛火看书，以致于把蚊帐都熏黑了。[159] 元朝后期的思想家吴澄（1249—1333），读书也非常勤奋。他的母亲不得不减少给他灯油。[160] 这个故事和沈约（441—513）的故事一样，都说明同一个主题。据说沈约的母亲为了减少灯油开支，要求沈约晚上就只是背诵。[161] 沈约后来在文学和音韵学上取得了非凡的成就。

像这样的故事还有很多，随处可见。因此它们也就愈来愈平常，但也愈让人们相信它们可能真的发生过。早期充满了神话味道的故事，足以吸引着小孩子们，激励他们去模仿匡衡或沈约，到了后来，这一类的故事由于通过蒙学课本或乡村戏剧流传，积时日久，深入人心，它们的影响力和象征意义就更加强烈。于是，人们不觉便只记得这些故事表面上的信息——读书本身就是价值——而不再追问他们的真实可能性。符号（象征）本身变成了事实；这样的故事藉着它持久的吸引力，使得人人相信读书本身就会有那种神话似的乐趣，而人们也就相信读书的目的不在于追求什么实质的利益了。

2. 藏书

在中国，关于书籍的流传和散佚的故事很值得讲述。有些故事十分动人，但有些故事当然令人感到沮丧。如上所说，"书籍"很早就有了，[162] 但中国书籍的故事和中国人对书籍的热爱，则开始于第一位皇帝秦始皇（前221—前210年在位）的"焚书"。为了建立一个中央集权的、法制的政府，秦始皇命令没收全国书籍，全部烧毁。儒家学者的书籍受到的损害恐怕是最大的。只有一些对日常实际生活有用的书籍才能留下来。

秦朝还是一个口述知识的时代，对社会低层的大多数人来说，书籍是不容易得

---

[159]《宋史》，314：10282。参看前注39所引祖莹的故事。
[160]《元史》，171：4011。
[161]《梁书》，13：233。
[162] 见本章注2。

到的，因此"焚书"政策几乎造成了知识的沦亡。至今，中国历史还是认为"焚书"事件代表了始皇帝的狂妄专制、对知识的无知和对读书人的轻视。儒家学者对秦始皇的作法批判特别激烈，反映出儒家对书籍的重视，虽说当时仍然是一个以背诵、口耳相传为学习方式的时代。总之，儒家对秦始皇的激烈批评影响了中国人对儒家经典，乃至于一般书籍的态度。从此，中国的读书人不自觉地把读书和珍爱书籍本身当作是一回事。

■ 唐朝以前的政府藏书

政府的藏书是中国教育传统中一个非常重要的主题。[163]汉朝建立以后，政府开始有系统地收集书籍。汉武帝曾命令建立第一个皇帝的图书馆；据说当他听到书籍散落，礼乐崩坏时，叹息道："朕甚闵焉"。[164]

掌管西汉皇家图书馆的最有名的学者是刘向及其儿子刘歆，他们的名字总是和发现和推广"古文经"联系在一起。他们根据政府的藏书编撰了目录，每条目录写为一条。我们今天因此知道当时的藏书总计约33090卷，[165]这个数据对后世学者非常有用。更值得注意的莫过于政府藏书对学者的重要性。可以想象，唯有位居高层的官员们才能容易地看到这些书，[166]但是不管如何，在藏书上的巨大努力象征着政府上下乃至于一般人对读书的浓厚兴趣。几个著名的汉朝官员，包括淮南王刘安，私底下也都是著名的藏书家。

汉代的图书分类方法最先是由刘向、歆父子开创的，它是一种分类法和学术史

---

[163] 我主要依据以下两本书来写这一部分：陈登原：《古今典籍聚散考》（上海：商务印书馆，1933）；余嘉锡：《目录学发微》（香港：中华书局，1975）。

[164]《汉书》，36：1969。

[165] "卷"这个词的意思在中国目录和文化史上非常困难、复杂，既指书的篇目，也指书的册数。指书的篇目时，它有卷轴的意思。我根据内容和我自己的理解来解释或翻译它。例如，就汉朝藏书来说，它主要指的是单纯的卷轴。魏晋南北朝后期，因为纸张开始盛行，于是卷就渐渐有现代的意义，与一册书通用。有关"卷"的解释的讨论，见叶德辉：《书林清话》（北京：中华书局，1957），页12–13。Arthur F. Wright 在他有关隋朝的文章中也坚持把"卷"翻译为卷轴（scroll），见 Twitchett, ed.: *The Cambridge History of China*, vol. 3, pt. 1. 参见后注177、192。

[166] 见《汉书》，88：3615。

的混合，把书籍分为六类（他们用了"略"这个字），另外加了一个"集略"，用来说明学术发展和源流。这个办法大致为撰著《汉书》的班固所沿用，但是班固就没有再用"集略"这个名词，虽然他替《汉书·艺文志》所写的序，也是一篇脍炙人口的学术史。[167]

到了汉朝末年，政府图书馆的收藏依然是好政府的标志。藏书增长了三倍。这一次的藏书是重新累积起来的，因为王莽篡位以及其后的内乱，已经使早期的藏书毁于战火。虽然这些藏书仍然很可能只是对朝廷中的高官开放，但藏书的象征意义不能低估。蔡邕（133—192）是汉灵帝（168—189年在位）时期一位影响很大的学者，威望崇高。据他自己的记载，我们知道他曾经使用过这些藏书，而这些藏书无疑对他的写作很有帮助。[168] 其他从藏书中受益的人还有《汉书》的作者班固（32—92）、[169]《汉记》（一般称为《东观汉记》，东观是藏书楼所在地）的著名作者刘珍和崔寔（约2世纪）等。[170] 崔寔除了参与历史写作之外，还以他的农业著作而名闻后世。

汉末以迄魏晋，政府藏书活动持续不断。265年晋国统一时，承续魏的藏书，数量达二万余卷。晋武帝泰康元年（281）编的目录，名为《新簿》，分其藏书为四大类，计29945卷。在中国的图书编目史上，这一目录占有重要地位。此后直到进入20世纪前，目录学家们进行图书编目时大部分都采用了这种分为四类的方式，只有偶尔的例外或按类别顺序调整，直至新的图书分类方法介绍进来。[171]

311年（晋怀帝永嘉四年），游牧民族匈奴人洗劫了晋朝首都洛阳，烧毁了晋室的藏书。[172] 这次洗劫造成的损失异常惨重，一些学者把汉朝经学的所谓"家法"的沦丧归因于这一个事变。据说当晋朝迁都建康重建图书馆时，藏书只得

---

[167] 参考《隋书·经籍志》，32：905–906。
[168]《后汉书》，60b：2003。蔡邕作了《补后汉记》的《十意》（就是十志的意思）。
[169]《后汉书》，36：1235。
[170] 见刘珍等：《东观汉记校注》，《前言》。蔡邕也参与这个工作。崔寔的农业著作是《四民月令》。
[171] 这四类是经、史、子、集。见第三章注192。
[172]《隋书》，32：906。

3014 卷。[173]

到 431 年（宋文帝元嘉八年），南朝宋（420—479）的藏书又增加到了 14582 卷。负责对藏书进行编目的，是影响很大的著名诗人谢灵运（385—433）。但他所编的目录（《四部目录》）很早就佚失了。根据流传到唐代的目录看来，南朝宋的皇家藏书在梁亡前有 15704 卷。值得注意的是：佛教的典籍通常被单独开列；也许这是因为佛教书被分开收藏在别处之故。[174]

505 年（天监三年）梁朝统治时，梁武帝（502—549 年在位）以支持文学活动和佛教著称。在他的特别鼓励下，皇家图书馆拥有 23106 卷藏书，放在 2968 个架子上。相同地，佛教书籍别为一类，不当作是目录的一部分。

梁武帝对文学活动的资助在文化发展方面发挥了相当显著的影响力。据说，"四境之内，家有文史"。[175] 尽管梁武帝本人热心于佛教，但他也是儒家的一个强有力的支持者。儒家历史学家普遍认为他及其政府支持了学者的文化事业。一位历史学家曾赞扬在梁武帝统治期间，文化的繁荣和物质的富裕在中国历史上是空前的、独一无二的。[176] 到梁武帝统治结束时，藏书量已达 44526 卷，要放在 8547 个架子上，相当于有 6288 部不同名称的书籍。[177] 毫无疑问，这是魏晋南北朝时期中国南北方图书馆藏书量的高峰。

这一皇家图书馆是令人难忘的。然而，在梁武帝退位之后，它只幸存了短短几年；554 年（承圣 3 年），梁元帝（552—554 在位）命令将它焚毁。事情是这样的：

---

[173] 同上。

[174] 例如，梁朝把正式的书籍放于文德殿，把佛教书籍放于华林园（《隋书》，32：907）。

[175] 同上。

[176]《南史》，7：225–226。

[177] 阮孝绪：《七录序文》，见道宣编：《广弘明集》（扬州：江苏广陵古籍刻印社，1989 重印本），3：7b–20b。读者也许注意到这是第一次提出确实的、成书的数量。可能这时对书籍的登录已开始包括确实的成书的"卷"数。从那时起到后唐，统计数字往往都记录篇目和书的"卷"数。我在开始讨论宋朝时会再讨论这一问题（见注 192）。在记录书籍全部数目时，"卷"专门用来指书的实际数目（现代人多用"册"）。无论如何，唐朝以前的单纯的"卷轴"不再是对"卷"的适当了解。"篇章"（或"回"）这个观念大概现在取代了过去的、不够清楚的"卷"了；从此以后，当书册的总数被特别提出，称之为"册"时，"卷"指的自然是篇章；否则，一般"卷"指的就是一部书或该书装订成的一册。

这位皇帝对首都丧失于北方敌人（西魏）之手非常沮丧，竟命令烧毁所有的书籍，他说："读书万卷，尚有今日！是以焚之。"[178]据说他自己甚至要投身火海，但被侍从们拉了回来。在绝望中，他抽出剑砍断华丽的宫殿中的柱子，大声叫喊道："文武之道，今夜穷矣！"[179]这也许是最有启迪作用的一刻：一位读书人和他的书之间的爱恨激烈地交织。他无望地、极力地要保护他的国家，然而，就在这么一个混乱的时刻，他的长辈师傅和知书的百官臣僚所提倡的读书的乐趣，却显得空虚而令人心寒。但也就是在这样的时刻，让我们看到读书是多么引人入胜；虽大难当前，犹不能忘怀。据说他命令烧毁的书籍有14万余卷之多。[180]

两年之后，梁朝灭亡。在南朝末期，陈朝（557—589）企图重新建立图书馆，但没有成功。因此，在整个漫长的魏晋南北朝时期，以皇家藏书作为良好政府象征的辉煌时代终于告一段落。

北方由于外族的统治，缺乏南方展藏书籍的传统，政府藏书的传统晚到鲜卑拓跋部建立北魏（386—534）的时候才勉强可以说有了开端。但这次的尝试绩效不彰。现在看得到的真正的藏书命令是在6世纪早期才下达，这离北魏帝国由于内战而分裂为两部分之前已经不久。581年，杨坚（541—604）篡夺了北周政权，建号开皇。不久之后的589年，他终于结束了漫长的魏晋南北朝时期。据说他篡位时，北周政府的图书馆拥有的藏书量不少于15000卷。[181]

在征服南朝、结束了漫长的分裂之后，隋朝政府决定重建皇家图书馆，对搜寻遗失的书籍作了系统的努力。但是，根据当时的记载，尽管其用意是好的，隋朝的努力并没有取得特别明显的成绩。藏书的全部数量将近有90000卷。[182]从表面上看来，这一个数目相当令人印象深刻，但是当时人认为这并不是什么辉煌的成绩，特别是因为政府在搜寻遗失的书籍上似乎非常努力，有时甚至采取强制手段没收书籍。

---

[178] 引自陈登原：《古今典籍聚散考》，页171。

[179] 李昉：《太平御览》，619：2781。

[180] 同上。

[181]《隋书》，32：908；其他记载认为这个数字大约是8,000或30,000部。

[182] 同上。

结果，有些人就向政府售卖伪造的古代文献。[183] 一个有趣的故事讲的是一位在图书馆工作的学者，他拿了一本军事参考书给起义军领袖参考，激怒了隋炀帝（604—616年在位）。[184]

■ 唐朝政府的藏书

622年（唐高祖武德五年），唐朝刚建国不久，李渊把藏书从洛阳航运往长安，不意运输船翻覆，原本就贫乏的藏书都给淹没了。只有不超过五分之一的藏书幸免于难。[185] 经过随后对书籍的收集和整理的努力，藏书总算达到了51852卷，相当于3060部书。这还不包括9500卷、相当于两千余部的佛教和道教的书籍。[186] 大多数有关魏晋南北朝各国的正史，以及中国教育史上极为重要的《五经正义》，都是在政府图书馆（秘书省）中编撰的。唐朝皇帝召集了许多学者，让他们在图书馆里从事目录整理和书籍校勘的工作。相信政府这么做也是为了笼络他们。初、盛唐时期，许多著名的学者型官员都曾在馆阁任职，参与编撰的工作。他们一定会震慑于这些藏书，感到文治与武功相辅相成的威严。自然，他们在那里的编撰工作一定也带给他们优厚的报酬。

安史之乱（755—763）给书籍带来另一次的厄运；长安和洛阳都遭受了洗劫，丧失了一半前一世纪的著作。乱平之后，唐朝政府又尽力恢复图书馆的藏书，并发布命令搜寻书籍以供政府派人誊抄。这一努力在文宗（827—840在位）开成（836—840）初年达到了最高点，藏书总数达到了56476卷，[187] 但这时已到了唐朝统治的末期。880年（僖宗广明元年），长安被毁，从此不再是中国的国都。这个事件对努力

---

[183] 这个收集书籍的主意来自一位著名官员牛弘（546—610）。见 Twitchett, ed.: *The Cambridge History of China*, vol. 3, pt. 1, pp. 121, 132。该处对建立皇家图书馆那部分有简短讨论。
[184] 参看《隋书》，76∶1740。这位起义军领袖是杨玄感，他是一位著名官员杨素的儿子，但在613年，起义就被迅速镇压了。
[185]《隋书》，32∶908，或见《新唐书》，57∶1422，后者说全部藏书在航行过程中遗失了，但前者的记载较为可信。
[186]《旧唐书》，46∶1962。
[187] 同上。

收集可观的图书馆藏书来说,是一个致命的打击。[188]

隋朝曾实行搜寻丧失的书籍,鼓励臣民捐献藏书的措施,这成为好政府的另一种象征。唐朝延续了这一做法。五代(906—960)期间,北方的五个朝代也大致要求人民捐献书籍,并允诺给捐书的人入官。但在南方各国,网罗旧籍、系统庋藏的努力更为积极。毕竟,南方,尤其是沿着长江下游的地区,已经成为一个比北方更为富裕、更讲究精致文化的地区。南唐(937—975)以其优雅的文学作品、富裕的生活,以及用精美的优质纸抄写的优秀书籍而著称。又有进者,南方在五代期间,幸免于北方的连年征战,所以像南唐,便有办法发展出浓厚的文化特质,替后来的宋代立下规模。最后一位南唐统治者后主李煜(937—978;961—965在位),是中国史上的著名诗人和古籍书画的鉴赏兼收藏家。975年,宋军攻下了他的国都(南京),他被俘虏,送到宋朝的国都开封关禁。据说,他要求他一位心爱的妃子焚毁他的藏书。博学如李后主者,他当然不会不知道梁元帝的故事。他们神话式的遭遇传递着一种令人慨叹的消息,成了中国爱书人所常常征引的美丽而哀凄的史诗。[189] 两人的国都在江宁,也就是今天的南京。

■ 宋朝和元朝的政府图书馆

在中国皇家藏书史上,宋朝占有独特的地位。毕竟,正是在这个时期,印刷术被广泛运用。对学者来说,私人藏书终于变得实际可行。宋朝以前,藏书是一种特权,只有那些拥有家财,又有权力的人,才能希望从事收藏书籍。[190] 但就是在这个转型期,国家的藏书活动仍然大力进行,而且有了空前的成就。

宋朝政府显然继承了后周(951—960)所拥有约10000卷的藏书。宋朝君主对藏书十分注意,因此藏书数量发展得很快。到仁宗时代,即11世纪中叶,崇文院(神宗时改为秘书省)总量已增加到超过20000卷。1041年(仁宗庆历元年),政府

---

[188] 同上。
[189] 马令:《马氏南唐书》("四部丛刊"),5:8b;6:10a。
[190] 见下面本章第二节第三段(私人藏书和爱书)对私人藏书的讨论。

编撰了一本非常重要的目录。这就是有名的《崇文总目》，共有 66 册（卷）。参与编撰的目录学家有著名的文学家欧阳修和著名的诗人王尧臣（1001—1056）等。[191] 至北宋末年，藏书总数增长到了 6705 部，73877 卷。[192]

在 1126 年金人包围汴京（今开封），宋朝皇家藏书再一次散失。朝廷迁到南方的杭州之后，政府又下令私人捐赠图书，至 1177 年（孝宗淳熙 4 年）收集到了可观的 44486 卷藏书。经过不断努力，到 13 世纪早期（大约宁宗年间），图书馆又另外增加了 14943 卷书籍。最后，宋朝政府的藏书达到了一个空前未有的数量，秘书省计有书 9819 部，119972 卷。[193] 宋朝在书籍的出版、收集、注释、校勘及编目方面，都取得了相当大的进步。宋朝无愧是一个读书人的朝代，更是一个专注于喜爱、欣赏和收集书籍的文化空间。[194]

到蒙古人建立元朝，统治者或政府修建图书馆的兴趣出现了一个戏剧性的衰落，虽说建立图书馆的活动还在继续，但实在是徒有其名而已。不过印刷术的继续发展使藏书变得更为容易，到 1342 年（至正 2 年），元朝政府图书馆（秘书监）收藏有 414 部经部的书，共 4303 卷；[195] 这和宋朝的藏书形成了对比，宋朝的收藏有经部著作 1304 部，13608 卷。[196] 两相对比，元朝政府的不重视经籍马上看得出来。幸运地，元朝的藏书承续的是宋朝和女真族的收藏，而总算相对完整地保留到了明朝。

■ 明朝的图书馆

明朝的开国皇帝朱元璋把元朝的藏书搬到了他的新首都南京，并下令从民间购

---

[191]《宋史》，202：5032。
[192]《宋史》，202：5033。这里分"部"和"卷"，可以清楚的看出宋代人对藏书计算方法继续有了改进。参看上面注 177。
[193]《宋史》，202：5034。有关南宋皇家图书馆的研究见 John H. Winkelman: *The Imperial Library in Southern Sung China, 1127–1279: A Study of the Organization and Operation of the Scholarly Agencies of the Central Government* (Philadelphia: The American Philosophical Society, 1974)。
[194] 见我的"Books and Bookworms in Song China"。
[195] 引自余嘉锡：《目录学发微》，页 118。
[196]《宋史》，202：5079。

买散失的书籍，开始努力藏书。建于南京的皇家图书馆名叫文渊阁，这个名字因其精美的藏书而至今令人怀念。明朝的第三位皇帝明成祖（1403—1424在位）又把藏书搬到了北京，并于1421年（永乐19年）在北京建立了新的首都。听说皇家图书（文渊阁）藏书少得可怜的情况后，他下令增加购买书籍的经费，他说："士庶家稍有余资，尚欲积书，况朝廷乎？"[197]文渊阁的藏书后来继续增加，成了著名的《永乐大典》的底本和编撰的基础。

1644年，由于李自成军队的劫掠所引发的一场大火，明朝文渊阁中的藏书被毁了。这是明朝藏书的最后阶段，此后，清朝政府花了一百多年的时间才最终再次收集到一个可观的藏书量，其藏书目录就是至今仍然为读书人使用的《四库全书总目》。这本书目和提要，是认识中国古籍的非常有用的依据。

在中国历史上，政府藏书已成为一个重要传统，并延续到了19世纪。这也是一个开明政府的象征之一；它还是中国官员们对自己的期许、希望被人家认识的形象。换句话说，中国当官的人，他们的自我形象是一个爱书、读书和知书的人；收藏书籍是他们共同的自我认同。总的来说，政府收藏书籍，正是用来让当官的人知道他们的俸禄的根本和工作的性质。受邀参与政府图书馆的书目编撰工作是一项珍贵的荣誉，许多学者将它视为殊荣。

3. 私人藏书和爱书

庄子曾谈到其聪明的对手惠施有"五车"藏书。虽然庄子可能并不很关心一个人是否需要有如此丰富的藏书，但另一方面，他或许不免羡慕惠施能拥有这么多的个人藏书吧！[198]

---

[197]《明史》，96：2343。
[198] 郭庆藩：《庄子集释》，卷十下，杂篇，《天下第三十三》，页1102。

■ 爱书

在书籍都是靠人手抄写在竹片上的时代，藏书不是一件容易的事。魏晋南北朝时，虽然纸张已经渐渐取代竹片作为书写工具，但当时藏书还是不容易。个别要读书的人固然可以找到书来用，但是这毕竟不是很普及的事。即使魏晋南北朝是贵胄社会，在读书这件事上面，其情形也是如此，书籍仍然很难得到。因此，赞扬读书的文章也就开始出现。也许确实因为很难得到书籍，所以单纯的从物资的观点来看，想读书也真的是相当困难的事。几乎所有的早期著作都拿实际的用处来鼓舞人们读书：许多汉朝和先秦的著作，包括《荀子》、《礼记》、《吕氏春秋》、贾谊（前201—前169）的《新书》、王符（2世纪）的《潜夫论》、桓谭（生于公元前31年）的《新论》等等，当中都有像"劝学"这类的文字，目的是要鼓励人们努力向学。读者会觉得它们往往在鼓吹读书的实际用途，强调治学以辅佐天子、治理天下。也就是说，这些作者重视的是读书的社会效益。读书有其内在价值，没有人不同意这一观点，但是这个价值往往是放在效应这个脉络里来讨论的，例如把个人道德的完美当作是一种价值。从这一意义看，就不难理解嵇康为什么会写那篇著名的《难自然好学论》了。嵇康强调读书只有在自然进行的时候才有乐趣；当读者不在乎回报时，这才谈得上自然地喜欢读书。[199] 他认为，如果所有的读书人都追求回报，那么对学习的热爱可能就是虚假的，也就不自然。嵇康的观点意味深长：他显然反对那种认为即使学习的目的是功利主义的，学习也仍然是令人愉快的主张。对他来说，这种主张是不能接受的。嵇康虽然有时不被承认是一个正统儒家，但他这个主张却是儒者所可以接受的：只有当学习没有外在的目的时，学习的乐趣才有可能。孔子的"学以为己"，就是认为读书本身应该是一种发自内心的快乐所驱使的活动。

书籍变得更容易得到时，学者们也更容易阅读和收藏它们。同时，也就有愈多的人表达他们对读书的热爱。他们把读书看作是一件自然的、令人愉快的经验，他

---

[199] 见本书第三章注111。

们通过写诗来赞美"读书"的幸福。私人藏书也开始兴起。藏书立刻成为人们通过阅读发现乐趣的一种需要和结果。藏书和读书日渐从出于职责而学习的苦恼中脱离出来。

■ 汉朝及魏晋南北朝时期的书籍和爱书的人

真正的私人藏书开始于宋朝，当时的印刷技术使购买和拥有大量书籍成为可能。但是，偶尔也有记载提及宋朝以前就有私人藏书。例如，晋朝早期的一位官员范蔚（生卒年月不详）曾有七千多卷藏书。他的传记中说"远近来读者恒有百余人，蔚为办衣食"。[200] 当然了，如果一位图书馆的拥有者不得不亲自承担为他的拜访者提供住宿和膳食，那他一定会有许多对他心存感激的读者。

束晳（261—300）是一位著名的诗人，他留给后代的一首早期诗作赞美读书的乐趣的："耽道先生，澹泊闲居"。他所做的一切是"藻练精神，呼吸清虚，抗志云表，戢形陋庐，垂帷帐以隐几，被纨扇而读书"。[201] 上面提到梁元帝身受皇家图书馆藏书的折磨。他曾在写给学生的一封信的结尾这么说道："良有以夫，可久可大，莫过乎学。求之于己，道在则尊。"[202]

最著名的唐代藏书家无疑是李泌（722—789），他的丰富藏书由于韩愈的一首诗而闻名：

> 邺侯家多书，插架三万轴。一一悬牙签，新若手未触。[203]

唐朝诗人写了许多有关读书乐趣的诗：在孤独时，在与世隔绝的山林胜地，在

---

[200]《晋书》，91：2347。
[201] 束晳：《读书赋》，收录于严可均校辑：《全上古三代秦汉三国六朝文》，"全晋文"，87：1b（总页1962）。这篇文章保存在欧阳询：《艺文类聚》，卷55。
[202] 梁元帝：《与学生书》，收录于严可均校辑：《全上古三代秦汉三国六朝文》，《全梁文》，17：1a（总页3047）。
[203] 韩愈：《韩愈全集校注》，屈守元、常思春校辑（成都：四川大学出版社，1996），2：941–943。关于李泌生活的细节见我的《精舍与书院》，页319–320。

寂静的佛教寺院,在"书屋"(或书堂、书院),在一群朋友或贤士或书痴中。这类诗作是如此之多,以致于没有一个人想到去系统地研究它们,或严肃地把它们当作一种文学的流派来对待。

为个人读书的书斋或书房起名字的风气,很可能也始于唐朝。[204]一些书房称为"精舍"。这样的用法可以追溯到汉朝经学学者的习惯。这个名称后来为佛教寺院承续使用,指有学问的佛教高僧的住房。[205]从历代典籍的用法看来,从唐代开始,私人渐渐使用类如"经舍"或"书院"的名字,用来指私人藏书和读书的地方。精舍或书院显然是对读者开放的。读者能够使用里面的藏书来学习。韦应物(737—792或793)在他的一首诗中,提到了一所他建立的精舍:

斋舍无余物,陶器与单衾。诸生时列坐,共爱风满林。[206]

到唐朝末年,中央大权旁落,各地藩镇独立,官学也跟着衰落。学者只能自修,在与世隔绝的山林胜地、寺院或宫观读书。这样的风气很快传开,成为一种习俗,我认为这就是书院的前身。寺院常常将藏书提供给读者学习,甚至为他们提供生活津贴或资助他们住宿和膳食。[207]很显然,寺院或宫观中的藏书楼一定也收藏有儒家的著作。

因此,读书和教育合而为一。读书的乐趣和学习的乐趣变成一致。江州(今江西九江)有名的陈氏家族是一个典型的著名例子。陈家作为一个完整的大家族,形成于9世纪,到了巅峰时,有超过10000名的成员。最重要的是他们所盖的陈氏书

---

[204] 有关例子见我的《精舍与书院》。
[205] 对精舍一词的讨论,请看本书第二章第一节第五段(注44)。
[206] 彭定求等编:《全唐诗》,王全等点校(北京:中华书局,1960),187:1912。
[207] 具体例子见严耕望:《唐人习业山林寺院之风尚》,页371–372、373、384、392、402。这里有必要指出,严先生把佛教的"义学"错当成了有慈善性质的"义学"。这个错误已被高明士和Erik Zurcher指出。

楼。[208] 据说"江南名士皆肄业于其家",这或许有些夸张,但毕竟反映了它在当时的重要性。[209] 此外,在同一区域内,还有其他几所族学,胡氏家族建立于豫章(今江西奉新)的华林书院就是一个非常著名的例子。这个家族也建立了一所学校。这所学校存续了几代之久。尽管胡氏家族并没有像陈氏家族一样拥有数以万计的家族成员,但也出了一些著名的官员。华林书院族人流传了种种有关它们这一族在宋初兴盛时的各种诗、文。通过这些庆祝这个家族的繁荣及声望的文字,我们可以看出族人兴学和聚书的情形。一首由王伦写于11世纪的诗这么说:

华林幽胜地,胡氏旧门间。四远来名士,一家常义居。素风殊不坠,儒业未曾虚。何日偕寻访,琴棋万卷书。[210]

华林所在的地方,景色秀丽,族人收罗的藏书又是那么令人歆羡,无怪乎这位作者要念念不忘了。

所以,到10世纪时,私人或家族的藏书已经成了教育事业的一部分。也正是在这个时代,印刷技术的普及使书籍更容易得到。教育的两方面:学校的教学和对书籍的爱好,便这么统一起来了。

■ 真正私人藏书的开始

宋朝时候,藏书对学者来说更为容易了。我们记载有许多私人图书馆及其拥有者的名字。印刷术的发展使书籍印刷的成本更为低廉;宋朝的学术具有了广博的特征,使学者们得以涉猎更广泛的书籍。宋朝还产生了第一批靠自己奋斗出身的优秀目录学家。最重要的是,关于怎样读书的严肃讨论,在宋朝第一次出现。

---

[208] 关于书楼的历史,见我的 "Politics, Examinations and Chinese Society, 1000–1500: Reflections on the Rise of the Local Elite and the Civil Society in Late Imperial China",或见许怀林:《江州"义门"与陈氏家法》,收录于邓广铭、漆侠等主编:《宋史研究论文集》(石家庄:河北教育出版社,1989),页387–400。
[209] 释文莹:《湘山野录》(北京:中华书局,1984),卷上,页16。
[210] 引自徐冰云等:《奉新古代书院》(奉新:奉新县教育局,1985),第1部分,页8。

借书成为更确定的社会风俗。这是非常重要的，因为贫穷的学者或学生能从藏书者的慷慨中受益。宋敏求（1019—1079）是一位著名例子。他出身官宦之家，而本人又钟情于古籍和古董，名闻于世。据说他拥有三万多卷藏书，"士大夫喜读书者，多居其侧，以便于借置故也。当时春明宅子，比他处僦直常高一倍"。[211] 关于宋代人借书和还书的故事还有许多，不能在这里细述。[212]

一旦书籍变得容易得到，一旦人们对书籍的喜爱几乎成为一种热情，自然会有人要问这种对书的钟爱是不是读书的真正目的了。朱熹便曾担心学生们因为书籍太容易得到而会变得懒惰。[213] 但是，大多数人仍很珍惜他们热爱书籍的那一刻。这不禁让人想起中国历史上最重要的女诗人李清照（约1084—1155）曾写过的一篇著名的跋，这篇跋回忆了她结婚以后专注收藏古董和书籍的生活，非常赞赏一个人对书籍所可能有的那种热情：

> 余建中辛巳，始归赵氏。……侯年二十一，在太学作学生。赵、李族寒，素贫俭。每朔望谒告，出，质衣，取半千钱，步入相国寺，市碑文果实。归，相对展玩咀嚼，自谓葛天氏之民也。……
>
> 连守两郡，竭其俸入，以事铅椠。每获一书，即同共勘校，整集签题。……指摘疵病，夜尽一烛为率。故能纸札精致，字画完整，冠诸收书家。
>
> 余性偶强记，每饭罢，坐归来堂，烹茶，指堆积书史，言某事在某书、某卷、第几叶、第几行，以中否角胜负，为饮茶先后。中即举杯大笑，至茶倾覆怀中，反不得饮而起，甘心老是乡矣。故虽处忧患困穷，而志不屈。……
>
> 至靖康丙午岁，侯守淄川，闻金寇犯京师，四顾茫然，盈箱溢箧，且恋恋，且怅怅，知其必不为己物矣。建炎丁未春三月，奔太夫人丧南来。既长物不能尽载，乃先去书之重大印本者，又去画之多幅者……后又去书之监本者……凡

---

[211] 朱弁：《曲洧旧闻》（上海：古书流通处，1921，重印"知不足斋丛书"本），4：10a。
[212] 潘明燊：《宋代私家藏书考》，《华国》，第6期（1971），页1–62。
[213] Daniel K. Gardner: "Transmitting the Way: Chu Hsi and His Program of Learning," *HJAS*, vol. 49, no. 1 (1989), pp. 141–72. Susan Cherniack: "Book Culture and Textual Transmission in Sung China," *HJAS*, vol. 54, no. 1 (1994), pp. 5–125。Cherniack 还指出朱熹和王勃（1197—1274）对宋朝传统的藏书态度都持批判意见。

屡减去，尚载书十五车……又渡江，至建康。青州故第，尚锁书册什物，用屋十余间，期明年春再具舟载之。十二月，金人陷青州，凡所谓十余屋者，已皆为煨烬矣。……

（建炎己酉）夏五月，至池阳。被旨知湖州，……独赴召。六月十三日，始负担，舍舟坐岸上，葛衣岸巾，精神如虎，目光烂烂射人，望舟中告别。余意甚恶，呼曰："如传闻城中缓急奈何。"戟手遥应曰："从众。必不得已，先弃辎重，次衣被，次书册卷轴，次古器，独所谓宗器者，可自负抱，与身俱存亡，勿忘之。"遂驰马去。……时犹有书二万卷，金石刻二千卷，器皿、茵褥，可待百客，他长物称是。余又大病，仅存喘息。事势日迫。念侯有妹婿，任兵部侍郎，从卫在洪州，……往投之。冬十二月，金寇陷洪州，遂尽委弃。所谓连舻渡江之书，又散为云烟矣。……

惟有书画砚墨，可五七簏，更不忍置他所。常在卧榻下，手自开阖。在会稽，卜居土民钟氏舍。忽一夕，穴壁负五簏去。余悲恸不已……所有一二残零不成部帙书册三数种，平平书帙，犹复爱惜如护头目，何愚也耶。[214]

读书文化最终成熟了。陆游的一首诗描述了做一个书呆子的乐趣，表明了在他心目中，读书的目的和读书本身根本就是一回事："我生学语即耽书，万卷纵横眼欲枯。莫道终身作鱼蠹，尔来书外有工夫。"[215]

■ 兼为书痴和赞助人的私人收藏家

到了元代，私人藏书和爱书的情况仍然绵延不已。前此，北方在金朝的统治之下，汉人学者继续着这个传统。据说著名的金国知识分子元好问便是一位伟大的收

---

[214] 王学初：《李清照集校注》（北京：人民文学出版社，1979），页 176–182。这篇文章是李清照为《金石录》写的后序，《金石录》由她和她的丈夫（赵明诚）共同写作。《金石录》及其后序都存世，但是后序流传有很多不同的版本。哈佛大学的欧文（Stephen Owen）教授在其 Remembrances: The Experience of the Past in Classical Chinese Literature (Cambridge, Mass.: Harvard University Press, 1986) 一书中也翻译了这篇后序（pp. 80–98）。他所根据的版本与我这里的略微不同。我在本书英文原版中的翻译参考了他的译文。但要注意的是，在我的翻译中，我用"我们"比用"他"多，因为我认为当时还是一个较为开放的社会，妇女仍然可以在公众场所出现，和她们的丈夫一起去逛庙会市场，或者到河边与她们的丈夫告别。与李清照同时画成的《清明上河图》，上面也有很多妇人，只是我不像耶鲁大学的 Valarie Hansen 教授一样，认为他看到其中有的是妓女。

[215] 陆游：《解嘲》，载《剑南诗稿》，收于《陆放翁全集》，68 : 954。

藏家。《金史》中他的传记这么记载说，他写的有关书籍的目录和笔记有一百多万字之多。[216] 金亡，他被蒙古人囚禁了两年。后来他回忆他的家庭收藏时说：

> 住在乡里，常侍诸父及两兄燕谈，每及家所有书，则必枚举而问之。如曰某书买于某处，所传之何人，藏之者几何年，则欣然志之。今虽散亡，其缀缉装褙签题印识，犹梦寐见之。[217]

元朝的藏书家与宋朝和金朝的相似者一样，基本上都是学者。他们对书籍有着一种清澈无染、近乎天真的热爱。他们真是纯粹的为读书的乐趣而读书。确实，陆游的"耽"和李清照的"傻"都反映出那种但愿书我化而为一的境界。在他们的心中，知识和书籍几乎是统一的。既然出版已确定成为一种职业，书籍容易得到，那这种发展就很自然了。但到了明朝，这个情况又有了改变。

明朝是通俗写作文化开始的时代。书籍不再是少数受过教育的人的专利品，而且由于大众出版物增多，印刷错误的低质量书籍也非常普遍，招到后代人的讥笑和批评。传统的中国学者往往嘲笑明朝人"不读书"。[218] 但在17世纪，虽说明朝已度过了它的兴盛期，开始衰落，但也就在这个时候，明代的印刷业和私人藏书终于趋于成熟，展现了它们的特色。

书籍的收藏最初常见于中世纪的贵族中，但到明朝中期，藏书的风气已经彻底地延伸到了受过教育的平民之中。许多诗人都写诗赞美在自己的书斋中读书的乐趣。著名画家文徵明（1470—1559）在一首诗中描绘了与他同时代的另一位著名画家唐寅（1470—1523）的书房："君家在皋桥，喧闹井市区。何以掩市声？充楼古今书。

---

[216]《金史》，126：2743。
[217] 元好问：《遗山集》（"四库全书"），39：24a。
[218] 明朝思想界普遍地采取了批判宋代程朱理学的知识主义（intellectualism）。这和明代人的"不读书"也许有一点关系吧。而不必与出版物的质量下滑联系在一起。请参看有关明朝出版业的新著：Timothy Brooks 论出版业的文章在 Frederick W. Mote and Denis C. Twitchett, eds: *The Cambridge History of China, vol. 8: The Ming Dynasty, 1368–1644*, pt. 2 (Cambridge and New York: Cambridge University Press, 1998), pp. 579–707; Robert Hegel: *Reading Illustrative Fiction in Late Imperial China* (Stanford: Stanford University Press, 1998)。

左陈四五册，右倾三两壶。"[219] 王世贞（1526—1590）是复兴古文写作风格运动中的一位重要人物，也是一位高官。据说他曾无可救药地沉溺于收藏书籍。他来自一个显赫的官宦家庭，当然买得起各种书籍。他的收藏包括一个藏有三万多卷书的私人图书馆，及一座收藏佛教和道教书籍的单独另外设置的书楼。据说他的藏书非常精美，肯定给人非常深刻的印象。

王世贞的好朋友胡应麟（1551—1602）也是一位藏书家，以考据文献而名于世。他的藏书主要来自一位虞参政。据说，虞参政溺爱书籍，竟把藏书楼盖在一个湖的中央，晚上人要离开时，就把小舟锁起来，并立牌子说："楼不延客，书不借人"。[220] 可见他的藏书怪癖，也可见他的自私。后来胡应麟用了一个计谋，很便宜地把虞参政的书全部从他的儿子那里买去了。

17世纪时，个人藏书的风尚达到高峰。当时江南的财富空前繁荣，成为文化和商业活动的主要中心。收藏家盖了许多宏伟的书楼，使这个地区成为一个极为重要的学术中心。社会领袖就在这里缔造了一个有着辉煌成就的社会。文人画、美丽的庭园和精美的木刻印刷及插图的书籍，代表了这个社会的重要成就。当时最有名的藏书建筑是宁波（今浙江宁波）的天一阁。这个藏书楼的历史最早可以追溯到11世纪的宋代，当时明州（今宁波，宋时称为明州）显赫的丰氏家族开始收藏书籍。这个家族建立了一座藏有万卷书的书楼（万卷楼），而且该家族的藏书延续了三个多世纪。到16世纪中叶，这一批藏书被范钦接管。[221] 范钦建立藏书楼，称之为天一阁。天一阁的藏书除了继承前数百年的旧藏之外，还陆续添置新书。范氏家族又肯花钱请学者编辑和整理这些藏书，因此编了一部不寻常的藏书的编目，形成了校勘的传统，为一时学者所称美。天一阁的努力，奠立了近代中国学者生活和学术历史的一个非常重要的传统。在某种意义上，"养士"（第二章第三节第三段）这一概念需要

---

219 周道振辑校：《文徵明集》（上海：上海古籍出版社，1987），1：4，《饮子畏小楼》。参看"与读书有关的诗与歌"：http://zhidao.baidu.com/question/62786877.html。
220 谢肇淛（在杭）：《五杂俎》（上海：上海书店，2001），13：265。
221 关于这座藏书楼的历史见陈登原：《天一阁藏书考》（南京：金陵大学中国文化研究所，1932）。这本书到现在仍然是最好的参考书。

从一个新的向度来看；到了明代，私人藏书家已经有力量雇用学者从事编目或校勘的研究工作。许多学者一旦科举考试不顺，就选择不再继续参加科举，转而依靠富裕的藏书家的资助，在藏书楼里以学术工作来度过自己的一生。十分明显，这个发展带有重要的教育意义。即使我们承认科举考试的目的和私人对教育资助的目的两者并不相同，而科举又才是真正影响教育方向的重要制度，毕竟在明代时，私人藏书通过对学者的赞助，第一次替教育的发展提供了另一种新的可能。这种说法在书院藏书这件事上也可以清楚的看出来。虽然明朝理学的思想和发展，使刚刚有机会萌芽的私人学术夭折，但书院中的私人藏书活动仍然充分证明了藏书对教育发展所可以产生的重大影响。

传统中国有关藏书的最后一章，或许应该是属于这么一个故事：欧洲书籍的大量传入澳门，然后分散到中国内地。17世纪中叶，西洋教士运来了大约七千多本书到澳门，收藏在有名的大三巴（San Paul）座堂（今称为牌坊）。它不仅对欧洲传教士开放，而且也对中国信徒开放。名画家吴历（1632—1718）就曾在这里停留学习，后来并接受天主教的信仰。可惜今天这些书都已经散失了。[222]

书籍已经成为一种必需品，而藏书也渐渐变成了一种社会欢迎的活动。在富庶的江南，藏书家常常是商人，乐意资助学者。但他们未必对学术有真正的爱好，往往只是出于好奇或投资的眼光，把他们的藏书作为财富的标志。[223]说读书是一种乐趣已不再完全可能，因为书籍已经是一种商品。但是，即使是在这个重商的时代，书籍仍然吸引着学者们继续去买它、读它、校对它、收藏它。

---

[222] 当时部分书已经运到北京，猜想有名的《北堂书目》应该能透露一些消息。当时金尼阁（Nicolas Trigault, 1577—1628）和杨庭筠（1562-1627）找了一批人要把它们翻成中文，但是没有成功。方豪有文章讨论这7,000本书：《北堂图书馆藏书志》，收录于氏著：《方豪六十自定稿》（台北：自印，1969），页1833-1847，特别是页1842-1846。《北堂书目》现已公开发行，但这些西书的去处，已无从查考起。

[223] 炫耀自己的藏书，并和其他收藏者展开竞争，已变得很普遍。有关例子见陈登原：《古今典籍聚散考》，页314-316。

■ 书院中的藏书楼

我们现在正处于这样一个时代,所有的学校都有图书馆,而这是印刷术普遍使用的结果。宋朝的大多数地方学校都有图书馆。事实上,书院这一名称最早出现于8世纪,指的是宫中的藏书楼。照字面意义来看,这个术语本身也指的是书屋或书房。这并不让人奇怪,最早的书院正是用来藏书的地方。

在第9和第10世纪,到与世隔绝的僻静山林自修读书的风尚开始出现,可能部分原因是便于接近佛寺和道观。许多佛寺和道观都收藏有书籍,而且对读者开放。[224] 唐朝的许多书院确实只是私人学习的地方,改为学校是后来的事。[225] 但即使如此,藏书楼兼作为学校的这种事可以追溯到9世纪。江州著名的陈氏家族所拥有的书楼是最有名的例子,这我们在上面已提到了。一篇10世纪中期的文章曾说这座书楼有几千册藏书。[226] 这个资料正确与否是一个问题,但不容怀疑的,是陈氏在当时一定曾收藏有图书。根据目前可以看到最早的陈氏家族的家规——据说这个家规编撰于公元890年(唐末),其中有一条规定是关于藏书楼的:

> 立书堂一所于东佳庄,弟侄子孙有志性、聪敏者令修学。稍有学成应举者。见置书籍外,须令添置。于书生中立一人掌书籍;出入须令照管,不得失去。应宾客寄止修业者,并延待于彼。[227]

同时代的华林书院也有藏书的活动。事实上,华林书院甚至于比陈氏书院还更有名。这个书院由洪州(也称豫章,今江西奉新)的胡氏建立。我们在前面曾简短地提到过这个家族学校和藏书楼,说它比陈氏家族的"书楼"更为人所称道。宋初,

---

[224] 严耕望:《唐人习业山林寺院之风尚》。或见我的《绛帐遗风——私人讲学的传统》。
[225] 见我的《精舍与书院》。
[226] 徐锴:《陈氏书堂记》,收录于董诰等编:《全唐文》(北京:中华书局,1983,重印1814年本),888:3a—4a,引自我的《精舍与书院》,页324。徐锴的这篇文章写于969年,当时宋朝已经建立了。
[227] 引自阮志高:《江州陈氏东佳书堂研究》(南昌:江西教育学院,1989),页2。这套家规无疑是后人追溯、假造的。但是,根据徐锴的说法,确实是有过一个藏书楼。参见本书第五章第二节第三段(注170)。

这所学校有一间藏书 5000 卷的书院，[228] 不但允许族中成员阅读，而且还向族外的学生开放。

我们可以说，从宋代开始，书院已经不仅是一所学校，而且也通常建有图书馆。就此点言之，范仲淹有一篇评论文章很值得注意：他谈到的是 10 世纪中叶窦禹钧所建立的一所私人书院：

> 于宅南构一书院四十间，聚书数千卷，礼文行之儒，延置师席。凡四方孤寒之士，贫无供需者，公咸为出之，无问识不识。有志于学者，听其自至。[229]

可见社会大众对书院藏书的期许，而书院建有藏书楼，藏书借人阅读，也已经是一般人所期待的了。

应天府书院曾得到了 11 世纪宋代的教育改革家范仲淹的支持，成为宋朝著名的四大书院之一，拥有相当可观的藏书，总计达几千册或卷。[230] 这还是在 11 世纪早期的事。到 13 世纪后期，著名的理学家魏了翁（1178—1237）在鹤山（今四川邛崃）建立了一所颇负盛名的书院，收藏有 100000 册书籍。[231] 对一所书院来说，这是一个非常不寻常的成就，先前我们曾将它与国家藏书规模作了一个有趣的比较。令人瞩目的四川学术成就得到了很好证明，既然这是建立书院本人所提供的数字，那么就没有理由不相信它了。

宋朝书院中的书籍当然主要是传统的经、史、子、集作品。佛教和道教的著作（更不用说《老子》和《庄子》）在书院的藏书楼中也经常能发现。岳麓书院（今湖南长沙）就是一个例子。岳麓书院于开宝 9 年（976 年）由政府批准正式开设，但

---

[228] 徐铉的文章见曾枣庄、刘琳主编：《全宋文》，第 1 册，页 421-422。稍晚时候的王禹偁（在 995 年）曾说，这一个藏书有 10,000 卷，见《全宋文》，第 4 册，页 416-417。

[229] 曾枣庄、刘琳主编：《全宋文》，第 10 册，页 8。虽然这个故事太美好了，让人难以相信，但在当时借书的思想是非常普遍的。见注 204 有关宋敏求的讨论。

[230] 《宋史》，457：13419。王应麟在其《玉海》中说这一藏书有 1,500 册或卷。既然王的著作早于《宋史》，那很可能王的说法更可信。《宋史》的说法则与马端临：《文献通考》，46：431 的记载相同。

[231] 魏了翁：《鹤山集》（"四库全书"），41：10。

它以前是一座佛教寺庙，9世纪时由两位僧人建立。当时盛行于山林寺观读书，这两位佛教的僧人就是为了为自学的学生提供读书的场所，其目的至为明确。[232]因此书院收藏佛教的典籍完全不足为奇。当然，许多著名学者的手稿也可以在藏书中发现；朱熹曾将44卷的《汉书》抄本送给了白鹿洞书院，这手抄本是朱熹替他原来的拥有者写传的酬劳。[233]另一位道学家吕祖谦（1137—1181）也留下了许多手稿，其中包括《近思录》，他将这本书的手稿捐给了他所建立的丽泽书院。[234]

在朱熹的理学思想里，读书占有重要的位置，也因此重视藏书。但是陆九渊就比较不同。从他的思想来看，相对不重视读书，也因此不提倡藏书。但是，他所建立的象山书院最终还是整修成为一所好的藏书楼。正是受彭兴宗的邀请，陆九渊才来应天山的（后来陆九渊将应天山更名为象山），而据说彭兴宗在陆九渊死后曾去过福建的福州收购书籍。福州当时是主要的出版业中心。彭兴宗趁此机会拜访了朱熹，朱熹当时就居住在附近的建阳。朱熹问彭兴宗来拜访的原因，彭兴宗回答说，他正出差来买书籍，因为象山书院的藏书太少了。朱熹对彭兴宗所说的话十分富有教育意味："紧要书亦不须几卷，某向来爱如此，其后思聚者必散，何必役于物。"他们两人之间的谈话反映出了在获取书籍和知识方面，朱熹和彭兴宗的老师陆象山并不是真的南辕北辙：朱熹从未完全沉溺于书籍，而陆象山也不是绝对怀疑读书学习和质询的重要性。[235]

在外族征服者所建立的王朝里，拥有大量藏书而比较著名的书院之一，是建于元朝首都的太极书院，掌管这所院的赵复（约1206—1299）说书院有8000余册

---

[232] 关于这所书院的历史见杨慎初等著：《岳麓书院史略》（长沙：岳麓书社，1986）。有关它是由僧人建立的情况，见页6—7。
[233] 朱熹：《跋白鹿洞收藏汉书》，见李梦阳：《白鹿洞书院新志》，收录于白鹿洞书院古志整理委员会整理：《白鹿洞书院古志五种》（北京：中华书局，1995）5：69。这个附录见郭齐、尹波点校：《朱熹集》，81：4201。
[234] 楼钥：《攻媿集》（"四库全书"），55：9ab。
[235] 黄宗羲著，全祖望补修：《宋元学案》，77：2574–2575。杨简（1141—1226）非常严格地遵守着陆九渊的教诲，但他于1230年也建立了一座楼阁，用来收藏陆象山的保存下来的书籍。这座楼阁最后成为了一所在他主持下的书院。袁燮（1144—1224）在南昌建了一所书院，也积极收藏书籍。引自陈谷嘉、邓洪波主编：《中国书院制度研究》（杭州：浙江教育出版社，1997），页138。

藏书。[236] 这所书院因在北方传播朱熹理学思想而闻名。[237]

以丰富藏书而闻名的另一所书院是鄄城（今山东鄄城）的历山书院，由一位名叫千奴的蒙古官员建立。这所书院的兴建说明了建书院不只是为了教授儒家学说，更是为了其他的目的。这位官员"聚书万卷，延名师教其乡里子弟，出私田百亩以给养之"。[238] 根据早期的数据源，这所书院专门研究医药书籍。[239] 由一个蒙古宦官建于成都的草堂书院很可能是为了纪念伟大的唐代诗人杜甫（712—770），据说这所书院曾派人四处去购买书籍。书院的全部藏书超过了 270000 卷。[240] 这两座特别令人印象深刻的藏书楼，说明了蒙古征服者在拨款和发扬汉文化的教育思想十分开明。

元朝书院最重要的发展是书籍流通的系统化。元朝以前，藏书楼完全依据拥有者的意愿来决定是否出借书籍。到了元朝，一些藏书楼已经建立起了一套系统的方式向所有读者出借书籍。这项发展意义重大，它无疑是书院对中国教育的最重要的贡献之一。我在前面曾提到佛寺和道观借书给读者作学习之用，但是我们并不知道这些书是如何流通的。宋代时书籍外借已经普遍。但是更重要的发展则是在元朝；当时书籍的流通显然十分流行。书院习惯于以开放的方式借书给附近的居民：

> 冯梦周士可买书千卷，构堂蓄之，以待里之不能有书者。为之约曰，凡假者恣所取，记其名，若书目读觉则归而销其籍。损者不责偿，不归者遂与之，以激其后，缺者随补之。[241]

---

[236]《元史》，189：4314。

[237] Wing-tsit Chan: "Chu Hsi and Yüan Neo-Confucianism," in Hok-lam Chan and de Bary, eds.: *Yüan Thought*, pp. 197–231，特别是 pp. 198–201。

[238]《元史》，134：3259。

[239] 这是可以找到非常少的有关这种教导医学的书院的实例。陈元朋：《两宋的医事制度及其社会功能》，《史原》，第 20 期（1997），页 263–316，文中提及宋代《妇人大全良方》一书的作者陈自明（约 1190—1270）是："建康府明道书院医谕"，显示宋代时书院已经有专门的医学教师。

[240] 陈谷嘉、邓洪波主编：《中国书院制度研究》，页 140；或见陈谷嘉、邓洪波主编：《中国书院史资料》，上册，页 465。

[241] 许有壬：《至正集》（"四库全书"），38：7b–8a。

尽管这一记载太理想了，让人难以相信，但它却表现了一所私人书院对自己的藏书所持的开放的流通政策。这也是一项重要的发展。对于对外借书的藏书楼来说，接下来的行动当然就是整理书籍的目录和列表。元朝的学者给我们留下了历史上第一份书院藏书的部分目录。[242]

明朝期间，书院的藏书楼不再以它的藏书数量取胜。但是，在藏书楼的建筑风格上则有了变化。很多书院把藏书楼建在学校的中轴在线，甚至于在学校的正中心。这个趋势是以前所没有的。明代的思想风尚并不以书籍的知识为其特色，但是书院却把藏书楼放在中轴的位置。[243]明代书院已经相当的官学化，因此都制定有正规的清单。一份大约在武宗正德6年（1511）编纂的白鹿洞书院的目录包括了83部书。这所书院还拥有最早的12部书的2052片木刻印版。[244]到嘉靖33年（1554），白鹿洞的藏书已经上升到了175部（计1441卷）。[245]藏书楼系统和藏书目录已经发展成熟了。

读书和爱书是学习的本质所在。我们不仅仅是为了知识而读书；我们读书也是为了愉悦，为了拓展我们的世界观——精神的和智力的，这说明了书籍所具有的巨大吸引力。陆游曾说过他很愿意成为一个书呆子，在他人生的后60年里他都在反复说这句话。很显然，陆游读书并不是完全为了拓展自己的知识，也不是单纯要培养自己的德性。他读书，是为了沉浸于和同时代人及古代人进行静谧的、精神层面的

---

[242] 陈谷嘉、邓洪波主编：《中国书院制度研究》，页143；或见陈谷嘉、邓洪波主编：《中国书院史资料》，上册，页450–455。要注意的是，这些书中所提到的目录是书院印刷和出版的书籍的目录，而不是书院的全部藏书，据说书院的全部藏书有二十多万部。书院出版的书籍总计122种。如果把这一现象和英国十七世纪的"不信奉国教的书院"（dissenting academies）的情况拿来相比，应当十分有趣，显示英国落后的情形。英国十七世纪的这种书院的部分藏书目录现在还可以看得到。如 Irene Parker: Dissenting Academies in England: *Their Rise and Progress and Their Place among the Educational Systems of the Country* (Cambridge: Cambridge University Press, 1914)。

[243] 陈谷嘉、邓洪波主编：《中国书院制度研究》，页147，列举了几个例子。湛若水在一篇为庆祝一所新藏书楼落成典礼而作的序言中曾这样说道："开聪明，扩良知，非六经能外益，聪明良知也，我自有之，彼但能开之、扩之而已也。"见湛若水：《甘泉文集》（1580年本），18: 52a。

[244] 李梦阳：《白鹿洞书院新志》，8：143–145。

[245] 郑廷鹄：《白鹿洞志》，收于白鹿洞书院古志整理委员会整理：《白鹿洞书院古志五种》。关于这一条内容，见卷16，页427–432。

交流的乐趣中。[246] 这对他来说，才是真的学习乐趣。

在整个传统中国历史时期，明朝较为突出，因为这一时期把读书和学习的乐趣看作是内在而自然的。这一现象源于这样一种认识，即人具有良能，能知道知识的内在的价值，能带给人极大的乐趣。这样的见解是明朝晚期的思想家们最善于诠释的论述。不，或许应该这么说：晚明的思潮最能让人们自然地、不假思索地说：读书本身就是一种乐趣，不须为道德或知识而烦恼。

---

[246] 据说美国第一位高等法院的最高法官马歇尔（John Marshall, 1755—1835）在临死前几天曾要求给他拿一部柏拉图的《理想国》。当问他为什么还想读这部书的时候，他回答说他想拓展自己的知识。

第三节 结论：自得、自由和自任

关于中国人个性的一个普遍观点是：中国人谦虚谨慎，非常具有可塑性，遵守道德的准则和权威。[247] 虽然这个观点基本上是正确的，但这并不意味着中国人在追求完整的生命，尤其是道德的完美方面，不会欣赏以自我为中心的想法。学者们应该对中国文化的"自我"或"个人"观念进行研究，他们将得到明显和令人兴奋的结果。[248] 这里我不能深入讨论这个题目，但是想提出一两个值得注意的看法，来支持本章所提出的关于"自我"的讨论，即把"自我"看作是一个从行动和学习实践中发现乐趣的动因。

三种主要决定了中国人对"自我"这个课题的思想分别是：自我是天、地、人相互作用的三者的其中一环；自我是"个人人格和道德"与"社会政治准则"之间的和谐；在不道德社会中，作为"道德"的个人的自我。

关于第一点，天、地、人三者相互作用、影响，这一思想早在《易经》中的《说

---

[247] 李亦园、杨国枢：《中国人的性格》（台北：桂冠图书，1988）是一个著名的研究。或见 Michael Bond, ed.: *The Psychology of the Chinese People* (Hong Kong: Oxford University Press, 1986)；林宗义：《文化与行为：古今华人的正常与不正常行为》（香港：中文大学出版社，1990）。

[248] 关于理学上"个人"观念的重要研究见 Wm. Theodore de Bary: *Learning for One's Self*。

卦》已经出现：

> 昔者，圣人之作《易》也，将以顺性命之理，是以立天之道，曰阴与阳；立地之道，曰刚与柔；立人之道，曰仁与义。兼三才而两之。[249]

像这样的具有权威的说法，其重要性就在于，它授予了作为个体和作为群体存在的人类一个非常重要的职责。很显然，人类只是三个组成因素中的一个，这三个因素能促使宇宙运行，而这时的宇宙是人类的先驱和统治人类的原理或思想的源泉。我们很清楚这一责任是巨大的、广大无边的，根本就没有空间允许个人放松，更不用说避开这一责任了。

第二点有它的由来，战国时期的不可知论者和非先验论者，相信人类是他们自身所创造的历史的唯一拥有者，而因此是很孤独的。然而，当天、地、人三位一体有效运作时，人类就能赋予世俗生命以效率；人类自身创造了历史，正义和判断也在历史之中，或说是历史所缔造的。这种信仰对人的主体性是肯定的，存在着一种认识论的乐观主义。[250] 不过，它也赋予人类以责任，要人们独自担负自己在历史里的责任。人是孤独的，但这就使他们产生了"慎独"的思想（意思是即使你是宇宙中唯一的人，你也必须绝对是有道德的、正直的），这是一个哲学上的或伦理上的复杂问题，这一观点在有神论者或先验论者的思想体系中不会出现。换句话说，这样的哲学，虽然乐观，但仍然对个人的责任作出极沉重的要求。就其历史来说，人既然是宇宙的唯一创造者，他就必须实践自己的道德责任。

这引导我到了第三点：一个完全的人只会在人这个生物性的生物体上来体现。历史是人的活动领域，而历史又应该和宇宙的运行与发展完全和谐一致。一个人的学习乐趣乃是来自一个深刻信仰：相信人自身有能力能实践读书的乐趣，不管是出

---

[249] 此段英译见 Richard Wilhelm: *The I Ching or Book of Changes*, p. 264。

[250] Thomas Metzger: "Some Ancient Roots of Modern Chinese Thought: Thisworldliness, Epistemological Optimism, Doctrinality and the Emergence of Reflexibility in the Eastern Chou," *Early China*, nos. 11/12 (1987), pp. 66–72.

自责任感的驱使,或出自他对责任本身的体认。因此读书的乐趣并不是一种单纯的、没有责任感的快乐。学习的乐趣在这样的了解之下,其意义便特别地彰显。

本书一再强调"学以为己"。从古代以来,中国思想家们却不断地强调学习是为了个人自己。这种对个人学习责任的强调是一项具有宇宙向度的活动,因为学习乃是创造一个与宇宙和谐的人类历史的基础。读书的乐趣自从由孟子阐释为"自得"以来,对后代的影响可以说十分巨大。对理学思想家,尤其是明朝后期的理学思想家来说,"自得"格外地具有说服力。从明代阳明以来学者的观点言之,以自我为中心,开放他的潜力,使它充沛于宇宙之间,这样的想法完全合乎人对自己的期许,也完全值得欣赏。人——宇宙中独一无二的人——对宇宙人类的绵延负有道德完成的责任。这样的一个信念源自一个思想,即学以为己。

以上对"学习的乐趣"所作的讨论,其实与哲学上对"自由与责任"的命题有其相似之处。哲学上对个人的自由与责任之间的依违关系,一向讨论的已经很多,是西方哲学史上人人熟悉的课题,不用在此多着墨。在中国教育史上,"学以为己"和"乐趣"的想法不能分开。这样的想法正是柏林所说的"积极的自由"。这里不拟对柏林的"自由观"多所探索,而只想指出中国思想史上其实也不乏对"自由与义务"之间关系的讨论。所谓"得"乃是一种自由的境界,读书的乐趣是一种自己对自己能加以约束的那种乐趣,而唯有如此,才能真正达到精神上的解放。在中国历史上,个人的自由当然是有的,但是因为政治上的自由一直缺乏,因此中国的政治是一种专制体制。怎么样从这种专制解放出来呢?中国人认为唯有教育才能让人们调和个人的自由和政治的不自由。一个人的解放乃是通过考试、中举,参加创造人类历史的大业,这样子便得到了世俗意义的自由了。最理想的,便是最能与政权和解、认同,而他们也就最自由。没有比能参与这样的事更值得令人快乐的了。[251]

---

[251] 这里暗含着对"民主"观念的批评,尤其是针对柏林(Isaiah Berlin)有关自由的论述中,把消极的自由视作一种推动民主政治的比较可靠的思想。传统中国知识人毕竟还是追求一种积极的自由。但对这个课题的深入探讨已超出本书所涉及的范围了。

学以为己

李弘祺／著

——传统中国的教育

华东师范大学出版社
·上海

目 录

序　言　ix

繁体版序　xi

第一章　引言：中国教育的理想与重要主题

第一节　个人、社会与受教育者　*002*

    1. "为己之学"　*003*

    2. 教育的社会目的　*009*

    3. 通才、经学者与君子　*014*

    4. 理学思想中的人：有德之士、英雄、殉道者　*022*

    5. 中国传统教育的式微　*024*

第二节　文化一致性及其流弊　*026*

    1. 保守主义　*026*

    2. 互为主体与相互影响　*028*

    3. 儒家正统　*031*

    4. 权威的生活态度、庶民教育与中国人格特质　*033*

第三节　关键论点　*041*

第二章　中国传统教育制度：学校与考试

第一节　教育机构的变迁（I）　047

1. 古代传说的学校与射箭的理想　*047*
2. 稷下学宫　*048*
3. 博士制度与汉代太学　*050*
4. 汉代的地方学校　*054*
5. 汉代的私人教育　*057*
6. 魏晋南北朝时期的太学　*059*
7. 魏晋南北朝时期的地方官学　*069*

第二节　教育机构的变迁（II）　072

1. 隋、唐的高等教育　*072*
2. 隋、唐时代的地方教育　*077*
3. 宋代的官学与太学　*079*
4. 宋代地方官学与书院　*082*
5. 辽、金、元的官学教育制度　*086*
6. 元代书院　*091*
7. 明代的国子监　*093*
8. 明代地方官学　*094*
9. 明代的书院　*096*
10. 结论　*100*

第三节　考试制度：从察举到科举　101

1. 古代背景　*101*
2. 孔子与东周时期的变迁　*103*
3. 养士　*105*
4. 汉代察举制度　*107*

5. 东汉考试制度的改革　*113*

6. 魏晋南北朝的选官制度　*116*

7. 科举制度的兴起　*122*

8. 唐代的科举制度　*123*

9. 科举制度的完备　*127*

10. 科举文化的兴起　*133*

11. 外族朝代的科举制度　*136*

12. 明代的科举制度　*142*

13. 反思科举的存在理由　*149*

第三章　中国教育的思想史

第一节　孔子与早期的儒家传统　*157*

1. 六艺　*157*

2. 孔子　*158*

3. 孟子与荀子　*165*

4. 孝道与家法　*172*

5. 其他古代的教育思想　*173*

第二节　汉代礼治与儒家独尊地位的兴起　*177*

1. 董仲舒与汉代的合一思想　*177*

2. 经学、政治与教育　*179*

3. 礼仪与仪式主义　*183*

4. 才能的类别及知识人的分类　*185*

5. 怀疑论与怀疑态度的萌芽　*187*

第三节　魏晋南北朝时期　*189*

1. 本体思维与形而上学的追求　*190*

2. 思想的重新评价　*191*

   3. 佛教征服中国　*192*

   4. 家族教育的贵族理想　*199*

   5. 师承与道教之影响　*201*

   6. 经学的新方向　*204*

   7. 经学、史学与文学　*211*

第四节　隋唐的兼容并蓄态度与自我知识认同的探求　*215*

   1. "正"的观念：儒家经典的确立与编纂　*215*

   2. 从标准化到正统的建构　*220*

   3. 韩愈、李翱与道统　*225*

   4. 晚唐理想教师观念的危机　*230*

   5. 隋唐教育思维里的佛教思想　*235*

第五节　道学教育和博学　*241*

   1. 道学教育的思想背景　*242*

   2. 为个人生活与社会秩序奠定基础的道德人格　*244*

   3. 童年与童科考试　*248*

   4. 教学作为职业与志业　*251*

   5. 经学与"四书"　*254*

   6. 博学　*260*

   7. 平民百姓的道德信念　*263*

第六节　游牧民族知识人与汉人世界观的接触　*268*

   1. 辽、金社会里的儒家思想　*268*

   2. 蒙古人与元朝的教育理念　*271*

   3. 佛教与道教及其重要性　*274*

第七节　明代的道学思想　*282*

   1. 陈白沙与湛若水　*283*

2. 王阳明　*287*

　　3. 明代心学思想的进一步发展　*289*

　　4. 庶民主义、威权主义与儒学正统　*294*

第八节　总结中国教育思想的社会史　*305*

　　1. 善书与功过格　*306*

　　2. 学术研究的仪式化：以经学为例　*309*

第四章　历代教育内容的演变和学习的乐趣

第一节　历代教育内容的变化　*317*

　　1.《论语》、《孝经》和汉朝的官学课程　*318*

　　2. 魏晋南北朝时期的官学课程　*320*

　　3. 隋唐时期的官学课程内容　*325*

　　4. 宋朝早期的变化　*329*

　　5. 道学的课程思想和实践　*333*

　　6. 道学教育内容的延续和发展　*338*

　　7. 明朝的道学课程　*340*

　　8. 在明代儒学视野之外　*345*

第二节　勤奋读书的乐趣　*348*

　　1. 勤奋学生的故事　*349*

　　2. 藏书　*351*

　　3. 私人藏书和爱书　*359*

第三节　结论：自得、自由和自任　*375*

第五章　识字教育、家族教育以及技术教育

第一节　识字教育 *381*

1. 把识字视为教育理念 *381*

2. 唐代之前的启蒙教材与基础教科书 *384*

3. 唐代蒙书 *389*

4. 宋代蒙书与朱熹 *396*

5. 元、明两代的启蒙教材与基础教科书 *402*

6. 为女童和女性所编撰的启蒙教材及基础教科书 *407*

第二节　家庭教育和家训 *414*

1. 古代理论与理想 *415*

2. 汉朝至魏晋南北朝期间的家庭教育和家训 *416*

3. 传统中国中期的家族教育及家训 *424*

4. 透过家庭教育复制的儒家正统 *434*

第三节　技术教育 *442*

1. 汉代至唐代官学里的技术学校 *442*

2. 宋、辽、金、元的技术教育 *446*

3. 明代的技术教育 *450*

4. 自然学者与技术人员的教育 *451*

第六章　学生的理想与现实

第一节　传统中国的学生：理想与现实 *466*

1. 孔子及其门徒观 *466*

2. 战国时期的弟子 *469*

3. 秦、汉的学生与博士弟子：从礼仪中学习 *472*

4. 魏晋南北朝的学生生活：贵族理想与行为表现　*478*

5. 唐代的学生：官学学生与科举考生　*488*

6. 佛、道僧院戒律以及对庶民学生的教育　*500*

7. 书院生活与科举抱负的依违关系：宋代的学生　*503*

8. 道学思想家对学规的批评　*506*

9. 学习成为汉人：辽金元学校的学生　*521*

10. 明代的学校生活：知识自主的追求及其不满　*524*

11. 明代学规　*527*

第二节　中国历史上的学生运动　*539*

1. 汉代的学生运动　*539*

2. 宋代的学生运动　*542*

第七章　结论：晚明以后

第一节　书写传统的重要性　*558*

1. 书面考试的重要性　*558*

2. 文献与学术　*561*

3. 不屈的自我与威权的性格　*564*

第二节　自我、宗教性与道德感　*569*

1. 不证自明的道德真理与道学的宗教性　*569*

2. 道德的自信与勤奋的工作伦理　*572*

3. 计量道德表现的统计表　*573*

4. 道德感　*576*

5. 英国善书　*578*

6. 权威、自信与清教徒资本主义者　*580*

7. 晚明中国人与清教徒的比较　*582*

附录　中国传统教育的特色与反省

一、养士教育与科举的影响　586

二、为己之学与书院的理想与实践　593

三、以儒家经学为中心的教育　597

四、庶民教育：格言、戏剧、家训、善书、祀典及儒家正统　600

五、个别施教；不分年龄班次的教育　605

六、文字考试与论辩考试的差别　608

七、权威人格的形成　612

八、结论　615

参考书目　617

索　引　668

本书附表

表 1：隋、唐高等教育体系　73

表 2：汉代的考试　110

表 3：魏晋南北朝个人门第等级与任命官等的关系　120

表 4：汉代今文经与古文经　182

表 5：魏晋南北朝时期太学中的经学课程　206

表 6：唐代《五经正义》　217

表 7：明代《四书大全》与《五经大全》　310

表 8：宋朝科举考试所采用的标准参考注释本　331

表 9：两晋南北朝太学的学生人数　482

表 10：唐代官学入学资格及学生人数　489

表 11：唐代国子监学校的入学人数　493

表 12：宋代官学的入学条件　504

第五章

识字教育、家族教育以及技术教育

教育可以有各种不同形式,但不是所有形塑个人品格的活动都可以称为"教育"。约翰·密尔(John Stuart Mill)说得好:"国家的一般教育只是一种手法,目的在于把所有人形塑成同一个样子。"[1] 可叹的是,在大众教育或是识字学习里,学生更有可能全被形塑成"同一个样子"。教育绝对不能仅止于此。说得精确一点,教育根本不应该如此。实际上,社会学家所谓的"社会化",通常不比国家教育让人民达到的成就好到哪里去。在现代之前,所有文明都亟于以共同的价值观"教育"其成员,而且没有一个文明把"共同价值观"定义为多元意见。教育的定义本身存在一个矛盾的问题,亦即这项定义违反民主价值。教育中使用的识字教本及基础教科书,都教导年纪幼小的学生接纳同一套基本价值观,除非一个国家或社会容许人们自由选择幼童教育的教材。

传统中国社会向来习于藉由识字教育形塑特定人格,尤其是儒家品格。这种做

---

[1] John Stuart Mill: *On Liberty* (New York: E. P. Dutton, 1951), p. 217.

法后来迅速纳入了国家教化体系当中。大众教育也有助于满足社会达成道德一致性的需求。由于传统社会不可能不建立一套统一的意识形态，这样的发展并不令人意外。中国传统的独特之处，尤其是在大众教育和识字教学当中，乃在于认为人不需要神明的介入，即可凭自己的力量建构井然有序的和谐社会。这种信念虽也屡屡遭到民间宗教势力的质疑，却反倒因此更为强化，并且回头影响了传统宗教，把这些宗教变得更贴近人间，更为世俗化，从而对社会的实际需求有所贡献。中国宗教传统对于道德教诲基础的探索，确实相当现世化。[2] 现世化的特质甚至也影响了外来宗教在中国的发展，例如佛教。在本章里，我将对形塑中国人性格的各式"大众教育"进行初步的审视。为了不过度扩大教育的传统定义，我将把焦点放在识字教育和家庭教育，以及技术知识的传承。至于其他形态的平民教育，例如佛教经验与道教经验，则暂且兼顾。

第一节　识字教育

识字率和识字教育的研究，在 20 世纪 80 年代的英、美史学研究里曾经风行一时。[2] 这方面的关注虽然已经消退，但这项主题仍然相当吸引教育史学者。在英语世界里，中国识字教材的研究始于罗友枝（Evelyn Rawski）的《清朝的教育与平民识字率》（*Education and Popular Literacy in Ch'ing China*）。这部著作虽然不算是决定性的研究，[3] 却开创了新猷，并且引起学者对这项议题的兴趣。现在，只要撰文探讨中国传统教育，就不能不论及大众教育和基础教育当中的识字教育。在后续的剖析中，我希望介绍并且讨论传统中国社会较为常用的识字教本和基础教科书，也将提及专供女童使用的课本。

1. 把识字视为教育理念

"六艺"中有两种才能与识字及基础数学教育有关。第一种才能是"书"，广义

---

[2] 关于识字历史研究的早期书目评论，请参阅 Tela Zasloff: "Readings on Literacy: A Bibliographical Essay," in Daniel P. Resnick, ed.: *Literacy in Historical Perspective* (Washington, D.C.: Library of Congress, 1983), pp. 155–170。

[3] 参见 Wilt L. Idema: "Book Review on Evelyn Rawski: Education and Popular Literacy in Ch'ing China," *T'oung Pao*, vol. 66, nos. 4/5 (1980), pp. 314–324。

而言指学习，狭义而言则是指历史，但也可以指识字或书法。一般认为这种才能的书面知识可见于《尔雅》（其字面意思为"接近"与"正确"）这部古籍里。[4] 第二种才能是"数"，一般认为通称《九章算术》的古代数学论著是这方面的教科书。[5]

这两部著作的年代无疑非常早。[6] 正因年代如此古老，所以无法确认这两部著作是否真是"六艺"的基本教科书。自从18世纪以来，这两部著作的本质（尤其是《尔雅》）即备受争论，至今也还没有令人满意的答案。由于古代中国教育的史料极少，更别说基础教学方面的数据，因此我们不应期望从这两部著作中找出古中国人如何编写识字读本的线索。此外，这两部书的内容也相当进阶，难以算是基础教科书。

另一方面，可以确知的是，至少早自汉代以来，中国思想家就已撰文探讨儿童应如何获取识字与算术的基本知识。《礼记》最早指出："六年教之数与方名……十年出就外傅，居宿于外，学书计"。[7] 这项规范性的指示似乎获得许多汉代人的认可，例如班固就认为幼小的儿童应当学习干支的二元纪年系统、"五方"（除了传统的四个方位之外，再加上"中"），还有计算。[8]

"童年"的概念也许可以说是在这个时候首度出现。[9] 现存中国最早的识字启蒙教材也首见于汉初。

汉代识字教育的观念就是教导学童认识汉字。大多数研究中国史的学者都认为《尔雅》是一部协助学生阅读经典的字典。教导学生认识文字的形状与意义是这些著作的主要目的。古代中国人显然也持这种观念，而把类似于《尔雅》的书籍归类为

---

4 中文简介著作请参阅林明波：《唐以前小学书之分类与考证》（台北：东吴大学台湾学术著作奖助委员会，1975），页1–81。英文介绍请参阅 Michael Loewe, ed.: *Early Chinese Texts: A Bibliographical Guide*, pp. 94–99。
5 参见李俨：《上古中算史》，收录于氏著：《中算史论丛》，第五集（北京：科学，1955），页1–14，特别是页13–14。另参见本田精一：《宋元明における兒童算學教育》，《九州大學東洋史論集》，第22号（1994），页37–72。
6 关于《尔雅》的年代，请参见以上注5。近来有一份总结《九章算术》历史研究（包括其编纂年代）的著作，请参见李迪：《〈九章算术〉研究史纲》，收录于吴文俊主编：《刘徽研究》（台北：九章出版社，1993），页23–42。
7 朱彬：《礼记训纂》，12：440。
8《汉书》，24a：1122–1123。王粲（177—217）在《儒吏论》中也说过一样的话，此文可见于严可均校辑：《全上古三代秦汉三国六朝文》，"全后汉文"，91：3b–4a（总页964）。
9 见本书第三章第五节第三段。

"小学"。"小学"一词出现于稍早之前,也许首见于先秦著作《尚书大传》里。"小学"意指初级学校,[10]但在汉代开始出现第二种意义,即初级学校使用的启蒙教材。[11]班固对书籍的分类架构(《汉书·艺文志》)包括了"小学"这个类别,意指初级教科书,显然从此建立了这个字眼的两种意义,虽然这两种意义是相关的。[12]

"小学"的这一个意义:初级教材的目的即是教导认字,从此获得广泛的接受。直到宋代,大多数的初级教材都以教导认字为目的,让学童认识字词与名称。关于事物的知识是这个学习阶段的教育重点,但随着儒家思想愈来愈具主导地位,基础教育的道德意涵在教科书的编写当中也成为愈来愈重要的元素,许多历史故事都写入了教科书里。后来,道德目的在幼童教学当中的地位变得与认字目的旗鼓相当。这项发展可明白见于朱熹为"小学"一词所赋予的新意义:即幼童教育最初阶段的道德训练。朱熹对这个字眼的用法为幼童教学带来了深远的影响,但他自己为了幼童所写的教科书却没有获得同样广泛的接受,原因是他的教科书并不是识字教材(这点后续再谈)。朱熹之后的大多数教师都致力于在识字与道德教学之间取得平衡。许多道德方面的书籍,在《论语》、《孟子》、《孝经》等早期经典的比较之下,都相形失色。在帝制后期,中国社会逐渐意识到儿童成长期间必须有个独立阶段用于学习基本字汇,但14世纪以来就再也没有重要的创新知识教材出现,反而是为儿童灌输道德与历史教训的基础教科书一再出版。

"小学"的三种意义——实体的学校,字词与名称的认识与了解,以及道德培养的启蒙教材——于是支配了传统中国对基础教育的理解。

---

10 《尚书大传》据信是一部真实作品,《礼记》的许多注释者都引用过这部著作。不过,有些学者认为这部书籍其实是编纂或完成于公元前二世纪(汉代)。
11 班固最早在《汉书·艺文志》里以这种意义使用这个字眼。《汉书》,30:1720–1721。
12 必须注意的是,《尔雅》归类在《孝经》的类别里(《汉书》,30:1718–1719)。这个类别包括了几部本质上属于初级教材的书籍,如《弟子职》、《小尔雅》与《古今字》,其中《弟子职》留存至今,保存在《管子》一书里,见本书第六章第一节第二段的探讨。

2. 唐代之前的启蒙教材与基础教科书

目前所知最早的启蒙教材是早已佚失的《史籀篇》。根据班固的说法，史籀是西周朝廷的一名官员，也是传说中的篆文发明者。这部著作的古老地位在汉初似乎相当受到敬重，也被广泛使用。根据班固所言，当时的其他启蒙教材都纷纷以这部古老著作为范本。[13]

■ 汉代启蒙教材与《急就篇》

所谓的《三仓》（承袭仓颉传统的三本教材）就是一个例子。仓颉是传说中的汉字发明者。这部著作编纂于汉初，至少到唐初（7世纪）仍在使用。[14] 这本著作已经佚失，但留存下来的断简残篇却可让我们对其内容有些了解。这是一部选集，至少包括了三种不同写作风格，总篇幅约 7000 字，其中有些文章是以四言句写成，而且通常有押韵。以下就是一个例子：

> 苍颉作书，以教后嗣。幼子承诏，谨慎敬戒。
> 勉力讽诵，昼夜勿置。苟务成史，计会辩治。
> ……
> 汉兼天下，海内并厕，豨黥韩覆，畔讨残灭。

这些四言句的目的，显然就是要以简单的文字教导历史。这篇文章还包括了像字典一样的定义解释：

---

[13]《汉书》, 30 : 1719-1721。关于本段对启蒙教材与基础教科书的探讨，见张志公：《传统语文教育初探》（上海：上海教育出版社，1962）。

[14] 谢启昆：《小学考》（杭州：浙江书局，1888）。关于找回《三仓》或《仓颉篇》这部著作的各项尝试，见王重民：《仓颉篇辑本述评》，《辅仁学志》，第 4 卷第 1 期（1933），页 1061-1076。1949 年后，所发现保存有最多逸文的是 1977 年在安徽阜阳发现的汉简。关于《仓颉篇》，另见 Erdymion Wilkinson: *Chinese History: A Manual* (Cambridge, Mass.: Harvard University East Asian Center, 1998), p. 51。这里引用的是阜阳的本子。

齱，齿重生也；楚人呼灶曰焙。

《三仓》看起来颇为凌乱，相信很难念诵。其他同样已经佚失的早期著作也许和《三仓》没有什么差别。

现存的汉代基础教科书当中，流传最广的是《急就篇》。[15]一个名叫史游（1世纪）的人，写下了这部由七言句构成的押韵著作，其中含有日常生活所需的各种基本信息，并且间杂着道德教训。这部著作在唐初成了最重要的启蒙教材，并且吸引了许多著名文人的注意，包括崔浩、颜之推（531—595）、颜师古（579—645）。连本身写过不少杰出启蒙教材的王应麟（1223—1296），也针对《急就篇》写了注释及研究。[16]

这部著作留存至今，虽然有许多复杂的文本问题，其内容的平衡与巧妙仍然足以深深吸引读者。以下是从书中撷取出来的一个段落：

> 急就奇觚与众异，
> 罗列诸物名姓字，
> 分别部居不杂厕，
> 用日约少诚快意，
> 勉力务之必有喜。
> 请道其章：
> 宋延年，郑子方，卫益寿……
> 姓名迄，请言物：
> 锦绣缦氂离云爵……

---

[15] 谢启昆：《小学考》，9：8b–23a；林明波：《唐以前小学书之分类与考证》，页353–380。一般认为《急就篇》的书名并无意义，"急就"两字只是取自书中内容的前两个字。关于这部著作以及此处所探讨的其他启蒙教材，见 Joseph Needham: *Science and Civilisation in China*, vol. 6, pt. 1 (Cambridge: Cambridge University Press, 1986), pp. 194–200。

[16] 喻岳衡编：《急就篇》（长沙：岳麓书社，1989，重印"丛书集成"本）；另见高二适：《新订急就章及考证》（上海：上海古籍出版社，1982）。后者是针对现存各版本手稿的文本研究。

郁金半见缃白蕾……
赏贷卖买贩肆便……
膹脍炙裁各有形……
室宅庐舍楼殿堂……
灸刺和药逐去邪……
列侯封邑有土臣……
积学所致非鬼神……
邯郸河闲沛巴蜀……[17]

主文几乎全以七言句构成，罗列了对平民日常生活有用的各种信息。此外，书中也含有对社会生活而言有用的地理、行政及法律知识，但几乎看不到什么道德说教。另外一项特征，则是书中的文字很少有重复。这项特征在当代和后代许多启蒙教材里都极为常见，但在将近一千年后却销声匿迹。

从现代读者的眼光来看，在一本教材里搜集了这么广泛的文字实在让人难以消化。当时的儿童竟然必须先背诵这么一部作品，才能阅读故事书，想来实在令人气馁。不过，这种强调儿童必须先辨认一定数量的象形文字（广义）并且懂得其意义的独特观点，却是后代许多启蒙教材的编纂原则。蔡邕（133—192）的《进学》就是个例子，其中收录了八篇由不同作者所写的文章，包括两篇他自己的作品。在这两篇当中，其中一篇大概是关于女童教育（另一篇则是关于英明君主的功业）。这整套书现已佚失，但相信是用四言韵文来教导日常生活的词语。[18] 蔡邕是著名的诗人，但似乎对童男童女的教育颇感兴趣。他另一部探讨女性教育的著作，将在本章稍后谈及。

■ 魏晋南北朝的蒙书与《千字文》

下一部广泛流传的启蒙教材是著名的《千字文》，直到不久之前都还是最广为使

---

[17] 见喻岳衡编：《急就篇》，本文，页 1。
[18] 林明波：《唐以前小学书之分类与考证》，页 389–393。

用的著作。[19]《千字文》的作者是南朝梁的周兴嗣（卒于 521 年）。据说他奉命编写一本启蒙教材，结果一夜写就，满头黑发也在第二天全部变白。他写出来的这部作品不仅性质独特，在往后一千多年也深受尊崇并广为研读，并且影响朝鲜和日本的汉文教育。[20]

以下是《千字文》的其中一段：

> 天地玄黄，宇宙洪荒。日月盈昃，辰宿列张。寒来暑往，秋收冬藏。
> 闰余成岁，律吕调阳。云腾致雨……
> 龙师火帝，鸟官人皇。始制文字，乃服衣裳。推位让国，有虞陶唐。
> 吊民伐罪，周发商汤……
> 女慕贞絜，男效才良。知过必改，得能莫忘。罔谈彼短，靡恃己长。
> 信使可复，器欲难量。

《千字文》最引人注目也最独特的特征，就是全篇皆以四言句构成，而且强调不重复用字。[21] 由于全篇皆押韵，儿童也就很容易背诵这 250 个句子。

和《急就篇》相较之下，《千字文》的道德教诲比较多。尽管如此，由于文中并未出现孔子或佛陀的名字，可见得作者最主要的目的仍是在于教导基本字汇。这点与卡洛林王朝（Carolingian Dynasty，七八世纪）期间广泛流传的启蒙教材恰成鲜明对比：

---

[19] 这部著作有不少英文及日文译本，以下的探讨主要参考 Francis W. Paar, ed.:*Ch'ien tzu wen: The Thousand Character Classic, A Chinese Primer*。尤其是小川环树、木田章义：《千字文》（东京：岩波书店，1997）；伯希和（Paul Pelliot）著：《千字文考》，冯承钧译，《图书馆学季刊》，第 6 卷第 1 期（1932），页 67–86。伯希和的原文作品登载于 *T'oung Pao*, vol. 24 (1925), pp. 179–214。另见夏初、惠玲编：《蒙学十篇》（北京：北京师范大学出版社，1990），页 34–51。天秀：《千字文综述》（北京：紫禁城，1990）对各种现存版本所进行的文本研究也很值得参考。
[20]《梁书》，49：697–698；李绰：《尚书故实》（北京：中华书局，1985）。周愚文：《宋代儿童的生活与教育》，页 183–189。小川环树、木田章义：《千字文》，页 385–425。
[21] 蔡邕的《劝学》在结构上与《千字文》相似，但据信有些字重复出现《千字文》其实也有一个字（"洁"）出现了两次。关于这点的探讨，见天秀：《千字文综述》，页 19–20。

> 问：头是什么？
>
> 答：身体的顶端。
>
> 问：身体是什么？
>
> 答：灵魂的居所。
>
> 问：头发是什么？
>
> 答：头的服装。
>
> 问：胡须是什么？
>
> 答：性别的征兆，年龄的荣耀。

以上这段文字摘自《拼字法》（de Orthographia）一书，作者为可敬的贝德（Venerable Bede, 672/673—735），经过阿尔昆（Alcuin, 735—804）修订。这部著作的目的在于教导同义词。[22] 阿尔昆的这部著作充满了宗教寓言与宗教象征，这种现象在中国启蒙教材传统中向来少见（请比较上文谈到孔子及佛陀都没有出现在《千字文》中），直到道德教训在12世纪之后渐获重视，情形才有所改变。中国传统较趋功能性与务实的做法，是相当引人注意的对比。

■ 魏晋南北朝时期的其他启蒙教材

魏晋南北朝还出现了其他启蒙教材，流传得也同样广泛。项浚（3世纪）的《识字集》以论文形式呈现，涵盖历史与地理知识，例如："上古皆穴处，有圣人教之巢居，号大巢氏。今南方人巢居，北方人穴处，古之遗俗也。"著名画家顾恺之（约4至5世纪）也写了《启蒙记》，其中收录不少神话与传说。另一部书名近似的著作《发蒙记》，则是由晋代著名史家束皙（261—300）所作。这本书的内容据说与顾恺之的著作相当类似。[23] 这段期间另一类用于识字教育的教材，则是书名为《杂字》的各种作品。这种著作的性质由其书名即可看出。我们知道这种书籍在魏晋南北朝

---

[22] 引自 R. R. Bolgar: *The Classical Heritage and Its Beneficiaries* (Cambridge: Cambridge University Press, 1954), p. 112。另见 James Bowen: *A History of Western Education* (London: Methuen, 1975), vol. 2, p. 11。

[23] 林明波：《唐以前小学书之分类与考证》，页430–433、434–437。顾恺之似乎还写过另一部启蒙教材：《启疑记》。见《唐以前小学书之分类与考证》，页433–434。大多数作者都认为这部著作就是《启蒙记》。

时期出现过不少部,其中几部保存至今,在 19 世纪末与 20 世纪初发现于敦煌。学者认为许多《杂字》教材在宋代期间广泛流传,也为许多作家引述。[24] 我们稍后将检视一部在敦煌发现的著作。

3. 唐代蒙书

此处提及的许多教材,在唐代期间仍一直为人使用。不过,在唐代后半期,新的启蒙教材却以极快的速度大量出现,许多老旧的教材逐渐被取代。《千字文》在唐代末期已取代《急就篇》,成为最多人使用的识字教科书。另一部与《千字文》极为相似的教材,题为《开蒙要训》,似乎也流传甚广。[25] 如同《千字文》,《开蒙要训》也由四言押韵句写成,全篇共 1400 字,其中有几个字重复使用。这部著作的出现,反映了八九世纪的识字教育活动。兹摘录其中的部分如下:

> 乾坤覆载,日月光明;
> 四时来往,八节相迎;
> 春花开艳,夏叶舒荣;
> □林秋落,松竹冬青。
> ……
> 君王有道,恩惠宏廓;
> 孝敬父母,承顺弟兄。

其他新出现的启蒙教材包括以下五本:

---

[24] 如陆游。据说西夏国曾把一部《四言杂字》译入其语言。见张志公:《传统语文教育初探》,页 32。
[25] 见宋新民:《敦煌写本开蒙要训绪录》,《敦煌学》,第 15 期(1989),页 165–177。

第一本是《杂抄》。[26] 这部著作出现于晚唐，曾经短暂广泛流传。这部书佚失了好几百年，后来才在 20 世纪初发现于敦煌。这部著作混杂了各种知识，包括对宇宙起源的观点，著名文化英雄的姓名与功绩，各种地理、自然及历史的名称与特征，重要的儒家经典及其作者，历法与重要节庆的介绍，政府组织，文学典故，传说，寓言，社会礼仪的特定规范等等。《杂抄》约有 3000 字，包含作者认为有用的各种信息。这篇作品用字简单，略微押韵，易于记诵。以下是摘录自书中的内容：

> 昔纣时，敬少不敬老。人年八十，并皆煞之。有兄弟二人，慈孝。见父年老，恐被诛戮，造地阴窖，藏父而养。后有北汉匈奴国献一木，鹿细头尾一种，复以漆之，不辩头尾。复有草马，母子两疋，一种毛色，形模相似。复有黄蛇壹双，不知雌雄。天子不辩，遂访国内，若有人能辩木之头尾、马之母子、蛇之雄雌、赏金千斤。经数月无人能辩。其子二人，遂私问藏父曰："具说木及马蛇等事由状。"父谓子曰："此不可足知。凡有人物必有头尾轻重，其木于水中没蔽，是头者浮，是尾者沉。驱马渡水，是母者于先，是子者随后。将彩一团，遣蛇跳过，是雄者跳出，雌者在于绵中不动。"其子即用父言教，应募而答之。果以具辩木之头尾、马之母子、蛇之雄雌，得金千斤。时人云："养老乞言，辩之具矣。"此事因纣而起。

这部著作之所以引人注意，原因是其中引述了具有道德意义的故事，而且其中的道德目的比先前的启蒙教材都还要明显。我们不知道这位作者是不是有意以这部著作取代较为传统的识字教材（如《千字文》），但这本书的确反映了道德教诲的意

---

[26] 关于这部著作的研究，最早见那波利贞：《唐钞本雜抄考》，收录于氏著：《唐代社会文化史研究》（京都：创文社，1974 重印），页 197–268。最近的研究见常钧：《敦煌杂抄》（台北：新文丰出版，1985）。请并参考郑阿财、朱凤玉：《敦煌蒙书研究》（兰州：甘肃教育出版社，2002）以及朱凤玉：《从传统语文教育论敦煌写本〈杂抄〉》，收录于中正大学中国文学系所编：《全国敦煌学研讨会论文集》（嘉义：中正大学中国文学系所，1995），页 201–220。在敦煌发现的许多手稿都是基础教科书。单是法国国家图书馆就收藏至少五部或六部完整的手稿，包括《开蒙要训》、《太公家教》、《兔园册府》与《杂抄》。见 Jacques Gernet and Wu Ch'i-yü（吴其昱），comp.: *Catalogue des Manuscrits Chinois de Touen-houang: Fonds Pelliot Chinois de la Bibliotheque Nationale*, 6 vols (Paris: Bibliothèque nationale, 1970)。又，最近有徐保华主张许多敦煌蒙书是唐代科举的影响而产生。

识。以上所引的最后一则故事，系取自 7 世纪的折衷主义佛教经典《法苑珠林》。[27]这部经典虽然收录了各种不同传统的记录、轶事与故事，也不以佛教的教诲为限，但仍然主要是一部佛教著作。上引的故事之所以广为人知并且纳入《杂抄》里，无疑是因为《法苑珠林》收录了这则故事。因此，如同许多表面上属于儒家传统的著作，《杂抄》也纳入了许多佛教认同的教诲。

第二部较晚出现的启蒙教材与《杂抄》颇为相似，在晚唐也广为流传，书名为《太公家教》。这部著作也许早自 8 世纪就已存在，并且在北宋期间相当普及。北宋灭亡（1126）之后，这部著作在中国南方不再流传，大概也就佚失；但在北方仍持续流传了好几百年，甚至还译成女真文与满州文。满人在 17 世纪征服中国之际，也仍然持续使用这部教材。[28]这部著作的性质与《杂抄》相似，而且也佚失了很长一段时间，后来才在上一世纪发现于敦煌手稿当中。不过，我们从宋、唐的记录可以知道这部著作的存在。[29]

以下是摘录自《太公家教》的内容：

> 余乃生逢乱代，长值危时，亡乡失土，波逆流离。
> 只欲隐山学道，不能忍冻受饥；只欲扬名后世，
> 复无晏婴之机。……

---

[27] 关于这部著作的介绍，见 Jordan D. Paper: *An Index to Stories of the Supernatural in the Fa Yuan Chu Lin* (Taipei: Chinese Materials and Research Aids Service Center, 1973)。

[28] 这部著作可见于法国国家图书馆馆藏（见前注 27）：页 2564 等，并且是许多研究的主题。见 Paul Demiviélle: *L'oeuvre de Wang le zélateur (Wang Fan-tche), suivie des Instructions domestiques de l'Aïeul (T'ai-kung kia-kiao), Poèmes populaires des T'ang (viiie–xe siècles)* (Paris: College de France, 1982), pp. 609–835。另见周凤五：《太公家教初探》，尤其是朱凤玉：《太公家教研究》，这两篇文章见《汉学研究》，第 4 卷第 2 期（1986），页 355–377；389–408。两位作者后来都有专书出版。另参考王重民：《跋太公家教》，收录于氏著：《敦煌遗书论文集》（北京：中华书局，1984），页 134–138；及汪泛舟：《太公家教考》，《敦煌研究》，1986 年第 1 期，页 48–55。近年来，中国及台湾学者对《太公家教》的研究又增加很多，主要作者有郑阿财、张求会等人。"太公"的字面意思为高曾祖父，即超越第五代的父系祖先，因此也可以把这个字眼的意思单纯视为"祖先"，而译为 "ancestors"，这点可见于 Demiviélle 的法文书名，但从王国维以来，许多学者也主张是姜太公。我个人倾向于认为是 "ancestors" 比较合理。我要感谢 Jacques Gernet（谢和耐）教授安排让我使用法国国家图书馆的敦煌史料，以及 Hélène Vetch 小姐在 1986 年把已故的 Demiviélle 所持有的《太公家教》各种复印件交付给我参考。

[29] 见张志公：《传统语文教育初探》，页 54–56。

> 为书一卷，助诱童儿。流传万代，幸愿思之。……
> 其父出行，子须从后；路逢尊者，齐脚敛手；……
> 男年长大，莫听好酒；女年长大，莫听游走。……
> 居必择邻，慕近良友……
> 与人共食，慎莫先尝；与人同饮，莫先举筯。……
> 圣君虽渴，不饮盗泉之水；暴风疾雨，不入寡妇之门。……
> 积财千万，不知明解一经；良田千顷，不如薄艺随躯。……

这部教材与《千字文》一样，主要由四言押韵句构成，但有些字重复出现，也有几个句子的长度超过四个字。书中大部分的句子都是常识性的谚语，不但务实，也非常通俗。尽管如此，书中也有许多著名格言为后代著作引用而恒久流传了下来。[30] 有些首度出现于这部著作里的格言，也广为流传而成为家喻户晓的谚语。[31] 从这些名言的历久不衰，可以见得《太公家教》的魅力。

大部分的忠告与教诲的句子不都全是源自经典，可见这些观念必然都是长久以来口耳相传的产物，而由作者形诸文字。[32] 至于找得出典故的文句，则显示作者也从《老子》与《庄子》等道家著作获取不少启发，更重要的是源于葛洪的《抱朴子》及《列仙传》这部 4 世纪的典型道家著作。[33] 此外，也显然有佛教的影响。[34] 不过，《太公家教》里各种观念的主要来源，仍是儒家典籍与没有特定哲学色彩的著作，其中影响最大的两本书，分别是《颜氏家训》和《孝经》。

---

[30] 书中有"一日为师，终日为父"一句（Demiviélle: Instructions, p. 654 [6B]）。这句话后来在元杂剧里就变成为："一日为师，终身为父"。明末，汤显祖的名剧《牡丹亭》也与元杂剧一样用到这句话。

[31] 如"往而不来，非成礼也"(Demiviélle: Instructions, p. 638 [2F])，或"有恩不报，非成人也"。

[32] 在此必须一提的是，著名的敦煌手稿当中包括了王梵志（约590—约660）的诗作。这些诗同样充满了类似的格言，其中许多都不是出自经典，因此是民间俗谚，可能源自佛、道或儒家思想。

[33] Demiviélle: *Instructions*, pp. 746 (note to 17D), 759 (note to 18b), 761 (note to 19D), 814 (note to 25A)。另见本书第三章讨论道教对中国教育的影响。

[34] Demiviélle: *Instructions*, p. 633 (note 1I)。参考曾美云:《中国传统蒙学读物中蕴涵的佛教思想》（台大文学院暨佛学研究中心、蒙古国立大学外语学院主办:"佛教思想与文学"国际学术研讨会，台北，2008.11.22–11.23，见http://ccbs.ntu.edu.tw/BDLM/seminar/2008/fulltext/200819.pdf）。

第三本新出现的基础教科书是《蒙求》，作者为李翰（8世纪）。[35] 这部著作深受现代学者的注意，尤其是日本学者，也许是因为《蒙求》在日本的识字教育当中占有重要地位。这部教材在日本流传到了19世纪中叶的明治维新前夕。[36] 在中国，《蒙求》也曾经有很长一段时间是重要的基础教材，直到宋代之后才不再盛行。[37]

《蒙求》的结构与《千字文》相似，但内容比较像《杂抄》，全篇共由592个四言押韵句构成，通过由故事与传说保存集体记忆，并传递有助于社群生活的知识。[38] 以下是摘录自《蒙求》的内容：

> 向秀闻笛，伯牙绝弦。……
> 郭巨将坑，董永自卖。……
> 伯道无儿，嵇绍不孤。

书中收录的故事几乎完全出自儒家传统，只有极少数来自道家与道教传统。更值得注意的是，其中几无佛教的影响。[39] 因此，这部著作与《千字文》同样属于精英传统的产物，不像民间的《太公家教》。

识字教本的编纂持续不断，也确实有其必要，因为当时出现了许多佛教变文著作，公开讲经的讲者也必须使用正确或公认的发音。《字宝碎金》就是一个例子。[40] 这是唐代中、晚期出现的第四部启蒙教材，内容主要是关于文字的正确发音，罕见

---

[35] 《蒙求》的作者是谁曾有各样争议，但现已大致有了定论。见张志公：《传统语文教育初探》，页54–59。

[36] 柳町达也：《蒙求》（东京：明德出版社，1967）是一本加了注释的日文译本，附有出色的导读，其中简略探讨了作者问题。这点颇值得注意，因为由此可以证明这部著作到了宋代已不再普及，也很少有人研究，反而在日本较为流行。另见李翰着，徐子光补注：《蒙求集注》（北京：中华书局，1985）；颜维材、黎邦元注释：《蒙求注释》。

[37] 见张志公：《传统语文教育初探》。

[38] 其中的故事或神话虽然大多具有道德意涵，少数却没甚么伦理价值。因此，这部著作的主要目的应该是在于保存社群环境里的生活记忆，末尾还有四句话等于是作者的结语。《蒙求》总共使用了1,201个不同的字。关于这部著作的伦理价值与人际关系的意涵，见多贺秋五郎：《唐代教育史的研究》，页234–249。

[39] 柳町达也：《蒙求》，页12–13列出了这部著作的材料出处。颜维材、黎邦元注释的《蒙求注释》也列出了编撰注释所参考的书目，见650–651。至于更完整的注释，见李翰着，徐子光补注：《蒙求集注》。

[40] 这部著作也是敦煌手稿。见方师铎：《明刻本碎金与敦煌唐写本字宝碎金残卷之关系》，《东海学报》，第6卷第1期（1964），页1–17。最近重要的作品有朱凤玉：《敦煌写本〈碎金〉研究》（台北：文津出版社，1997）。

的字眼则附上简短的解释。以下摘自《字宝碎金》的序言：

> 凡人之运手动足，皆有名目，言常在口，字难得知，是以兆人之用，每妨下笔，修撰著述，费于寻检，虽以谈吐，常致疑之。又俗猥剌之字，不在经典史籍之内，闻于万人理论之言，字多僻远，口则言之，皆不之识。
>
> 至于士大夫及博学之客，贪记书传典籍之言详，心岂暇繁杂之字。每欲自书，或被人问，皆称不识。何有耻之下辈，而惭颜于寡知，则有无学之子，劣智之徒，或云俗字不晓，斯言缪甚。
>
> ……
>
> 在上者，固不肯录而示之；小学者，又贪轻易而傲之。致使暧昧贤愚，蒙细无辩。余今讨穷《字统》，援引众书，《翰苑》、《玉篇》，数家《切韵》，纂成较量，辑成一卷。虽未尽天下之物名，亦粗济含毫之滞思。号曰"字宝"，有若"碎金"。然零取救要之时，则无大改；而副笔济用之力，实敌其金，谓之《碎金》。
>
> 开卷有益，……余思济众为大，罔以饰洁为美，将持疑从来者也。

第五部新出现的启蒙教材是《兔园册》。这本教材也在唐初至南宋期间广受使用。关于这部著作的作者，有两种不同见解。一派认为唐初著名官员暨书法家虞世南（558—638）在唐太宗的延请下编纂了这部共有10卷的著作。另一方面，宋代博学作家王应麟（1223—1296）则认为作者是杜嗣先。[41] 现存的手稿同样发现于敦煌，据信只是原作的一小部分，而且显示这部著作与《蒙求》有点像：两者都主要由四言押韵句构成，其中的教诲都取自历史与经典。因此，《兔园册》的内容非常艰涩。有的学者在看过敦煌发现的手稿之后，对于这部著作竟然被归类为启蒙教材感到讶异。[42]

这些教材主要都使用于唐、宋期间，而且大多数都延续《千字文》的传统。新

---

41 关于《兔园册》作者的探讨，见周愚文：《宋代儿童的生活与教育》，页191-192；张志公：《传统语文教育初探》，页58-59。

42 见周愚文：《宋代儿童的生活与教育》，页193-195。

出现的教材虽然增加了道德与谚语的内容，大部分却都对人生保持务实的态度，利用识字教育这项基本目的向儿童灌输常识性的价值观。

不过，在安史之乱（755—763）后，教导可靠发音的需求更加受到重视。中央政府的控制权已逐渐遭到地方军阀的侵蚀，政治上的分裂也可能导致文化认同的破碎。这种现象促使《字宝碎金》这种切合时代需求的著作出现。[43] 史学家虽然通常不认为九、十世纪是语言或语音变化的重要时代，但这段期间绝对是文化变迁的重大时代，可以看到南方及其新式文化风貌的兴起。以上探讨的那些新出现的基础教材，就是在当时的背景之下出现的。

■《百家姓》

贵族社会在9世纪之后的终结，是中国社会历史上的一个重要阶段，自然也影响了识字教育的方向与发展。最广为使用的一本启蒙教材，彻底反映了这种社会环境的改变。一般认为《百家姓》正好是这样的作品。《百家姓》编纂于宋朝统一中国（979）之后。这部著作把"钱"姓列为仅次于"赵"的大姓，而"赵"乃是宋代的皇室姓氏。由此可见这本书的作者可能是南方人，因为"钱"是吴越的姓氏，而吴越则是在10世纪分裂期间位于东南的国家。单由这一点，就足以看出中国南方在宋代政治与文化当中愈来愈重要的地位。当然，作者可能没有意识到自己的重要性。[44]

《百家姓》绝对是最枯燥乏味的启蒙教材，却也是中国最广泛使用的识字教材之一，而且一直沿用到20世纪。这部著作总共收录了438个姓氏，全篇使用了472

---

43 魏晋南北朝期间，部分是因为佛教的影响，部分是因为分裂的关系，教育的注意力也集中在发音上。据说刘芳（453—513）编纂了三卷的《急就篇续注音义证》。由此看来，识字教育在社会或文化破碎的时代似乎是非常迫切的需求。关于刘芳的著作，见《魏书》，55：1227。值得注意的是，《急就篇》在北魏期间似乎流传甚广。见《魏书》，35：825–828 的例子。

44 关于《百家姓》作者的讨论，见张志公：《传统语文教育初探》，页26。另见周愚文：《宋代儿童的生活与教育》，页221–224。

个不同的字，以四字为一句，采用平仄原则写成，因此具有诗的韵律，易于念诵。[45] 由这部作品，可以看出家庭结构或家庭本位在后贵族社会所占有的重要地位，连平民都可以模仿贵族宗族的做法，把自己的家族与家庭组织成世族。这些新世族的出现，是为了因应自卫与安全还有愈趋在地化的文化认同的需求。[46] 这些世族也成了培训年轻人准备参与科举考试的重要推动力。"家本位"是后唐文化的重要特征，造成平民对世族（由同一地区的同姓家庭组成）的团结更感兴趣。因此，《百家姓》可谓满足了后唐社会环境的一项实际需求。[47]

19世纪末与20世纪初在敦煌发现的手稿，让我们对唐代中、晚期出现的基础教科书获得新的信息，也让我们得以对这段时期的文化史产生新的了解。不过，这些史料并不足以让我们认为这段时期重振了对儿童教育的重视，更谈不上对"童年"产生新的认知，把童年视为人格发展的一个特定阶段。这个认知恐怕要等到宋代之后。

4. 宋代蒙书与朱熹

北宋时也出现了不少按照《蒙求》的风格所写成的新作。王令（1032—1059）的《十七史蒙求》就是个著名的例子。所谓的"十七史"，是当时官方认可的正史。这部启蒙教材和后述胡寅的著作，还有大约同时期出现的其他作品，如刘班（生卒年不详）的《两汉蒙求》，[48] 都见证了宋代对历史知识的重视。

方逢辰（1221—1291）的《名物蒙求》是依循《蒙求》传统的另一部作品，同

---

[45] 我使用的《百家姓》版本是夏初、惠玲编：《蒙学十篇》，页190–191。这个清代的版本共含468个姓氏，由142句构成（每句四字），使用了568个不同的字。一般认为宋代的原本共有472字（136句），含438个姓氏。关于不同版本与字数的讨论，见周愚文：《宋代儿童的生活与教育》，页222–223。

[46] 关于在地化的文化认同与世族的建构，见Robert P. Hymes: *Statesmen and Gentlemen* 及本书第二章注316、317。

[47] 关于"家本位"，见Patricia B. Ebrey: "Conceptions of the Family in the Sung Dynasty"。关于《百家姓》的历史背景，见夏初、惠玲编：《蒙学十篇》，页191–193。

[48] 《十七史蒙求》虽然被归为王令所作，但观诸王令的作品集，却没有任何证据显示他的确是这部基础历史读本的作者。这部著作至今仍然存世。至于《两汉蒙求》，见纪昀等编纂：《四库全书总目》，137：11b–12a。

样以四言押韵句写成。[49] 令人惊讶的是，在朱熹的影响力早已臻于高峰，而且原本的《蒙求》也逐渐没落之际，方逢辰虽是忠实的道学家，却认为编纂这部作品是有用的。以下摘录其内容：

> 高平为原，窈深为谷。山脊曰岗，山足曰麓。……
> 云维何兴，以水之升。雨维何降，以云之蒸。……

这部著作共有2720字，文中提出各种事物的定义，这是李翰的《蒙求》所没有的特色。

新出现的著作虽然持续模仿旧作，却有更多以灌输道德教诲为目的，而且历史在这些著作里扮演了相当重要的角色。除了先前所提的两部，还有其他几部著作也是以历史为主题，并且以"史"为书名：黄继善的《史学提要》是宋代最早为幼小学童提供历史大纲的著作之一。这部著作也是以四言押韵句写成。

另一部在中国已几乎完全遭到遗忘，却在日本深受欢迎的著作，则是《十八史略》,[50] 作者为曾先之（活跃于13世纪）。[51] 这部著作在元朝至明初的十四五世纪时非常普及。

另外还有其他著作也以历史知识为主要内容，与上述的作品类似。不过，这些著作都已佚失，所以不在此加以讨论。[52]

---

[49] 张志公：《传统语文教育初探》，页72–73。
[50] 曾先之著（藤堂明保监修，今西凯夫译）：《十八史略》，两册（东京：学习研究社，1982）。这部著作在十六世纪之后竟然几乎完全从中国图书目录中消失，实在令人惊讶。关于《十八史略》在中国与日本（还有朝鲜）受到的接纳，见页32–40。关于何谓"十八"史，见页21–32。大部分的宋代作家都认为宋代有十七部正史，藤堂明保与今西凯夫因此认为十八史乃是十七部正史加上司马光（1019—1086）的《资治通鉴》。
[51] 关于曾先之的生平，见曾先之著（藤堂明保监修，今西凯夫译）：《十八史略》，第一册，页16–21，其中引述了中嶋敏的研究。
[52] 见张志公：《传统语文教育初探》，页195–222，其中完整列出了所有识字启蒙教材与基础教科书，但没有注解。

■ 朱熹与《小学》

到了 11 世纪，尤其是 12 世纪，中国识字教育史已开始出现变化。在编写新的启蒙教材方面，朱熹无疑是领导者。不过，这种活动其实早在他之前就已展开。吕本中（1084—1145）的《童蒙训》就是个典型的例子，[53] 由书名即可看出这部著作的目的。吕祖谦（1137—1181）的《少仪外传》是另一个例子。这两部著作都以作者的道德意图与目的为特色，也都被认为是宋代的道学著作。当然，也有不少人延续着先前的传统：在 11 世纪末与 12 世纪初之间，至少出现了三篇《千字文》的相关著作。[54] 在这三部著作当中，以胡寅（1098—1156）的《叙古千文》最受注意。这部著作反映了宋代思想的下列发展：对过往的新观点，认为真实的记录与教化性的文章能够揭示"道"在历史中的运作，还有愈来愈重要的道德关注。[55]

■《小学》

宋代识字教育最重要的发展，自然是朱熹编纂的启蒙教材。他无疑是想到要恢复"小学"一词的理想意义的第一人。他依循《礼记》的指示，认为儿童应在八岁入小学，而他编纂的教材也正是为了这个目的。此外，这部教材的书名就是《小学》。[56] 书中摘录许多作家的著作，上自古代，下至 12 世纪，而且引文分置于六个主题下，供学童记诵。这部作品是朱熹本身的道学思想的基本教材，但由于内容皆

---

[53] 这部著作主要收集为了道德教育而撰写的传记，也包括他自己祖先的生平。可惜这部著作似乎没有任何研究作品。

[54] 见张志公：《传统语文教育初探》，页 16–21。

[55] 关于宋代对过往的观念，请参见我为自己编纂的 *The New and the Multiple: Sung Senses of the Past* 所写的引言。关于胡寅这部启蒙教材的讨论，见 Conrad Schirokauer: "Hu Yin's 'Recounting the Past in a Thousand Words': A Little History Primer Praised by Chu Hsi"，见钟彩钧编：《国际朱子学会议论文集》（台北：中研院中国文哲所筹备处，1993），下册，页 1049–1081。值得一提的是，元初道学家许衡也写了《稽古千文》这部著作，收录于他的作品集里。

[56] M. Theresa Kelleher: "Back to Basics: Chu Hsi's *Elementary Learning* (Hsiao-hsüeh)," in de Bary and Chaffee, eds.: *Neo-Confucian Education*, pp. 219–251. 另见陈荣捷：《小学》，收录于氏著：《朱子新探索》，页 413–420。至于这方面的日文著作，见宇野精一：《小学》（东京：明治书院，1965）。

摘自古书或旧作，因此非常难读，无法有效让人认识他所倡导的新思想。这部著作的普及程度则比不上他在 15 年前编纂的另一部选集：《近思录》（1173）。

《小学》的特色，在于朱熹提出了《论语》当中一段长久以来备受评论家与经学家忽略的篇章。这段篇章所谈的是孔子门徒子夏：

> 子游曰："子夏之门人小子，当洒扫应对进退，则可矣，抑末也。本之则无，如之何？"子夏闻之，曰："噫，言游过矣！君子之道，孰先传焉？孰后倦焉？譬诸草木，区以别矣。君子之道，焉可诬也？有始有卒者，其惟圣人乎？"[57]

朱熹认为子夏的教育方式，也就是扫地与言行举止等基本生活训练，有助于达成教育的最终目标，[58] 于是认定古人心目中适合初学幼童的教育，必然就是基于子夏所谈的这些实务工作。他在《小学》的序里写道："古者小学教人以洒扫应对进退之节……"[59]

大多数学者都认为，朱熹的意图就是要以这部著作当成儿童的预备教材，学完此书之后再接着阅读其他比较困难的书籍，例如《论语》或《孝经》。不过，《小学》实际上却比《论语》和《孝经》更艰涩。因此，朱熹应该只是把这本著作当成教师手册以及进阶学生的教科书。证据显示《小学》比较受成人读者的喜爱。

道德教诲是这部基础教科书的主要关注，"嘉言"、"慎行"、"礼教"、"名伦"、"敬身"等道德语汇充斥其间，也可见于章节标题。书中引述古代与当代典籍的内容，为道学的道德培养与个人纪律等理想赋予实质例证。由于书中引用了许多家训，可见得朱熹的基础教育构想当中，有一大部分是要把个人摆在社会关系网络的正确位置里。这部著作的中心要旨，就是把人格成长置放于个人的社群环境当中。朱熹可能是希望儿童学会适切处理个人与社会的互动之后，即可进入道德正直的内心世界。而探讨此一内心世界的著作，则是在哲学探讨与字汇方面都比较进阶的《近思录》。

---

[57]《论语·子张第十九》，第十二章。
[58] 关于朱熹如何产生对《论语》这个篇章的理解，见钱穆：《朱子新学案》，第 4 册，页 435–450。
[59] 张伯行：《小学集解》（台北：世界书局，1962，重印"丛书集成"本），《小学书题》，页 1。

由于《小学》对一般儿童而言太过困难，朱熹的另一本著作——篇幅较短、字汇也比较简单的《童蒙须知》——也就比较适合基础学习。[60] 然而，这部教材仍与《小学》相似，也比较像是教师手册，不像是教科书。这两部著作的道德内容都相同。

朱熹的《小学》出现了许多注本，有些是简化之后的韵文，比较适合学习：陈淳（1159—1223）的《小学诗礼》就是一个例子。而他的《北溪字义》则是比较进阶的著作，不是为了儿童而写的。另一部著名的教材是许衡（1209—1281）的《小学大义》，这是他为蒙古统治者撰写的删节本。[61] 这些注本虽然和《小学》本身一样，都因太过艰深而在不久之后就不再流传，但其中的主要观念却深深影响了中国的基础教育。[62]

在我们结束探讨朱熹的《小学》之前，必须先谈谈程端蒙（1143—1191）的《性理字训》。[63] 这部著作虽然不完全合乎朱熹《小学》的传统，却还是获得了朱熹的认可。[64] 这部总篇幅 428 字的著作采用四言押韵句，显然是为了初学者而写。它被广泛使用，在程氏著名的《读书分年日程》里也被程端礼列为应读教材。后代许多作者都纷纷模仿这样的做法。[65]

■《三字经》

《三字经》在宋代成为最著名的启蒙教材，也是中国历史上最普及且最具影响力的启蒙教材。这部据信作者为王应麟的著作，与先前的启蒙教材有一项重要的不同之处。先前编撰的教材，如《千字文》的基本目的是为了教导儿童认字，《太公家教》

---

60 出人意料的是，张志公的《传统语文教育初探》一书竟然没有提及这部教材。《童蒙须知》本文见郭齐、尹波点校：《朱熹集》，第九册，《朱熹遗集》，3：5674—5678。这部短篇著作分为五个部分：《衣服冠履》《言语步趋》《洒扫涓洁》、《读书写文字》、《杂细事宜》。

61 Wm. Theodore de Bary: *Neo-Confucian Orthodoxy*, pp. 136–137。

62 张志公的《传统语文教育初探》在朱熹的著作之后又列出了至少 51 部作品，书名全都含有"小学"两字。作者除了陈淳之外，还有黄裳（1146—1194）、程端蒙、湛若水（1466—1560）、刘宗周（1578—1646）、张伯行（1651—1725）等著名道学家。值得注意的是，张志公并没有列入许衡的《小学大义》。

63 见程端蒙：《性理字训》（二十世纪初西京清麓丛书本），页 3b。

64 朱熹称之为"小学字训"，见陈荣捷《性理字训》，收录于氏著：《朱子新探索》，页 421–422。

65 关于宋代普遍使用的启蒙教材与基础教科书，见周愚文：《宋代儿童的生活与教育》，页 183–248。

与《蒙求》等教材则搜集有助于社群生活或保存集体历史记忆的基本知识，但在《三字经》当中，却可以看到道学语汇和道德修养的关注，开始在基础教科书当中扮演核心角色。[66]

《三字经》的主题是教育的重要性以及人的可受教性，而且所有人都具有相同的天生善性。著作一开头就呼应了孟子的名言，接下来的其他部分则教导日常生活知识，如季节、谷类和动物的名称、人际关系的规范等等。此外，文中也简要概述了中国历史，最后则再次强调教育在人生中的优先地位。以下摘录自书中的内容：

> 人之初，性本善。性相近，习相远。苟不教，性乃迁。教之道，贵以专。
> ……
> 养不教，父之过。教不严，师之惰。子不学，非所宜。幼不学，老何为。
> 玉不琢，不成器。人不学，不知义。为人子，方少时。亲师友，习礼仪。

《三字经》全篇以三言句写成，而且大致上都押韵。[67] 这部著作长 1128 字，总共用了 525 个不同的字。[68] 这时已完全扬弃不重复使用同一个字的原则，教学重点也从传承事物的简单知识与共同传统，彻底转向伦理教育。宋代启蒙教材对历史的重视，是《蒙求》奠定的传统，到了这时也已改变为着重经典，包括当中所包含的知识与从中获得的教训。[69]

到了明代，《千字文》、《百家姓》与《三字经》已成为流传最广的教材，并且

---

[66] 关于这部著作的研究，见 James T. C. Liu: "The Classical Chinese Primer: Its Three-Character Style and Authorship," *Journal of the American Oriental Society*, vol. 105, no. 2 (1985), pp. 191–196. 另见陈荣捷：《三字文》，收录于氏著：《朱子新探索》，页 413–420。关于《三字经》的其他信息，见王应麟：《三字经》，陈茂国等编校（长沙：岳麓书社，1986）。
[67] 关于《三字经》的押韵方式，见雷巧云：《中国儿童文学研究》（台北：台湾学生书局，1988），页 360–361。
[68]《三字经》究竟用了多少不同的字，并没有一致的看法。此处的数据系基于流传广泛的清代版本。传统的"三、百、千"(《三字经》《百家姓》《千字文》)总共教导 1,452 个不同的字，其中《千字文》就使用了 999 个不同的字（见前注 22）。顺带一提，Robert Hegel 利用在台北进行的计算机检索，指称总计有 1,465 个不同的字。见其 *Reading Illustrated Fictions*, p. 430。
[69] 值得一提的是，曾经也有人试图重写《蒙求》，以求其内容更加"纯正"。朱熹学者胡秉文（1250—1333）就是一个例子。

历数百年而不衰。这三部著作甚至还译成汉文以外的语言,如满文(但"三、百、千"译成其他语言究竟能有什么效用,实在令人难以理解)。1857年,就在英国取得香港之后不久,《千字文》即获得采用为英国外交官的教材。据说一位名叫罗存德(Wilhelm Lobscheid, 1822—1893)的德国人还曾以白话中文写过一部注本,也许是史上第一部以现代中文写成的《千字文》注本。[70] 同时,基督教传教士也模仿《三字经》的写法,撰著了很多部阐述基督教教义的作品。[71]

中国启蒙教材的编纂在13世纪达到高峰,[72] 这三部教材也自此霸占了小学市场。虽然还是有其他著作陆续出现,大多数却都只是对这三部教材的增补,并且收录各种为了灌输道学道德教诲而撰写的基础教科书。朱熹的《小学》是道学著作当中影响力最大的一部。除了另一类用于教导诗文的启蒙教材之外,我们可以说中国启蒙教材与基础教科书的发展到了13世纪末已臻于成熟。

5. 元、明两代的启蒙教材与基础教科书

有些启蒙教材的目的在于教导诗词写作,尤其是抒情诗。刘克庄(1187—1269)被认为是《千家诗》这部名著的作者。

■《千家诗》

刘克庄据说编纂了一部搜罗完整的选集,《千家诗》后来的各种版本几乎全都以

---

[70] 引自天秀:《千字文综述》,页69-70。案:学界对罗存德的研究在2000年以前,除了日人那须雅之以外,可谓付之阙如,近年来,因为罗氏的《英华字典》(两卷)重新被发现(日本静冈县立中央图书馆葵文库及维也纳的奥地利国家图书馆都有收藏),学者才注意到他对那须雅之翻译西方词汇(譬如民族)的许多影响,并开始深入研究他。但是我参看各种数据,无法确定他是不是真的写过《千字文》的注。

[71] 参看黄时鉴:《〈三字经〉与中西文化交流》,《九州学林》,第3卷第2期/总第8期(2005),页72-96。

[72] 元代出现了许多启蒙教材。张鸣歧主编:《辽金元教育论著选》(北京:人民教育出版社,1991)收录了不少历史性的文章,包括若干《蒙求》、《女教》的序文,还有朱熹《小学》的注释。

这部原作为基础。[73] 这部著作的作者身分虽有疑问，但一部名为《千家诗》的启蒙教材确实出现于 13 至 14 世纪期间。《千家诗》在明代流传极广，虽然陆续受到不同出版者的修订，主要内容却大致没变。[74] 早期的版本只收录七言诗（包括绝句和律诗）。这部选集有很长一段时间被广泛使用，直到新的版本出现为止。王相编纂的新版收录了五言诗（同样包括绝句和律诗），也一样流传极广。现代的《千家诗》选集通常包括这两个版本。《千家诗》总共收录 226 首诗，分别为 121 名诗人的作品。李白（701—762）的《静夜思》与《秋浦歌》，以及杜甫（712—770）的《旅夜抒怀》等名诗，都深为中国历代儿童所熟悉。书中选录的唐诗，不论知名度或受喜爱的程度，都胜过宋代以后的诗人所写的作品。

《千家诗》教导了文学欣赏，还有押韵和平仄的规则。此外，诵诗也丰富了儿童的字汇。其他启蒙教材或基础教科书虽然也教导字词的知识，却不是主要目的。此外，这些教材就算教导儿童认字，教的也是个别字义，而不是词语的意义。一般都认为《千家诗》选录的诗作质量相当好，念诵这些诗作可让儿童懂得欣赏中文的美感。其他有些类似的选集则收录了编者自己的诗作，目的在于教导道德教诲。[75] 这些诗也用于培养道学文人，帮助他们准备科举考试，并且让他们在忙碌的官僚生活中具备业余的美学欣赏能力。[76]

对于基础教科书的作者而言，道学启蒙教材的兴起造成了一项两难的问题，而且又因为《千家诗》的广受欢迎而更加棘手——这两者都挑战了把识字当成启蒙教材主要目标的传统观念。实际上，童年这概念在此时产生了新的意义。童年在不久之前才因为道学重新肯定了儿童教育的重要性而恢复了独立的地位，同时儿童也就成了道德过度灌输的对象。道德学习在儿童教育当中扮演了极为核心的角色，这方

---

[73] 张志公：《传统语文教育初探》，页 90-92。案：《千家诗》是否真的出于刘克庄之手，历来有争论，但一般认为他确曾编撰了一部搜罗完整的诗集，而各本《千家诗》也都与这本书大体相同，因此刘克庄是《千家诗》的编者大约没有问题。
[74] 有些诗作被编辑或删节，以去除艰深的字眼或其他内容。
[75] 如一般认为由宋代汪洙编纂的《神童诗》。见张志公：《传统语文教育初探》，页 92-93。
[76] 关于列文森（Joseph Levenson）所谓的"业余理想"，英语世界值得注意的研究著作，见 Craig Clunas: *Superfluous Things: Material Culture and Social Status in Early Modern China*。

面的教科书也极为复杂，以致中国的儿童变得和早期现代的欧洲儿童一样，"还未准备好面对人生，因此……受到有如隔离般的特殊待遇，直到他们获准加入成人世界为止"。[77] 这种童年概念正是后来许多启蒙教材的编纂基础。

《千家诗》的出现标志了中国启蒙教材发展史的成熟，愈来愈多也愈新的教材持续出现。不过，尽管有许多著名道学家出版启蒙教材或在这方面有所贡献，却没有一部得以取代"三、百、千"以及《千家诗》。[78] 以下简要探讨14世纪后出现的重要著作。[79]

■ 谚语读本

在道学道德色彩比较不那么浓厚的教材当中，第一部是吕得胜及其子吕坤（1536—1618）编写的《小儿语》。[80] 这是一部谚语选集，收录的谚语主要都是教人如何过着平静、朴实而谦逊的生活。有些当时首度出现的格言，在400年后的今天仍然广为人知，如，"事不干己，分毫休理；一争两丑，一让两有"。再如，"话多不如话少，话少不如话好"。这部著作的谚语性质，比较合乎《太公家教》而不是道学的传统。吕得胜对宋代的道学思想多有质疑。许多清代教材都与这部著作非常类似。另外，这本书的写作方式实在也比较像一本善书。

除了《小儿语》之外，吕坤还写了其他几本类似的著作，包括《续小儿语》和为了女童所写的《女小儿语》。[81]

---

77 Philippe Ariès: *Centuries of Childhood*, p. 412.
78 这四部教材经常被称为"三百千千"。吕坤的著名评论可见证这几部教材的普及程度："初入社学，八岁以下者，先读《三字经》，以习见闻；《百家姓》，以便日用；《千字文》，亦有义理。"见其《社学要略》，收录于氏著：《吕公实政录》（台北：文史哲出版社，1971，重印1797年本），3：14ab。另见刘鹗（1857—1909）："所有方圆二三百里，学堂里用的三、百、千、千，都是在小号里贩得去的，一年要销上万本呢。"见其《老残游记》，第7回。
79 由于张志公的《传统语文教育教材论——暨蒙学书目和书影》（上海：上海教育出版社，1992）已搜集了大部分的相关信息，所以此处的讨论只涵盖比较普及的基础教科书。至于较为详细的研究，请参见张志公的著作。
80 夏初、惠玲编：《蒙学十篇》，页9、103—107。
81 见本书第三章第七节第四段。关于吕坤对社学教育的思想与观念，见Joanna F. Handlin: *Action in Late Ming Thought: The Reorientation of Lü K'un and Other Scholar-Officials*。

另一部广为采用的教材，是明代萧良有所写的《蒙养故事》。[82]这部著作采用的许多材料，都与李翰的《蒙求》相同，但加上了由传说或神话衍生而来的新故事，因此整部著作变得更为有趣，更为多彩多姿。书中把《蒙求》的部分内容重新排列，押韵也更为一致，以便于念诵。这部著作后来在清代又以《龙纹鞭影》的新名称重新出现，并且广为流传。[83]

程登吉编纂的《幼学须知》属于教导基本知识的教材，[84]书中把知识区分为30种左右的不同领域，包括各种自然现象、政府机构、人际关系（亲属称呼与亲属关系的适当礼仪）、身体、衣骰、器物，以及日常生活的实用知识等。这部教材广受欢迎，反映了中国十六七世纪愈来愈繁杂也愈商业化的社会。这部著作的重点是功能性的读写能力，与过去为了晋身统治精英阶级而必须具备的传统读写能力形成鲜明对比。

这部著作后来更名为《幼学故事琼林》，在清代深受喜爱。不过，这是比较进阶的教材，使用了三千多个不同的字。[85]

历史启蒙教材在明代仍持续出现。勇于批评宦官干政的晚明官员赵南星（1550—1627），撰写了《史韵》这部较少为人知的著作，后来又写了一部续作。另一部同样少有人知，但获得著名道学家陈确（1604—1677）热切推荐的著作，书名则与赵南星的著作相当类似，称为《韵史》。对于这部教材的作者，我们除了姓名（许遁翁）之外一无所知。[86]李廷机（活跃于16世纪末）的《鉴略》是另一部对初学者教导历

---

[82] 这位作者没有留下有关他的任何记载。
[83] "龙纹"指骏马，延伸为聪明的孩子。良马只要一看见"鞭影"，就会放足奔跑。这部著作最常见的版本包括清代作家增添的材料。见张志公：《传统语文教育初探》，页66。
[84] 这部著作的作者身分仍有疑问。一种说法认为编纂者是丘浚（1419—1495），他不但是著名道学家，也是《大学衍义补》的作者。见张志公：《语文教育》，页64–66。
[85] 这个数字系根据1969年重印的晚清版本计算而得，其中包括增补材料。见程允升著，蔡东藩增订：《绘图重增幼学故事琼林》（台北：文化图书，1969）。
[86] 张志公：《传统语文教育初探》，页68–70。

史知识的教材,全篇以五言句写成,涵盖了自古至明代的历史。[87]这是一部内容充实的作品,比较不像基础教科书,反倒像是参考书。

■ 要点复述

从以上对中国基础教科书演化过程的探讨,可见共有五种启蒙教材与基础教科书。[88]第一种和汉代的《急就篇》属于同一类,目的在于教导各类知识。这种教材通常以长度不一的押韵句写成,介绍日常生活的知识,其中含有行为准则,反映出当时社会的主要关注乃是礼仪与仪式;成就个人人格的基本道德观念并不是这类教材的主题。

第二类教材的目的在于教导字汇。作者把自己认为重要甚于有用的字汇齐集于教材里,强调不重复使用同样的字,但这项原则不一定行得通。这类教材多以押韵句写成,通常一致采用四言句,典型代表是《千字文》,影响力一路延续至帝制中国晚期。值得注意的是,这项传统最常受到重视历史的作家所采用,他们把历史知识视为初等教育的基本目标,《蒙求》是这类教材的最佳例子。在相当程度上,《百家姓》也是这种传统下的著作,并且明确反映了作者强烈的历史意识。

第三类教材是谚语选集,通常把押韵的句子并列,但句长不一,《太公家教》是这类启蒙教材的典型例子。这种格言选集所反映的观念,通常不完全是儒家思想。后续探讨明代以来大量出现的善书,将再进一步检视这个议题。在此只需要指出:这类选集在帝制中国末期愈来愈受欢迎。

第四类基础教材反映的是道学的道德关注,而且都是以朱熹的《小学》为范

---

[87] 李廷机编:《鉴略妥注》(长沙:岳麓书社,1988)。这部现代点校本系基于晚清的版本,含有后来增添的材料。这部著作的作者身分也有争议,见页 7。张志公:《传统语文教育初探》,页 67–68 提及另一部以四言句写成的启蒙教材,书名同样是《鉴略》,清人编纂而成。值得一提的是,来到中国的耶稣会教士也在 1642 年编纂了他们自己的基础教科书——《天主圣教四字经文》——用于提倡罗马天主教。见 Eugenio Menegon: "A Different Country, the Same Heaven: A Preliminary Biography of Biulio Alenis, S. J." in *Sino-Western Cultural Relations Journal*, no. 15 (1993), pp. 27–51,见 p. 42。参看上面注 71 有关西洋教士编著童幼教材的讨论。

[88] 传统中国图书目录当中,第一部针对启蒙教材与基础教科书的不同种类提出讨论的著作,是十八世纪的《四库全书》,其中《经部·小学类》的类叙提及下列三种著作:幼仪、笔法、蒙求。这样的分类当然不能让人满意。见纪昀等编纂:《四库全书总目》,40:1ab。

本。这类教材在明清社会特别受重视，但流传的范围也许没那么广泛。这种著作通常没有押韵，字汇也太过艰涩而并不实用。这种教材的大量出现，可以看出宋代之后的八百多年间中国知识人多么着迷于道德规范及其对人格发展的重要性。

最后一类广受欢迎的教材，是著名诗作的选集，以《千家诗》为代表。自从《千家诗》在13世纪末首度出现以来，共同构成这部热门著作的两部选集所收录的诗，就一再为世世代代儿童所念诵。值得一提的是，以诗作为启蒙书开始盛行，是在科举考试不再强调诗赋写作之后才出现的现象。这项传统之所以这么强大，有一种解释认为：在道学的道德观里，理想的人必须是个合乎道德的审美家。在我看来，另一种比较恰当的诠释则是，随着中国社会愈来愈多元，许多受过教育的人因此把文学训练视为人生中必要的元素。毕竟，教育的目的就是为了达成美好的人生。

6. 为女童和女性所编撰的启蒙教材及基础教科书

先前探讨的教材，几乎全都是男女童一致适用。尽管如此，由于两项显而易见的原因，这些著作并不足以对应传统中国女童的特殊需求。第一，这些教材的内容通常以男性为中心，目的在于为学生踏入官场做预备，但女性并不能当官。此外，这些教材里也很少看到女性的典范。第二个原因更为明显，从现代观点来看则令人担忧。这些教材通常把家庭与社会预期女性扮演的角色视为理所当然。众所皆知，传统中国女性在互补的两性关系中，向来必须扮演顺服的角色。因此，就女童的教育而言，几乎所有上面提到的基础教材都可以说是毫无用处。

另一方面，中国女性历史的现代研究指出，至少自明、清以来，女性在男性支配的社会里所扮演的角色，就已比过去认为的要积极得多。[89] 接下来，我们将检视

---

[89] Dorothy Ko（高彦颐）：*Teachers of the Inner Chambers: Women and Culture in Seventeenth-Century China* (Stanford: Stanford University Press, 1994)，是这种观点的首要代表，许多研究中国女性史的史学家也都支持这种看法。但必须指出的是，许多研究所仰赖的资料，都来自明代与清初的小说。这些著作可能反映了研究者对女性人生的观点，却不一定等于当时代人的认知。高氏此书已经翻译为中文，题为《闺塾师》。

专为女性所写的若干代表性教材。[90]

■《列女传》

首先谈谈刘向的《列女传》。[91]刘向、歆父子在中国经学史上扮演了重要的角色，也设计了第一套艺文书目的分类法。实在很难想象刘向竟然会撰写一部记述杰出女性的传记，但这部著作却是中国女性教育史上最重要的作品之一。严格来说，《列女传》并不是启蒙教材，现存的版本（分为八卷）可能也与原版不同，[92]但女童学过了先前探讨的启蒙教材之后，接着阅读的第一本书通常就是这一本。因此，把这本著作视为基础教科书可谓合理。

这部著作把"列女"的模范行为或恶行分为母仪、贤明、仁智、贞顺、节义、辨通、孽嬖，包括家传户晓的孟母三迁、殷纣妲己的故事，为后来教导女童基本行为规范的教材定了调。[93]《列女传》带有强烈的儒家色彩，目的在于向女性灌输天地为她们设定的角色：女性不得寻求参与男性的世界，而男性世界的基本观念则可见于较为进阶的经典、历史著作，以及严肃的文学作品。[94]《列女传》对后世的影响很大，也有许多后续之作。[95]

■《女诫》

在刘向的《列女传》之后，最著名的接续之作乃是班昭（41—约120）的《女

---

[90] 参考赵跟喜：《敦煌唐宋时期的女子教育初探》，《敦煌研究》，2006年第2期，页91–96。
[91] 下见隆雄：《劉向列女伝の研究》（东京：东海大学出版会，1989）；《劉向"列女伝"より見る儒教社会と母性原理》，《広島大学文学部紀要》，第50号（1991），页1–21。关于《列女传》本文及现代中文注释，见张敬：《列女传今注今译》（台北：台湾商务印书馆，1994）。
[92] 关于文本演变的过程，见宫本胜、三桥正信等编：《列女伝索引》（北海道：北海道中国哲学会，1981），页1–15。案：现存《列女传》本来就有续（第八卷），宋人曾巩说是班昭所做，《四库提要》认为不可靠。以后因为传抄续补，造成许多不同的版本。本处主要依据上面所引的张敬书。
[93] 班昭、刘歆（刘向之子）、曹植及其他著名作家都曾注释或研究这部作品。见《隋书》，33：978。
[94] 这部教材如何反映古文经的经学观，是一个需要探究的议题。
[95] 现在北京中国国家图书馆已经将注本《列女传》合印成10册的《列女传汇编》，由郑晓霞、林佳郁合编，于2007年出版。

诫》。[96] 班昭是中国历史上最有名的女性史学家，受过良好的教育。这部著作把女性刻划为彻底顺服的角色，书中共分七章，分别探讨"卑弱"、"夫妇"、"敬慎"、"妇行"、"专心"、"曲从"、"和叔妹"。作者显然把她对女性的规诫局限于"闺门内"。在班昭眼中，家庭之外没有女性扮演的角色。她描写杰出女性的特质，完全都是负面的表述：

> 女有四行，一曰妇德，二曰妇言，三曰妇容，四曰妇功。夫云妇德，不必才明绝异也；妇言，不必辩口利辞也；妇容，不必颜色美丽也；妇功，不必工巧过人也。

这部著作的基调，就是退缩卑屈的态度，而这种特质最适合以负面的言语描述。[97]

《女诫》在后续数百年间仍然持续为人研读，也不断再版，并且被称为"曹大姑的《女诫》"。曹是班昭的夫姓，大姑则是"长媳"的意思，因为她嫁的是曹家的长子。[98] 这部著作在十六七世纪特别盛行，当时的女性可能比较活跃，原因是明代道学威权主义所形成的社会文化对男性特别压迫。[99] 这是一个态度矛盾的时期，就像19世纪欧洲的资产阶级世界：彼得·盖伊（Peter Gay）所描述维多利亚时代的许多"充满侵略性的女性和满心防备的男性"。[100]

蔡邕的《女训》比较少有人知，也从不曾广泛流传。[101] 这部著作强调内在真正

---

[96]《女诫》全文可见于《后汉书》，84：2786。Nancy Lee Swann: *Pan Chao, Foremost Women Scholar of China* (New York: Russell & Russell, 1980, reprint of 1932 ed.), pp. 82–99；山崎纯一：《教育からみた中国女性史资料の研究》（东京：明治书院，1985），页75–106；雷巧云：《中国儿童文学研究》，页453–455。

[97] 班昭本身是杰出的历史家，所以应该不会反对女孩具备基本的读写与算术知识。广义的教育对于女性而言绝对是必要的。

[98] Swann: *Pan Chao, Foremost Women Scholar of China*.

[99] 关于《女诫》在晚明的热门程度，见Katherine Carlitz: "The Social Uses of Female Virtue in Late Ming Editions of *Lienü Zhuan*," *Late Imperial China*, vol. 12, no. 2 (1991), pp. 117–152。

[100] Peter Gay: *The Bourgeois Experience: Victoria to Freud, vol. 1: Education of the Senses* (New York: Oxford University Press, 1984), pp. 169–225。

[101] 这篇文章现可见于严可均校辑：《全上古三代秦汉三国六朝文》，"全后汉文"，74：9a（总页878）。

的美，主要探讨化妆与打扮的道德重要性与道德意涵。

■《女孝经》和《女论语》

魏晋南北朝时期没有女性教育的重要新作，但一般性的启蒙教材却大量出现。[102] 许多新作都写于隋、唐时代，我们至少知道 50 部教材的标题，都可在唐代正史的书目记录里找到，其中包括著名谏官暨史家魏徵（580—643）所写的一部教材。[103] 这些书中有两部留存至今，第一部是《女孝经》，由一名郑氏女子所写，但她的家族背景与名字已经失传，只知道她出身贵族家庭，而且这部著作曾正式送交朝廷核可。《女孝经》以《孝经》为范本，共有 18 章，在贵族阶级中显然广受使用，但在唐末之后即乏人问津。[104] 第二部是《女论语》，作者为宋若华。[105] 宋若华也出身贵族家庭，受过良好教育。这部著作共 12 章，全篇由四言句写成，其书名就显示了儒家色彩的内容，但此处还是有必要引述其中的一段文字：

> 男入书堂，请延师傅，习学礼仪，吟诗作赋，尊敬师儒，束修酒脯。女处闺门，少令出户，唤来便来，教去便去。稍有不从，当叱辱怒，在堂中训，各勤事务，扫地烧香，纫麻缉苎。若出人前，训他礼数，道福逊声，递茶待步。莫纵娇痴，恐他啼怒；莫纵跳梁，恐他轻侮；莫纵歌词，恐他淫语……[106]

这两部著作无疑都是儒家著作，为女性设定了极端的顺服性的角色，甚至可说

---

[102]《隋书·经籍志》记载了不少书名同样为《列女传》的著作，皆由魏晋南北朝时期的作家所写。著名经学家杜预也写了一本题为《女记》的著作，共 10 卷。书名最奇特的是《妒妇记》(或作《妒记》)，共 2 卷。与班昭的《女诫》一同列出的还有另五部著作，但这些不全都是童幼读本。这些著作大多都已佚失。《隋书》，33：978；34：999。

[103] 魏徵：《列女传略》，七卷。这部著作共有 10 章，实际上不是基础读本。

[104] 山崎纯一：《教育からみた中国女性史资料の研究》，页 107–152。

[105] 宋若华的妹妹宋若昭曾为这部著作撰写注释，而经常被人认为《女论语》的共同作者。此外，由于其他唐代文章都未提及这部著作，因此有些人质疑其是否真为唐代的作品。宋氏姐妹俱以文名，《新唐书》有传，但是欧阳修在《新唐书》把若华写为若莘，故后代也有把《女论语》的作者写为宋若莘。若华、若昭姐妹曾任唐政府的史官。她们和班昭应该是中国历史上仅有的三位知名女史官。

[106] 见山崎纯一：《教育からみた中国女性史资料の研究》，页 135–136。

是对女性充满压迫。其中有些女性日常工作反映了唐代的社会习俗：烧香可能是受到佛教影响的结果，但也可能是一种计时方式。最重要的是，这两部著作似乎都对女性的确切角色保留了一点空间，认为女性的角色并不完全受到男性的意志所决定。这两部著作比较强调女性弥补男性不足之处的责任（特权），例如对丈夫犯的错误提出告诫。在这样的观点下，《女孝经》于是公开提倡女童接受基础教育的重要性，《女论语》更是认为聪明的女性可以对"闺门"外的事务提供有用的意见。因此，这两部著作看待女性的观点，也就不同于班昭的《女诫》那种自我否定的态度。这两部著作经常以"同"字描述夫妻关系，班昭则是较常使用"不"字。

刘向与班昭的著作，加上《女孝经》和《女论语》，都是宋代广泛使用的教材，当时对女性的识字能力和基础教育都较为重视。不过，在整个宋代期间，专为女童编写的基础教材并没有重要的新作出现。司马光的《家范》属于较为进阶的读物（即家教读本），强调女童不该只学习基础的阅读知识，还应该研读《论语》和《孝经》等经典，也应勤于作诗。[107]

■ 明清时期

14世纪以来，出现了不少为女性教育而编写的新教材。明朝开国皇帝朱元璋（1368—1399在位）不但以钳制思想著称，也是《大诰》的编纂者。[108]朱元璋对女性教育颁发不少诏令，也下令编纂《女诫》，谴责女性干政的行为。[109]这部著作现已佚失，但朱元璋在这方面的兴趣促使明成祖（1403—1424在位）之妻徐皇后写下《内训》一书，是中国史上唯一出自皇后之手的基础教科书。这部著作共有20章，于1405年发表，在明代广为使用。[110]连同班昭的《女诫》、宋若华的《女论语》，以

---

[107] 司马光：《家范》（"四库全书"）。关于他对家庭教育的著作，见本章后续的探讨。值得一提的是，一个名叫徐伯益（生卒年不详）的写了《训女蒙求》一书。这部著作已经佚失，但《四库全书》的编者讥之为仅是常识性的著作。
[108] 见本书第四章第一节第七段。
[109] 《明史》，113：3503。另见《明太祖实录》，卷31，引自中国教育大系编纂委员会编纂：《中国教育大系·历代教育制度考》，页1128。
[110] 一名热心的官员因此在1530年上书建议于一座地方学校的校园里成立女童学校。见《明世宗实录》，118，引自中国教育大系编纂委员会编纂：《中国教育大系·历代教育制度考》，页1129。

及清初王节妇编纂的《女范捷录》，王相把这四部著作合称为"女四书"，这个书名无疑是模仿"四书"而来。王节妇是王相的母亲。按照张志公的说法："这类书少不了都是讲些'三从四德'，'男正乎外，女正乎内'那一套，无可作述。"[111] 他所谓的"三从四德"，指的就是《礼记》规范的妇德，在宋代以后尤其盛行。所谓"三从"，就是："妇人，从人者也；幼从父兄，嫁从夫，夫死从子"。至于"四德"，则是班昭所提倡的"妇德、妇言、妇容、妇功"。[112] 这么多为了教育女性而写的著作都在晚明之后出现，是个深具意义的现象。[113] 由此可见，新出现的颓废而富裕环境，使得具备读写能力与爱好文学的女性得以在教育圈里占有一席之地。[114] 可想而知，思想比较传统的儒家学者必然深感焦虑。尽管如此，在美丽又有学问的名妓柳如是、[115] 汤显祖的《牡丹亭》[116] 以及孔尚任的《桃花扇》[117] 所构成的世界里，博学又富有的江南文人发现胆识出众的歌妓在他们面前竟然不落下风，必然不免意识到自己鼓吹的顺服与退缩等妇德，与当时"充满侵略性的女性"可说天差地远。为女性所出版的许许多多善书，对照于大

---

[111] 张志公：《传统语文教育初探》，页47。

[112] "三从"出自《小戴礼记·郊特牲篇》及《大戴礼记·本命篇》。第二句引文（"男正乎外、女正乎内"）摘自《小戴礼记·昏义篇》。见朱彬：《礼记训纂》，11：405；44：880。"三从"的观念也可见于《穀梁春秋》和《孔子家语》；"四德"则出于班昭的《女诫》。

[113] 有些著名的作品出现于十七及十八世纪，包括吕坤和吕得胜的《女小儿语》（他们的《小儿语》已在先前提过）、吕坤的《闺戒》与《闺范》，以及蓝鼎元的《女学》。见山崎纯一：《教育からみた中国女性史资料の研究》，页31–45。关于吕坤，见 de Bary and Bloom: *Sources of Chinese Tradition*, pp. 896–898。关于蓝鼎元的《女学》，见纪昀等编纂：《四库全书总目》，98：16b。

[114] 近来的学术代表作是 Kathryn Bernhardt: "A Ming-Qing Transition in Chinese Women's History? The Perspective from Law," in Gail Hershatter et al., eds.: *Remapping China: Fissures in Historical Terrain* (Stanford: Stanford University Press, 1996), pp. 42–58。她指出，至少就女性权利而言，宋代女性享有的权利其实不逊于明末与清代的女性，因此所谓的"明清转型"究竟有没有带来真正的变革，其实不无疑问。关于以宋代至明代的变化——尤其是所谓的"资本主义萌芽"——为主题的重要中文著作，见肖（萧）黎：《中国历史学四十年》（北京：书目文献出版社，1989），页182、217–218。

[115] Kang-i Sun Chang（孙康宜）: *The Late-Ming Poet Chen tzu-lung: Crisis of Love and Loyalism* (New Haven: Yale University Press, 1991)。案：此书已经翻译为中文，题为《陈子龙柳如是诗词情缘》。另见陈寅恪：《柳如是别传》，三册（上海：上海古籍出版社，1980）。

[116] 令人欣慰的是，这部经典剧作因为白先勇、郑培凯等人的努力，近来在全世界备受瞩目。参见 Dorothy Ko: *Teachers of the Inner Chambers*, pp. 70–87 及书中各处。

[117] Richard Strassberg: *The World of K'ung Shang-jen: A Man of Letters in Early Ch'ing China* (New York: Columbia University Press, 1983)。

量受过教育的女性所表现出来的勇敢行为，实在是充满讽刺的对比。晚明的女性活跃现象在 18 世纪之后又随即沉寂了下来。一般人虽然习于把这种情形归咎于道学对女性的观点，但整体说来，道学思想对女性自信的议题并没有采取强烈的支持或反对立场。通俗的儒学正统观念其实扮演了比较重要的角色。

以上的讨论主要集中于企图为女性及女童灌输道德教诲的著作，而没有提及以教导字汇为主的基本启蒙教材。这方面的著作，如《女千字文》[118]或《女三字经》[119]，大部分都编纂于清代以及清代之后，因此不在这里加以讨论。[120] 清代如此热衷于编纂女性读本，也许是延续了明末清初女性的活跃所造成的男性焦虑。最早撰写中国女性史的陈东原指出，反对女性接受教育的运动其实到了清代才开始出现。[121] 不过，鉴于女性读本以前所未见的数量大幅出现，他的说法也许只适用于信念与规范方面。即便在明朝灭亡之后的清初，女性的专门书籍与读本仍有庞大市场。

---

[118] 这部著作据信编纂于清末，但作者不详。这部著作可见于周学熙辑：《周氏师古堂所编书》（周氏师古堂，1935—1939）。现代标点正文可以看余秉颐、李季林编：《孝道金言》（合肥：安徽人民出版社，2009）。

[119] 作者为清代的朱浩文。这部著作可见于章成榭编：《女儿书辑八种》（山东胶州，1901）。

[120] 本书也不探讨陈宏谋在这方面的重要努力。关于陈宏谋探讨教育的著作，见 William T. Rowe: "Education and Empire in Southwest China, Ch'en Hung-mou in Yunnan, 1733–1738," in Benjamin A. Elman and Alexander Woodside, eds.: *Education in Late Imperial China* (Berkeley: University of California Press, 1994), pp. 417–457。

[121] 陈东原：《中国妇女生活史》（台北：台湾商务印书馆，1965，重印 1928 年本），页 188–202。

第二节　家庭教育和家训

"家"是个具有多重意义的字眼。一旦谈到传统中国的"家",更是不可能提出简单的定义。在这一章里,我将单纯采取这个字眼的通俗用法。中国传统的"家"可以是核心家庭,或是家族,或指住宅,甚至是居住在同一个庄园里有所有成员,也有可能是宗族,这一切都可以称为"家"。[122] 儿童最早受到的影响无疑来自家里,来自与他有所接触的人,包括父母、奶妈、兄弟姐妹、祖父母,以及其他亲属。在富人或是官员的家族里,儿童则是从小就可能接触佣仆乃至房客、佃户或奴婢。

人格养成是教育理论和教育史的一项重要主题,但由于这方面和传统中国社会有关的研究极为少见,我无法详尽探讨这项议题。在这一节里,我将把焦点集中在文献记载较多的理论与轶事上,让读者得以窥见传统中国家庭如何形塑中国人的"教育"。

---

[122] Patricia B. Ebrey: "Conceptions of the Family in the Sung Dynasty."

1. 古代理论与理想

周初君王与家训的故事通常可见于作者存疑的著作里,如《逸周书》。[123] 尽管如此,我们还是应该记住,这类著作在长达好几百年的时间里,仍然广被中国人视为真实的历史文献,地位仅次于经典。世世代代以来的学者都认为这些著作里记载的是真实的史料,并且极为珍惜这些著作里的"家训"理想,也经常在自己的文章里引述这些著作的内容。因此,我们必须熟悉这些启发了中国家族教育思想的古代文献。

文王、武王与周公这三位周代初期的领导人,据说都曾为自己的儿子与臣属留下训示。在详细记述他们的教诲的文献里,以《尚书》中的《无逸》和《立政》两章最为著名。[124] 中国传统思想(特别是儒家思想)一向认为教育始自家庭。

《礼记》是下一部探讨教育的仪式意涵的著作,《内则》与《曲礼》两章详尽规定了幼童的教育。《易经》也有这样的内容,尤其是"家人卦",其中详述了家庭该如何运作。这些著作在传统上都被视为是真实的历史记载。[125] 当中的教育观念无疑都属于儒家思想,包括家庭中必须维系等级差异的关系("父父、子子、兄兄、弟弟、夫夫、妇妇"),才能确保家庭的运作以及与自然的互动。这些著作的特色在于详尽记载了行为举止的规范,而不在于对家庭行为规范的概念提出系统性的阐释。每人仔细扮演好自己在家庭结构里的角色,是社群和谐的关键要素。因此,像孝道这种比较抽象的观念,虽然被后代视为维系良好家庭关系的至高指导原则,也还没有出

---

[123] 即著名的《汲冢周书》,发现于四世纪,但这部著作的内容经常受到汉代以及汉代之前的学者引用。关于这部著作的探讨,见 David S. Nivison: "The Dates of Western Chou," *HJAS*, vol. 43, no. 2 (1983), pp. 481–580; Michael Loewe, ed.: *Early Chinese Texts*, pp. 39–47。另见范祥雍、方诗铭与王修龄等人的著作。"逸"指"非收录于经典者",因为许多学者都认为这部著作属于孔子并未选入《尚书》里的周代历史文献。

[124] 关于这三名传说中领袖的家教,见马镛:《中国家庭教育史》(长沙:湖南教育出版社,1997),页10–16。他们的家教极为著名,因此唐代的《太公家教》又称为《武王家教》。

[125] 英译见 Richard Wilhelm: *The I Ching or Book of Changes*, pp. 143–147, 569–573。

现在这三部著作里。

直到孔子的时代，比较全面性也比较详细阐释的孝道观念才开始产生重要性。《孝经》也在孔子的学术传统下出现。[126] 现代中国学者虽然经常认为孝道的概念充满压迫性，强调儿童对父母意志的完全顺服（秦代一份文献显示父亲有权杀死自己的子女），[127] 实际上孝道却带有某种程度的相互性（中国人所说的"报"，reciprocity），而这也正是中国社会关系的核心要素。[128] 以下摘自汉代一部著作：

> 为人父者，必怀慈仁之爱，以畜养其子，抚循饮食，以全其身；及其有识也，必严居正言，以先导之；及其束发也，授明师以成其技……冠子不言，发子不答，听其微谏，无令忧之，此为人父之道也。[129]

根据这种对于家中人际关系的认知，接下来将讨论中国历史上若干主要的"家训"。

2. 汉朝至魏晋南北朝期间的家庭教育和家训

《列女传》的作者刘向曾经写信给儿子刘歆，训示何谓正当的社会生活。他是汉代最早留下这种家训式信件的作者，信中反映了汉代认为宇宙中各种互动力量具有

---

[126] 《孝经》的作者与成书时间都充满争议。大多数学者认为这部著作是战国时代的产品，遵循曾子的经学传统。此一说法来自《史记》，67: 2205。

[127] T'ung-tzu Ch'ü（瞿同祖）: *Han Social Structure*, ed. by Jack Dull (Seattle: University of Washington Press, 1972), pp. 20–24。案：此书有中译，题为《汉代社会结构》。

[128] 有关"互惠"乃是中国社会正义的基础，见拙作 "Social Justice in China, Ideal and Practice in Sung China as a Case," in Walter Schweidler, ed.: *Menschenrechte und Germeinsinn-westlicher und östlicher Weg?* (Sankt Augustin, Germany: Academia, 1998), pp. 257–284。有关"报"的观念，可以参考杨联升（Lien-sheng Yang）有名的论文："The Concept of 'bao' as a Basis for Social Relations in China," in John K. Fairbank, ed.: *Chinese Thought and Institutions* (Chicago: University of Chicago Press, 1957), pp. 291–309。另外也可参考金耀基的好几篇讨论到所谓的"互惠性"（即"报"）观念的文章，特别是他的《人际关系中人情之分析》，收录于中研院编：《中研院国际汉学会议论文集》（台北：中研院，1981），页 413–428。

[129] 屈守元笺疏：《韩诗外传笺疏》（成都：巴蜀书社，1996），7: 661。

辩证关系的信念。他向刘歆告诫指出，好运本身就是厄运的开端，他要儿子把这点铭记在心：好运不可能凌驾于自然秩序之上。[130]

郑玄的《戒子益恩书》全篇收录于《后汉书》中他的传记里。[131]从这封信里，可以看到一个老人以沉思而彻底坦诚的口吻，写下了自省的文字。他引用《诗经》的内容，告诫儿子"其勖求君子之道，研钻勿替；敬慎威仪，以近有德。显誉成于僚友，德行立于己志"。

像这样的文章还有很多。[132]明显可见，自从汉代以来的中国史学家就认为这种文章在史料编纂中占有一席之地，因此也向来致力保存。这种文章不属于任何一种文类（至少还没被人立为图书分类的一类），只不过是根据儒家思想的家庭教育观偶一提出的评论而已。于是，这些文章的保存也因此而更显意义重大，并且预告了不久之后即将出现的状况。

实际上，紧接在汉代之后的魏晋南北朝正是中国家族教育理论暨实践历史上最出色的时代，这段时期尤其以中国历史上最有名的《颜氏家训》著称。不过，在我们把注意力转向《颜氏家训》之前，另外还有许多值得注意的重要发展，一方面是因为这段时期的经学教育已由贵族家族担负起来，不再只由官学垄断。

刘备（161—223）的《遗诏敕刘禅》，是他在223年遭遇决定性的大败之后，于临终之际所写的。刘禅是他的儿子。这份遗诏以"勿以恶小而为之，勿以善小而不为"这句话而著名。[133]曹操的若干命令与告诫也显露了他对自己25个儿子的行为与志向所怀有的关注与焦虑。[134]曹植（192—232）是令曹操最感失望的儿子，但后来却成了伟大的诗人暨文学评论家。我的用意不是要为家训或家庭教育的空洞提出讽刺性的注脚，毕竟人事的努力与宇宙的规律有它的辩证性，正如前面刘向所

---

[130] 刘向：《戒子歆书》，收录于严可均校辑：《全上古三代秦汉三国六朝文》，"全汉文"，36：11b-12a（总页330）。
[131] 《后汉书》，35：1709–1710。
[132] 见 T'ung-tsu Ch'ü: *Han Social Structure*, pp. 27, 28, 30, 260, 286。另见马镛：《中国家庭教育史》，页53–56、61–66。
[133] 《三国志·蜀书》，1：891。
[134] 曹操：《曹操集》，夏传才点校（郑州：中州古籍出版社，1986），页124–132、150、167、178–179。

说的一般。曹操的例子所具有的启发性,乃是家庭在形塑成员人格当中所扮演的角色,以及父亲对儿子无意继承父业所感到的苦恼:"吾昔为顿邱令,年二十三。思此时所行,无悔于今。今汝年亦二十三矣,可不勉与!"[135] 曹操未能引导儿子遵循父亲的志向,是否证明了他身为父亲的失败呢?曹植究竟是不把父亲的远大期望当一回事,还是选择以父亲所不了解的方式实现他的期望?

另外还有许多统治者也都留下了值得注意甚至极度坦诚的诫子文章,有些儿子并未把父亲的告诫铭记在心。多亏中国史料编纂的传统,我们知道非汉人统治者也留下了值得注意的"家训",这些非汉人的家训通常反映出较为军事性的志向,以及维持纪律和体力的需要。许多文明里都有"一枝箭一折就断,一束箭则难以折断"的故事,这个故事也同样出现在中国,首度记载是在吐谷浑国(285—591)的创立者身上。[136] 这是人类学上的一个著名主题(theme 或 leitmotif),也是中国家族教育的口语和写作传统中流传久远的一个主题。[137]

■ 魏晋南北朝与学术的家族传统

魏晋南北朝最具原创性的贡献,是在贵族的家族教育方面。政府教育在这个时期发展得极为快速,太学经常吸引数以百计乃至千计的学生,以当时中国处于分裂状态的情形来看,这样的数字实在非常惊人。贵族社会的上层家族为教育提供了长期发展的环境,大部分的贵族儿童都在家里接受基础教育。由于贵族家族的地位与财富,其儿童在家里因此得以获得比较完整,也比较循序渐进的指导。然后,他们再到政府的高等教育机构继续深造。

意义特别重大的是,经学在此时成了家族传统。汉代的"师法"与"家法"都不是以家族为基础,但魏晋南北朝时期的经学传承却产生了家族的面向。实际上,

---

[135]《三国志·魏书》,19:557。另见曹操:《曹操集》,页150。
[136] 司马光:《家范》,1:664。
[137] 成吉思汗的母亲也曾要求儿子折断一束箭。这项记载可见于著名的《蒙古秘史》。参姚从吾:《从阿兰娘娘折箭训子说到诃额仑太后的训戒成吉思汗——"元朝秘史"中蒙古掌故的研究之一》,《大陆杂志》,第22卷第1期(1961),页1-4;又收录于氏著:《姚从吾先生全集》(台北:正中书局,1981),第5集,页305-315。

知识与家族声誉及家族利益的关联愈来愈紧密。举例而言，在经学方面，自从贺珣在 3 世纪中叶于西晋担任高官以来，贺玚（425—501）的家族就以三礼闻名。贺玚在这项主题上的讲学尤其著名，经常教导数以百计的学生，他的两个儿子继承了他在这些经典方面的研究。[138]6 世纪的司马褧也以精通三礼著名。他的学问系向父亲学习而来，他父亲是北齐（479—502）太学的博士。[139]

家族教育在文学方面也显而易见。应贞（死于 469 年）的家族在三四世纪期间就以文学成就著称。[140]在史料编纂方面，家族传统至少从汉代以来即扮演了重要的角色，在宋代期间也一直是许多史学家的训练基础。[141]王淮之及其父王讷之与祖父王彪之，都分别在晋、南朝宋朝廷里任官，这种现象并不罕见。令人惊叹的是，他们世代相传一只"青箱"，当中存放着政府朝仪及当代史的记录。一般人认为，王家之所以能够在官场上无往不利，和他们家族这项秘密传统脱不了关系。[142]不过，这个时期最著名的无疑是裴家：裴松（372 或 360—451）及其子裴骃与孙裴子野（467—528）。裴松是《三国志》注本的作者；裴骃为司马迁的《史记》撰写了第一部注释；裴子野则著有《宋略》，是魏晋南北朝时期的"私史"之一。[143]

■ 书法的家族传统

家族教育在技能与技术知识的传递方面也显而易见。书法也许是其中最为重要的一项。实际上，大多数学者都一致认为，书法技艺通常是在家族里世代相传。[144]

---

[138]《南史》，62：1507–1508。

[139]《梁书》，34：567。

[140]《晋书》，92：2370。

[141] 见拙作《传统中国的历史教育——以宋代为中心》，尤其是页 4–15。另见中国历史文献研究会编：《中国古代史学家传记选注》（长沙：岳麓书社，1984）。《史记》与《汉书》这两部汉代的重大史书也都是家族传统的产物。

[142]《宋书》，60：1623–1624。

[143] 这部著作已经佚失。关于"私史传统"的探讨，见金毓黻：《中国史学史》，页 58–67。

[144] 金开诚、王岳川编：《中国书法文化大观》（北京：北京大学出版社，1995），页 417–439。这是研究书法"教育"最完整也最深入的著作，书中也指出了家族传统的重要性。我们可以想象画家也是以这种方式接受最初的训练。另见本章后续的探讨。

中国书法学者大多认为，把书面文字同时视为沟通符号与审美对象，是东汉才开始出现的观念，也许在二三世纪交替之际。不过，书法真正成为独立的艺术形态，其实始自4世纪，当时正值文学批评兴起，文学也致力于寻求被认可为艺术。[145] 书法艺术虽非王羲之（321—379）首创，但他造成的影响无疑强化了家族训练与教育的传统。他的书法学自两位同是名书法家的伯父。他的父亲王旷是卫夫人（铄）的杰出弟子，而卫夫人本身就是一大书法家族的后代。卫夫人也教过王羲之。王羲之成名后，则教导了自己的儿子王献之（344—397）。王献之并未模仿父亲，而是按照父亲的期望，发展出自己的风格，结果成了和王羲之一样杰出的书法家。王献之的弟弟在书法界也有相当的地位。[146]

王羲之的老师卫夫人所出身的家族，在官场与书法界也同样著名而且出色。卫氏家族居住在安邑（今山西夏县），于2世纪晚期开始出现大书法家。卫觊（约155—229）首开这项传统，并且受到曹操的嘉许。觊子卫瓘（220—291）继承父志，并且改进了他的风格。孙卫恒（死于291年）同样承继家族传统，兴趣在于理论方面。他写了《四体书势》这部重要著作，探讨家族教育在书法训练上的重要性。他的侄女卫铄（272—349），人称卫夫人，承继了他的技艺，并以教导王羲之而著名。于是，卫家在一百多年间主宰了中国书法艺术的发展，其中一名家族成员甚至还提出理论，说明真正的艺术为何只能在家族环境里长久流传下去。[147]

除了卫家以外，还有其他以书法传统著称的家族。我在此不一一讨论，但家族传统似乎一路延续到了帝制中国晚期。书法家族相互通婚，确保了这项艺术得以秘密传承，也是各大书法家垄断其技艺的重要方法。[148] 对于几乎所有技艺而言，家族

---

[145] 金开诚、王岳川编：《中国书法文化大观》，页422，该书中写书法教育的作者认为书法艺术的兴起和"人的发现"有关。以这种观点看待魏晋南北朝，自然呼应了布克哈特（Jakob Burckhardt）定义文艺复兴文明的名言。不过，这位作者引用了鲁迅和李泽厚的文字，指的其实是三世纪对于儒家"名教"的反抗与重新评估。中国历史上也许有过数次"文艺复兴"，西方也是如此：包括卡洛林文艺复兴、十二世纪的文艺复兴、十五、六世纪的文艺复兴时期，以及北方文艺复兴。
[146] 金开诚、王岳川编：《中国书法文化大观》，页434–435。
[147] 同上，页433–434。
[148] 同上，页435–439。

传统及其保护都深具重要性。明代以来有句著名的俗语"传媳不传女",就反映了这种态度。

■ 天文学与数学的家族传统

天文计算、数学、宗教教义与念咒(咒禁)等知识的传递,都属于家族关注的事务。阮元(1764—1849)在清初编纂的著作,收录了243篇著名天文学家与数学家的传记,其中约有150人都是汉初至清初期间的人物,而且这150人当中只有两人上过天文学与数学的官学,其他人不是由自己的家族训练而成,就是向技师学得相关技术。[149]魏晋南北朝期间,祖冲之(429—500)提出了当时全世界最精确的 π 值(圆周率),而他修订晋初历法的工作则由儿子承继。他的孙子也善于"算历"。[150] 王羲之一家都是虔诚的道教信徒,结果这个信仰导致他儿子王凝之(死于399年)死于叛军攻城当中。这起事件说来其实很不光彩——显然王家是相信"鬼兵"会救走他们。[151]

■ 颜氏家族的家族教育和家训

家族教育的传统伴随了供家族成员阅读的个人回忆录或日记。这种著作的大量出现,更见证了教育在家族里的重要性,贵族家族尤其如此。[152]这类著作有许多都是以信件的形式呈现,而且就像先前提到那些统治者写给儿子的信件,内容都是精简的告诫,[153]其中有两份信件较长,值得在此讨论:分别是颜延之(384—456)的《庭诰》与魏收(506—572)的《枕中书》。颜延之是南方的贵族后裔,卓有文名,《庭诰》

---

[149] 毛礼锐、沈灌群主编:《中国教育通史(第二卷)》,页196–197。
[150] 《南史》,72:1775。
[151] 《晋书》,80:2102。
[152] 这方面还有另一种文类也值得一提,就是日记。"日记"一词虽然最早出现于宋代,但记录个人的观点,尤其是评论旅程上的所见所闻,这种做法其实始于唐代。日记似乎是地理知识扩大之后的产物。唐末众多百姓往南方迁徙,促成了地理知识的扩增,在九、十世纪达到新高。见陈左高:《中国日记史略》(上海:上海翻译,1990)。
[153] 马镛:《中国家庭教育史》,页98–113。除了文中所列之外,另见马秋帆主编:《魏晋南北朝教育论著选》,页30–33、68–69、74–75、108–110(引自《晋书》,55:1496–1499)。

全文收录在他的正史传记里。[154] 魏收以探讨佛教与道教活动的文章著称，这篇文章收录在正史（《北魏书·释老志》）里。《枕中书》可见于他在《北齐书》的传记里。[155]

这两篇文章都具有文学作品的优美形式，内容则颇为俚俗，非常个人，也非常朴实。这两篇文章无疑反映了我们所谓的"儒家正统"，但并非在没有省思的情况下所写的文章，也可看出道教乃至佛教的影响，[156]反映出当时的思想潮流。由于当中的儒家色彩，这两篇文章因此都被收入他们两人各自的官方传记里。这些传记的编纂者都是唐初的史家，绝大多数都深受王通的影响。

不过，最著名的家训乃是颜之推（531—591）的《颜氏家训》。这部著作是中国历史上所有家训当中最著名的作品。[157] 颜之推的人生充满曲折，他本是梁朝官员，后来遭西魏（535—556）掳至北方，他逃到北齐（550—577），建立了崇高的名声，却又目睹北齐遭到北周（557—581）推翻。他在新成立的隋朝（589—618）继续担任官员，但职等比先前低了许多。他一生在事业上的起起落落，还有他对变化无常的世事所抱有的宿命观，都反映在《颜氏家训》里，其中对人生哲学及社会关系都提倡一种退缩的观点。表面上看起来，这部著作虽然可以算是儒家著作，宋代以来的重要书目却不曾将其归类于儒家项下。只要仔细检视，即可发现颜之推在这部著作里纳入了多种不同思潮，以及他个人对文学创作的兴趣。[158]

就此处的探讨需求而言，与其概述《颜氏家训》的内容，不如检视这部著作在思想活力逐渐衰退的贵族社会里占有什么地位。颜之推显然深深着迷于世俗的志向，尤其是官场生涯为人带来的财富与名声。他一再谈到这种事业目标，也讨论学习如

---

[154]《宋书》，73：1893–1902。

[155]《北齐书》，37：492–494。

[156] 颜延之在文章里提到"气"。这个概念在当时较常由道教或民俗宗教的思想家所使用。魏收的《枕中书》则引用了老子的《道德经》。

[157] 这部著作目前有极佳的中文"集注"本，见王利器：《颜氏家训集解》（上海：上海古籍出版社，1980）。读者可能也会想要参考周法高：《颜氏家训汇注》（台北：中研院历史语言研究所，1960）。王利器显然不知道有这本书。

[158] 宋代著名的书目学家陈振孙（生于1190年左右，卒于1249年后）将其归类为"杂家"，后代的书目编纂者大多沿用此一分类。采用传统分类架构的现代书目学者，也没有把这部著作列入"儒家"类里。不过，由于《颜氏家训》的影响力极大，堪称"家训之母"，因此通常列入一种特殊类别，称为"家训及相关作品"。在现存的著作当中，标题里有"家训"或类似字眼者，至少有120部以上。

何能够让人达成这类目标。旁的不提，学习至少可以让人在逆境里拥有不虞匮乏的生活。对他来说，研究学问只是一种职业，就像种田或养马一样。毕竟，人会想要学习，就是为了保护自己的生命与物质生活，因为学问是获得物质财富最容易的途径之一。他似乎总是心怀焦虑，觉得艰困的环境随时可能降临在人生中。这种倾向完全反映了他自己的个人经验。他这种现实主义的观点，使得这本著作备受后代许多学生的喜爱，因为他们都对颜之推这种实际又微带挖苦的人生态度深感认同。

颜之推对佛教的因果观念所抱持的务实态度，也是他把有用的观念纳入自身思想的另一个例子。这种务实态度忠实反映了中国早期的民俗宗教观。此外，本身的学问与自我形象未为世人肯定的人，也会被他那种世纪末的因果观或宿命观深感吸引。因此，《颜氏家训》的魅力乃植基于一种后代士人倍觉认同的人生哲学：即便当下的世界腐败不公，诚心与忠实终究还是会胜出。颜之推的人生观不算真正的宿命论：他其实抱有道德力量终将获胜的乐观信念，只是他对现实也有所体悟，不惜真切描写出过程的艰困。大多数的中国人都能轻易认同这种经验。

颜之推强调早期教育的重要性，赞成严格的纪律，并且声称儿童专注力较强，所以也比较容易受教。颜之推重视儿童以及家族的教育，其所带有的道德意涵，无疑与儒家传统一脉相承。至于学习的终极目的，他的观点同样合乎儒家信念；他更引用了孔子的名言，指称学习乃是为了自己（学以为己）。[159]

在中国的童年概念史上，魏晋南北朝是个重要时期。[160] 在这段期间，家族教育及其对人格形成的重要性受到了详细的研究，也出现许多为了家族教育而写的重要文章与家训，而且通常条理井然。这些著作当中，自然以《颜氏家训》为最重要的一部，堪称为中国的"众家训之母"，它总结了当时的潮流，并开创了这类文字所有的新发展。在这个把童年视为人生的一个独立阶段的时代，家族教育于是发展成为

---

[159] 王利器：《颜氏家训集解》，3：(《勉学 8》)165。Ssu-yü Teng（邓嗣禹），tr.: *Family Instructions for the Yen Clan* (Leiden: E. J. Brill, 1968), 8: 61。《颜氏家训》对魏晋南北朝的社会与文化史同样具有广泛的意义，但与我们此处的探讨没有直接的关联。

[160] 见拙作"The Discovery of Childhood"。

中国教育史不可或缺的一部分。

3. 传统中国中期的家族教育及家训

从隋朝统一中国到十 10 世纪这段期间，家族教育及家训文献趋于没落，[161] 反映了自从 3 世纪以来支配中国社会的贵族结构已逐渐衰微。唐代也把先前建立的许多国家教育机构开放给更广泛的人口。这种做法影响了教育的发展，尤其是家族在教育过程中所扮演的角色。隋、唐这两个文化多元的朝代，因为重视军事力量，所以不像魏晋南北朝期间的贵族那么注重教育。就家族教育而言，隋、唐两代并不是最具影响力的时期。

■ 历史与家族传统

魏晋南北朝期间最引人瞩目的发展，是历史知识的地位大幅提升。颜之推对中国历史博闻强记，但他提及过往的事件，主要都取自经典中的记载。他引用的例子，比较少出自"四史"——即司马迁的《史记》、班固与范晔（398—445）的两部汉代史书，以及陈寿的《三国志》。他较常引用当代的事件与轶事来证明他的论点，所以《颜氏家训》才会被视为当代政治与社会历史的重要参考书。

唐初致力于编纂"正史"的活动，反映了这个国际性的帝国所具备的势力与自信。这些正史与"三史"[162] 共同纳入科举考试，更进一步提升了历史知识的地位。唐太宗（626—649 在位）正是个例子。众所皆知，他非常重视史家怎么写他，[163] 他写了《帝范》一书，列出他要教导儿子——即后来的高宗（643—683 在位）——的

---

[161] 孙培青主编：《隋唐五代教育论著选》（北京：人民教育出版社，1993）选录了教育的主要论著，从中可见只有五篇文章（包括一首诗）算得上是"家训"（页 563–565、578–579、598–599、634–636）。另一方面，马镛则收集了数十篇为了教导儿童而写的文章与诗作。不过，这些著作大都少为人知，也几乎完全遭到后代的学者遗忘。因此，这些著作的影响力不免让人存疑。见其《中国家庭教育史》，页 155–183。

[162] 有关"三史"，请参看本书第二章注 284。

[163] Howard J. Wechsler: *Mirror to the Son of Heaven*, pp. 111–113.

12项重点，并且从包括经典在内的史书引用了许多例子。他对自己历史地位的重视，还有他对历史轶事的知识，在这部著作里都明显可见。

柳玭（？—888年左右）的《戒子孙》与《家训》是唯一受到后代读者注意的两篇文章。柳玭是晚唐的中阶官员，但由于出身于地位崇高的贵族家族，他特别关注家族传统断裂所造成的后果。[164] 他的叔公是名书法家柳公权（778—865），他祖父的传记特别提到他们的家族以"家规"闻名。柳玭也自豪地指出，自己的家世"本以学识礼法称于士林间，比见诸家于吉凶礼制有疑文者，多取正焉"。[165]

不过，唐代的诗人留下了许多诗作，提出他们对于该如何经营人生的个人看法。这些诗作通常相当朴实，重点在于教育如何能够让人获得舒适的生活。韩愈所写的两首诗尤其露骨：

> 欲知学之力，贤愚同一初。
> 由其不能学，所入遂异闾。……
> 二十渐乖张，清沟映污渠。
> 三十骨骼成，乃一龙一猪。
> 始我来京师，止携一束书。
> 辛勤三十年，以有此屋庐。
> 此屋岂为华，于我自有余。
> 中堂高且新，四时登牢蔬。……[166]

这时候，科举考试正开始扮演比较重要的角色，于是也有比较多的平民能够踏入官场。韩愈的态度正是当代社会期望的代表。

---

[164]《旧唐书》，165：4308—4310；董诰等编：《全唐文》，816：8a—10b、10b—12b。这两篇文章都可见于孙培青主编：《隋唐五代教育论著选》，页634—636。《旧唐书》的柳玭传记也记载了他祖母唐夫人的故事。唐夫人对婆婆的孝行，后来被收入了"二十四孝"。
[165] 董诰等编：《全唐文》，816：10b。
[166] 彭定求等编：《全唐诗》，341：3822；342：3836。

■ 贵族社会结构的没落

情况到了唐代末年开始改变。贵族社会的没落促成了新式社会结构的兴起。这时候，除了传统的贵族地位之外，个人还可利用其他社会支持力量达到出人头地的目标。到了9至11世纪期间，贵族的家族教育和官学教育都已告衰亡。中国南方由于远离北方的社会与政治动荡，也由于人口的大量迁徙，新的社会组织因此大规模成长，取代旧结构。

改变之后的环境，为新形态的教育创造了前所未见的机会。先前提过，书院的兴起就是教育需求变化所造成的一大后果。新形态的家族组织开始出现，表面上的建构基础是家系关系，实际上则是为了自我保护而以地缘邻近的血缘（同姓）家族相互结合，成为所谓的"宗族"或"家族"。早期的世族只是单纯依据原始的互助原则而建立，但新兴的这种社群团结却足以让世族的组织者认为自己延续了旧贵族的理想与生活世界。在教育上，这些宗族所做的第一件事，就是成立"书院"教育家族里的儿童。[167]

这种发展在长江中游最为鲜明，即当今的江西与湖南两省地区，先前提过的陈家就是这种新发展的代表，[168] 此一世族位于江州（今江西九江），因其书楼兼学校而著名。这所学校也许创设于9世纪末，到了10世纪末已发展为一所规模庞大的机构。在这所学校的发展过程中，陈家成员也开始汇编"家规"，以供住在江州的大群人口遵循。现存的家规，有两条与书楼有关，其中一条在先前已经提过：

---

[167] 有关科举考试与中国传统家族结构的关系，请看我于2009年在厦门大学的南强讲座：《科举与中国家族结构的改变》，《科举学论丛》，2009年第二期，页2—9。

[168] 阮志高：《江州陈氏东佳书堂研究》。东佳书堂的相关资料大多都可见于这部书里。另见郭子章：《陈氏族谱》（德星堂，1613），及后代若干编纂成果（1824、1840、1981、1936等）。佐竹靖彦：《唐宋変革期における江南東西路の土地所有と土地政策——義門の成長を手がかりに》，《東洋史研究》，第31卷（1973），页503—536（又收入氏著《唐宋変革の地域の研究》〔京都：同朋社，1990〕，页311—359）是一篇值得参考的日文文章。我本身的英文文章："Politics, Examinations and the Chinese Society, 1000–1500: Reflections on the Rise of the Local Elite and the Civil Society in Late Imperial China"，对于参考数据源有更详细的注解。

> 立书堂一所于东佳庄，弟侄子姓有赋性聪敏者，令修学。稍有学成应举者，除现置书籍外，须令添置。于书生中立一人掌书籍，出入须令照管，不得遗失。
> 立书屋一所于住宅之西，训教童蒙；每年正月择吉日起馆，至冬月解散。童子年七岁令入学，至十五岁出学。有能者令入东佳。逐年于书堂内次第抽二人归训，一人为先生，一人为副。其纸笔墨砚并出宅库管事收买应付。[169]

这么详细的规范，看起来实在不像是那么早期的产物。不过，两所学校彼此的分别，以及仔细规定的入学资格（例如年龄限制），确实反映了北宋惯常的做法，这两所学校想必能够收容相当多的学生。实际上，陈氏宗族的成员数到了976年已达3700人。

这所学校在10世纪与11世纪上半叶的名气，为家族投资的私人教育奠定了典范。先前提过，这所学校可以视为中国书院的原型。根据东佳书堂最早的"学记"记载，当中共有数十个房间，收藏数千卷书。此外，这所学校也拥有20顷田，田地的收入皆用于补助学校开支。

▨ 宗族与家族教育

陈家学堂并不独特——另一所规模近乎相同的学校位于豫章，同样也在江西省（今江西奉新），由胡氏家族或宗族创立。[170] 这所学校附设一座图书馆，收藏的书籍

---

[169] 有关这段引文的出处，请参见本书第四章注210。"学记"由徐锴（920—974）撰写。见董诰等编：《全唐文》，888：3a–4a。"书堂"一词曾在十世纪受到广泛使用，早于后来通行的"书院"，见拙作《精舍与书院》，页323–329。

[170] 本书中，家族和宗族视为相同的组织，不作区分。在英文作品里，宋代以后的这种新家族的组织形态，常常称为 lineage，受到研究南方（福建、广东及香港地区）社会的人类学家影响至深，往往认为必须有共同的祖产才可以叫做 lineage，一般中国学者比较不重视此点。我认为居住在同一个地区，而且是有血缘关系的才叫做家族，至于有没有共同的祖产至少在宋代时还不是这么重要。相反地，祠庙的有无可能较为重要。参看上面注168所引用的我的演讲。陶晋生教授提出宋代建设宗族使之绵延长久的组织为"士族"，其意相同，但由于它容易与魏晋南北朝的"世族"混淆，所以我尽量少用。参见陶晋生：《北宋士族：家族·婚姻·生活》（台北：中研院历史语言研究所，2001）。

超过10000本。这所学校甚至可能也招收女学生。[171]200年后，同样位于江西的陆九渊（1139—1192）与陆九龄（1132—1180）家族也采取了同样的组织原则。[172]我们稍后会再谈到陆氏家族。

这些家族的力量在于他们的教育活动，而他们也是创造世族这种新式亲族组织的先驱。陈"家"到北宋初已成长至将近4000名成员，全都住在一起，继续实践着共同生活的理想。[173]管理如此庞大的团体，必然是一件相当困难的工作。另一方面，许多官员对于陈氏世族的继续成长颇感疑虑，认为如此庞大的亲族组织可能对国家造成威胁。1063年，在文彦博（1006—1097）与包拯（1000—1063）等官员建议下，宋仁宗（1022—1063在位）于是下令解散这个同居而类似公社的家族。[174]此时距离陈氏家族最早的成员定居于江州以来，才不过200年左右。

其他知识人，如欧阳修、范仲淹与苏洵（1009—1066），则对依据"宗族"原则组织家族的做法带来了新概念。宗族建立在既有的团体社群地产上，唯有合乎经典规定的可穿孝服的成员，并且居住在同一地区，确实能够参与世族事务，才得以进入宗族。[175]宗族的兴盛与科举策略之间的共生关系，就是这种新式世族组织的核心，而这种组织特别可见于长江中下游地区。教育和参与科举因此成为世族成长与成熟所不可或缺的要素。

---

[171] 关于这所学校（经常也称为书院）的资料，见徐冰云等：《奉新古代书院》。关于这所书院的女性教育，见页 4。不过，江西教育学院的李材栋对此提出异议，认为这所学校不曾招收女学生。

[172] Robert P. Hymes: "Lu Chiu-yüan, Academies, and the Problem of the Local Community."

[173] 这种生活方式又称为"不分灶"或"同居同爨"。国家通常为这种家族授予"义门"地位。关于义门，见上引佐竹靖彦的文章（注 169）及 Richard von Glahn: *The Country of Streams and Grottos* (Cambridge, Mass.: Harvard University Council of East Asian Studies, 1987), pp. 164–165。有一篇文章以十四世纪的一家"义门"为研究对象，见 John Dardess: "The Cheng Communal Family: Social Organization and Neo-Confucianism in Yuan and Early Ming China," *HJAS*, vol. 34 (1974), pp. 7–52。

[174] Patricia B. Ebrey 把这种家族组织成为"公社家族"(communal family)，见所撰 "The Early Stages in the Development of Decent Group Organization," in Ebrey and James Watson, eds.: *Kinship Organization in Late Imperial China* (Berkeley: University of California Press, 1986), pp. 16–60。

[175] 大部分的宋代学者都认为"宗族"是亲族组织的终极形态，由于在科举策略、社群合作，以及政治经济方面具备优秀功能而成为后代的标准组织方式，但宗族主要却都出现在南方。在北方，族产从来不曾形成像南方那样的制度性组织。见 Myron Cohen: "Lineage Organization in North China," *JAS*, vol. 75 (1990), pp. 509–534。

范仲淹、欧阳修,尤其是岳飞(1103—1142),所接受的家庭教育,在中国历史上都极为著名。他们三人都是在父亲去世或父母离婚后,由母亲独力抚养长大。[176]这种女性在子女教育中扮演的重要角色,在宋代受到了史无前例的重视。毕竟,再婚现象在宋代颇为常见,并没有受到严厉反对。[177]女性的社会地位被承认,显然是促成家族教育重大发展的主要原因。

除了以上提到的三位,另外还有许多关于个人接受家庭教育的详细记载。准备科举考试显然是"家庭教育"的核心要务。魏晋南北朝与隋唐家族传统的贵族特性已告没落,新兴的文人(士人)家族为了巩固自己在地方上乃至全国的地位与影响力,于是致力培养后代通过科举考试。[178]如同第二章指出的,"科举策略"与宗族组织关系密切。由于宗族都是位于同一个地区而且具有家系关系的同居(公社)家族,因此地理条件也就取得了在前朝不曾有过的意义。家庭教育如果等于宗族教育,而宗族又成为形塑地方认同与地方生活的重要力量,那么宗族教育自然不免影响各地方的学术研究。自从宋代以来,学术的地理性(以地理名称来描述学术的特色,如濂、洛、关、闽)就成了广为接受的观念。[179]学术研究虽然向来都不免受到学者所在的地理位置所影响,史家却一向不重视这种议题。不过,由于读书人人数有限,所以也没有真正的地方学术可言。到了宋代,情况已出现大幅改变。学术分工已然成熟,世族制度也强化了这种新发展。

于是,宋代的家庭教育超越了核心家庭的限制。家训变得更有必要,其编撰也

---

[176] 寡母的角色在先前从来不曾受到强调。宋代自我形象的潜意识当中对于母性美德的重视,会不会是中国人总是认为宋代积弱不振的原因之一?道学反对寡妇再嫁的观点,是与此有关的一个例子。宋代有一则传说,后来在明代写成小说(《杨家将演义》),讲述的就是杨家12名寡妇率领部队攻击西夏的故事。

[177] 张邦炜:《婚姻与社会——宋代》(成都:四川人民出版社,1989),页65–97,指出宋代对再婚的行为相当宽容。禁止女性再婚的法律在数百年后的1311年才再度出现,原因是汉人文人要求蒙古统治者恢复这项法律。关于宋代的寡妇与再婚现象,见 Patricia B. Ebrey: *The Inner Quarters: Marriage and the Lives of Chinese Women in the Sung Period* (Berkeley: University of California Press, 1993),书中各处。Ebrey 比较不强调宽容的态度,而是指出当时再婚的合法性以及社会的接纳情形。

[178] 关于"文人"一词,见本书第二章注121。

[179] 关于学术地理性的研究,见何佑森:《两宋学风之地理分布》,《新亚学报》,第1卷(1955),页331–379。《元代学术之地理分布》,《新亚学报》,第2卷(1956),页361–408。事实上,中国历史写作中把"地方"当作是一个政治(行政区划)或社会的抽象概念,最早也是在宋、元之际才真正出现。

变得更有意义，这时候的家训不只以家族成员为对象，更是以广泛流传为目标。举例而言，范仲淹留有很多"家书"，[180] 由内容可知他乃是依循汉代与魏晋南北朝时代的写作传统。然而，这些信的对象极为广泛，算得上是宗族成员者都包括在内。贵族家族虽然也以共同祖先的家系关系为基础，撰写以庞大宗族为对象的家训，但这种家训其实颇为罕见。这点在先前探讨《颜氏家训》的时候就已提过。大多数人还是把写作的对象局限于核心家庭的成员。因此，这种范围扩大的现象乃是一项重要的发展。

■ 宋代的家庭教育传统

司马光（1019—1086）为儿子写了不少文章，也写了许多以一般读者为对象的文章。[181] 他对生子、婚礼与丧礼等家庭礼仪的观念，后来受到朱熹的吸收，而纳入了《朱子家礼》。这部著作在往后数百年间一直是这方面最具权威性的作品。[182]

司马光提倡的理想家庭教育，包括了节俭、早期教育，以及对仪式的正确奉行。他本着史学家的性格，经常援引历史上的例证。他虽然也引用经典的内容，例如《礼记·内则》，但他最重视的其实是从史书的实际案例中取得道德寓意。

《石林家训》是一部几乎同样闻名的著作，作者叶梦得（1077—1148）自称石林。这是一部比较没有受到儒家思想直接影响的著作，内容探讨个人道德培养、忠、

---

[180] 范仲淹：《范文正公尺牍》（"四部丛刊"）。
[181]《训俭示康》是广为人知的名文，几乎在他所有的文集里都看得到（见曾枣庄、刘琳主编：《全宋文》，第 28 册，页 563–565）。司马光其他论及家庭教育的文章还有：
(1)《家范》（"四库全书"；又收于"中国历代家训丛书"，题为《温公家范》〔天津：天津古籍出版社，1995〕，共 10 章）。
(2)《涑水家仪》(全一章，收录于罕见的《杨园先生文集》，由山东尚志堂出版于 1870 年；另有"说郛"本。"涑水"为司马光的尊称。这篇文章又称为《居家杂仪》)。
(3)《书仪》（"四库全书"），共 10 章。
可惜这些文章在过去并未获得太多注意。尽管如此，仍可参见陈汉材：《中国古代幼儿教育史》（广州：广东高等教育出版社，1996），页 163–174，周愚文：《司马光的家训内涵及其对宋代家族教育的影响》，《师大学报：教育类》，第 50 卷第 2 期（2005），页 1–12，以及 Patricia B. Ebrey: *The Inner Quarters* 书中各处。
[182] 关于这部著作以及家庭礼仪，见 Patricia B. Ebrey: *Confucianism and Family Rituals in Imperial China* 与 *Chu Hsi's Family Rituals*。

孝，以及家庭和谐的相关议题。他的另一部著作探讨的则是有关持家的实际议题。

宋代的各种家庭著作当中，最著名的当属袁采（约1140—1195）的《世范》。这部著作的标题虽然不起眼，却是宋代"家训"文类当中最有名的作品。[183] 这部著作系以上层社会为对象，但当时的阶级划分并不像魏晋南北朝那么明确。[184] 一般认为这部著作可适用于各式各样的人。

书中第一眼就足以吸引读者的内容，是有关持家的各项教训。这些教训从经济与财产的观点而言相当值得注意，但袁采更重视的是如何建立以及维系一个和谐的家。他也引用朱熹等其他学者在这方面提出的新思想，但基本上乃是依据司马光及程氏兄弟的观点。这部著作的关键教训有以下几项：一、家庭成员之间出现紧张关系是自然而且不可避免的现象，化解这种现象必须采取和阶级关系具有互补效果的互惠作为。二、袁采告诫读者切勿溺爱子女，他认为年轻男子应当从事正当职业，对于是否通过科举不该太过焦虑。以上这两种观念我们早已熟悉，可能也没有什么突破性，但现代学者伊沛霞（Patricia B. Ebrey）指出，袁采强调"家"在社会中的重要性，是个深具意义的论点。[185] 袁采的核心关注认为，家庭是政治经济中一个恒久的基本单位，而且个人也在家里扮演自己身为社会动物的道德角色。透过法律和道德的手段，家庭的经济应该受到维护，才能确保社会的和谐运作，这就是袁采文章的要点。他没有使用充满哲学意义的字眼，甚至连"孝"字都没提到，也没有讨论仪式。简言之，袁采使用的语汇也许和颜之推与司马光不同，而且他和司马光一样，著作中都看不到佛教或道教的影响，[186] 但当中世俗性且务实性的关注则完全相同。

由袁采朴实的忠告，可以看出在道学运动渐趋盛行的同时，儒学正统已开始发

---

[183] Patricia B. Ebrey 有一部著作以此为研究主题：*Family and Property in Sung China: Yüan Ts'ai's Precepts for Social Life* (Princeton: Princeton University Press, 1984)，书中收录了《世范》的全文英译。

[184] 宋代的社会生活缺乏严格的阶级界线，这项论点可见于 Ebrey 的许多著作，如 *The Inner Quarters*, pp. 202, 215, 258。

[185] 所以 Patricia B. Ebrey 这部著作的书名才会取为 *Family and Property in Sung China*。

[186] 司马光明白反对佛教，袁采则是对佛教毫无着墨。对他来说，学问就是儒学，儒学就是学问。

挥其影响力，陆游（1125—1210）的《家训》正是一个例子。这篇文章是不是陆游的作品有些争论，但是一般学者还是认为它是陆氏的作品。[187] 不管如何，这篇文章零散讨论了关于日常生活的若干议题，内容虽不太有家训的味道，但是充满教人为善的训示，因此反而与后代的善书比较相似，所以我说它带有儒家正统的意味。

以上讨论的著作，多多少少都是为了社会上具备识字能力的成员而写。就某种程度上，这些著作全都认为适切奉行仪式，是维持世族或家族组织团结的必要条件。朱熹大举重振了礼仪的研究，重新钻研经典中规范的礼仪。他的《朱子家礼》也在这种文类的发展史上占有中心地位。这部著作结合了各种古典礼仪观，汇集成条理分明的整体，并且带有足够的实用性，因此可轻易实践。不过，这部著作不是为了一般读者而写的。尽管其造成的影响极为广泛，文本本身却太过艰涩，不适合大众或单纯的家庭教育使用。

组织家族需要极高的纪律和管理技巧。陆九渊的家规也许可以说是明确呈现了家族管理的教育效果，但他的家族显然是遵循更严格的单一家宅规范，仿照先前提过的陈氏与胡氏家族的传统。[188] 这就是为什么陆氏家族获得了义门地位。这些社群亲族组织的"家训"所制定的行为规范，作用就像政府的法规一样。[189] 这些规范通常带有道德性质，对于在这种环境下长大的年轻人具有深远的影响。只要读过18世纪的小说《红楼梦》，即可知道红楼的世界里有多少不同类型的人物个性。这幅繁复的图象，足以反映出中国上层社会多彩多姿的人格与脾气。

家规与家训基本上相似，在明、清时代都极为常见。宋代思想发展的决定性转向造成了家训的广泛流传。明、清的家训著作并未偏离宋代的模范。[190]

---

[187] 见陆游：《放翁家训》（"丛书集成"）。这篇文章通常不见于陆游的文集里（包括"四库全书"本、"四部备要"本、"四部丛刊"本，及孔凡礼点校：《陆游集》〔北京：中华书局，1976〕）。大多数出版商之所以不把《家训》收入陆游的文集，就是因为这篇文章的真实性有疑虑。见于北山：《陆游年谱》（北京：中华书局，1961），页105；也参见庄桂英、张忠智：《陆游家训论析》，《应用伦理教学与研究学刊》，第2卷第1期（2007），页109–125。
[188] 罗大经：《鹤林玉露》（北京：中华书局，1983），丙编，5：323–324。
[189] Robert P. Hymes: "Lu Chiu-yüan, Academies, and the Problem of the Local Community", Hymes 几乎用上了所有关于这个家族的参考资料。但是，另见潘永因辑：《宋稗类钞》（台北：广文书局，1967，重印1669年本），4：5b–6b。
[190] 关于元代家训的其他信息，见张养浩（1269—1329）：《归田类稿》（"四库全书"），8：1a–2a。

■ 宋代家庭教育的显著特征

不过，在我们把焦点转向中国家庭教育发展史的最后阶段之前，容我先总结宋代的主要发展，并且提出若干结论。

首先，家庭教育已彻底染上道德纪律或甚至教条灌输的色彩：随着家训的内容愈来愈短，句子愈来愈简练，其中的孝、悌、和谐等关键概念于是变成以"规定"的方式提出，并且因其强制性而化为教条。于是，仪式性的行为也随之再次兴起。许多思想家都试图把这些仪式落实在日常家庭生活里。不过，"家庭"不但会成长为亲族单位，也是经济单位，主要目的在于保护亲族团体的和谐与有效运作。此外，这时的亲族团体经常都组织为拥有共同财产的家族。达成这种目标的最佳方法，就是提出有效的经济措施，并且实行成功的科举策略。

如此一来，也愈来愈少有家庭能够维持汉代与魏晋南北朝期间的那种家庭教育传统。随着家庭组织成"义门"或宗族，学术于是成为地方世系团体共同的关注。学术愈来愈具有地方色彩，不只是家族色彩。"学术的地理性"至此已发展出自主的形态，至少也已告成熟。[191]

此外，宗族的成长——尤其在中国南方——反映了科举考试愈趋重要的地位，及其对中国社会的冲击。所谓的"科举策略"影响了家庭教育的施行方式。就一方面而言，"家庭教育"至此已成为"家族教育"或"宗族教育"。宗族教育几乎可说是平民百姓向上层社会攀爬的真正基础，其重要性可谓仅次于通过科举。[192]

---

[191] 关于"义门"，见前注169；至于学术的地理性，见前注180。

[192] 这项说法的前提假设是平民也会组织为宗族，但这点端赖我们如何定义读书人（士人）：一个家庭里如果有少数成员取得合乎士人地位的声望与财富，同一家族里的其他所有成员是否也可算是士人？Patricia Ebrey 回避对此做出判断："袁采似乎暗示着：士大夫家庭里的儿子如果缺乏读书天分，也可学习医药或从商等技艺，而不至于严重损及家族的声誉。至于他的子女是否仍具有和士大夫平起平坐的地位，则并不清楚。"见她的 *Family and Property*, p. 89。我个人认为答案是否定的。

4. 透过家庭教育复制的儒家正统

在受到现代西方的冲击之前，中国家庭教育的发展方向系由两种现象决定。这两种现象分别为：强大的科举制度影响了社会期望；以及家族组织的兴起，把亲族网罗在地方上的社群网络里。由于这两种现象，在地方上势力强大的宗族因为能够培养出握有重权的官员，所以也就成了社会生活与变革的领导者。

换句话说，个别家庭开始和同一世系团体内的其他家庭密切合作，也与地方社群互相交流。这些家庭组成的宗族，就成了地方上的社群主体或领袖。

在这种情境下，家庭教育基本上就是大众教育，家训则像是劝善书。以下，我将探讨精英家庭的组织，及其在道德教导方面的功能。我不会深入检视这段时期这种教育的"正式内容"。不能不提的，则是"儒家正统"——更适切的称呼是"中国正统"——的形成。这种思想影响了社会上形塑年轻人性格的普遍方式。

■ 家庭教育和家庭财富

到了宋朝末年，道学思想运动的势力已足以对中国思想的语汇和价值观产生持久的影响。真德秀（1178—1235）是宋代最后一名道学思想家，他为后代留下了《教子斋规》这份家训，其中只有八个条款。[193] 第一条探讨的就是学礼，这是道学的至高关注，在朱熹之后尤其如此。其他七个条款的内容则包括学坐、学行、学立、学言、学揖、学诵、学书。每条都很简单，读来有叫人学静坐的意味，静坐在明代以后，也变成道学家很重视的修炼项目。

本段首先由著名的金华郑家谈起，其运作和四百年前的江州陈家极为相似。在

---

[193] 真德秀：《真西山教子斋规》，收录于陈宏谋编：《养正遗规》，收于《五种遗规》（杭州：浙江书局，1895）。另外还有一份较少人知的家训，是刘清之（1130—1195）的《戒子通录》。朱熹编纂《小学》之时，据说大量参考了这部著作的内容。

郑氏家族全盛时期，成员总共超过3000人。[194] 只要比较一下郑氏家族与江州陈家，即可发现两者之间有多么相似，而且"公社家族"的传统在宋、元期间历久不衰。反讽的是，这个家族后来也因为皇帝的打压而以悲惨的命运作结。从国家的观点来看，公社家族这种亲族组织显然具有潜在的危险性。由这两个家族的下场，可知"宗族"为何是比较可行的地方亲族组织形式。无论如何，郑氏家族在蒙古统治期间享有特权地位，后来之所以没落并且遭到解散，则是因为他们在朱元璋攻打金华的时候拒绝提供协助。

元代期间，郑氏"家族"在教育上相当成功，也被授予"义门"地位。其家训称为《郑氏规范》，流传极广。这份家训共有168项条款，大多数都是关于公社家族的管理事务。不过，约有三分之一的条款与教育议题有关。[195]

仪式是家庭和谐的核心要素，也深受重视。如同陆氏家族，郑家也会举行每日及半月一次的家祭集会，由所有成员共同参加。[196] 每日集会都会宣布正确行为的规范，而且这些规范都以负面表述（即列举过错应受何种处罚的条例）为特征。

郑家还维持了一所学校，招收家族成员中的所有儿童。就培养杰出的考生，使其踏入官场，以及培育管理公社事务的人才而言，郑氏家族确实非常成功。

最后一点，则是郑家在家族环境里正式设立的惩戒制度。其中一项条款显示了这个"地方社群"如何拿捏其与国家的关系：

> 立劝惩簿，令监视掌之，月书功过，以为善善恶恶之戒……
> （如有违反规范者，）家长率众告于祠堂，击鼓声罪而榜于壁……告官以不

---

[194] 有一篇研究这个家族的英语论文，见前注174所引John Dardess: "The Cheng Communal Family"。关于公社家族组织的规模，数千人显然是可行的上限。一个宗族从兴起到没落，前前后后的成员总数可能多达15,000人左右。见John C. H. Fei（费景汉）and T'sui-jung Liu（刘翠溶）: "The Growth and Decline of Chinese Family Clans," *Journal of Interdisciplinary History*, vol. 12, no. 3 (1982), pp. 375–408。

[195] "丛书集成"本；"学海类编"本（上海：涵芬楼，1920重印）。

[196] 关于陆氏家族，见罗大经：《鹤林玉露》，丙编，5：324。郑氏家族举行的典礼与此相似，典礼上的"仪式歌曲"显然基于陆家采用的歌曲。

孝论。[197]

有时候，族长甚至可以鞭挞家族成员。由此可见，家族就像是个小朝廷一样，几乎可说是国中之国（imperium in imperio）。

■ 明代的家训

吕坤的《宗约歌》，是一部以宗族成员为对象的作品。[198] 他以探讨家庭及基础教育的许多著作而闻名，他的形而上思想，正代表了晚明对程朱思想的反动。他极为关注实际的议题，也就是人如何在宗族组织的社群环境里追求合乎道德的人生。[199] 他因为抱持这种务实的态度，所以认为个人对于道德完善的追求会受到许多因素的影响。他呼吁重新振兴社学，就是一个例子。[200] 他意识到了大环境对教育的影响。这种认知非常重要，因为到了晚明时代，至少在中国南方，宗族的集体生活已大致决定了个人性格的成长：当然，个人仍是出生在核心家庭里，身边却围绕着各种亲疏程度不同的亲属。年轻人在人生初期阶段受到的影响都颇为相似——所有人都必须学习对应各式各样的繁复亲属关系，以表面上一致的方式加以处理。说到这里，不禁又让人想起密尔的名言：中国历史最后阶段的家庭教育，只是为了"把所有人都形塑成同一个样子"。[201]

吕坤以歌曲形式撰写家训的实验相当值得注意，他甚至以曲或谚语阐扬自己的观念，[202] 显然深知音乐在家庭教育中的重要性。

顾宪成（1550—1612）是东林书院及其政治运动的领袖之一，而他也著有一部广泛流传的"家训"。这部著作写于1611年，他的家庙落成之际。这部家训的内容

---

[197] 罗大经：《鹤林玉露》，页 3。
[198] 吕坤：《吕子遗书》，引自马镛：《中国家庭教育史》，页 332。
[199] Joanna F. Handlin: *Action in Late Ming Thought*, pp. 143–160.
[200] 吕坤：《吕子遗书》，3：14。
[201] 见上引 J. S. Mill 的话，在本章注 1。
[202] 以上关于吕坤的讨论，同样是基于马镛：《中国家庭教育史》，页 329–340。

系以道学的观点，阐释道德原则的形而上基础，以及这些道德原则在现实生活中的应用。他提倡内化顺服的美德，如此父母（尤其是父亲）与子女（尤其是儿子）即可自然而然达成和谐的关系。顾宪成认为，所有道德规则都随着生命的诞生而出现。道德是与生俱来的，可以产生完美的结果，前提是个人必须彻底顺服日常生活不可或缺的道德规范。道德尤其必须用于解决冲突，因为冲突是家庭生活中最大的恶。他以"香"或"熏"描述个人内化顺服习惯的渐进过程，经过这样的内化，父母即便提出极度不理性或不公平的要求，个人也会为之顺服。透过自我否定培养出绝对顺服的美德，将会"如香气散发"而激起父母的道德意识。[203] 顾宪成这种自我贬抑的顺服观，与他和若干东林学者在明代朝廷里抗议政治不公的强硬态度恰成鲜明对比。

另一名东林学者高攀龙（1562—1626）也写了一篇"家训"，建议初学者由朱熹的《小学》入手。这项建议反映了他对程颐与朱熹的哲学观点的偏好。[204] 不过，这整部作品的内容都是家训作家及读者熟知的基本原则，亦即如何达成没有悔恨的人生。其中有两点特别突出。首先，这部家训系以近乎白话的文字写成。这点与他的其他作品恰成对比，他的其他著作都展现了对语言和文体的高度修养。第二，他教导一种面对世界的防卫策略。相对于顾宪成，高攀龙的写作对象是平民大众，对于繁复的世俗事务也抱持着平静祥和的态度。

随着"家训"逐渐发展为一种文类，其内容于是愈来愈与善书相互融合，因为善书也是非常重要的平民读物。到了这时候，许多"家训"都已是为一般民众而写。过去三百年来最著名的家训，就是明末忠于明朝的道学家朱用纯（约1627—1698）

---

[203] 见其《虞山商语》，《顾端文公遗书》（台南：庄严文化，1995），页396–411。
[204] 高攀龙：《高子遗书》（"四库全书"），10：88a–95a。林继平：《明学探源》，页316–342，其中对高攀龙的研究相当值得参考。

所写的《朱子家训》。[205]他可能是把这部著作当成"善书",而不只是为了朱家本身的使用而编撰。

这部著作约500多字,但因为是以格律松散的散文写成,而且每个句子都写得像谚语一样,所以很容易背诵。由于这种谚语式的风格,因此书又名为《朱子治家格言》。这部著作受到陈宏谋(1696—1771)大力推广,于是成为中国家家户户最常见的挂幅,其中许多句子都深为中国大众所熟知。

这部著作探讨持家应尽的心思,包括如何处理家中的人际关系,如何实践孝道,如何祭祖、尊重阶级高低;还有节俭的重要性,包括如何要求适当的嫁妆、对自己继承的财产知足、避免兴讼与贪婪。此外,这部著作对于人间无可预测的不公现象抱持宿命论的态度。

当时也忠于明朝的另一位著名学者张履祥(1611—1674),同样留下了一系列被视为"家训"的信件。这些信件是为他的子女而写,后来集结成册,分为两章,书名为《训子语》。[206]他依循自己学术上的兴趣,强调了一般善书少见的重点:他认为儿童一定要接受优良的老师教导。书中一大部分都投注于探讨经典与道学典籍的学习,因此这部著作不太普及。尽管如此,他虽然一再主张适切的道德教育,并以道学的"天理"解释因果报应,但他谈到"财富、权力、贫穷与谦逊"的时候,却也表现出宿命论的态度。这种缺乏思考的陈述之所以会出现,原因是儒家世界观的诠释已不再为教育精英所垄断。

简言之,原始清纯的孔子的教诲到了明末已经成为相当一致化的仪式性的行为,不再容忍自由发明、解释的"正统"思想和意识形态了。

---

[205] 关于朱用纯的传记,见严可均:《朱致一传》,收录于氏著:《铁桥漫稿》(台北:艺文印书馆,1971,重印"丛书集成"本),《心矩》,4:7。另见朱用纯本身的《朱氏自传年谱》,可惜我找不到这本书。这部著作收录于陈宏谋:《养正遗规》,收于《五种遗规》(杭州:浙江书局,1895),卷下,页 6a–7b,题为《朱子治家格言》。这部著作有一份二十世纪初的英文译本,见 Evan Morgan, tr.: *A Guide to Wenli Styles and Chinese Ideals: Essays, Edicts, Proclamations, Memorials, Letters, Documents, Inscriptions, Commercial Papers* (Shanghai: Christian Literature Society for China, 1912), pp. 188–193. William T. Rowe: "Education and Empire," 页 442 提及这部著作。顺带一提,Rowe 把这部作品的作者误认为是元代学者(见页 454,注 99)。

[206] 这些信件收录于他的《杨园先生全集》。

■ 清初的传统家庭教育

清代"家训",比较属于持家手册(依循袁采的传统)的著作当中,最著名的应属张英(1637—1708)的《恒产琐言》。[207] 这部务实的著作反映了学者的地主生活,也论及投资土地如何能够发挥过往家族组织的功能,对子孙求取功名有所帮助。在17世纪的张英眼中,家族若要确保兴盛,除了必须在官场中占有一席之地,地产的适当投资与管理也是不可或缺的条件。

不过,这部著作采用的却是道德语汇,而非商业论点。张英把地产称为"恒产",他认为有恒产才有"恒心"——在孟子性本善的理论当中,恒心乃是核心概念。因此,即便是地产的投资也具有道德层面,而且是追求无悔人生的必备要件。

他的《聪训斋语》共有两章,阐释了他对家庭教育的看法。[208] 以下这段引文就足以概括他的思想:

> 读书者不贱,守田者不饥,积德者不倾,择交者不败。[209]

张英仕途顺利,子孙在科举考试中又表现杰出,于是他的著作也广受欢迎。他的儿子张廷玉(1672—1755)历仕康熙与雍正皇帝,并且负责教导雍正诸子,包括未来的乾隆皇帝在内。张廷玉是清代唯一配享太庙的汉人官员。如此显赫的成就,自然被视为证明了张英的智慧。

张廷玉也写了自己的"家训"。[210] 这部著作共有四章,显然也流传甚广。实际上,张氏家族极为显赫,其子孙到了19世纪仍有能力自行翻印张英父子的著作免费送人。

---

[207] Hilary J. Beattie: *Land and Lineage in China* (Cambridge: Cambridge University Press, 1979)。全文翻译见 pp. 140–151。
[208] 张英:《聪训斋语》(台北:新文丰出版,1984,重印"丛书集成"本)。
[209] 同上,1∶14。
[210] 张廷玉:《澄怀园全集》(台北:新文丰出版,1988,重印"丛书集成"本)。

撰写"家训"绝非儒学或道学士人的特权。佛教信徒在这方面也有所贡献。在我们先前探讨过的"家训"里,其中呈现出来的意识形态本来也都是各种思潮混合而成的结果,糅合了儒、道、佛三大教诲的色彩,这点在晚明之后尤其明显可见。傅山(1607—1684)只有一章的"家训"就是这项趋势的代表,他采取融合式的书写方式,恣意混杂使用"三教"的语汇,并且采用民俗的白话文体,明显以一般大众为目标读者。傅山是道教思想家,兼懂医术,他因为加入顾炎武的反清运动而著名,后来在清廷的监狱里绝食而死。

家庭教育、家训、追求财富积聚和管理的世俗成就,以及精明实行科举策略,都是通往昌盛、财富与声望的康庄大道。[211] 最后一部因为家族或世族的成功而广为流传的著名"家训",是曾国藩(1811—1872)的作品。他辉煌的事业成就毋庸赘述,他的家族命运也因此与晚清政府密不可分。他为了子女而写的著作都收录于《家书》里。他还写了一部两章的《家训》。刘广京有一篇很好的研究文章,详尽探讨了这些作品。[212]

《家书》收录了曾国藩写给儿子的三百多封信件。这部著作显然不是为了外人而写;由其篇幅判断,读者也必然有限。不过,这些信件以及当中的观念无疑代表了19世纪中国精英对于家族传统与财富该如何长久维系的观点。

必须进一步指出的是,曾国藩虽然是清廷的重要官员,但他看待家族事务的方式,却采取平民化的态度。[213] 这部书信集主要汇集了各种不须经深思的、常识性的正统儒家观点;换言之,这些信的内容并不是对规范性或纯粹儒家哲学的深入阐释。

帝制中国晚期的思想大幅偏离了宋代的儒学支配现象。所谓的"三教"成了大

---

[211] 另外还有许多此处没有讨论到的清代"家训",包括孙奇逢(1584—1675)的《孝友堂家规家训》,以及汪辉祖(1731—1807)的《双节堂庸训》。关于这些著作的详细讨论,见马镛:《中国家庭教育史》,页374—440。

[212] Kwang-ching Liu: "Education for Its Own Sake: Notes on Tseng Kuo-fan's Family Letters," in Benjamin A. Elman and Alexander Woodside, eds.: *Education and Society in Late Imperial China, 1600–1900* (Berkeley: University of California Press, 1994), pp. 76–108.

[213] 此处的"世族"与先前所提的世族不太一样,因为曾国藩的地位远远超越了世族的组织。身为族长,他的影响力远大于世族规范。他的"世族"如何运作,也许不足以解释他在书中谈到的许多问题,而且他提出的解决方案:在世族之外也可能有更大的重要性。家庭教育的重要性,系以其大众教育的成果所衡量。

众思想中最鲜明的成分，尤其是在平民遵循的道德规范里。这项发展已在其他地方探讨过，但在此必须指出以下这一点：科举文化虽然持续支配着显赫的家族，而且这些世族也依赖着科举策略和财产（通常是地产）的精明管理以维系其地位，但大多数的平民，就算身为大家族的成员，也都依循一套较为实用的规范。若要描述这套规范，以儒家的"礼教"言之最为恰当。以最简单的方法解释，这套规范就是儒家正统，[214] 但不是纯粹的正统，而是糅杂了各种思潮，形成一套复杂的实用观念，可用于处理人际关系。这套复杂的思想虽以儒家教诲为重心，但当中的平民元素却是源自各种不同思想。经过时间的演变，这些元素逐渐为儒家思想所吸收，并且融入其中。帝制中国晚期的许多家庭价值观都反映了这种世俗思想。因此，许多"家训"读起来就像善书一样。把儒家思想奉为圭臬的学者，如果一心寻求原始儒家经典中纯粹的价值观，也许会对"灌输"（indoctrination）的污蔑说法感到惊恐，从而认定这种家庭教育是象征儒家传统已走到终点的恶兆。当然，实际上并非如此。也许这种发展正见证了儒学之美：儒学深具包容性与可塑性，永远不断回应着外来影响，也依照环境的变化而转变自我，但又不至于丧失原本的核心价值或观点。不过，曾国藩去世之后不久，大家就发现儒学一旦面对自己消化不了的强大势力，也还是能够坚守立场，毫不退让。只是这种强烈的保守性是好是坏，那就是另外的问题了。

---

[214] Kwang-ching Liu, ed.: *Orthodoxy in Late Imperial China*, pp. 1–24。

第三节　技术教育

中国教育史的另外一个重要面向，是专门知识的传递。我们怎么学习算数的基本技巧？各种技术人员的技艺，是社会运作不可或缺的要素，但社会又是如何训练这些技术人员的？这些都是教育史的重要问题。接下来，我将概述若干学者在20世纪后期所搜集的材料，藉此提出两项论点：第一，家族传统在专门知识的传递中扮演了极为重要的角色；第二，儒家传统的教育实践与技术训练及学徒制度之间，存在相似的特性。

1. 汉代至唐代官学里的技术学校

由国家的观点来看，训练文书人员与吏员是良好治理的根本要素。在秦朝一统中国之际（前221），中国政府早已发展出极为繁复的官僚制度，需要吏员处理日常的文书及杂务。[215] 如此一来，也就需要以系统性的方式训练吏员。

---

[215] 张金光：《论秦汉的学吏制度》，《文史哲》，1984年第1期，页161–165，重印于中国教育大系编纂委员会编纂：《中国教育大系·历代教育制度考》，页310–316。

■ 秦、汉时代的"以吏为师"

历史记载显示，以吏为师的现象在秦、汉时代极为常见，可见这是最可行的教育实践暨社会流动管道。[216] 近来出土的一份秦代文件显示，只有官方指派的吏员可以使用"学室"训练学生。由此可见，政府可能也支持正式的吏员训练方案，只有合格的人员可以使用相关设施。[217] 其他证据显示当时还有各种规定，规范内容包括学校功课以及禁止吏员不当处罚学生。举例而言，"御"的训练必须四年才能完成。如果没有通过这个科目，学生就可能被勒令退学，担任老师的吏员也会被罚一"盾"（货币单位）。汉代延续了这套制度。著名的许慎指出，要学习成为军事指挥官（尉），就必须"讽籀书九千字"。[218]

使用官方设施训练吏员，可以视为一种实习制度。证据显示这种做法在汉代相当常见。实际上，汉代低阶官职可能包括了"学士"，应当就是学生，或特别是学跳舞的学生。[219]

吏员的训练也出现在家庭环境中。举例而言，严延年（死于公元前58年）向他担任丞相的父亲学得法律知识。[220] 另一个例子则是于定国（活跃于公元前1世纪），他也由父亲教导了法律事务。[221]

除了在官学环境里学习吏员的各种工作技巧之外，几乎没有其他数据显示官学

---

[216] "以吏为师"的现象仍可见于汉代末年。例子见《汉书》，84：3411。
[217] 近来的考古研究学者在睡虎地发掘了一部标题为《为吏之道》的秦代竹简，显示训练吏员是政府的一大教育计划。不知道"为吏之道"与"以吏为师"是否同一件事情的？
[218] 摘自许慎《说文解字》的序（上海：上海古籍出版社，1981，重印1815年段玉裁注本），15a：753。另见本书第六章注28。
[219] 案：《汉书》和《后汉书》，"学士"多处可见，很难确定是一种职位。但汉代作品，《东观汉记》，卷5（志）说："司马彪《祭祀志》：刘昭注引蔡邕表志，云：'孝明立世祖庙，以明再受命祖有功之义，后嗣遵俭，不复立，皆藏主其中。圣明所制，一王之法也，自执事之吏下至学士莫能知，其所以两庙之意诚宜录本事'。建武乙未、元和、丙寅诏：'书下宗庙仪及斋祀宜入郊祀志，永为典式'"。可见"学士"是比"吏"低的位置。复案：此处引文，亦见《后汉书》，卷99（志9），颜师古注。又，《毛诗注疏》，卷2，孔颖达正义引《周礼正义》说："学士，谓卿大夫诸子学舞者"。孔颖达这里引的是《周礼》，卷6。
[220]《汉书》，90：602。
[221] 汉书》，71：3041—3042。于定国甚至继承了其父的狱吏职位。

还经营了其他种类的学校。不过，可以理解的是，吏员技术涵盖了各式各样的知识，而且当时也还没有分工的现象。吏因此可能担负各样不同的工作，虽然其中最重要的部分应为处理行政文件，包括法律事务的文件。至于其他比较系统性的知识，则涵盖于太学的课程里。

■ 魏晋南北朝的政府技术教育

国家教育体系正式成立技术学校，可以追溯到227年，当时魏国（220—265）指派法学博士讲授法律知识。[222] 这种做法延续到了晋代与南朝的宋、齐。[223] 到了550年，在梁朝期间（501—557），[224] 政府再次设立博士职位，并且正式把法律知识纳入原本就已非常多元化的太学课程里。学习法律在当时似乎愈来愈热门。

医学博士的职位设立于443年（南朝的宋文帝元嘉20年），当时太医署辖下也成立了医学校。这方面的博士职位共有三项：医学、按摩与咒禁。这些博士必须担负教学职务，可能也负责行医。[225] 南朝宋（420—478）认为医学知识与史学及文学同等重要，医学博士的任命就是最重要的证据。史学与文学原本就都设有博士，也包括在国子监的正式课程里。不过，这项发展只持续了短短的十年，医学课程也在453年即告终止。然而，认为医学知识应当在教育中享有正式地位的观念，似乎已广泛获得接受。记录显示北魏也任命了博士与助教。[226]

一如南朝，北方朝代也为不同目的与等级的学习设立了附属学校。这些特殊学校当中，有些获得隋、唐的承继，并且在宋代壮大。法律学校就是其中之一。创立于227年的"法律博士"因此为南北朝代沿用，并且延续到唐代。[227] 另外还有数学

---

[222]《三国志·魏书》，21∶611。

[223] 见中国教育大系编纂委员会编纂：《中国教育大系·历代教育制度考》，页447。

[224] 见《南史》，6∶188。《南齐书》，16∶317；48∶838。熊明安：《中国高等教育史》，页119-120。由这些文献，可以看出南齐曾在491年考虑把法律纳入太学课程里，但后来没有实行。

[225]《隋书》，28∶776。

[226] 李林甫等：《唐六典》，14∶409。

[227]《三国志·魏书》，21∶611。关于中国的法律历史，请参见沈家本与程树德的著作。《魏书》，82∶1801指出北魏（386—534）也创设了法律博士的职位。

与书法等学校。[228] 只可惜，这些学校的实际运作都没留下什么记载。

■ 隋、唐时代的政府技术教育

到了隋代，技术学校的设立与管理已成惯例，一般皆由国子监负责管理。太医署设有两位博士，提供医学知识的传授，但其教学活动并不受国子监的监督。另一方面，书学与数学则都属国子监管辖。

唐代大致上延续了隋朝的国子监架构。[229] 法律学校设有一名博士，[230] 书法及数学学校则各有两名博士。医学仍然隶属于太医署之下，现在有了六名博士：医学、针灸、按摩与咒禁各一，另外两名则负责药园。除此之外，司天台更有24名博士，天文与历选各两名，刻漏则多达20名。[231] 结构方面的详细信息显示唐代政府不但重视儒家教诲，也相当了解专门教育的重要性。不过，如同以下将要谈到的，政府的专门教育对于许多杰出天文学家或医学家的事业似乎不是很有帮助。这些学校反倒在编纂方面扮演了重要角色。李淳风（602—670）主导编纂了十部算学作品（《算经十书》），也全面修订了陶弘景（456—536）的《本草》。尽管李淳风与官学没有正式关系，但这些工作却都在官学的积极参与下完成。[232]

专门学校（法律、医学及数学）的毕业生必须通过其专长的资格考试，才能进入政府服务。由于唐代的科举制度涵盖许多不同科目，因此和愈来愈受敬重的"进士"比较起来，专门学校毕业生的地位并不高。[233]

---

[228] 关于北朝太学收有专精数学的学生，最早的纪录可见于《魏书》，91：1955。不过，这项科目在官学里向来由史官教导，因为史官都精通于历算。书法学校可见于北魏与北周的纪录。见《周书》，47：838。关于现代的概要，见孙培青：《中国教育史》，页234—243。书中页243提到北周（557—580）曾设立数学，但我找不到确切的证据。另见高明士：《唐代东亚教育圈的形成》，页122—128、162—169。

[229] 相关细节请见本书第二章第二节第一段与第六章第一节第五段。以下概述的结构公布于629年（唐太宗贞观3年）。

[230] 唐、宋的法律教育有一篇值得参考的初步研究著作，见徐道邻：《唐宋时代的法律教育》，收录于氏著：《中国法制史论集》（台北：志文出版社，1975），页178—87。这篇论文也涵盖了唐代之前的法律教育。

[231] 关于这方面的概论，见 Joseph Needham and Lu Gwei-djen（鲁桂珍）："China and the Origin of Qualifying Examinations in Medicine"。

[232]《新唐书》，59：1547；《旧唐书》，79：2719；王溥：《唐会要》，82：1803。

[233] 关于专门知识考试的相关讨论，见本书第二章第三节第八段。

除了中央政府的医学训练机构之外，地方官学也从事医学教学活动。实际上，这些学校都被视为地方医科学校。每一州都必须设立一所地方官学，由政府拨付资金雇用教职人员，包括一名医学博士。[234] 我们很可能会以为这种形式结构只存在于书面上。不过，在中国西北方偏远的敦煌所发现的文件显示，在七八世纪期间，沙州（今甘肃敦煌）的边境要塞确实在官立州学里维持了医科学校的设施。令人惊叹的是，我们在一千多年后，竟然还能知道那所医科学校的博士姓名。[235]

2. 宋、辽、金、元的技术教育

宋、辽、金、元的技术教育和唐代大同小异，政府似乎也不确定究竟该把技术教育交由相关政府机构负责，还是该由国子监管辖。在王安石与后来蔡京的改革（1068—1126）之后，政府才把比较重要的职业学校都置于国子监底下。不过，随着科举逐渐发展，并且开始对社会与文化生活造成冲击，技术教育在国家整体教育方案中就变得可有可无。宋代是中国历史上把法律和医学教育直接置于正式教育机构辖下的最后一个朝代。就连过去一向属于国子监辖下的数学和书法教育，也在 12 世纪初期之后即告脱离官学。

■ 宋代

王安石在 1073 年于国子监辖下正式成立一所法学。由法律博士从事的法律教学，原本主要是大理寺的职责。[236] 随着律学的成立，"博士"的头衔也改为"教授"。现任官员与考生都可申请入学，政府尤其鼓励考生学习法律。实际上，这些政策就是王安石被指控为法家的主要原因。他改革科举制度，设立了明法科。这个科目似

---

[234] 李林甫等：《唐六典》，30 : 745–747。县级政府虽然也必须设立县学，但这个层级的学校没有医学课程。地方医学的设施于 619 年（高祖武德 2 年）下令设立，国子监也于同年宣布成立。见《新唐书》，49b : 1314。
[235] 高明士：《唐代敦煌的教育》，《汉学研究》，第 4 卷，第 2 期（1986），页 231–270。
[236] 徐道邻：《唐宋时代的法律教育》。

乎一路沿用到了南宋。[237]

法律学校在 12 世纪初废止，大理寺重新执掌法律学生的训练。[238]南宋期间，政府仍然偶尔举行刑法考试。这类活动必然由大理寺负责。[239]

这种现象也发生在医科学校。一如唐代，宋代的医学原本也下辖于传统行政机关：太常寺。王安石改革期间，针对这方面设立了一所独立机构，招收了 300 名学生，并且设有一名医学教授。由"教授"这个头衔即可看出改革人士企图让医学脱离一般政府的官署管辖，而这个目的终于在 12 世纪初获得实现。当时医学曾短暂归由国子监办理。按照推测，地方学校应该仍然持续开设医学的训练课程，但信息的缺乏显示负责官学的地方官员不太重视这种事务。

在下一个世纪里，医学训练的职掌数度换手。然而，科举倒是出现了一项值得注意的发展：为具备医学知识的考生增加额外的录取名额，藉此选拔医生。考生只要通过考试，即可担任医学职务——当时认为这种职位不属于流内官职。这项特殊考试由太常寺负责。1191 年，政府恢复太医署，于是医学训练的发展也就回到了原点：太医局是中国历史上第一所专门为了办理医学教育而设立的机构。[240]

在中国历史上，法律和医学既然从来不曾完全整合入一般的高等教育体系，无怪乎也就一直难以置于国子监辖下。相对之下，书法与数学的学校就向来都是国子监的一部分。

数学在 1104 年正式纳入国子监。这所新设立的学校招收官员与平民，学生人数设定为 210 人。学生在此研读重要数学著作，学习历算、三式、法算、天文。南宋

---

[237]《宋史》，157：3674 指出，在 1145 年（高宗时），刑法科的考试虽然持续举行，明法科却遭到废止。见徐道邻：《唐宋时代的法律教育》。

[238]《宋史》，157：3673。法律学生必须遵守太学的校规，唯一差别是他们如果考试成绩不佳，惩罚是罚款而不是退学。官员如果进入律学就读，可以不必强制住校。

[239]《宋史》，157：3674–3675。

[240]《宋史》，157：3689。案：最近在天一阁发现的宋朝《天圣令》里面保留了不少宋代专门学校（特别是医学）的数据可以参考。此书已经整理出版：天一阁博物馆、中国社会科学院历史研究所天圣令整理课题组校证：《天一阁藏明钞本天圣令校证》（北京：中华书局，2006）。

期间，太史局和翰林天文局都教授数学与天文计算。[241] 于是，在大约20年间，数学学校一度隶属于正式教育机构。在那之后，数学就再也不曾回归国子监的管辖。[242]

书法学校和数学学校命运相同，原本也是成立于国子监之下，后来又被排除于国子监之外。[243] 宋代还设立了专门的绘画学校，这是宋徽宗（1101—1126）个人兴趣带来的结果。这所学校的发展也与数学学校如出一辙。[244]

因此，认为高等教育也应涵盖医学、法律、数学等专门科目的理想，到了南宋已几乎消失。中国政府虽然持续训练政府机关所需的技术人员，但在12世纪之后，这种训练计划和进士的教育和选拔已不再具有平等地位，甚至已互不相关。说来讽刺，专门教育的没落，正发生于中国科学与科技发展臻于高峰之际。

■ 辽金元时期

辽金元时期的专门教育也经历了类似的发展轨迹。辽几乎没有留下任何政府办理专门教育的记载。[245] 另一方面，金则建立了仿照唐代的教育制度。医学训练机构教导十种不同科目，由太医署管辖。医学训练最值得注意的特点，就是毕业生本人皆可免除徭役，这原本是只有通过地方考试的考生（终场举人）才享有的特权。可见当时医学知识深受重视，也有着极大的需求。[246] 金政府也有天文学的训练课程，由司天台负责。这项课程招收15至30岁的学生，女真人26人，汉人50人。学生

---

[241] 这是1131年（宋高宗绍兴元年）的记载。见毕沅：《续资治通鉴》，109：2895。翰林天文局虽然名称中有"翰林"二字，但应该与翰林院无关，而且后来可能与太史局合而为一。占星学的学生共有50名，天文学则有10名。请注意，当时天文学与占星学的分别并不像当今这么明确。

[242]《宋史》，157：3686–3687。鲍澣之在1200年的一句话反映了时人对于数学学校遭到关闭的不满："九章算经亦几泯灭无传矣"。见他为《九章算术》写的序，可见于郭书春：《详解九章算术》（郑州：河南教育出版社，1994），页949。

[243]《宋史》，157：3688。

[244] 同上。又，徽宗皇帝也命令太学生应该习医学及道学。

[245] 至今仅存的少许数据显示辽代设有刻漏博士与翻译中国医学典籍的博士。此外，有些个别技术人员的活动也留下了记载。见程方平：《辽金元教育史》，页71–75。

[246]《金史》，47：1056；51：1153。这份文献也指出，其他的一般学生，也享有同样的特权。此外，正式的学校教育虽是常态，政府却也允许一般不系籍的学生每三年申请医学资格检定。一旦通过，他们应当也享有免除徭役的特权。

可以是官员，也可以是平民。[247]

元代的专门教育和南宋非常相似。司天监（成立于 1260 年）与太史院（成立于 1278 年）都有训练学生的课程，也有教授天文学知识的教授。司天监教授许多科目，学生人数为 75 人。太史院则主要负责编制历法，学生人数为 44 人。因此，主要的教育活动乃是由司天监负责。[248] 我们对这些机构的实际教学活动虽然所知不多，但从记录来看，蒙古统治者对于训练学生的数学与天文学知识显然相当热心。[249] 由于当时回历比传统的中国历法可靠，因此政府创立了回回司天台教导天文计算。

元代政府持续维系数学与法律学校的运作，但已不再如 12 世纪初期属于国子监管辖。[250] 在地方层级，占星学、数学与天文学的教学都混杂在一起，集中于一所称为"阴阳学"的学校教导。[251]

元代成立了一所特别的医学提举司，负责督导地方医学校的运作与资格考试，还有医学人员的训练。这个机构总共教授 12 项科目，毕业生必须通过三年一度的考试，才能担任朝廷里的医疗职务。[252] 元代政府非常重视地方医学校的功能与运作。早自 1281 年，元代政府就已下令要求学生到地方医科学校上课。这项命令保存于《元史·刑法志》里，可见元朝对于医学教育的态度有多么郑重。[253] 元代政府并且模仿中亚或阿拉伯的做法，成立医院般的机构，为穷人提供医疗服务。[254]

整体而言，元代政府对专门教育采取一种开明而严肃的态度。所谓开明，是因

---

[247]《金史》，51：1152–1153；56：1270–1271。课程内容包括历法编制、挑选婚丧吉日、根据《易经》卜筮、占星术（"三名五星之术"），以及所谓的"六壬"。关于金朝专门教育的额外信息，见程方平：《辽金元教育史》，页 75–79。
[248]《元史》，81：2034；88：2219–2220；90：2296–2297。
[249] 蒙古国子学在 1271 年成立之际，宣布设立此一机构的诏令要求学生也必须学习数学知识。见《续文献通考》，47：3212。另见黄时鉴点校：《通制条格》，页 79。又，方龄贵：《通制条格校注》，页 246–247。
[250] 熊承涤编：《中国古代教育史料系年》，页 603。博士的职位在元代之后似乎也告消失，至少法律学校是如此。
[251] 柯劭忞：《新元史》，卷 81 各处。另见马端临：《文献通考》，42：397–398。
[252] 见黄时鉴点校：《通制条格》，21：260–266。并见方龄贵：《通制条格校注》，页 589–601。关于地方医学，见庆元路（今宁波）与常国州（今浙江定海）的医学校珍贵纪录（记），袁桷：《清容居士集》（"四库全书"），18：10b–11b、15b–17a。另见马端临：《文献通考》，42：398，其中指称共有 13 项科目。
[253]《元史》，103：2636–2638。其中有一个段落记录了元代的"学规"。
[254] 汉人其实也有这种做法，但蒙古人可能是从中亚学来的。

为政府鼓励人民学习专门知识。国子监的学生首度必须正式学习数学。[255]国子监首任祭酒许衡，本身就是杰出的天文学家，对于元代的天文知识也有重大贡献。汉人对于天文知识的占星意涵深为执迷，蒙古统治者则没有这种偏见，而以开明的态度接纳学生及数学与天文知识爱好者的观念。这点与宋代禁止平民学习天文或阴阳术的做法恰成对比。

3. 明代的技术教育

元朝政府设立了一套繁复的技术教育体系，在中国教育史上前所未见。我们对于教授数学、阴阳术及医学知识的学校也因此获得了史无前例的大量数据。尽管这些学校大多都已不再受到教育部门的直接管辖，对中国专门教育发展的贡献却非常重要。相对之下，明朝政府在这方面就几无进展。明代是文学与经济发展的辉煌时代，但对技术专业的教育则乏善可陈。

明代专门教育最重要的特征，就是不再由国子监负责管理。天文学与占星学的训练，从此成为钦天监的责任。[256]钦天监的学生人数约在100至200人之间。[257]由于明代家业世袭的风俗，钦天监大部分的学生都是天文学家或占星学家的儿子。钦天监的训练课程没有留下多少记录，可见这所机构对于天文知识的进展没什么贡献。[258]

明代严格禁止私人研究天文学与占星学的知识，这点与元代也是一大对比。[259]简言之，世袭家族的社会结构，加上政府把训练课程交由非教育机构负责，显示中国统治阶级已放弃正式训练天文人才。

---

[255] 明代延续了这项做法。见后续的讨论。
[256] 其中教导的科目包括天文、刻漏与阴阳知识。
[257] 1479年（明宪宗成化十五年），共有170名学生进入钦天监学习天文学。
[258] 有关天文学的官方训练活动，大部分的信息都可见于俞汝楫：《礼部志稿》与《明实录》。我采用中国教育大系编纂委员会编纂：《中国教育大系·历代教育制度考》，页1121–1122，其内容乃是基于这两部著作。
[259] 陈遵妫：《中国天文学史》，第一册（上海：上海人民出版社，1980），页239–240。禁止私人学习天文学或占星学是中国历史上一再出现的情形，不只明代如此。

我们对政府训练数学家的情形所知更少。[260] 如同天文学，数学并不吸引大多数明代学者的兴趣。轻视数学的情形极为严重，[261] 虽然明太祖曾下令国子监学生研习数学，但看来成绩并不出色。[262]

国家医学训练课程的发展过程与天文学相当类似。明代初期也许设有医科学者，由医学教育官员负责督导。不过，这个职位在不久之后即更名为太医监，接着又改为太医院，代表了国家对医学方面的官僚制度与教育需求的关注。这所机构颇具自主性，设有医学博士，教授 13 个科目，招收的学生为 15 至 20 岁之间的医生之子。新进学徒必然多达数百人，因为 1440 年的一份报告显示，旷课人数多达 155 人。

太医监面对的问题与天文学课程非常相似。这两者的学生来源都相当有限，所以学术发展的成果通常颇为令人失望，尽管医学在明代仍然持续出现重要进展（参看下文）。

4. 自然学者与技术人员的教育

传统中国极少有关于自然学者与科技人员的信息，传记通常也不会提及他们接受的早期教育或训练。至于手册或训练课程，除了属于官学的之外，信息也极为有限。政府专门学校偶尔有些丰富的信息，但通常都是关于学校的经营管理状况，而不

---

[260] 这方面的信息只可见于《明实录》，这是一部汇集了大量参考数据的著作。还没有人针对这方面做过系统的研究。不过，仍然可以参见 Catherine Jami: "Scholars and Mathematical Knowledge during the Late Ming and Early Ch'ing," *Historia Scientiarum*, no. 42 (1991), pp. 99–109。这篇论文并未探讨数学教育的议题。

[261] 有的学者认为明代的数学有重要的发展，包括珠算的发达（具实用性）及西方教士传进的西方数学所引起的中西数学的交流。但是主流学者的看法是："中国近世期数学，由明初到清初，相当于 1367–1800 年，前后 400 多年，此期数学虽继承宋、金、元之盛，可是公家考试制度久已废止，民间算学大师又无人继起，是称中算沉寂时期。"参看骆祖英:《明代数学及其评价》,《自然科学史研究》, 第 17 卷, 第 4 期（1998）, 页 330–337。

[262] 明朝开国皇帝朱元璋在 1368 年就下令国子监学生接受数学知识测验，还有经学、书法与申论题的考试。他后来又再次重申国子监学生接受数学训练的必要性。明宣宗（1426—1435 在位）也下令国子监学生研习数学。详见李俨:《唐宋元明数学教育制度》，收录于氏著:《中算史论丛》, 第四集（北京: 科学出版社, 1955）, 页 238–280（见页 279–280）。

案: 有关中国数学教育史，最近出版有许多新书，比较重要的是马忠林、王鸿钧:《数学教育史》（桂林: 广西教育出版社, 2001）。

是教学内容,所以也没什么帮助。因此,以下的评论主要是作者个人的省思。

■ 书法的家族传统

许多中国科学家与技师的成就,可能都是出自先天对自然的兴趣或好奇。但除此之外,接触书本的机会、个人的经验以及家族传统则是获取科学或科技知识最显著的管道。

家族传统是幼童对自然产生兴趣最显而易见的因素。本章先前已探讨了魏晋南北朝期间家族传统在书法艺术传承上的重要性,尤其是王羲之一家。先前也提过的卫氏家族,在3世纪初至5世纪初经历了四个世代,至少也和王羲之家族一样著名。实际上,在王家的家族传统确立之前,王家许多成员都是向卫家学习书法。魏晋南北朝是中国书法艺术的成形时代,当时许多显赫家族都把书法艺术视为教育的一大重点。晋朝所谓的"四大家族",全都深受卫家的影响,也都接受过卫家的教导。

唐代的欧阳家族也极为著名且深受敬重,其中最知名的是欧阳询(557—641),他的作品不但保存至今,也广被模仿。当时有个说法,把欧阳父子比拟为两位著名经学家,即汉代研究《尚书》的两位夏侯。[263] 8世纪另一位名书法家颜真卿(709—785),也是出身自源远流长的家族传统,他的曾祖父、祖父、父亲和母亲(殷氏)都工篆隶书法,六世祖可以追溯到颜之推,即著名的《颜氏家训》作者,可见一斑。[264]

宋代期间,书法传统持续在家族成员之间传承,最著名的是苏洵及其二子苏轼与苏辙。他们的文学成就广为人知,但极少有人知道苏家的书法技艺也同样杰出。稍早之前,苏舜钦(1008—1048)及其兄苏舜元(生卒年不详)也因身为书法艺术家族传统的著名成员而备受敬重。此外,元代初年的赵氏家族产生了伟大的书画家

---

[263] 见本书182页表4。
[264] 颜真卿的生平除了可看新、旧《唐书》的本传之外,还可以看许多其他的材料。台湾的张文杰认为琅琊颜氏可以上推到晋朝的颜含,注《汉书》的颜师古也是颜真卿的祖先。这些都反映了唐中叶以前的贵族社会家传学术的特色。见张文杰:《琅琊颜氏与〈颜氏家训〉》(中兴大学网页: http://web.nchu.edu.tw/~denwu/readbook/read4.htm)。

赵孟頫（1254—1322），也代表了13与14世纪的这种历史传统。

明代最著名的书法传统以吴派（今浙江）为代表，主要人物为文徵明（1470—1559）及其子。稍早之前，沈家也相当著名。

书法家也许是特殊案例。他们持有精英式的世界观，特别重视以教育保护家族声望，并且认为书法是儿童教养过程中不可或缺的一部分。婚姻策略也是巩固或维系家族传统的重要因素。不少例子显示，联姻可以是一种传承艺术卓越成就的方式。对于这种家族策略，中国书法历史的研究者可以追溯到汉代的诗人暨书法家蔡邕。根据他们的说法，蔡邕的技艺经由他的独生女蔡琰（一般称为文姬）传承了下去。[265] 根据传说，这项技艺透过她而传给了钟繇（151—230）。钟繇与卫家首位书法家是同时代的人，而且彼此为竞争对手。[266] 因此，婚姻关系早自许久以前就已是书法教育的一部分。这种现象在魏晋南北朝期间更是鲜明可见。王羲之的家族向卫夫人学得书法技艺，后来这两家也结成亲家。王家还与另一个同是书法望族的郗家通婚，因此王家也就成为书法界里最显赫的宗族。

婚姻"策略"在贵族社会衰微之后也随之没落，但保存家族技艺的需求仍是专门教育当中极为重要的一部分。[267]

■ 历史写作的家族传统

家族传统对于史学的传承也非常重要。先前在本章与第三章里已提过若干家族，[268] 当时的讨论都是针对魏晋南北朝时期。这项传统可追溯到中国历史写作之父：司马迁（前145—前86）。其父司马谈（生卒年不详）起头撰写的作品，后来成了中国朝代史的标准。公元1世纪，班彪（3—54）及其两名子女班固（32—92）与班昭，都是《汉书》的著名作者。在魏晋南北朝与唐初之后，传统的"家族学问"也

---

[265] 文姬是中国文学史上的大诗人，也因为与匈奴共同生活了许久，而对他们认识极深。她也是若干中国戏曲里的传说人物。举例而言，见庄一拂：《古典戏曲存目汇考》，页440。
[266] 郭沫若指出，蔡琰的第二任丈夫姓卫，也许和此处提及的卫家有亲属关系。
[267] 以上的探讨大致采用金开诚、王岳川编：《中国书法文化大观》，页428—439。
[268] 见本书第三章第三节第七段。

许已经没落,但由于历史写作仍是科举考试的其中一个科目,因此持续具有吸引力,为家族教导史学提供了充分的理由。因此,在七八世纪期间,刘知几(661—721;首位历史编纂学思想家暨《史通》作者)及其子刘秩(生卒年不详;著有一部制度史,称为《政典》)也广为闻名。宋代期间,无疑以四川李家最为著名。编年史家李焘(1115—1184)著有《续资治通鉴长编》,育有五子,其中李垕(生卒年不详)长期担任史官,李壁(1159—1222)则是若干官方文献选集的编撰者,他们父子三人即是李家最著名的成员。[269] 范祖禹(1041—1098)因协助司马光编纂中国史上最著名的编年史《资治通鉴》而闻名,本身也著有不少重要史书。在他的教导下,儿子范冲(1061—1141)也成了杰出学者,负责为他父亲的资助人编辑其文集。

实际上,家族传统之所以成为中国学术史上的一大特征,地理分工也是一项重要因素。在后续的探讨中,我们将谈及学术地理的问题,但此处暂举一个例子,证明世族这种带有地方色彩的亲族组织如何延续了史学的研究。我们将检视一个世族,即宋代吉州(今江西吉安)的欧阳家族。欧阳家族的传统始自欧阳修,他是著名的正史编撰者,也是显赫的官员暨散文家。他的儿子欧阳发(1040—1085)因父亲的庇荫而不经科举即得以进入官场,并且承袭父亲的兴趣,撰写了一部宗谱著作,以及宋代两个政府机构的年表。欧阳修的第三子欧阳棐(1047—1113),则因着有数部通史与宋史的重要年表而著名。[270] 这个家族传统一路延续至第三代。族人欧阳忞(活跃于11世纪末)撰有一部留存至今的著名地理著作。[271]

到了元代,司马光《资治通鉴》的知名注释者胡三省(1230—1302)受父亲胡

---

269 王德毅:《李焘父子年谱》(台北:台湾学术著作出版奖助委员会,1963)。
270 欧阳父子三人的信息可在正史中轻易找到,至于欧阳发的历史著作,见当地方志,摘录于拙作《宋元书院与地方文化:吉州地区学统与民间宗教试析》,收录于杭州大学历史系编:《徐规教授从事教学科研工作五十周年纪念文集》(杭州:杭州大学出版社,1995),页26–49,见页36,注1。又,本文经修改后另行出版,改题为:《宋元书院与地方文化:吉州地区书院、学术与民间宗教》,《湖南大学学报(社会科学版)》,第20卷,第6期(2007),页5–15。
271 宋代文献里见不到欧阳忞的记载。其名作《舆地广记》的提要请参看 Yves Hervouet, ed.: *A Sung Bibliography*, pp. 129–130。关于江西吉州欧阳家族的一篇日文文章,见小林义广:《宋代吉州的欧陽氏一族について》,《东海大学纪要(文学部)》,第64辑(1995),页75–90。地理分工或专门知识的集中,在传统中国教育中也相当重要,是个值得深入研究的主题。

钥笃严格训练，因为他父亲一直对司马光的这部著作深感兴趣。他要求胡三省一定要为这部著作撰写注释，后来他也的确实现了这个目标。

史学的家族传统到了 13 或 14 世纪已告发展完成，无法再维系家族的名誉。当时如果还有家族传统，那么与其说是出自对学术追求的渴望，不如说是因为地理位置或时代的巧合。尽管如此，家族或宗族仍是学童最早对学术研究或历史产生兴趣的学习场所。[272]

▪ 天文学与数学的家族传统

在科学或科技的研究领域里，家族传统也扮演了重要角色。崔寔（活跃于 2 世纪）是天文知识的显例，他的祖父和父亲都以书法有名，而父亲更熟悉天文。[273] 不过，家族传统仍是在天文学与数学这两个领域最为重要。何承天（370—447）与祖冲之（429—500）就是魏晋南北朝期间的两个例子。两人出身的家族都有研究数学与天文学的传统。

唐代期间，印度裔佛教徒瞿坛悉达（约 670—730）因为出任官职与翻译梵文著作而对中国天文知识贡献极大。他的家族成员大多也都活跃于同一领域里，代表了印度科学家对中国数学与天文学的重要贡献。另一个类似的例子是可能出身中亚血统的曹士蒍（活跃于八九世纪期间）。他为唐朝政府编纂了一套合乎当时需求的新历法。他接受的训练，主要来自其家族在天文学方面的专长。

唐代之后，家族传统在年轻数学家与天文学家的训练及教育当中所扮演的角色渐趋式微。宋代各大数学家似乎都不曾受益于家族传统。元代的大天文学家郭守敬（1231—1316）是少数例外。他幼时与祖父同住，而从祖父那里学到了基本的数学知识。他的祖父专精数学，并且激发了郭守敬对天文观测的兴趣与热诚。郭守敬也许

---

272 请参见拙作《传统中国的历史教育——以宋代为中心》。关于特定史家的传记，见中国历史文献委员会编：《中国古代史学家传记选注》。
273 崔寔的父亲与祖父的传记可见于《后汉书》，52：1703–1733。见杜石然：《中国古代科学家传记》，两卷（北京：科学出版社，1992），第一卷，页 96。在后续的段落里，几乎所有科学家与科技人员的信息都取自这部作品，所以不再额外加注。

是从家族传统习得天文知识的最后一个代表。

天文与数学知识的家族传统虽然到了宋、元期间已告消失，[274]在医学方面却历久弥坚。实际上，医学是唯一一门高度依赖家族传统的科学。

■ **家族传统与医学**

汉代的顶尖医生，如张仲景（约151—219）与华佗（约生存于2至3世纪期间），虽然并未受益于家族传统，但其他许多人却都依赖家族的训练。到了6世纪，家族传统已成为培养年轻医生最重要的因素。陶弘景（456—536）就是个例子。他是重要的道教思想家，也是医学理论家。他的家族在医学知识的学习与承袭方面有着源远流长的传统。

医学研究的兴起受到了唐朝政府的认可。唐朝政府对医学人员的教育和训练采取了系统性的措施。唐代的地方学校开始设医学教育课程，并且开始举办医生的资格测验。[275]因此，大部分的执业医生除了在家族里学习之外，也可能在这些机构里受过训练。这项发展持续到了宋、元时代。政府的医学校在医生的训练当中是否扮演关键角色，虽然没有确切的结论，但国家机构确实对医学的提倡有所帮助。宋朝政府资助了若干药典的修订与编纂，也提倡了其他医学训练课程。在家族里接受训练的著名医学作家包括了小儿科专家钱乙（1032—1113）与药理学家唐慎微（约1056—1110）。宋代末年的妇科疾病专家陈自明（1190—1270），也是在家族里学习成才。

与此同时，在金朝政府统治下的中国北方，医学却成了一种极为复杂的秘传学问，而且其传递完全处于家族传统之外。在中国北方，成群的医生都深受一人的影响——即自称无师自通的刘完素（活跃于12世纪）。他的门徒包括张从正（1156—1228）、李杲（1180—1251）与朱震亨（1281—1358），其中朱震亨乃是刘完素的再

---

[274] 明代的政府规定世袭职业，特别是技术方面，但家族传统似乎并未因此而发达起来。明代钦天监（参看本章第三节第三段）对天文学的教育因此没有甚么贡献。

[275] 见前注232，其中引用了 Joseph Needham: "Origins of Qualifying Examinations," pp. 379–395.

传弟子，这些人都与政府机构没有关系。[276]

先前提过，医学科学受到了元朝政府的特别重视。医学的家族传统也就在这个时期更为明显可见。危亦林（1277—1347）的曾祖父是出色的医生，祖父与叔祖都学医，父亲与叔伯也都是医学专家。危家绝对是医学领域里最显赫的家族，其家族传统也不禁让人联想起魏晋南北朝在书法领域出类拔萃的卫氏与王氏家族。此外，危亦林的家族又更不容易，原因是这时候已没有贵族社会结构可供维系家族传统。危亦林本身后来受聘进入太医院担任博士。

家族守世业的风尚在明代得到复兴，因为世袭家族政策令出生于这些家族里的子弟几乎不可能改变职业。只要看看明代比较著名的医生，即可发现绝大多数都来自具有医学传统的家族。万全（1488—约1579）、薛己（1487—1559）与杨济时（1522—1620）都是例子。薛己的父亲其实在南京太医院任职过。薛己后来也获准进入太医院。杨济时的经验与薛己近似，但他和自己的祖父不同，不曾进入太医院服务。万全则没有任何官方的关系。不过，最重要的例子乃是李时珍（1518—1593）。他是最顶尖的制药专家，所写的《本草纲目》至今仍是中医最具影响力的参考书。他也出身医学家族，后来同样进入太医院服务。

由此处提到的许多例子可见，政府虽然不重视医学学习，医学官员却仍然非常努力。不过，整体而言，明代的世袭家族政策把专门知识的传递限制于家族里，导致创新极难出现。明、清时代的医学科学之所以渐趋保守，相当程度就是这种社会结构造成的结果。[277]

由以上的讨论，明显可见教育的家族传统在魏晋南北朝期间最为强烈，主要仰赖于3至9世纪期间的贵族社会结构。社会地位与财富的世袭，使得贵族家族得以

---

[276] 关于刘完素与张从正的资料可见于《金史》，131：2810-2816。在这书中可以看到，除了一人之外，其他四名医生都不曾在政府中服务过。

[277] 家族传统造成的一项后果，就是许多医生都是因为科举落第才转而对医学产生兴趣。科举制度对专业知识造成的严重伤害，可能就是明朝开国皇帝下令实施世袭家族政策的原因，这政策藉由家族的力量保存技术知识。不过，这种做法却造成了相当的害处：专门技艺的守护者因此变得更加保守。在这种垄断权的保护下，外人极少能够从他们手中学到真正的技艺。清代废止了世袭家族政策之后，家族传统反倒保守得更趋严密。

在艺术与学问方面发展出显赫的家族成就，并且持续长达数个世代。这种现象维系了若干艺术技能的成长与发展。后代由于缺乏这样的环境条件，个人若想在这些艺术技能上有所精进，都必须依赖国家的资助与支持。科举制度的兴起，尤其是在这套制度窄化至只剩一项科目之后，就再也没有家族能够允许其男性成员致力于"琐碎无用"的雕虫小技的艺术。家族在成员的培养和教育当中持续扮演着一定程度的角色，但在特定技艺当中的显赫传统早已随着贵族社会结构而一去不返了。

■ 藏书与技术知识的获取

技术教育的另一项重要因素，尤其是在天文学、数学及医学的领域里，乃是藏书。技术议题的著名作家大都有接触书本的管道。大多数受过教育的人士，至少在汉代至唐代期间，对于古代的天文学与数学以及其他各种知识必然都有基本的理解，尽管他们学习这些知识可能只是为了看懂儒家经典而已。兴趣广博的读者，可能也会知道佛教或道教的自然理论以及炼丹术。基本上，科学与科技的学习必须奠基于一般的识字能力，而这种识字能力的目的则是为了助人学习儒家或一般的道德教诲。

由于这种一般的识字能力，个人才能取得专业知识。这样的知识对于负责处理行政问题的官员可能很有帮助，这些问题包括历法编制以及日月蚀的预测等。实际上，大多数的中国官员在其仕途当中，一定都有某个阶段必须负责这类事务。官员如果比较勤奋，就会留下他们在职期间的研究结果。

陆机（活跃于 3 世纪）正是个极佳的例子。他对动植物的广博知识是深入研究《诗经》（毛诗）的结果。郭璞（267—324）之所以成为《尔雅》的名注释家，正是因为他花了许多时间研究"草树鸟兽"的名称。贾思勰（活跃于 6 世纪）是一篇农业论文的作者，他出身于不同的背景，可能也不曾受过贵族教育。不过，他却从自己家族的藏书获益甚多。实际上，大多数经学家都是某个领域的科学家：朱熹在自然方面的博学，以及他对天文理论的诠释（尽管从今天的观点来看错误不少），都是源自他对经典的分析研究。他属于一个备受敬重的学术传统，并未忘记自己有责任了解经典中对于自然的阐述。[278]

个人搜藏书本的行为在宋代确立下来，不少著名科学家都是因为得以接触藏书才开始踏上科学生涯。苏颂（1020—1101）正是个典型的例子：他不但跟着父亲学习及记诵，也因为任职皇室图书馆而学到了天文学与数学知识。较早之前，乐史（930—1007）也是因为担任三馆编修而获益不少，他阅读的书本使他得以编纂那部地理百科巨著《太平寰宇记》。他为了搜集资料也不惜长途跋涉旅行。另一方面，著名建筑师李诚（死于1110年）出身的家族则拥有大量藏书。据说他从这些藏书中抄写了好几千卷的内容。晚宋名医陈自明出身医学世家，也有幸接触大量的医学藏书，从而得以展开成功而且充满创新的事业。14世纪另一名医学理论家滑寿又是一个例子。他虽然出身标举儒学的官宦世家，却在科举落第之后决定转向医学发展。他开始研读医学典籍，后来为许多典籍写了注释。同样的，秦九韶（1202—1261）也善用其父（秦季栖）身为皇宫图书馆副馆长（秘书少监）之便，通过大量阅读而成为杰出又富有创意的数学家。

蒙古统治者著名的道教学者丘处机（1148—1227）原本是个道士，年轻时，他随全真教的王喆（即王重阳）学习，被留在全真庵负责管理全真教派的图书馆。[279]接触这些书本，使他后来的事业得以涵盖政治、地理学、天文学以及道家的炼丹术。

一般而言，地理学家都深深依赖藏书，但也必须游访各地。这些旅行经验与观察结果，为他们从书本上学得的知识带来补充效果。朱思本（1273—1333）是正一道教的信徒，[280] 他的地理知识来自他祖父遗留给他的藏书。他后来虽然成为道教信徒，却因为官方任务（负责管理南方的道教）而到处旅行。结果，他就因此编撰出

---

[278] 关于朱熹在自然方面的知识有许多文献，在此只提山田庆儿：《朱子の自然学》（东京：岩波书店，1978）。

[279] 邱处机"掌庵中文翰"之事，见金源璹撰《终南山神仙重阳子王真人全真教祖碑》，此碑文在王昶《金石萃编》卷158可以找到，在一般因特网也很容易找到。

[280] 常常被误为朱恩本。撰有《贞一斋诗文稿》及《九域志》。参看盖建民：《略论玄教门人朱思本的地图科学思想》，《宗教学研究》，2008年第2期，页7–10。

来《九域志》以及广为流传的元代最详尽的疆域图（《舆地图》）。[281]

以上讨论带来的启示是，中国大部分科技知识的作家，都因为得以接触藏书而获益甚多。大多数都是立足于前人的基础上，也深知自己在知识传统中扮演的角色。

■ 个人经验与行政需求

传统中国科学思想的发展还有另一项显著特征，就是对观察与实验的兴趣。沈括（1031—1095）正是这项特征的典型代表。他的许多观察与实验，代表了中国在自然探索方面长久而丰富的传统。有些科学家之所以因其贡献而著名，主要原因就是个人的偏好与好奇心。不过，追求官场上的功名也是许多读书人辛勤不懈的动机。就此而言，农业、地理与灌溉等方面的成就，经常都是实际实验带来的结果，而这些实验则是出自行政需求的压力。

裴秀（224—271）与郦道元（死于527年）都热爱旅行，而他们伟大的地理学著作（裴秀的《禹贡地域图》和郦道元的《水经注》）也反映了他们的游历、博学以及敏锐的观察力。先前提过的贾思勰，据说也经常从事实地观察，他的著作引用了许多他从农民身上学到的谚语和民谣。另一位重要的农业学家陆龟蒙（9世纪）也有类似的经验。他虽然出身显赫的官宦世家，却因为科举落第而对官场生涯幻灭，遂转向农业，并且参与实际的农务工作，结果因此得以为耒与耜这两种最基本的农具写下决定性的研究著作。宋初博物学家陈翥（约1009—1061）也和陆龟蒙一样未能通过科举，于是转向乡间生活，并且写下了史上第一篇关于桐树与桐油的论文。[282]黄省曾（活跃于16世纪）又是一个例子。他屡试落第之后，转而向王阳明学习，但真正感兴趣的却是各种农业科目。在王阳明的教导下，他培养出一种关心平民生活的习惯，也按照这种精神完成了许多著作，内容包括鱼类、菊花、蚕，还有受过教

---

[281] 汪大渊（活跃于十四世纪）也因游历广泛而得以写下东南亚各岛屿的地理著作，并且因此闻名。周达观（活跃于十三世纪）走访了今天的越南地区，而写了一篇描述该地的文章（《真腊风土记》）。他们的传记虽然没有强调他们在书本方面的学习，但汪大渊采用了前辈地理学家的写作文体，就足以证明他对这个领域的传统知识非常了解。
[282] 通称为"毛桐"，其中"日本油桐"的种子特别富含油脂。桐油传统上是绘画的材料。

育的中国人通常不会研究的各种主题。不过，最著名的应属制药博物学家李时珍。他虽出身名闻遐迩的医学世家，却一心想追求科举功名，屡次落第之后，他才又回到医学领域。他的知识主要来自家族训练，再加上他自己的观察以及参与实务工作的经验。

由于科举的影响，许多原本可能撰文引介科技知识的作者，都投入了行政工作。明代期间，许多年轻人都努力摆脱家族职业的束缚。有些人在科举方面虽然不成功，还是有可能靠着自己的努力而功成名就。李时珍就是个典型的例子，杨济时则是另一个例子。他也想追求官宦生涯，失败之后回归医学，结果成为杰出的针灸医生。茅元仪（1570—1637）又是一例。他出身武官家族，科举屡次落第之后，重拾家族职业，写下了《武备志》这部决定性的军事著作。

许多官员都借着行政工作上获取的知识，而成为业余博物学家或技术知识文章的作者。我们早已在地理学作家身上看过这种现象。有些天文学著作的作者之所以习得天文学的知识，原因是他们服务于天文或历法的官署里。天文学家暨历法专家边冈（活跃于8至9世纪）就是一个例子。韩公廉（活跃于11世纪）是另一个例子：他协助苏颂制作天文仪器，结果学会了天文技术。12世纪的杨忠辅又是一个例子，他的天文知识绝大部分都是因为服务于太史局而获得的。

许多官员掌握了水源管制与灌溉的知识，原因是这些事务都是他们职务上的责任。蔡襄（1012—1067）与贾耽（活跃于11世纪）都是宋代的例子。蔡襄撰写荔枝的文章也许是出于兴趣，但他对造桥工程的贡献绝对是因为行政需要的结果。贾耽参与太湖灌溉计划也是因为公务上的要求。

以上讨论的是实务性的学习与体验。中国思想传统对于以实用手段追求知识的做法虽然没有全面性的强调，却也有不少支持这种作为的直觉式论点。于是，有些人就因为坚信（有时候是个人挫折造成的结果）[283] 勤奋不懈与善待社会底层人士是

---

[283] 如同先前所提，许多人都因为科举落第而学习各类技术，例如医学。不过，也有不少人是因为罹病而学医，沈括即是一例。另外一个例子是编纂《古今医统大全》的徐春甫（1520—1596）。

获取个人满足的管道——亦即为己而学——而获益良多。[284]

在结束探讨实际训练的议题之前，绝不能不提及医学实践与实习的观念。12世纪初的一份记载显示，宋代国子监与武学的学生皆可得到医校的医疗照护。医学生负责照料同侪，并依表现评估其学业进展。[285] 因此，技职学生除了读书和老师教导之外，还有一套实习制度，让他们具备医治病患的实际经验。

■ 从师学习

独立学者虽然可能从家族传统与书本当中获取知识，学生却绝对需要老师的教导。著名道教思想家葛洪曾向许多老师（专业人士）学习。先前曾经提及他强调"明师"的重要。[286] 陶弘景寻求好老师的经验也是另一个著名的例子。[287] 由此不禁让人纳闷，道教对外丹与内丹的着迷是否一定要有老师的引导。无论如何，许多例子都显示了不少人从道士身上学到技术或科学知识。7世纪的李淳风（602—670）就是一例，他的父亲原本是官员（可能也出身贵族家庭），后来却决定弃官而成为道士。于是，李淳风的天文知识绝大部分都学自道教的老师。

大多数科学或科技的专家都曾经跟从老师学习，是个不容忽视的重要面向。实际上，世代传承对医学科学的重要性可能不亚于儒家经学。金、元时代所谓的医学"四大师"都是刘完素的学生。他们的师徒关系在上文已经讨论过。

这个议题不需要深入探讨。积极的教导以及师徒关系在中国历史上显然一直存在。虽然没有多少数据可以让我们对知识传递的关系提出系统性的理论，但可以想见的是，在备受文人鄙视的技术知识界里，教育活动应该相当盛行。这个世界的特征与儒、佛、道的教育几无不同。

老师在博物学与技术知识的传递上虽然扮演了重要角色，但他们的角色仅限于

---

[284] 说到"为己而学"，不禁想到南宋初的名医王克明因为自己体弱多病，就"自读《难经》《素问》，以求其法，刻意处药，其病乃愈。始以术行江、淮、苏、湖，针灸尤精。……士大夫皆自屈与游"（《宋史》，462：13530）。
[285] 徐松辑：《宋会要辑稿·崇儒》，3：13a。
[286] 见本书第三章第三节第五段。
[287] 见本书第六章第一节第四段论陶弘景所强调的"师授"。

传递，而鲜有创新。这项特征在儒家经学当中特别重要。中国人虽然致力于专业知识的保存与传递，却不鼓励学生创新或者挑战既有的观念。官员以通识观点看待知识，再加上后来的职业家族制度，顶尖人才于是极少有机会进入科学与科技界。不过，我的猜测暂且到此为止，因为这是一个极为繁复的问题，学者之间也还没有共识。

本章总共包含三大部分：启蒙教材与基础读本、家族教育著作，以及政府专门教育和技术知识的传递。若能检视用于传递技术知识的入门书籍、民谣、成语或谚语，想必也会很有帮助。可惜的是，这类作品虽然据信在中国的出版品当中占有极大成分，却不曾经过有计划的研究与搜集，因此也暂时超出本书的探讨范围。在此只需要提出一点：为了传递技术知识而撰写的作品，其实和本章第一部分所探讨的启蒙教材与基础读本类似。供人记诵的四字或七字口诀，也是经常使用的学习方式。[288]《鲁班经》这部木工著作的内容含有能够追溯到宋代的数据，并且还有一篇讲述建筑风水的短文。这篇短文的标题为《相宅秘诀》，[289] 因为内容相当简短，目的在于让人易于背诵与理解。对于有志学习天文知识的人，郑樵建议熟背星图，并且经常观察星空。李约瑟（Joseph Needham）对此指出：

> 这类短文，还有木匠大师或铁匠创建者的背诵用韵文（口诀），当然都是中

---

[288] Needham: *Science and Civilisation in China*, vol. 4, pt. 2 (Cambridge: Cambridge University Press, 1965), pp. 48–49。我听说在二十世纪初，北平故宫一名画匠仍可背出 130 首教人调色的歌诀。根据那名匠人的说法，他的师父会的歌诀更超过 400 首。案：历代作者也有编类近于歌诀的、属于教授一般知识的、押韵的蒙书，例如上面所提到方逢辰的《名物蒙求》。对于蒙书的收集和研究，张志公的贡献非常大，但是对于各种歌诀的收集，还是十分欠缺。其实历代艺文志中就有不少的例子：《宋史·艺文志》就有晏氏《辨气色上面诗》（一卷）、刘虚白《三辅学堂正诀》（一卷）、危延真《五星六曜面部诀》（一卷）、裴仲卿《玄珠囊骨法》（一卷）、王希逸《地理秘妙歌诀》（一卷）及《地理名山异形歌》（一卷）、不知撰人《青乌子歌诀》（二卷）、《脉六十四歌诀》（二卷）等。有趣的是以歌诀名书的，好像在宋代最为流行，其后各朝多用在军事的暗语或技术的传承上面。

[289] 宋代时有各样"相法"（参见《宋史·艺文志》），甚至于有"相船"的行业。参看洪迈：《夷坚志》（北京：中华书局，1981），《丁志》，8：5586，《宜黄人相船》。案明人顾起元的《说略》云"孔平仲《谈苑》有《相船法》，多不传也"，参见《说略》（台北：台湾商务印书馆，1982），《典述下》，14：26a。又，清人陈元龙：《格致镜原》（台北：新兴书局，1971，重印 1735 年本），卷 28，引《谈苑》提及《相船》的方法："头高于身者谓之望路，如是者凶。双板者凶，只板者吉。只板谓五板、七板；双板谓六板、八板。以船底板数之也"。相传《谈苑》就是孔平仲所撰。

国文化的产物。在这个文化里，学校教导经典的正常方式就是在解说课文之前，先要求学生把书本内容一字不漏地背下来。[290]

因此，本章讨论的各种议题之间显然存在着某种连结。科学与科技事务的许多著作及许多作家的个人经验，虽然关注重点不在学习方法上，但其中的内容却显示他们都偏好以记忆的方式获取基本知识。

另一个必须注意的重点，是家族在年轻学生与技术人员的教育当中所扮演的核心角色。我一再以"家族传统"一词突显这项议题。尽管如此，我们还是必须记住，"家"的概念在中国历史上也经过一连串的变化。我先前提过这项议题，指出学术成就在贵族社会里曾被视为家族地位的表征，书法与特定经学知识以及其他技艺就是因此才得以兴起成为独立的学习科目。在这种情况下，"家"指的可以是宗族。不过，这项传统却因为后代政府愈来愈把科举考试当成唯一的任官标准（在当时，踏入官场就等于拥有权力和财富）而告没落。于是，家族的学术传统也就和家族的宗族结构与霸权一起渐趋衰微。新式家族组织出现，目的在于协助家族成员通过科举。如此一来，学术传统的形成机会就此消失，取而代之的是一种比较务实的做法，重点放在操控地方政治以及录取名额，以便巩固世族的团结与影响力。

尽管如此，家庭本身——尤其是核心家庭——在"次要"科目的学习上，仍然持续扮演着重要角色，像技术知识就是个例子。家族支配生产制造的知识以及它的传递，不一定是好事，但家还是必须在个人学习基础道德与技术知识的过程中扮演核心的角色。有了这样的理解，本章探讨的家训和家庭教育才会是不可区分的整体。

---

[290] Needham: *Science and Civilisation in China*, vol. 4, pt. 2, p. 48。

第六章

学生的理想与现实

在本章里,我将讨论中国学生的社会与思想史,探究他们随着时代变化的角色与定义。我将检视学生如何一直游走于两种相互冲突的理想之间:一方面是政府的预备官员,另一方面又是追求道德与知识完善的个人。我也将讨论中国学生所面对的社会期待,尤其是在学规上所看到的社会期待。此外,也要探讨这样的期待如何影响学生的性格以及他们身为社会领袖的自我形象,还有这种自我形象如何投射在学生投身社会的历史上。事实上,中国学生对政府的影响,是透过他们对知识人的理想而放射出来的。

第一节 传统中国的学生：理想与现实

1. 孔子及其门徒观

孔子对正式学校所言不多，唯一的例外是称赞子游在武城（位于今山东）开办学校的作为。孔子在那里听到弦歌声，因此莞尔而笑。[1] 根据他的学生子贡所言，孔子并不特别注重正式的学校的环境，并且认为只要具备能够教导别人的知识，都有资格当老师。此外，任何人只要肯支付少许学费，他就愿意收这个人为学生。[2]

■ 孔子思想中的学生与门徒

尽管如此，我们在《论语》中还是看到孔子经常谈及"门人"。他自有一套标

---

[1]《论语·阳货第十七》，第四章："子之武城，闻弦歌之声。夫子莞尔而笑曰：'割鸡焉用牛刀？'子游对曰：'昔者偃也闻诸夫子曰："君子学道则爱人，小人学道则易使也。"'子曰：'二三子，偃之言是也，前言戏之耳。'"
[2]《论语·述而第七》，第七章："自行束修以上，吾未尝无诲焉。"

准，用以决定一群学生是否有资格"及门"。[3] 利用家庭或住宅的比喻定义"门人"或"门生"的概念，后来也继续在中国探讨门徒观念的文字里被引用，成为固定的用法。

孔子的《论语》基本上是一部阐释道德教诲的著作。不过，我们还是可以讨论他认为什么样的学生算是好学生。我先前已经探讨过他对学习目标与过程的看法（第三章第一节第二段），这里将聚焦于他怎么看待理想的学生。我参考的资料，就是他对自己门徒的个性与成就所提出的许多言论。首先，他虽然认为有教无类，对于门生的道德与事业成就却相当关注：

德行：颜渊，闵子骞，冉伯牛，仲弓。言语：宰我，子贡。政事：冉有，季路。文学：子游，子夏。[4]

德行、口才（言语）、公共事务（政事）以及文化（文学）素养，这四类事业及智慧成就的范围相当广泛，足以涵盖儒家的知识理想。这是判定门徒身分的有效标准。当然，他最引以为傲的弟子是颜回，因为颜回是"好学"的代表人物，而好学正是孔子的自我认同 [5]——在孔子心目中，好学一向都是好学生的核心条件。

住宅的比喻经常用于描述学习进程中的不同等级：有些人只在大门口，有些人已到客厅，另外有些人更是成功进入内堂。[6] 这种描述师徒关系的说法，后来在中国历史上经常被引用。

---

[3]《论语·子罕第九》，第二章；《先进第十一》，第二、十章；《子张第十九》，第三章等处。在《先进第十一》的第二章里，孔子感叹自己的许多弟子都不及门。大多数的诠释者（从二世纪的郑玄乃至十九世纪的刘宝楠）都认为及门的意思代表"为官"。朱熹认为及门意为"陪伴他"。参见 Arthur Waley, tr: *The Analects of Confucius*, p. 153。从这个字眼在《论语》当中的使用方式，以及后代的使用方式，我认为朱熹的说法正确。另见下面注 7。

[4]《论语·先进第十一》，第二章下。见 Arthur Waley, tr.: *The Analects of Confucius*, p. 153。Waley 认为这句话并非孔子所言。另见 Brooks and Brooks: *The Original Analects*, p. 70。我在此引述《论语》的这段文字，不是为了重申孔子说过这句话，而是因为传统中国普遍认为这句话确实出自孔子之口。

[5] 见本书第三章第一节第二段，注 9、10、11。

[6]《论语·先进第十一》，第十四章："子曰：'由之瑟，奚为于丘之门？'门人不敬子路。子曰：'由也升堂矣，未入于室也。'"另见郑玄师事马融的经验，引用于本书第三章，注 65。

指称学生或门徒的另一个字眼是"弟子"。[7] 在孔子原本的用法中，这个字眼指的只是年轻人，尤其是身家背景良好的年轻人。但在《论语》里，这个字眼却经常用于指称门徒。[8] 因此，孔子回答孝道问题的这段名言也就深具意义：

> 有事弟子服其劳，有酒食先生馔，曾是以为孝乎？[9]

此处的"先生"一词，以及其与"弟子"的关系，乃是用于指称孝道的意义与实践，应该是家庭里的道德关系。然而，这种关系也可以套用在师徒关系上。一般虽然常把这种师徒描述为单方向的关系，认为学生只扮演完全顺服的角色，实际上孔子却认为老师比"仁"还要低一点，因此也必须服从"仁"的理想。这就是为什么孔子说："当仁不让于师。"[10]

孔子把"弟子"视同家人的观念又可进一步见于这段话里：

> 弟子入则孝，出则弟，谨而信，泛爱众，而亲仁。行有余力，则以学文。[11]

这句话表面上看来虽是仅就年轻人而言，但也可轻易看出这样的一个年轻人必然也是受到老师指导的学生。

以上的引文明确显示，孔子心目中的学生——尤其是"及门"的学生——在行为举止上必须像孝顺的孩子一样。这种亲密关系，在他认知的学习角色与目的当中

---

[7] 《论语·学而第一》，第六章；《述而第七》，第三十四章；《泰伯第八》，第三章；《子罕第九》，第二章及书中各处。孔子也用这个字眼指称子女或年轻人（家中的晚辈），见《为政第二》，第八章。由此可见孔子以家人的关系定义门徒身分。后来，"弟子"与"子弟"的意义出现了区别，"子弟"指的是家族或亲族组织当中的年轻成员，但这两个字眼仍然经常出现混淆。此外，在《论语》当中，"弟子"经常与"门"字共享，形成"门弟子"一词，显示孔子似乎刻意区别"弟子"与"门弟子"。这项区别在他身后并未留存下来。见下一注。
[8] 《论语·述而第七》，第三十三章。孔子学生公西华在此处自称为孔子的"弟子"。
[9] 《论语·为政第二》，第八章。请注意，Waley 把"先生"译为"elders"，可见他认为这段话所指的是家庭关系。不过，"先生"一词在后代（就算在《论语》里不是如此）几乎都仅指老师或导师而言。见刘宝楠：《论语正义》，页 51，对"弟子"与"先生"这两个词语的探讨。
[10] 《论语·卫灵公第十五》，第三十五章。
[11] 《论语·学而第一》，第六章。

具有核心地位。

孔子经常向学生谈及公职,而且他的"四类成就"当中至少也有两类与公职直接相关,可见学习的目的在于实现公共事务的理想。这种强调公职服务的看法,是他精英主义观的根本要素。实际上,孔子一旦提到正式学校教育的制度性教学,总是满口赞许和认同。对他而言,学习的至高目的就是为了从事公共服务,尤其是进入政府任职。他这句话深具启发性:"耕也,馁在其中矣;学也,禄在其中矣。君子忧道不忧贫。"[12] 在孔子的心目中,追求公家利禄不完全是错误的行为,只要个人不把利禄置于为仁而学的行为之上即可。因此,以仁义精神从事服务,是孔子追求大同世界的必要元素。

从以上的讨论可见,以学习来定义的门徒身分,具有开放性质。一个人若是成为某位老师的门徒,首先必须决心把师徒关系发展成犹如家人关系那么亲密。儒家门徒把追求道德完善——也就是"仁"——视为第一要务,但从事公共服务担任官员,也是儒家论述当中不可切割的一部分。[13]

2. 战国时期的弟子

战国时期以来,"弟子"一词就包含了学生或门徒的意思。当时的著作,如《礼记》,虽然还是用这个字眼指称年轻人,却也经常用来指称学生,甚至带有规范性的意味。在战国时代人的心目中,"弟子"通常指称需要或者正在接受教育的人。

---

[12]《论语·卫灵公第十五》,第三十二章。
[13] "弟子"一词在《孟子》当中只出现四次,而且意思都是"门徒"或"学生"。见 D. C. Lau(刘殿爵), tr.: *Mencius* (Hong Kong: The Chinese University Press, 1984), ii–a(公孙丑上), 1 (p. 74); ii–b(公孙丑下), 10 (p. 92), 11 (p. 93); iv–a(离娄上), 7 (p. 120)。孟子总是把"弟子"和"子弟"区分得清楚。刘殿爵把"子弟"译为"young members of the family"(家庭里的年轻成员:ii–b《公孙丑下》, 10 [p. 92])或"young men"(年轻人:v–a《万章上》, 7 [p. 164])。顺带一提,孟子对于"门人"这个词只用过一次(iii–a《滕文公上》,4 [p. 103]。另参见 vi–b《告子下》, 2 [p. 172],那里说:"受业于门")。

■ 墨子论弟子

这个字眼的这种用法,在墨子的追随者当中尤其明显可见。他们特别强调师徒之间应有的紧密关系,也有一套明确的标准;个人必须达到要求之后才能成为门徒。《墨子》一书本身就引用墨家领袖的说法,指称他拥有300名弟子。[14] 不过,后来的墨家领袖孟胜更让我们看到弟子与领袖之间的关系有多么紧密——孟胜在一场守城之役中殉难,结果180名弟子随他而死(自杀)。[15] 由于墨子的教诲在公元前5世纪至2世纪期间影响力极大,因此可以想见他也影响了当代与后代对师徒关系的理解。[16] 上面说的近乎主仆的师生关系,显然在墨子的学派里,表现得更为明显。

■ 《弟子职》

战国时代编成的《管子》书,其中的《弟子职》一文又为门徒或学生提出了相似的重要定义。[17] 这篇文章首先规范了弟子面对老师应有的态度:

> 先生施教,弟子是则。温恭自虚,所受是极。见善从之,闻义则服。温柔孝悌,毋骄恃力。志毋虚邪,行必正直。游居有常,必就有德。颜色整齐,中心必式。夙兴夜寐,衣带必饬。朝益暮习,小心翼翼。一此不解,是谓学则。

这篇文章接着详谈弟子应如何服侍老师,早上在床边,用餐时间在餐桌上,还有夜间就寝之前。文中也提到洒扫的正确方式,认为洒扫是教育的一部分,呼应子夏的观点。[18] 简言之,在公元前3世纪的中国,弟子的地位真的是近乎奴役的状态。

---

14 孙诒让:《定本墨子闲诂》(台北:世界书局,1965,重印"四部备要"本),50(《公输》):295。
15 陈奇猷校释:《吕氏春秋校释》,19(《上德》):1257。
16 《墨子》书中不常使用"弟子"一词。在《非儒下》两度提到这个字眼,都是用于指称孔子的门徒。墨子本身也许不赞成儒家的门徒概念。
17 戴望:《管子校正》,59(《弟子职》):315–316。有些人认为这篇文章是为了稷下学宫而写的。
18 《论语·子张第十九》,第十二章。我用"呼应"一词,意思是说《论语》的这段内容比《管子》的年代还早。Brooks and Brooks 所撰有关《论语》各节断代的书把这段文字的年代定于公元前253年,如果此说无误,那么《管子》就比《论语》的这段文字还早。不过,《管子》也可能迟至公元前253年之后才成书。

《管子》究竟是一部法家著作。

第三章谈过的师法与家法,显然都源自这种弟子高度顺服老师的保守态度。这种严格又亲密的师徒关系,即足以解释思想传承在中国教育当中为何占有如此重要的地位。

■ 荀子

尽管如此,如果说学生绝对不能采取不同于老师的立场,未免也有夸张之嫌。实际上,孔子指称仁道高于老师的教诲。这里的重点其实是,就概念上而言,良好的门徒并不会酿成真理与老师之间的冲突。在这种想法里,门徒应该避免质疑老师。荀子对于"师法"重要性的探讨,充分反对质疑老师的行为,不论是出自创意还是出自异议。他说:"有师法者,人之大宝也;无师法者,人之大殃也。"[19]

荀子把老师的地位提升到前所未有的高度,认为老师与天、地、君、亲(父母)同样尊贵。"礼有三本:天地者,生之本也;先祖者,类之本也;君师者,治之本也。"[20] 这就是"天地君亲师"这句名言的来源。[21] 后代的中国知识分子都熟知这句话,并且铭记于心。所有人都不该忘却自己的肉身与社会生活的起源,尤其是自己得以存在的原因。

可惜,我们对法家训练门徒的理想或方法所知极少,只知道李斯对待其师荀子的行为,让儒家学者憎恶不已。[22] 不过,法家对儒家的门徒制度也深不以为然,曾以"役"("股役"、"聚役")来形容孔子与弟子之间的关系。[23]

结束这个段落之前,最后必须再提到《吕氏春秋》里的两篇文章:《劝学》与《尊师》,它们代表了先秦师徒关系观念的最后发展阶段。[24] 这两篇文章的核心信息,就是

---

[19] 梁启雄:《荀子柬释》,8(《儒效》):92。
[20] 梁启雄:《荀子柬释》,19(《礼论》):259。
[21] 余英时:《谈"天地君亲师"的起源》。参看本书第三章注340。
[22]《史记》,6:232。另见 Derk Bodde: *China's First Unifier* 当中的讨论。
[23] 陈奇猷校注:《韩非子集释》,19(《五蠹》):1051;19(《显学》):1090。
[24] 陈奇猷校释:《吕氏春秋校释》,4:195–219。其中共有五篇文章,内容全是探讨学习与教学。

阐述尊师有多么重要。两篇文章相信是儒士所写，把老师的角色与地位比拟为父亲，并且详细探讨了许多古代圣贤的师徒传承。以下这段文字值得在此引述：

> 且天生人也，而使其耳可以闻，不学，其闻不若聋；使其目可以见，不学，其见不若盲；使其口可以言，不学，其言不若爽；使其心可以知，不学，其知不若狂。
>
> 君子之学也，说义必称师以论道，听从必尽力以光明。听从不尽力，命之曰背；说义不称师，命之曰叛；背叛之人，贤主弗内之于朝，君子不与交友。故教也者，义之大者也；学也者，知之盛者也。[25]

从这两篇文章看来，在先秦人的思想里，学习固然是为人至为重要的东西，但是跟随老师也是学习过程中最为根本的要素。这样的意见虽然主要是出自儒家，但是显然反映了当时普遍的想法。只是墨家或法家则把老师的权威提得特别高，等于把学生看作是奴仆一样。

3. 秦、汉的学生与博士弟子：从礼仪中学习

一般虽然都说秦朝实行法家政策，摈弃儒家的教育见解，但秦代许多制度其实还是源自儒家。实际上，我们可以说秦代教育制度的法家倾向也影响了儒家教育后来的发展。就学生的理想与现实而言，秦代强调学生应向政府官吏学习，可能也是学生继续居于近似奴役地位的因素之一。以下检视这一点。

■ 以吏为师

秦代指派吏员担任老师的政策，是法家弟子训练传统的自然发展。不过，由于

---

[25] 陈奇猷校释：《吕氏春秋校释》，页205–206。

这是儒家学者留下的记录，因此我们应该小心其中可能存在的偏见。[26] 儒家教育在这段时期落于谷底，通过学习法家知识而担任吏员似乎成了一种有效的社会流动管道。由于法家反对儒家思想，因此绝大部分的其他思想学派，乃至教导这些学派的私人机构，都一律遭到禁止。严格来说，除了有意进入政府服务的人士之外，当时接受正式学校教育是不被鼓励的，尤其是儒家提倡的教育内容。

理论上，秦代学生只能向吏员学习。在秦代的教育体系里，这几乎可说是唯一的"学校"。但实际上，秦朝政府仍然一直设置博士职位，也允许博士招收学生。先前提过，博士的职责主要在于宗教方面，而且绝对不得教导儒家经学。跟随吏员或博士学习的学生都称为"弟子"。[27] 根据汉代的记录，担任吏员必须先通过考试，而参与考试的资格则是必须年满17岁，并已学过9000字以上的书。[28] 我们对于为了成为吏员而学习的学生所知较多，对于跟随博士学习的"弟子"则所知无几。由此也许可以看出政府对于法家思想以及训练低阶官吏较为重视，而不着重于训练年轻精英担任正式官职。难怪司马迁记述秦代历史的时候会说："博士虽七十人，特备员，弗用。"[29]

■ 学习经学的学生

尽管环境艰困，个别学者仍然持续教导学生，其中一个例子是秦代博士叔孙通。他在秦朝灭亡之后获得汉朝任官，当时他已收过100名以上的弟子。[30] 因此，博士的职务颇为奇特，而且正因为这项制度不是源自法家，博士在秦代的教育体系里并未扮演重要的角色。不过，追随德高望重的知识人学习，仍是一种非常吸引人的惯

---

26 关于"以吏为师"这句话的文本问题及其重要性，见吕思勉：《读史札记》，页376–380。另见本书第五章，注216所引用张金光的文章。
27 关于各相关词汇，如"史子"意指历学学生，"弟子"也用于指称秦代若干律学的学生，见《睡虎地秦墓竹简》，引于毛礼锐、沈灌群主编：《中国教育通史（第二卷）》，页12–13。
28 许慎：《说文解字》序。关于"九千字"的意义，见本书第四章注60。
29 《史记》，6：258。
30 《汉书》，43：2125；《史记》，99：2721。《汉书》，88：3592 也记载了孔子第八世孙孔鲋，他被反秦的陈胜（？—公元前208年；或作陈涉）任命为博士。

例。尽管政府下令禁止，许多年轻人还是宁可跟随博士或者其他不任官的经学家学习。[31]因此，刘邦的部队进入山东之时，才会获得申公（约前219—前135；申公，名培）前来迎接的惊喜。申公当时还是个学习儒家经学的年轻弟子，在刘邦抵达山东当天伴同老师向刘邦致敬。自此之后，他就待在山东，成了著名的《诗经》学者暨老师，一生教导了超过1000名学生。[32]他就是一个典型的在乱世时仍然坚守教席的例子。他在文帝时才被命为博士。

汉代私人教育似乎比较重视师徒仪式的实践。这种师徒关系扩张之后，涵盖了广泛的社会网络，以致资助人与受资助者之间的关系也经常被视为一种师徒关系。且让我引用瞿同祖的文字：

> 同时间，学者官员之间也发展出了一种效忠个人的概念。获得地方官员举荐为孝廉的人士，必须对该官员忠心，并且尽可能回报他的恩惠。官员所雇用的下属，或是老师的门生，也都应该表达他们的感激。表达忠心的方式，可以是为已故的老师或上司服丧，也可以是在艰困或危险的时候提供帮助……。一般人经常为了建立个人关系，而拜人为自己的老师。[33]

这段文字之所以重要，原因是其中触及了在正常情况下应该不算师徒的人际关系，但汉代人对师徒关系的理解却似乎采取极为广义的定义。实际上，这种对于师徒关系的广义诠释，在中国历史上相当常见，我们也不时触及这种观点。一言以蔽之，在后来的朝代里，随着科举制度成为形塑社会关系的主导力量，主考官员与考生之间的关系也形成了一种师徒关系。

---

[31] 司马迁指出，孔鲋之所以追随陈胜，甚至不惜跟着他一起牺牲生命，原因是孔鲋对秦朝的暴政深恶痛绝。参看《史记》，47：1947；121：3116；纪昀等编纂：《四库全书总目》，91：7b-9b。
[32]《汉书》，88：3608。案：《史记》，121：3116则说他一生教过的学生只有一百多人。
[33] T'ung-tsu Ch'ü: *Han Social Structure*, p. 207. 此书有中译，题名《汉代的社会结构》。关于服丧期限的例子，见《后汉书》，81：2683。《礼记》规定学生必须守"心丧"三年，但有些汉代学者的主张颇为极端，认为只要情形允许，学生就应实际遂行守丧的仪式。见以下的讨论。

■ 汉代太学的学生

汉代太学吸引了首都及各郡的贵族子弟。但要进入太学就读，必须年满 18 岁。首都地区的学生由太常负责招收，筛选重点在于"仪状端正"。至于来自各郡的学生，则由地方官员负责招收，而且资格标准似乎更为严格，唯有"好文学、敬长上、肃政教、顺乡里、出入不悖"的学生才可获得举荐。[34]天赋突出的年轻人，则年仅 12 岁即可受到举荐。[35]申请人偶尔也可利用父亲的官职身分当成资格要件争取入学。

太学毕业生获得的奖赏，除了觐见皇帝进行讨论与讲学之外，[36]还有首都里的人脉，以及进入官场的资格。如同班固所言，学习经学——尤其是跟随博士学习——乃是"禄利"之途。难怪贵族子弟都想从太学毕业。

东汉的鸿都门学（见第二章第一节第三段）则必须经由举荐才能入学，申请人必须"能为尺牍、辞赋及工书鸟篆"（能准备公文书翰，写合乎格式及对仗的文字，并能书写当时流行的鸟篆文体）。[37]这所学校是政治斗争的产物，因此知识人对其评价极低。这所学校的学生不论社会阶层或家庭背景都与太学生不同。无论如何，汉灵帝（168—189 在位）因为自己对文学与艺术的兴趣，而决定成立这所学校，结果吸引的显然都是逢迎谄媚的人物，导致蔡邕（133—192）上书严辞批评。[38]灵帝对蔡邕的严厉指责置之不理，还是推行设立学校的计划。当时正是一个庞大王朝即将覆灭的前夕，道德说教似乎显得不再能左右历史的走向。[39]

---

34 同上。必须指出的是，太学学生显然都必须是贵族子弟，其他人则必须透过考试才能进入朝廷当官。
35 例如《后汉书》，57：1839。
36 《后汉书》，8：347；9：374–375；79a：2562。前两段文字记载了皇帝临幸太学"讲学"。第三段则记载了灵帝造访曲阜（孔子出生地），与孔子的后代讨论《论语》。其中一人当时正是太学生。
37 《后汉书》，8：340；60b：1991–1992、1998。"鸟篆文"指的是当时六种字体的篆书和虫书。
38 《后汉书》，60b：1990。蔡邕是著名文人，也是书法家，写有闻名的《熹平石经》（熹平是灵帝在位期间的年号之一，自 172 至 177 年）。他也著有启蒙教材，见本书第五章第一节第二段的讨论。
39 这段故事不禁让人联想起罗马史家塔西图斯（Tacitus）笔下描写得历历在目的一幅景象，也就是罗马皇帝尼罗及其老师塞内加（Seneca）的最后一次会面，参看 Tacitus: Annals, in *The Complete Works of Tacitus*, tr. by A. J. Church and W. J. Brodribb (New York: Random House, 1942), pp. 369–372. 我曾把这段对话翻译在我编的《西洋史学名著选》（台北：时报文化，1984），页 92–98。

■ 守丧与社会的师生化

为老师守丧的期限也是一项同样重要的观念。学生是否应实际遵行守丧的仪式，各方见解不一。[40] 一般而言，学生尽可能准备老师的丧礼，并且至少私下奉行若干服丧仪式，是受到社会肯定的行为。

由于名师经常吸引多达百计乃至千计的学生，因此不是所有学生都与老师有着同等亲密的关系。我先前已经探讨过这一点。老师与核心学生的关系是永久的，这种关系是长期形成的。由学生的观点看，这种关系又因为老师——等同于国君或父亲——地位的提升而更加稳固。[41] 许商（活跃于公元前1世纪）是一名杰出的经学家和数学老师，他有几个学生后来在王莽篡汉期间（9—24）担任高级官员。据说这些学生和他们自己的门徒齐聚在许商的坟墓前向他致敬，马车多达数百辆，使得当时的知识分子羡妒不已。[42] 藉由聚集马车的象征手法表达对已故老师的崇敬，正体现了师徒关系的典型规范。

师徒关系的仪式性或象征性意义，在东汉期间又进一步强化了这种关系，使得师徒之间更为亲密。赵典（活跃于2世纪）因为与比较穷的学生分享皇帝的赏赐而著名。[43] 一般认为学生应该把老师当成父亲一样服侍，欧阳歙（死于39年）就是一个例子。他是欧阳生的八代孙——欧阳生是西汉的尚书学者，承继了伏生的博士职位，后来欧阳家八代以来也都一直保有博士的职务。不过，欧阳歙却因行贿被捕下狱。据说超过1000名学生为他陈情，甚至有人愿意代他而死，指称欧阳歙乃是这个学术望族的独子，而且子女又仍然年幼。这名学生表示，欧阳歙一旦身死，其学术

---

[40] Tjan Tjoe Som: *Po Hu T'ung*, vol. 2, p. 628，作者认为学生至少应私下服丧。《小戴礼记·檀弓上》对于为孔子服丧的适切性表达了质疑。见朱彬:《礼记训纂》，3 : 97。关于这项议题的详细探讨，见高明士:《传统社会中的师生关系》，《科学发展月刊》，第18卷，第1期（1990），页15–28。

[41] 相对之下，古希腊的师徒关系则是形同兄弟或甚至同志情人。见 Henri I. Marrou: *A History of Education in Antiquity* (New York: Heed & Ward, 1956), pp. 50–57。

[42]《汉书》，88 : 3604–3605。

[43]《后汉书》，27 : 948。

将"永为废绝"。[44]

师徒关系的另一件重要事例发生于王莽篡汉期间。吴章被捕之后,他的学生全都遭到牵连,由于害怕被迫害,大多数的学生都逃到了其他老师门下。不过,云敞却选择上朝廷公开宣称自己是吴章的弟子,并且要求把吴章的尸身交给他殓葬。[45]

郑玄去世之时,一千多人参与了他的葬礼,其中大多数都是他以前的学生。[46]老师的葬礼是个让人表达敬意的机会,也提醒了师徒关系的重要性。

弟子也经常在老师死后聚集讨论老师的谥号,例如陈寔的谥号为"文范先生"。[47]一名鲁氏的谥号则是"忠惠父",他的门徒甚至在墓碑上写道,"追惟在昔游、夏之徒作谥宣尼",声言他们乃是为了保住这项追封谥号的优良传统。但所谓子游、子夏为孔子作谥,实是前所未闻,显然是他们为了合理化这种东汉习俗而捏造的说法。[48]

以上所述的习俗衍生自师徒之间的亲密关系,也是汉代注重仪式化行为的典型特征。由此可见,汉代人认为只有切实奉行各种仪式与仪式化的行为,才能妥善治理社会与国家。在理想的世界里,这种高度形式化而且规范性的行为,反映了他们根深蒂固的信念,认为自然与人类秩序之间有相互感应的关系。这种先前讨论过的信念,促成了师徒关系的观念,也决定了教育的实行方式。当时有一股非常强烈的要求:学生必须表达自己对老师的深厚情感,藉此表示他们对学习的重视;老师也必须推动学生展现学习的力量与功能。不过,这样的师生关系在社会产生紧张或危机时也会造成反作用。下一节即将探讨的学生运动,就是师徒关系在二三世纪的社会政治纷争当中造成负面效果的极佳案例。由于师徒关系扩展到了"座主与门生"、上司与下属的关系,甚至于类似指挥官与士兵之间的关系,于是"国中之国"的情形

---

[44]《后汉书》,79a:2556。当然,欧阳家的学术不曾真的断绝。在他之后,欧阳歙的门徒曹曾虽然没有被任命为博士,却还是把家法维系了下来。见页2,557。

[45]《汉书》,67:2927–2928。关于其他例子,以及东汉学生利用艺术遂行政治表达的做法,见 Martin Powers: *Art and Political Expression in Early China*, pp. 334–352。

[46]《后汉书》,35:1211。这场葬礼还不是最壮观。陈寔的葬礼吸引了超过30,000人。见下注。

[47]《后汉书》,62:2067。

[48]洪适:《隶释》,9,引自余英时:《中国知识阶层史论(古代篇)》,页218–219。另见上面注40。

也就变得完全可能了。道教初起时，五斗米教的步卒组织就有称为"祭酒"的指挥官，带领部众。[49]

的确，汉代的国家与社会概念可以理解为一种广义的学校。[50] 就此而言，私人教育基本上也具有公共性。著名的老师、有力的官员、显赫的世家，全都认定教育深具社会作用，依循经典规范的仪式化行为则是教育的核心。他们推行道德或是强制他人实行这种行为模式的力量非常之大。贵族社会的结构及其教育的时代至此已即将来临。

4. 魏晋南北朝的学生生活：贵族理想与行为表现

如同先前指出的，魏晋南北朝时代的教育一直以经学为核心。要在曹魏设立的太学成为弟子，首先必须以"门人"的身分到校旁听。经过两年之后，若能通过任一部经典的考试，才可正式成为弟子。接着，再经过两年的学习，学完两部经典，才可进入政府担任初阶官员。同样的程序继续重复，直到个人完成五经的学习为止。一旦达到这个标准，即可在官僚体系中获得相当不错的职位。[51] 这种结构性的学术进程，反映了经学这门学科的复杂性，也反映了贵族对官场的支配与其门徒实现理想两者之间的紧密关系。

■ 太学

首先，太学的入学年龄在这时期降低至 15 岁。三国时一份记录指出："凡学受业，当皆须十五以上；公卿大夫子弟在学者，以年齿长幼相次，不得以父兄位也。

---

[49] 案：东汉时，各职司的主管，多有称为祭酒的，初不限于博士官。讲书祭酒之官是王莽设立的，见《后汉书》，30a : 1041。到了东汉末，这才渐渐变成对耆老的尊称，而与讲学论道的关系变得更为密切。所以《后汉书》谈到"五斗米道"的张鲁时，说他自号"师君"，而跟随他的徒众为"祭酒"，后来祭酒之名又用来称呼领部众的人。参看《三国志》，8 : 263。另参考以下注 80。
[50] 当然，这与中国的国家是建基于家庭之上的想法（齐家）并不发生冲突。
[51] 杜佑：《通典》，59 : 722b。

学者不恭肃慢师。酗酒好讼，罚饮水二升。"[52]大概魏晋南北朝的太学也都是沿袭这个年龄的规定，甚至于更为宽松。

对入学资格的宽松态度值得注意。一方面，或许可以认为这是对于什么是"儿童"或"成年"的认定有了改变，[53]另一方面更可能反映了对人的天赋及才能的认定有了新的看法。先从年龄限制讲起。在魏晋南北朝期间，许多政府都逐渐放宽了太学（及其他高等学校）的入学资格，几乎可说是采取了"开放式入学"的政策。如此一来，学校就必须举行内部考试，以选拔有资格担任官职的学生。由于当时也实施九品官人法，因此学校里的考试在广义上可以说是成了一种选拔官员的方式。这项发展对学术进程产生了实时的冲击。汉代对于太学毕业生担任官职虽有详细规范，以学生的经学程度为标准，魏晋南北朝的学校却似乎没有严格执行这种学术进程的规定。当时的发展乃是基于一项信念，认为各人天赋不同，各人学习时间的长短也不会一样。降低入学年龄，反映了政府希望招收所有"国子"入学，也反映了当时的人普遍认为年轻人很快成长，早已能从事更高阶段的学习。刘劭研究"人类天赋"就是一个例子：学习与孔子对道德完善的关注虽然是他的研究原则，他却几乎从来不曾谈过这种完善必经由什么样的过程才能达成。在这部相对来说是比较特殊的著作里，它对人物的分析基本上是静态的，着重于人类天赋的分类，对于教育理念里的培养或发展个人天赋的重要性则毫无兴趣。[54]

尽管大多数学生都具有贵族身分，许多人却认为进入太学就读只不过是为了逃避徭役而已。[55]随着贵族社会结构渐趋巩固，贵族子弟在太学里的支配地位也更加显著。这就是另外成立国子学以招收官员子弟的原因之一。[56]贵族对政府教育体系

---

[52] 杨晨：《三国会要》，15。引自程舜英编：《魏晋南北朝教育制度史资料》，页9。汉代（曹魏可能也是）的一升约等于现在的0.2公升或是0.044加仑。这项惩罚因此看来不太严厉。关于汉代的度量单位，见梁方仲编著：《中国历代户口、田地、田赋统计》，页545。

[53] 参看我的"The Discovery of Childhood"。

[54] 见刘劭的《人物志》（在本书第三章第二节第四段曾简短提过这本书），可参陈乔楚：《人物志今注今译》。

[55]《三国志·魏书》，13：420–421（注）；15：464。

[56] 晋朝最早成立国子学，招收的是五品以上官员的子弟。见《南齐书》，9：144–145。另见本书第二章第一节第六段。这份文献指出，到了497年，南齐的国子学仍然只招收官员的子弟。

的支配至此臻于完成。举个例子，在445年，拓跋魏为了让贵族子弟全部进入太学（可能也包括中书学），以胜过汉人，甚至不惜下令关闭所有私学。[57] 这种观念似乎是基于一项奇怪的构想，认为政府可以下令冻结所有职业间的转换，而工艺技术与知识都可完全在家庭环境里传承。

■ 学术进展与人类天赋

为人类天赋分类所带来的一项必然后果，就是强调人类能力的多样性。傅玄（217—278）即是一个例子，他提议政府应该只为未来可能担任官员的士人提供教育，[58] 其他的农工商则只须接受各自的生活技术所需要的教育，而教育的中心则应该是儒学。[59] 依他的说法，鉴于官场里的分工，官办教育应该培养个别学生的不同能力。[60] 当然，"因材施教"的观念不是傅玄首创的，孔子就经常被认为这种观念的实行者。桓谭更曾以世俗甚至近乎反讽的口吻表述这种儒家思想："孔子以四科教士，随其所喜，譬如市肆，多列杂物，欲置之者并至。"[61] 这种反智观点预示了后来嵇康的反教育态度，以及向秀（227—277）的宿命论或郭象（252—312）的本质既定论。[62] 不过在傅玄的著作里，人性是先天的意见确实是根本的设想。

这种假定人类的天赋是本然、固定而多样的想法，自然促成了强调挑选适当人才担任职务的观点，同时也降低了对教育需求的重视。关注这类议题的官员，一次又一次建议废除入学年龄限制，[63] 太学生的年龄于是愈来愈低。453年，一个名叫李

---

[57]《魏书》，4b：97。政府在同一个时间也下令大规模镇压佛教。关闭私学的命令似乎没有持续多久，镇压佛教的命令也一样，但仍然造成了严重伤害。关于当时的教育体系，见本书第二章第一节第六段。

[58]《晋书》，47：1318–1319。

[59] 傅玄：《傅子》《"四库全书"》，页13b–15b、20b–21b。见 Jordan D. Paper: *The Fu-tzu, a Post-Han Confucian Text* (Leiden: E. J. Brill, 1987), pp. 58–60, 67–68。

[60] 傅玄：《傅子》，页29ab。

[61] 引自熊承涤主编：《秦汉教育论著选》，页227。

[62] 关于嵇康，见本书第三章第三节第二段。关于向秀与郭象，见许抗生：《魏晋思想史》，页163–207；王葆玹：《玄学通论》，页536–568，尤其是页554–560。

[63] 相关例子见《三国志·魏》，2：79；27：748。

安世的学生（443—493）才11岁就获得皇帝的特别允许，进入北魏的太学就读。[64] 半个多世纪之后，柳虬（501—554）以13岁的年龄进入北周（557—581）的太学就读，显然也不需要什么特殊的许可了。[65]

简言之，在魏晋南北朝的贵族社会结构下，个人系以地位、家庭背景或天赋能力受到肯定，而不是教育成就。尽管当时认为以道德完善为目标的学习是必备条件，对于个人的肯定却是端视其"才"而定，不是着眼于其教育成就，更不是他在学术进程当中花了多少时间。[66] 明显可见，当代人必然不认为年龄与真知有关系，即便道德修养也是一样。在中国教育史上，这种想法很显然有相当程度的影响；历代学校大致上都不分年龄，一齐施教，尤其是小学程度的学校更是如此，它的教学理念应该与资质是先天的假定有关。

■ 师徒关系

师徒关系仍然紧密，但仪式色彩已然减弱。5世纪一名精通礼学的官员指出：

> 今受业于先生者，皆不执弟子之礼，唯师氏之官，王命所置，故诸王之敬师、国子生之服祭酒，犹粗依古礼，吊服加麻。既葬，除之，但不心丧三年耳。[67]

由此可见，汉代与魏晋南北朝初年正式为老师守丧的习俗似乎延续了下来，[68] 但也可以想见当时的实践已经没有那么严格。不过，这项概念在唐代必然还是对有些人颇具吸引力，因为当时仍有不少学生为老师守丧的例子。[69] 17世纪末的学者徐

---

64 《魏书》，53：1175。关于中书学（等同于国子学）一名12岁的学生，见本书第四章注39。
65 《周书》，38：680–681。其他例子还有13岁入学的韦缵(公元六世纪初)，见《魏书》,45：1014；14岁入学的袁宪(公元542年)，见《陈书》，24：312；以及年仅八岁就入学的何妥，见《隋书》，75：1709、《北史》，82：2753。
66 关于"天赋"（才）与"本性"（性）的讨论，见王葆玹：《玄学通论》，页594–615。
67 杜佑：《通典》，101：2671。关于这项习俗的权威著作是郑玄注释的《礼记·檀弓上》，引于前注40。有关学生是否应切实为老师守丧的争论，在中国历史的中期仍然持续不休。大致上的共识是采取郑玄的诠释见解。见高明士：《传统社会中的师生关系》。
68 其中一个例子可见于《晋书》，94：2454。
69 如《旧唐书》，190b：5014。

干学（1631—1694）指出，在唐代之后，连"心丧"也罕有人提及，更不用说实践了。[70]

结束这个段落之前，且让我以下页表9让读者对各太学的学生人数有所了解。[71]

表9：两晋南北朝太学的学生人数

时期与朝代	学生人数	数据源	注
1. 晋（265—419）			
西晋（3世纪）	3000	《南齐书》，9：145	太学
272	7000+	《宋书》，14：356	太学
382	60	《宋书》，14：367	太学
385	60	《宋书》，14：367	国子监
376—396	100	《晋书》，83：2177	太学
2. 前赵（314—329）			
318	1500	《晋书》，103：2688	太学
3. 后赵（319—352）			
313	300	《晋书》，104：2720	太学[72]
333	各150	《晋书》，105：2751	地方郡学
4. 前燕（337—370）			
347	1000+	《晋书》，109：2826	太学

---

[70] 引自高明士：《传统社会中的师生关系》，页18。高明士进一步指出，"心丧"早自魏晋南北朝时期就已开始没落。按，"心丧"一语源出《左传》杜预疏，指的是无服或释服后的深切悼念，据以解释"谅暗"。《史记》解释弟子对孔子的悼念，虽然没有丧服的关系，但仍然守"心丧"三年，大家才分散（有的又更多服三年，而只有子贡干脆盖了小房子长住在坟墓旁）。

[71] 学生当中显然存在着阶级的分别。278年一块称为"晋辟雍碑"的石碑显示，只有385名学生有资格参与太学的典礼，显示当时的学生确实分为三类，而这时的学生总数约在7,000左右（见表9）。引自胡金平：《论两晋时期的官学教育制度》，收录于中国教育大系编纂委员会编纂：《中国教育大系·历代教育制度考》，页442-451，尤其见页445。关于"辟雍"，见本书第二章第一节第一段。

[72] 称为官学。

续表

时期与朝代	学生人数	数据源	注
5. 北魏（386—533）			
399	1000+	《文献通考》，41：390	太学
400	3000	《魏书》，2：35；	国子监与太学
		《文献通考》，41：391	地方官学[73]
466	40、60、80、100	《魏书》，6：127；48：1078	
477	40	《北史》，81：2704	国子监里的小学
6. 齐（479—501）			
482	150	《文献通考》，41：390	国子监[74]
485	200	《南齐书》，9：143	太学
7. 梁（502—556）			
542	1000+	《梁书》，38：538	士林馆
8. 北齐（550—577）			
约560	72	《隋书》，27：757	国子监（寺）
	200	同上	太学
	300	同上	四门学

从上面的统计数字看来，第三到第五世纪初时的高等教育收了最多学生，不管南方或北方都是如此，反映当时政府的关注。其后，学生数目就减少了，不过一般还是认为南朝的太学成就非常辉煌。

■ 佛教对学生观念的影响

有关中国"学生"观念的最后一点，则是佛教的影响。众所皆知，佛教的僧伽戒律，尤其是唐代之后发展出来的中国式戒律，对于书院的学校规范具有重大影响。不

---

[73] 案：此为地方官学，按州的等级／大小而定。
[74] 文称"国学"，因该卷题为《太学》。因此也可能是太学。

过,很少有人提到中国式的僧侣誓言源自魏晋南北朝,而且经学的家法也可能影响了撰写誓言的人。由道安(6世纪末)所写的一套著名誓言,应可让读者了解到这套规范(共九条)确实深富中国式乃至儒家式的色彩。[75] 佛教门徒,几乎自从中国佛教出现以来,就一直自称"弟子",由此也可看出儒、佛之间的交互影响。

> 敬谢诸弟子等。……师徒义深,故以申示。
>
> 其一曰:卿已出家,永违所生。……割爱崇道,意凌太清。当遵此志,经道修明。……德行日损,秽积遂盈,师友惭耻,凡俗所轻。如是出家,徒自辱名。今故诲励,宜当专精。
>
> 其二曰:卿已出家,弃俗辞君。……金玉不贵,惟道为珍。约己守节,甘苦乐贫。……如何改操,趋走风尘。坐不暖席,驰骛东西。剧如徭役,县官所牵。经道不通,戒德不全。朋友萤弄,同学弃捐。如是出家,徒丧天年。今故诲励,宜各自怜。
>
> 其三曰:卿已出家,永辞宗族。无亲无疏,清净无欲。……如何无心,仍厥染触。空诤长短,铢两升斛。与世诤利,何尽僮仆。经道不明,德行不足。如是出家,徒自毁辱。今故诲示,宜自洗沐。……
>
> 其七曰:卿已出家,不可自宽。形虽鄙陋,使行可观。衣服虽龘,坐起令端。饮食虽疏,出言可餐。……能自守节,不饮盗泉。不肖之供,足不妄前。久处私室,如临至尊。学虽不多,可齐上贤。如是出家,足报二亲。宗族知识,一切蒙恩。今故诫汝,宜各自敦。……

文中使用了不少儒家字眼,如"道"(也是道家字眼)、"德行"、"宗族"以及社会责任,足以证明芮沃寿所谓佛教在中国社会的"本土化"(domestication)[76]。道安对门徒的要求,必然衍生自他从中国教育实践当中学到的东西[77]。魏晋南北朝期间出现的许多家训,想必也对他有所影响。

---

[75] 释道世:《法苑珠林》,引于马秋帆主编:《魏晋南北朝教育论著选》,页 429–432。

[76] Arthur F. Wright: *Buddhism in Chinese History* (Stanford: Stanford University Press, 1958), pp. 42–64.

[77] 这位是六世纪末期的道安,不是四世纪创立了中国僧院戒律的那位比较著名的道安。

尽管带有儒家色彩，僧院当中的佛教戒律也促成了传统中国师徒之道的转变。在敦煌发现的"僧院戒律"，由冢本善隆发表于1930年代，从中可以看出佛教为中国僧侣订立僧伽戒律的努力有多么全面。[78] 我们关注的是其中第十九章，谈及僧侣师父和徒弟之间的关系[79]，他说，徒弟"应供养和上（案：和尚），日别与讲，如法言教；应白时到（案：天亮为"白时"），若藻豆净草，随须供奉"。这段文字几乎像是从《管子》的《弟子职》里摘录出来的。由此观之，实在无法想象儒家教诲与佛教观念之间没有互相的影响或交流。佛教观念来自新近翻译的《四分律》以及较早之前翻译的《十诵律》，可见中国佛教对始受戒的学生的教诲及训练的方法，其发展过程既长久又复杂。无论如何，中国佛教僧伽戒律和规范回过头来影响中国教育，已是500年后的事情了。

■ 道教的影响

最后，也有必要谈谈道教的收徒方式如何反映及影响当代的关注。首先，3世纪的道教领袖巧妙地借用了"师"（连同"君"）这个字眼来指称自己。他们把入教的人（该教派名为"五斗米道"）称为"祭酒"，必须负责指导新进教徒。像这样的做法，显示道教领袖建构道教组织，乃是把奠基于儒家思想的官学当成模范[80]。他们也以"精舍"称呼自己的宗教建筑。"精舍"字面上的意思为"人的性灵或本质的居所"，这个字眼最早在战国时代出现于《管子》一书，后来汉代学者广泛使用这个字眼指称自己的书房、住宅，或者私人讲学处所。[81] 因此，这个字眼在汉代与魏晋南北朝期间都与经学大师的教育实践紧密相关。道教使用"精舍"一词，最早出现在3世纪。[82] 如果不用"精舍"，另一个常见的字眼则是"观"，这两者都是道教老师

---

78 冢本善隆：《敦煌本中国仏教教団の制規》，载氏著：《冢本善隆著作集·第三卷·中国中世仏教史論考》（东京：大东出版社，1975），页69–96。

79 关于这部敦煌手稿及其年代，见诸户立雄：《中国仏教制度史の研究》，页68–96。

80 见上面注49。

81 关于这个字眼在中国历史上的使用方式，请参见拙作《精舍与书院》。后来佛经翻译者也以"精舍"一词翻译梵文的"vihara"。

82 《三国志》，46：1110；另见《晋书》，80：2106–2107。

指导弟子的处所。记录显示，3世纪曾有100个以上的道教举行祭拜的场所，其名称流传至今。

先前在第三章曾经指出，道教著作也讨论过"师授"的观念，显示道教也受到了儒家的影响。葛洪强调追随"师授"，认为这是得到道与永生的核心要素[83]。他就是以这种观点批评嵇康没有老师。[84]

在阐扬师徒关系方面最为著名的道教大师，无疑是陶弘景（456—536）。陶弘景在五六世纪中国道教当中的领导地位，从来不曾有过争议，据说他的门徒超过3000人。[85]尽管如此，他早期受的却是儒家教育，而且他虽然对道教的长生术极为着迷，对儒家教诲却一直怀有深切的情感。他追寻道教"真理"的故事足以与汉代许多传说相提并论（例如原别〔见第二章第一节第五段〕）。陶弘景的追求真道的历程相当感人：

> 先生以甲子、乙丑、丙寅三年之中，就兴世馆主东阳孙游岳，咨禀道家符图经法，虽相承皆是真本，而经历模写，意所未惬者，于是更博访远近以正之。戊辰年始往茅山，便得杨、许手书真迹，欣然感激。至庚午年，又启假东行浙越，处处寻求灵异。至会稽大洪山，谒居士娄慧明；又到余姚太平山，谒居士杜京产；又到始宁兆山谒法师钟义山；又到始丰天台山谒诸僧标，及诸处宿旧道士，并得真人遗迹十余卷，游历山水二百余日乃还。爰及东阳长山、吴兴天目山，于潜、临海、安固诸名山，无不毕践。[86]

---

[83] 见本书第三章第三节第五段。葛洪在这项议题上的讨论可见于其《抱朴子·内篇》各处，这本书的道家色彩比较明显，《外篇》则深受儒家影响。关于近来对《内篇》的研究，见王明：《抱朴子内篇校释》（北京：中华书局，1980）。

[84] 吉川忠夫：《师受考》，载氏著：《六朝精神史研究》，页425–461。

[85] 任继愈主编：《中国道教史》，页168–189。一位名叫宋纤据说也有超过3,000名弟子。见《晋书》，94：2453。关于陶弘景与炼丹术的英文研究著作，见 Michel Strickman: "On the Alchemy of T'ao Hung-ching," in Holmes Welch and Anna Seidel, eds.: *Facets of Taoism*, pp. 123–191. 关于茅山，见同一作者: "The Maoshan Revelations: Taoism and The Aristocracy," T'oung Pao, vol. 63, no. 1 (1977), pp. 1–64. Isabelle Robinet: *Taoist Meditation: The Mao-shan Tradition of Great Purity* (Albany: State University of New York Press, 1993)，这部著作我没机会拜读，但应该有帮助。

[86] 见梁代人陶翊的《华阳隐居先生本起录》，收于《云笈七籤》，卷107。引自任继愈主编：《中国道教史》，页175。

这则故事提及的许多地点，全都是著名道教大师所建的山间静修之处，可见陶弘景追寻道教的真正教诲有多么锲而不舍。他和自己的弟子后来在茅山（今江苏金坛）成立华阳观，更是中国公民社会史上极为重要的一章。许多记录显示，魏晋南北朝时代，道教老师经常吸引多达百人乃至千人的学生。[87]

改革五斗米教，创立新天师教的寇谦之（356—448）在中国北方的工作，和后来陶弘景在南方进行的实验颇为类似，对于形塑道教师徒关系的特定传统也同样重要。在他的重大改革中，有一项是针对道教领袖的世袭原则的。他反对世袭制度，建议"选贤"，他把目标对准"祭酒"，要求废止这个头衔。不过，这项制度的世袭原则似乎在他死后短期内还没有完全中断。[88]

道教与佛教的师徒关系当然与儒家不同。不过，必须记住的是，对于道教与中国佛教的思想发展而言，这个时期仍是初步阶段而已。这两个宗教仍在试图将其教诲奠立在比较大众化或理性的基础上，以便传达给一般百姓以及其后代。因此，看到这两个宗教纷纷从儒家教育实践当中拾取灵感，也就不令人意外了。而且，这点在他们看待门徒议题的方式上也明显可见。

当然，在宗教实践当中发展紧密的师徒关系，看在统治者眼中可能具有潜在的危险性。举例而言，6世纪一名道教大师聚集了多达10000名弟子。结果，他们就像先前的道教领袖，展开了反叛行动，于535年自立年号。[89] 而这种例子在这段时期并不常见。除了3世纪以外，道教不曾发动许多反叛活动。原始的反叛活动或末世运动，还得和农民暴动结合，才会形成真正的威胁。尽管如此，潜在的危险毕竟还是存在。

由于大部分的儒家学校都得到政府支持，甚至由国家成立，因此比较有弹性，至少南方的儒家学校就逐渐偏离汉代重视的经学。相对之下，道教与佛教的僧院机构则维持了下来，并且保存了许多汉代经学家在其私人教育活动中实行的教学法。

---

[87] 相关例子见《晋书》，94：2453-2454；《梁书》，27：409（这里说有万余人）；《魏书》，114：3053。
[88] 参看《魏书》，114《释老志》中有关寇谦之的记载。
[89]《梁书》，27：409。

我们知道道安（312—385）对于佛教僧院戒律的观念受到了儒家思想的影响，陶弘景的华阳观也是一样。华阳观一直是个著名的培训机构，并且由陶弘景的弟子主持长达数个世代。茅山后来在宋代期间发展成为一座重要学习中心。汉代经学大师确实没有一位能够长时间维系一座"学校"。尽管如此，汉代私人教师教导一群弟子的传统，似乎还是启发了魏晋南北朝时代的佛教与道教领袖，使其领袖与追随者之间发展出比较有组织的关系。[90]因此，儒家教育的发展方向是多面的。

从以上的讨论中，我们可以看到传统中国的教育十分重视弟子的养成，这几乎比自己的著作更为重要。比诸西方，那么显然地，西方并没有相似的传统。绛帐讲学的确是中国教育的重要特色。

5. 唐代的学生：官学学生与科举考生

唐代的学生生活并未留下多少记录，[91]这点可能反映了儒家影响力在唐初趋于式微的现象。此处所谓的唐初，系指安史之乱（755—763）以前的时期。毕竟，教育和严谨的师徒关系向来是儒家传统的核心。因此，儒家思想的影响力没落之后，其师徒关系中较具压迫性的一面也渐趋缓和。

师徒之间的紧密关系之所以在儒家的教育论述中趋于式微，也是科举制度在隋代之后兴起所造成的。先前谈过，由于学术进程不再是评估教育成果的关键，上课出席及住校的重要性也就在科举考试的挑战下大幅下降。尽管唐代的官学体系极为完善，却还是免不了出现这样的结果。王通的评论反映了当时普遍的态度："德不在

---

90 显而易见，对于中国的佛教徒而言，有些规范或戒律在四世纪开始施行。不过，招收庶民信徒与弟子、教导他们经文意义，并且要求他们诵经，这些活动显然都带有儒家体制的色彩。
91 多贺秋五郎找到了19名官学学生的粗略资料。见其《唐代教育史的研究》，页279–280。高明士又找到了更多信息，但仍然非常片段。见高明士：《唐代学制之渊源及其演变》，《台湾大学历史学系学报》，第4期（1977），页195–219，文中各处。

年，道不在位"。[92]

■ 入学资格与学生年龄

尽管政府的教育法规有几条详细规定了学生入学年龄，唐代政府对这些规定的执行却似乎采取颇为宽松的态度。[93] 换句话说，对唐代（及先前的隋代）的学校教育思想家而言，年龄限制仍不是他们最重要的关注。[94] 记录显示，有些学生在太学里待了长达20年，根本违反了"有文章帖义，不及格限，频经五年，不堪申送者，亦请解退"，及"凡六学（案：国子学、太学、四门学、律学、书学、算学）生有不率师教者，则举而免之。其频三年下第"等规定。[95]

唐代官学主要依据学生的身家背景加以分类。表10简要罗列了入学资格及学生人数。[96]

表10：唐代官学入学资格及学生人数

学校名称	入学资格	学生人数[97]
国子监	三品以上官员子弟（14至19岁）；从二品以上官员之子至曾孙。	*140*，无名额，300，<u>80</u>
太学	五品以上官员之子孙（14至19岁）；从三品以上官员之子至曾孙。	*360*，72，*500*，500[98]，<u>70</u>

---

92 王通：《文中子》"四部备要"，9（《立命》）：6a。他在其中指出："虽天子必有师，然亦何常师之有？唯道所存。"另见同书，5（《问易》）：2a。韩愈在《师说》一文里也提出同样的论点，可见这项观念在唐代极为流传。不过，这个观念在中国思想史上其实早已存在，可以追到《尚书》。
93 除了国子监与太学的入学年龄规定（14至19岁）之外，首都其他学校在这方面并没有明确的规范。见《新唐书》，44：1160。地方学校的入学年龄限制在18至25岁，但对于唐代学生而言显然没有意义。另见下一注。
94 高明士发现了18名上过弘文馆的学生，其中12人的年龄留有记载，介于8至20岁之间，见其《唐代学制之渊源及其演变》，页213。高明士也在同一篇文章里探讨了其他几所学校的年龄范围。他的结论是年龄规范极少切实执行。
95 王溥：《唐会要》，35：740，66：1370；王钦若等编：《册府元龟》，604：7255（21a）；李林甫等：《唐六典》，21：558；《新唐书》，44：1161。
96 此表系指长安的学校而言。662年后，政府在东都洛阳另外成立了国子监及其辖下的学校。
97 斜体数字是隋代的招生名额。正体数字是唐初陆续颁布的各种不同名额。画底线的数字是807年（宪宗元和2年）颁布的名额。
98 李林甫等：《唐六典》，21：555。另见《新唐书》，44：1159。

续表

学校名称	入学资格	学生人数
四门学	七品以上官员之子孙; 身家背景良好之子弟。[99]	*360*, 130, 1300, *500*
广文馆	准备参加进士考试的国子监学生。	60, *60*
律学	八品以下官员子弟,或者具有法律知识的平民。	50, *20*
书学	同上。	40, 30, *10*
算学	同上。	80, 30, *10*
小学(首都)	皇亲国戚之子弟及开国皇帝的功臣子弟。	
医学	无特别规范,只有药园学生必须是16至20岁之间的百姓。	93 [100]
崇玄馆	同上。	100
弘文/崇文馆	五品以上官员子弟,需对书法有兴趣者; 宗子或高级官员的子弟。	24 或 38/30
天文馆	无特别规范。	551
地方官学[101]	府学:平民子弟	50—80
	州学:平民子弟	40—60
	县学:平民子弟	20—50

说明:此表基于高明士:《唐代的官学行政》,多贺秋五郎:《唐代教育史の研究》,33—56页。孙培青:《中国教育史》,272—273页。关于《旧唐书》与《新唐书》当中不同记录的比较研究,见高明士:《新旧唐书百官(职官)志所载官制异同的检讨》,《台湾大学历史学系学报》,第7期(1980),143—162页。[102]

由于资料不齐,我们很难讨论唐代官学的学生生活。尽管如此,就我们拥有的少量信息,也许可以指出这一点:至少在唐代前半段,各学校对自己的学生并未握

---

[99] 唐玄宗于749年下令,25岁以下的地方官学学生,以及21岁以下未持有官职之八、九品官员子弟,皆可进入四门学就读。见王溥:《唐会要》,35:741。这所学校招生名额1,300人的记载,见《新唐书》,44:1159;李林甫等:《唐六典》,21:556。不过,《唐六典》,21:561及《旧唐书》,44:1892记载的名额则是500人。1,300人的名额数字是733年(玄宗开元21年)改革后的结果。见高明士:《唐代敦煌的教育》。
[100] 名额分配如下:医学40人、针灸20人、按摩15人、咒禁10人、药园8人。
[101] 同上。
[102] 许多政府机构都自行招收及训练学生或学徒。太乐署即是一个例子,生徒有时多达2,000人。

有太大的控制或影响力。既然当时大多数的学生都出身贵族，那么官学对他们的控制力会出现下降实在有点奇怪。最有可能的原因是，史家对贵族教育及贵族生活抱持反面的态度。反映在学生成长过程及生活形态当中的贵族理想与世界观，可能受到了儒者史家的批判。皇子李元吉（603—626）曾说自己宁可打猎而不读书。史家把这句话记录下来，显然是持批判的态度。[103]

■ 儒家教育在唐代的没落

当然，指出历史编纂上的偏见，不表示相关记载并不正确。无可否认，学生的学习态度确实大幅倒退。早在 7 世纪中叶，道宣（597—667）就曾评论大道式微的问题。他认为道即是佛法：

> 比玄教陵迟，慧风掮扇，俗怀悔慢，……并由师无率诱之心，资阙奉行之志。[104]

教学态度和风尚的劣化有不少例子，但我在此处只举两例。第一个例子与阳峤（生卒年不详）这位备受敬重的教育官员有关。711 年，阳峤因为在国子监司业任内表现杰出而被任命为国子监祭酒，凭着这样的名声，他得以招募不少优秀学者进入国子监服务，政府显然也盼望他能有效改革学校。不过，他的努力却遭到"游手好闲"（游惰）的学生抗拒。他决定以鞭刑惩罚他们，学生自然对他怀恨。有天晚上，那些学生起来殴打他。后来这些学生们给皇帝下令处死了。大概按照唐代刑律，这类罪行就是这样处罚的。[105]

另一个例子，则与一道诏令有关。这道诏令的目的在于控制国子监的学生行为。

---

[103]《新唐书》，79：3546。
[104] 道宣：《四分律行事钞》，19，引自佐藤达玄：《中国佛教における戒律の研究》，页 169。
[105]《新唐书》，130：4493；《旧唐书》，185b：4813—4814。唐代律法对于官学学生的行为有明确的规范。举例而言，唐律明确规定，学生如果攻击老师，罪行的严重程度就增加两级，老师如果因此而死，学生也可被处以死刑。见刘俊文：《唐律疏议笺解》，23：1576。

每个月，国子监与太学学生都必须参加"释菜"仪式。[106] 在这项典礼上，老师通常会公开讲学，学生则被鼓励多发问。在这种典礼上，学生提出各种无聊的问题已成惯例，以致讲学宛如闹剧一般。政府因此在742年（玄宗天宝元年）颁布一道命令，要求学生认真看待这种典礼：

> 每月释菜之时，常开讲座，用以发明圣旨，启迪生徒。待问者应而不穷，怀疑者质而无惑，弘益之致不其然欤？或有凡流，矜于小辨，初虽论难，终杂诙谐，出言不经，积习成弊。自今以后，除问难经典之外，不得辄请宜。令本司长官严加禁止，仍委御史纠察。[107]

这两个例子证明了学生对待老师的态度确实有恶劣化的现象。由此可以想象为什么约50年后，韩愈会觉得有必要撰写《师说》一文。[108]

首都学校在7世纪中叶之后渐趋没落的现象也引起了忧虑。安史之乱后虽然短暂复兴，接着入学人数却又随即持续下降，只有在9世纪初短暂上扬（见本书517页表11）。

官学学生享有伙食及零用金补助。政府虽然向新学生收取入学费用（"束修"），但金额微不足道。[109] 学生享有的补助在安史之乱期间短暂中断，但在动乱之后又随即恢复。这套制度直到822年仍然推行。[110] 因此，学生之所以持续上学，可能只是为了领取补助而已。无论如何，师生关系的质量在当时极少有人谈论，无疑已不再是唐代教育负责人引以为傲的特点。

---

106 一般言之，这是入学时举行的仪式；新学生必须向老师献上菜蔬（芹菜、海菜等）。相对之下，释奠（尤其是孔子释奠）则是每年春、秋各举行一次。由以上的引文来看，释奠仪式似乎每月举行一次。关于唐代释奠礼的讨论，见高明士：《唐代的释奠制及其在教育上的意义》，《大陆杂志》，第61卷，第5期（1980），页220–238。
107 王钦若等编：《册府元龟》，引自陈东原：《中国教育史》，页199。
108 这点探讨于本书第三章第四节第四段。另见多贺秋五郎：《唐代教育史の研究》，页279–283。
109 只有一点谷物和蔬菜。见高明士：《唐代的官学行政》，尤其见页42。宋代入学费用则相对非常高。
110 王钦若等编：《册府元龟》，基于陈东原：《中国教育史》，页198的引文。

表 11：唐代国子监学校的入学人数[111]

整体情势：7 世纪上半叶的教育制度应可招收约 3200 名学生。不过，628 年（太宗贞观 2 年）的数据显示学生总数只有 2260 人。东都洛阳的学校于 662 年（高宗隆朔 2 年）成立之后，首度招生的名额为 200 人。到了 750 年（中宗神龙元年），政府又把广文馆纳入国子监体系内，于是学生总数达到 2000 人左右。这个应该是唐代高等教育的巅峰时期。安史之乱（755—763）短暂破坏了这套制度。但是动乱之后，学生人数还是持续下降。803 年（德宗贞元 19 年），韩愈似乎对于学生总数达 274 人感到满意。学校在黄巢之乱期间（881—884）全部关闭，事后再也没有恢复元气，在 906 年之后就永久关闭了。到了 11 世纪初，校园已彻底废弃，杂草蔓生。

国子监：这所学校原本的招生名额为 72 人（618 年〔太祖武德元年〕），后来在太宗期间（626—649）增加至 300 人。不过，学生名额到了 662 年又降为 80 人。另一方面，成立于同一年的洛阳国子监则只有 15 名学生。安史之乱后学校复兴，令学生人数些微上升（766 年〔代宗大历元年〕共有 80 人）。807 年（宪宗元和 2 年），学生名额设定为 80 人，洛阳国子监的名额则减少到 10 人。

太学：这所学校原本的招生名额为 140 人（618 年），后来在太宗期间增加至 500 人，在高宗期间（约 662 年）又下降为 300 人，但实际学生人数据说只有 70 人。洛阳的太学在同一时间只有 15 名学生。766 年，学校在安史之乱结束后重新开张，学生人数是 80 人。学生人数下降，在 798 年（德宗贞元 5 年）引来批评，但这种情形在以后的 50 年间仍然没有改善，连归崇敬（712—799）提议的全面改革也没有效果。[112] 807 年，名额定为 70 人，洛阳太学仍持续只有 15 名学生。

四门学：有关西都长安这所学校的早期招生名额，见本书 489 页表 10。洛阳分

---

[111] 参考数据基于多贺秋五郎：《唐代教育史的研究》，书中各处；毛礼锐、沈灌群：《中国教育通史（第二卷）》，页 475—492；孟宪承等编：《中国古代教育史资料》，页 182—189。

[112] 归崇敬的事迹请看《旧唐书》，149：4016—4019；马端临：《文献通考》，41：393；王溥：《唐会要》，66：1157-59（《东都国子监》）。另外可参见多贺秋五郎：《唐代教育史的研究》，页 255—258。建中（780—783）年间他上了一个《辟雍议》，主张修改国子监为辟雍省，正其祭酒及司业的名称，强调教育要重视经学、考试以帖经为主等等。其文见董诰等编：《全唐文》，379：7b-10a。他也主张要恢复 770 年（大历 5 年）以来废止的释奠礼。

校在662年刚成立之际的名额为500人。长安学校的名额在766年减少为300。807年，长安学校的名额设定为50人。

律学、书学与算学：关于长安这些学校的早期招生名额，见本书489页表10。662年，洛阳学校成立之后，政府也在西都（长安）成立了这三所学校。东都的学校招生名额没有留下记录。不过，到了807年，洛阳这三所学校的学生名额却是极低，分别为10人、3人与2人。

注：先前提过（第二章第二节第二段），地方学校在唐代全盛时期共有63070名学生。

■ 唐代对师徒关系的讨论

早在王通的文章与唐太宗的《贞观政要》当中，对于合宜的儒家师生关系就已出现了零星的探讨。王通显然和唐初所有的著名官员几乎都有接触。《文中子》（又名《中说》）据传是他的语录以及和弟子的对话录，其中所说如果属实，那么可以说，唐初朝廷中一整个世代的儒学领袖或政府高官都曾经跟随他学习过。但是王通对自己身为他们的老师似乎并不引以为傲，并且认为"成师"并不令人向往。至于师徒之间的仪式化关系出现没落，没有证据显示王通对此感到焦虑。

唐太宗看待教学这种"志业"以及任命教师教导其子的态度，都是基于一项信念：即便是圣人，也必须向老师学习。他依循儒家传统，认为"上智之人"不需要老师的教导。[113] 不过，既然大多数人都只有中等智慧，也就需要老师。他后来任命王珪（571—639）教导他的儿子。[114] 史家对此举极为赞扬，认为深具意义，但实际上却似乎并非如此。[115] 无论如何，唐太宗虽然谈及任命教师的重要性，却没有什

---

113 《论语·阳货第十七》，第二章。这点先前已经探讨过。
114 王珪的传记可见于《新唐书》，98：3887—3890。他被任命为唐太宗四子魏王李泰（616—650）的老师。
115 王珪去世之时，唐太宗下令魏王（李泰）带领官员参加丧礼，但没有要求他为老师守丧。李泰与太子的权力斗争非常激烈，以致唐太宗后来决定废太子，另立后来的高宗（李治，650—684在位）。李泰对此必然深感沮丧，在高宗登基之后不久即在半流放的状态下去世，享年才35岁。见《新唐书》，80：3570—3572。

么证据显示这项举动影响了一般的社会习俗。[116] 我先前提过（在第五章第二节第三段），在家训的编写历史中，唐代并没有什么特别的地位。[117]

■ 师承的统

在这段期间，教师系谱的观念持续发展。我先前讨论道统的时候谈过这项观念。王勃（649—678）为《黄帝八十一难经》（通常简称《难经》）写过一篇著名的序言，其中提出了中国历史上医学知识的传承世系，一路上溯至传说中教导过黄帝的岐伯。"黄帝历九师以授伊尹，伊尹以授汤，汤历六师以授太公，太公以授文王，文王历九师以授医和，医和历六师以授秦越人，秦越人始定立章句，历九师以授华佗，华佗历六师以授黄公，黄公以授曹夫子。"[118]

知识或学问传承世系的进一步发展，与唐代寻求标准及正统的做法紧密相关，也和儒学复兴为国家正统思想（最早由韩愈公开倡导）有关。不过，尽管儒学复兴，并且强调老师的重要性，唐代后期的教育发展（尤其是民间教育）却仍以魏晋南北朝时期寻求私人教师的做法为主。随着教育的贵族理想渐趋衰微，科举及第又愈来愈成为众人觊觎的社会奖赏，唐代学生于是开始离弃官学。许多人都回头采取自修的方式，并且拜访著名经学家寻求私人教导。这种做法一向对中国的学生就很有帮助，只是这时各式各样的老师都吸引到学生，老师教导的知识扩展到了传统经学之外。在唐代初年，各种历史书籍，尤其是《汉书》、各种子部著作，以及《文选》与

---

[116] 关于唐太宗对于教学的观念，尤其是他告诫儿子的语录，见吴兢：《贞观政要》（上海：上海古籍出版社，1978），4：116–131。另见唐太宗的《〈帝范〉序》，收录于董诰等编：《全唐文》，10：12b–14a。
[117] 赵翼说过一句值得注意的话，他说唐代许多"败德"子女的父亲都是著名官员，见其《廿二史札记》，20：271–272。赵翼似乎对这项"事实"作出心理历史性的诠释。Paul Vitz 指出，像伏尔泰、佛洛伊德、马克思与欧海尔（Madalyn O'Hair）等无神论者，与父亲的关系都充满问题。见其"The Psychology of Atheism," *Truth*, vol. 1 (1985), pp. 29–36。赵翼若是西方人，相信会认为无神论也是一种"败德"的表现。
[118] 王勃：《王子安集》（"四部丛刊"），4：4a。有关学术传承系谱观念的兴起，见本书第三章第三节第五段与第三章第四节第三段。

《孝经》,都极易取得。[119]当然,这些典籍都是科举考试里的科目。难怪学生在准备考试期间会到处寻访名师。[120]

■ 形式的师徒关系:温卷制度

寻求名师的故事通常极为感人,但其中还有另一个面向,是唐代贵族社会的特征。在一个政治与社会权力都垄断在一小群人手中的社会里,赞助的行为自然特别重要。在这种环境里,个人如果想要取得政府里众人觊觎的职位,人际关系就成了很重要的因素。经过奇特的演变之后,寻求赞助者变成了寻求老师。这就是向主考官或当代著名学者官员呈上"温卷"(意指呈上个人的文章以拉近关系)或"公卷"(字面意思为公开文件)的做法。这种作为与愈来愈重要的科举制度脱不了关系。[121]

温卷制度的确是唐代中国特有的现象,是那个受到贵族生活形态支配的社会带来的产物。这项制度衍生自一种共识,认为社会的肯定以及个人的声望,是获得贵族社会接纳的重要因素。这个社交圈自然包括了官员在内。个人如果要通过科举,就需要这样的肯定。因此,考生总是不断寻求个人声望,希望获得重要政府官员或著名作家的赞赏或肯定,连主考官员也帮得上忙。考生通常知道主考官是谁,他们包括知贡举和考策官以及监考官。[122]按照当时的社会习俗,考生在应试之前都会先拜访考官,呈上自己的作品,以便留下良好印象。考生也经常拜访具有影响力的官员或著名文人,希望他们能影响考官。这种声望其实和人际关系一样重要。随着公卷形成一种制度,考生开始把接见他们的人士称为"〔老〕师",考官也正式被冠上这项荣衔。自此之后,考生纷纷成为重要文人考官的"门生"。以下是当时留下的记

---

[119] 关于隋、唐时代的学术活动与《汉书》及《文选》的教学,见赵翼:《廿二史札记》,20:273–275。唐代学者对《史记》的评价似乎不高。另见《新唐书》,198:5642–5643、5656;《旧唐书》,189b:4963。有两部英文著作探讨了唐代对《汉书》的研究方式,见 David McMullen: *State and Scholarship*, pp. 163–165; Denis C. Twitchett: *The Writing of Official History under the T'ang*。

[120] 严耕望:《唐人习业山林寺院之风尚》里有许多的例子。

[121] 这种"文件"也经常称为"行卷"或"通榜";见刘虹:《中国选士制度史》,页176–181,其中对此有详细探讨。另见吴宗国:《唐代科举制度研究》,页210–221。"温卷"在宋代通常称为"公卷"。

[122] 关于这些职务或官位,见阎文儒编:《唐代贡举制度》(西安:山西人民出版社,1989),页140–150。

载的一些例子，虽然可能有夸大之嫌，但仍值得参考。首先是著名的白居易（772—846）。白居易于800年抵达首都长安，随即拜访了顾况这位杰出诗人，他当时也担任著作郎的职务。顾况对白居易的《离离原上草》这首名诗大为赞赏，而认为自己有义务提拔他。[123]

另一个例子是柳宗元。他把自己的作品呈交给权德舆（759—818），并且附上一封信。这封信至今仍收录在他的全集里：

> 宗元闻之，重远轻迩，贱视贵听，所由古矣。窃以宗元幼不知耻，少又躁进……贾艺求售……今鹓鹭充朝，而独干执事者，特以顾下念旧，收接儒素，异乎他人耳。敢问厥由，庶几告之，俾识去就，幸甚幸甚。[124]

第三个例子是刘相（字宗望，生卒年不详）。据说他拜访了富有影响力的太师郑从谠（卒于887年）。虽然郑从谠不认识他，而先接见了别人，但这场会面还是相当顺利。这是因为刘相隐藏了内心的不悦，举止镇定沉着。这样的表现深得郑从谠的欢心。送走刘相之后，郑从谠赞道："大好及第举人。"次年，刘相通过考试之后，又再次前往拜访郑从谠，并且正式请求成为他的门生。[125]

这些故事颇值得一读，但也有许多故事记载了贪腐与任人唯亲的现象。我们此处所关注的，是考官与考生的关系在制度化的发展下而形成一种师生关系。一种新式的关系因此产生，并且在往后数百年间的社交网络、政治党派与学者的互惠关系当中扮演了重要的角色。晚明时期，王夫之省思科举制度及其弊病，就认为这种"拜爵公门、受恩私室"的作风导致了结党营私的问题，从而危及国家。[126] 不过，

---

[123] 这则故事记载于王谠：《唐语林》（"四库全书"），3：46ab。这则故事有几个不同版本，见 Arthur Waley: *The Life and Times of Po Chü-i* (London: George Allen & Unwin, 1949), pp. 13, 218。Waley 认为这则故事可能是捏造的，而且他的理由相当充分，因为白居易曾于800年写信向陈京请求赞助。Waley 翻译了这封信，见 *The Life and Times of Po Chü-i*, pp. 18–19。由信中可见，白居易乃是向陈京呈上"温卷"，而不是顾况。这封信如果是真的，那就可与我们随即要谈到的柳宗元的信件互相比较。

[124] 柳宗元：《柳宗元集》，36：564。

[125] 王谠：《唐语林》，3：49ab。

[126] 王夫之：《宋论》，1：7–9。《明儒学案》并未讨论考官与考生的关系。

我们也必须记住，这种行为是科举制度造成的结果，而科举制度则是衍生自儒家所宗信的任贤（精英主义）原则：希望对个人的学术成就进行客观评估。这中间的矛盾是一个结构性的困难，也是长期不思改变的结果。

■ 师徒关系的仪式层面

最后，考试的仪式倒是颇值得一提，以便说明师徒关系当中的仪式层面。地方考生通常会聚集在州或县政府举行"乡饮酒"仪式，地方显要也都会参加。[127] 通过乡试的考生接着被送往首都参加礼部举行的省试：

> 每岁十一月，天下贡举人于含元殿前见四方馆舍人当直者。宣曰："卿等学富雄词，远随乡荐，跋涉山川，当甚劳止。有司至公，必无遗逸。仰各取有司处分。"再拜舞蹈讫，退。[128]

伴随这些仪式的其他典礼，包括走访首都的孔庙，以及出席政府任命的重要学者所举行的讲学。大部分的官员也都会参加这些典礼。[129]

我们对学生生活所知的内容，大多都与科举的准备和举行有关，可见科举制度已成了形塑师徒关系观念与实践的决定性因素；在科举制度的这个早期发展阶段尤其如此。宋代之后，情形开始出现变化。到了宋代，科举制度已成为社会流动的既定机制，考试策略也发展成为一种影响考试结果的持久特征。除此之外，为了确保公平客观而采取的措施，也导致了"公卷"活动的没落。考官与考生的关系因此变成了形式化，作为结党基础的重要性也随之降低。尽管如此，考官仍然预期获得录取的

---

[127]《新唐书》，44：1161。

[128] 钱易：《南部新书》（北京：中华书局，2002），页34。四方馆是用来安置外国的宾客使节的。唐时以通事舍人（负责与外国宾客连络的皇帝亲近官）领之。可能在举行礼部考试时，各地来的考生就借住在这里。

[129] 关于走访孔庙，见王定保：《唐摭言》（上海：上海古籍出版社，1978），1：10。此处对于科举相关仪式的讨论，乃是基于阎文儒编：《唐代贡举制度》，页157–159。关于归崇敬建议的国子监入学典礼，见《旧唐书》，149：4018。

考生会把他们视为老师。这种现象后来引起了王夫之的猛烈批判。[130]

■ 要点重述

总结以上的讨论，可以看出唐代官学学生的以下特质：

唐初的学生通常出身贵族。宪宗初年四门学的 1300 名学生当中，800 名可能来自非官员的家庭。不过，可以想象的是这些学生应该还是有贵族背景，只是他们的父亲不在政府里服务而已。[131] 贵族的支配地位在 7 世纪末之后开始没落。到了 8 世纪，原本只赋予贵族的特权似乎逐渐扩散到其他人士身上，包括低阶武官以及没有进士资格却得以进入政府服务的平民。于是，在唐武宗（841—847 在位）期间，朝廷下令只有具备进士资格的官员可以享有原本只限于贵族的特权，[132] 这类特权通常指免除徭役。这道命令所代表的意义，就是这群具备进士资格的新进官员，已开始与传统贵族竞逐相同的社会乃至经济特权。[133]

这项冲击在安史之乱期间大概已经感受得到。[134] 在这种社会动荡变迁的时刻，难怪没多少人会记得传统对师生或师徒关系的规范。王通所说的"学无常师"及"德不在年"[135]，在这个充满不确定性的时代也就特别受人认同。

这时候进入国家学校就读的学生，愈来愈多都不再具有贵族背景。他们接受教育虽然还是为了踏上仕途，却也开始受到较为实际（而且较具竞争性）的考虑所影响。首都的考官与著名文人对考生前途的影响力似乎比较大。因此，呈上自己的作

---

[130] 见前注 126。宋代决定废止"公卷"，也促成了这种社会习俗的消亡。
[131] 这是高明士的见解，见其《唐代学制之渊源及其演变》，页 206。
[132] 关于这份敕令与"衣冠户"的议题，见韩国盘：《科举制与衣冠户》，收录于氏著：《隋唐五代史论集》(北京：生活·读书·新知三联书店，1979)，页 284–293。至于宋代官户的相关信息，见本书第二章注 301。
[133] 由此又可进一步证明科举对贵族社会结构的没落有所影响。有些人认为贵族社会结构与科举制度的发展各自独立，但主张这种论点的人士，也许该思考这项理论如何能够说明教育实践。Denis C. Twitchett 认为贵族结构的没落始于第九世纪左右。见其 "The Composition of the T'ang Ruling Class: New Evidence from Tun-huang," in Arthur F. Wright and Denis C. Twitchett, eds.: *Perspectives on the T'ang*, pp. 47–85。参看本章下一个注。
[134] 同上。这项议题曾在本书第三章（注 238）深入探讨过。
[135] 见前注 92。清人有谓"德不在年"的概念出自《易经》的说法。但第一位四字合用的应该是王通，见他的《文中子》，卷 9。

品以吸引注意，并且和考官建立关系，也就变得更加重要。唐代的学生被迫把这些人视为自己的"老师兼父亲"，意指考官与社会精英对考生的事业前景具有更大的影响力。这样的发展非常不幸，在官学里又更加严重。官学里的博士或教学官员通常都是现职官员，所以教学工作只是他们在官僚生涯中的短期任务，少有人会用心去负责。韩愈显然就是在这种背景下，才会在9世纪初决定写下著名的《师说》一文。

6. 佛、道僧院戒律以及对庶民学生的教育

佛教僧院对唐代的大众识字教育贡献极大，尽管其目的主要在于吸收信徒。先前提过，佛教僧院提供图书馆、住宿，乃至饮食和金钱补助，藉此吸引一般民众到僧院读书，而且对接受补助的学生也没有什么要求。这些图书馆通常收藏有儒家著作供学生研读，甚至也成立学校教导学生基本读写知识。从敦煌出土的文献判断，这种学校显然不是完全不正式。在敦煌发现的许多九、十世纪的文献，都是学生遗留在佛寺或僧院里的物品，其中包括练习用的纸张，上面抄写了《千字文》、《太公家教》或《论语》等启蒙教材的内容。最重要的是，学生抄写这些启蒙教材，通常都会详细注明自己的身分，除了姓名之外，还会写下自己在僧院里的头衔。他们的头衔几乎一致都是"学仕郎"，字面意义为"学生—学者—低层官"。这个头衔虽然显得有点妄自尊大，但由于出现频率极高，可见在当时应是个常用的称呼，也显示僧院主持的学校大多具有正式的组织。难怪有些学生会自称为"私学生"，意指自己是私校里的学生。[136]

道观很可能也从事宗教及非宗教的教学活动。一如佛教，隋、唐时代的道教也有训练庶民学生的正式机构。[137] 七岁以上的男孩及十岁以上的女孩皆可入学，分别

---

[136] 关于佛教僧院教育的一般探讨，见 Erik Zürcher: "Buddhism and Education in T'ang Times"，尤其见 pp. 46–49 和 note 72。关于"私学生"，见郭沫若:《蒲天寿论语抄本后的诗词杂录》，收录于中华书局香港分局编:《文史论丛》（香港：中华书局，1974），页 210–218。

[137] 关于佛教新进信徒的入教过程及训练，见前注 136 所引 Zürcher 的著作，另见佐藤达玄:《中国佛教における戒律の研究》，页 375–398。

称为"男生"与"女生"。学生都必须立誓遵守所谓的"三归(皈)戒"(三皈分别为身、神与命)。[138] 师徒关系就是在此首度成形。接着,男女学生又分别立誓遵守所谓的"无上十戒"与"十四戒",前者包括行为上的规范,[139] 后者则是规定道教新进信徒与各种对象的关系,包括人君、人父、人师、人臣、人兄、人子、人友、人夫、人妇、野人(指未受教育者)、贤人、异国人、奴婢。由此可见,老师的地位仅次于君、父。[140] 进一步的训练包括"本行十戒"与"五戒"。这些戒律虽然都是道教戒律,却也几乎都带有浓厚的儒家色彩。年轻人在接受大众教育的过程中,都必须跟随道士学习这些戒律。[141] 即便是正式皈依道教,进入宫观生活,相关戒律看起来仍然有如通俗儒家著作。值得注意的是,在正式皈依道教的典礼中,最重要的仪式就是向老师行"三皈戒"礼。这点与唐代官学的入学典礼形成有趣的对比,因为唐代官学的学生只须要向老师跪拜一次。[142] 先前提过,背诵经典通常伴随着抄写的活动,一般称之为"写经"。[143] 敦煌出土的文件里可见到"经生"或"写经生"等字眼,这些字眼和前述的"学仕郎"以及较常见的"学生",都是可以互相代换的同义词,而且也一致为佛教与道教的使用。有时候,抄写者也可以是道士。抄写者不只抄写道教经典,也经常接受政府委托抄写官方及非宗教的文件。[144] 因此,道观很

---

[138] 这点显然是以佛教的做法为模范。
[139] 这些规范包括"不杀,不得妄作邪念,不得取非义财,不欺善恶反论,宗亲和睦;见人善事,心助欢喜;见人有忧,助为作福;彼来加我,志在不报;一切未得,我不有望。"引自任继愈主编:《中国道教史》,页295。关于道教对大众教育的贡献,见本书第三章第三节第五段同章第六节第三段的讨论。关于道教与儒家伦理教诲之间的紧密关系,见楠山春树:《道教と儒教》。
[140] 引自任继愈主编:《中国道教史》,页293–296。"人弟"在其他著作里又称为"人弟子",显示如何对待别人的弟子也是备受重视的议题。
[141] 见本书第五章第三节第五段。
[142] 皇子与老师会面的仪式是,跪向老师领取竹器,接着一鞠躬,老师也以一鞠躬回礼。见萧嵩等编,池田温解题:《大唐开元礼(附大唐郊祀录)》(东京:古典研究会,1972,重印东京大学东洋文化研究所大木文库藏1886年洪氏公善堂校刊本),54:10b。高明士引用《文献通考》的内容,认为其他学校的学生也都实行这种仪式,见其《唐代的官学行政》,页42。另见前注106。案:"三拜"之礼,源出佛教,但"乡饮酒"礼也有行"三拜"之礼。道教在唐代时佛教的影响,发展出"三皈戒"礼,其礼甚隆,尤胜于儒家之"释奠"礼。
[143] 抄写经文的行为不仅限于学生,而是一种祭拜方式。
[144] 有关道教写经生的例子,斯坦因(Mark Aurel Stein)所登录的许多敦煌抄本(例如S1456、S2573、S2999等等),其中的S2999,年代为714年,引于高国藩:《敦煌古俗与民俗流变——中国民俗探微》(南京:河海大学出版社,1989),页422–423。另请参看王元军:《从敦煌唐佛经写本谈有关唐代写经生及其书法艺术的几个问题》,《敦煌研究》,1995年第1期,页156–167。

有可能也提供世俗的基础或识字教育，这种情形在宋代相当普遍。[145] 许多孩童的幼年教育或甚至最早的教育，可能都是于这类机构接受，而不是官学。[146]

■ 晚唐的教育危机

唐代影响学生身份的最后一项发展，就是禅宗僧伽戒律的兴起，其中又以《百丈清规》最为重要。我们先前虽然已经谈过这套戒律，但在此有必要重申其的可能性存在与影响。这套戒律如果真的早在 9 世纪就已存在，现在也只剩下断简残篇了。[147] 换句话说，百丈是否真的写过僧伽戒律，仍是一项充满争议的议题。因此，若说他的重要性其实是后人赋予的，大概不会距离实情太远。宋代许多佛教思想家，都有自己想象中理想的师生关系，这样的想象影响并形塑了禅宗对生活及行为纪律的强调。不过，在此也许应该指出，百丈的观念之所以重要，还有另外两个原因。第一：本章讨论的是禅宗的丛林观（"丛林"系指"vihara"，又译毘诃罗）。我先前已提过这种观念，在下面会再谈到。第二：百丈的关注反映了儒家道德思想没落之后所引起的广泛焦虑，以及佛教必须随着后续的儒学复兴而恢复活力的需求。

儒学复兴的发起人为韩愈、柳宗元、李翱及刘禹锡（772—842）等八九世纪期间的学者。这场儒学复兴受到中国社会里势力庞大的佛教启发的程度究竟有多高，学者之间意见不一。不过史学家一致认为，唐代佛教（尤其是禅宗）领袖背负了沉重的压力，必须提出一套定义较为明确的戒律。他们必须对纪律产生新观念，才能响应中国在九、十世纪的需求。由此带来的结果，就是一连串规范的出现，其中许

---

[145] 苏轼是道士张易简的学生。见苏轼：《东坡志林》，引于丁传靖辑：《宋人轶事汇编》（北京：中华书局，1981），12：590。卢多逊（934—985）也上过道观里的一所小学。见《宋人轶事汇编》，4：125。

[146] 敦煌确实是如此，本章这一部分的参考数据几乎全来自敦煌。

[147] 佐藤达玄：《中国佛教における戒律の研究》，页 479–491。另见近藤良一：《百丈清规の成立とその原型》，《北海道驹泽大学研究纪要》，第 3 号（1968），页 19–48。在此必须指出，原本的《百丈清规》（如果真有这部作品的话）不同于后来汇编的戒律。后来汇编的戒律虽然也叫《百丈清规》，却是许多后代著作的合抄。近藤良一于是提出了"古规"一词，指称原本的《百丈清规》，以便与后来的汇编作品区别。近藤良一把后来的作品称为"清规"。我在这里不做这样的区分，后续也只在有必要的时候才会加以区别。另外必须指出的一点是，当代有关百丈的记载或传记，都没有直接提及他曾经撰写任何僧伽戒律。另见 T. Griffith Foulk, tr.: "Daily Life in the Assembly," in Donald S. Lopez, ed.: *Buddhism in Practice* (Princeton: Princeton University Press, 1995), pp. 455–472。

多都托名百丈。[148] 因此，难怪后来咸淳年间（1265—1274）的《咸淳清规》序言中会指出："吾氏之有清规犹儒家之有礼经。"[149] 这句话证明了儒学与佛教在9世纪后确实为了寻求新的伦理论述而互相交流。

《百丈清规》现存的残篇没有包含规范学生行为举止的内容。因此，我们也就不讨论这些古代遗留下来的残篇，只在后续谈及宋代书院学生的时候一并探讨后代编纂的戒律。

整体而言，唐代的学生显然吸收了各式各样的影响，从佛教与道教的机构，到儒家官学都有。佛教在唐代期间极富势力，许多佛教寺院的图书馆与住宿房间都对俗民学生开放，有些学生甚至可能享有饮食与零用金的补助，相当于官学提供的福利。所以，有些学生可能因此着迷于佛教新进信徒的行为戒律，至少对其内容并不陌生。道观可能也提供了相同的服务，只是可能福利没那么好。庶民学生可能和一般的新进信徒共同从事抄写工作，负责誊录或抄写世俗文件，一方面准备参加科举，或者只是为了学习而学习。先前讨论过，唐代佛教与道教的戒律通常简单、直接而朴实，很有可能当成大众教育材料使用。如此一来，这些戒律就形塑了师生关系的新观念，我们后续也将谈及这些新观念对宋代以后的书院所产生的影响。就是在这样的观念下，百丈与后代僧侣根据佛教戒律数百年来演化而出的观念所制定的禅宗规范，才会取得如此重要的地位。反讽的是，他们并不满足于单纯遵循传统戒律，而意图创造某种比较中国化的规范；当时唐代学者也在儒学复兴的背景下，试图根据原本的儒家思想重新定义学生或弟子观念。两项发展的结果，就是把汉代与魏晋南北朝常见的儒释乃至于道的观念都改变一新。

7. 书院生活与科举抱负的依违关系：宋代的学生

我们对宋代正式教育机构当中的学生生活所拥有的资料，比唐代多出许多。这

---

[148] 阿部肇一：《中国禅宗史》，页39–41。
[149] 胡滢编：《敕修百丈清规》，可见于《大正新修大藏经》及其他著作里，引自阿部肇一：《中国禅宗史》，页39。

主要得归功于印刷术的发明。这时有更多的人记下了他们在学校里的生活情形。由于出版计划与印刷产业的兴起,许多有关教育的资料都因此出现。

宋代初年,由于大多数学校都是家族为了教育自家子弟而成立的,所以学生自然多是富有家族的成员。我们对南方学生所知较多,因为南方社会在兵荒马乱的时代背景下仍得以维持稳定。至于北方,不论一般教育或正式教育都深受动乱之苦,所以我们对学生及其生活能够知道的也就较少。

孔庙是家族以外唯一可见到基本教育的地方。由于这方面的资料极少,我们顶多只能说这些庙学学生的命运大概不比家族学校的学生好到哪里去。

到了11世纪的40年代期间,正式教育开始取得中心地位(在范仲淹与欧阳修于1044至1045年推行的庆历改革之后),科举的影响已主导了学生的抱负与志向。这样的影响可见于宋代教育实践的若干面向中。首先,我们将检视官学的入学条件。

表12:宋代官学的入学条件[150]

1. 国子学: 宋代初年:只招收七品以上官员的子弟。宋初之后:大致上与太学合并,学生人数通常在200人左右。[151]

2. 太学: 宋代初年:只招收八品以上官员的子弟,或是才能杰出的平民子弟。1068年后乃至南宋期间:招收自州学毕业但仍在准备科举的杰出学生。太学的学生人数在宋代期间起伏不定,全盛期达3800人,其他时候则多介于300至1636人之间。[152]

3. 县学与州学: 身家清白的平民,只要获得政府官员或当地两名士人的推荐,即可入学。[153] 入学年龄通常为15岁。[154] 一般州学的学生人数通常近百,有些比较

---

[150] 数据源见《宋史》,157:3657–3676。
[151] 请参见拙作《宋代教育散论》,页98–111。1145年(南宋高宗绍兴15年),政府突然下令把学生人数增加到700。见毕沅:《续资治通鉴》,127:3358。
[152] 关于太学学生人数的列表,见拙作 Government Education, pp. 78–79。
[153] 此处的文人系指至少参加过两次科举的人士。周愚文:《宋代的州县学》,页167–172,对宋代地方学校的入学条件与学生就学时间有极为详尽的探讨。
[154] 请参见拙作 Government Education, p. 125。

著名的州学则可能达数百名。县学通常只有数十名学生。[155]

4. 小学：学生必须缴交父亲开立的遵守规矩保证书。自 1102 年起，入学年龄设定为 10 岁（在 1114 年降为八岁），15 岁似乎是上限，但有些学生待在学校的时间必然超过了期限。[156]

宋代入学条件的官方记录相对稀少，与唐代记录中的详细记载恰成鲜明对比。这点在技术学校尤其明显，宋代的技术学校经常招收政府官员入学就读。准备参加科举的平民和政府官员共同学习法律或医学知识，这种现象完全显示了教育规划者对升学进程的观念毫无兴趣。当然，私家笔记和文章里可以看到何时该开始教育孩童的各种观点。[157] 此外，也有许多非官方的记载显示学校确实有就学年龄限制。但尽管如此，官方政策毕竟还是以考试为主，而不在循循善诱、逐步教学。

■ 住 校

官方记录缺乏入学条件的记载，反映了两项重点。第一，科举在中国社会占有非常重要的地位，自宋代以来尤其如此。由此造成一项显而易见的结果，就是住校重要性的降低。只要科举制度不把学历视为必备条件，正式学校教育就唯有促使学生成功通过科举，才能证明自己存在的价值。这样的要求实在非常严苛，尤其是我们通常期待学校教育能够发挥比单纯训练学生应考更大的功能。如此一来，学生就在用心学习和致力准备科举之间摆荡不定。这两个目标不一定能够互补，更不要说彼此相同。

---

[155] 周愚文：《宋代的州县学》，页 194–199 页完整汇集了宋代地方学校学生人数的参考资料。州学的学生人数，多可达 1,328 人，少则可至 20 以下；县学的人数则是多达 1,000 以上，少至 10 人。州学平均人数约为 100，县学约为 20 至 50。

[156] 见本节后续将谈及的《京兆府小学规》（注 165，166）。另见徐松辑：《宋会要辑稿·崇儒》，卷 2 各处；袁征：《宋代教育》，页 102–103、122–125。另见周愚文：《宋代儿童的生活与教育》，页 118–120。

[157] 赵与时：《宾退录》（上海：上海古籍出版社，1983），4：53 记载了一项值得注意的例子。作者指出，一般的习俗是男孩于五或七岁开始学习启蒙教材，女孩则始自偶数岁数，而且这习俗至少可追溯到魏晋南北朝。王应麟在《困学纪闻》里也提出同样的说法。按：《礼记·内则》所定的入学年岁是："六年教之数与方名。七年男女不同席，不共食。八年出入门户及即席饮食，必后长者，始教之让。九年教之数日。十年出就外傅，居宿于外，学书计。……"

早在范仲淹于 1044 年推行教育改革之时，就已有命令要求学生住校，而且地方官学的学生在登记参加科举之前，也至少必须上学 300 天。后来王安石在 11 世纪末与蔡京在 12 世纪初推行的改革，也包括了制度上的调整，把学校教育纳入官员选拔程序当中。[158] 他们在太学与地方层级所推行的这些措施，乃至整个三舍法，都是为了保证学校教育的完整。许多人都指称学校提供的教育远多于科举考试：在正式的学校里，学生追求的主要是道德修养，但强调公正选拔的科举制度，对道德修养却反而有害。

在这种情况下，难怪许多决策者都认为住校要求并不重要。尽管改革人士要求他们恢复学校的地位，让学校再度成为年轻人的人生与教育理想当中的重要元素，决策者对此却还是毫不重视。

8. 道学思想家对学规的批评

官方记载缺乏入学条件的记录反映出第二项重点：社会在情感上与历史编纂方面，都可能对政府的教育政策与学校管理规定感到不满。在教育议题上，古今中外的知识人想必都会反对以详细的规则限定如何达成教育成果，宋代自然也不例外。不过，王安石以后的改革人士似乎乐于颁布一套又一套的学规，蔡京尤其如此。[159]

---

[158] 请参见拙作 Government Education, pp. 126, 235, 236。至于额外的参考数据，见王岩叟的上奏文，见曾枣庄、刘琳主编：《全宋文》，第 50 册，页 440–441，引自李焘：《续资治通鉴长编》，卷 377 ；又，章如愚：《群书考索》，后集，卷 28。

[159] 关于颁布学规的例子，见《宋史》，204 : 5141–5144。另见拙作 "Chu Hsi, Academies, and the Tradition of Private Chiang-hsüeh"。关于太学的学规，见周密：《癸辛杂识》("四库全书")，《后集》，35 : 3b。案，周密的《癸辛杂识·后集》收有许多太学的资料，从制度、建筑到学生生活等等。请参看本章注 289。兹引其所录学规如下："学规五等。轻者关暇几月，不许出入，此前廊所判也。重则前廊关暇，监中所行也。又重则迁斋，或其人果不肖，则所选之斋亦不受，又迁别斋，必须委曲人情方可，直须本斋同舍力告公堂，方许放还本斋，此则比之徒罪。又重则下自讼斋，则比之黥罪，自宿自处，同舍亦不敢过而问焉。又重则夏楚屏斥，则比之死罪。凡行罚之际，学官穿秉序立堂上，鸣鼓九通，二十斋长谕并栏幞，各随东西廊序立，再拜谢恩，罪人亦谢恩。用一新参集正宣讲弹文，又一集正权司罚，以黑竹篦量决数下，大门甲头以手对众，将有罪者就下堂毁裂栏衫押去，自此不与士齿矣。"

反对法家式做法的声音，经常可见于批判改革的言论当中。[160]朱熹对所谓的"学规"提出批评，也正合乎这样的思维：

> 近世于学有规，其待学者为已浅矣，而其为法，又未必古人之意也。故今不复以施于此堂，而特取凡圣贤所以教人为学之大端，……而揭之楣间，诸君其相与讲明遵守，而责之于身焉，则夫思虑云为之际，其所以戒谨而恐惧者，必有严于彼者矣。其有不然，而或出于此言之所弃，则彼所谓规者，必将取之，固不得而略也。诸君其亦念之哉！[161]

这段文字摘自朱熹著名的《白鹿洞书院揭示》。这篇解释后来成了中国后代学生耳熟能详的作品。朱熹厌恶规范或规矩的态度显而易见。因此，我们有必要在此暂停一下，转而检视制定"规矩"的史实。探讨这项议题，有助于解释政府介入学校教育为何总是引人质疑，也有助于读者评估宋代后来的发展——学规终于还是左右了中国教育的教学法与教育理想。

批判"规矩"的态度起源极早，而且其中可能带有佛教的影响。在《讲院条约序》里，释智圆（976—1022）提到前人曾经"立制十条"，他则根据时代变迁的需求而加以修改，只是"不损元规"。可见他也认为佛教戒律已经足够，并且质疑是否真有必要制定更多的"规矩"。[162]

我们必须记住，智圆写下这篇序的时候，著名的陈氏宗学在江州正值全盛期。[163]我已经不只一次提及这所私学的"规矩"。当然，这种规范实际上乃是称为

---

[160] 尽管如此，要求提高上课出席率或在学留住的通常是改革派。不过，反对改革的人虽然同意住校要求有其道理，却反对制度上的变革。于是，改革派所推行的措施，原本可能促成住校要求，甚至科举制度的废止，最后却还是未能成功。简言之，尽管双方都批评科举制度破坏了上学的道德目的，对于住校要求是否制定为永久政策却意见不一。最后，也许在挫折之余，反改革人士于是转而反对官学，批评官学是失败的教育机构。改革派从来不曾提出这样的批评，也不接受这样的看法。

[161] 郭齐、尹波点校：《朱熹集》，74：3893—3895。案：历代中国书院所找到的学规和章程已经由邓洪波收集出版：《中国书院学规》（长沙：湖南大学出版社，2000）；《中国书院章程》（长沙：湖南大学出版社，2000）。

[162] 曾枣庄、刘琳主编：《全宋文》，第8册，页221。约束系指规矩。值得一提的是，"约"字在商业交易当中经常用于指称"合约"。我认为智圆使用的这个字眼另有来源，只可惜这方面没有令人满意的研究。

[163] 见本书第五章第二节第三段（注169）。

"家法",而不是一般的"学规"。[164]

▇ 京兆府小学规

"学规"一词最早似乎出现于 11 世纪。说得精确一点,这个字眼最早出现在京兆府(今陕西西安)一所学校翻修之后设置的石碑。这块石碑上完整刻着这所小学的学校规范,而且保存得非常完好。[165] 当时的州官范雍(979—1046)显然对应天府的办学成果印象深刻,[166] 而想要在当时属于偏远地区的京兆府引进这样的办学方法。因此这套学规必然反映了范雍从应天府学到的理想。它制定于 1054 年,就是仁宗在位,推动范仲淹兴学之后 10 年的时候:

一、应生徒入小学,须先见教授,投家状并本家尊属。其保状内,须声说情愿,今男或弟侄之类入小学听读,委得令某甲一依学内规矩施行,申学官押署后,上簿拘管。

二、于生徒内选差学长二人至四人,传授诸生艺业及点检过犯。

三、教授每日讲说经书三两膲(案:纸),授诸生所诵经书文句、音义,题所学书字样,出所课诗赋题目,撰所对属诗句,择所记故事。

四、诸生学课分为三等:第一等,每日抽签问所听经义三道,念书一、二百字,学书十行,吟五、七言古律诗一首。三日试赋一首或四韵,看赋一道,看史传三、五膲,内记故事三条。

第二等,每日念书约一百字,学书十行,吟诗一绝,对属一联,念赋二韵,记故事一件。

第三等,每日念书五、七十字,学书十行,念诗一首。

---

[164] 值得注意的是,"家法"也是"家规"的意思,而且这种用法至少自从宋代以来就已相当常见。有关这方面的例子,见丁传靖辑:《宋人轶事汇编》,5:207;8:345。"家法"在汉代原指"经学大师的学术范围及主旨",但这个用法在宋代已渐消失。

[165] 这块石碑上的铭文,连同范雍为了翻修这所学校而提出的奏疏,都收录于王昶:《金石萃编》,132:16b–22a;134:23a–25a。

[166] 见拙作《范仲淹与北宋的书院传统》,收录于台湾大学文学院编:《范仲淹一千年诞辰国际学术研讨会论文集》(台北:台湾大学,1990),页 1399–1426。

五、应生徒有过犯，量事大小行罚：年十五以下，行扑挞之法；年十五以上，罚钱充学内公用，仍令学长上簿，学官、教授通押。行止踰违，盗博䛄讼，不告出入，毁弃书籍，画书壁，损坏器物，互相往来，课试不了，戏玩諠哗。

六、应生徒依府学规，岁时给假，各有日限，如妄求假告，及请假违限，关报本家尊属，仍依例行罚。

这份文件尽管充满威权口气，转移处罚作为维系教育理想的手段，但是它究竟是在中国教育史上难得的资料。这套学规必然忠实反映了当时许多规矩所采用的语气。

■ 禅宗对宋代学规观念的影响

另外一种学规是道学思想家制定的规矩，一般认为其起源是受到禅宗的影响。[167] 除了道学有许多字汇源自佛教之外，有些佛教记录似乎也证实佛教僧院生活让道学思想家留下了深刻印象，程颢就是一个例子。据说程颢走访一座寺庙，看到僧侣的行列之后，不禁感叹当中蕴含了古时三代的礼乐理想。[168] 这则故事的记载虽然只见于佛教的著作，但必然有一定程度的真实性，所以朱熹才会觉得有必要对此提出评论："明道适僧舍，见其方食，而曰三代威仪尽在是矣，岂真欲入丛林耶？胡文定（案：胡瑗）所以取楞严、圆觉，亦恐是谓于其术中犹有可取者，非以为吾儒当取之以资己学也。"[169] 现存最早的佛教清规的确只是1103年的作品，当时程颢早已辞世[170]。不过，禅宗的僧院生活早就引起了宋代儒学者的注意。像程颢这样的思想家如果对禅宗的观念与实践一无所知，绝对是不可置信的。

胡瑗因为在1044年为湖州（今浙江湖州）州学制定一套学规而著名。据说他的

---

[167] 请参见拙作 "Chu Hsi, Academies, and the Tradition of Private *Chiang-hsüeh*"，另见下一注。
[168] 有关这则传说的讨论，见横田宗直：《宋儒の禅悟研究について》，特别是第24编，页217–219。
[169] 郭齐、尹波点校：《朱熹集》，30：1266。
[170] 见前注139。

教育方法"科条纤悉具备"。[171]这些科条就是当时许多人谈论及参考的"法"。范仲淹在那一年推行教育改革,负责整顿太学,于是为太学引进了学规。司马光在《并州学规后序》(并州位于今山西太原)也提到:"取法于太学及河南(今河南洛阳)、大名(今河北大名)、京兆府、苏州。"[172]这几所学校显然都以其学规著名,而并州州学的学规也可能刻于石上,以免"学者寖久而寖忘之也"。

于是,在11世纪期间,大多数宋代思想家与决策者都认为学规的重要性乃是理所当然,因此不但应该制定,甚至也应该铭刻于石碑上。学规虽然向来都是教育过程中的一部分,但把学规确立为书面规范,却可能在这个时期才趋于普遍。随着官学组织愈来愈复杂,教授(这时已是负责教学的官员)的教诲已不再是学生遵循的唯一标准。

■ 道学者对学规的态度

我认为推动学校设立学规的运动,是宋代改革人士特别鲜明的特征。因为这样,他们被人指控为实行法家的治术:王安石与蔡京推行改革期间,的确施行了许多与学校有关的新法。

因此,随着教育及一般改革的范围与目的所产生的争议愈来愈扩大,许多官员与知识分子也开始质疑学规的价值,尽管最先推动学规运动的人物是改革人士与反改革人士都一致尊崇的胡瑗。

改革人士要求订定详细的学规,其他人则持保留态度。朱熹就是一个例子,可见于前引的《白鹿洞书院揭示》一文里。尽管如此,朱熹还是经常表达订定规范的必要:

---

[171] 黄宗羲著,全祖望补修:《宋元学案》,1:24;《宋史》,432:12837。另见《宋元学案》,3:142,其中提到胡瑗"立学规良密"。
[172] 曾枣庄、刘琳主编:《全宋文》,第28册,页452。必须指出的是,出身苏州的范仲淹对于苏州州学在1035年的振兴与改革也扮演了重要角色,见童金裕:《范仲淹与宋初的教育与学术》,收录于台湾大学文学院编:《范仲淹一千年诞辰国际学术研讨会论文集》,页1427–1444。

> 精舍数日纷纷无意思，只得应接酒食，说闲话而已。亦缘屋舍未就，不成规矩，它日需共议条约，乃可久远往来耳。[173]

除了著名的《白鹿洞书院揭示》之外，他也写了另一套课堂行为规范，命名为《训学斋规》。[174]

朱熹对"学规"的批评至少受到了一名追随者的注意，即陈文蔚（1154—1239）。他也把自己书院的学规称为"揭示"，并且在序言里重申朱熹反对学规的警告：

> 诸君苟能念此，则乡之所设学规者，盖亦大为之防，似不足以相浼然，出此则入彼矣。诸君其体之。[175]

陈文蔚"揭示"的后序是一篇短文，也跟朱熹一样，批判"近世学规"中写道：

> 朱先生揭之于白鹿书院者已尽之矣。今掇其绪余以告来学之朋友，使知立身之大节，修为之次第。若乃立为条约，以从事于防闲简柅，则非所以待同志之士，而同志者亦无所事于此。

陆九渊的思想当中，也同样带有这种对于学规的反感。据说，在1172年，陆九渊通过殿试返乡之后，他招收学生的第一件事情，就是"去今世所谓学规者"。[176]

因此，当时显然对书面学规的用处有所争论，认同道学主张的思想家认为政府施行的许多学规都毫无价值。为了对抗这些规范，许多类似于《揭示》的新规范因此纷纷出现。尽管这些规范不可能与道学思想家抨击的传统学规完全不同，却仍然

---

[173] 郭齐、尹波点校：《朱熹集·续集》，2：5158。值得一提的是，朱熹也把自己的学校命名为"精舍"。陈荣捷曾对朱熹的书院以及他所用的"精舍"一词加以讨论，见其《沧洲精舍辨》，收录于氏著：《朱子新探索》，页472–477。另参考拙作"Chu Hsi, Academies, and the Tradition of Private *Chiang-hsüeh*"及《精舍与书院》两篇文章。

[174] 比较第四章注61对宋代人对识字与道德教养孰先孰后的讨论。

[175] 陈文蔚：《克斋集》（"四库全书"），7：4b–8a。

[176] 陆九渊：《陆九渊集》，33：389。陆九渊传记的作者赞扬他不鞭笞学生。见《陆九渊集》，33：393。拙作"The Discovery of Childhood"，页175引周密的《癸辛杂识》的一小段文字，谈及太学生根据学规而遭受的体罚。

代表了道学的反对态度。到了 13 世纪末与 14 世纪初，道学对"学规"的看法已大致获得胜利。马端临（1254—1325）说得好："试文则宗新经，策时务则夸新法。今又立蜚语谤朝政者以学规殿罚之条。则太学之设，乃箝制罗织之具耳。"[177]

道学为学生制定规矩的实验获致了成功，他们订定的许多规矩也广为流传，延续这种做法也成为书院的教育活力的决定性特征。[178] 以下我将讨论有些比较著名的"揭示"或"学规"。

■ 朱熹与《白鹿洞书院揭示》

首先是朱熹的《白鹿洞书院揭示》。这篇文章无疑是这种文类当中最重要的作品，而且值得在此全文引述：

> "父子有亲，君臣有义，夫妇有别，长幼有序，朋友有信。"
> 右五教之目。尧舜使契为司徒，敬敷五教，即此是也。学者学此而已，而其所以学之之序，亦有五焉，其别如左：
> "博学之，审问之，慎思之，明辨之，笃行之。"
> 右为学之序。学问思辨四者，所以穷理也。若夫笃行之事，则自修身以至于处事接物，亦各有要，其别如左：
> "言忠信，行笃敬，惩忿窒欲迁善改过。"
> 右修身之要。
> "正其义不谋其利，明其道不计其功。"
> 右处事之要。
> "己所不欲勿施于人，行有不得反求诸己。"
> 右接物之要。
> 熹窃观古昔圣贤所以教人为学之意，莫非使之讲明义理，以修其身，然后

---

[177] 马端临：《文献通考》，42：396b。"新经"（《三经新义》）是王安石下令编纂的作品，目的在于为改革计划提供思想上的支持。详见拙作 Government Education，页 240–241 及书中各处。另见本书第三章第五节第五段（注 348 及 349）及第四章第一节第四段。

[178] 朱荣贵：《学规与书院教育》，《中国书院》，第 1 期（1997），页 122–131。

推以及人,非徒欲其务记览,为词章,以声名取利禄而已也。今人之为学者,则既反是矣。然圣贤所以教人之法,具存于经,有志之士,固当熟读深思而问辨之。苟知其理之当然,而责其身以必然,则夫规矩禁防之具,岂待他人设之而后有所持循哉?[179]

案:接续上为《揭示》的最后一段,内容是对近世学规的批判,已引于前面"道学思想家对学规的批评"小段。

这篇文章主要探讨知识与教育的道德理想,之所以重要,原因是其中采用了正面与规范性的语气,而且明显不是为了遏止特定错误行为而写的警告文章。这点与先前提过的京兆府学"学规"恰好成了对比。就这方面而言,朱熹的文字和理想确有其特色,和许多只着眼于控制或禁止的规矩或学规大为不同。

■ 吕祖谦的规约

但是论到学规,当然这一类作品不可能不带有禁止性的语气,这点在吕祖谦(1137—1181)于1168与1169年所写的两部"规约"当中明显可见。[180]第一部规约共322字,列出了12项应该受到处罚的不良行为,而且总共用了28个否定字眼,包括"不"及"毋"。他在次年所写的另一部规约,则只有114字,其中只提出三项应予弃绝的道德缺陷,而且全篇只用了两个否定字眼。我认为这项变化反映了道学在学规方面主张诉求于正面主动的态度。以下所录为其第二部规约:

> 凡与此学者,以讲求经旨,明理躬行为本。
>
> 肄业当有常,日纪所习于簿,多寡随意。如遇有干辍业,亦书于簿。一岁无过百日,过百日者同志共摈之。
>
> 凡有所疑,置专册纪录。同志异时相会,各出所习及所疑,互相商榷,仍

---

[179] 见前注161。
[180] 吕祖谦:《东莱集》("四库全书"),《别集》,5:1a–3a。值得一提的是,吕祖谦称之为"规约",为他出版全集的出版者却把这两部作品的标题订为"学规"。朱熹的"揭示"也是如此,经常被人笼统地称为"学规"。

手书名于册后。

　　怠惰苟且，虽漫应课程而全疏略无叙者，同志共摈之。
　　不修士检，乡论不齿者，同志共摈之。
　　同志迁居，移书相报。

■ 程董二先生学则

由程端蒙（1143—1191）与董铢（1152—1214）所写的另一套学规，则是称为《程董二先生学则》。[181] 其中提出了12种行为规范：

　　居处必恭，步立必正，视听必端，言语必谨，容貌必庄，衣冠必整，饮食必节，出入必省，读书必专一，写字必楷敬，几案必整齐，相呼必以齿。

每一项行为规范后面还有简短的注释，说明各种行为的详细要求。值得注意的是，这十二条规范虽然都采用正面表述，注释中的说明却充满了禁制语气，指出各种应该避免的行为，如："虽燕处，不得裸袒露顶。虽盛暑，不得辄去鞋袜。"尽管如此，仍可看出作者致力于提出正面而具理想性的准则，不同于道学思想家所鄙夷的"学规"。因此，难怪朱熹会在《程董二先生学则》的后序当中写道："凡为庠序之师者，能以是而率其徒，则所谓成人有德，小子有造者，将复见于今日矣。"这段话反映了他对规范性的理想准则与及避免用禁止性质的文字的重视。

前述三部规矩是宋代期间最著名的作品，全都与朱熹倡导的书院运动有关。除此之外，在私人书信、谚语以及"劝学文"当中，也可看到鼓励学生透过学习追求道德完善的文字。[182] 后来谚语和箴、铭成了重要的文类，出现了许多为学习或为学

---

[181] 黄宗羲著，全祖望补修：《宋元学案》，69：2280–2282。
[182] 朱熹的两篇《喻学者》是这方面最著名的文章，收录于郭齐、尹波点校：《朱熹集》，74：3901–3902。另见陈淳：《示学者文》，收录于黄宗羲著，全祖望补修：《宋元学案》，68：2223–2224；真德秀：《劝学文》，载氏著：《西山文集》，40：3a–5a。关于提倡学习的北宋文章，例子请见曾枣庄、刘琳主编：《全宋文》，第8册，页237–240；第11册，页696；第14册，页236、378；第26册，页37–38；第29册，页460；第30册，页255–256；第37册，页403–407；第40册，页256等。

校而写的谚语。谚语写作无疑在宋代期间广为普及。[183] 抄写谚语的书法作品成了许多学校墙壁上不可或缺的装饰，烘托书院学习的氛围，并且从此成为中国教育传统的恒久特征。以下举其中一例：

> 匪仁弗泉，匪敬弗源，心为之渊，以妥其天。
> 是心未熟，求躬之淑，譬彼蓺麦，而欲获菽。
> 圣有六籍，道之国都；立师求友，往问之途。
> 有充于中，必形于外。行与圣契，言与圣会；
> 其或载笔，以苞厥辞。大本斯拔，何叶弗萎？
> 咨尔后学，于斯盍觉；惟其笃之。是以告之。[184]

由以上对宋代"学规"观念的探讨，包括道学对当代学规颁布传统的批判，以及道学思想家本身从事的实验，可见宋代的历史编纂为何会缺乏官学结构的数据。这点在入学条件与升学规范以及年龄限制等方面也一样可以看到。

■ 宋代学生的生活：一般讨论

宋代是儒家教育的全盛期，官学与书院的数目都大幅增加。随着学生人数愈来愈多，师生之间的关系按理应该会变得愈来愈形式化。不过，随着教育成为一项重要的政治与社会议题，师生关系也发展得愈来愈亲密，至少理想上是如此。这些看似相反的发展竟然同时发生，于是也就带出了我在这个章节所要探讨的第三点：官学为学生提供的教育几乎毫无价值，师生之间通常也不会发展出深厚长久的关系。[185] 另一方面，我们可以看到师徒关系变得愈来愈个人化，而且也愈来愈私密。

---

[183] 关于宋代谚语的例子，见曾枣庄、刘琳主编：《全宋文》，第 5 册，页 126；第 8 册，页 281、309、595；第 12 册，页 725；第 35 册，页 190、720 等。另见邱汉生、熊承涤主编：《南宋教育论著选》（北京：人民教育出版社，1992），页 27、100、568 等。

[184] 杨万里：《诚斋集》（"四库全书"），98：6b–7a。

[185] 只要研读宋代纪录，尤其是传记，即可发现宋代人极少提到自己在官学中的生活。我只有看到苏颂（1020—1101）详细写过这方面的议题。

师徒关系可以非常紧密,我们先前就已看过朱熹和他老师的例子。这种关系密切但不卑屈,互相尊重却又不会丧失自主性。

首先,到了宋代,"弟子"或"门生"这类字眼的意义在两方面变得非常广泛。一方面,这种字眼代表了时间上的连续。师生关系在这时又再次被认为是一种终生关系。唐代并未强调这方面的意义,可见汉代的理想到了宋代又再次复兴。

另一方面,受赞助者也逐渐被视为著名读书人或官员的弟子。"学生"或"弟子"等词经常用于指称这类人士。[186] 因此,考生寻求著名官员的指导也从此成为惯例。他们会写信提问,[187] 或者拜访著名学者,[188] 或者出席学者的讲学。他们藉由这些方式建立个人关系,让自己成为对方的门生、受赞助者,而且这样的关系可以持续终生,除非情况有所改变。这种惯例与唐代的做法没有太大不同,尤其是"公卷"制度,但唐代的那套做法已受到官方明文禁止。[189] 不过,以象征永久关系的仪式行为而言,宋代的惯例其实与汉代比较接近。

两名门生随同其座主或业师流放的故事,就是宋代惯例近似于汉代做法的鲜明例证。[190] 有些故事也提及宋人为了寻求名师的指导而不惜长途跋涉。[191] 有一个例子,一名学生不远千里追求名师,结果却死于学校里。该名老师为他写了一篇悼文:

> 子年尚少,徒步数千里旅吴学……夫旅而死,无亲戚左右为之助者有之。……吾以(与)子有生死之别,旅榇举而望涕,不知其所从。哀哉!尚飨!

---

[186] 有些例子可见于丁传靖辑:《宋人轶事汇编》,7:274、284;8:344、345,及书中各处。
[187] 王安石与王令(1032—1059)之间往返的许多书信就是绝佳的例子。欧阳修与朱熹的文集也收录了许多答复他人询问的信件,有些请求指导,也有不少是寻求推荐官位。
[188] 见后注 191 和 192。
[189] 王禹偁(954—1001)写过一篇值得注意的文章,抱怨公卷为他带来的困扰。见氏著:《答郑褒书》,载曾枣庄、刘琳主编:《全宋文》,第 4 册,页 355–357。另见文彦博(1006—1097)自我介绍的书信草稿,收录于《全宋文》,第 16 册,页 23–25。关于这项制度在 1041 年的废止,见李焘:《续资治通鉴长编》,133:3a。
[190] 丁传靖辑:《宋人轶事汇编》,5:180–181。
[191] 欧阳修曾赞许一名学生跋涉"数百里,犯风霜,干大国,望官府,下首于阍谒者,以道姓名,驱走拜伏于人之阶庑廊间,何其勤劳乎!"但也婉转质疑是否有必要这么做。见氏著:《与张秀才书》,收录于曾枣庄、刘琳主编:《全宋文》,第 17 册,页 66。

说来讽刺，我们只知道死者姓江，来自建阳（今福建建阳）。不过，由于这篇悼文，我们却得以知道他死于 1047 年的 7 月 6 日。[192] 当时正是吴学（苏州学）因为胡瑗的教学而闻名于世的时候。

宋代文献当中有许多记录，显示老师对待学生的态度极为热切。一则特别著名的故事与范仲淹有关，提到他在苏州州学里教书的个人牺牲。[193] 范仲淹也因鼓励孙复与张载而著名。后来孙复被延揽进入太学教书，张载则成为重要的道学思想家。[194] 随着教育改革的争议愈来愈激烈，变法人士与反变法人士的态度差异也愈来愈鲜明，反变法的人似乎都对学生非常热情。这种态度后来为道学思想家所承继。宋代学生运动之所以会获得这么多的同情（看下面），部分原因就是道学思想家对学生采取的亲切态度。

宋代的师生关系到了此时显然已分为两个方向发展：其中一个方向是愈来愈僵化的法家倾向，这是官僚改革行动的特征。[195] 他们经常颁布通行全国的"法令"或"规程"，管理学生的行为。这种做法有其优点，而且合乎国家的官僚需求。到了南宋初，改革理念的气势已衰落，但国家追求控制的欲望仍然丝毫没变。

另一个方向是比较热切的做法，强调个人修养的规范性目标。采取这种态度的人通常对学规的使用抱持批评的眼光，并且喜欢把自己的学校规范命名为"揭示"或"规约"，强调个人追求道德完善的自发性本质，与法家式的做法或强制执行规范的行为相反。他们强调以热情对待学生的重要性，并且经常展现这种慈悲的情怀，支持加入抗议政府腐败或不良政策的学生。当时的确认为学校需要书面规范，但道学人士选择采用禅宗的僧伽戒律，显然给了他们一种关键的信念与力量，并发现官僚做法可能为教育过程带来暴力的问题。道学的关注主要在于教学法方面。他们对

---

[192] 欧阳修：《祭学生文》，收录于曾枣庄、刘琳主编：《全宋文》，第 15 册，页 426。由此可证官学也招收来自其他地区的学生。顺带一提，这名老师以"徒步"一词描述该名学生的旅程。吴学在宋代相当著名，由范仲淹创立于 1035 年，首任老师为胡瑗。见拙作《范仲淹与北宋的书院传统》。

[193] 这就是先前刚提到的那所学校（吴学）。有关范仲淹与这所学校的详情，请参见前一注提及的拙文。

[194] 这几则故事无疑都有夸大之嫌，但仍然反映了当时一般观念中对于模范师生关系的看法。

[195] 苏颂叙述过一项值得注意的事件，内容关于常州县学一个积极过头的学规执行者。有几个学生和县令的儿子在学校里举行宴会，结果就被控以贿赂的罪名。见苏颂：《苏魏公文集》（北京：中华书局，1988），56：850。

学规的批判，在他们看待学习的不同态度方面最鲜明可见，而这种态度乃是在书院成为中国教育的一大势力之后才告出现。

■ 官学里的生活[196]

如同唐代，宋代官学的学生生活也几乎没有留下任何资料，而仅有的少数资料也经常都是关于官员或富有家族的子弟。许多年轻学生似乎都跟着父亲前往许多地方，周密（1232—1310）就是一个例子。周密以词闻名，但他的笔记作品中也收入不少有关太学生活的记录。他年少时期跟着父亲前往吴兴、福州、滁州、四川，他的词作有不少都是描写旅程上遇到的社会事件。[197] 南宋道学家阳枋（1187—1267）也跟着父亲到了许多地方，一面随着家庭教师学习，而这名教师想必也随着他们到处旅行。[198] 由于这点及其他原因，大多数好家庭出身的年轻人待在学校里的时间都很短，在官学里更是如此。事实上，进官学的人恐怕并不多。[199]

陆游的童年过得相当舒适，他提到自己离开小学之后曾经上过乡校，但待的时间不长，因为他在1136年由于恩荫而获得指派担任一个小官职，当时他才12岁。[200] 苏轼19岁的时候曾进入成都（今四川成都）的州学就读，并且在就学期间荣获州官接见。[201] 不过，我们对他们上的学校以及他们在学校里的生活都一无所知。

我们对于太学生的舒适生活所知甚多，他们的政治活动更留下了丰富的资料。我们在这里只探讨他们的学校生活，政治活动留到后面再谈。最主要的重点，是太学学历在科举制度中所扮演的角色：太学毕业生在州试中的录取名额远多于一般考生。许多学生进入太学就是为了这项特权。由于没有住校要求，所以大多数学生都

---

[196] 在这个段落里，我几乎完全采用我先前的著作，包括 "Life in the Schools of Sung China," *JAS*, 37 (1977), pp. 45–60; *Government Education*, pp. 173–196。另见郭宝林：《北宋州县学生》，《中国史研究》，1988年第4期，页84–94。

[197] 沅窗（冯漱兰）：《草窗年谱》，《北大国学季刊》，第1卷（1926），页259–261。

[198] 阳枋：《字溪集》（"四库全书"），12：2a–4a。

[199] 1165年左右，福州(位于福建)州学约有300名学生。但同一地区在同一年却有17,000名考生(1174年达20,000名)参与了州试。由此可见，大多数学生都没有进入官学就读。见拙作 *Government Education*, p. 176。

[200] 于北山：《陆游年谱》，页17。

[201] 曾枣庄、刘琳主编：《全宋文》，第44册，页183。

只在科举考试的举行年份涌入太学。太学的结构显示政府希望学生在学校里平均待上五到七年的时间,杨简(1141—1226)也的确在太学里整整待了七年。[202]另一方面,名诗人周邦彦(1057—1122)则待了五年,并且因为其《汴都赋》深受皇帝赏识而在最后一年获得拔擢为太学正。[203]其他学生则没有这样的恒心。

太学与国子学的教育功能,因此还比不上其在科举当中扮演的角色。于是,南宋许多思想严肃的作家都对太学严加批判。朱熹的朋友暨支持者杨万里(1124—1206)甚至还说,不够富有的人最好别上太学。[204]背皇帝跳海自尽的陆秀夫(1238—1278)通过了太学的入学考试,却因为太学达不到他本身抱持的教育理想而不肯注册入学。太学后来逐渐衰颓,成了家世富裕的年轻人聚集在一起游手好闲的地方。太学里宿舍的设施不太理想,而且许多学生都已经结婚(李清照之夫赵明诚就是一个例子),[205]所以他们应该是能够自由进出学校。据说艺人和歌妓皆可轻易进入校园,不同宿舍的学生也互相争取歌艺杰出或容貌动人的歌妓,有时甚至大打出手。

南宋期间,地方学生的许多纠纷事件显示太学生的生活确实极为自由,甚至于可以说是松散。[206]他们对地方政治或甚至中央政府都具有极大的影响力,因此成为严厉批判的对象。不过,正因为他们带有年青人的理想性格,他们致力推动改造政府中的政策或行事,遂得以在历史上获得高度评价。但整体而言,大多数人却认为他们的松散生活令人厌恶鄙夷。

■ 宋代书院里的生活:一个传统的形成

宋代书院提倡师生之间紧密而富有同情心的关系。由书院领袖为学生生活制定的规则,可见他们认定年轻人或学生能够自发追求学习,并且自行采取主动。采用"对话"、记录老师的话语,以及禅宗僧院生活对行为举止和纪律的强调,都对

---

202 冯可镛、叶意深辑:《慈湖先生年谱》,收录于杨简:《慈湖遗书》(1936年"四明丛书"本),1:4ab。
203 《宋史》,444:13126。
204 杨万里:《诚斋集》,64:11a。
205 见本书第四章第二节第三段引用的李清照的回忆录。
206 有些例子可见于本章第二节第二段。

道学书院规则的兴起有所贡献。书院中的生活虽然与官学里的生活差异不大,但书院吸引到的学生却比较广泛,也都不全是科举考生。这是官学里看不到的现象。

宋代书院的生活留下了非常丰富的数据,而且几乎全都充满正面的描述,让人不禁怀疑书院对学生的人生与个人修养是否真的具有那么大的影响力。此外,从现代观点来看,我们也不禁质疑这些影响是否全部有益。无论如何,我要在此提出其中几项,藉以理解书院为何会在中国后期历史上获得如此多的赞誉。

首先是朱熹在张栻(1133—1180)的邀请下于1167年走访岳麓书院。他的两名弟子陪同他前去。在拜访期间,朱熹与张栻辩论了"中和"、"太极"、"知行"与"仁"等观念。他们的辩论开放给学生聆听,张栻的许多追随者可能也在听众当中。后来的记述把听众人数夸大达数千人。[207] 尽管如此,这次为期不短的拜访以及他们之间的辩论,想必对张栻的门徒产生无可磨灭的影响。

拜访期间,朱熹与张栻到衡阳走访美丽的衡山。这是一趟令人难忘的旅程:他们不但由张栻的学生陪同,胡宏(1106—1162)的弟子由于正在那附近学习,因此也加入了他们的行列。朱熹于是在衡山上写下一百四十几首诗,纪念这次游历。[208]

另一宗事件,是同样著名的朱熹和陆象山的会面(1175),这是他们共同的朋友吕祖谦所邀集的。这场会面的地点在鹅湖(今江西铅山),鹅湖也就因此而著名。这两位思想家在此辩论两人对于"理"这项观念的哲学差异,[209] 也针对其他议题交换了意见。自从明末以来,许多人都认为这场会面代表了朱、陆二人在道学思想

---

[207] 这是康熙版《岳麓书院志》在清代的一项记载内容。引自朱汉民:《湖湘学派与岳麓书院》(北京:教育科学出版社,1991),页163。

[208] 朱汉民:《湖湘学派与岳麓书院》,页161–174。胡宏是著名学者,专精《春秋》。他是湖南人,而岳麓书院正是当地的思想中心。张栻也是胡宏的弟子。

[209] 近来有一部研究朱熹与陆象山这场辩论的著作,见 Hoyt Cleveland Tillman: *Confucian Discourse and Chu Hsi's Ascendancy* (Honolulu: University of Hawaii Press, 1992),尤其见 pp. 203–213。关于朱、陆二人的哲学差异,中文世界也有两部全面且具代表性的研究著作,见唐君毅:《朱陆异同探源》,《新亚学报》,第8卷,第1期(1967),页1–100;牟宗三:《象山与朱子之争辩》,《民主评论》,第16卷,第8期(1965),页170–250。有一篇英文文章概述了陆象山在这场会面当中的思想立场,见 Robert P. Hymes: "Lu Chiu-yuan, Academies, and the Problem of the Local Community"。不用说,还有狄培理(de Bary)的许多著作,其中都对所谓的"朱陆异同"提出新的观点。狄氏的研究比较系统地引用日本学者的观点。

上的根本差异，于是，他们也一再夸大这场会面的参与人数，声称双方的学生各有 100 人出席，历时约一周。[210] 暂且不谈夸大的问题，这场会面仍然代表了道学思想家在学术与学习目的方面所持的开明态度，参与这场会面的学生很可能学到了身为门徒应该具备的条件：诚心投入互相鼓舞的道德世界里，并且服膺于最终的真理，而此一真理就体现于朱熹与陆象山这类地位崇高的老师身上。

陆九渊在 1181 年应朱熹之邀而走访白鹿洞书院，也是另一个令人难忘的事件。这起事件尤其重要，原因是其地点乃在中国最著名的白鹿洞书院：

> 时元晦为南康守，与先生泛舟乐……先生讲"君子喻于义，小人喻于利"。毕，……〔元晦〕乃离席，曰："熹当与诸生共守，以无忘陆先生之训。"……说得来痛快，至有流涕者。元晦深感动，天气微冷，而汗出挥扇。[211]

另外还有不少会面或讲学也都在史书里有详细记载。这些聚会是"会讲"的早期例子，后来会讲发展为制度，[212] 成了书院生活中不可或缺的一部分。

9. 学习成为汉人：辽金元学校的学生

在辽、金、元三代当中，契丹人建立的辽受儒家或汉人教育思想的影响最小。

---

[210] 这场会面的原始记载散见于多部著作里，不易搜集。郑之侨的《鹅湖讲学会编》(1744)与王赓言、吴嵩梁的《鹅湖书田志》(1813)是最早尝试汇集这些资料的著作，两书皆收于赵所生、薛正兴主编：《中国历代书院志》（南京：江苏教育出版社，1995），第 11 册。至于现代作品，见铅山县志编撰委员会：《鹅湖书院志》(合肥：黄山书社，1994)，其中页 38 引用了明代一部作品，指称该场会面的参与人数多达 100 人，但编者认为实际上只有 18 人，包括朱熹、陆象山兄弟、吕祖谦与蔡元定（蔡沈，1135–1198）。李国钧等编：《中国书院史》，页 329–337，列出了 11 名参与者的姓名。陈荣捷：《鹅湖之会》，收录于氏著：《朱子新探索》，页 564–567；《朱陆鹅湖之会补述》，收录于氏著：《朱学论集》（台北：台湾学生书局，1982），页 233–249。这两篇论文都详细研究了这场会面，但只提出 10 名与会者。他也认为这场会面持续了一到两周。关于陈荣捷对于这场会面带来的思想上的贡献所抱持的观点，见他为 Chu Hsi and Neo-Confucianism (Honolulu: University of Hawaii, 1986) 所写的引言（p. 14）。

[211] 陆九渊：《陆九渊集》，36：492–493。这段文字是陆九渊的回忆，也收入了他的年谱。这场讲学的内容可见于《陆九渊集》，23：275–276，其中所引的《论语》章节为《里仁第四》，第二十六章。

[212] "会讲"一词首次出现可能是在朱熹与张栻的信件中，但这种制度可能是受佛教讲经活动的启发，见本书第三章第三节第三段。另见朱汉民：《湖湘学派与岳麓书院》，页 171。

辽与金的学校及考试大体上，都以唐代的制度为根据。贵族成员大致上都是佛教与萨满教信徒，接受的也可能是儒家以外的教育，因此儒家教育对于掌权的少数族群可能影响力有限。不过，汉人大众接受的教育，仍然有别于当代北宋及南宋汉人的教育制度。这种情形到了元代则有了改变。元代的学校制度已足以和宋代相提并论，书院在中国北方也和南方一样普及。

尽管我们对辽、金两代的入学资格及学校生活所知极少，却不难想象学生主要都是贵族子弟，包括游牧民族与汉人的贵族[213]。金朝官学延续北宋的做法，规定15岁以下的男童必须进入小学就读，15岁以上则进入国子学。金朝国子学的创校学生人数为160人，全盛期达400人左右。[214]地方府学与州学的入学资格也与宋代相似，只准官员子弟及科举考生入学。值得注意的是，地方官学招收13岁以上的学生，也许表示地方官学没有另设小学。最后是先前也提过的一点，就是金朝的学生与宋代学生一样，享有减免徭役及赋税的特权。此外，通过初级考试的考生以及国子学的学生，还可领取官田的租赁收入。[215]

元代官学最为多元化：汉人、蒙古人与色目人都各自设有不同的学校。国子学成立于1287年，刚开始招收100名正式学生与20名旁听生。在100名正式学生当中，半数为蒙古人，汉人与色目人各25人。学生人数不时增加，举例而言，政府在1303年蒙古学生的名额增加了100人；一年后，整个国子学的学生名额又另外增加了200人。[216]整体而言，名额维持在400人左右，但记录显示实际学生人数至少曾一度超过1000。这些学生生活放荡，是元朝首都里喧哗吵闹的一群。

国子学招收蒙古贵族与七品以上官员的子弟。资质出众的平民子弟如果获得三品以上的官员推荐，则可入校旁听。因此，这套制度其实颇具精英色彩。

政府接着又实行另一项政策，规定正式学生必须年满11岁，旁听生则必须年满

---

[213] 关于学生资格的第一手资料，见本书第二章注158。
[214]《金史》，51：1131。
[215] 关于年龄规定，见上注；关于特权，见《金史》，11：257；51：1143。
[216] 生活放荡：例如外出用餐不付钱。见毕沅：《续资治通鉴》，208：5670。关于文中所引的两个例子，见毕沅：《续资治通鉴》，194：5297；195：5301。后续的增加记载于《续资治通鉴》，197：5361；柯劭忞：《新元史》，64：316。

15岁，由此可见国子学里大概也没有小学的机构。[217]

■ 学规

我们对辽、金、元三代官学里的学生生活虽然所知极少，有一点却明显可见：在这些信奉佛教的地区，道学教育理想的势力大为茁壮。在金朝治下的中国北方，道学早已逐渐扩展，但成果在13世纪晚期的忽必烈（1260—1294在位）时代最为明显，当时许衡（1209—1281）说服忽必烈为蒙古王公施行道学教育。[218] 道学势力扩张，表示朱熹的思想与教育活动受到了元代学校以及科举考试的采纳。

宋代对于"学规"的争论持续到了13世纪末。先前提到马端临批评科举考试采用太学的学规就是一个例子。不过，元朝政府国子监发布了一连串的规定，大部分皆留存至今。这些学规大多是使取使用负面的、惩罚学生的方式来维持教学的目标。在高等教育当中实施非常严格的纪律，不免令人感到沮丧。[219]

不过，整体而言，也许是为了讨好汉族的知识人，元代政府对于官学的维护仍然极为重视。医学教育是个鲜明的例子，而许多关于老师的招募方式与行为举止的详细规定，也显示元代政府至少表面上非常注意这类事务。中国历史著作对元代教育——尤其是儒家教育——的描写确实相当贫乏，但这点可能反映了儒家的偏见。只要客观检视，即可发现元朝政府在设立学校以及为学生提供特权与特殊豁免权等方面，的确投注了许多心力。[220]

---

[217] 1331年，元朝的国子学招收年幼孩童，就算不是唯一的一次，可能也是第一次。见柯劭忞:《新元史》，31：316。早自1291年，政府就允许南方的地方政府在学校里成立小学。见《元史》，81：2032。不过，北方显然从来不曾如此。另外，王颋点校:《庙学典礼》，2：29记载了国子监生年龄的规定。

[218] 关于许衡，见 Wm. Theodore de Bary: *Neo-Confucian Orthodoxy and the Learning of the Mind-and-Heart*, pp. 131–148 及书中各处。

[219] 黄时鉴点校:《通制条格》，这部著作里收录有"学校饬令"的相关资料，不过，元代官学组织最完整的信息，则是见于王颋点校:《庙学典礼》，页97–111、119–121 及书中各处。另见牧野修二:《元代生员の学校生活》，《爱媛大学法文学部論集・文学科編》，第13号（1980），页1–23。

[220] 关于世袭儒户的研究，见萧启庆:《元代的儒户：儒士地位演进史上的一章》，载氏著其《元代史新探》（台北：新文丰出版，1983），页1–58。另见牧野修二:《元代生员の学校生活》。

10. 明代的学校生活：知识自主的追求及其不满

到了明初，科举考试对学生生活的影响已根深蒂固，受过教育的人士都摆脱不了科举的名利诱惑。明代是社学的盛行时期，但官学，尤其是国子监及其辖下的学校，也是在科举制度的大气候中务凝聚可脱颖而出的学生。

科举对教育造成的麻痹效果，以及对科举文化的支配地位所产生的反动，就此成为明代读书人及学生生活的主轴。到了 15 世纪，科举制度已告成熟，成为一种相对公开而且有效的社会流动管道，可供一小群受过教育的人在社会中向上攀升。[221] 不过，科举制度盛行也表示政府对受过教育人士的控制更加严密。为了反对科举制度对思想探索所造成的戕害，许多知识人于是开始追求思想与道德上的自主。

■ 国子学与太学的学生

如果说明代所有官学学生都是以追求官职为主要目标，绝对不算太过尖酸。政府毫不避讳自己乃是利用官职的高薪与特权引诱科举考生。内容繁多的"学规"以及当中的世俗语气，见证了教育只是为了准备考试的鄙俗目的。

地方学校的学生可免除各种徭役，并且享有饮食补贴，也经常被指派执行公务。简言之，官学学生相当于准官员。

官学的入学规范非常详细，对学生行为也有详细规定。不过，在探讨官学的学生生活与各项规定之前，我们有必要先了解学校里不同的学生类别。

国子监的学生分为两类：官员子弟与平民子弟。前者包括各等级官员的子弟，还有透过荫官政策入学的学生[222]以及外国学生（来自朝鲜或琉球群岛）。[223] 平民子

---

[221] Ping-ti Ho: *The Ladder of Success in Imperial China*, pp. 261–262。
[222] 这是延续自前朝的惯例。明朝政府后来缩减了恩荫特权的范围。
[223] 黄佐：《南雍志》，卷 15，引于中国教育大系编纂委员会编纂：《中国教育大系·历代教育制度考》，页 1088–1090。另以分类方式引于杨学为等：《中国考试制度史资料选编》（合肥：黄山书社，1992），页 298–299。

弟则包括就读过地方官学而且通过入学考试的学生。这套分类架构也使用于统计数据当中。南京国子监最早的学生人数记录（1382；太祖洪武15年）显示，两种类别的学生合计共有577人。到了1391年（洪武24年），统计显示官员子弟共有45人，平民子弟则有1487人。记录中最高的学生人数出现于1422年（成祖永乐20年），为9972人，其中29人是官员子弟，其余皆是平民子弟。[224]北京（当时称为北平）的国子监成立于1403年（永乐元年），学生人数稍微少一点。最早的记录是在1409年，当时共有1028名学生（官员子弟21人，平民子弟1007人）；1422年达到5300人（官员子弟65人，平民子弟5235人）。北平这所学校的全盛期出现于1453年（代宗景泰4年），学生人数达9073人，其中79人为官员子弟，8994人为平民子弟。[225]到了15世纪初，南方的学生人数约为1,800人，最后一次记录的人数为1421人（1542；世宗嘉靖21年）。北平的情形稍微好一点，但最后一次的记录显示，（1581年；神宗万历9年）只有353名学生，这是利玛窦来到中国的前一年。[226]

国子监学生没有年龄限制，这点继承了至少自从唐代以来就出现的发展，认为学业进程与年龄没有直接的关连。实际上，在15世纪初（宣德年间，1426—1435），政府甚至颁布一项命令，允许设立特别名额，招收45岁的学生。后来的招生方法甚至指出，藉由捐赠马匹或谷物入学的学生必须年满25岁，而且还进一步规定学生必须和父母同住，只有在年满25岁之后才能正式入学。[227]因此，国子监的学生都是已经成熟的男性，随时皆可进入官场任职。其中有些人必然是仍在准备进士考试的考生。在一本探讨教育的书里，实在没有这群人的位置。就这方面而言，称赞国家愿意补助学生食宿并且给予免除徭役的特权，其实充满了反讽：学生大可终生依赖政府的补助过活，其津贴甚至足以养活一家人。

---

[224] 黄佐：《南雍志》，卷15，引于中国教育大系编纂委员会编纂：《中国教育大系·历代教育制度考》，页1091–1095。
[225] 郭盘：《皇明太学志》，明本，重印于首都图书馆编：《太学文献大成》（北京：学苑出版社，1996），第5–7册，见卷12。其中有关的内容收录于中国教育大系编纂委员会编纂：《中国教育大系》，页1095–1099。南京国子监在同年的学生人数为5,010人。
[226] 难怪当代的传教士说中国的教育基本上都在家中进行，没有大学。
[227] 中国教育大系编纂委员会编纂：《中国教育大系·历代教育制度考》，页1091。

国子监没有年龄限制，对明代的教育具有深远的影响。在地方官学以及许多社学里，升学的进程不再以学生的年龄衡量，而是以他们学过的经典及参考作品。这种现象在各个文明里当然都颇为常见。不过，在科举扮演极重要角色的中国，人格成长不受重视可能至少代表了一项后果：对于何谓"儿童"缺乏明确的定义。[228]

■ 地方官学的学生

地方官学的学生和国子学的学生相当类似，并不像我们今天认定的学生。[229] 为了准备官学的入学考试而学习的基本课程，实际上都由书院及社学提供。地方官学举行的教育活动是讲会与仪式。在别的时候，学生不是自己自修，就是为地方政府工作。[230]

地方官学的生员根据享有的补贴与福利而分为不同类别。广义而言，共有两类学生：一类享有补贴与廪膳，另一类则是附学。第一类学生又可进一步分为两类：在原本名额范围内招收的学生，以及额外招收的学生（称为"增广"）。一般招收的学生都是附学，在学校里通过一系列的考试之后，才升格为一般生（即享有补贴的学生）。因此，旁听的附学人数并无限制。[231] 不过，一般的地方学校通常只有数十名学生。[232] 这点与宋代恰成对比，宋代的学校往往有数百名学生，甚至更多。[233]

地方官学的学生大部分都以踏入官场为目的。不过，他们在参与科举之前，首先必须展现出足够的学识，尽管学校里并不要求这样的学识能力。有些毕业生在获

---

[228] 关于"童年"的简略探讨，见本书第三章第五节第三段。另见拙作"The Discovery of Childhood"。
[229] 一般地方官学没有入学年龄的规定（但武学入学则是有一项 1394 年〔洪武 24 年〕的规定，限制 15 岁以下才能入学）。见中国教育大系编纂委员会编纂：《中国教育大系·历代教育制度考》，页 1146。
[230] 1436 年的一项规定指出，地方官学的学生如果住校六年而没有明显的学业进展，即可在地方政府担任吏员。吏员不算是正式公职。这些学生也可能不受处罚而被勒令退学，"罢黜为民"。见李东阳等撰，申时行等重修：《大明会典》，78：14a、20a。
[231] 有关明代官学各类学生的相关讨论，见本书第二章第二节第八段。
[232] 有关学生资格的资料，大部分皆见于余汝楫编：《礼部志稿》；这部著作的相关资料都收录于中国教育大系编纂委员会编纂：《中国教育大系·历代教育制度考》，页 1146、1166–1167。
[233] 在宋代期间以及宋代之前，地方官学以下根本没有制度化的学校，明代则有社学。这就是为什么宋代学校需要把所有"小学生"的人数都计入地方官学里，所以宋代地方官学的学生人数看起来才会比明代多出许多。无论如何，宋代在学生补贴方面的花费应该是比较高的。

得任官资格之前,则先进入国子监就读。[234]

社学里的学生,才是真正接受教育的学生。社学招收 8 至 15 岁的儿童,称为"童蒙",或称为"子弟",[235]一般社学通常只招收五六名学生。有关经营社学的困难,以及学生如何努力克服逆境以完成学习的故事,通常都极为感人。实际上,社学扮演着儒家教育的基础角色,这点绝对必须给予肯定。除了负起教导儒家礼仪与道德修养的责任之外,社学也是明代社会推广基本读写能力的主要机构。[236]

社学的杰出毕业生可以进入地方官学就读。就这角度而言,社学也算是科举制度当中的一个环节。

11. 明代学规

到了明代,有关升学进程的著作——即所谓的"读书法"与"学规"——已经非常普遍。在明代的文献记载中,到处可见各种详细的规矩,包括学校的体制与管理、教学官员的招募与学生的招收,还有他们的行为。单是北平与南京的国子监,其规范就繁多得难以简要概述。此外,书院、地方官学,甚至社学,也都有许多额外的学规。为了提醒学生教育和道德修养的价值而订立这么多规定,可见 15 到 17 世纪在中国教育史上是一段重要的变动时代:道学把道德修养视为教育核心的观点,在明代思想当中已极为普遍。"典范"的改变已告完成,于是明代思想家的任务就是把这项典范当成"常态科学"加以落实。[237]

---

[234] 中国教育大系编纂委员会编纂:《中国教育大系·历代教育制度考》,页 1172–1181。
[235] 体制史的相关资料可见于中国教育大系编纂委员会编纂:《中国教育大系·历代教育制度考》,页 1207–1223。关于"弟子"与"子弟"的差别,见本章注 7。
[236] Sarah Schneewind 认为这些纪录的作者都把重点放在礼仪和道德行为上,而不是读写技能。见其博士论文:"Community Schools and Improper Shrines: Local Institutions and the Chinese State in the Ming Period," Columbia University, 1999, 尤其见其第 5 章。又,此论文已经修改并出版:*Community School and the State in Ming China* (Stanford: Stanford University Press, 2006)。
[237] 有关"典范"与"常态科学"的意思,可以参看 Thomas S. Kuhn: *The Structure of Scientific Revolutions*。

■ 朱元璋的威权做法：国子监学规

明太祖在 1382 年（洪武 15 年）为国子太学订立了第一套学规，[238] 其中只有九个条目。除了最后一条规定每月举行会讲与朗诵等活动之外，其他八条的内容都相当笼统。这套学规要求教师、行政人员以及学生都必须尽到分内的职责。整体而言，这套学规提及教育目的时，采用的是儒家的语汇，提到法定惩罚的次数只有四次。换句话说，这套学规完全依循儒家思想，靠着学校里个别成员的道德感维系纪律。

不过，这套学规到了次年就随即扩充至 29 条，而新增的条目也出现了详细的惩罚内容，例如："议论饮食美恶及鞭挞膳夫，违者笞（案：鞭打背后的下部）五十"。这套学规在 1397 年（洪武 30 年）又增加了 27 条，总数达到 56 条。这些规定详细得令人沮丧，内容涵盖了各种琐碎的行为。举个例子：学生每天都必须从下列三部著作抄写 100 字：当今恶名昭彰的、朱元璋亲撰的《大诰》，学生主修的经书，以及"四书"。如果学生没有完成这项功课，就会被打 10 下（打身体或者脸颊）。另一条规定要求学生在背诵考试之前必须排队抽签，"若前后搀越，諠譁杂乱者，痛决"。

最后增加的 27 条规定，提到"决责"、"痛决"及"奏闻区处"共达 26 次。这部学规虽然采用儒家与道学的教育语汇，却沦落为一套单纯维持秩序的规则，依靠刑罚来维持教学的秩序和推动教学的理想。可笑的是，这所学校理论上还是由国家里最杰出的学者与官员来督导。

尽管如此，明代统治者接纳道学家的看法，认定个人道德修养确实占有重要地位，并且认为这是为社会与国家服务的官员所必须具备的基础人格；这可谓一项非常重要的发展。这部学规采用了一套取自《孟子》与《管子》的语汇，强调各项美德对学生道德修养的重要性，包括孝、悌、忠、信；礼、义、廉、耻（所谓的"八德"）。这几个字眼后来被许多学规沿用，成了明、清乃至民国时代探讨教育目的最

---

238 黄佐：《南雍志》，9：2a–4b。这套学规也加上标点而重印于中国教育大系编纂委员会编纂：《中国教育大系·历代教育制度考》，页 1079–1082。

常提及的观念。[239]

朱熹的《揭示》是中国学规当中最著名的一部，也是后世所有学规的原型。相较之下，明朝国子学的学规犹如一部拙劣的模仿品。不过，1543年又出现另一套为了南京国子学而订立的学规，称为《条约》。这部学规试图遵循"五常"的观念，就算不完全合乎其内容，至少也采用其形式。五常是道学建构良好社会的论述当中，相当核心的要素，朱熹在《揭示》里也提到了这些观念。不过，只要检视《条约》里五个条目的内容，即可发现此学规仍然以惩罚的做法为主。特定的惩罚方式，例如"扑（用教鞭或戒尺扑打）十五下，罚旷半月，压拨二次"，仍可见于这部规范里，以致教育应有的目的仿佛成了一场闹剧。[240]

这些管制国子学教育行为的皇帝诏令都刻在石碑上，立于校园里，通常称为"卧碑"。[241]

▰ 地方官学的学规

在地方官学里，政府当局强制要求可接受的行为，也是从一开始就立场鲜明。明朝开国皇帝朱元璋于1369年（洪武2年）发布成立地方官学的诏令，这份诏令就是一套规矩，规划地方学校的规模及招生的员额等等。[242]

---

[239]《孟子·梁惠王上》，第五章；戴望：《管子校正》，1（《牧民第一》）：1。最早把这八个字连用的应该是宋代的杨亿（974–1020），见刘清之：《戒子通录》（"四库全书"），卷5。朱熹也两次提到它们。明代著作引用"八德"的例子，见海瑞：《海瑞集》，上编，2：20；顾璘：《山中集》（"四库全书"），《礼义廉耻四箴》，10：259；邱云霄：《山中集》（"四库全书"），10：303。案：收入"四库全书"的顾璘《山中集》有十卷，其中后六卷其实是邱云霄同书名的第五至十卷，顾氏的《山中集》只有四卷（明嘉靖吴郡沈氏繁露堂刻本及明嘉靖17年湖广刻本都是四卷，且该四卷之篇目与四库本之首四卷相同），因此上面所引的两位作者的文章其实是同一篇，乃邱云霄所做。）另外，这"八德"也可见于朱元璋1398年（洪武31年）颁布的"教民榜文"以及1543年（世宗嘉靖22年）的南京国子学学规。此外，王阳明也认为"八德"是儿童教育的目标。又，检索"四库全书"全文，可以看到这"八德"在明代人的作品里出现至少54处。参见本书第三章第七节第二段，注455。

[240] 黄佐：《南雍志》，16：26b。"旷"和"压拨"是明代国子监学生在政府实习政事（叫做"历事"。有另外的补给）的办法中的名词。前者是缺席"历事"，后者是推迟两次被"拨"。

[241] 明、清作家经常把不同学规混在一起，全部当成同一块"卧碑"加以探讨。举例而言，见江弇经编：《松下杂抄》，收录于《历代小说笔记选》（上海：上海书店，1982），《清（一）》，引于高时良主编：《明代教育论著选》，页42–44。卧碑与立碑不同，前者采横向放置。立碑比较常见，也是比较传统的做法。

[242]《明史》，75：1851–1852。

1382 年（洪武 15 年），朱元璋颁布了第一套国子太学的学规。同一年，他也为地方学校订立了第一套学规。这套共有 12 个条目的学规，通令要刻在石碑上，竖立于所有地方官学的校园里，这是地方官学"卧碑"的起源。[243] 必须注意的是，这套学规虽然和先前讨论过的其他学规一样，因为反映了朱元璋教育思想中的威权倾向而备受讥剌，当中使用的语汇和表达方式却颇为温和，而且各项规则也不算严苛，并未对不良行为列出明确的惩罚方式。实际上，这份学规甚至鼓励平民老百姓对政府政策提供意见，或是对贪腐行为提出申诉。不过，朱元璋却特别禁止一般学生享有这种权利。这项禁令也许足以解释卧碑为何如此恶名昭彰。无论如何，一如政府颁布的所有学规，这块卧碑主要的关注也是在于控制，因此也被归入国子学卧碑传统当中而备受批判。

另外还有若干试图在地方官学里推行通用学规的举措。明英宗（1436—1449）于 1436 年颁布的 15 条规则就是一个例子。[244] 除了重申首先由国子学学规提出的"八德"之外，这份规范并未提到其他价值观或理想，它的内容全是科举考生关注的体制上的事务。

■ 民间学校的学规

从为书院而制定的私人"学规"、"箴"、"铭"以及"会规"或"条约"当中，我们可以看得到很多是按照朱熹《揭示》的传统而订立的规矩。下面我将探讨一些比较著名的规章。有些学者也为社学订立过学规。广泛来说，由于书院的影响，这些学规虽然反映了学生必须准备科举的需求，其精神却主要依循儒家及道学者的教育理想。有些比较著名的学规也应在此一提。

---

[243]《明史》，69：1686。参见中国教育大系编纂委员会编纂：《中国教育大系·历代教育制度考》，页 1163，其中引述了一份县志的内容。又，李东阳等撰，申时行等重修：《大明会典》，卷 78 也详细记载了这块石碑的设置背景及其内容。

[244]《明英宗实录》，卷 17，引自中国教育大系编纂委员会编纂：《中国教育大系·历代教育制度考》，页 1148–1149。这是第二章第二节第八段提到的明代"提举学事司"的滥觞。见 Tilemann Grimm: "Ming Education Intendants," pp. 133–134。另见吴智和：《明代的儒学教官》。

个别的教育著作影响了后代的学生。其中的著名作品，如方孝孺（1357—1402）的《明教》与《学辨》，或陈白沙的《诫子弟》，[245] 全都对学习目的及态度造成重大冲击。以下，我引述几部作品，作重点的讨论。

■ 明初道学思想家的学规：吴与弼和湛若水

第一套学规是吴与弼（1391—1469）写的，其中只有三条：

> 须用循序熟读《小学》、《四书》本文，令一一成诵。然后读《五经》本文，亦须烂熟成诵，庶几逐渐有入。此个工夫须要打捱岁月方可。苟欲早栽树，晚遮阴，则非吾所知也。
>
> 学者所以学为圣贤也。在斋务要讲明义理，修身慎行为事。如欲涉猎以资口耳，工诗对以事浮华，则非吾所知也。
>
> 古人读书皆须专心致志，不出门户。如此痛下工夫三五年，庶可立些根本，可以向上。如或作或辍，一暴十寒，则虽读书百年，吾未见其可也。[246]

湛若水（1466—1560）的学规比较像是"读书法"。[247] 他把一天区分为几个段落，在不同的时段进行不同的学习：清晨背诵，午前看书，下午作文，傍晚静坐，晚上复习。这套规范中最值得注意的部分，是他建议学生通过"游观山水"帮助注意力集中，所以这类活动也可以算是学习过程的一部分。湛若水认为这类活动和一般的学习活动一样，也必须同样用心。[248]

---

[245] 陈献章：《白沙子全集》（江门：江门市博物馆据乾隆本抄印，1986），2：23b—24a。
[246] 吴与弼：《康斋集》（"四库全书"），8：43ab。
[247] 湛若水：《甘泉文集》（1580 年本），6：2a—4a，12a。
[248] 明代许多学者都相当关注如何把一天划分为不同学习时段。许多"读书法"都反映这个关心。王阳明的《教约》就谈及每天的学习时间表。关于学者一天典型的日程，见高攀龙的文章，收录于《高子遗书》，3：18b。宋代对于学生每日的生活时程也有规范，见叶梦得：《石林家训》（"说郛"本），75：26a，摘引于拙作"The Discovery of Childhood"，页 177。

■ 王阳明

王阳明的《教条示龙场诸生》是在他被贬至贵州时写的。[249] 在这篇短文里，他列出四种基本方法作为学习的原则：立志、勤学、改过、责善。这篇论文的四个段落长度都几乎相等，简洁而直接地概括了王阳明的道德思想。

王阳明深信天生善心的自发性，也相信人的善性是追求教育的基础，他的许多著作对书院与地方社学都有直接的影响。《教约》是一部罕见而值得注意的作品，写作的对象是老师。[250] 文中首先提及老师必须经常反省自己的教导责任，接着探讨教导学生吟诗的方法，包括背诵《诗经》。第三部分探讨教导礼仪的方法；第四部分探讨阅读的教法，其中最重要的是背诵文章之后对于意义的理解。最后，这部作品建议，每天一早应让学生省思自己在道德修养上的进展，再要求他们念诵经典、学习礼仪、写作文章。接着，学生应该朗读及背诵课文，然后讨论其意义。一天的功课以学习和吟诵特定诗文作结。[251] 根据王阳明的说法，要达到《教约》里的要求，就必须回归婴儿原始纯洁的本心。一旦回归本心，"教者如此，则知所施矣"。

■ 从张说到恢复朱熹的智性传统

前述王阳明的那篇文章其实也归属在"读书法"的传统当中，而且明显和官学的学规不同。私人学者为书院所写的著作，通常都是规范性的文章，以儒家教诲诉诸学生的良心。张说（活跃于16世纪）所写的《草堂学则》就是一个例子。这是一篇长文，说明保存及培养个人天生善性的道德基础，以及如何在个人的实际生活中落实这样的道德原则。在文中的第一部分，他以《孟子》为基础，列出四个条目，强调保存及培养个人天生的善性。第二部分摘录了若干经文（以《礼记》为主），探

---

[249] 王阳明：《王阳明全集》，26：914–916。
[250] 王阳明：《王阳明全集》，2：88–89。
[251] 或者吟唱特定歌曲。我先前提过，王阳明非常重视音乐在教育当中扮演的角色。他经常提及"歌诗"，意思可能是指唱歌与吟诗，也可能是选读《诗经》的内容。

讨他所谓的"动作威仪"。《草堂学则》也简要探讨了当时极富影响力的阳明学派的基本哲学宗旨，另外又强调读史的重要性——这是当代人比较不重视的学习领域。

张说的长文显然不是为了公开展示，更不适合刻在石碑上。不过，由于摘录经典的文句，因此可以当成一部入门著作，介绍学生认识张说本人及其同时代学者的思想当中最重要的观念。这部作品的意图与内容，跟13世纪以来广为普及的箴、铭或诫等短文几乎一模一样。[252] 实际上，许多为了鼓励学习及就个人道德省思而写作的格言，也都可以算是一种"学规"。其重要性不应忽略。

胡居仁（1434—1484）是个极佳的例子，他曾任白鹿洞书院山长，也是吴与弼（1391—1469）的门生，但他的思想比较合乎朱熹对理的强调，而不是吴与弼所强调的心。他写了一篇短文，标题为《进学铭》：

> 凡学之道，立志为先。其志伊何？曰圣曰贤。圣贤之学，在于为己。扩而充之，无所不至。彼为人者，丧厥良心、惟名是务、惟利是徇。学问之功，循序渐进。行远升高，自卑自近。存诚主敬，立我根基。匪敬匪诚，外物昏之。
>
> 其诚伊何？尽厥真实。其敬伊何？容庄心一。诚敬既立，本心自存。虚灵不测，是曰天君。即事即物，务穷其理。理无不穷，其知乃至。理虽在事，实备吾身。力行既久，全体皆仁。举而措之，家齐国治。圣人能事，此其毕矣。为此铭戒，告我良朋。毋暴毋弃，毋忽毋轻。

由这篇文章，可见他认同朱熹的观念：认为理存在于各种事物里。不过，吴与弼的影响也明显可见，当中的本体论思维无疑反映了当时流行的"心学"。

另一方面，由于胡居仁在著名的白鹿洞书院担任山长，他与朱熹的思想关联一直显而易见。他被任命为书院山长之后，第一件事就是重新编纂一套学规。[253] 这套新学规包括六条，每条都以一句箴言为开端：

---

[252] 这类作品的主要目的是个人省思生活中的行为，但有许多后来都广为流传。
[253] 标点版本可见于郑廷鹄：《白鹿洞志》，5：194–203。另见毛德琦：《白鹿书院志》，收于白鹿洞书院古志整理委员会整理：《白鹿洞书院古志五种》，6：1154–1158。

> 正趋向以立其志。
> 主存敬以存其心。
> 博穷事理以尽致知之方。
> 审察几微以为应事之要。
> 克治力行以尽成己之道。
> 推己及物以广成物之功。

在这份文献里，胡居仁广泛引用经典与道学著作，为这六句箴言赋予意义。只要看看以上这六个条目，即可了解朱熹对他的影响确实非常深刻。

章潢（1527—1608）是白鹿洞书院的另一名主事，他也订立了一套"学规"，共有八条，称为《为学次第》。[254] 这八条规范分别为：

> 学以《立志》为根源。
> 学以会友辅仁为主意。
> 学以致知格物为入路。
> 学以戒慎恐惧为持循。
> 学以孝弟谨信为实地。
> 学以惩忿窒欲、迁善改过为检察。
> 学以尽性至命为极则。
> 学以稽古穷经为证信。

其中第三、四、七条明显反映了王阳明的道德学术观，第八条则比较接近明代思想家认知中的朱熹观点。无论如何，章潢为白鹿洞书院的学生所提出的这些基本准则，同样又与官学的学规形成鲜明对比。这八条规范完全合乎道德箴言的传统，

---

[254] 这部作品的删节版可见于李应升：《白鹿书院志》，6：845–848；毛德琦：《白鹿书院志》，6：1158–1161；两者皆收于白鹿洞书院古志整理委员会整理：《白鹿洞书院古志五种》。原作收于章潢的《图书编》。吴宣德：《江右王学与明中后期江西教育发展》，页 292–300 对这套规范有一段深入的探讨。

并且加上详细注解,其中有些系根据当代作者的诠释而写成。

■ 官学与私学学规的差异

观诸明代书院的著名学规,可以发现官学采用的学规与私人书院采用的道德箴言(同样称为"学规")存在相当大的差异。有些社学同样不太受政府所规范,也和书院采用类似的学规。

这两种学规的差异非常重要,也反映了对于何谓好学生以及何谓良好教育的不同观点。官学学规带有官僚对于行政便利上的关注,所以内容精确明晰,毫不在乎学生的尊严,只注重败德的动机与行为,并强调如何惩罚。另一类的规范,则主要以简要的文字阐释道德行为与道德承诺的哲学论述。这两者之间的差别可以追溯到宋代。15与16世纪虽然不曾再有人尖锐地批判"学规"的名称及其意涵,明代思想家仍然深知两者之间的差异。

尽管存在这样的差异,许多私人颁布的"学规"看起来仍然像是国子太学卧碑上那些严肃的规范。这现象最足以证明当时许多书院都已渐趋官学化,海瑞(1514—1587)有一篇幅极长的《教约》就是一个绝佳的例子,其文字的强硬态度让人沮丧。[255] 他虽然在文中大量引用朱熹、胡瑗,以及孔子与孟子的名言,并且自己撰写了许多令人难忘的格言,如:"圣门之学在知行"、"文也者,所以写吾之意也"、"学以知为先"、"体用原无二道",但这篇文章基本上的目的仍是在于"轻则威行夏楚,重则兼请黜降"。文中一大部分都在探讨特定的行为规范,并且毫不犹豫地使用"纠责"、"重治"或"赏罚"等字眼,尽管出现的次数不多。从这篇文章里,可以看出作者极度重视纪律,而海瑞本人的性格确实就是如此。[256] 在《教约》里,海瑞特别要求学生会见官员的时候不必过分拘泥礼节。他以严厉的语气指出:"有犯于各衙门,

---

[255] 海瑞:《海瑞集》,上编,2:13–19。

[256] 见 Clive M. Ansley: *The Heresy of Wu Han, His Play "Hai Jui's Dismissal" and Its Role in China's Cultural Revolution* (Toronto: University of Toronto Press, 1971)。

罪人也，亦勿得免冠叩头，奴颜衰色，自贬士气。"[257] 充分反映了一种对权威的暧昧情结。

经过一段时间的演变，到了清代，书院已发展出两种不同的学规。大部分的书院都立有两套学规，一套规范管理事务，另一套则规范书院的目的及教育目标。[258] 其中一个例子，就是福建福州著名的鳌峰书院。这座书院传统上皆以朱熹的《揭示》为其"院规"，但另外又有一套规范"章程"的规定。这套规定详列行政事务，包括薪资、补贴、典仪、考试，以及租借校园举行戏剧演出或宴会的条件。[259] 采用不同的两套规范，反映出思想家与行政人员有必要互相妥协。思想家倡导教育的独立性与道德理想，行政人员则必须处理日常的实际事务。尽管如此，订立学规这项传统的历久不废，毕竟标志了宋代以后教育一个非常重要的部分，因为这种教育乃是受到道学教育理念所塑造。清代一名书院编年史家指出："凡书院皆有规约，所以齐志趣而端士品也。"[260]

■ 会约的重要性

探讨学规，绝不能漏掉 16 世纪后随着书院开放给大众教育而大量出现的"会约"，其中最重要的是东林书院的会约，先前已在第三章探讨过一部分。必须指出的是，讲会所依据的组织观念，其实超越了家族结构。从儒家知识人的观点来看，这点非常重要。讲会不像传统的儒家组织那么阶级色彩鲜明，因此不禁让人怀疑这种组织的出现是否还有其他因素的影响。这类社群组织在民俗宗教里显然相当普遍，因此讲会受到的启发绝对可能包括儒家以外的其他思想。另一个必须考虑的重点，则是讲会的成员通常包括学者（包含学者官员与仍在准备参加科举的考生，他们可能是老

---

[257] 海瑞：《海瑞集》，上编，2：17–18。必须记住的是，海瑞在页 18 讨论了利用画有横格与直格的大簿记录学生的善行与恶行。这点曾在第三章第七节第四段（注 495）讨论过。

[258] 中国教育大系编纂委员会编纂：《中国教育大系·历代教育制度考》，页 1545–1586，其中收录了许多书院学规。另可参考邓洪波：《中国书院学规》及《中国书院章程》。

[259] 这些规定可见于 1806 年版的《鳌峰书院志》，编者为游光绎，以及 1838 年版的《鳌峰书院记略》，编者为来锡蕃与章伟。我参考的是季啸风：《中国书院辞典》，页 674。鳌峰书院是十九世纪的四大书院之一。

[260] 摘自季啸风：《中国书院辞典》，页 705。

师、职员或吏员）与平民。东林会约虽然特别区分了会员与非会员，其会员身分却不限于学者。因此，讲会的组织性质带有平等的特色。这是一项重要发展。第三点必须提出的是礼仪的重要性，尤其是重视音乐的使用，例如吟唱。这点先前已稍微谈过。这项元素之所以重要，原因是它不但反映了当时刻意重振儒家思想对礼仪的关注，也反映了明代中后期思想家所相信的"童心"。他们认为童心对音乐教学特别有反应。

接下来，我将简介东林书院的著名会规，藉此凸显何谓学习过程的常态。

著名的《东林会约》是顾宪成（1550—1612）最重要的一部著作。他是东林学者批评时政的首要倡导者，事实上也是东林书院复兴的主导人。会约写成于1604年（万历32年），分为两部分。第一部分基本上是书院的规范，探讨四项主题："饬四要"、"破二惑"、"崇九益"、"屏九损"。这些规范反映了朱熹对道德修养与智性主义所采取的系统性和纪律性的做法。

第二部分则是规范讲学的程序和礼仪。如同先前探讨过的，[261] 这部分详细列出了讲会举行的频率和长度，还有伴随讲会的仪式，包括歌诗活动以及成员的出席记录。[262] 由于这种平民主义式的做法，参与讲学的人数经常多达数百乃至数千人。这种规模的聚会，不禁让人想起汉代或魏晋南北朝时期由经学家或佛教僧侣主持的讲会。但两者间存在着一种差异：早期的讲会主要以主讲人的精湛口才吸引听众，明末的讲会——尤其是东林思想家举办的讲会——则是因演说内容及主讲人的勇气而令人难忘。在16与17世纪，这种大批群众聚集一堂、聆听讲者指控政府贪腐或滥权的聚会，皆被认为是造反的行径，所以专制政府绝不宽待。

在顾宪成提出这部会约之后，又陆续增添了其他条目，其中往往包含有食宿资料及旅行安排的细节，显示当时的讲会，至少是东林书院举行的讲会，吸引了来自各地的人士。宋代书院大多与当地的文化发展紧密结合，明代的书院则具有全国性的声誉，响应的也是全国性的诉求。不过，尽管具有全国性的面向，讲会成员之间却有着强烈的团结精神，而他们的力量也就来自于这种团结。会约的概念源自学规

---

[261] 关于《东林会约》的第二部分，详见本书第三章第七节第四段。
[262] 出处见本书第三章，注489。

的观念，并且受到民间宗教的影响，[263] 到这时已发展成熟，而在中国社会史上占有无可磨灭的地位。

值得注意的是，不同讲会的聚会日期各自不同，仿佛尽量避免时间冲突似的。于是，东林书院的聚会通常为期三天，在二月与八月始自丁日，在三、四、五、九、十、十一月则始自每月的十四日；[264] 证人社讲会则是在每月三日聚会，而且只有一个上午。[265]

始于晚唐的书院教育，到了17世纪已成为大众教育的重要媒介，各种"社约"的出现也见证了王阳明教诲的普及。社会结构的改变，促成了各种超越家族范围的社团。讲会及其规范，乃是经过变形的"学规"，回应了由广大听众构成的庞大学生群体的诉求。这种新做法重新定义了学生的概念。在这段时期，中国人进入了认真省思教育目的的重要阶段。这也是明朝帝国逐渐丧失活力及复兴意志的时期。因此，中国后来会对平民主义感到疑惑，并非没有原因。不过，我们此处关注的是学规的历史。回顾起来，学规的历史乃是一段丰富的教育思想及学生定义史，同时也见证了一种以管治的态度对待学生的方式，把学生仅仅视为威权国家的臣民。这个以平等观点看待人类可教育性的伟大时代，却同时也是个对教育价值丧失信心的时代。因此，中国面对满洲与西方等外国势力的威胁，却丝毫产生不出复兴的力量，也就不令人意外了，因为当时已不再认为受教育者与未受教育者之间的区别能够再维持下去。在这种情况下，学规只不过是一道序言，反映儒家正统的"仪式主义"里规约的角色。

---

[263] 在同时间为了救援、团结、娱乐或文学等目的而出现的许多组织或社团，反映了当时的发展趋势：即传统上通常以家族为基础的阶层性组织，已逐渐为较为平等的横向组织所取代。讨论这个现象，必然不能不省思"公民社会"及其志愿性的本质、这种社会的"交换"基础（黑格尔的定义），以及"交换"关系的合约基础。关于研究"善会"这种典型社团的著作，见夫马进：《中国善会善堂史研究》（京都：同朋社，1997）。

[264] 一、六、七、十二月不举行聚会。明代的禅宗僧院在夏季与冬季月份也通常不举行活动。就这两种制度的相似处言之，另有一点值得一提：在东林讲会上供应的餐食，虽然不完全是素食，却也没有现宰的肉类（及鱼类）菜肴。见高桂、许献等编：《东林书院志》，2：16b。

[265] 刘宗周：《证人社会仪》，收录于氏著：《证人社约》，见陈谷嘉、邓洪波主编：《中国书院史资料》，上册，页708–709。

第二节　中国历史上的学生运动

这一节将探讨帝制中国历史上两段最重要的学生运动时期。这些议题对于 20 世纪的中国学生尤其切身相关。学生的激进运动早在公元前 1 世纪就已经出现，到了 2 世纪末即达到前所未见的高峰。汉代太学生的激进运动，从此为中国教育史上的学生运动定了调。

1. 汉代的学生运动

太学生首次集体请愿，发生于汉哀帝在位期间（前 7—前 1）。丞相孔光指控鲍宣（死于公元前 3 年）滥权，而下令逮捕他。鲍宣下狱之后，一名学生在太学里举旗敦促同学挺身抗议。他在旗上写着："欲救鲍司隶者会此下"。超过一千名学生响应了他的号召，他们阻挡了孔光往见皇帝的道路，并且跪在皇宫的阶梯上。结果，皇帝同意把鲍宣的罪刑降低一等。[266]

这起事件中，有两项特别突出的要素：太学生的理想性格，以及示威的方式，

---

[266]《汉书》，72：3093–3094。

尤其是在皇宫前下跪的做法。中国历史上所有的学生示威活动几乎都有这两项主要特征。

另一个例子是先前提过的欧阳歙事件（本章第一节第三段）。皇帝虽然没有免除欧阳歙的死刑，学生的英勇行为所造成的冲击，却在100年后再次重现，亦即桓帝（147—167在位）登基所引起的一连串学生抗争活动。

这些抗争活动发生于147年，当时桓帝才刚在一片混乱与争议当中登基为帝。太学有两名老师因为拥护另一名皇子且反对桓帝继位而遭到处决，结果引起了太学生愤怒骚动。在这两名老师当中，李固最是直言不讳，深深得罪了权高势大的梁冀（死于159年），遂在后者的处置下被判了死刑。学生听闻消息之后，随即带着武器（"械"）到皇宫前上书，梁冀大惊，但还是决定执行死刑。因为行动迅速，学生赶到时，李固已经被杀。学生沮丧之余也无能为力，只能宣称自己将为亡师悼丧。[267]

像这样的事件至少还有另外三起。[268] 学生运动的主题往往相同，示威地点也通常选在皇宫前面，俨然这是匡扶正义唯一有效的方法。

■ **第一次党锢之祸**

不过，真正引起历史注意的事件，却是一连串的政治抗争，最后导致大批太学生被捕。汉桓帝的登基过程充满争议，也造成两名本已互妒的学者官员爆发激烈斗争。后来，整件事情又随着两名官员的追随者相互指控批判而益形复杂。奇特的是，这两名官员都来自甘陵郡（今山东临清），可见思想或学术地理的重要性，以及其在政治斗争中的地位。两名官员各自争取太学生的拥护，学生也乐于利用这个机会发表各样的诗作来评判时政。这些诗作不但易于记诵，也极易传播。他们对若干人士的道德行为提出评估与分类，对象包括重要的朝廷官员以及少数同学。这种做法后

---

[267]《后汉书》，63：2083–2088。
[268]《后汉书》，43：1470–1471；57：1851–1852；65：2135。

来成了传统,并且启发了一种全新的文类。[269]

当时,太学里的学生人数超过30000人。学生领袖采取理想主义的立场,反对宦官把持朝政。[270]宦官自然不会对学生有所同情,于是以毫不留情的手段打压学生。这起事件发生于166年。李膺(110—169)是太学生最喜爱的官员,却连同其他200人及官员遭到逮捕,其中大多数都是太学生,[271]这就是所谓的第一次党锢之祸。[272]学生及其支持者之所以遭到定罪,只因为他们集结成政治党派,对宦官造成威胁。迫害的结果导致政治情势更加复杂,并且造成更多动荡。

太学生对迫害行动毫不惧怕,继续发表他们的意见,把当代人物区分为"三君"、"八俊"、"八顾"、"八及"、"八厨"等类别,甚至还在一块石碑上刻下35名道德领袖的姓名。学生藉此倡导所谓的"清议",对当时宦官势力日益强大的政府施加压力。被学生被视为道德典范的人物,自然成为宦官攻击的对象。

■ 第二次党锢之祸

第二次迫害发生在两年多之后,遭到处决、放逐或监禁的人数超过600人。

李膺再次被捕,并且死于狱中。在遭到牵连的六七百人当中,许多都是涉案官员的亲人或门生,其中虽然也包括太学生在内,但太学生所占的人数倒不是最多。

当时有许多动人的故事流传了下来,其中之一是张俭的遭遇。张俭因人格正直

---

[269] 以下的参考数据皆取自《后汉书》,67:2183–2224。这部史书把党锢之祸的根源归咎于两名备受敬重的学者各自有一群追随者,两个阵营互相攻讦,而记述强调的重点,在于学生品评朝廷官员及同学的道德品行的作品广为流传。关于太学生涉入政治斗争的现代观点,见 Rafe de Crespigny: "Political Protest in Imperial China: The Great Proscription of Later Han," *Papers on Far Eastern History*, no. 11 (1975), pp. 1–36; "Politics and Philosophy under the Government of Emperor Huan, 159–168 A.D.," *T'oung Pao*, vol. 66, nos. 1–3 (1980), pp. 41–83。关于道德成就或天赋的分类观念,见本书第三章第二节第四段。

[270] 鄙视宦官的偏见几乎是中国历史上每个受过教育的人士的共识,在历史写作当中也明显可见。学生反对宦官自然有其既得利益,但不只是因为宦官通常没有受过教育,全不知悉儒家道德价值观与意识形态,同时也是因为利益上的冲突。尽管如此,宦官之所以缺乏教育,却是因为他们遭受歧视。宦官面对的这种两难处境在中国历史上一直不曾消失过。参见余华青:《中国宦官制度史》(上海:上海人民出版社,1993),尤其见页16–24。作者虽然对宦官制度多所批判,却也指称史家对于宦官带有偏见。

[271] 太学生尤其以受到李膺的亲自接见为荣,称之为"登龙门"。见《后汉书》,67:2195。

[272] "(禁)锢"意指终生不得担任官职。

而备受仰慕，结果在党锢之祸兴起后，就被宦官指控为头号要犯。在他逃亡期间，许多人都甘冒死罪窝藏他。[273] 于是，政府也就一直没有抓到他。张俭后来终于获得复权，并且重新任官，但这已是将近30年后的事情了。

■ 汉代学生运动的重要意义

汉代学生运动在中国历史上被视为正义之举，在正史中也获得正面的评价。由此透露出来的主旨，就是理想主义者介入政治当中，把促成仁政视为自己的最高责任。政府里的宦党认为师徒关系等同于宗族关系，所以他们对付官员的时候，才会把官员的门徒与支持者都一起牵连在内。这种汉代太学生乃至中国历史上所有学生的行为特征，都清楚见于学生运动里。他们认为自己有绝对的责任必须为恩师发声，也自愿为老师守丧，并且自认为属于这个群体，共同师事于一位品行正直且堪为人格典范的老师。因此，难怪宦官会以结"党"的罪名指控学生及其支持者。

值得一提的是，太学生——其中许多对经学早已有深入研究——为品评道德成就而定下了基调。他们的"清议"有两个意思：第一，这不是官方的评价，所以应该视为纯粹个人的思想活动；第二，这是根据客观标准提出的结果，可为平民大众提供可靠的信息，以了解哪位官员切实遵循儒家的道德原则。学生的这种行为跟当时对于天赋的讨论有关。这类讨论亦存在于汉代的历史著作里，书中通常包括一篇文章，以系统性的方式品评著名历史人物的天赋与政治才能。

2. 宋代的学生运动

在2世纪末到8世纪末的中国贵族时期当中，学生抗争活动虽然也颇为常见，却没有像汉代与宋代那样的大型学生运动。也许是因为贵族式的社会结构使得宦官或非贵族人士难以结成党派，毕竟他们的人数远比不上贵族官员。魏晋南北朝期间，

---

[273]《后汉书》，70：2262。孔融（153—208）提议窝藏张俭的时候才16岁。孔融一家人向来与李膺友好，对于反宦官的运动也深为支持。孔融让梨的故事收录于《蒙求》里。

由于统治者权力下降，政治斗争也就采取了不同的形式。无论如何，由于贵族宰制了国家的政治运作，太学与国子学的所有学生都享有任官保证。官员与宦官为了争取皇帝青睐而进行的斗争，在这个由贵族把持的政治空间里并不至于太过激烈。于是，学生也就缺乏机会与动机介入政争。

情形在九、十世纪开始改变。我们先前已提过学生抗争的若干例子。[274] 到了 11 世纪，太学生开始向政府表达意见，这时主导政府的文官的社会背景则愈来愈趋复杂。[275]

宋代太学生看起来比汉代更多元化，原因是我们对宋代学生所知较多。他们不是一群道德品行一致的理想分子。事实上，他们的政治争议与斗争都反映了个人利益。此外，许多太学生的家境都不太富裕，因此他们也就更要求政府必须公正运作。他们本身也是科举考生，于是和聚集于首都的其他许多考生[276]构成了一个喧嚣的群体，不但非常瞩目，甚至对城市各个生活领域都造成威胁。[277]

■ 改革高等教育体系

太学生涉入政治的现象可追溯到 1040 年代（仁宗庆历初年），当时政府开始重视教育，太学也颁布规定，要求学生住校 500 天。[278] 以欧阳修与范仲淹为首的一群改革人士负责国家的改革政策，他们希望改变科举内容，实行住校规定，并且倡导"古文"，摒弃宋初文学特征的诗文写作。石介（1005—1045）在 1040 年担任太学祭酒，不少学生都因采用传统的诗文风格写作而被他评为不及格。接着，他发表了一

---

[274] 见本章第一节第五段。
[275] 我此处所谓的"太学"，包括了国子监辖下的各个高等教育机构。有时候，武学学生也会参与太学生的政治活动。除非必要，我将不再特别注明。后续提到"太学"时，指的则仅有国子学与太学。这两所学校之间几无差别，这点在本章稍早已谈论过，也可参见后注 280。
[276] 由于种种原因，科举考生通常会住在首都里准备考试，其中有些人是重考生。这些"游士"往往也是示威群众的参与者。
[277] 关于宋代学生生活，见拙作 Life in the Schools of Sung China，页 45–60。另见王建秋：《宋代太学与太学生》（台北：台湾学术著作奖助出版委员会，1965）。关于宋代的学生运动，另见黄现璠：《宋代太学生救国运动》（台北：文星书店，1956，重印 1936 年台湾商务印书馆本；长春：吉林出版集团，2009）。
[278] 除非另外注明，否则宋代学生运动的参考资料皆取自王建秋：《宋代太学与太学生》。

首长诗，倡议改革，又称许改革人士与皇帝的道德，写了《庆历盛德颂》，结果引起轩然大波。改革施行不到一年，他也不得不逃亡，甚至死因不详，享年41岁。[279]

王安石在1069年展开全面改革之时，全国各地都传出了批评声浪。著名天文学家官员苏颂（1020—1101）的儿子苏嘉也予以批判。当时的争议重点在于：国家如果把教育体系当成人才选拔管道，那么倚赖的程度应该多高？也就是说，国家是不是只应该擢用以国子学与太学为主的官学毕业生？王安石及其支持者希望学校里的考试终将取代科举考试，但这项主张遭到了强烈反对。

随着高等教育机构（太学）的重要性愈来愈高，吸引了愈来愈多支持改革的学生。其中一位名叫虞蕃的学生，在1078年上书皇帝，指控太学里的教师并未认真执行教学职务，只懂得讨好学生。这份申诉备受瞩目，结果导致15名以上和太学具有直接或间接关系的官员遭到罢黜。政府要求教授必须要用心教学，并且只能在公开场合与学生会面，会面也只能讨论学术。虞蕃的指控虽然并非全然不实，却不完全为当时士人认同。他后来遂销声匿迹，就此被人遗忘。我们目前对他的了解就仅限于他曾涉及的这起事件。[280]

到了1085年，在王安石离开政府许久之后，国子监下令学生不得批评政府。由这道命令可知，当时学生必然仍对政府颇有意见。值得一提的是，在这道禁令颁布之后不久，著名道学思想家程颐就被指派调查太学的管理状况，并且对其教育提出建议。在他的建议中，有一项是修订太学学规，因为他认为原本的学规太过严苛，也太以惩罚为主。[281] 不过，朝廷并未采纳他的建议。

到了1110年代期间，教育改革的斗争已变得极为激烈，以致任何人只要为其中一方说话，就随即会引来怀疑与抨击。这就是激进改革官员蔡京身处的环境。他虽

---

[279] 石介的名声后来获得恢复，因为胡瑗与孙复也都是教育改革者，并且持续在太学里服务。他们的学术与意见后来终于胜出。
[280] 虞蕃事件的本末请参见拙作 *Government Education*，页185、189；也可参见我的《宋代教育散论》，页145-148。
[281] 程颐针对太学提出的报告，收录于程颢、程颐：《二程集》，王孝鱼点校（北京：中华书局，1981），《河南程氏文集》，8（《伊川文集》之四）：562-577。程颐的建议反映了道学思想家对学规的普遍态度。国子学与太学到了这时候实际上已无所分别。除了入学条件以外，其他待遇都一模一样。

然立意良善，一心要让学校教育成为政府选拔文官的主要基础。但他的固执与一意孤行却引起众人的愤怒，以致他与政府都付出了高昂的代价。许多学生起而反对他，并且得到其他官员的支持与鼓励。

■ 1126年的庞大示威运动

抨击政府官员，尤其是蔡京以及皇帝个人最钟爱的官员，在1119年（徽宗宣和元年）后又更为激烈，因为当时批评者发现政府对于要求真正改革的呼声根本置之不理，而且政治场域也充满了权力斗争。这时候，学生的批评主要针对政府未能对入侵的女真人采取有效行动，以及皇帝推行的昂贵公共建设。他们认为这些建设只是供皇帝及其亲近者享乐的奢华设施，而欠缺全面国防计划则由官僚怠惰造成。一如汉代的学生抗争运动，汴京出现了许多带有影射信息的短歌，这些作品可能都是由太学生撰写及散播。[282]

学生的公开抗争爆发于1126年初（1125年农历12月；宣和7年）。陈东（1086—1127）带领五六名学生到皇宫前面下跪请愿，以战备不足为由要求罢黜官员。[283] 学生点名六名官员，称之为"六贼"。这种品评朝廷官员的做法再次让人联想起汉代的学生运动。

陈东是平民子弟，曾经师从著名道学家暨国子学祭酒杨时（1053—1135）。因此，陈东的行为合乎道学思想的哲学信念。当时新兴的道学思想是一股思想重整的潮流，受到一群人数愈来愈多的思想家所支持。

在后续十个月里，陈东又在皇宫前面发起了不下七次示威活动，直到汴京在1126年底遭到女真人攻陷为止。多达数万乃至数十万的人经常加入示威行列。这些活动的冲击非常大，促成许多知识人起而要求驱逐皇帝的若干宠信或佞幸的人。在

---

[282] 举例而言，见曾敏行：《独醒杂志》（上海：上海古籍出版社，1986），9：86；潘永因：《宋稗类钞》，2：29a–30a。

[283] 这里必须指出，陈东的活动与作品有很长一段时间一直遭到忽略。他的文集虽然一直流传，并于1625年（明熹宗天启5年）出版，也为"四库全书"所收录，但实在是到了二十世纪才广为人知，原因是二十世纪的学生运动逐渐成为现代中国人民生活的一部分。明清时代，政府基本上禁止学生参与政治。又，陈东在《宋史》有传。另外，最近陈东家族保存的《尹沙陈氏宗谱》已经公开。

这段期间，至少有七名学生向皇帝呈上了至少十份请愿书，请求他采取行动。

▇ 1127 年的持续抗争

首都汴京在 1126 年底失陷。有些学生随着流亡政权前往南方。这时候，官僚显然对太学生影响力的提升以及道学思想的地位提高开始感到忧虑。道学思想提倡的政治哲学，主张必须严肃追求道德复兴，并且致力于以文化重新定义中国人的认同。太学生利用这种政治哲学批评流亡政府，但政府里仍然充斥着无法捍卫国家的官员。

汴京遭女真人攻占，徽、钦二帝也遭俘虏之后，随着新皇帝登基，陈东也回到了政治场域里。这时的他虽已不再是太学生，在太学里却仍然有一大群追随者。他们的影响力非常大，几乎对流亡朝廷形成围攻的态势，连女真人都为之担忧。当时，对于该如何把这些学生引为己用，掀起了激烈辩论。

1127 年秋，流亡朝廷抵达扬州（今江苏镇江），总算得以暂时喘一口气。陈东利用这个机会提出三份请愿书，指控两名重要官员造成军方士气低落，并且建议起用李纲（1083—1140）。李纲主张强硬对抗金人。不过，时局充满不确定性，就是高宗皇帝也无力随便变更人事，更别说采取有效的反攻行动。陈东发现皇帝无所作为之后，发动政变，杀害了数名宦官与廷吏。皇帝对此忍无可忍，决定除掉陈东，结果在八月底下令将他处死。[284]

陈东遭到处死并未对学生造成吓阻。在此同时，朝廷又迁到了杭州。只有 36 名太学生随着朝廷迁至新都。在中国北方，许多学生都待在女真人扶立的傀儡政权统治之下。这些学生要求新任皇帝祛除流亡皇帝对陈东所定的罪名，并且为陈东追封谥号。不过，傀儡政权根本无力采取任何行动，于是不久就丧失了人民的忠心，并且随之垮台。

---

[284] 关于陈东及其活动的原始资料，大多都可见于陈沂辑：《宋太学生陈东尽忠录》(1879 年闽中陈氏钞本)；陈东：《少阳集》("四库全书")。

■ **南宋的学生运动**

南宋定都杭州之后，太学生随即又开始介入政治。[285] 这一次，激起学生运动的因素，乃是秦桧（1090—1155）与岳飞（1103—1141）之间的斗争。岳飞是枢密副使，也是军事英雄，曾多次率领部队与女真人征战。1141年，权力斗争结束，岳飞遭到处死。[286] 这样的结果引起一片哗然，于是秦桧颁布宋代第一道禁止太学生批评政府的命令，一名学生只因写了一句话，影射秦桧害死岳飞，就遭到鞭答、刺面以及充军的严厉惩罚。

■ **秦桧**

秦桧对付学生的方法不仅限于严厉的压迫，他本身也毕业于太学，所以深知如何平抚年轻人。他采取贿赂的手段，为学生提供特殊官职，从而得以在他1155年去世之前享有平静的生活。

秦桧死后，学生又开始公开批评政府。1156年，深得人心的国子学祭酒周葵（1098—1174）遭到罢黜，学生随即大举要求撤销这项命令。在学生的干预之下，这位和善的国子学祭酒总算保住了自己的职位。讽刺的是，他在八年后当上枢密使之后，竟然对学生颁布了禁止干政的命令。这种反讽的事件见证了宋代官僚所面临的两难处境。

这起事件发生于1164年，当时女真人正准备发动新一波的攻击。学生公开指名三个重要官员为"三恶"，批评他们主张与女真人和谈，要求罢黜这三名官员。周葵试图居间调停，但没有成功。到了年底，学生眼看毫无进展，便上书皇帝，要求处

---

[285] 关于南宋学生的激进主义与政治运动，见 Wei-ai Gong: "Ideal and Reality: Student Protests in Southern Sung China, 1127–1279"，载第二届宋史学术研讨会秘书处编：《第二届宋史学术研讨会论文集》（台北：中国文化大学出版社，1996），页 696–720。以上讨论宋代学生运动，除另外加注外，都可以在拙作《宋代官学教育与科举》找到原始资料。

[286] 讽刺的是，朝廷在岳飞死后没收他的宅邸，却转拨给太学使用。

死这三名官员。

■ 韩侂胄

学生持续关注战争政策，而他们的努力与观念，在这个范畴里正好和道学家一致。这个时期正值道学世界观兴起的关键时刻，学生运动也和这种思想发展密不可分。这段历史首先要从1196年（宁宗庆元二年）底谈起，当时赵汝愚（1140—1196）遭到势力庞大的韩侂胄（1151—1202）压迫而去职。赵汝愚先前支持过朱熹，深受道学知识分子的敬重，因此他们对于赵被迫去职极为愤怒，许多人都因此辞职，其中包括太学祭酒与著名哲学家杨简。次年，六名太学生前往皇宫，再次跪在阶梯上，上书谴责韩侂胄。这些学生随即遭到逮捕放逐。

要求反抗女真人的呼声极为强烈，韩侂胄别无选择，只得在1202年（宁宗嘉泰二年）派出一支部队，遭到惨败。丧失信誉之后，他被迫去职，四年后，更遭到处死的下场。

韩侂胄失势后，史弥远（1164—1233）[287]继任了他的职位，积极改善政府与学生间的关系，成功平抚学生，而维持了二十多年的安宁。

■ 史弥远与史嵩之

1225年（理宗宝庆元年）冬，史弥远与两名高阶官员发现一份由学生草拟的刺杀名单。史弥远当时已任官超过20年，显然不再兢兢业业，加上可能也聚积了不少财富，开始引起学生的怀疑。他发现这份名单之后，随即安排自己扶持的傀儡继任他的职位，从而避免了冲突。他保住了名誉，也得享天年，后来死于1233年（理宗绍定六年）。

史弥远死后，宋理宗（1225—1264）又遏制了学生达11年之久。不过，这段平和时期还是在1244年（淳祐四年）告终，原因是在1239年之后担任枢密使的史嵩

---

[287] 史弥远与史嵩之都是明州（今浙江宁波）史家的后裔，对他们家族的研究可见 Richard L. Davis: *Court and Family in Sung China, 960–1279* (Durham, N.C.: Duke University Press, 1986)。

之（1189—1257）企图利用蒙古人攻击女真人的机会，迫使女真人与南宋和谈。这项策略原本应当获得学生的认可，但学生却指控他是主和派。史嵩之在1244年决定不告假返乡为父亲守丧，成了学生攻击他的把柄。当时聚集在首都的共有114名太学生、67名武学生、34名宗学生，以及少数游士。他们向皇帝呈上一份措辞严厉的请愿书，当中对史嵩之的指控反映出当时大众知悉高级官员普遍无能。更糟的是有三名同情学生的官员在1245年丧生，有传说是史嵩之下令将他们毒死，因而掀起极为剧烈的骚动。皇帝抵挡不住压力，便在那年年底罢黜史嵩之。大众对他的反感持续很久，即使在过了十年之后，宋理宗想重新起用他也没有办法。史嵩之自此再不曾回到朝廷。

■ 羞辱官员[288]

这时候，学生的势力已大到足以恣意羞辱他们看不顺眼的官员，这点在一位皇亲身上最明显可见。这位官员名叫赵师𢍰（1141—1217），是杭州府尹，却自愿充当韩侂胄的走狗。他无耻谄媚的行为在京城是众人的笑柄，传言甚至指称他不惜学狗吠以取悦韩侂胄，学生早已等着找机会羞辱他。1210年，两名武学生和他惹上了麻烦，结果赵师𢍰没有诉诸校方，便直接处理这起事来。杭州各地的学生因此采取行动，他们争取教授的支持，聚集在府衙门前示威，要求罢黜赵师𢍰。示威活动惊动了皇帝，于是皇帝出面干预，释放了那两名学生。不过，这样的处理并未平抚示威者的怒气，他们又提出了另一份请愿书。最后，赵师𢍰终于被迫下台。

这起事件足以说明学生的势力大到了什么程度，而且京城居民也经常加入他们的行列。关于学生能否使用靛青色的争议，也是足以见证他们的影响力的一个例子。当时一名太学生用的伞不是黑（皂）色，而是靛青（青）色。身为平民学生，他应当只能使用黑色，于是被杭州府衙逮捕。他的同学聚集起来，要求府衙释放他，并且游行到皇宫前面下跪，谴责府尹的行为。后来朝廷决定不拔除府尹，学生随即杯

---

[288] 以下请参考我的 *Life in the Schools of Sung China*。注释也请参考该文。

葛学校作为报复。朝廷不久即让步。

太学生介入国家政治的情形在南宋（1255—1279）最后 20 年间更趋激烈，但造成骚动的原因却愈来愈琐碎。1252 年（理宗淳佑 12 年），一名太学生和一名杭州居民发生争执，由于这名学生事后即暴毙于太学宿舍里，其他学生决定发动杯葛，指控杭州府尹和居民共谋杀害了该学生。他们不但拒绝让验尸官进入校园验尸，还向皇帝呈上请愿书，威胁将殴打府尹。他们甚至向太学祭酒施压，要求他上书支持他们。政府又一次让步，撤换了府尹。

三年后，学生又活跃了起来。这次的问题是宦官在政府里把持权力，学生指名批判两名势力广大的宦官。这起事件始于一位名叫洪天锡（生卒年不详）的官员对这两名宦官的谴责。洪天锡没有显赫的出身，但显然深受道学思想的影响。他的谴责不但毫无效果，而且还遭到黜官，于是他争取学生的同情，动员他们起来支持他。学生的抗议行动惊动了那两名宦官，他们便策动一名御史抨击洪天锡，也把支持学生的枢密使牵连在内。宦官发动的攻击非常猛烈，以致枢密使在次年（1256 年〔宝佑 4 年〕）八月即不得不下台。

在这场斗争里，据说至少有一名太学生受到贿赂而站在宦官一边。这名学生也上书指控洪天锡与枢密使，结果太学决定开除他。学生如果变节，就不免遭到这样的下场。

周密（1232—1308）论及宋代末年的学生所拥有的权力，指称他们有能力除掉政府里的任何一位官员（除了宦官以外），不论其官阶有多高，甚至与皇帝抗衡。[289]这句话有相当程度的真实性。经过刚刚提到的事件之后，政府在杭州多任府尹的建议下禁止学生直接向皇帝请愿，但这项禁令却无法落实。学生甚至转而威吓受到宦官指使的那名御史，以致他因害怕而申请调至地方任官。

---

[289] 参看上引我的英文文章。按：周密在《齐东野语》及《癸辛杂识》两本笔记作品中收录及记载很多有关太学考试办法、学规以及学生活动的数据。这里提到的说法见《癸辛杂识》（后集）的"三学之横"条。"三学"指的是太学、武学及宗学。由于参与学生活动的也常常包括临安府学的学生，所以有时连同府学，称为"四学"。

■ 丁大全

次年，太学又因为两名官员争取枢密使的职位而动荡不安，其中一名官员名丁大全（？—1262），据说得到宦官的支持。后来丁大全派了一群暴徒恐吓竞争对手，于是胜出。此举随即惊动了学生。六名学生领袖（"六君子"）在陈宜中（活跃于13世纪）的领导下，马上运用其熟悉的做法，向皇帝呈上请愿书，并且在皇宫前下跪抗议。[290] 不过，这次示威并没有效果。尽管如此，从这事件还是可以看出，学生的政治观仍然一直受到道德理想所支配。这种观点认为，利用官场以外的通道寻求晋升，是违背道德的行为。

丁大全在1258年（理宗宝佑6年）一月当上枢密副使。4月，学生决定再次展开抗争行动，当时有一名投降蒙古的将领曾是丁大全的门生，于是学生指控丁大全在此事当中也有责任。同样的六名学生领袖再次于皇宫前面发起示威行动，丁大全的反应非常迅速，学生领袖随即遭到逮捕放逐，而且丁大全还下令在太学校园里竖立一块石碑，刻上禁止学生讨论政治事务的规定。这就是在太学里设置卧碑以禁止学生批评朝廷政治的滥觞，后来为明代朱元璋及其他许多统治者沿用。

然而，竖立石碑并没有效果。不到一年，抗议活动又再度爆发，这次的发起人是国子监主簿，他也上书皇帝抨击丁大全。学生便加入了他的行列。到了1259年（开庆元年）10月，丁大全耗尽了本身的资源以及皇帝对他的宠信，只好被迫下台。他的失势也许不是学生施压造成的结果，但也的确发生在他们公开抗议的几个月之后。

■ 贾似道

通过以上的讨论，可以看出几乎每位枢密使都必须争取学生的支持。丁大全的

---

[290] 关于陈宜中的生平有一部介绍得颇为详细的英文著作，见Richard L. Davis: *Wind against the Mountain: The Crisis of Politics and Culture in Thirteenth-Century China* (Cambridge, Mass.: Harvard University Press, 1996)，书中各处。这本书也收录了宋代灭亡以后许多学生殉国的故事。

继任者贾似道（1213—1275）虽然是其中最知名也是权势最大的一位，却也不能幸免。[291] 他当然深知学生的影响力，也竭尽全力安抚他们：丁大全下台之后，他就释放了六名学生领袖，并且恢复了他们参与科举的资格。学生领袖陈宜中便在1261年（理宗景定2年）以优异成绩通过殿试。不过，贾似道也懂得采取预防手段，在太学里派驻了间谍。一则流传甚广的故事指出，他曾向太学祭酒背出学校厕所墙壁上的一首涂鸦诗，惹得太学祭酒尴尬不已。[292] 不过，尽管采取了这些措施，麻烦仍然纷至沓来。

第一次的问题发生在1264年，当时贾似道推行"经界推排法"改革土地税制。一名太学生对这项措施提出批评，其他学生也随之指控各种征税措施太过浮滥。贾似道马上出手镇压，他毫不犹豫地以严厉手段对付学生领袖，示威活动也立即结束。根据周密的描述，他的惩罚手段毫不留情，因此首都内外的人民都活在恐怖统治之下。尽管如此，学生还是极为顽强。在两年内，至少有两名曾经被捕又获得释放的杭州州学生回头质疑贾似道，其他学校的83名学生也齐集于皇宫要求罢黜贾似道，但立即遭到驱散。

往后八年，也许是因为南宋忙着抵御蒙古入侵，也可能是因为贾似道成功化解了学生的不满，总之没有再发生严重的冲突。不过，这种平和状态在1274年底（1275年1月）便告终，当时正值蒙古围攻建康（今江苏南京）之后，正准备进一步入侵杭州。杭州距离建康不远，蒙古的威胁促使学生要求贾似道领军出战。不过，就算没有这敦促，政府本身也早已陷入混乱，使得贾似道不得不负起防卫建康的责任。他的部队共有130000人，但建康到了二月底即告失陷。此一危机使得学生再次发动与近150年前相似的学生运动。

这次处于争议中心的人物是陈宜中，当时担任右丞相，是权力核心。他任职之后的第一项任务，就是为当时因建康失守而蒙受耻辱的贾似道辩护。学生在七月发

---

[291] Herbert Franke: "Chia Ssu-tao (1213–1275): A 'Bad Last Minister'?" in Arthur F. Wright and Denis C. Twitchett, eds.: *Confucian Personalities*, pp. 217–234.
[292] 见周密《癸辛杂识·别集》，卷上，《成均浴室》条。

起示威活动要求处死贾似道，陈宜中必须担负起抚平学生怒气这项吃力不讨好的工作。可想而知，陈宜中根本无法消除他们的愤怒，结果学生齐集下跪在皇宫入口，抗议陈宜中与贾似道。在这场示威活动的几周之后，贾似道即遭到处死，陈宜中也被迫辞职，这是帝制中国最后一次的大规模的学生示威活动。下一次再出现这样的景象，已是1919年（民国8年）的五四运动。

南宋灭亡之后，许多爱国人士不是投入反抗运动就是以身殉国，而且其中许多都是太学生。由于他们的牺牲，后人对他们涉入政治的行为都抱持同情的观感，认为他们乃是为了追求正义的理念。不过，只要详细检验，即可发现学生介入朝廷政治的行为，不一定都是捍卫崇高道德价值的无私之举。

实际上，宋代的学生运动有一部分反映了宋代教育体制的政治化，而且此一教育体制也已受到科举考试的支配。宋代的学生示威运动虽然与汉代相似（在皇宫前面下跪、以直言不讳的态度评判政治人物、动员大批群众以及写作短歌或箴言），两者之间却也有一大差异：师生关系是汉代学生激进主义当中的核心要素，但宋代却见不到这项要素的作用。不同的入学方式使得宋代学生得以获取最引人觊觎的地位，即官员的地位。宋代的科举制度造就了一群基本上与汉代不同的学生。宋代学生以教育为主，因为他们进入官场的机会已获得保证。这是一项非常重要的差异。入仕方式的改变最终导致了学生社群的没落。因此，宋代虽然出现激烈的学生运动，但随着中国社会愈来愈受到科举制度的支配，学生抗争在宋以后已成绝响。直到20世纪，在传统科举制度废止之后，中国学生才再度开始向政府示威，但动机已和先前完全不同了。

结束本章之前，也许有必要问问这个问题：东林运动是不是也可以算是一种学生运动？东林书院及其讲会虽有不少学生成员，但其政治运动却完全受到杰出学者的控制与领导，并没有学生主动的空间。东林学者之间同舟共济的精神逐渐高涨，和学生的团结精神逐渐衰微是完全不同的两回事。所以，我们应可认定东林运动不是学生运动。学生激进主义的欠缺，见证了明代开国皇帝采取独裁统治与严苛手段的成功，这点由他在"卧碑"上所刻的学规就可以看得出来。

第七章

结论：晚明以后

　　传统中国教育史是一段复杂的历史，不仅因为漫长，也因为当中融合了许多源流不同的思潮和制度；更重要的是它经历了各时代的大小变化，因此并非一成不变。当然，中国历史同构型极高，又是一个本身相当孤立而自足的历史，难免让人觉得它有相当的一致性，显出它是一个基本上是儒家思想所牢笼的、永远没有变动的文明。即使如此，它也不乏外来的影响。在其本身的思想发展当中，也有各种互相竞争的大小传统。中国教育史的发展也是如此。

　　一般认为中国的历史世界就是儒家世界，这是比较简化乃至于肤浅的观点。在表面上的统一之下，其实暗潮汹涌。许多思想学派与潮流的繁杂互动，需要详细的剖析与研究，我在本书里只触及其表面而已。这点就十六七世纪而言更是如此，因为当时乃是三教合一的时代。

　　三教合一所缔造的"儒家正统"其实是一种乐观而幼稚的尝试，企图把各种价值观的共性一同归于儒家的大旗之下。但是这样的实验，其实并没有真的成功，而只是把一些有相当差异的思潮和形而上的假设用口号式的简单话语概括，透过诸如善书一类的作品加以宣扬，缺乏深度的探索、会通或辩证的释义（dialectical hermeneutics），教养了不加思考而接受权威的老百姓。他们最多就是在行为上尽量做到个人德性上的责任或理想，却缺乏对权威本身的背景进行深入分析的能力。[1] 上焉者，也不过是像张雨（1283—1356）这样的思想家，悠游于儒道之间，成了一个孤独而与俗众隔绝的思想家；或甚至于成了一个乡愿式的文人（在琴棋诗画的世界追求空灵的超脱），对于外在的世俗世界没有格义的兴趣，也缺乏参与。这样的情形当然不是中国教育一贯的特色，但是元明之后，由于政府日渐专制，朝廷力量日渐扩张，就逐渐导致这样的发展。想要了解中国的教育经验，就不能忽略这个重要的事实。

许多人认为中国传统教育的主轴，就是学生以通过科举考试为其受教的重心，而且这种功利考虑抹除了学习经验当中一切的价值与乐趣。中国的传统教育，有一部分源自赋予学者官员不符比例的社会财富与特权，因而造成双重阶级的社会。不平等现象与通过科举的压力都非常严重。因此，自从科举发达以来，读书的内在乐趣就逐渐受到挑战，元明以后，更是如此。就是在追求超脱的努力当中，读书人也还是时时感到权威的体制与道德生命的理想之间的无限紧张。虽然中国自古以来就倡导把学习定义为学习乐趣，到了王阳明时代，学社更倡行音乐吟诵，但这种学习乐趣，和裴斯泰洛齐（J. H. Pestalozzi, 1746—1827）或皮亚杰（Jean Piaget, 1896—1980）提倡的现代教学法所认定的学习乐趣，毕竟不完全相同。

学生勤奋学习，背诵经典，并且为了通过科举背负极大压力，这幅图象早已深入人心，就连中国人自己也经常谈及这种形象。不过，我还是建议对中国思想家所谓的"为己之学"加以检视，看看他们以"自得"之乐定义学习的理想是什么意思。这种观点凸显了学习的道德层面，因此乐趣的定义也就必须是与道德完善融为一体。虽然许多作者对于学习为何会带来乐趣有所怀疑，却几乎所有人都认为达成道德完善是一种极度的喜乐与性灵的升华。因此，学习的乐趣就在于最终能够为个人带来至高的快乐，尽管过程不一定让人享受。道德天赋是智慧、人性与勇气（智仁勇）的来源。[2] 还有什么会比达到人格的完善更令人喜悦呢？正因如此，我们才能理解为何许多晚明思想家接受英勇殉难的观念。简言之，学习的乐趣，就是了解人生的终极目的可以透过教育而达成。当然，只想通过科举的学生很难理解这句话，更别说真心认同。因此，我们可以说中国的科举制度到了宋代以后，其实对中国的"学以自得"的理想是一个挑战，甚至于是一种破坏的力量。从宋代以来，书院以

---

1 中文现在普遍分别"权威"和"威权"这两个词，我在本书中一直没有做这样的分别，认为两个词其实有相当的关联，不能完全分割。当然，必要时，我会加以分梳，避免产生混淆。
2《论语·子罕第九》，第二十八章。

及明末思想家对科举的批判都可以看见这样的矛盾。

与此点有关的是支配科举制度的书写传统（文字考试的传统），它其实与中国教育有相当的关系。我将在下面加以申论。

以上就所谓的"三教合一"或"儒家正统"的理念与实践，以及科举考试与中国教育理想的内在矛盾两点来讨论中国教育史的特点，目的就是要讨论中国历史如何从"任贤制度"进展成明清以后兴起的士庶平等的大众化教育思想；同时也深入思考以道德为中心的教育理念，如何促成了明清普罗大众所广泛接受的"威权"性格的发展。我也会试图把这项发展放置在现代世俗商业精神与世俗化的"道德观"的背景当中，加以查考。

第一节　书写传统的重要性

中国人是世界上最早利用精英选拔方式（任贤制度）来招募政府官员及创造良好社会的民族。这项观念对于形塑中国科举传统的重要性，在本书中应该已阐释得清楚，因此毋需再多加赘述。不过，这种完全依赖书面作答的匿名考试制度，对中国教育究竟产生了什么样的影响，倒是值得我们思考一番。[3]

1. 书面考试的重要性

严格言之，科举制度的确是迟至隋代才正式开始。书面考试于这时全面推行。[4] 隋朝以前的人才选拔方式则有可能采用面试方法。尽管如此，口试在中国历代考选的制度中从来没有扮演重要的角色，更没有得到完善的发展，我们也不知道当时有任何正式的评估讲话（或辩论诘难）技术的方法或程序。无论如何，中国人值得称

---

[3] H. G. Creel 认为中国文献记载中的书面考试，最早可追溯到公元前 165 年，无疑是世界历史上最早的。见其 *The Origins of Statecraft in China*, p. 17。我个人研读文献资料之后，并不认为这道考试必然是书面考试。不过，由于出题的是皇帝本身，因此的确很有可能是采取书面作答。

[4] 唐时，"墨义"的考试有时以口试举行，称为"口义"，但我们知道得很少。另外唐到北宋初还有"身、言、书、判"，显然是有面试的办法，但不属于科举的范围。它与教育也没有正式的关系，本书因此没有加以讨论。

许之处，在于他们非常强调公正的甄选方式，因此不依赖面试，而只凭书面的考卷来选拔出合格的人才。这种理念，应该是面试难以系统举办的根本原因。但是科举制度既然依赖书面作答，就必须建构一套普遍适用的评估标准。这套制度的发展从6世纪晚期开始，而到了11世纪的宋代才完全发展成形。一直采用的是对一般百姓开放的书面考试，但是有一整套的匿名、誊抄的评审程序，其完备可以说是无以复加。虽然后来不断有剽窃、作弊或用其他途径入官的种种手法，但是相信评审要公平、公正的信念没有怠忽。

简言之，利用公开程序维护选拔制度的公平性，乃是中国人的发明，也是中国任贤传统最重要的特征。这种信念在一个专制体制下面，很容易发展出对专制权威的依赖，希望，甚至于相信这个权威乃是唯一绝对的力量，可以保护人类社会的公正，乃至于公平。这样的态度，一方面使得专制君王必须创制一个至少在表面上看似公正的机构来呈现他统治的正当性，另一方面就是他必须依赖身边一起统治的贵族或官员，来表现他所依赖的人绝对是学术上以及道德上最优秀的人。本来贵族或官员是一体的，但是后来渐渐发展成不同的群体，到最后，只有官员才参与政事。为实现这样的统治方法及制度，中国人很早就提出了"任贤制度"，于是整个中国政治史有很大部分是关于如何发展一个可靠的机制，来体现这个理想。

宋代以后发展成熟的科举，乃是这个发展的极致表现。当然，科举是考试制度的自然发展，但是中国的科举或考试制度却有它特殊的地方。下面从考试谈起。

考试——亦即评估教育进展或学识程度的方式——是所有教育系统自然而然都会产生的制度。所以，声称中国人发明了考试的观念，是一个令人难以接受的说法。[5] 不过，其他主要的历史传统几乎都以口试作为教育评估的方式，[6] 而中国人却偏好采取书面考试。换句话说，公正客观的要求是中国选拔方式中非常重要的一部分。明显可见，中国人是最早采用匿名书面考试的民族。中国人推崇书面考试的观念是否对西方有所影响，仍有臆测的空间，但更重要的是必须注意中国人对书面考试特有的重视。[7]

书面考试对于技职认证也相当有用。利用资格考试授予专业学位或认证，是一种发展得相当早的做法，在中国的科举文化中也占有重要地位。李约瑟[8] 与顾理雅（H. G. Creel, 1905—1994）[9] 都指称中国人对资格考的观念与实践影响了西方，尤其是在医学方面。[10] 他们两人都说医生的资格考试出现于7世纪的唐初。历史文献对于核定医学官员资格的书面考试留下了详细记载。

因此，书面考试对于形塑中国教育方式具有重大意义。相对于演说技艺在佛教讲唱（俗讲）的重要性，儒家教育传统强调的则是学生根据既定形式与风格写作文章的能力。这种对比非常值得注意：在佛教富有影响力的期间（约自2世纪至12世纪），甚至在佛教式微之后，公开讲学在中国书院与大众教育中都一直占有中心地

---

[5] 就这方面而言，H. G. Creel 竟然认为印度古代的那烂陀大学可能向中国人借用了入学考试的观念，也就实在古怪极了。见其 *The Origins of Statecraft in China*, pp. 16–17。关于古印度的教育和考试，见 S. Narain: *Examinations in Ancient India* (New Delhi, India: Arya Book Depot, 1993)。另见 Radha Kumud Mookerji: *Ancient Indian Education: Brahmanical and Buddhist* (London: Macmillan, 1947), p. 238。

[6] R. J. Montgomery 说：学生要取得学位，首先必须上过规定的课程。第二，必须参与若干辩论（如 Sophomes、Inceptions、Determinations 与 Quadragesimals）。第三，必须口头回答特定问题（如牛津考逻辑所使用的 Priorums 与 Postiorums）。第四，可能有些预订的演说题目，如 Clerums 及其他讲章。见他根据 H. Rashdall 对中世纪大学的权威著作（*The Universities of Europe in the Middle Ages*）而写的文章，载 *Examinations: An Account of Their Evolution as Administrative Devices in England* (Pittsburgh: University of Pittsburgh Press, 1965), p. 4。所有评估形式都采取口头方式。关于各种口试的方法，见 Gordon Leff: *Paris and Oxford Universities in the Thirteenth and Fourteenth Centuries* (New York: Wiley & Sons, 1968), pp. 147–160。前一注提及的印度教育书籍，也指出背诵课本以及针对课本内容的口试是基本的考试方法。

[7] Ssu-yü Teng: "Chinese Influences on the Western Examination System," *HJAS*, Vol. 7, No. 4 (1943), pp. 267–312。另见后注8与9。席文（Nathan Sivin）在他主笔的 *Science and Civilisation in China*, vol. 6, pt. 6 (Cambridge: Cambridge University Press, 2000) 里，收录更多有关这项议题的资料。

[8] Joseph Needham: "China and the Origins of Qualifying Examinations in Medicine."

[9] Creel: *The Origins of Statecraft in China*, pp. 16–27.

[10] 由于书面考试在西方出现的时间相当晚，所以确实有可能受到中国的影响。顺带一提，欧洲之所以在教育和考试方面都强调采用口头方式，也许反映了当时纸张和印刷书籍还不普遍。

位。不过，一旦谈到吸收经典中的知识，尤其是对经典的诠释与阐述，所有相关活动却几乎都是透过阅读文本及撰写其意义而达成。此外，在私人考试与科举考试当中，从来都不曾大量使用过口试与辩论，所以更没有发展出任何口试的考试方式。[11]实际上，在中国的思想传统当中，演说技巧自从 10 世纪以后就失去了重要性。陆九渊的讲学所留下的记载，重点也都放在讲学活动的仪式性氛围，而不是论辩的质素。大部分的道学大师，在弟子的记忆里都是亲切和善的老师，参与研讨会般的个人讨论与对话，一向是学生问问题，而由老师作答。当时有不少语录，其方式不外如此。至于演说家的形象，其记录通常很少，没有老师以辩论家的形象出现。

2. 文献与学术

前东京大学教授中山茂写了一本值得注意的著作，比较中国、日本与西方的学术与科学传统。他在书中提出一项重要的论点，认为中国"文献学"的传统与西方源自希腊自然哲学的"修辞学"恰成鲜明对比。[12] 中山茂的论点非常引人注意，也深具启发性。这种对于东方与西方不同学习风格的粗略区分方式确实有些道理。中山茂的重点不在于否认中国人也有从事修辞学习的能力，而是在于中国人选择了一条不同的学术道路，强调文献的搜罗与庋藏。

谈到选择，我们必须承认中国人也相当欣赏修辞的学习，事实上也受到了佛教俗讲方法的刺激。举例而言，魏晋南北朝期间把谈话的技巧视为几乎是个人教育当中的核心要素。四五世纪出现于南方的"清谈"，更发展成为一门繁复的艺术，使会话发展出一套精致的形式与风格。这门艺术与贵族生活关系密切，因此在 8 世纪之

---

[11] 前注 6 曾提及欧洲各种形式的口试及其名称，与八股文采用的繁复名称及格式形成鲜明对比。顺带一提，在测验考生的口语能力方面，唐代的考生通过科举考试之后，还必须接受"身、言、书、判"的测验，考生的外表神态与言词谈吐都必须像个官员。不过，这部分的考试主要只是一种形式，在宋代以后即告没落。

[12] Nakayama Shigeru（中山茂）: *Academic and Scientific Traditions in China, Japan and the West* (Tokyo: University of Tokyo Press, 1984), pp. 3–16。请注意，中山茂认为"修辞学"也可见于古中国的哲学思考中，其代表为名家与后来的墨家，但他认为这项传统随着汉武帝独尊儒术而没落消失（p. 12）。

后也就随着贵族消失而趋于没落。尽管如此，我还是要强调一点：佛教的影响具有多重面向，而且虽然非常注重谈话技巧，中国的贵族教育却明显对辩论缺乏兴趣。事实上，中国贵族教育强调的是精巧表达的文学质量，以及调和不同意见或观念。寻求历史或文化经验的共通性（和谐）是中国"文献学"的特征。

公开讲学以盛大的典礼仪式来举行，当中强调的重点是讲学的程序，这点我在谈及陆象山的讲学之时已经提过。脸部表情或宏亮的嗓音等特质，比内容占有更重要的地位。讲学之后通常接着举行讨论会（谈会），但我们没有看到进行辩论的记录。讲学基本上是采取演说的方式，而会谈则有类于西方的对话，[13]但是逃不掉师生间尊卑高下的规矩，不容随便逾越。

最后一点，中国思想活动自从很早之前就已开始使用纸张与印刷术，但这样的做法只是进一步强化了知识主要储存于印刷文件当中的信念。[14]至于发展出统一的书写体系以沟通观念对中国人而言有多么重要，就毋需再多加强调了。

由以上的讨论，可以归纳出两点：第一，历史编纂通常倾向于把中国描写为一

---

[13] 最近西方学者开始注意"会话"(conversation) 对教育的重要性。参看 Daniel Menaker: *A Good Talk: The Story and Skill of Conversation* (New York: Hachette Books Group, 2010); Stephen Miller: *Conversation: A History of a Declining Art* (New Haven: Yale University Press, 2007)。又，Michèle Cohen: "'A Proper Exercise for the Mind': Conversation and Education in the Long Eighteenth Century," in Katie Halsey and Jane Slinn, eds.: *The Concept and Practice of Conversation in the Long Eighteenth Century, 1688–1848* (New Castle: Cambridge Scholars Publishing, 2007), pp. 103–127，也值得参考。"会话"被认为是十八世纪启蒙时代的重要发明，主要在沙龙或咖啡厅进行，受理性的影响，兼带有愉悦的特质，对道德教育也有帮助。它与"对话"(dialogue) 略为不同，后者可以远溯希腊的柏拉图，重视论辩（argumentation），中古以来，其哲学性仍然保存，常常以围绕一位思想家（例如柏拉图《对话录》中的苏格拉底）进行的对话为写作的形态。因此与"会话"平等参与的性格略为不同。而"会话"则没有发展成一种写作的体裁（genre）。"对话"在二十世纪以后，由宗教家（像 Martin Burber）所主张的对等的、宗教间（特别是天主教与犹太教或与基督教间的对话）的"对话"，替传统的"对话"注入新的面向，但是平等性依然是它的中心信念。因此可以说"对话"与"谈话"已经渐趋一致。显然，中国传统写作的体裁缺乏论辩式的"对话"，顶多只有修辞上的"会话"（清谈）。至于"格义"，其构想固然很好，但可惜我们对它所知甚少。

[14] 对实物的兴趣并认为它有美学的意义是宋朝发展出来的认识，且因此刺激了仿制古铜器的风尚。随着也发展出稽古的兴趣，虽然类似于近代的考古学，但是作为一门专业的学问，近代考古学还必须有十八世纪从地质学的思考及对生物分类及物种是不是固定不会转变（transform；像生物分类的最重要学者林奈〔Carl Linnaeus〕便认为物种不会转变，而狄德罗〔Denis Diderot〕与布丰〔Georges Buffon〕则认为物种本身也可能变异，遂引导出十九世纪的演化论。没有演化论为基础，就不可能有现代地质学）的讨论才能逐渐发展起来。宋人在这几个方面都有灵光闪烁的片言只语（像沈括对地质学的猜测或像赵明诚、李清照夫妇对古器物可以左证历史的看法），但是对文献的信赖还没有与考古或仿古的意义结合在一起。

个统一的帝国，拥有一致的传统教育做法，这项历史编纂上的假设并非完全出自幻想的假象。近来的史学家喜欢强调中国经验当中也存在各地的多元性与差异，但事实上中国在历史与思想方面确实强烈地重视一致性的观点。传统上强调统一的历史编纂立场以及大量使用书面沟通方式的做法，都对这种观点的形成贡献极大。[15] 第二，书写与印刷的使用促使中国人偏好把注意力集中在建立共识与寻求意见的共通性上，宁可舍弃辩论技巧的发展或是异议的形成。这种倾向促成了一种看待学习的仪式性态度。所谓的仪式性态度，我的意思是社会鼓励"常态科学"（normal science），而贬抑"典范"（paradigm）的形成，尽管事实上的发展可能比我此处的简单陈述复杂得多。[16] 中国无疑有一种和西方相当近似的学术方法，只是中国人选择共识，扬弃了论证或辩证。中国的文献传统也压抑了对实物稽考的兴趣。

这项选择提高了文献学的重要性。郝若贝（Robert Hartwell, 1932—1996）曾经指出，强调资料累积的观点造成了本质上即为类推性的社会科学，缺乏一般性或抽象性的法则，也对科学定律的提出缺乏关心。[17] 问题是，中国社会对于本身的治理方式基本上感到满意，认为中国无所欠缺，并且认为自己所需的仅是追求道德完善的生活；在这样的一个社会里，科学法则是否真有必要？

---

[15] 当时欧洲因为纸张缺乏，所以没有利用木版印刷及活字印刷复制文件的不同选择。在中国，这两种印刷方式的差别则相当重要。中国因为纸张的普及程度高于欧洲，所以使用木版印刷早已有好几百年的历史。非常值得注意的一个例子，是 588 年南方隋出兵征服南朝的陈之前夕印制了多达 30 万份的宣传文件。关于纸张与印刷术的发明之间的关系，见 Tsuen-hsuin Tsien（钱存训）: "Why Paper and Printing Were Invented First in China and Later Used in Europe," in Li Guohao（李国豪）et al., eds.: *Explorations in the History of Science and Technology in China: A Special Number of the "Collections of Essays on Chinese Literature and History"* (Shanghai: Shanghai Chinese Classics Publish House, 1982), pp. 459–470。关于隋朝"印制"传单，见《资治通鉴》，176：5496。必须注意的是，文中用了"写"字，但我认为印制比较有可能。雕版印刷技术在当时已颇为普及，而且要抄写 30 万份传单至少需要 75 名抄写人员，每人每天抄写 25 份。这份诏令（共 152 字）抄写一次至少需要 20 分钟。从这份诏令颁布到征服行动展开约需半年的时间（160 天），因此隋朝如果没有采用雕版印刷，也就未免令人惊讶。不过，此处的重点乃是书面沟通材料的大量使用。

[16] 中山茂认为中国不乏典范，至少在先秦时期是如此，只是政治权力影响了典范的选择，而对中国历史产生了极大影响，并且排除了其他一切可能性。中山茂对于典范采取广义定义，和我一样，但我认为非科学与非理性的外在因素促使中国人倾向反对典范的形成。见其 *Academic and Scientific Traditions*, pp. 31–38。另见 Thomas S. Kuhn: *The Structure of Scientific Revolutions*, pp. 1–51。

[17] Robert M. Hartwell: "Historical Analogism, Public Policy, and Social Science in Eleventh and Twelfth Century China"．

从以上的讨论，我们可以提出以下论点：因为中国强调研究文献与书面资料，以致中国的思想活动发展出与西方非常不同的形态。如果要比较东方与西方的思想传统，就不能忽略这项区别。其中的基本差异，就在于中国倾向通过个案的处理而累积数据以形塑政府政策，目的在于建构稳定乃至和谐的社会。历史是个案的累积，积累在分类的文献里，以方便查考，应付实际的需要，至于个案与个案间的关联，除了注意其统一性或一致性之外，就不关心其释义学（或阐述学，hermeneutics）上的辩证性和变化的潜能与发展性。[18]

3. 不屈的自我与威权的性格

书写文字的世界，为中国知识人带来了极大的乐趣。我们已看过李清照对其藏书的着迷；我们也花费很大的篇章来讨论中国人对庋藏文献的关心。书本的世界可以为人带来安慰与福气。由于这项学习主题随着书面考试的重要性而提升，中国知识人因此愈来愈重视自己和理想的学习世界之间的关系，而舍弃他们鄙夷的复杂人际关系世界。这句话看来也许有些奇怪，毕竟一般学者都认为社群性是中国人建构良善社会的核心观念。对中国人来说，个人与社群的和谐关系应该是个人的首要关注。不过，必须强调的是，一旦把个人行为放在社群团结的背景下，此一关系的主旨就会变成强迫的"自发性"，亦即个人必须自发地来参与群体。显然，读书理想的完成，与群体强迫个人屈从之间存在着一种紧张性或矛盾性。我认为这当中有一项非常重要的两难，混淆了理念与实际。

中国人（特别是知识人）的现实状况以及个人与社会的关系，确实和自发参与

---

[18] "释义学上的辩证性和变化的潜能与发展性"这句话或许讲得太简略，我的意思是中国读书人的治学方法不能重视学者与学问的对象之间的相互对话，以及相互之间的办证关系；也是读书人一般不愿以圣人的道理（就是学习的对象）采取批判的态度，以根据这个对象来发明更新的想法，好与对象产生辩证（主客之间的相互交融与易位）的关系。中国教育和思想也相对地缺乏"时间也是思想的向度"的见解，不认为思想本身具有发展的潜能，可以经过重新诠释而发展，并不断发明新的、适应时代的憧憬或再现。我认为这样的治学态度与中国的历史思想及对文献或书写模式的偏好有密切的关系。参看上面提到郝若贝的文章，也请参看我的《北宋历史思潮的新方向》。

及自我主动的理想相差极大。一般认为中国社会不鼓励个人采取主动,但这与知识人认为自己是社会道德领袖的自我形象无关。在一般的认知里,百姓应该认同受过教育的领袖,而这些领袖的道德指导则是基于一种深刻的知觉,认知到自己负有巨大但不尽稳定的责任。因此,我们说中国人具有威权性格,意思是说百姓们表达或主张的意见极少超出知识领袖所指示的范围。不过,受过教育的人士却必须负起担任道德领袖以及模范榜样的重大责任。受过教育的领袖和平民虽然同样认为个人应该顺服教育阶层的道德权威,"威权性格"的观念却有可能以两种非常不同的形貌出现。东林学者与汉代及宋代学生运动领袖的"顽强反抗",即足以让人看出他们深切意识到"自我"是一种宇宙间的动力,其责任的重大远超越个人与社群乃至帝国的和谐关系。[19]

因此,中国读书人为了终极道德义务而绝不妥协的理想,是一项非常值得注意的主题。他所强调要个人顺服的对象,不是世俗的统治权威,而是历史性及宇宙性(甚至超越性)的原则(道),而且中国人认为这"道"只能在圣人的经典当中找得到。明显可见,这样的人格绝不可能宽容专制的政治结构,而许多不让步也不妥协的晚明殉道者,就是死在这种政治结构之下。[20] 由此可见,这威权性格具有的两种面貌,有根本上的不同:一边是温驯的中国臣民(包括百姓),另一边则是慷慨赴义的殉道者,随时随地准备实现"大丈夫"的理想。这两者都与书面文献的文化有关联。

文献的世界除了服务大众的哲学之外,最重要的就是让个人在他"透视化"(perspectivize)到无言自然的宇宙里,让他去想象自己的认同。如同宋代的风景画,有智慧而且有道德的人就是画面中那个渺小的人物,周遭那广阔壮观的景色则是他沉默的同伴。一般认为人际网络乃是中国社会生活中的必要特征,甚至是支配性的

---

[19] 有一篇不寻常的文章,检视了中文如何使用"自(自我)"表达个人的哲学立场,或是做为个人良心的基础。见张履祥:《养园先生全集》(南京:江苏书局,1872),20:28a–30a,引见 Pei-yi Wu: "Self-examination and Confession of Sins in Traditional China"。

[20] Frederick Wakeman: "The Price of Autonomy: Intellectuals in Ming and Ch'ing Politics," *Daedalus* (Spring, 1972), pp. 35–70。另见 Wm. Theodore de Bary: *The Liberal Tradition in China* (Hong Kong: The Chinese University Press, 1983), pp. 67–90。

特征，但对于追求天人合一的宁静境界而言，人际网络却反倒是一种阻碍。历代的山水画在在证明道德清晰的平静世界，才是中国人偏好的接触对象。文献研究把人带进书面作品的世界——包括经典、散文、诗与画——而促使受过教育的中国人转向内在的"自我"，远离复杂的社会网络。这种对自我的"透视化"不是基于任何反社会或反社群的态度，因为自我乃是根据个人对外在世界的责任而精心定义的结果。不过，就学习与获取知识的方式而言，这种以追求道德完善为主要目标的学习方式，所强调的重点乃是在于精进道德的"自我"。

简言之，学生静静追求道德清晰的世界是一种理想，成日在混沌复杂的社会关系中奋力周旋则是现实的状况，理想与现实之间存在着一条难以跨越的鸿沟。由于这条鸿沟，我们因此可以看到中国人一方面具有威权性格，同时又绝不妥协，几乎把自己当作是权威本身。[21] 如同中国人常说的，原则不容讨价还价。问题是，从来就没人有兴趣辩论原则的复杂内容。个人总是依照自己的对圣人的信念奋勇前进，只要自己的行为被认定为合乎经典的教训即可。

依赖书面考试达成公正的评估，是中国人一直坚信不移的信念。这种信念乐观地认为道德真理乃至各式各样的真理，都具有不证自明的性质。[22] 依赖书面考试的做法，也源自儒家对于道德自我以及人格的定义与追求所抱持的高度重视。从孟子乃至晚明思想家，一项普遍的哲学信念就是认为道德真理先天就存在于人的本心里，而且个人有能力领会及实现这项真理。这种乐观的观点造成了一种信心，认为真理触手可及。在这种情况下，传统教育于是非常重视人格的教养。

若再更进一步，也许可以说社会与个人之间并没有紧张关系。中国人大致上没有像 18 世纪的欧洲人一样，感到道德的自我与邪恶的社会之间存在着巨大的矛盾

---

21 参看本书第六章注 255 所谈到的海瑞的威权性格。
22 Thomas Metzger: "Some Ancient Roots of Modern Chinese Thought: Thisworldliness, Epistemological Optimism, Doctrinality and the Emergence of Reflexibility in the Eastern Chou".

或辩证关系;[23]重点在于个人道德完善能够带来内在的平静，就像欣赏董源（活动于10世纪）或黄公望（1269—1345）的山水画一样。踏入这些画作的世界所感受到的"透视化"，就是个人为何不愿反抗社会的原因。理想是由个人利用本身的天赋知识与良心，来发现（或发明）完善的道德境界。如同我们先前探讨过的，学习的乐趣就是亲近书本并且在文字世界里寻求慰藉所带来的结果。难怪中国会有这句广为流传的俚语："书中自有黄金屋，书中自有颜如玉"，[24]还有什么方法会比这句话更能吸引年轻学生遨游在文字与书本的无声世界里？中国虽然有着复杂的社会网络及其运作，真正的读书人却以拙于社交技巧、以鲁钝木讷为傲。读书人满足于自己静默的遨游，一旦外在世界背离了他自给自足的道德理想世界，他就会以殉道者的姿态作出反应。总之，现实的社会大概可以看作是不得已要协商的对象，而一个人自我的道德修养则来自退出社会后的宁静和谐及与大自然融合的广阔空间。

说到这里，我们还是不能不指出，中国人的性格一再受到社会与家族的阶层结构的压力和影响。社会化与大众教育对于培养权威性格也发挥了同样有效的功能。在中国传统教育的最后阶段当中，我们可以看到自给自足的文字世界，开始重视大众教育及其融合性或折衷性的内容。受过教育的自我和受到家庭与社会力量所形塑的自我，都一样具有威权的本质，但两者呈现出来的形态却非常不同。所以，我们一方面可以看到顽强的殉道者，另一方面也有消极的百姓和虚伪的知识分子。这种"权威性格"的观念看起来也许不合逻辑或违背理性，但其实与当时的人对道德秩序的高度关注完全一致。文献式的学习以及在文字世界里追求道德生活的选择，最终

---

[23] "道德的自我与不道德的社会"这个论题，最早出现在十八世纪的欧洲思想。在二十世纪则以尼布尔（Reinhold Niebuhr, 1892—1971）为最重要的代表作家。他的 Moral Man and Immoral Society (New York: Charles Scribner's Sons, 1932) 强调人的原罪，认为人的有限性（因为是被造物）是自私、骄傲和虚伪的根源，因此这两个论点之间没有真正的矛盾。也因此他并不完全像同时代的德国神学家巴德（Karl Barth, 1886—1968）一样，完全把人的救赎放在上帝的恩典上面，相信人因为带有上帝的形象，因此并没有完全沦落在绝望的罪恶深渊。他的折衷论点与十八世纪的思想家有一定的距离；后者通常怀抱进步的观念，认为人终于会创造光明的世界，现今社会的恶只是暂时的困扰。巩多塞（Condorcet, 1743—1794）是一个著名的代表；另一个代表是曼德威尔（Bernard de Mandelville, 1670—1733），他认为不道德的个人却能创造出道德的社会。在下面注31，我将再简短地讨论这个议题。

[24] 一般认为这句话系出自宋真宗（997—1022 在位）所写的《劝学诗》。

定义了中国人的"自我"理想。这种理想形塑了中国读书人的形象：自给自足的个人，在自然与人所形成的沉静环境当中读书。当然，这个表面上看来孤独的个人，虽然遗世独立，只要有书本陪伴即感到满足，却也能够在必要的时候表现出"大丈夫"的行为。明代思想家虽然极尽努力为这种充满自信的人格提供哲学基础，提出"自主"与"童心"等概念，但这种人格的真正来源，却是由独自学习中获取乐趣的中国传统。而另一方面，这种性格本身也呈现出一种承受不了社会及家族压力的虚伪性格，间接促成了权威或专制的体制及其延续。[25]

---

[25] 从另一个、文化的角度谈这个问题的或许可以说是葛兆光：《屈服史及其他：六朝隋唐道教的思想史研究》（北京：生活·读书·新知三联书店，2003）。当然，葛兆光的兴趣不在于中国人性格的探索，因此与我在这里讲的没有直接的关系，但是"屈服"，或许可以说是最接近英文的 conformity 的中文说法，因此类近于我在本段中所说的"群体强迫个人屈从"的威权人格。

第二节　自我、宗教性与道德感

在 16 与 17 世纪期间，有些知识人对于道德完善的追求几乎就像信奉宗教一样虔诚。同时间也出现了一种非常强烈的信念，认为相信道的绝对性与道德性能够让人获得真正的"快乐"（所谓的"得"）。我们先前已经谈过，这项"自得"的信念类似韦伯声称资本主义精神所需的对上帝救赎的自信。接下来，且让我们探讨一下这项论点。

我在第三章讨论过，中国传统教育的最后阶段出现了善书以及以庶民为主的"三教合一"观。这种新出现的教育思维结合了佛教与道教的教诲，从而形成一种儒学正统。道德完善的追求在此时已极为激烈，这点可从自责（自我检验）或自讼（自我指责）的广泛使用中看得出来。政府或学校对个人施加的压力，也可见于卧碑的广泛设置，石碑上所刻的学规经常充满负面与训诫性的言词，与道学儒者采取敦促鼓励的正面做法大为不同。这种种发展都促成了我归类为威权式的行为。

1. 不证自明的道德真理与道学的宗教性

一个绝佳的例子，就是我们在东林学者身上看到的"权威"性格。他们对人类义务的理解，乃是基于一种信念，认为道德真理是不证自明（亦即是先验的）而且触手可得的，至少通过读书与涵养就可以达致。古代的圣贤发现了道德真理，传承后代，读书人只要努力即可达致。东林学者不停努力要达成每一项道德的要求，充分反映了他们对求道的乐观与自信。然而，他们的努力也经常变得近乎对自己的奴役或虐待。但是只要个人对自己的道德完善愈有自信，他就会愈加努力去追求。这样对自我的肯定带有浓厚的宗教意味，与卡尔文派（或一般的新教徒）的基督教信仰几乎可以相比拟。

道学的宗教性出现的时间，正值寻求三教共性的高峰时期。这种发展也得到了道教的助力，因为当时道教又再次试图寻求一种功利性的做法，以提升庶民的伦理秩序。道教徒也深深着迷于规范与戒律。在所有这些发展当中，我们可以看出道学与道教有一种共同的信念，认为人天生就具有道德行动的能力。《太上感应篇》开宗明义指出："太上曰：祸福无门，惟人自召。"具有自主能力的个人对自己的道德完善负有完全的责任。不过，我们今天看这种信念，这个观点，或这样的自信其实也是一把双面刃：既然个人必须对自己的命运负责，那么这种责任也有可能过于沉重。

认为命运和个人的道德行为密不可分，是功过格观念的哲学基础。功过格对教育的影响远远超越单纯的自律。教育者与受过教育的领袖也常常利用功过格促使平民百姓做出合乎道德的行为。简言之，宗教性不仅限于受过教育的知识人，平民也免不了受到这样的要求。知识人以近乎虔诚的心态驱策自己实现天理，平民则依循一般人的宗教所提供的功利方式，来达成道德上无悔的人生。

简单来说，认为所有人都具有天生良善的本心，是晚明时期极为普遍的信念。这种信念虽然看似削弱了教育的必要性，却让受过教育的人士对于自己达成善性的能力或甚至命运产生了信心。在许多人心目中，为了道德目的而采取行动，就会为自己带来好运。这种认定自己有能力达成道德完善的自信心，不仅对受过教育的社会及政治领袖深具重要性，对平民也是一样。一方面，明代思想家深信自己有能力也有义务担负起"大丈夫"的天道责任；另一方面，平民则抱持简单的信念，认为道德行为会带来善报，因为这是因果律的规定，通常表现于佛教的业报当中。这种信念简单而直接，但深具说服力。

谈到这里，就不能不提到余英时对帝制晚期中国宗教伦理的研究。晚明时期出现了商业化与都市化的快速发展，尤其是在长江下游地方（江南）。余英时指出这项发展与当时宗教的伦理密不可分。[26] 他的意思是说，勤奋这类美德都可见于禅宗与元、明道教思想当中，也是商业精神兴起的原因。余英时所谓的"商业精神"，其实近似于当代历史家所说的"资本主义萌芽"的概念。研究资本主义的学者在近来指出，资本主义的企业家精神也可见于新教以外的伦理体系里。[27] 正如陶尼（Richard H. Tawney, 1880—1962），便认为基督宗教的各教派都与资本主义精神的兴起有关，而不限于卡尔文教派。[28] 这就是说，一般的宗教信仰都对自我的救赎有相当的自信，并因而使信徒们更努力地驱策自己，以建造美好的现世世界。资本主义就是这样开始的。余英时也认为庶民宗教伦理与帝制晚期中国兴起的商业精神有关。[29]

因此，我们有三项主题需要探讨：第一，中国传统教育最后阶段的宗教性。这点与认定人类具有天生善性即不待外求而能自足的哲学信念密切相关。第二，这种哲学信念与普及的佛、道教诲在帝制中国晚期启发了一种工作伦理观。第三，这种

---

[26] 余英时：《中国近世宗教伦理与商人精神》。并请看注 27。

[27] 各方对韦伯的论点所提出的批评甚多。Richard F. Hamilton: *The Social Misconstruction of Reality: Validity and Verification in the Scholarly Community* (New Haven: Yale University Press, 1996) 是近来的一个例子，但在我看来，他批评的对象其实不是韦伯的论点。

[28] Richard H. Tawney: *Religion and the Rise of Capitalism* (New York: Harcourt, Brace, 1926)。陶尼的观点可能影响了晚年的韦伯，因为韦伯晚年的写作中，不再提及卡尔文的"预定论"，而把基督宗教全体合并地谈，并强调基督宗教（包括天主教）对识字教育的重视促成了资本主义精神的发展。请参看下一注。

[29] 案，一般所谓的资本主义指的是"私有制"的大量或彻底取代封建生产方式，以及为牟利而从事积极的大规模生产工作。从韦伯的观点来看，那么后者应该才是新教伦理所能促成的发展。近代（指启蒙运动以来）的资本主义更强调"以钱赚钱"，或说更强调资本的累积，导致信用的广泛使用，这才是资本主义的精神。我认为努力生产，以便赚钱牟利，这顶多是初期资本主义的现象，甚至于不构成为资本主义本身，因为它缺乏对资本累积的意义的警觉，也缺乏系统的再投资活动。因此，新教伦理所促成的只是一种强烈的责任感及"工作伦理"，而与资本主义的本质实在有一段的距离。我认为余英时的"商人精神"是很好的用法。事实上，韦伯的晚年定论主张的是资本的合理运用及利益的合理分配（反对马克思以"掠夺"〔expropriation〕为资本主义本质的看法），并认为宗教以及它们的副产品——识字教育，是资本主义顺利发展的保障，虽然很多学者比较天主教与新教，认为前者比较不重视识字教育。有关识字教育与资本主义的关系的书可参考 Andrey Korotayev, et al.: *Introduction to Social Macrodynamics* (Moscow: Editorial URSS, 2006), pp. 87–91。作者强调就资本主义的发达言之，新教伦理不如识字教育的重要。

宗教伦理促成了中国历史上前所未见的商业精神。以下，我将说明这三项主题都相互关联，也将藉此指出中国的经验与新教的宗教经验极为近似。只要读过韦伯的经典著作《新教伦理与资本主义精神》，就知道韦伯把富兰克林（Benjamin Franklin, 1706—1790）视为新英格兰新教的典型代言人。重要的是，这三项主题都可在富兰克林身上见到。

2. 道德的自信与勤奋的工作伦理

韦伯这部著作当中最引人好奇的一项论点，就是他对卡尔文神学当中预选说（predestination）的角色所提出的诠释。韦伯认为卡尔文教徒是选择与世区别的人，相信自己在许久以前就已获得上帝挑选为救赎对象，并且相信勤奋工作是自己在俗世里荣耀上帝的手段。受到挑选的人可确保获得上帝的照护与恩典，所以也就更能在此生中从事善行。[30] 这项论点值得注意的地方，乃是在于获选者对自身独特性的自信，还有他因此对世界所负起的责任或说自我期许。

个人对自身独特性的自信，与行善的责任感互有关联，这是韦伯的论点，但这也正是我们在晚明知识人身上看到的现象。晚明知识分子认为自己具有天赋的善心与良心，因此能够实现道德的完善。此外，他们对于自己追求道德完善的能力所带有的自信，也促使他们能够从事世界上最重要的工作，亦即振兴社会的道德。晚明知识人相信自己的"天职"不仅在于为自己实现道德理想，也必须为世界带来道德秩序。他们追求这种目标的热切态度也延伸到了其他各式各样的活动上。对于老百姓而言，就连赚钱也算得上是正直行为的体现。

韦伯和其他许多人都认为，新教徒具备的勤奋工作伦理观与资本主义精神的兴起密切相关，甚至可说是促成了资本主义本身的兴起。这种论点当然仍有争辩的空间，但我此处的重点是要指出，这种超越俗世与对俗世的责任感，也同样可见于 16

---

[30] Max Weber: *The Protestant Ethic and the Spirit of Capitalism*, pp. 106–117。

与 17 世纪的许多中国人身上。

追求道德完善的热切态度，可见于晚明思想家自讼或自责的文章中。[31] 尽管自责的内容大多与个人的不良行为有关，严厉而且持续不断的自我检讨，却也使人得以矫正自己的道德缺失。至于功过格的使用，自然是为了提醒使用者累积道德功绩的重要性。个人的行为愈是合乎正义（正谊），就愈有信心认真面对日常工作，因为勤奋努力乃是他们的道德与类似宗教的意识形态中不可或缺的一部分。

相信个人的自信与道德生活彼此相关，呼应了命运和工作伦理具有直接关联的信念。我们已经讨论了近世以来中国人所强调的工作伦理如何与禅宗的勤奋观念结合而发展出儒家的正统道德观，这种价值观传达给了年轻人或平民，促使他们以近乎虔诚的态度勤奋工作。尽管有人可能会质疑平民是否能够明白这些道德戒律的哲学意义，但通过动员社学、书院、讲会、善书，乃至于民间宗教的各种管道，儒家知识人遂能够启发百姓对自我伦理实践的信心，就是不识字的农民也不例外。辅以权威人格的教育，这就造成了近世中国人对道德理想的自信态度，以及服从性格的落实。

从自信转为以虔诚的心态认定自己负有勤奋工作的责任，这样的转变其实一点都不复杂。这些观点形成了一套信念，为近世以来的中国老百姓灌输了一种严谨的道德态度。余英时把这种态度比拟为新教伦理，十分恰当。

3. 计量道德表现的统计表

我们已经讨论过了功过格。这种记录册出现于 14 世纪之后，在十六七世纪受到广泛使用，就是现在也还与善书一样广泛流通。功过格最早由文人使用，后来扩散

---

31 参见前注 19。在这里应该顺便提到个人与社会互为辩证的关系。在注 23，我提到西方进步的观念，他们的信念认为人终而可以拯救社会；这个观念在当时的生物学里有相似的发展，即扬弃物种不变（上帝创造每一个不同的物种）的信仰（请参看前注 14），几乎认为人就是创造主（达尔文的演化论之所以引起基督教徒这么大的攻击，就是因为他说了这样的话）。这样的进步观，就不是中国学者所触及的。它也超过了文艺复兴相对保守的宗教或宇宙观。

到了民间。在扩散过程中,强调重点也开始转向累积功德以弥补不良行为造成的罪过。不过,当中的基本观念仍然没变:功绩的获取和丧失必须细心记录,以提醒随时注意自己的道德表现。

一名中国知识人所使用的功过格,和富兰克林在自己的道德统计表当中设计的表格,相似得教人难以置信。[32] 富兰克林的做法,是列出他认为对美德人生深具重要性的 13 项德行。[33] 接着,他决定自己应该以 13 周为一个循环,依序奉行这 13 项德行。他第一周整周都专注于奉行第一项德行,第二周则加入第二项德行,依此类推。如此一来,到了第 13 周,他就可达成德行上完美无瑕的一周;而这种追求道德完善的循环,一年将反复出现四次。他设计了一本小册子,里面满是表格,以供他记录自己违背这 13 项德行的行为。每到 13 周循环的最后一周,当周的表格就会是一片空白。

以这种纪律严谨的方式追求美德人生,是 17 与 18 世纪西方道德生活的特征。这种做法也反映了当时一种普遍的乐观信念,亦即"道德计算"(moral calculus),认为人文学问也会像自然科学一样,会发展到如数学一样的精准,所以常常用类似数学的方法来研究社会或政治。霍布斯(Thomas Hobbes, 1588—1679)、韦格尔(Erhard Weigel, 1625—1699)、莱布尼兹(Gottfried Leibniz, 1646—1716)、波普(Alexander Pope, 1688—1744),乃至洛克(John Locke, 1632—1714)等思想家,都曾经想在道德理论当中建构某种程度的科学准确性。[34] 不过,富兰克林这项计划的特殊之处,乃是在于他用来记录行为缺失的表格。在当代道德家或伦理家的作品里,

---

32 这个例子可见于福井康顺:《道教》,第二卷,页 163。大多数取名为《功过格》的善书都不再收录表格的模式,只是详细列出各种德行与恶行,以及每一件行为代表的分数。富兰克林的道德统计表以及他自己对这份表格的讨论,可见于他的《自传》。这本书早已经有中文翻译(唐长孺译,台北:远流出版,1990),我用的是 J. A. Leo Lamay and P. M. Zall, eds.: *Benjamin Franklin's Autobiography* (New York: W. W. Norton, 1986), pp. 66–70。
33 节制、安静、整齐、决断、节俭、勤奋、真诚、正义、中庸、洁净、平和、贞节以及谦卑。见同上。值得一提的是,Norman S. Fiering 认为这 13 项德行的要旨乃是"尽自己的责任"。见 Fiering: "Benjamin Franklin and the Way to Virtue," *American Quarterly*, No. 30 (1978), pp. 199–223。
34 Louis I. Bredvold: "The Invention of the Ethical Calculus," pp. 165–180。事实上,文艺复兴时代的 Leon B. Alberti 以及 Leonardo da Vinci 也都在他们的艺术论中提出艺术(主要是绘画与建筑)必须发展得像数学那么精确。

似乎看不到类似的做法。

我们在此处所注重的是"道德计量"的系统化。当时正是簿记发展得更加精密的时代，对数表也在此时首度出现。由此观之，塔尔伯特（James Talbott）会在他的《基督教学校校长》(*The Christian Schoolmaster*) 一书里精心抄录一份"缺失记录表"，并且视之为在英国小学里教导道德行为的良好例子，这也就不令人意外了。塔尔伯特是约克郡斯波福斯（Spofforth）的教区牧师，他这部著作在18世纪流传甚广。由于塔尔伯特声称这种"缺失记录表"在伦敦的慈善学校颇为普遍，可见这种做法在当时应该有许多人模仿。[35]

这些用来记录行为缺失的表格，与富兰克林为了维持自己的道德修养而设计的表格颇为相似。因此，利用表格记录个人不良行为的观念，在十七八世纪的欧洲与美洲已然相当普及。

我不打算声称这种观念可能源自中国，但如果说有些耶稣会传教士把善书以及功过格带回了欧洲，应该也不算太牵强。中国的报应观念以及功过格的使用，实在让人无法不联想到罗马天主教的"赎罪券"。不过，必须记住的是，赎罪券的核心天主教教诲乃是教宗具有权威，能够向基督与圣人索取大量的"功德"，从而赦免罪恶。[36] 在中国，个人累积功德原本不是一个关键的议题，至少在16世纪之前不是。不过，明代以后，累积个人功德却是功过格发达的核心要素。历史的吊诡就是：耶稣会教士，会不会觉得这种观念和他们扬弃的"赎罪券"的原意颇为相似呢！

因此，赎罪券与功过格背后的观念，都认为以功德的形式表达出来的道德完善可以促成个人的"救赎"。不过，这两者之间当然还是存在着重大的神学与哲学差异。无论如何，到了16世纪中叶，赎罪券的教旨与实践已遭到彻底摒弃。清教徒的

---

[35] 可惜哥伦比亚大学收藏的这本著作已经丢失，以致我没有机会翻阅这本书。这份表格在 D. W. Sylvester: *Educational Documents, 800–1816* (London: Methuen, 1970), pp. 195–197 有复制。

[36] Jaroslav Pelikan: *The Christian Tradition: A History of the Development of Doctrine, vol. 4, Reformation of Church and Dogma (1300–1700)*, pp. 134–136。严格言之，赎罪的可能乃是因为基督（以及历代的圣人）所积累的无限的功德（merit），可以让罪人取用不尽，而不是在于个人能积累多少善功，但是在宗教改革时，马丁·路德大力反对这种贩卖功德的行为。

信仰以卡尔文教派的预选说为基础，在此时已形塑出一种完全不同的伦理体系，具有严格的纪律性，并且植基于信徒对自己身为获选者的信心上面。清教徒在这项信念中找到了致力于劳动与善行的充分理由。[37] 注重获选的恩典以及工作伦理，是新教徒的特征。财富虽然不是勤奋伦理刻意造成的结果，却仍是衡量信徒是否全心追求道德完善的标准。在中国，严格的纪律固然也是建筑在对个人功德的关心上面，但是积累功德的实用性（可兑换性）却一直流传，历久而不衰，不能建构或发展出比儒家正统更为抽象的道德理念。

4. 道德感

富兰克林的观念带有深厚的卡尔文伦理观，就像清教主义也带有部分的卡尔文教诲。富兰克林虽然深受启蒙思想的影响，最重视的却仍是清教对于人性易于腐败的关注。根据库尔提（Merle Curti, 1897—1997）的说法，富兰克林对这项议题的理解乃是依循苏格兰哲学家哈奇森（Francis Hutcheson, 1694—1746）、里德（Thomas Reid, 1710—1796）、斯图尔特（Dougald Stewart, 1753—1828）以及谢弗茨伯里（Shaftesbury, 1621—1683）等人的观点。[38] 这项关联的重要性在于，这些人连同休谟都是道德哲学里的"道德感"（moral sense）理论的主要倡导者。[39] "道德感"理论的重要性，自然是其在经验主义伦理学的发展当中所扮演的关键角色。尽管"道德感"的理论终究受到经验主义观点的进一步成长所超越，这项理论毕竟还是具有古老的起源，而且在17世纪与18世纪初深富影响力。由此可见富兰克林为何会利用

---

[37] 这种工作伦理也可见于十七世纪的荷兰。见 Simon Schama: *The Embarrassment of Riches* (London: Collins, 1987), pp. 329-343. 不过，Schama 指称基督徒并未刻意赞扬财富。

[38] 另外可以再加上哈特莱（David Hartley, 1705—1757）。见 Merle Curti: "Psychological Theories in American Thought," in Philip Wiener, ed.: *Dictionary of the History of Ideas*, vol. 4, p. 22ab. 另见其 "Human Nature in American Thought," *Political Science Quarterly*, No. 68 (1953), pp. 354-375, 493-510; Richard I. Bushman: "On the use of Psychology: Conflict and Conciliation in Benjamin Franklin," *History and Theory*, Vol. 5 (1966), pp. 225-240。

[39] 大部分的学者通常不把富兰克林与休谟相提并论，也许是因为这两人后来友谊破裂。不过，如果以为富兰克林并未间接受到休谟的道德哲学或甚至怀疑论所影响，那绝对是错误的看法。

这项理论阐释自己的信念：他认为人在"存在的巨链"（the great chain of being）当中占有特殊地位，并且能够藉由对自我尊严的信心来培养良好的习惯，节制自己的激情与非理性。[40]

道德感理论家通常认为，人性之所以具有行善的能力，乃是因为它的同情心（compassion）。这种同情的能力就像是审美的能力。同情心促成了道德意识和行为。道德感的理论远比此处描述的复杂，但我没有必要在此深入探讨。我们关注的重点，是这种理论强调的先验（a priori）同情心，以及人类如何能够从同情心获得形成道德判断的许可（套用休谟的用语）。同情心、情感与激情（相对于理性），这些词语都奠基在类似于自然法理论的观念上，而且在道德感的论述中占有重要地位。对中国思想史有所了解的读者，会发现"道德感"的哲学相当类似于孟子的恻隐之心，以及明代的人性本善论。

道德感的哲学可以视为对道德哲学里的理性学说所产生的反动，而且根源在于西方的哲学传统里。不过，读者若是熟知中国与欧洲的思想交流史，可能会觉得这点特别值得注意：道德感理论是在中国主要经典传入欧洲之后才出现的。此外，当时对于利用中国的观念引介新学说也有广泛的兴趣。[41] 以教育观念的领域为例，英国接受夸美纽斯（John Comenius, 1592—1670）教育思想的过程就是如此。现在，夸美纽斯最为人所知的成就，是他提出的感官学习理论，但他在世期间因为与势力强大的教育家哈特利普（Samuel Hartlieb, 1600—1662）关系亲近而深具影响力。哈特利普写过《马卡利亚王国录》（*A Description of the Famous Kingdom of Macaria*）一书，等于是培根（Francis Bacon, 1561—1626）的《新亚特兰提斯》（*New Atlantis*）

---

[40] 关于富兰克林对"人类完善境界"的观念，见其 *Autobiography*, pp. 226–228。
[41] 近来有一部著作，探讨的就是西方喜好利用中国引介新观念的做法。见 Jonathan D. Spence: *The Chan's Great Continent* (New York: Norton, 1998)。 另见 Donald F. Lach and Theodore Nicholas Foss: "Images of Asia and Asians in European Fiction, 1500–1800," in Thomas H. C. Lee, ed.: *China and Europe: Images and Influences in Sixteenth to Eighteenth Centuries* (Hong Kong: The Chinese University Press, 1991), pp. 165–188。 另见 George B. Parks: "Travel as Education," in Richard F. Jones, ed.: *The Seventeenth Century: Studies in the History of English Thought and Literature from Bacon to Pope* (Stanford: Stanford University Press, 1951), pp. 264–290。

的更新版，呼吁英国效法马卡利亚王国的典范，并且采用夸美纽斯的教育观念。[42]

我认为，这一系列的强调激情或情感的西方道德哲学，可能多少受到中国教育观念的影响。我甚至认为，"人性本善"的观念可能间接影响了谢弗茨伯里与哈奇森等思想家。

5. 英国善书

就在休谟忙着撰写《人性论》（*A Treatise of Human Nature*, 1740）与《道德原则研究》（*An Enquiry Concerning the Principles of Morals, 1751*）的时候，一本小书却逐渐流传开来，而在欧洲与美洲产生了莫大的影响力。这本小书翻译成了各种欧洲语言，在往后100年间也再版了许多次。

这本书出现于1751年，就是休谟出版《道德原则研究》的同一年。其作者据说是达兹利（Robert Dodsley, 1703—1764），书名为《治生经济》（*The Economy of Human Life*）。作者宣称这本共有两部分的书籍原本是古印度一位婆罗门的作品，保存于西藏（今又称图博）拉萨。中国皇帝[43]听说有这部著作之后，随即指派一名翰林将其译成中文。当时一名住在北京的英国人寄了一本给切斯特菲尔德伯爵，于是又译成了英文。也许因为这部作品经过切斯特菲尔德伯爵之手，所以广为流传。最重要的是，这部著作后来又被带到美洲大陆而广受欢迎。[44]

---

[42] Jean Piaget: "Introduction" to *John Amos Comenius on Education* (New York: Teachers College Press, 1967), pp. 1–31。另见 W. H. G. Armytage: *Four Hundred Years of English Education, 2nd ed.* (Cambridge: Cambridge University Press, 1970), pp. 20–21。关于十七世纪的英国对海外地区的兴趣，可以参见英国异议学院（dissenting academies，非英国国教的信徒只能到异议学院读书）的课程，其中包括 Kircher: *History of China*, Francies Bernier: *History of the Empire of the Great Mogul*、Puffendorf: *Ancient and Modern Universal History*。见 Irene Parker: *Dissenting Academies in England*。必须注意的是，研究启蒙时代的学者近来都不强调启蒙时代思想家对外在世界的正面观点，而把重点放在十八世纪所谓的"野蛮人"的负面面向。举例而言，见 P. J. Marshall and Glyndwr Williams: *The Great Map of Mankind, Perceptions of New Worlds in the Age of Enlightenment* (Cambridge, Mass.: Harvard University Press, 1982)。但是我还是相信许多十八世纪的欧洲思想家确实是利用外国人及其经验来批判基督教的偏狭眼光及当时其他的社会与观念的问题。
[43] 应是指乾隆皇帝（1736—1795在位）。
[44] 我针对这部作品写了一篇简短的介绍，见拙著《漫谈一本伪托的西藏智慧书》，《二十一世纪》，第58期（2000.4），页80–82。

这部作品无疑是伪作，就连当代人也对其真实性颇为怀疑。[45] 不过，书中讨论各种人际关系以及支配这些关系的德行，实在与中国的善书极为相似，以致我们不得不怀疑作者是不是利用中国提倡自己的"人生经济"观。[46] 这部著作的第一部分首先提及个人义务，诸如思虑、谦卑、激情的谨慎与节制、女人、男人的关系（丈夫、父亲、儿子、兄弟），最后则以宗教作结。第二部分探讨个人及其弱点、情感、目标，以及无可避免的逆境与死亡，其中对于超越性的探讨，以及许多关于基督教观念的指涉，则无意间透露了这部著作其实不是源自中国或西藏。[47]

书中朴实而实用的格言颇具中国色彩，例如："（一个有道德的人）对别人的称赞充耳不闻，不予采信；而且也是最后一个发现自己完美的人。"这段话看起来确实很像是中国的格言。另外还有其他例子：

> 论勤奋："游手好闲是困乏与痛苦之父，美德的劳动则会带来欢乐。"
> 论谨慎："多言必悔，沉默保平安。""从他人的经验学习智慧，从他人的缺点矫正自己的缺失。"
> 论虚荣："在世当努力，不必在乎他人的评语。以适切的称许为足，子孙也将以此为荣。"

当时会出现这样的一部作品，而且又广受欢迎，可见中国在欧洲人的心目中占有重要的地位。因此，研究伦理议题的欧洲思想家，不太可能不注意中国人对德行

---

[45] 钱钟书是第一位注意到这部作品的现代作家，并且充分证明它是伪作。见 Qian Zhongshu（钱钟书）:"China in the English Literature of the Eighteenth Century," in Adrian Hsia, ed.: *The Vision of China in the English Literature of the Seventeenth and Eighteenth Centuries* (Hong Kong: The Chinese University Press, 1999), pp. 117–214（见 pp. 177–180）。

[46] 根据书中所言，住在北京的那名英国人写信给切斯特菲尔德伯爵（Earl of Chesterfield, 1694—1773），信中提及道教以及道教创始人老君，据说"与孔子同时代，并且创立了道士的教派"。这是否表示作者接触过道教的善书呢？我们知道中国许多善书都是由道教庙宇印行发送的。

[47] 例如："神只有一个，他是这个世界的源头、创造者、管理者，他是全能的、永恒的，而且非人所能理解。"或者"万物都来自上帝，他的力量无远弗届，他的智慧来自永恒，他的慈爱也永远存在。"我参考的版本是 1751 年的原版以及 1806 年由纽约 Evert Duyckinck 出版的版本。我要感谢哥伦比亚大学巴特勒（Butler）图书馆的善本书收藏组协助我找到这些书籍。图书馆的微缩片档案中至少还收藏有这部著作的 20 个不同的版本（又，据 google 的纪录，到 2010 年 12 月 3 日为止，共发现有 142 个版本）。

或道德的讨论。

由以上的讨论可以看出三点。第一，欧洲人认为中国在道德思想方面的理论较为先进，所以探讨"治生经济"的书籍如果要赢得读者的青睐，最好伪托为中国的作品。第二，这部作品对大众德行采取实用性的观点。第三，这部作品在美洲的盛行程度一如欧洲。

接下来，就是该把以上的讨论统合起来的时候了。

在17与18世纪的欧洲，尤其是英国，道德哲学的发展包括了对同情心、激情与情感等观念的兴趣。道德感的论点，挑战了当时试图把道德奠基在人类理性的伦理观念。

提出道德感论点的思想家有可能受到中国的影响，但影响的过程与实际内容不可能确认。

欧洲人普遍认为中国人在道德哲学的发展方面特别成功，可见如果不是欧洲思想家特别注意中国的道德学说，就是他们认为中国的观点，与欧洲道德哲学当中具有代表性的道德感思潮极为近似。

6. 权威、自信与清教徒资本主义者

最后一点最具启发性。如同先前提过的，道德感哲学理论的主要倡导者乃是启蒙时代的苏格兰哲学家，而且对18世纪美国人性观影响最大的也是他们。由于富兰克林也受到道德感哲学的影响，他也就成了我们用于比较的对象。

清教徒人性观与政治哲学比较重要的一部分，就是对权威的强调。权威或威权在建设国家中所扮演的角色，是卡尔文主义当中非常重要的一部分。事实上，卡尔文是一位有名的专制神权论者；统治手段的强悍，是他的神学的要点。在新英格兰，科顿（John Cotton, 1585—1652）对于腐败人性的深切关注极为著名。不过，即便在比较温和的温斯洛（John Winthrop, 1588—1649）的"民主精神"里，也还是可以看到顺服权威的论点潜藏在道德表现的语汇当中：

你如果支持天生的腐败自由，不愿从事自己认为良善的行为，那么你就绝对无法忍受一丁点的权威，而会呻吟、反对，不断努力摆脱权威的束缚。不过，如果你乐于享受合法的公民自由，也就是基督允许的那种自由，那么你就会平静而愉悦地顺服权威，因为此一权威的所有执行作为都是为了你而着想。[48]

只要是自认为受到上帝挑选的人，并且认为信仰就必须顺服权威，经常都会出现这种威权的语气。他们乐于顺服权威，包括教会与世俗的权威，这点与他们认为自己是上帝选民的自信并不互相冲突。而熟悉中国政治传统的人，就一定会在这段话里看到所谓的"父母官"的影子，以及专制政府对它的统治正当性的说辞。

因此，清教徒也有强烈的威权性格。富兰克林生存的时代已逐渐偏离清教的核心价值观，公民社会享有比较大的公民自由；他扬弃原罪的教义以及模仿苏格拉底与耶稣的观念，都反映出这种转变。[49]另一方面，他接受道德感的哲学思想，则显示他对自然神论的理性主义仍有所疑虑。于是，他持续抱持"天赋道德感的观念……对人的认知也比较平易，不像洛克与哈特莱带有那么强烈的分析性与原子论的观念"。[50]此外，他深信劳动与勤奋的重要性，可见他对自己身为上帝选民的自傲虽然明显不如前人那么强烈，但他仍是卡尔文教派与清教的信徒。最后，他以乐观的自信心态所倡导的公民精神，则反映了他对自我的重视，并且服从"系统的理性的指示"。[51]不过，这种看待权力的方式一点都不威权。

因此，如果说富兰克林就像晚明哲学家，未免过于牵强。[52]但尽管如此，他倡议人所应该具备的道德性质，仍然显示他与中国思想家具有许多相同的特征：以负

---

[48] Perry Miller: *The New England Mind, the Seventeenth Century*, pp. 422, 427.
[49] *Autobiography*, p. 68.
[50] Merle Curti: "Psychological Theories in American Thought," p. 22.
[51] 自我、自我精进以及自立自强，对于理解富兰克林而言都是重要的主题。不过，富兰克林以相当细腻的思想探讨"权力（power，不是 right）的运用"这个议题，并且把道德的个人与道德的社会视为连续体：认为个人道德的完成会自然地与社会共同的道德标准一致或和谐。在这方面，他暂时把自己对理性的怀疑摆在一旁，而把注意力集中来探讨如何在实际的运作中，取得权力与平等（公义）的均衡。
[52] 富兰克林的思想中具有启蒙主义的面向，这是晚明思想家所比较没有的。

责任的态度为自己负责；相信自己天生拥有行善的能力[53]；相信自己是上帝的选民，并且因此必须负起更多的责任，行为也必须更加正直；把世俗成就视为衡量道德完善的标准。由于这些特性，清教徒在信念与行为上都与17世纪受过教育的中国人极为相似。

7. 晚明中国人与清教徒的比较

在中国传统教育最后的阶段，人们对自己的道德责任怀有合理的自信。这样的人相信人性本善，也确信自己能够成就这善性，所以当时流行的话语是"满街皆圣人"。这样的人关心自己的自我，相信自己有义务促使整体社会追求道德完善的重大理想。受过教育的人不遗余力追求自己的道德完善，几乎成为一种宗教性的行为。在这个时期，儒家道德教诲也逐渐演变成一种正统，与佛教及道教互相交流，并且吸收其原则而发展出一套繁复但实用的道德教条。这种宗教伦理促成了商业精神的兴起，从而形成商业化、都市化以及近乎资本主义的经济。

善书的出现与功过格的使用，反映了当时的人对于道德自我与道德完善的追求有多么强烈。许多研究中国教育的学者都认为这种追求与"威权性格"有关。不过，这种威权性格具有两个面向：一个面向是严谨的自我，不断追求更高的完善；另一个面向则是信任权威，因为权威乃是天理的化身，受过教育的领袖已明确指出了这一点。相信个人拥有天赋的善性或是与天理合而为一的天赋能力，是受过教育的人士追求终极道德完善的动力。一般的百姓很当然地认为追随权威就是达成这样社会的途径。晚明道德思想的吊诡就在于这种辩证性。

如果把这种人和清教徒认知中的人拿来比较，即可发现若干相似之处。清教徒认知中的个人，自信自己是上帝的选民，而且信仰极为虔诚，致力追求道德的人生。对这样的人来说，藉由勤奋与努力所达成的世俗成就，是衡量信仰虔诚程度最可靠

---

[53] 富兰克林反对基督教原罪（original sin）的概念。

的标准。因此，典型的清教徒拥护强烈的威权观点，原因是他相信自己与上帝的关系，以及上帝对他的德行表现的期望，都同样显而易见，不可质疑，也不能妥协。

清教徒的卡尔文主义信仰是最为威权的基督教思想，而除此之外，清教徒的思想生活也受到17与18世纪的英国道德哲学所形塑。苏格兰的启蒙主义道德学家在一定程度上扬弃了过度理性的伦理观，而倡导道德感的哲学思想。他们认为人具备与生俱来的激情与情感特质。人类的道德生活乃是奠基于同情的能力。因此，道德感的哲学理论提倡道德生活的独立性，不同于纯粹建基于理性的正义生活，他们认为后者带有太浓厚的理性主义或原子论（个人主义）的色彩。清教信仰由于以道德生活为核心，因此与苏格兰启蒙道德学家的思想一致。

《治生经济》著作的出现与普及，见证了当时对于美德人生的重视，也让人联想到中国的善书。

最后，富兰克林对自我完善的追求促使他接纳传统的卡尔文信仰，相信自己是上帝的选民。他的道德生活以及他对劳动与勤奋的重视，都是源自这个自我。这个自我促使他踏上《苦命理查德年鉴》（*Poor Richardis Almanack* 一书的主人，富兰克林的假名）的生活。根据韦伯的描述，苦命理查德却是资本主义者的雏形。

身为清教生活的最后一位代表，富兰克林实际上已逐渐迈向启蒙主义的世界，他的许多观念都对威权式的清教思想形成挑战。他特别关注公民社会的建构，一如黄宗羲的渴望，但这种社会并未在中国实现。今天，中国人一直珍惜东林学者遗留下来的价值观，但同时也希望扬弃威权主义。以上的讨论有什么值得学习的教训呢？清教徒式的道德与威权生命世界，能否维系本身以及新兴资本主义的发展，而阻挡转化为启蒙主义的公民社会？我不知道。我的比较到此为止。

另外还可以作出其他许多比较，但我认为以上的论点已经足够。中国传统教育史极为复杂，其中有许多内在变化，无法概括言之。不过，在此还是值得复习一下我在第一章提出的论点：儒家经学是中国教育经验与知识定义的核心主题；教育有两种互相竞争的理想，一种认为教育的目的在于服务，另一种则认为在于良善治理；为了自我的满足（自得）而学习的观念；科举制度太受重视，以致掩盖了学习能力依年龄的进展而有所不同的观念;对于道德完善的竭力追求,以及这种追求对中国教育史最后阶段的深切影响;最后,则是对中国教育有所贡献的各种思潮。

这些主题都可以进一步扩展发挥。不过,把这些主题放在一起,就可定义一个延续了2500年以上的传统。这些主题以不同形貌持续影响着中国人对儿童的教养、对学生的训练,定义着个人及其与世界的关系,并且描绘出他对宇宙人生的想象。我选定晚明作为我研究的终点,因为我认为晚明的发展(包括西洋教士的即将大量到来)是传统中国的结束,但中国人的自我与社会的紧密关系、追求文化统一的威权压力及其反对声音,仍然会是中国决策者与知识人必须不断面对的问题。因此,这段历史仍未结束。事后省思起来,这段历史在全世界人类致力于认识自我的历史上,其实也构成了非常重要也深具价值的一章。

附　录

中国传统教育的特色与反省

　　传统中国的教育是人类史上最宝贵的遗产之一。它经历了数千年的淬炼，到了今天仍然在中国、韩国乃至于日本影响人们的日常生活。今天在台湾，大家所极为关心的课题还是大学入学考试的方法。它之所以产生很多纷扰的问题，主要当然是因为传统中国科举考试的种种措施和信念，仍然在左右我们的价值观，因而使得讨论它的方法时产生各样的意见，与现代世界主流的看法发生冲突。

　　本文欲就传统中国教育的特色予以个人的反思，是我近 40 年对中国传统教育的研究心得，希望这些意见可以通过不断的交流与检讨，从而对我们社会制定教育政策有积极的贡献，也为学术研究提出一些新的、更有价值的路径。

一、养士教育与科举的影响

先从教育制度的发展及公私学校的设立来检讨教育的目的。毫无疑问，中国教育最重要的特色就是它是为政府（或社会）培植人才的教育。我们可以跟着名教育史家陈东原先生说，这就是"养士教育"。从孔子开始，中国教育就是希望教养出一批所谓的"君子"，让他们担任社会的领袖，他们必须在道德上能作为未受过教育者的表率，儒家说"风动草偃"，就是这个意思。

制度化的学校从汉代设立太学到魏晋南北朝开始有国子学、国子监，到唐代以后州县学、明代以后的社学，都是国家（政府）设立的学校。他们是中国教育的主干，扮演了重要的角色。大概南宋以后，中国的每个县都设有学校。他们所教授的都是儒家的经典，同时受到科举的深刻影响，直到 1905 年中国废止科举之后，官学和官学化了的书院才逐渐脱胎换骨，成为现代的学校。中国官学的发达，可以从历代一定有太学或国子监说起。太学在王莽的时代，学生人数已经超过三万人。南朝的太学也常常有数千乃至上万的学生。这样的盛况是人类文明史上非常重要的一环，没有其他古文明可以比拟。

进一步说，中国教育的目的，主要是培养一批可以服务政府的官员。他们应该学习官定的教育内容，训练日后当官的行政历练。孔子更把受过教育的人称为君子，要他们必须在道德的教养上表现出君子的特质，作为百姓行为的表率。由此看来，孔子的教育观主要从"养士"的观念出发。这样的教育实践当然主要是在官学。由于关心君子的养成，孔子更提出了有教无类的理念，可称为世界上第一个提出"任贤政治"的思想家。

在传统中国，官学固然是最重要的正式教育机构，但是许多私学的机构、特别是书院，与官学的分别其实很小，因此我们不必过分强调官、私学在制度上的分别。例如孔子的思想是中国教育理念的滥觞，也可以说是私学理念的实践者，因为他是以个人的身分来教导生徒，但是他所宣扬的却主要是西周的官定、贵族教育。因此从孔子以后很长的一段时间，中国说不上有系统的、独立的私学教育。大部分的私人教育都集中在贵族家中，而且大概都只是启蒙的识字教育。学生稍长大之后，便集中在政府的太学或国子监读书。就是跟随个别经师读书的，虽然有私学的样式，但因为自己的身分是贵族或统治阶层，因此这些私学和官学在内容上实在没有甚么区别。官学的影响常常在私人讲学上看得到。这种情形到了唐宋之后才慢慢改变。总的来说，一般老百姓谈不上有甚么教育。

虽然宋代以前的读书人并不特别标榜私学的实践，但是它的理念却仍然非常鲜明。从孔子到汉代经师或文翁兴学，他们的教育都反映孔子的教育理想，有明显的私学精神。魏晋南北朝，佛教在中国大兴。从西域或印度来华的佛教僧人，通过翻译传布佛教的教义，当然也是通过私人的途径。只有在他们的活动成长到政府必须干预时，才渐渐地受到政府的控制，但是由于佛教教义不属于儒家的正统，所以往往必须通过私人的途径传给一般的百姓。

道教亦如此，早期道教的思想就已经常常借用儒家的观念，例如《太平经》。道教的组织也一样，例如地方信徒的领袖称为祭酒，而传授道教经义的场所有的也称为精舍，可见私人传布宗教信仰，常常也借助儒家发展出来的教育方法或制度。但是中国的私人讲学最重要的代表当然还是"书院"，它是典型儒家教育理想的产物。书院的发展最早可以说是在唐代，它的发展成型、蔚为风尚则是宋代以后。朱熹的提倡是中国书院发展的转折点。虽然书院最后也不免走上所谓"官学化"的途径，但是它的理想到了今天仍然影响华人对教育的思维。

不管政府的学校或者是私人兴学，他们都带有浓厚的道德理想，是要训练一个可以当社会表率的个人。宋代以后，因为道学（或称为理学）的发展，个人的因素渐渐凸显，从此道德的修养也与"养士"并列。教育或学习的目的是追求个人道德生命的完美，所谓"学以为己"从此变成中国读书人的最终关怀。"学以为己"虽然是孔子的话，但是它被广泛使用是元明之后的事，所谓"自得"是与它相通的信念，反映了读书人的数目已经多过能出仕当官的人数，但是它基本上是一种对自我的期许。于是教育的主轴理想就变成了自己学为圣贤的功夫。

养士教育毕竟还是十分重要，因为教育制度是根据孔子的任贤原则来设计的。中国的知识人就必须一方面追求道德的自我建立，另一方面则继续应举当官的世俗目标，用关心天下事来自我鼓励。因此在讨论了"养士教育"之后，我们转而讨论科举制度的影响。

科举制度对中国的教育产生了极大的影响。科举的实行至少可以上推到隋朝，在中国施行了1300年，无疑是人类历史上实行得非常长久的制度之一。如果把汉代的察举或选举制度也算是一种考试制度，那么中国人用一套"任贤制度"的观念来选拔人才，时间已经超过2000年，就是把魏晋南北朝的300多年不算进去，它也是世界史上非常灿烂的一篇诗篇。我认为西方恐怕只有天主教教皇的推举制度可以相比拟。

中国的考试制度一个重要的特色就是"任贤制度"。中国是人类历史上第一个提倡这个观念的文明，就是英国人也承认他们到了19世纪才真正完全接受这样的观念和制度。明末西方学者到中国来，第一个让他们印象深刻的就是中国的科举。他们说中国没有学校，却能训练出很多的学者，端赖考试的制度。可见这种选举人才不分阶级的理念是中国的贡献，连带由于对这个理念的执着，中国也成了世界上对公正的考试制度最为信赖的文明。

中国考试制度固然可以上溯到汉代的选举或察举制度，但是中国人因为非常重视考试的公正或公平，所以在历经了魏晋南北朝的九品官人法之后，从隋代开始，便以笔试为重心。唐代中叶以后，由科举产生的官员渐渐多起来，虽然他们没有弥封、糊名或誊抄的办法，而且还公然致送公卷，邀引权贵品评月旦他们在学术或文学上的成就，然而，社会流动的大门就此打开，从前僵化的"上品无寒门、下品无士族"的社会结构被打破，很多平民出生的人也开始参加科举。

宋代以后，科举制度逐渐完善，特别是到北宋英宗以后，即 11 世纪中叶以后，差不多一切妨害公正的措施都已经立下，尤其是三年一比的制度成为定例，以后很少中断。这个制度从此成了中国读书人最大的关心，对中国的教育影响无远弗届，这是大家接受的说法。最近西方有学者解释中国的科举制度，利用社会学家布迪厄（Pierre Bourdieu）的说法，认为科举制度是社会本身不断自我"再生产"（reproduction）的重要机制。这个说法大致是对的，也间接说明这种机制的保守性格。有其他学者又说考试乃是政府、官员与考生之间一个竞争的场域（space 或 arena），这却又似乎间接在说考试的机制是一种多少公平乃至于民主的竞争过程。这样的说法又太美化它了，似乎认为它是一种非常公正、公平的现代制度。事实上，科举考试在宋代时，带有大量吸收社会贤才的作用，勉强努力要创造一个比较公平的合理社会；但是这样的做法到了元代就已经开始败坏；明代的读书人又增加了很多，根本无法实现什么社会平等的理想，只能尽量维持公正，让贤才不至于被遗漏。明末到有清一代，方便之门（像买官一类的措施）打开，于是明末满街皆圣人、清朝到处是员外，这个社会已经无法继承，更无法真正体现"任贤"的理想了。

科举制度虽然在西方受到推崇，但是没有一个西方国家像中国这样，把社会上极大的财富分配给极小的一群有功名的读书（特别是宗教的经典）人。近代西方人对社会资源的分布以及教育必须多元的想法使得他们虽然模仿中国的科举，却不因此变成一个"单线流动"的社会。无论如何，科举制度的原始理想究竟是中国文化对世界文化的一个重要贡献，是人类珍贵的遗产。

科举制度另外一个特色，是塑造了中古尤其是宋代以后中国读书人的性格。这个性格简单地说，就是领导社会国家的自我期许。但是由于必须经过多次的考试，这种自信也就常常和成本计算纠缠不清。《儒林外史》所描绘的读书人的景象是我们所非常熟悉的，特别是"范进中举"那一段。挣扎在理想和成本的计算之间，这样的人格是一般的大众比较不会有的，于是中国读书人的性格就与一般正常人有相当程度的差距。应举当官的人的性格，从三样东西表现出来。第一个是读书人，这一点不用多说。其次是对投资的回馈，尤其是对投资的人（父母、宗族或姻亲）的回馈。于是中国的读书人常常来自庞大的、有势力的家族（宗族）或地主家庭。自己对家族的回馈也常常以购买更多的田产为方式，于是中国的读书人往往也成为地主。所谓"耕读传家"就是这个意思。第三，既然是科举的参与者，中举的人没有不接受任官的，因此官员是他们的身分。过去许多人讨论中国社会的统治阶层，究竟是官员还是地主。事实上，这两种身分或阶级的确可以互相交换。但是我个人认为官员的身分及其在社会的地位，往往是最根本的势力基础，科举的功名和官位很容易转换为财富，反之则不一定。到了明末或清代以后，财富转换为地位才逐渐容易起来。

总之，科举产生了一群性格被理想和现实压挤得极度紧张的读书人。他们常常表现出那种紧张性格。但是他们靠着地位所保障的财富，使得他们同时也常常是地主，保障他们在地方上的势力。这就是所谓的"耕读传家"，而这种理想则是用官位来保障的。因此我认为中国地方上的统治阶层，是一种官员、读书人和地主的三位一体。这一点应该毋庸置疑。与西方比较，西方的统治阶级（贵族及僧侣）从中古末期就开始受到中产阶级的挑战，而中产阶级则依赖贸易和商业的拓展来作为兴起的基础。虽然英国从16世纪以后，中产阶级也大量投资土地，但总的来说，对外和对内工商贸易的活动、技术的开展以及利伯维尔（chartered cities）的兴起，才是近世以来欧洲资本社会形成的主因。相对之下，审视中国的科举制度，会发现一种内在的、读书清高的性格，以及报酬或回馈的资源必须取自本身是封闭的经济体制，所以中国没有能在明末发展出资本主义的社会。明代宦官与文臣之间对海外扩张以及应否打破重金主义的经济看法相当不同，孰是孰非，现在看来应该已经十分清楚。

无论如何，中国的统治阶层或上层社会的文化，特别是表现在当官人的身上的，受到了科举压力的深刻影响，而他们的生活态度因此也有非常明显的特色，这就是"官宦人家、琴棋书画"的所谓悠闲、不务正业的活动。我用"不务正业"来翻译列文森（Joseph Levenson）所创造出来的所谓"业余的"活动。他说中国文人的生活是从事这种"业余的"活动。这不是不务正业是什么？中国读书人的生活境界，可能真的体现了孔子所说的"君子不器"的教育理想，但是它的代价是非常大的。

上面说到读书人中举必须对投资在他身上的人有所回馈，其方式主要是以增加自己宗族（家族）对土地的拥有，由此可见宗族对科举的参与扮演了非常重要的角色。中国的宗族组织，按照《礼记》的构想，本来完全以血缘为基础，所谓五世而终——过了五世，就是大家同住在一个乡村，理论上也已经没有"族"的关系，可以形同路人。但是实际的宗亲关系并非如此。到了魏晋南北朝，贵族社会就被打破，大家虽然依赖的还是血缘的关系，但是没有"五世"的规定，所以一个人即使搬离开自己的家乡，只要有家谱来证明他和他的先祖有血缘的关系，他就能被定位是从哪里的哪一个家族出身，并被评定是不是可以当官，与相同阶层的人来往。所以魏晋南北朝时，大家非常重视修谱。

唐代中叶以后，这种贵胄社会的组织已经崩坏，社会变动很激烈，很多人逃难到南方，与南方的士人来往，谱牒之学不修，加上科举兴起，于是造成了科举影响家族结构的现象。由于参加科举先要在地方上考试，而能考中的人数有一定的限制，所以地方的"地缘关系"渐渐变得重要，因为族里的人应举出官，他要回馈的当然是与自己接近的、曾经投资在他身上的族人。住在外地的族人，就是关系是在五等亲（五服）之内，恐怕也无法来要求"分猪肉"，所以宗族组织开始受到地域的影响。能考试出身的人，虽然在宋代还算容易，但毕竟还是有限，所以族人常常希望同宗的子弟尽量可以考试及第、出去当官。于是地方上以家族为中心的宗学、义学就开始了。他们常常是以族内的子弟为教育的对象，目的当然是希望他们会继续参加科举、光宗耀祖，保护地方及宗族的利益或势力。中国的宗族，就这样从宋代以后渐渐变成了兼有血缘和地缘关系的社会组织。这是一种非常重要的变动。朱熹注意到这样的发展，所以他把家庙或宗庙的祭祀重加解释，让老百姓也可以在家中立家庙，祭祀自己的祖先。

宗族组织因此从宋代开始有了重大的改变。我们都知道中国人重视家庭或家族，因此要了解中国近世的社会，一定不可以忽视家族的组织。一个地方上同族的人因为科举而重视家族的关系，并因此发展出系统的族产与祭祀活动。这种宗族组织的发达，与应举有密切的关系；而前述义学、族学正反映了宗族对地方教育的贡献。

对宗族组织的影响，可以说是科举制度的一大特色，这明确地反映了中国读书人经营他们的社会地位的方法。一般的百姓相对无法对自己的宗族组织作相似的安排，更谈不上通过他们自己的生活方式上升为地主，来支配地方的社会及其重要活动。这就是说，中国的养士教育显然与科举有密切的关系；为了应付科举，中国的家族组织更因此演变成为地方社会的重要组成元素。教育、科举考试以及宗族组织，就这么规定了中国教育与社会的发展形态。而传统中国的教育就在这样的参数或规范之下发展，并呈现出它的各样特色。

二、为己之学与书院的理想与实践

上文曾略略说到书院。这里首先要提到的是书院理想中所表现出来对科举制度的批判。至少从朱熹开始,书院的理想被定位为"私人讲学"。从他一路到后代林林总总的理学家(或说道学家),到诸如近代的康有为、钱穆以至北大的汤一介,都提倡设立书院。但是中国的书院传统除了批判官学和政府统一的思想之外,其实还有很多实际上是所谓的"科举书院",与批判的精神并没有关系。所以书院其实也有着理想与功利之间的矛盾,充分反映了中国知识人内心的痛苦。

与西方相比,可以看到中国读书人至少在理念的层面上努力要达成独立的教育理想,因而与西方有许多可以互相比较的地方。西方的大学从中古开始发展,但是到了文艺复兴时代就遇上挑战;教会无法接受新的人文学术,大学的职位则被许多人文学者所取代,相互争持。后来天主教的改革者、创立耶稣会的罗耀拉(Ignatius Loyola)提倡接受人文教育的内容和制度,为天主教的学校和大学注入新的气息。英国则因清教徒革命,产生了不少的所谓"反抗书院"(dissenting academies),与英国国教设立的学校抗衡。18世纪,沙龙(salons)又替代了大学,传布新的世俗主义、自然学问的研究和进步观念。当时的思想家积极使用新的教育场所,通过所谓的"会话"(conversation)方式来鼓舞和宣示他们的信仰。由此可见,在西方,开创新的教育场所常常是散布新思想、抵抗官方控制的地方。

可见中国的书院也有许多与西方可以相比的地方。创立一个新的教育方式和场所，以鼓吹新的理念，这其实也是朱熹的做法。朱熹原来喜欢去官府的学校讲课，因此初到南康，就主动去南康县学讲课，却得不到县学教官的欢迎，因此发愿要自立学校。但是他修建白鹿洞书院，也得上札子给皇帝，要求皇帝允许。自从他用了"书院"之名，一般的书院即使教学的内容或理想有所改变，大概都不会废弃这个名字。所以我们对书院的认识比较注意上面所说的理想层面，而相对忽略它不断官学化的历程。不管如何，书院的特立精神，毕竟是中国知识人或读书人自我期许的重要理想。虽然说对主流思想的抗争也是它的重要理念之一，但是由于中国思想讲究和谐、重视一致化，新学术或新世界观在书院中浮现的情况，大概比不上西方。

书院对地方社会的影响是很大的。本来中国读书人的讲学从汉代已经蔚为风气，但是佛教传到中国之后，中国人开始重视所谓的"山林讲学"，它是中国丛林思想的滥觞。山林讲学的风尚到了唐宋之际最为发达。中国书院曾受到它的影响，而丛林制度也常常被认为对书院有重要的贡献。但是书院在明朝以来，特别是明末时，变成了重要的社会组织，提供场所从事文化乃至政治活动。人人艳称的东林书院，就是举行政治活动最著名的例子。但书院不是只有批评朝政的政治功能，它也成为地方的诗社、刻书和举行仪典等文化活动的地方，因此在所谓"都市化"的过程中扮演了重要的角色。明末是所谓"资本主义萌芽"的时代。虽然我们很少听到书院或一般中国的思想家对经济理论提出什么深刻的见解，但是像徽州地方的书院，其实对商贸的发达至少有间接的贡献。

以上对书院的讨论，集中说明它对社会及一般文化活动的影响，但我也指出它如何成为中国知识人理想的象征。现在要讨论书院与科举这个重要的文官考选制度的密切关系。简单地说，书院的历史，其实也是一个不断受到政府官学教育的政策及目标所影响的历史。因此虽然书院的主持者一般都强调要延续朱熹办学的理想，而且历代也都有学者努力发扬光大，但是这样的理想无法胜过士人要通过教育准备参加科举的意愿，因此书院教育很早便受科举考试内容的左右，再加上政府也不轻易容忍对政府或政府认可的教育内容挑战,因此书院很早就受到政府的注意,并进而管束。首先是政府要管书院的人事,其次是政府拨钱或田产辅助书院的经费,进而是正式承认书院的学生也可以算是官学的"生员",让他们占地方考试(乡试)的员额,再就是禁毁书院。这样,书院教育所要维持的独立理想就一而再、再而三地被腐蚀掉了。这就是科举对书院的冲击。到了清初,书院已经是政府认可的教育体系的一环,只有很少的书院还能维持些微的独立性了。

中国书院教育的理想是"为己之学"或"自得"。"为己之学"这样的观念从孔子就已经开始,以后支配中国读书人的理想将近三千年。在南宋时,因为朱熹的提倡,它变成更为广泛的信念。"为己之学"的重要特点就是读书是为了自己的道德培养。虽然汉武帝时代"罢黜百家、独尊儒学",使得儒学变成了要出仕的唯一凭借,但是读书的理想仍然在培养一己品格的完美。一旦科举变成中国最重要的社会流动的管道之后,这样的理想就受到严苛的挑战。书院本来是维护"为己之学"的理想机构,它大批成立、成为中国教育的主流机构时,也正是朱熹提倡"为己之学"的同时;但也就是在这时,这理想开始受到科举的挑战。不过,终宋之世,读书人还是普遍地提倡读书的内在兴趣,这是不争的事实。许多士人谈到读书本身所会带来的生命的愉悦,从李清照的《〈金石录〉后序》或者陆游的许多诗中都可以看到。

明清之后,因为科举的冲击,书院所能发挥的功能已经大为削弱,要继续发扬"为己之学"的理想,只能藉由学者自己的反省。外在的压力或引诱愈大,对自我的反省和要求也就愈彻底。宋代人常常指出科举和道德的完善之间,两者的目标和理想常常发生矛盾。这种意识果然给"为己之学"带来定义上的变化。

读书人的自我反省到了明代末年有了重要的转折,这就是诸如"自得"、"自控"、"自讼"等等对自我的道德表现作出的严格要求,希望能把自己在道德上的"大丈夫"理想完全实现出来。明代人这种对完美自我的追求,可以说是对"为己之学"的全新阐释。这固然是由于明代社会经济的发展,使得读书而不仕官的知识人可以过着接近"中产阶级"的生活而更自由地参加更广泛的文化生产;从"琴棋书画"(这四个字联用是唐代张彦远开始的,但是合称它们为"四艺"则是明末的事)进而寻求更充实、更完美的生活境界，希望从所谓的"业余"性开展出一种兼具文化与道德向度的完美境界，从而把一己读书的乐趣转化成为度化众人的士大夫的满足感，而使得悠闲，甚至于逸乐的生活有它的正当性。所谓"为己之学"，因此变成实践儒家"以天下为己任"的道德理想。或许可以说，"为己之学"到了明末已经从它的个人义转成了社会义——书院从修身书院转变成讲学书院，甚至成为科举书院，这种历史发展潮流与"为己之学"定义上的转变相互配合。

"为己之学"的发展使得明末学者特别讲究道德的工夫，明显带有禅宗的影响，比较注重个己的修养。但是不管社会义的"为己之学"抑或个人义的"为己之学"，明末人的道德修持功夫总是带有强烈的自我要求，希望把道德的权威和个己的信仰合而为一，也因此带有非常强烈的权威主义色彩。用现代思想史上对自由这个词的诠释来看，追求理想的完美与追求道德上的彻底自由，正是一体的两面（从心所欲不逾矩）。可以说原本带有强烈个人义的"为己之学"，到了明代以后已经成为带有强烈的社会义的"为己之学"，巩固了明初朱元璋缔造的专制政府——个己道德上的自由是与社会国家的自由合为一体的。这种权威主义不仅严厉地要求读书人必须不断追求道德上的完美，也应该对社会负起相等的责任。明末许多读书人因此带有强烈的草根性质，必须向樵夫牧竖说道，实践人人皆可以为圣人的信仰。

严谨的个人道德感以及对天下国家的责任感糅合为一体，这就是近代中国民族的权威影响那么广泛的原因。如果说，明初的集权政治是与中国被蒙古人征服及统治有关的话，那么也可以说中国知识人对"为己之学"的了解，也是在这个时候正式开始发展它的社会义；个己读书的乐趣（自得）是与国家、社会的命运结合在一起的。近代中国读书人的"为己之学"因此而辩证地变成民族存亡命运的一部分了。

三、以儒家经学为中心的教育

传统教育大概都离不开学习一套文化或宗教的经典。西方（包括犹太教）、印度及伊斯兰的文化都是如此，中国也一样。在春秋时代之前，教育的内容不外是孔子所希望保存并流传给后代的"六艺"——礼、乐、射、御、书、数。这六样知识与技能到了孔子的时代都已经有文字的版本，而不只是通过口耳传习与背诵来传布而已，孔子加以编辑修订，并加上自己的著作，而成为所谓的"五经"——《诗》、《书》、《易》、《礼》、《春秋》。显然孔子认为这五本书应该可以总结古来中国受过教育者（绝大多是贵族）的教育内容，而它们承续的是"六艺"的精神。到了荀子，他就把这五本书称为"经"。

公元前2世纪中叶，汉武帝时，政府正式立了学官，传授这五种经书给高官或皇亲的男孩子们，这就是大家熟知的太学。由于它教的是官定课程，所以学五经的人很多；学的人多了，就产生各样不同的解释方法，各样的流派（家法）此起彼落，甚至有篡改或伪造经文的各种事情。但是经典著作通过国家颁布的法令，勉强维持相当程度的可靠性——版本以及注疏不致有太大的分歧，终汉代及魏晋南北朝之世，各家注释遂逐渐趋于统一，而到了唐代终于由政府颁布《五经正义》，总结历代流传最广的注释。这套书到了后代差不多变成定本，控制了中国教育的基本内容将近

700 年。到了元代以后，才渐渐被朱熹和他的学生们所编撰的批注替代。

在忽必烈在位统治中国时，采用朱熹和他的学生们对"五经"的注释为科举考试的标准教材。虽然儒家经典继续成为中国教育的中心，但是采用的只是朱熹一家的注疏。同时，朱熹订正的"四书"也变成了科举考试的内容，所用的注疏也是朱熹的《集注》。从此大部分中国人的正式教育无非就是学习这套经典及其注释，一般称为"四书五经"。另外，读书人也练习根据"四书"的经义和作文章的格式范例来写文章，后者就是所谓的"八股文"。从此以后，读书不外就是读这"四书五经"，写作则不外是写用"四书"句子为题目的八股文。

在唐朝和北宋时代，科举的内容还相对包括诗赋，读书人须有充分的文学训练。但是到了南宋，诗赋的写作逐渐不受重视，明中叶以后，科举考试的内容几乎不再包括诗赋。于是在幼学的阶段，学生们除了学识字、做对子、背诵启蒙书，像《三字经》《百家姓》《千字文》和《千家诗》之外，更进一步的诗赋训练就不再像从前那么重视，所以被当作文人的"业余"活动。事实上，从朱熹以后，蒙书也已经系统地受到儒家思想的影响和渗透，使得学习识字的幼童很早就受儒家经典的熏陶。从朱熹过世到废止科举，正好又是 700 年左右。

经典的内容不仅包罗了做人的基本原则和规范，也包含了宇宙自然的一些正确与不正确的知识，是文化发展及形成过程中各样经验的累积，而经过文明的创造者（中国人当然是孔子）提炼而成。所以各个重要的文明都有这一套经典，中国自然也不例外。在中国文明发展的过程中，儒家的学说也通过经典的研究、诠释和不断地再发明，左右了中国文化的发展和教育的实践。

儒家经典在中国人的世界观中所占有的地位值得注意，因为当今还存有经典传统的重要宗教或文明中，恐怕以中国的儒学与国家或政府的关系最为密切。这一点，学者的研究还很少，所以我不敢遽下断语。但是既然中国的儒家以现实的政治及社会秩序为它关心的第一要义，那么它和政府或社会组织之间必然有千丝万缕的关系，这一点应当没有疑问。因此中国的读书人与政府的爱恨关系，也就成为中国知识史或思想史的中心课题。这样的说法如果还正确的话，说维系儒家经典教育也仰赖政府力量的扶持就不是太错了。明清经典教育的特色，就是它变成了专制政府的统治利器。专制政府的形成、儒家经典变成权威政府的统治工具、权威人格的形成，这些都是元明以来的重要发展。中国教育的经典内容就此左右了中国社会的价值、规范乃至于民间宗教的发展以及它的礼仪。

不管如何，儒家经典的正统性及其对传统中国人世界观的全面影响，以至最后变成专制政权的统治工具、促成个人权威人格的形成，这样的发展不是其他文明所可以完全比拟的。政治力量借由统一的儒家经典来完成它的思想控制；儒家思想配合政治力量的利用，而演化成下面要提到的"儒家正统"，以致失去自我再生的力量或动机。这是中国教育史上一个不能引以为傲的特色。

四、庶民教育：
格言、戏剧、家训、善书、祀典及儒家正统

虽然《礼记·内则》已经片断地谈到儿童（大多指贵族）的启蒙教育，但是这里的规范在后代未必完全遵行，重要的是中国从春秋战国时已经注意到幼儿或幼童的教育。至于庶民的教育，可以说至少从汉高帝或他以前设立所谓的"三老"开始就已经意识到，统治一般老百姓除了要用武力、官兵的力量之外，最好也必须借用教化的方法。经书里记载的许多礼仪，主要是针对贵族，但是诸如乡饮酒、郊特牲、籍田等等的典礼，参与的人固然多是贵族，但是他们所要传达的意义也会偶然、间接地流布到民间。不过，既然传统的信念是"刑不上大夫，礼不下庶人"，所以严格地说，上古时，中国对所谓的庶民教育是不加重视的，也没有系统的做法。

但是到了汉代，情形改变了：二十四孝的故事开始出现，而古诗的兴起，其实也可以说是一种民间文学的展现，因此中国民间文化的传承或传播出现了它的雏形。事实上，《太平经》非常明确地反映了向平民大众传教的意识，虽然在那个时代，平民百姓大多不识字，所以它必须通过宗教的组织来散布其中的道理。《太平经》虽是道教的典籍，但是其中含有不少出自儒家的教诲。

当然，要严格地从贵族的价值观及其传承辨别出一些专属于庶民社会的"教育"内容，这是不可能的事，特别是因为中国文明很早就受到儒家及政治体制的影响，

文化具有比较明显的齐整性。所以至少从汉代到魏晋南北朝大分裂时代，中国的文明固然因为佛教的传入而得到了滋润，日渐丰富，但是系统地发展出一套能广泛在民间传播或传承的、不属于官学或书院的、有教育成果的机制或独特方式，还是要等到唐代才出现。大体地说，中国民间传布官定或正统价值的种种管道，主要是依赖家庭、宗族以及民间宗教的祀典仪式。不像中古以后的西方，中国的市场在传统价值的流布上，没有引人注意的贡献。另外，西方宗教体制远比中国要严谨，在正统价值观的维系和传承上面，扮演了非常重大的角色；两相比较，中国的民间，乃至于官定的儒家机制都没有可以比拟的影响力。所以中国发展出鲜明、有系统的民间教育内容相对比较迟。

不过，魏晋南北朝的时代，由于佛教的传入，民间的文化与价值有相当的改变，至少在传布的方法或手段上有许多的创新。从教育的观点来看，佛教的讲经就是很重要的例子。讲经开放给大众，因此老百姓受到很大的影响。它重视演讲的技巧，抑扬顿挫，有节有次，令人印象深刻，容易记得其中的内容。我认为这是中国历史上第一次讲究演讲及说话技巧的时代。这是传布庶民价值所造成的新手法。更重要的是佛教的盛行带来了"众生平等"这样的信念，也启动了多元宗教进行合一的初步努力。这两个发展都对庶民宗教产生了内容上的挑战，不过它也同时开始和主流价值之间进行交流。简单地说，庶民的文化开始与上层文化交流，而庶民文化的内容也渐渐朝向三教合一发展。

唐代以后，大传统和小传统之间的分野逐渐消失，而特别是从9世纪之后，魏晋南北朝的"门阀世族"彻底消失，科举也打开了平民上升为统治阶层的机会。因此许多传统被视为是只有贵族才能拥有的教育内容，也进入了一般人的知识宇宙。这个发展对所谓的庶民教育自然带来了重要的冲击，也间接促成了平民文学或歌谣、戏剧的发展。不到三个世纪，从传播的手段及方法上的改变，进一步演变成主流价值与庶民文化间的融合，这是中古中国社会的重要改变。到了南宋时，各式各样与大传统交融的庶民文化已经到处可见。这个文化常常与家庭或家族的组织齐头并进，并与11世纪成形的科举制度密切结合。中国的庶民文化于是在形式上及内容上发达成熟。《东京梦华录》、《梦粱录》或《武林旧事》所描绘的市民生活以及其中的各样文化活动，更远比我们艳称的《清明上河图》丰富，使我们第一次能想象庶民生活的兴盛与繁华。

元明以后，中国社会已经变成了一个阶级开放的社会，统治阶层与百姓之间的世界观和生活形式差异相对消失。例如家庙的建筑，《礼记》的规定只有天子及诸侯才可以，但是到了宋代，百姓也已经普遍设立各自家族的家庙，以致朱熹要认同这样的做法，对《礼记》的说法作了新的解释。过去流行在贵族生活中的家训格言，到了宋代已经开始在民间流行，明清以后更是如此。元代的《朱柏庐治家格言》以及其后流行的善书，都是民间传布中国文化基本信念的媒介。《太上感应篇》也是三教合一思想的代表产品，成了民间信仰的重要文献。虽然朱熹的学术及思想是官定的知识和学问，但是民间信仰却从三教并列乃至合一的角度对正统学术进行不断的新格义。

从庶民生活的价值观，我们进一步讨论中国民间生活知识及道德价值的传布方式。我必须指出家庭和宗族生活的重要性。这一点上面已经提到，现在做进一步的检讨。首先，应该指出家庭很早就是中国传统社会生活的核心单位，而家族或宗族的建构与活动，则至少到唐代为止都是由贵族或统治阶级所垄断。10世纪的五代以后，由于门阀社会解体，新的家族组织方式兴起，于是发展出新的特色：最重要的就是上面所说的庶民宗族组织开始模仿贵族宗族，也渐渐变成了家庭以上的社会结构的一环。从此，在老百姓的社会里，家庭或宗族也成为一个传播正统思想的重要机构。

传统的乡饮酒礼本来也只是贵族生活及传承其价值观的一个活动，但是从宋代以后，参加乡饮酒礼的人常常也包括一般的老百姓，因此乡饮酒礼所要宣示的道德信念也渐渐成了平民社会的信仰。明清的乡饮酒礼、祭祀孔子乃至于社会上普遍遵行的种种典礼，像乡约，或者民间宗教的各样祠祀等等，都是散布主流思想的重要途径。虽然就思想本身来说，这些聚会和仪式未必直接与家族的活动联系在一起，但是主流价值的内容却必然以家庭或宗族的稳定性为中心。于是主流思想自然通过这些仪式及典礼流布到地方的家族或宗族里，而完成其教化的功能。从乡饮酒一直到宋代以后的乡约，宗族组织以及他们的活动就是推动教化理想的机制。

另外，社学也是在明朝以后变成了地方教化、传布儒家意识形态的重要机构。虽然社学在清初达到高峰，以后就渐渐衰落，但是从传统中国社会的角度看，社学也是老百姓汲取主流价值的重要地方。

民间流传的价值当然有很多是老百姓自己从生活经验中发展出来的，未必一定都是从主流思想去吸收、转化。事实上，有很多的价值在民间被消化吸收之后，进一步加入新的元素，而以更为轻松的面貌出现。这种情形在戏曲最为常见，而地方演戏的方式又常常与地方社会的宗族组织相结合，把"民间化"了的价值传布给老百姓。中国民间戏曲从宋代开始有系统的发展，到了元代就有《录鬼簿》第一次登录各样的戏曲，今天，我们知道的就有超过四千多种的戏目，它们所叙述的道德教训、历史故事或爱恨情仇都大量反映了儒家的思想，而以更简单或娱乐的方式散布到民间。例如"孟母三迁"的故事，原出自汉代刘向的《列女传》，但是至少从宋代开始，就有三个以上的不同戏码在演出这个脍炙人口的故事。总之，民间演戏在传统中国是地方社会生活中非常重要的一环，而它与宗族的活动又非常紧密，因此可以说儒家的礼仪及思想常常通过流传民间的戏曲结合，来达到教化的目的。

相同的，许多原本是社会上读书人所流传的家训、格言一类的文字，到了宋代以后也逐渐变成了庶民生活的一部分。这当然和宋代以后识字率提高有关，但是道学家们重视平民教育也间接促成这个发展。上面已经提过家训的重要性，现在简单讨论格言，格言不外也是由大传统渗透小传统的代表性作品。从古以来已经有很多格言，但是到了明清之后，许多格言流传民间，能简单扼要地把儒家的道德观（或功利观——"积善之家有余庆"）传布给一般的百姓。许多格言反映了民间生活一定要带有功利的"报应"观念这一个事实。各样的民间格言在在显示出简易明了而现实功利的特色，《太上感应篇》说得很清楚："诸恶莫作，众善奉行，久久必获吉庆"，这是典型格言的形态和价值观，常常是庶民所能直接了解的价值。

许多格言被收录在所谓的"劝善书"里面。"劝善书"的流行也是在宋元之际以后，反映了宋代（特别是南宋）在庶民文化发展史上的重要地位。这些劝善书最多反映的不外就是简单化了的儒家伦理观念，一般我们所常谈到的"三纲五常"的观念从汉代董仲舒就已经开始，是二千年来中国最平民化的伦理教条。元明以后，以"三纲五常"为中心，加上诸如"天地君亲师"一类的信条，发展出许多新谚言或语句，以押韵、长短一致的句子，方便记诵，印成书册，到处流传。中国人从来就有的"善有善报、恶有恶报"的感应或报应观念，更促使很多人捐钱帮助印刷这些善书，成了世代沿袭的道德行为。

如上所说，善书所传布的观念主要是儒家的三纲五常，所以可以说是一种儒家的"正统"（Confucian Orthodoxy），但是它们包括的道德理念，其实很多还是从佛教或道教吸收过来的，所以用三教的交融来描述善书的内容也非常合适。儒家的"三纲五常"虽与佛教及道教的"五戒"、"十戒"等戒律不同，但是他们都借用善书而流传民间。显然地，善书在元代以后变成了十分重要的庶民伦理信念的来源。这种情形到今天仍然如此。当然，善书的流传与家族活动的关系比较间接，而主要是依靠佛寺、道观等民间宗教的活动空间，但是善书的流传及教化的效果绝对不亚于家训或宗族活动，它们都是庶民教养的重要形式和内容。

总之，大概从唐朝中叶以后，传统中国民间价值观逐渐成立。它与统治阶层的价值观有了正式的交流管道——变文故事、格言、家训、善书及戏剧等方式——通过诸如乡约、社学一类政府的机构或家族的组织而传布民间。传统中国民间价值观主要依赖这些管道把儒家的正统价值加以修改，使它在三教合一的素朴信念之下融合而形成。庶民教育的特色就是乡间宗族组织的重要性，差不多所有的民间宗教的活动以及平民教育的管道都围绕着宗族组织来进行，这是中国特有的情形。

五、个别施教；不分年龄班次的教育

传统中国教育另一个十分重要的特色，就是教学大致围绕着教师来发生。这一特色从孔子就已经开始，至书院的教学发展到高峰。差不多所有的书院都与伟大的教师脱离不了关系，其兴衰往往与教师本人的能力、学术与人格息息相关，与制度比较没有关联。

前文提到演讲的技巧，它与佛教僧侣对大众的讲经同步发达，但我必须指出传统中国教育并不以演讲作为重要的技巧。禅宗的传灯，有很多是以对话的方式来进行。宋代时，陆象山以擅长演讲著称，但是朱熹则重视面对面的个别谈话或对话，留下了很多的语录。由于禅宗和朱熹的影响，对话的学习方式从唐宋以后得到了充分的提倡，成为以后数百年主要的教学方式。

朱熹讲学以轮流对话（dialogue）或会话（conversation）为基本方式，而不像陆象山以演讲为主，重视"年甲，以序……以坐"。但不管如何，讲学并不严格按照年龄来分班，也不因年纪大小妨碍他们一同来听先生讲课。这样的教学方法有一个重要的特色：学生之间可以互相学习，特别是年纪小的可以从年纪大的学习，年长的学生简直是充当老师的助教。这种情形当然不是从朱熹才开始，汉代的经师讲学，也依就学的先后而有及门、入室之分，后进要向先进问学。但是这种不分年龄、只问就学先后而且大家混于一室上课的做法，与现代按年龄分班的作法不一样。依照年龄大小来决定该读什么书，这是元代以后才渐渐发达的。最著名的当然是程端礼的《读书分年日程》，但是在这之前，鲜少有这么细心而又系统的作品。

学生们不计较年龄合班读书，乃至生活在一起，这应当是传统社会很平常的事情。法国史家阿赫叶 Philippe AriBildung 教育也反映了这样的教育哲学。

我不认为中国的教育哲学与此相近或相似，但是中国教育的传统显然不重视知识的取得与年龄的高下的关系，而比较重视同学间相互问学、互相尊敬的群体生活，并由长幼之间的交融来完成角色的模仿。虽然这种教育哲学与科举考试的经典学习没有直接的关系，但它的发达的确是由批判科举考试的书院产生。因此如果中国传统的教育比较倾向群体上课、个别问答，那么书院这样的教育法也不免影响了官学，使得官学出身的学生一样具有群体生活的特质。德国战前的教育被批判是一种"满大人"（mandarin）式的教育，指的就是这种由群体生活而形成的教养一致性的哲学。韦伯（Max Weber）最早提到这一点，从以上的讨论来看，这种说法的确有它的道理。当然，韦伯主要是在探讨中国读书人的社会地位和这种由"官僚—地主—读书人"结合而成的"统治阶级"，如何帮助塑造了中国传统的专制政治，并妨碍现代资本主义的发展。这在上文已经略微提到。

"会话"式的教育方式当然适用于一些已经有知识基础的学生，不能说幼童刚要学识字就参加会话。中国古代启蒙教育多以背诵为方法，这是不争的事实，重要的是指出会话式的教学适用于要走上读书人道路的学生。参与对话或会话的大多是已经完成基本识字教育的青少年，会话比较不拘形式，而且都在私人精舍、书堂或书院来进行。如上所说，由于地方官学发展的经验趋向于被书院所取代，所以至少可以说传统中国的教学法主要就是利用不分年级、大家参与、以对话或会话的方式来进行，不强调讲话本身的格式，而重视对学问本身的体会。换句话说，我认为中国教学法与中国人特殊的表达方式或所重视的知识内容（特别是道德知识）没有关系。教学的方式在于让学者在一个群体、不分年纪的环境里得到个人化的启迪，然后经过同学们不断的相互切磋及讨论而收其成果。方式不重要，共同的认可和结论才重要。这与近代初期西方学者像笛卡儿或培根重视研究的逻辑、方法或形式的情形，的确有一定程度的不同。不管如何，群体的共识远过于只是取得知识的理论基础或方法。当然，对于什么是"知识"这个问题，中西之间有根本上的不同，这一点更是不用说了。

用小组、不分年龄、通过会话或对话的方式来教学，因应问题而施教，从而培养学生间的共同结论和密切的友谊，这是中国教育哲学的基本理念。虽然它和西方的教育哲学（特别是古希腊的教育或近代德国的 Bildung）不能相提并论，更不能比较两者优劣，但是有一点可以肯定的是：人类文明发展的过程中，由于受教育的人在传统社会都是少数，所以他们按照年龄、分班上课的现象都是比较少见；而同学之间也因为他们是社会上少数，往往生成一种比较接近的情谊，并因此在学术的发展上形成所谓的家法或学派；教学法因此也趋向于小组讨论、与教师对话或同学之间会话，以传承学术。大概这是中外皆然的事实。但是在西方，从 17 世纪以后，这种现象逐渐被打破，做学问的方法也渐渐与学术本身的内在逻辑或形式结合在一起。从教学法的观点言之，西方从此就进入了所谓的"发现儿童"的阶段，儿童依年龄分班、发展学术的分科：以理性及逻辑来规范学科的样貌，打破演绎法的牢笼。这些西方的发展其实不完全是革命性的，而是从中古以来慢慢积累而兴起。比诸中国，中国教育史的经验跟西方也并非完全不同，只是没有经历像西方十七八世纪的突飞猛进而已。

以上我从不计年龄的对话或会话，让学生产生水乳交融、具强烈向心力的感情，来描绘传统中国的教学方法，并拿它来与西方的教学法作异同的比较及分析，也许有夸大前者的地方。但是无论如何，中国教育的确比较不重视客观的分析，不注意学术的内在逻辑，也不重视知识的取得与年龄的相关性，而偏向于强调教育内容的道德启示，藉由同学与老师之间的共识，而形成所谓的"家法"以流传于世。这样的特质就带来下一个我要提出来讨论的特色：匿名的文字考试所带来的影响。

六、文字考试与论辩考试的差别

中国教育另外一个重要的特质就是不强调口头的考试，而多采用笔试。这个特质表现于科举制度里，最为清楚。因为强调公正或公平，而要采用糊名、誊抄等措施。再因为科举又是唯一具有社会流动的制度，没有任何其他制度或途径可以让一个人快速地在社会里上升，因此口试完全被排除。科举的笔试还要定下各种写作的规定或评分的标准，诸如答案的字数、作文对仗、分段的原则、评分的标准等等，以至于最后发展出八股文这样完全形式化的写作文体。虽然从叙述及论辩的角度上看，八股文字并无可以挑剔的地方，但是它对属于写作格式或与思考无关的字数、错字及对仗的规定，以及对避讳、题目来源乃至于用语或用喻的种种无理限制，都窒碍学子创意的发挥。所以虽然最近有许多替八股文辩护的说法，我个人还是认为它绝对不适合创意与文字表达的训练。

由于近千年来中国的科举都采用匿名考试，它对中国教育当然产生了很大的影响。最先提到这一点的应该说是前东京大学的中山茂。他注意到日本、韩国和中国的考试（日本实行科举的时间很短，中山指的是其后乃至近代的各种考试，例如大学入学考试）都采用匿名的笔试，避免让考官与考生见面。他认为这种考核学生学习成果的方法和西方重视辩论，特别是口头辩论的传统有很大的不同，因此也影响了东西知识（特别是科学知识）发展的方式。中山的说法受到中外学者的重视，值得提出来简单讨论并加以引申。

匿名考试禁止学生与考官的接触，强调的是个人与个人之间的公正性，带有强烈的平均主义（egalitarianism）的涵意。从整个社会的公平性来说，这样的设计其实并不能体现真正的平等（equality）。特别是在传统中国，由于社会把很多的资源给了科举出身的士人，并且相信读书（为应科举而读书）是社会唯一的出路，因此就造成排除发展其他才能或学术的情形。每种文明都有它们特别重视或发达的生活价值或职业才能，例如英国的戏剧、德国的音乐、犹太教的经典学术或者说美国早期的律师或牧师工作等等。但是传统中国把绝大的资源给了儒家经典的学者，这就造成了比其他文明更为明显的不公平。19世纪密尔（John S. Mill）谈到中国时，就指出中国社会资源分配非常不平均。他说中国政府（也就是统治阶层）就像一个很大的唧筒，把资源都吸收到政府去，而把剩下的再拿来分给百姓（国民）。传统中国的社会，在这种情形之下当然没有健全的私人领域，只能支持官方所立定的学术方针和教育价值。虽然中国的知识人追求的理想是积极参与并匡正政府的政策，但是参与和批判之间是有它的内在和外在的困难的，这是传统中国社会和教育的困境。

总之，科举虽然实行的是匿名考试，事实上它因此变成社会不能多元发展的帮凶。这些可以从罢黜百家独尊儒术、统一的考试内容和标准、只考进士一科以及八股文等各种政策或措施看得非常清楚，不必多说。

上面的讨论是由匿名考试所引发，本节的重心是要指出东西两种不同的考试传统对文化的影响。毫无疑问，东方（中、日、韩）都是重视文字的文化传统，而西方则是重视口头论辩的文化传统。这是大体而论，因为中国至少在魏晋南北朝的时代也讲究演说及辩论的技巧。西方讲究论辩固然从古希腊就已经非常明显，但在中古早期的教父时代，因为重视冥想（meditation）而有衰退的现象，因此两个文化传统的分野不是绝对的，而只是相对的。那么这两方面的相对差别又引致什么样的重要不同呢？我现在简单做一个梳理。

应该说西方发展演讲或雄辩术，像似重视以理服人，但这个理与中国人常讲的理有一个基本的不同。中国人一般讲到"理"这个字，大概都是指接近自然法的"天理"，而且重点多在它的道德意义——中国人相信有一个默默的、道德的"天"。这个至少从孔子已经开始，而朱熹对"天理"的阐释则加重了它的原始义。但是西方的辩论强调的是以逻辑作为思考的基础，早于自然法的观念；后者要到大希腊化时代才真正得到系统的发扬。不管如何，西方从早期就注意以逻辑和雄辩合而为一的教育。相对来说，强调逻辑的思维在中国没有受到重视。进一步说，虽然中国早已经有自然法的观念，但是正如李约瑟（Joseph Needham）所说，这个自然法和西方以定义自然的秩序为目的的逻辑思维有基本的不同。中国的自然法并不强调道德的秩序和自然的秩序必然是合一的，因此对缺乏道德意义的自然秩序不仅没有兴趣，甚至认为是怪力乱神，把它放在自然法的范围外面，对之"存而不论"，甚至认为不应该谈它。

因此中国尽管很早也有逻辑的讨论，但是它并没有成为教育的一部分，也没有与自然法思维发生什么明显的关系。相反，因为重视道德的自然法，中国学者较多关心"学以为己"的自我养成，而轻忽以理服人的辩论能力和逻辑思维方法。事实上，拿八股文的许多术语来和中古大学对口试所立的各样名称，可以看出中西对表达方式及论辩技术的用心的不同：八股文的一些术语有如起讲（这个讲指的是书写）、入手、起股、大比、束股、落下等等。中古考试的格式则包括（disputation）：sophomes, inceptions, determinations 及 qudragesimals，口试：priorums，或 postiroums，以及演讲：clerums, aula 等等；后者都是口试的各种不同形式。两者关心的不同，非常清楚。从重视口试的逻辑性与重视天理的道德性这样的原始差别，中西各自发展出他们所重视的教育法及其评量的细节。

上面我提到中国传统教育法重视不分年龄的、同学们与老师的答问、对话或会话，并强调结论常常是共识所产生。这里，我要加上一句：如果没有共识，那么结论就依赖老师的意见。任何读朱熹语录的人都可以看到这一点。观察中国的思想史，"天地君亲师"五字连用是宋代开始的，也就是说老师的权威到了宋代被推到与天地君亲一样高。唐代一本启蒙书（《杂钞》）说："一朝为师，当日为师。"这句话到了元杂剧（关汉卿《玉镜台》）就变成了"一日为师，终身为父"。可见老师的权威在宋元以后，变成了裁断是非最重要的试金石。从教育的观点言之，其地位的权威性几乎无与伦比。我在上面讨论有关教学法中的会话特质时，特别说明讨论及对话或会话的教学法主要是书院教学的理想，它的确是一个特色，但属于理想的层面远多过现实的实践，甚至于反而助长了教师的权威地位。

由此看来，东方文化中的权威式教育主要是来自对逻辑思考以及论辩训练的缺乏。它与传统中国（或东亚）多采取匿名考试有相当程度的关联。被长久称羡的科举考试，因为过分重视程序正义的公平原则，用宋代人毕仲游的说法，就是以小公而害了大公，最后造成了举子只知背诵四书五经、八股程文、标准的经典注疏而已，更恶劣的甚而欺瞒贿赂、暗通关节等等，不一而足；从知识的发展和道德的培养来说，脱离教育的理想太远。

七、权威人格的形成

最后，应该就所谓的"权威"主义或人格作一个粗略的讨论，从而结束上面对口语的论辩与匿名的考试的比较。毫无疑问，匿名考试及由此带来的避免论辩的教育，是传统中国教育的一大特色，因此带来权威主义的危险。这一点无法用推理来说明，而只能用历史事实来举证。

从元明以来，中国读书人逐渐遇上皇权扩张的趋势（元代已经明显出现，朱元璋更甚），于是对自己的角色和责任不免有更大的自觉。读书人或知识人在全部人口中所占的比例也逐渐下降，而他们的地位因此相对提高。他们自我反省的很大一部分，就是对自己道德修养的关心。元末以后，特别是明代中晚期，因为心学的影响，出现了在家族、乡约、社学或书院中设立奖惩簿，记录上课出勤或学业进退步的情形，以及行为过失或值得褒扬的事迹等。士人自己也开始用"功过格"、"圣功格"来自我反省，希望每天能通过反省来督促自己的道德生活。他们对自己的约束逐日严厉，因为要做天下的表率。"功过格"所代表的儒家读书人对自我的期许，后来被一般百姓广泛作为民间宗教对自己来生、转世的估算表，丧失道德的中心诉求。但是至少到清初，功过格仍然是读书人自省的量度工具。

上面提到的善书在民间社会中流传甚广，对受教育的人也是有用的工具，因为读书人多有参与撰著、编辑或出资印刷的，于是这些工作也成了他们追求道德提升的手段。到了清代，这些工作更为广泛，印制或编集各样善书或道德教诲书，刻印流传，从吕坤到陈宏谋，所在多有。同时，许多学者更因为坚持读书贵于自得，发展出"自控"的许多方式，明末的士人对社会和对自己的要求简直到了令人觉得要发狂的地步。至少可以这么说，明末读书人已经对道德生活的完善产生一种近乎宗教的狂热。我们今天所常常引述的"风声、雨声、读书声，声声入耳；家事、国事、天下事，事事关心"就是这个时代震撼人心的名言，它反映的就是对"大丈夫"责任感的深刻负担。

"大丈夫"一词在明末时常常被引用，与事事反求诸己的自我期许或认同的"自"几乎可以相比。读书人在评量自己的责任时，面对的是日益膨胀的皇权，但同时也就对自己的期许不断提高，认为自己应当行"大丈夫"的事。他对权威的服从，使他相信他也可以用权威的方式来要求百姓也跟他一样；而他自己愈觉得自己做得好，那么他也愈觉得要百姓也做得好的要求是合理的，而做起来也愈积极。我相信这样来描绘明末的士人，应该不算太错。

这样的人格特质在明末发展到了巅峰。对上的权威和对下的权威，都可以和现在通用的"威权"观念相比拟，所以我并不特别就这两个名词作分别。总之，17世纪中国的知识人普遍相信自己的道德人格与绝对的真理必须是合一的，这一点他们有信心可以达到。他们对自己的要求因此也是绝对的，几乎没有妥协的余地。他们绝对相信自己可以拥有真理，并且坚持它。这样的自信十分坚固，也很难动摇。本来中国读书人讲的是"为己之学"，是求"精神上的自得"，但是在客观的历史条件之下，这样潇洒的教育观却转化成权威主义的生活形态。

17世纪的心学思想与休谟（David Hume）以后的"道德感"（moral sense）哲学有相同的地方，而权威主义和阿多诺（T. W. Ardono）等人早期对"权威人格"的研究也多有可以互相发明的地方。我在这里就不再详述。总之，中国人的权威人格是从道德的自我期许与皇权的逐步扩张共同发展的，在他们生活的理念里，他们坚持对自得、自负、或"学以为己"的信心；而在生活的实践中，则表现在撰写自控、自诉文，以及在普及功过格、善书（乃至于造桥、铺路）一类的道德活动上面。这些活动都让读书人表现他们"大丈夫"的自信及对伦常的负担，其中对女性的歧视也十分彻底。这种权威式的生命价值，是与书院的讲学、遗民的悲恨以及对"满街皆圣人"的批判与反省的世界观同时出现的。这两样的生活信念与实践本来是对立的，但是他们就在历史辩证里统一起来。这就是中国的权威人格不能从思想本身推论出来的原因。历史并不按照逻辑、哲学或思想的内在一致性来发展，这就是它复杂吊诡的原因。今天，权威人格的教育仍然普遍存在于中国人的伦理观念里。因此它当然是中国教育史上的一个非常重要的特色。

八、结论

　　以上从七个方面来说明中国教育史的特色。前面三点,大致上都没有疑义,前人讲的也已经很多;后面的四点,因为牵涉了一些比较少人讲到的想法,例如权威人格、长幼情愫(柏拉图所说的 pederasty)或儒家正统,所以或许有它们的新鲜度,虽然它们都已经是很成熟的观念了。我认为这些特色都非常值得探讨,因为它们塑造了中国人的性格,影响了中国人对知识的定义,更左右了中国人如何看待生命的基本价值。当然,教育本身是一个所谓"再生"的过程,因此它本质上是保守的。孔子是伟大的教师,但是他自称是"述而不作",不外如此。就是在近代欧洲,论到教育时,很多思想家也都把教育课程或制度当作要改革的对象。密尔(J. S. Mill)说得好:"国家的一般教育只是一种手法,目的在于把所有人形塑成同一个样子。"所谓"同一个样子"无非就是对官定的意识形态或世界观的信仰。这当然是保守的。英国在密尔的时代,正是许多重要的教育改革的时代。

　　研究教育史因此有互为吊诡的(paradoxical)目的。首先,它的目的就是要了解一个文化选择保守、拒绝向前进步、缺乏自省的根本原因。社会的进步,或者能弹性因应外在的挑战而改变,这些都端赖教育。能快速因应而改变的教育制度,即使新的制度不一定就更"进步",至少社会比较能因此接受大家认同的改变,而不至于造成极端的对立、冲突甚至于革命。从这个角度来看，教育史的研究当然必须是批判性的。了解它原本就是保守性格的基本形式、哲学及课程的内容是教育史一个重要的目标。

然而，人类教育的基本性质虽然是保守的，它毕竟还是人类传承自己的生命观及宇宙观最可靠的途径。人类以教育的方式来把他们所相信的、最好的、最宝贵的信念和经验传递给下一代，它的保守性固然由此而生，但是一个影响深远而历史悠久的文明，它的教育内容和制度显然会包含了许多宝贵的遗产。研究教育史可以让我们知道，文化的"再生"也一定含有排斥不理性、极端或不合时宜的思想或价值的许多经验。一般教育史家（特别是中国的教育史家）重视的是这样的研究，而常常变成自己文化的化妆师。但是不管如何，影响深远而历史悠久的文化一定有许多值得我们深究的经验。我们研究的不外是从这些经验去描绘人类与自然、社会以及历史的、互为因果的互动过程。这些东西都能在学校的课程及制度的发展中看到，所以我们当然要研究教育史。

这两个目标好像看来矛盾，但其实是一种相生相成、似非而是的关系。我对传统中国教育史的研究不外是抱着这样的信念来进行。以上所提出的一些看法，因此是数十年思考、研究的成果，希望有心的读者一起与我行走这条充满兴奋的道路，欣赏沿途的柳暗花明，探索一路上的峻岭崖岸，来拓宽我们的视野，攀登更高的境界。

参考书目

缩　写

HJAS: *Harvard Journal of Asiatic Studies*.

JAS: *The Journal of Asian Studies*.

《四库全书》：《景印文渊阁四库全书》，台北：台湾商务印书馆，据台北故宫博物院藏本影印，1983。

《四部备要》：上海：中华书局，1920–1936。

《四部丛刊》：初编、续编、三编，上海：商务印书馆，1919–1936。

《丛书集成》：初编，上海：商务印书馆，1935–1937。

中日文著作（以汉字姓氏笔画为序）

丁传靖辑：《宋人轶事汇编》，北京：中华书局，1981。

三上次男：《金代政治・社会の研究》，东京：中央公论美术，1973。

于北山：《陆游年谱》，北京：中华书局，1961。

土田健次郎：《道統論再考》，载鎌田茂雄论集刊行会编：《中国の仏教と文化——鎌田茂雄博士還暦記念論集》（东京：大藏，1988），页613–630。

下见隆雄：《劉向「列女伝」より見る儒教社会と母性原理》，《広島大学文学部紀要》，第50号（1991），页1–21。

下见隆雄：《劉向「列女伝」の研究》，东京：东海大学出版会，1989。

大木康：《不平の中国文学史》，东京：筑摩书房，1996。

万绳楠：《魏晋南北朝文化史》，合肥：黄山书社，1989。

万斯同：《石经考》，《四库全书》。

小川环树、木田章义：《千字文》，东京：岩波书店，1997。

小岛佑马：《中国思想史》，东京：创文社，1968。

小林义广：《宋代吉州の欧阳氏一族について》，《東海大学紀要（文学部）》，第64辑（1995），页75–90。

山井涌：《明清思想史の研究》，东京：东京大学出版会，1980。

山田庆儿：《朱子の自然学》，东京：岩波书店，1978。

山崎纯一：《教育からみた中国女性史资料の研究》，东京：明治书院，1985。

马令：《马氏南唐书》，《四部丛刊》。

马忠林、王鸿钧：《数学教育史》，桂林：广西教育出版社，2001。

马秋帆主编：《魏晋南北朝教育论著选》，北京：人民教育出版社，1988。

马端临：《文献通考》，台北：新兴书局，1965，重印1936年商务印书馆万有文库十通本影印1890年浙江书局本。

马镛：《中国家庭教育史》，长沙：湖南教育出版社，1997。

王夫之：《宋论》，收于《读通鉴论》，台北：里仁书局，1985。

王元军：《从敦煌唐佛经写本谈有关唐代写经生及其书法艺术的几个问题》，《敦煌研究》，1995年第1期，页156–167。

王世贞：《弇山堂别集》，北京：中华书局，1985。

王令：《王令集》，上海：上海古籍出版社，1980。

王民信：《许衡》，载赵振绩等：《耶律楚材·许衡·方孝孺》（台北：台湾商务印书馆，1999），页45–99。

王仲荦：《魏晋南北朝史》，两册，上海：上海人民出版社，1979–1980。

王充：《论衡》，上海：上海人民出版社，1974。

王艮：《心斋王先生全集》，1961泰州王秉谦等重刊本。

王阳明（王守仁）著，吴光等编校：《王阳明全集》，上海：上海古籍出版社，1992。

王阳明（王守仁）：《王阳明传习录及大学问》，台北：黎明文化，1986。

王利器：《颜氏家训集解》，上海：上海古籍出版社，1980。

王应麟著，陈茂国等编校：《三字经》，长沙：岳麓书社，1986。

王国维：《汉魏博士考》，载氏著：《观堂集林》（台北：艺文印书馆，1956，重印1923年乌程蒋氏密韵楼本），4：43–55。

王明：《太平经合校》，北京：中华书局，1970。

王明：《抱朴子内篇校释》，北京：中华书局，1980。

王明：《道家和道教思想研究》，北京：中国社会科学出版社，1984。

王学初：《李清照集校注》，北京：人民文学出版社，1979。

王定保：《唐摭言》，上海：上海古籍出版社，1978。

王建秋：《宋代太学与太学生》，台北：台湾学术著作奖助出版委员会，1965。

王勃：《王子安集》，《四部丛刊》。

王钦若等编：《册府元龟》，香港：中华书局，1960。

王重民：《仓颉篇辑本述评》，《辅仁学志》，第4卷，第1期（1933），页1061–1076。

王重民：《跋太公家教》，载氏著：《敦煌遗书论文集》（北京：中华书局，1984），页134–138。

王禹偁：《诸朝贤寄题洪州义门胡氏华林书斋序》，载《全宋文》，第4册，页416–417。

王禹偁：《答郑褒书》，载曾枣庄、刘琳主编：《全宋文》，第4册，页355–357。

王俊彦：《王廷相与明代气学》，台北：秀威资讯，2005。

王恽：《秋涧集》，《四库全书》。

王昶：《金石萃编》，《石刻史料新编》系列，台北：新文丰出版，1977。

王素：《陆贽评传》，南京：南京大学出版社，2001。

王素美：《吴澄的理学思想与文学》，北京：人民出版社，2005。

王陵康：《英语世界的荀子研究》，《台湾政治大学哲学学报》，第11期（2003），页1–38。

王通：《文中子》，《四部备要》本。

王符著，汪继培笺，彭铎校注：《潜夫论》，北京：中华书局，1985。

王葆玹：《玄学通论》，台北：五南图书，1996。

王赓言、吴嵩梁编：《鹅湖书田志》，载赵所生、薛正兴主编：《中国历代书院志》（南京：江苏教育出版社，1995），第11册，重印1813年本。

王谠：《唐语林》，《四库全书》。

王粲：《儒吏论》，载严可均校辑：《全上古三代秦汉三国六朝文》，《全后汉文》，91：3b–4a（总页964)。

王溥：《唐会要》，上海：上海古籍出版社，1991。

王熙元：《王守仁》，载宋志明等：《陈献章·王守仁·李贽》，页97–191。

王頲点校：《庙学典礼》，杭州：浙江古籍出版社，1992。

王德毅：《李焘父子年谱》，台北：中国学术著作出版奖助委员会，1963。

天一阁博物馆、中国社会科学院历史研究所天圣令整理课题组校证：《天一阁藏明钞本天圣令校证》,北京:中华书局,2006。

天秀:《千字文综述》,北京:紫禁城出版社,1990。

夫马进:《中国善会善堂史研究》,京都:同朋社,1997。

元好问:《遗山集》,《四库全书》。

五十岚正一:《明代における儒学教官の考課について》,载清水博士追悼纪念明代史论丛编撰委员会编:《明代史論叢》(东京:大安,1962),页85–113。

不著撰人:《大元圣政国朝典章》,台北:文海出版社,1964。

中村元主编,余万居译:《中国佛教发展史》,第三卷,台北:天华出版,1984。

中村璋八、安居香山:《重修緯書集成》,六卷,东京:明德出版社,1971–1981。

中国历史文献研究会编:《中国古代史学家传记选注》,长沙:岳麓书社,1984。

中国史研究编辑部编:《中国古代史研究概述》,扬州:江苏古籍出版社,1987。

中国教育大系编纂委员会编纂:《中国教育大系·历代教育制度考》,两卷,武汉:湖北教育出版社,1994。

冈田武彦:《王陽明と明末の儒学》,东京:明德出版社,1970。

冈田武彦编:《陽明学の世界》,东京:明德出版社,1987。

毛礼锐、沈灌群主编:《中国教育通史(第二卷):秦汉至隋唐时期》,济南:山东教育出版社,1987。

毛礼锐、沈灌群主编:《中国教育通史(第三卷):宋元明清时期》,济南:山东教育出版社,1987。

毛德琦:《白鹿书院志》,收于白鹿洞书院古志整理委员会整理:《白鹿洞书院古志五种》。

方师铎:《明刻行书本〈碎金〉与敦煌唐写〈字宝碎金〉残卷之关系》,《东海学报》,第6卷,第1期(1964),页1–17。

方龄贵:《通制条格校注》,北京:中华书局,2001。

方豪:《北堂图书馆藏书志》,载氏著:《方豪六十自定稿》(台北:自印出版,1969),页1833–1847。

尹协理、魏明:《王通论》,北京:中国社会科学出版社,1984。

孔凡礼点校:《陆游集》,北京:中华书局,1976。

邓洪波:《中国书院史》,台北:台湾大学出版中心,2005。

邓洪波编:《中国书院学规》,长沙:湖南大学出版社,2000。

邓洪波编:《中国书院章程》,长沙:湖南大学出版社,2000。

邓谭州:《韩愈研究》,长沙:湖南教育出版社,1991。

本田精一：《宋元明代における児童算数教育》，《九州大学東洋史論集》，第22号（1994），页37–72。

石训等著：《北宋哲学史》，郑州：河南人民出版社，1987。

石光瑛校释，陈新整理：《新序校释》，北京：中华书局，2001。

石桥丑雄：《天坛》，东京：山本书店，1957。

石峻等编：《中国佛教思想资料选编（第二卷第一册）》，北京：中华书局，1981。

归崇敬：《辟雍议》，载董诰等编：《全唐文》，379：7b–10a。

叶梦得：《石林家训》，《说郛》本。

叶梦得：《避暑录话》，上海：商务印书馆，1922，重印《学津讨原》本。

叶隆礼：《契丹国志》，贾敬颜、林荣贵点校，上海：上海古籍出版社，1985。

叶德辉：《书林清话》，北京：中华书局，1957。

田浩（Hoyt Cleveland Tillman）：《朱熹的思维世界》，台北：允晨文化，1996；增订版，2008。

白居易：《白氏六帖事类集》，三十卷，吴兴张茝圃影印江安傅氏藏宋刻本，1933。

白鹿洞书院古志整理委员会整理：《白鹿洞书院古志五种》，北京：中华书局，1995。

令狐德棻：《周书》，北京：中华书局，点校本，1971。

冯可镛、叶意深辑：《慈湖先生年谱》，载杨简：《慈湖遗书》，1936年《四明丛书》本。

司马光：《书仪》，《四库全书》。

司马光：《训俭示康》，载《全宋文》，第28册，页563–565。

司马光：《并州学规后序》，载曾枣庄、刘琳主编：《全宋文》，第28册，页452–453。

司马光：《论风俗劄子》，载《全宋文》，第28册，页189–90。

司马光：《涑水家仪》，载张履祥：《杨园先生全集》，山东：尚志堂，1870；《说郛》本。

司马光：《家范》，《四库全书》；又载《中国历代家训丛书》，题为《温公家范》，天津：天津古籍出版社，1995。

司马光：《疑孟》，载《全宋文》，第28册，页533–540。

司马光编著：《资治通鉴》，胡三省音注，北京：中华书局，点校本，1956。

司马迁：《史记》，北京：中华书局，点校本，1959。

皮日休著，萧涤非点校：《皮子文薮》：上海：上海古籍出版社，1981。

皮锡瑞著，周予同注释：《经学历史》，北京：中华书局，1959。

寺田刚：《宋代教育史概说》，东京：博文社，1965。

吉川幸次郎：《宋诗概说》，郑清茂译，台北：联经出版，1977。

吉川忠夫：《六朝精神史研究》，东京：同朋社，1984。

吉藏：《大乘玄论》，收于《大正新修大藏经》，第45册，no. 1853。

毕沅：《续资治通鉴》，上海：上海古籍出版社，1987。

曲金良：《变文名实新编》，《敦煌研究》，第7期（1986），页48–56。

吕坤：《吕公实政录》，台北：文史哲出版社，1971，重印1797年本。

吕思勉：《读史札记》，上海：上海古籍出版社，1982。

吕祖谦：《少仪外传》，收于黄灵庚、吴战垒主编：《吕祖谦全集》（杭州：浙江古籍出版社，2008），第2册。

吕祖谦：《东莱集》，《四库全书》。

吕澂：《中国佛学源流略讲》，北京：中华书局，1979。

朱凤玉：《太公家教研究》，《汉学研究》，第4卷，第2期（1986），页389–408。

朱凤玉：《从传统语文教育论敦煌写本〈杂抄〉》，载台湾中正大学中国文学系所编：《全国敦煌学研讨会论文集》（嘉义：台湾中正大学中国文学系所，1995），页201–220。

朱凤玉：《敦煌写本〈碎金〉研究》，台北：文津出版社，1997。

朱文杰：《东林党史话》，上海：华东师范大学出版社，1989。

朱用纯：《朱子治家格言》，载陈宏谋编：《养正遗规》，收於《五种遗规》，杭州：浙江书局，1895。

朱汉民：《湖湘学派与岳麓书院》，北京：教育科学出版社，1991。

朱弁：《曲洧旧闻》，上海：古书流通处，1921，重印《知不足斋丛书》本。

朱希祖：《明季社党研究》，重庆：商务印书馆，1945。

朱荣贵：《学规与书院教育》，《中国书院》，第1期（1997），页122–131。

朱家源、王曾瑜：《宋朝的官户》，载邓广铭编：《宋史研究论文集》（上海：上海古籍出版社，1982），页1–32。

朱彬：《礼记训纂》，北京：中华书局，1996。

朱维铮编：《周予同经学史论著选集》，上海：上海古籍出版社，1983。

朱瑞熙：《宋元的时文：八股文的雏形》，《历史研究》，1990年第3期，页29–43。

朱瑞熙：《重新认识宋代的历史地位》，《河北学刊》，2006年第5期，页96–104。

朱熹：《资治通鉴纲目》，台北：台湾商务印书馆，1976。

伍振鷟：《中国大学教育发展史》，台北：三民书局，1982。

任继愈主编：《中国佛教史》，第二卷，北京：中国社会科学出版社，1988。

任继愈主编：《中国道教史》，上海：上海人民出版社，1990。

向达:《唐代俗讲考》,载氏著:《唐代长安与西域文明》(北京:生活·读书·新知三联书店,1957),页294–336。

向秀:《思旧赋》,载严可均辑校:《全上古三代秦汉三国六朝文》,《全晋文》,72: 5b–6a(总页1876)。

多贺秋五郎:《唐代教育史の研究》,东京:不昧堂,1953。

庄一拂:《古典戏曲存目汇考》,上海:上海古籍出版社,1982。

庄宏谊:《宋代道教正一派——以三十代天师张继先为主之研究》,《辅仁学志:法、管理学院之部》,第38期(2004),页79–110。

庄桂英、张忠智:《陆游家训论析》,《应用伦理教学与研究学刊》,第2卷,第1期(2007),页109–125。

刘因:《静修续集》,《四库全书》。

刘向:《戒子歆书》,载严可均校辑:《全上古三代秦汉三国六朝文》,《全汉文》,36: 11b–12a(总页330)。

刘向:《说苑》,台北:世界书局,1958,重印1547年本。

刘祁:《归潜志》,北京:中华书局,1983。

刘述先:《朱子哲学思想的发展与完成》,台北:台湾学生书局,1982。

刘宝楠:《论语正义》,北京:中华书局,1990。

刘宗周:《证人社会仪》,载氏著:《证人社约》,收于陈谷嘉、邓洪波主编:《中国书院史资料》,上册,页708–709。

刘珍等:《东观汉记校注》,吴树平校注,郑州:中州古籍出版社,1987。

刘昫等:《旧唐书》,北京:中华书局,点校本,1975。

刘虹:《中国选士制度史》,长沙:湖南教育出版社,1992。

刘俊文:《唐律疏议笺解》,北京:中华书局,1996。

刘海峰:《唐代教育与选举制度综论》,台北:文津出版社,1991。

刘祥光:《时文稿:科举时代的考生必读》,《近代中国史研究通讯》,第22期(1996),页49–68。

刘清之:《戒子通录》,《四库全书》。

刘锦藻:《清朝文献通考》,台北:新兴书局,1958,重印1935–1937年商务印书馆万有文库十通本;影印1890年浙江书局本。

池小芳:《中国古代小学教育研究》,上海:上海教育出版社,1998。

汤用彤:《汉魏两晋南北朝佛教史》,台北:台湾商务印书馆,1962,重印1936年本。

汤用彤：《隋唐佛教史稿》，北京：中华书局，1982。

汤志钧等：《西汉经学与政治》，上海：上海古籍出版社，1994。

宇野精一：《小学》，东京：明治书院，1965。

安居香山：《緯書の成立とその展開》，东京：国书刊行会，1979。

许有壬：《至正集》，《四库全书》。

许齐雄：《我朝真儒的定义：薛瑄从祀孔庙始末与明代思想史的几个侧面》，《中国文化研究所学报》，第47卷（2007），页93–114。

许齐雄：《国家政治目的和理学家教育理想在官学和科举的结合——以薛瑄思想为例》，《汉学研究》，第27卷，第1期（2009），页87–112。

许抗生：《魏晋思想史》，台北：桂冠图书，1992。

许怀林：《江州"义门"与陈氏家法》，载邓广铭、漆侠等主编：《宋史研究论文集》（石家庄：河北教育出版社，1989），页387–400。

许怀林：《江西史稿》，南昌：江西高校出版社，1993。

许倬云：《万古江河——中国历史文化的开展与转折》，台北：英文汉声，2006。

许慎：《说文解字》，上海：上海古籍出版社，1981，重印1815年段玉裁注本。

许衡：《鲁斋遗书》，《四库全书》。

那波利贞：《唐钞本雑抄考》，载氏著：《唐代社会文化史研究》（京都：创文社，1974重印），页197–268。

阮元编：《两浙金石志》，浙江书局版重刊本，1890。

阮芝生：《学案体裁源流初探》，载杜维运、黄进兴编：《中国史学史论文选集（一）》（台北：华世出版社，1976），页574–596。

阮志高：《江州陈氏东佳书堂研究》，南昌：江西教育学院，1989。

孙克宽：《元代道教之发展》，台中：东海大学，1968。

孙克宽：《宋元道教之发展》，台中：东海大学，1965。

孙克宽：《寒原道论》，台北：联经出版，1977。

孙诒让：《周礼正义》，北京：中华书局，1987。

孙诒让：《定本墨子闲诂》，台北：世界书局，1965，重印《四部备要》本。

孙培青、李国钧主编：《中国教育思想史》，三卷，上海：华东师范大学出版社，1995。

孙培青：《唐代考试初探》，《华东师范大学学报（教育科学版）》，1983年第2期，页14–24，重印于中国教育大系编纂委员会编纂：《中国教育大系·历代教育制度考》，页733–741。

孙培青：《中国教育史》，上海：华东师范大学出版社，1991。

孙培青主编：《隋唐五代教育论著选》，北京：人民教育出版社，1993。

孙静如：《元代张雨书法艺术与道教关系之研究》，台北：台湾大学艺术研究所硕士论文，2000。

牟宗三：《象山与朱子之争辩》，《民主评论》，第16卷，第8期（1965），页170–250。

牟宗三：《从陆象山到刘蕺山》，台北：台湾学生书局，1979。

牟润孙：《两宋春秋学之主流》，载氏著：《注史斋丛稿》（香港：新亚研究所，1959），页141–162。

纪昀等编纂：《四库全书总目》，台北：艺文印书馆，1957，重印武英殿本。

严可均：《铁桥漫稿》，台北：艺文印书馆，1971，重印《丛书集成》本。

严可均校辑：《全上古三代秦汉三国六朝文》，上海：中华书局，1958。

严耕望：《唐人习业山林寺院之风尚》，载氏著：《唐史研究论丛》（香港：新亚研究所，1969），页367–424。

严耕望：《中国历史地理》，第二卷，台北：中华文化出版事业委员会，1954。

苏轼：《天子六军之制》，载曾枣庄、刘琳主编：《全宋文》，第44册，页663–664。

苏轼：《东坡书传》，《丛书集成》。

苏颂：《苏魏公文集》，北京：中华书局，1988。

苏舜钦：《苏舜钦集》，上海：上海古籍出版社，1981。

苏舆：《春秋繁露义证》，北京：中华书局，1992。

苏辙：《周公》，载曾枣庄、刘琳主编：《全宋文》，第47册，页305–306。

杜石然：《中国古代科学家传记》，两卷，北京：科学出版社，1992。

杜佑：《通典》，王文锦点校，北京：中华书局，1988。

李才栋：《白鹿洞书院史略》，北京：教育科学出版社，1989。

李东阳等撰，申时行等重修：《大明会典》，台北：东南书报社，1964，重印1587年司礼监刊本。

李弘祺：《中国科举制度与家族结构的改变》，《科举学论丛》，2009年第2期，页2–9。

李弘祺：《中国科举制度的历史意义及解释——从艾尔曼对明清考试制度的研究说起》，《台大历史学报》，第32期（2003），页237–267。此文经缩减后，载氏编：《中国教育史英文著作评介》，页239–258。

李弘祺：《北宋历史思潮的新方向》，载北京大学中国古代史研究中心编：《邓广铭教授百年诞辰纪念论文集》（北京：中华书局，2008），页49–75。

李弘祺：《北宋国子监与太学的经费》，载氏著：《宋代教育散论》，页73–96。

李弘祺：《传统中国的历史教育——以宋代为中心》，《史学评论》，第11期（1986），页3–33。

李弘祺：《宋元书院与地方文化：吉州地区学统与民间宗教试析》，载杭州大学历史系编：《徐规教授从事教学科研工作五十周年纪念文集》（杭州：杭州大学，1995），页26–49。修订版：李弘祺：《宋元书院与地方文化：吉州地区书院、学术与民间宗教》，《湖南大学学报（社会科学版）》，第20卷，第6期（2007），页5–15。

李弘祺：《宋代地方学校职事考》，《史学评论》，第8期（1984），页223–241。

李弘祺：《宋代的举人》，载国际宋史研讨会秘书处编：《国际宋史研讨会论文集》（台北：中国文化大学史学研究所暨史学系，1988），页297–313。

李弘祺：《范仲淹与北宋的书院传统》，载台湾大学文学院编：《范仲淹一千年诞辰国际学术研讨会论文集》（台北：台湾大学，1990），页1399–1426。

李弘祺：《类比、分析与自然法的传统》，载李弘祺编《理性、学术和道德的知识传统》（台北：喜玛拉雅研究发展基金会，2003），页525–773。

李弘祺：《绛帐遗风——私人讲学的传统》，载林庆彰编：《浩瀚的学海》，收于刘岱编：《中国文化新论》（台北：联经出版，1981），页343–410。

李弘祺：《精舍与书院》，《汉学研究》，第10卷，第2期（1992），页307–332。

李弘祺：《漫谈一本伪托的西藏智慧书》，《二十一世纪》，第58期（2000.4），页80–82。

李弘祺：《宋代官学教育与科举》，台北：联经出版，1994。

李弘祺：《宋代教育散论》，台北：东昇出版，1980。

李弘祺编：《中国教育史英文著作评介》，台北：台湾大学出版中心，2005。

李弘祺编译：《西洋史学名著选读》，台北：时报文化，1982。

李有棠著，崔文印、孟默文校证：《辽史纪事本末》，北京：中华书局，1983。

李百药：《北齐书》，北京：中华书局，点校本，1972。

李廷机编：《鉴略妥注》，长沙：岳麓书社，1988。

李延寿：《北史》，北京：中华书局，点校本，1974。

李延寿：《南史》，北京：中华书局，点校本，1975。

李亦园、杨国枢：《中国人的性格》，台北：桂冠图书，1988。

李安校注：《童蒙止观校释》，北京：中华书局，1988。

李应昇：《白鹿书院志》，收于白鹿洞书院古志整理委员会整理：《白鹿洞书院古志五种》。

李林甫等著，陈仲夫点校：《唐六典》，北京：中华书局，1992。

李国钧等编：《中国书院史》，长沙：湖南教育出版社，1994。

李昉：《太平御览》，北京：中华书局，1960，重印1935–1936年（上海）商务印书馆影宋本。

李迪：《〈九章算术〉研究史纲》，载吴文俊主编：《刘徽研究》（台北：九章出版社，1993），页23–42。

李学勤：《大盂鼎新论》，《郑州大学学报（哲学社会科学版）》，1985年第3期，页51–64。

李俨：《上古中算史》，载氏著：《中算史论丛》，第五集（北京：科学出版社，1955），页1–14。

李俨：《唐宋元明数学教育制度》，载氏著：《中算史论丛》，第四集（北京：科学出版社，1955），页238–280。

李焘：《续资治通鉴长编》，台北：世界书局，1965，重印1881年浙江书局本。

李梦阳：《白鹿洞书院新志》，收于白鹿洞书院古志整理委员会整理：《白鹿洞书院古志五种》。

李绰编：《尚书故实》，北京：中华书局，1985。

李富华：《〈开宝藏〉研究》，《普门学报》，第13卷（2003），页1–16。

李觏：《常语》，载《李觏集》，32–34：364–377；附录1：512–519。

李觏著，王国轩校点：《李觏集》，北京：中华书局，1981。

李肇：《唐国史补》，北京：中华书局，1979。

李翰著，徐子光补注：《蒙求集注》，北京：中华书局，1985。

杨万里：《诚斋集》，《四库全书》。

杨吉仁：《三国两晋学校教育与选士制度》，台北：正中书局，1968。

杨伯峻：《列子集释》，北京：中华书局，1979。

杨若薇：《辽朝科举制度的几个问题》，《史学月刊》，1989年第2期，页33–38。

杨枋：《字溪集》，《四库全书》。

杨学蔚等：《中国考试制度史资料选编》，合肥：黄山书社，1992。

杨荫浏：《中国古代音乐史稿》，北京：人民音乐出版社，1981。

杨宽：《我国古代大学的特点及其起源》，载氏著：《古史新探》（北京：中华书局，1965），页197–217。

杨鸿年：《汉魏制度丛考》，武汉：武汉大学出版社，1985。

杨慎初等著：《岳麓书院史略》，长沙：岳麓书社，1986。

束晳：《读书赋》，载严可均校辑：《全上古三代秦汉三国六朝文》，《全晋文》，87：1b

（总页1962）。

来锡蕃、章伟编：《鳌峰书院纪略》，1838年本。

肖（萧）黎：《中国历史学四十年》，北京：书目文献出版社，1989。

吴与弼：《康斋集》，《四库全书》。

吴廷翰：《吴廷翰集》，北京：中华书局，1984。

吴宗国：《唐代科举制度研究》，沈阳：辽宁大学出版社，1997。

吴相湘编：《明朝开国文献》，2卷，台北：台湾学生书局，1966。

吴宣德：《江右王学与明中后期江西教育发展》，南昌：江西教育出版社，1996。

吴兢：《贞观政要》，上海：上海古籍出版社，1978。

吴智和：《明代的儒学教官》，台北：台湾学生书局，1991。

吴澄：《吴文正集》，《四库全书》。

邱云霄：《山中集》，《四库全书》。

邱汉生、熊承涤主编：《南宋教育论著选》，北京：人民教育出版社，1992。

何心隐：《何心隐集》，北京：中华书局，1981。

何佑森：《元代学术之地理分布》，《新亚学报》，第2卷（1956），页361–408。

何佑森：《两宋学风之地理分布》，《新亚学报》，第1卷（1955），页331–379。

佐竹靖彦：《唐宋变革期における江南東西路の土地所有と土地政策——義門の成長を手がかりに》，《東洋史研究》，第31卷（1973），页503–536。又收入氏著：《唐宋变革の地域的研究》（京都：同朋社，1990），页311–359。

佐伯富：《宋代の皇城司について》，载氏著：《中國史研究》，第一卷（京都：东洋史研究会，1969），页1–42。

佐野公治：《四書学史の研究》，东京：創文社，1988。

佐藤达玄：《中国仏教における戒律の研究》，东京：木耳社，1986。

伯希和（Paul Pelliot）著，冯承钧译：《千字文考》，《图书馆学季刊》，第6卷，第1期（1932），页67–86。

近藤一成：《宋代中國科擧社會の研究》，东京：汲古书店，2009。

近藤良一：《百丈清規の成立とその原型》，《北海道駒沢大学研究紀要》，第3号（1968），页19–48。

余书麟：《两汉私学研究》，《师大学报》，第11期上（1966），页109–147。

余华青：《中国宦官制度史》，上海：上海人民出版社，1993。

余英时：《反智论与中国政治传统》，载氏著：《历史与思想》（台北：联经出版，1976），页1–46。

余英时：《从宋明儒学的发展论清代思想史》，载氏著：《历史与思想》，页87–119。

余英时：《谈"天地君亲师"的起源》，载沈志佳编：《余英时文集（第二卷）：中国思想传统及其现代变迁》（桂林：广西师范大学出版社，2004），页71–74。

余英时：《中国近世宗教伦理与商人精神》，台北：联经出版，1987。另载氏著：《中国思想传统的现代诠释》（台北：联经出版，1987），页259–404。

余英时：《中国知识阶层史论（古代篇）》，台北：联经出版，1980。

余秉颐、李季林编：《孝道金言》，合肥：安徽人民出版社，2009。

余嘉锡：《世说新语笺疏》，北京：中华书局，1983。

余嘉锡：《目录学发微》，香港：中华书局，1975。

岛田虔次：《中国における近代思惟の挫折》，东京：筑摩书房，1949。

汪泛舟：《太公家教考》，《敦煌研究》，1986年第1期，页48–55。

汪荣宝：《法言义疏》，北京：中华书局，1987。

沅窗（冯漱兰）：《草窗年谱》，《北大国学季刊》，第1卷（1926），页259–261。

沟口雄三：《中国前近代思想の屈折と展开》，东京：东京大学东洋史研究会，1980。

沈约：《宋书》，北京：中华书局，点校本，1974。

宋志明：《陈献章》，载宋志明等：《陈献章・王守仁・李贽》，收于王寿南主编：《中国历代思想家》（台北：台湾商务印书馆，1999，修订版），页1–92。

宋新民：《敦煌写本开蒙要训绪录》，《敦煌学》，第15期（1989），页165–177。

宋濂等：《元史》，北京：中华书局，点校本，1976。

启功：《说八股》，《北京师范大学学报（社会科学版）》，1991年第3期，页41–63。

张文杰：《琅琊颜氏与〈颜氏家训〉》，中兴大学网页：http://web.nchu.edu.tw/~denwu/readbook/read4.htm。

张心澂：《伪书通考》，上海：商务印书馆，1954，重印1939年本。

张礼：《游城南记》，台北：艺文印书馆，1965，原刻景印百部丛书集成，宝颜堂秘笈据明万历中绣水沈氏尚白原斋刻本影印。

张邦炜：《婚姻与社会——宋代》，成都：四川人民出版社，1989。

张光宾：《元玄儒张雨生平及书法》，载台北故宫博物院编辑委员会编辑：《1912-1992年中国艺术文物讨论会论文集・书画》（台北：台北故宫博物院，1992），页239–278。

张廷玉：《澄怀园全集》，台北：新文丰出版，1988，重印《丛书集成》本。

张廷玉等：《明史》，北京：中华书局，点校本，1974。

张志公：《传统语文教育初探》，上海：上海教育出版社，1962。

张志公：《传统语文教育教材论——暨蒙学书目和书影》，上海：上海教育出版社，1992。

张严：《孝经通史》，台北：台湾商务印书馆，1970。

张秀民：《中国印刷史》，上海：上海人民出版社，1989。

张伯行：《小学集解》，台北：世界书局，1962，重印《丛书集成》本。

张英：《聪训斋语》，台北：新文丰出版，1984，重印《丛书集成》本。

张鸣歧主编：《辽金元教育论著选》，北京：人民教育出版社，1991。

张秉南辑注：《稷下钩沉》，上海：上海古籍出版社，1991。

张金光：《论秦汉的学吏制度》，《文史哲》，1984年第1期，页161–165。重印于中国教育大系编纂委员会编纂：《中国教育大系·历代教育制度考》，页310–316。

张养浩：《归田类稿》，《四库全书》。

张勇：《柳宗元儒佛道三教观研究》，合肥：黄山书社，2010。

张敬：《列女传今注今译》，台北：台湾商务印书馆，1994。

张富祥：《齐鲁文化综论》，《文史哲》，1988年第4期，页3–11。

张瑞璠主编：《中国教育史研究·先秦分卷》，上海：华东师范大学出版社，1991。

张德昌：《清季一个京官的生活》，香港：中文大学出版社，1970。

张履祥：《杨园先生全集》，南京：江苏书局，1872。

陆九渊：《陆九渊集》，北京：中华书局，1980。

陆侃如、冯沅君：《中国诗史》，三册，北京：作家出版社，1956。

陆游：《放翁家训》，《丛书集成》。

陆游：《剑南诗稿》，载《陆放翁全集》，《四部备要》。

阿部肇一著，关世谦译：《中国禅宗史》，台北：东大图书，1988。

陈元龙：《格致镜原》，台北：新兴书局，1971，重印1735年本。

陈元朋：《两宋的医事制度及其社会功能》，《史原》，第20期（1997），页263–316。

陈长琦：《魏晋南北朝的资品与官品》，《历史研究》，1990年第6期，页39–50。

陈文蔚：《克斋集》，《四库全书》。

陈正夫、何植靖：《许衡评传》，南京：南京大学出版社，1995。

陈左高：《中国日记史略》，上海：上海翻译，1990。

陈东：《少阳集》，《四库全书》。

陈东原：《中国妇女生活史》，台北：台湾商务印书馆，1965，重印1928年本。

陈东原：《中国教育史》，上海：商务印书馆，1936。

陈立：《白虎通疏证》，北京：中华书局，1994。

陈汉才：《中国古代幼儿教育史》，广州：广东高等教育出版社，1996。

陈邦瞻：《元史纪事本末》，上海：上海古籍出版社，1994，重印光绪年间广雅书局本。

陈乔楚：《人物志今注今译》，台北：台湾商务印书馆，1996。

陈寿：《三国志》，北京：中华书局，点校本，1959。

陈来：《有无之境：王阳明哲学的精神》，北京：人民出版社，1991；北京：生活·读书·新知三联书店，2009。

陈来：《朱子书信编年考证》，上海：上海人民出版社，1989。

陈谷嘉、邓洪波主编：《中国书院史资料》，三册，杭州：浙江教育出版社，1998。

陈谷嘉、邓洪波主编：《中国书院制度研究》，杭州：浙江教育出版社，1997。

陈奂：《诗毛氏传疏》，台北：台湾学生书局，1981。

陈沂辑：《宋太学生陈东尽忠录》，1879年闽中陈氏钞本。

陈述：《辽代教育史论证》，载氏编：《辽金史论集》（上海：上海古籍出版社，1987），页140–158。

陈述辑校：《全辽文》，北京：中华书局，1982。

陈奇猷校注：《韩非子集释》，北京：中华书局，1958。

陈奇猷校释：《吕氏春秋校释》，上海：学林出版社，1984。

陈宝良：《中国的社与会》，杭州：浙江人民出版社，1996。

陈垣：《南宋初河北新道教考》，北京：中华书局，1962。

陈垣编：《道家金石略》，陈智超、曾庆瑛校补，北京：文物出版社，1988。

陈荣捷：《三字文》，载氏著：《朱子新探索》，页413–420。

陈荣捷：《小学》，载氏著：《朱子新探索》，页413–420。

陈荣捷：《朱陆鹅湖之会补述》，载氏著：《朱学论集》（台北：台湾学生书局，1982），页233–249。

陈荣捷：《沧洲精舍辨》，载氏著：《朱子新探索》，页472–477。

陈荣捷：《鹅湖之会》，载氏著：《朱子新探索》，页564–567。

陈荣捷：《新道统》，载氏著：《朱子新探索》，页429–435。

陈荣捷：《王阳明与禅》，台北：台湾学生书局，1984。

陈荣捷：《王阳明传习录详注集评》，台北：台湾学生书局，1983。

陈荣捷：《朱子新探索》，台北：台湾学生书局，1988。

陈桥驿：《郦道元评传》，南京：南京大学出版社，1994。

陈桥驿校证《水经注校证》，北京：中华书局，2007。

陈铁凡：《孝经学源流》，台北：台湾编译馆，1986。

陈梦雷纂辑：《古今图书集成》，上海：中华书局，1934。

陈淳：《示学者文》，载黄宗羲著，全祖望补修：《宋元学案》，68：2223–2224。

陈寅恪：《天师道与滨海地域之关系》，载中研院历史语言研究所编：《陈寅恪先生论集》（台北：中研院历史语言研究所，1971），页271–298。

陈寅恪：《柳如是别传》，三册，上海：上海古籍出版社，1980。

陈登原：《天一阁藏书考》，南京：金陵大学中国文化研究所，1932。

陈登原：《古今典籍聚散考》，上海：商务印书馆，1933。

陈献章：《白沙子全集》，江门：江门市博物馆据乾隆本抄印，1986。

陈慈玉：《多能巧思——手工业的发展》，载刘石吉编：《民生的开拓》，收于刘岱编：《中国文化新论》（台北：联经，1982），页185–235。

陈磐：《春秋时代的教育》，《中研院历史语言研究所集刊》，第45本第4分（1972），页731–812。

陈遵妫：《中国天文学史》，第一册，上海：上海人民出版社，1980。

范仲淹：《窦谏议录》，载曾枣庄、刘琳主编：《全宋文》，第10册，页7–8。

范仲淹：《范文正公尺牍》，《四部丛刊》。

范晔：《后汉书》，北京：中华书局，点校本，1962。

林庆彰：《〈五经大全〉之修纂及其相关问题探究》，《中国文哲研究集刊》，创刊号（1991），页361–383。

林丽月：《东林运动与晚明经济》，载淡江大学中文系编：《晚明思潮与社会变动》（台北：弘化文化，1987），页561–594。

林丽月：《明初的察举》，载中国社会科学院历史研究所明史研究室编：《明史研究论丛》（南京：江苏古籍出版社，1991）。

林明波：《唐以前小学书之分类与考证》，台北：东吴大学中国学术著作奖助委员会，1975。

林宗义：《文化与行为：古今华人的正常与不正常行为》，香港：中文大学出版社，1990。

林剑鸣：《秦汉史》，上海：上海人民出版社，1989。

林继平：《明学探微》，台北：台湾商务印书馆，1984。

林韵柔：《〈游城南记〉所见唐宋之际京兆地区之变迁（相关史料）》，见http://www.ihp.sinica.edu.tw/~tangsong/papers/lin94072502.pdf，页1–15。

松丸道雄等编：《中国史》，第三卷，东京：山川出版社，1997。

杭世骏：《石经考异》，《四库全书》。

欧阳询：《艺文类聚》，汪绍楹校订，上海：上海古籍出版社，1982。

欧阳修、宋祁：《新唐书》，北京：中华书局，点校本，1975。

欧阳修：《与张秀才书》，载《全宋文》，第17册，页65–66。

欧阳修：《吉州兴学记》，载曾枣庄、刘琳主编：《全宋文》，第18册，页108。

欧阳修：《问进士策一》，载《全宋文》，第18册，页34–35。

欧阳修：《易童子问》，载《全宋文》，第18册，页59–76。

欧阳修：《祭学生文》，载《全宋文》，第15册，页426。

欧阳修：《答祖择之书》，载《全宋文》，第17册，页95–96。

罗大经：《鹤林玉露》，北京：中华书局，1983。

罗义俊：《论汉代博士家法——兼论两汉经学运动》，《史林》，1990年第3期，页6–12。

罗龙治：《进士科与唐代文学社会》，台北：台湾大学，1971。

罗宏曾：《魏晋南北朝文化史》，成都：四川人民出版社，1989。

罗洪先：《罗洪先集》，《四库全书》。

牧野修二：《元代生员の学校生活》，《愛媛大学法文学部論集·文学科編》，第13号（1980），页1–23。

牧野修二：《元代廟学書院の規模について》，《愛媛大学法文学部論集·文学科編》，第12号（1979），页29–55。

季啸风：《中国书院辞典》，杭州：浙江教育出版社，1996。

金子修一：《中国古代における皇帝祭祀の一考察》，《史学雑誌》，第87編第2号（1978），页174–202。

金开诚、王岳川编：《中国书法文化大观》，北京：北京大学出版社，1995。

金文达：《中国古代音乐史》，北京：人民音乐出版社，1994。

金毓黻：《中国史学史》，北京：中华书局，1962。

金耀基：《人际关系中人情之分析》，载中研院编：《中研院国际汉学会议论文集》（台北：中研院，1981），页413–428。

周凤五：《太公家教初探》，《汉学研究》，第4卷，第2期（1986），页355–377。

周予同：《经今古文学》，载朱维铮编：《周予同经学史论著选集》，页1–39。

周法高：《颜氏家训汇注》，台北：中研院历史语言研究所，1960。

周学熙辑：《周氏师古堂所编书》，周氏师古堂，1935–1939。

周绍良、白化文编：《敦煌变文论文录》，两册，上海：上海古籍出版社，1982。

周密：《齐东野语》，北京：中华书局，1983。

周密：《癸辛杂识》，《四库全书》。

周道振辑校：《文徵明集》，上海：上海古籍出版社，1987。

周愚文：《司马光的家训内涵及其对宋代家族教育的影响》，《师大学报：教育类》，第50卷，第2期（2005），页1–12。

周愚文：《中国教育史纲》，台北：正中书局，2001。

周愚文：《宋代儿童的生活与教育》，台北：师大学苑，1996。

周愚文：《宋代的州县学》，台北：台湾编译馆，1996。

郑之侨编：《鹅湖讲学会编》，收于赵所生、薛正兴主编：《中国历代书院志》（南京：江苏教育出版社，1995），第11册，重印1744年本。

郑太和：《郑氏规范》，《丛书集成》。

郑太和：《郑氏规范》，上海：涵芬楼，1920，重印《学海类编》本。

郑廷鹄：《白鹿洞志》，收于白鹿洞书院古志整理委员会整理：《白鹿洞书院古志五种》。

郑志明：《中国善书与宗教》，台北：台湾学生书局，1988。

郑阿财、朱凤玉：《敦煌蒙书研究》，兰州：甘肃教育出版社，2002。

郑思肖：《太极祭炼内法》，收于《正统道藏》，台北：艺文印书馆，1964。

郑钦仁：《九品官人法——六朝的选举制度》，载氏编：《立国的宏规》，收于刘岱编：《中国文化新论》（台北：联经出版，1982），页215–256。

郑振铎：《中国俗文学史》，台北：台湾商务印书馆，1981。

郑晓霞、林佳郁编：《列女传汇编》，北京：中国国家图书馆，2007。

房玄龄等：《晋书》，北京：中华书局，点校本，1974。

屈守元笺疏：《韩诗外传笺疏》，成都：巴蜀书社，1996。

孟宪承等编：《中国古代教育史资料》，北京：人民教育出版社，1961。

赵与时：《宾退录》，上海：上海古籍出版社，1983。

赵东晖：《金代科举制度研究》，载中国辽金史学会编：《辽金史论集（第四辑）》（北京：书目文献出版社，1989），页212–235，重印于中国教育大系编纂委员会编纂：《中国教育大系·历代教育制度考》，页1043–1052。

赵吕甫：《史通新校注》，重庆：重庆出版社，1990。

赵振绩：《耶律楚材》，载赵振绩等：《耶律楚材·许衡·方孝孺》，页1–44。

赵振绩等：《耶律楚材·许衡·方孝孺》，收于王寿南主编：《中国历代思想家》，台北：台湾商务印书馆，1999，修订版。

赵跟喜：《敦煌唐宋时期的女子教育初探》，《敦煌研究》，2006年第2期，页91–96。

赵翼：《廿二史劄记》，台北：世界书局，1958。

荀悦：《申鉴》，北京：中华书局，1985。

荒木见悟：《明代思想研究——明代における儒教と仏教の交流》，东京：创文社，1972。

胡小伟：《三教论衡与唐代俗讲》，载白化文等编：《周绍良先生欣开九秩庆寿文集》（北京：中华书局，1997），页405–422。

胡发贵：《罗钦顺评传》，南京：南京大学出版社，2001。

胡如雷：《中国封建社会制度形态研究》，北京：生活·读书·新知三联书店，1979。

胡宏：《胡宏集》，北京：中华书局，1987。

胡金平：《论两晋时期的官学教育制度》，载中国教育大系编纂委员会编纂：《中国教育大系·历代教育制度考》，页442–451。

胡厚宣：《战后京津新获甲骨集》，北京：群联出版社，1954。

胡美琦：《中国教育史》，台北：三民书局，1978。

胡家聪：《稷下学宫史钩沉》，《文史哲》，1981年第4期，页25–33。

胡道静：《中国古代的类书》，北京：中华书局，1982。

柯劭忞：《新元史》，上海：上海古籍出版社，1989重印。

柳田节子：《宋元郷村制の研究》，东京：创文社，1986。

柳町达也：《蒙求》，东京：明德出版社，1967。

柳诒徵：《南朝太学考》，《史学杂志》，第1卷，第5/6期（1929）。

柳玭：《戒子孙》，载董诰等编：《全唐文》，816：8a–10b。

柳玭：《家训》，载董诰等编：《全唐文》，816：10b–12b。

柳宗元：《柳宗元集》，北京：中华书局，1979。

柳春藩：《秦汉封国食邑赐爵制》，沈阳：辽宁人民出版社，1984。

侯外庐主编：《中国思想通史》，第一卷，北京：人民出版社，1956。

侯外庐主编：《中国思想通史》，第四卷，北京：人民出版社，1960。

侯外庐等主编：《宋明理学史》，两卷，北京：人民出版社，1984。

饶宗颐：《三教论及其海外移殖》，载氏著：《选堂集林·史林》（香港：中华书局，1982），下册，页1207–1249。

饶宗颐：《中国史学上之正统论》，香港：龙门书店，1977。

洪迈：《夷坚志》，北京：中华书局，1981。

宫川尚志：《六朝史研究（政治·社会篇）》，东京：日本革命振兴会，1956。

宫本胜、三桥正信编：《列女伝索引》，东京：东丰书店，1981。

宫崎市定：《九品官人法の研究：科举前史》，东京：中央公论新社，1997。

姚从吾：《从阿兰娘娘折箭训子说到诃额仑太后的训戒成吉思汗——〈元朝秘史〉中蒙古掌故的研究之一》，《大陆杂志》，第22卷，第1期（1961），页1–4；又载氏著：《姚从吾先生全集》（台北：正中书局，1981），第5集，页305–315。

姚名达：《中国目录学史》，台北：台湾商务印书馆，1957，重印1938年本。

姚思廉：《陈书》，北京：中华书局，点校本，1972。

姚思廉：《梁书》，北京：中华书局，点校本，1973。

骆祖英：《明代数学及其评价》，《自然科学史研究》，第17卷，第4期（1998），页330–337。

秦家懿：《王陽明の「四句教」の善悪思想》，载冈田武彦编：《陽明学の世界》，页107–117。

秦家懿：《王阳明》，台北：东大图书，1987。

班固：《汉书》，北京：中华书局，点校本，1962。

袁征：《宋代教育——中国古代教育的历史性转折》，广州：广东高等教育出版社，1991。

袁桷：《清容居士集》，《四库全书》。

真德秀：《劝学文》，载氏著：《西山文集》，40：3a–5a。

真德秀：《真西山教子斋规》，载陈宏谋编：《养正遗规》，收于《五种遗规》，杭州：浙江书局，1895。

真德秀：《西山文集》，《四库全书》。

桓谭：《新论》，《丛书集成》。

栗原圭介：《〈礼〉構造に見る月令的思考形態——中国古代後期における思想形成の一環として》，《集刊東洋学》，第57号（1987），页1–18。

贾志扬（John W. Chaffee）：《宋代科举》，台北：东大图书，1995。

夏长朴：《王安石思想与孟子的关系》，台北：大安出版社，1989。

夏初、惠玲编：《蒙学十篇》，北京：北京师范大学出版社，1990。

砺波护、武田幸男：《隋唐帝国と古代朝鮮》，收于桦山紘一等编：《世界の歴史》，第六卷（东京：中央公论社，1997）。

顾炎武：《石经考》，《四库全书》。

顾炎武著，黄汝成集释：《日知录集释》，台北：世界书局，1962。

顾宪成：《虞山商语》，载氏著：《顾端文公遗书》，台南：庄严文化，1995。

顾颉刚编：《古史辨》，第一册，上海：上海古籍出版社，1982，重印1926年上海朴社本。

顾璘：《山中集》，《四库全书》。

晁说之：《景迂生集》，《四库全书》。

圆仁：《入唐求法巡礼行记》，桂林：广西师范大学出版社，2007。

钱存训：《中国古代书籍纸墨及印刷术》，北京：北京图书馆出版社，2002。

钱易：《南部新书》，北京：中华书局，2002。

钱穆：《两汉博士家法考》，载氏著：《两汉经学今古文平议》（香港：新亚研究所，1958），页165–233。

钱穆：《周官著作时代考》，载氏著：《两汉经学今古文平议》，页285–434。

钱穆：《略论魏晋南北朝学术与当时门第之关系》，载氏著：《钱宾四先生全集》（台北：联经出版，1998），第19册，页247–329。

钱穆：《朱子新学案》，五册，台北：三民书局，1971。

铅山县志编撰委员会：《鹅湖书院志》，合肥：黄山书社，1994。

徐子光：《蒙求集注》，《四部丛刊》。

徐天麟：《东汉会要》，上海：上海古籍出版社，1978。

徐天麟：《西汉会要》，上海：上海人民出版社，1977。

徐冰云等：《奉新古代书院》，奉新：奉新县教育局，1985。

徐松著，张穆校补：《唐两京城坊考》，北京：中华书局，1985。

徐松辑：《宋会要辑稿》，北平：国立北平图书馆，1936。

徐复观：《中国孝道的形成、演变及其历史中的诸问题》，载氏著：《中国思想史论集》（台北：台湾学生书局，1967），页155–200。

徐复观：《中国经学史的基础》，台北：台湾学生书局，1982。

徐复观：《周官成立之时代及其思想性格》，台北：台湾学生书局，1980。

徐铉：《洪州华山胡氏书堂记》，载曾枣庄、刘琳主编：《全宋文》，第1册，页421-422。

徐道邻：《唐宋时代的法律教育》，载氏著：《中国法制史论集》（台北：志文出版社，1975），页178–187。

徐锴：《陈氏书堂记》，载董诰等编：《全唐文》，888：3a–4a。

般若译：《大乘本生心地观经》，收于《大正新修大藏经》，第3册，卷159。

卿希泰：《中国道教思想史纲（第二卷）：隋唐五代北宋时期》，成都：四川人民出版社，1985。

卿希泰主编：《中国道教史》，三卷，成都：四川人民出版社，1988–1993。

卿希泰主编：《道教与中国传统文化》，福州：福建人民出版社，1990。

高二适：《新订急就章及考证》，上海：上海古籍出版社，1982。

高令印：《王廷相评传》，南京：南京大学出版社，2002。

高时良主编：《明代教育论著选》，北京：人民教育出版社，1990。

高国藩：《敦煌古俗与民俗流变》，南京：河海大学出版社，1989。

高明士：《传统社会中的师生关系》，《科学发展月刊》，第18卷，第1期（1990），页15–28。

高明士：《唐代私学的发展》，《台湾大学文史哲学报》，第20期（1971），页219–289。

高明士：《唐代的官学行政》，《大陆杂志》，第37卷，第11/12期（1968），页39–53。

高明士：《唐代的释奠制及其在教育上的意义》，《大陆杂志》，第61卷，第5期（1980），页220–238。

高明士：《唐代学制之渊源及其演变》，《台湾大学历史学系学报》，第4期（1977），页195–219。

高明士：《唐代敦煌的教育》，《汉学研究》，第4卷，第2期（1986），页231–270。

高明士：《隋唐的学官》，《台湾大学历史学系学报》，第15期（1990），页81–134。

高明士：《新旧唐书百官（职官）志所载官制异同的检讨》，《台湾大学历史学系学报》，第7期（1980），页143–162。

高明士：《中国教育制度史论》，台北：联经出版，1999。

高明士：《唐代东亚教育圈的形成——东亚世界形成史的一侧面》，台北：台湾编译馆，1984。

高明士：《隋唐贡举制度》，台北：文津出版社，1999。

高桂、许献等编：《东林书院志》，1881年本。

高攀龙：《高子遗书》，《四库全书》。

郭子章：《陈氏族谱》，德星堂，1613。

郭书春：《详解九章算术》，郑州：河南教育出版社，1994。

郭庆藩著，王孝鱼整理：《庄子集释》，北京：中华书局，1961。

郭齐、尹波点校：《朱熹集》，成都：四川教育出版社，1996。

郭伯恭：《宋四大书考》，台北：台湾商务印书馆，1967。

郭沫若：《蒲天寿论语抄本后的诗词杂录》，载中华书局香港分局编：《文史论丛》（香港：中华书局，1974），页210–218。

郭宝林：《北宋州县学生》，《中国史研究》，1988年第4期，页84–94。

郭盘：《皇明太学志》，明本，重印于首都图书馆编：《太学文献大成》（北京：学苑出版社，1996），第5–7册。

唐太宗：《〈帝范〉序》，载董诰等编：《全唐文》，10：12b–14a。

唐长孺：《东汉末期的大姓名士》，载氏著：《魏晋南北朝史论拾遗》（北京：中华书局，1983），页25–52。

唐长孺：《读抱朴子推论南北学风的异同》，载氏著：《魏晋南北朝史论丛》，页351–381。

唐长孺：《清谈与清议》，载氏著：《魏晋南北朝史论丛》（北京：生活·读书·新知三联书店，1955），页289–297。

唐君毅：《朱陆异同探源》，《新亚学报》，第8卷，第1期（1967），页1–100。

唐明邦：《邵雍评传》，南京：南京大学出版社，1998。

酒井忠夫：《中国善書の研究》，东京：弘文堂，1960。

酒井忠夫：《增补中国善書の研究》，二卷，东京：国书刊行会，1999–2000。

海瑞著，陈义钟编校：《海瑞集》，两册，北京：中华书局，1962。

容肇祖：《明代思想史》，台北：台湾开明书店，1962，重印1941年本。

诸户立雄：《中国仏教制度史の研究》，东京：平河出版社，1990。

诸祖耿：《战国策集注汇考》，南京：江苏古籍出版社，1985。

诸桥辙次：《大漢和辞典》，东京：大修馆，1957。

陶晋生：《北宋士族：家族、婚姻、生活》，台北：中研院历史语言研究所，2001。

黄时鉴：《〈三字经〉与中西文化交流》，《九州学林》，第3卷，第2期/总第8期（2005），页72–96。

黄时鉴点校：《通制条格》，杭州：浙江古籍出版社，1986。

黄佐：《南雍志》，收于首都图书馆编：《太学文献大成》（北京：学苑出版社，1996），第1–4册。

黄启江：《北宋佛教史稿》，台北：台湾商务印书馆，1997。

黄现璠：《宋代太学生救国运动》，台北：文星书店，1956，重印1936年商务印书馆本；长春：吉林出版集团，2009。

黄宗羲：《明儒学案》，两册，北京：中华书局，1985。

黄宗羲著，全祖望补修：《宋元学案》，四册，北京：中华书局，1986。

黄俊杰：《孟子》，台北：东大图书，1993。

黄俊杰：《孟学思想史论（卷二）》，台北：中研院中国文哲研究所筹备处，1997。

黄俊杰：《春秋战国时代尚贤政治的理论与实际》，台北：问学出版社，1977。

黄绾：《明道篇》，北京：中华书局，1983。

萧子显：《南齐书》，北京：中华书局，点校本，1972。

萧启庆：《元代的儒户：儒士地位演进史上的一章》，载氏著：《元代史新探》（台北：新文丰出版，1983），页1–58。

萧绎：《金楼子》，台北：世界书局，1959。

萧统：《文选》，上海：上海古籍出版社，1986。

萧嵩等编，池田温解题：《大唐開元禮（附大唐郊祀録）》，东京：古典研究会，1972，重印东京大学东洋文化研究所大木文库藏1886年洪氏公善堂校刊本。

曹尔钦：《郦道元和水经注》，载吴泽主编：《中国史学史论集》（上海：上海人民出版社，1980），页347–360。

曹操著，夏传才点校：《曹操集》，郑州：中州古籍出版社，1986。

常钧：《敦煌杂抄》，台北：新文丰出版，1985。

野间文史：《五経正義の研究——その成立と展開》，东京：研文，1998。

脱脱等：《辽史》，北京：中华书局，点校本，1974。

脱脱等：《宋史》，北京：中华书局，点校本，1977。

脱脱等：《金史》，北京：中华书局，点校本，1975。

章权才：《魏晋南北朝隋唐经学史》，广州：广东人民出版社，1996。

章成榭编：《女儿书辑八种》，山东胶州，1901。

章沛：《陈白沙哲学思想研究》，广州：广东人民出版社，1984。

阎文儒编：《唐代贡举制度》，西安：山西人民出版社，1989。

阎若璩：《尚书古文疏证》，收于王先谦辑：《皇清经解续编》（上海：蜚英馆，1889），卷28–30。

盖建民：《略论玄教门人朱思本的地图科学思想》，《宗教学研究》，2008年第2期，页7–10。

清高宗编：《续文献通考》，台北：新兴书局，1965，重印1936年商务印书馆万有文库十通本影印1890年浙江书局本。

清高宗编：《续通志》，台北：新兴书局，1965，重印1936年商务印书馆万有文库十通本影印1890年浙江书局本。

梁元帝：《与学生书》，载严可均校辑：《全上古三代秦汉三国六朝文》，《全梁文》，17：1a（总页1962）。

梁方仲编著：《中国历代户口、田地、田赋统计》，上海：上海人民出版社，1980。

梁启雄:《荀子柬释》,台北:台湾商务印书馆,1965。

彭大雅:《黑鞑事略》,《丛书集成》。

彭定求等编,王全等点校:《全唐诗》,北京:中华书局,1960。

葛兆光:《屈服史及其他:六朝隋唐道教的思想史研究》,北京:生活·读书·新知三联书店,2003。

董金裕:《范仲淹与宋初的教育与学术》,载台湾大学文学院编:《范仲淹一千年诞辰国际学术研讨会论文集》(台北:台湾大学,1990),页1427–1444。

董俊彦:《桓子新论研究》,台北:文津出版社,1989。

董诰等编:《全唐文》,北京:中华书局,1983,重印1814年本。

蒋义斌:《全真教祖王重阳思想初探》,载宋史座谈会编:《宋史研究集(第二十二辑)》,(台北:台湾编译馆,1992),页305–327。

韩国磐:《科举制与衣冠户》,载氏著:《隋唐五代史论集》(北京:生活·读书·新知三联书店,1979),页284–293。

韩愈:《师说》,载马通伯校注:《韩昌黎文集校注》。

韩愈:《进学解》,载《韩昌黎文集校注》。

韩愈著,马通伯校注:《韩昌黎文集校注》,香港:中华书局,1972。

韩愈著,屈守元、常思春辑校:《韩愈全集校注》,成都:四川大学出版社,1996。

喻松青:《民间秘密宗教经卷研究》,台北:联经出版,1994。

喻岳衡编:《急就篇》,长沙:岳麓书社,1989,重印《丛书集成》本。

智顗:《妙法莲华经玄义》,收于《大正新修大藏经》,第33册,no. 1716。

智顗:《摩诃止观》,收于《大正新修大藏经》,第46册,no. 1911。

嵇康:《难自然好学论》,载戴明扬校注:《嵇康集校注》(北京:人民文学出版社,1962),7:259–264。

程元敏:《三经新义辑考汇评》,三卷(四册),台北:台湾编译馆,1986。

程方平:《辽金元教育史》,重庆:重庆出版社,1993。

程允升著,蔡东藩增订:《绘图重增幼学故事琼林》,台北:文化图书,1969。

程光裕:《北宋台谏之争与濮议》,载宋史座谈会编:《宋史研究集(第二辑)》(台北:中华丛书出版委员会,1964),页213–234。

程明善辑:《啸余谱》,上海:上海古籍出版社,1995。

程舜英编:《两汉教育制度史资料》,北京:北京师范大学出版社,1983。

程舜英编:《魏晋南北朝教育制度史资料》,北京:北京师范大学出版社,1988。

程湘清：《魏晋南北朝汉语研究》，济南：山东教育出版社，1988。

程端礼：《程氏家塾读书分年日程》，《四库全书》，题为《读书分年日程》。

程端蒙：《性理字训》，二十世纪初西京清麓丛书本。

程颢、程颐著，王孝鱼点校：《二程集》，北京：中华书局，1981。

傅乐焕：《辽代四时捺钵考五篇》，《中研院历史语言研究所集刊》，第10本（1948），页223–347。

傅玄：《傅子》，《四库全书》。

傅筑夫：《中国工商业的行及其特点》，载氏著：《中国经济史论丛》（北京：生活·读书·新知三联书店，1980），页387–491。

傅璇琮：《唐代科举与文学》，西安：山西人民出版社，1986。

焦竑：《澹园集》，《丛书集成》。

奥崎裕司：《民衆道教》，载福井康顺等监修：《道教》（东京：平河出版社，1983），第二卷，页135–168。

释文莹：《湘山野录》，北京：中华书局，1984。

释智圆：《讲院条约序》，载曾枣庄、刘琳主编：《全宋文》，第8册，页221。

道安：《中国大藏经雕印考》，载张曼涛编：《大藏经研究汇编》，《现代佛教学术丛刊》本（台北：大乘，1977），页105–167。

道宣编：《广弘明集》，扬州：江苏广陵古籍刻印社，1989重印本。

曾一帆：《明代官修大全散论》，《史学史研究》，1996年第2期，页52–59。

曾先之著，藤堂明保监修，今西凯夫译：《十八史略》，两册，东京：学习研究社，1982。

曾我部静雄著，高明士译：《选举、贡举与科举》，《大陆杂志》，第45卷，第3期（1973），页159–171。

曾枣庄、刘琳主编：《全宋文》，50册，成都：巴蜀书社，1988–1994。

曾美云：《中国传统蒙学读物中蕴涵的佛教思想》，台大文学院暨佛学研究中心、蒙古国立大学外语学院主办："佛教思想与文学"国际学术研讨会，台北，2008.11.22–11.23，见 http://ccbs.ntu.edu.tw/BDLM/seminar/2008/fulltext/200819.pdf。

曾敏行：《独醒杂志》，上海：上海古籍出版社，1986。

湛若水：《甘泉文集》，1580年本。

湛若水：《湛甘泉先生文集》，1866年资政堂刊本。

渡边信一郎：《中国古代国家の思想構造：専制国家とイデオロギー》，东京：校仓书房，1994。

游光绎编:《鳌峰书院志》,1806年本。

富士平:《敦煌变文的口头传统研究》,北京:中华书局,2009。

富兰克林(Benjamin Franklin)著,唐长孺译:《富兰克林自传》,台北:远流出版,1990。

谢启昆:《小学考》,杭州:浙江书局,1888。

谢保成:《隋唐五代史学》,厦门:厦门大学出版社,1995。

谢肇淛(在杭):《五杂俎》,上海:上海书店,2001。

塚本善隆:《敦煌本中国仏教教団の制規》,载氏著:《塚本善隆著作集・第三卷・中国中世仏教史論考》(东京:大东出版社,1975),页69–96。

蒲慕州:《追寻一己之福:中国古代的信仰世界》,台北:允晨文化,1995;麦田出版,2004。

楠山春树:《道教と儒教》,载福井康顺等监修:《道教》(东京:平河出版社,1983),第二卷,页49–93。

楼宇烈:《王弼集校释》,北京:中华书局,1980。

楼钥:《攻媿集》,《四库全书》。

雷侨云:《中国儿童文学研究》,台北:台湾学生书局,1988。

雷闻:《唐代的"三史"与"三史科"》,《史学史研究》,2001年第1期,页32–42。

简又文:《白沙子研究》,香港:简氏猛进书屋,1970。

福井文雅:《唐代俗講儀式の成立をめぐる諸問題》,《大正大学研究纪要》,第54辑(1968),页307–330。

蔡汝嗐:《孝经通考》,台北:台湾商务印书馆,1967,重印1936年本。

蔡忠德编:《中国音乐美学史资料注释》,两卷,北京:人民音乐出版社,1990。

蔡春等编:《历代教育笔记资料(第三册):明代部分》,北京:中国劳动出版社,1992。

蔡邕:《女训》,载严可均校辑:《全上古三代秦汉三国六朝文》,《全后汉文》,74:9a(总页878)。

蔡惠如:《评韩明士论宋代江西抚州的士人阶层》,载李弘祺编:《中国教育史英文著作评介》,页179–208。

窪添庆文等:《中国史(第二卷):三国~唐》(东京:山川出版社,1996),收于松尾道雄等编:《世界历史大系》。

熊明安:《中国高等教育史》,重庆:重庆出版社,1983。

熊承涤主编:《秦汉教育论著选》,北京:人民教育出版社,1986。

熊承涤编:《中国古代教育史料系年》,北京:人民教育出版社,1987。

慧皎：《高僧传》，台北：广文书局，1971，重印海山仙馆丛书本。

横田宗直：《宋儒の禅悟研究について》，《史学雑誌》，第23编（1912），页1310–1342；第24编（1913），页79–87、213–232、341–365、459–479、756–776。

黎靖德编：《朱子语类》，北京：中华书局，1986。

颜维材、黎邦元注释：《蒙求注释》，太原：山西人民出版社，1987。

潘永因辑：《宋稗类钞》，台北：广文书局，1967，重印1669年本。

潘明燊：《宋代私家藏书考》，《华国》，第6期（1971），页1–62。

鹤成久章：《飞动梁尘的圣歌声：关于明代书院的歌仪》，载李弘祺编：《中国与东亚的教育传统（一）：中国的教育与科举》（台北：喜玛拉雅研究发展基金会，2006），页363–385。

戴望：《管子校正》，台北：世界书局，1966，重印《四部备要》本。

魏了翁：《鹤山集》，《四库全书》。

魏收：《魏书》，北京：中华书局，点校本，1974。

魏明安、赵以武：《傅玄评传》，南京：南京大学出版社，1996。

魏徵、令狐德棻：《隋书》，北京：中华书局，点校本，1973。

鎌田茂雄：《中国仏教史》，第一卷，东京：东京大学出版会，1982。

西文著作

Ames, Roger T. "The Mencian Conception of Ren Xing: Does It Mean 'Human Nature'?" in Henry Rosemont, Jr., ed. *Chinese Texts and Philosophical Contexts: Essays Dedicated to Angus C. Graham* (La Salle, Ill.: Open Court, 1991), pp. 143–175.

Ames, Roger T. *The Art of Rulership: A Study of Ancient Chinese Political Thought*. Honolulu: University of Hawaii Press, 1983.

Ansley, Clive M. *The Heresy of Wu Han, His Play " Hai Jui's Dismissal" and Its Role in China's Cultural Revolution*. Toronto: University of Toronto Press, 1971.

Araki, Kengo（荒木见悟）. "Confucianism and Buddhism in the Late Ming," in Wm. Theodore de Bary, ed. *The Unfolding of Neo-Confucianism* (New York: Columbia University Press, 1975), pp. 39–66.

Ariès, Philippe. *Centuries of Childhood, A Social History of Family Life*, tr. by Robert Baldick. New York: Vintage Books, 1962.

Armytage, W. H. G. *Four Hundred Years of English Education*, 2nd ed. Cambridge: Cambridge University Press, 1970.

Balazs, Etienne. "Political Philosophy and Social Crisis at the End of the Han Dynasty," in his *Chinese Civilization and Bureaucracy: Variations on a Theme*, tr. by Hope M. Wright (New Haven: Yale University Press, 1964), pp. 187–225.

Bauer, Wolfgang. "The Encyclopedia in China," *Journal of World History*, No. 9 (1966), pp. 665–681.

Beattie, Hilary J. *Land and Lineage in China*. Cambridge: Cambridge University Press, 1979.

Benedict, Ruth: *Chrysanthemum and the Sword, Patterns of Japanese Culture*. Boston & New York: Houghton Mifflin, 2005; reprint: Cleveland: Meridian Books, 1967.

Berling, Judith. "Religion and Popular Culture: The Management of Moral Capital in The Romance of the Three Teachings," in David Johnson, Andrew Nathan and Evelyn Rawski, eds. *Popular Culture in Late Imperial China* (Berkeley: University of California Press, 1985), pp. 188–218.

Bernhardt, Kathryn. "A Ming-Qing Transition in Chinese Women's History? The Perspective from Law," in Gail Hershatter et al., eds.*Remapping China: Fissures in Historical Terrain* (Stanford: Stanford University Press, 1996), pp. 42–58.

Bielenstein, Hans. *The Bureaucracy of Han Times*. Cambridge: Cambridge University Press, 1980.

Bloom, Irene. "Mencian Arguments on Human Nature (jen-hsing)," *Philosophy East and West*, Vol. 44, No. 1 (1994), pp. 19–53.

Bloom, Irene. *Knowledge Painfully Acquired, The K'un-chih chi by Lo Ch'in-shun*. New York: Columbia University Press, 1987.

Bodde, Derk. *China's First Unifier: A Study of the Ch'in Dynasty as Seen in the Life of Li Ssu (280 ?–208 B.C.)* Leiden: E. J. Brill, 1938.

Bol, Peter K. "Chu Hsi's Redefinition of Literati Learning," in Wm. Theodore de Bary and John W. Chaffee, eds. *Neo-Confucian Education*, pp. 151–185.

Bol, Peter K. "Seeking Common Ground: Han Literati under Jurchen Rule," *HJAS*, Vol. 47, No. 2 (1987), pp. 461–538.

Bol, Peter K." *This Culture of Ours": Intellectual Transitions in T'ang and Sung China*. Stanford: Stanford University Press, 1992.

Bol, Peter K. *Neo-Confucianism in History*. Cambridge, Mass.: Harvard University Asia Center by Harvard University Press, 2008.

Bolgar, R. R. *The Classical Heritage and Its Beneficiaries*. Cambridge: Cambridge University Press, 1954.

Boltz, Judith M. *A Survey of Taoist Literature, Tenth to Seventeenth Century*. Berkeley: Institute of East Asian Studies, 1987.

Bond, Michael, ed. *The Psychology of the Chinese People*. Hong Kong: Oxford University Press, 1986.

Bowen, James. *A History of Western Education*. London: Methuen, 1975.

Bredvold, Louis I. "The Invention of the Ethical Calculus," in Richard Foster Jones, ed. *The Seventeenth Century: Studies in the History of English Thought and Literature from Bacon to Pope* (Stanford: Stanford University Press, 1951), pp. 165–180.

Brokaw, Cynthia J. *The Ledgers of Merit and Demerit*. Princeton: Princeton University Press, 1991.

Brooks, E. Bruce and A. Takeo Brooks. *The Original Analects*. New York: Columbia University Press, 1998.

Busch, Heinrich. "The Tung-lin Academy and Its Political and Philosophical Significance," *Monumenta Serica*, Vol. 14 (1949–1955), pp. 1–163.

Bushman, Richard I. "On the use of Psychology: Conflict and Conciliation in Benjamin Franklin," *History and Theory*, Vol. 5 (1966), pp. 225–240.

Cahill, James. An Index of Early Chinese Painters and Paintings. Berkeley: University of California Press, 1980.

Carlitz, Katherine. "The Social Uses of Female Virtue in Late Ming Editions of Lienü Zhuan," *Late Imperial China*, Vol. 12, No. 2 (1991), pp. 117–152.

Ch'en, Ch'i–yün（陈启云）. *Hsün Yüeh and the Mind of Late Han China: A Translation of the" Shen-chien" with Introd. and Annotations*. Princeton: Princeton University Press, 1980.

Ch'ü, T'ung-tzu（瞿同祖）. *Han Social Structure*, ed. by Jack Dull. Seattle: University of

Washington Press, 1972.

Chaffee, John W. *The Thorny Gates of Learning in Sung China: A Social History of Examinations*. New York: Cambridge University Press, 1985; new edition, Albany, N.Y.: State University of New York Press, 1995.

Chan, Hok-lam（陈学霖）. "Hsu Heng," in Igor de Rachewiltz et al., eds. *In the Service of the Khan: Eminent Personalities of the Early Mongol-Yüan Period (1200–1300)* (Berlin: Harrasowitz, 1993), pp. 416–447.

Chan, Hok-lam（陈学霖）. "Liu Ping-chung (1216–1274): A Buddhist-Taoist Statesman at the Court of Khubilai Khan," *Tioung Pao*, Vol. 53, Nos. 1–3 (1967), pp. 98–146.

Chan, Hok-lam（陈学霖）. *Legitimation In Imperial China: Discussions under the Jurchen-Chin Dynasty (1115–1234)*. Seattle: University of Washington Press, 1988.

Chan, Hok-lam（陈学霖）. *Li Chih, 1527–1602, in Contemporary Chinese Historiography: New Light on His Life and Works*. White Plains, N.Y.: M. E. Sharp, 1980.

Chan, Hok-lam and Wm. Theodore de Bary, eds. *Yüan Thought: Chinese Thought and Religion Under the Mongols*. New York: Columbia University Press, 1982.

Chan, Wing-tsit（陈荣捷）. "Chu Hsi and Yüan Neo-Confucianism," in Hok-lam Chan and Wm. Theodore de Bary, eds. *Yüan Thought*, pp. 197–231.

Chan, Wing-tsit（陈荣捷）. "Chu Hsi's Completion of Neo-Confucianism," *Études Song*, series. 2, No. 1 (1973), pp. 59–90.

Chan, Wing-tsit（陈荣捷）. "The Ch'eng Chu School of Early Ming," in Wm. Theodore de Bary, ed. *Self and Society in Ming Thought*, pp. 29–52.

Chan, Wing-tsit（陈荣捷）. "The New Tao-t'ung," in his *Chu Hsi: New Studies*. (Honolulu: University of Hawaii Press, 1989), pp. 320–335.

Chan, Wing-tsit（陈荣捷）, ed. *Chu Hsi and Neo-Confucianism*. Honolulu: University of Hawaii Press, 1986.

Chan, Wing-tsit（陈荣捷）, tr. *Instructions for Practical Living and Other Neo-Confucian Writings by Wang Yang-ming*. New York: Columbia University, 1962.

Chan, Wing-tsit（陈荣捷）, tr. and comp. *A Source Book in Chinese Philosophy*. Princeton: Princeton University Press, 1963.

Chang, Kang-i Sun（孙康宜）. *The Late-Ming Poet Chen tzu-lung: Crisis of Love and*

Chen, Jo-shui（陈弱水）. *Liu Tsung-yüan and Intellectual Change in T'ang China, 773–819*. New York: Cambridge University Press, 1992.

Chen, Kenneth K. S.（陈观胜）. *Buddhism in China: A Historical Survey*. Princeton: Princeton University Press, 1964.

Chen, Kenneth K. S.（陈观胜）. "Notes on the Sung and Yüan Tripitaka," *HJAS*, Vol. 14 (1951), pp. 208–214.

Chen, Kenneth K. S.（陈观胜）. *The Chinese Transformation of Buddhism*. Princeton: Princeton University Press, 1973.

Cherniack, Susan. "Book Culture and Textual Transmission in Sung China," *HJAS*, Vol. 54, No. 1 (1994), pp. 5–125.

Ching, Julia（秦家懿）. *To Acquire Wisdom: the Way of Wang Yang-ming*. New York: Columbia University Press, 1976.

Chow, Kai-wing（周启荣）. *The Rise of Confucian Ritualism in Ch'ing China*. Stanford: Stanford University Press, 1996.

Cleary, Thomas, tr. *Stopping and Seeing, A Comprehensive Course in Buddhist Meditation*. Boston: Shambhala, 1997.

Clunas, Craig. *Superfluous Things, Material Culture and Social Status in Early Modern China*. Urbana and Chicago: University of Illinois Press, 1991; Honolulu: University of Hawaii Press, 2004.

Cohen, Michèle. "'A Proper Exercise for the Mind': Conversation and Education in the Long Eighteenth Century," in Katie Halsey and Jane Slinn, eds. *The Concept and Practice of Conversation in the Long Eighteenth Century, 1688–1848* (New Castle: Cambridge Scholars Publishing, 2007), pp. 103–127.

Cohen, Myron. "Lineage Organization in North China," *JAS*, Vol. 75 (1990), pp. 509–534.

Cortesi, David E. "Dostoevsky Didn't Say It," http://www.infidels.org/library/modern/features/2000/cortesi1.html.

Creel, Herrlee G. *Shen Pu-hai, A Chinese Political Philosopher of the Fourth Century B.C.* Chicago: University of Chicago Press, 1974.

Creel, Herrlee G. *The Origins of Statecraft in China*. Chicago: University of Chicago Press,

1970.

Curti, Merle. "Human Nature in American Thought," *Political Science Quarterly*, No. 68 (1953), pp. 354–375, 493–510.

Curti, Merle. "Psychological Theories in American Thought," in Philip Wiener, ed. *Dictionary of the History of Ideas*, vol. 4, pp. 22ab.

Dardess, John W. "The Cheng Communal Family: Social Organization and Neo-Confucianism in Yuan and Early Ming China," *HJAS*, Vol. 34 (1974), pp. 7–52.

Davis, Albert R. *T'ao Yuan-ming (AD 365–427), His Works and Their Meaning*, 2 vols. Cambridge and New York: Cambridge University Press, 1983.

Davis, Richard L. "Custodians of Education and Endowment at the State School of Southern Sung," *Journal of Sung-Yuan Studies*, 25(1995), pp. 95–119.

Davis, Richard L. *Court and Family in Sung China, 960–1279*. Durham, N.C.: Duke University Press, 1986.

Davis, Richard L. *Wind against the Mountain: The Crisis of Politics and Culture in Thirteenth-Century China*. Cambridge, Mass.: Harvard University Press, 1996.

De Bary, William (Wm.) Theodore. "Chu Hsi's Aim as an Educator," in Wm. Theodore de Bary and John W. Chaffee, eds. *Neo-Confucian Education*, pp. 186–218.

De Bary, William (Wm.) Theodore. "Individualism and Humanitarianism in Late Ming Thought," in his ed. *Self and Society in Ming Thought*, pp. 145–227.

De Bary, William (Wm.) Theodore. *Learning for One's Self*. New York: Columbia University Press, 1991.

De Bary, William (Wm.) Theodore. *Neo-Confucian Orthodoxy and the Learning of the Mind-and-Heart*. New York: Columbia University Press, 1981.

De Bary, William (Wm.) Theodore. *The Liberal Tradition in China*. Hong Kong: The Chinese University Press, 1983.

De Bary, William (Wm.) Theodore. *The Message of the Mind in Neo-Confucianism*. New York: Columbia University Press, 1989.

De Bary, William (Wm.) Theodore, ed. *Self and Society in Ming Thought*. New York: Columbia University Press, 1970.

De Bary, Wm. Theodore and Irene Bloom, eds. *Sources of Chinese Tradition*, vol. 1. New

York: Columbia University Press, 1999.

De Bary, Wm. Theodore and John W. Chaffee, eds. *Neo-Confucian Education: The Formative Stage*. Berkeley: University of California Press, 1989.

De Crespigny, Rafe. "Political Protest in Imperial China: The Great Proscription of Later Han," *Papers on Far Eastern History*, no. 11 (1975), pp. 1–36.

De Crespigny, Rafe. "Politics and Philosophy under the Government of Emperor Huan, 159–168 A.D.," *T'oung Pao*, Vol. 66, Nos. 1–3 (1980), pp. 41–83.

De Crespigny, Rafe. "The Recruitment System of the Imperial Bureaucracy of the Later Han,"《崇基学报》, 第 6 卷, 第 1 期（1966）, 页 67–78。

De Rachewiltz, Igor. "Yeh-lü Ch'u-ts'ai (1189–1243): Buddhist Idealist and Confucian Statesman," in Arthur F. Wright and Denis C. Twitchett, eds. *Confucian Personalities*, pp. 189–216.

De Weerdt, Hilde. *Competition over Content: Negotiating Standards for the Civil Service Examinations in Imperial China (1127–1279)*. Cambridge, Mass.: Harvard University Asian Center, 2007.

Demiviélle, Paul. *L'oeuvre de Wang le zélateur (Wang Fan-tche), suivie des Instructions domestiques de l'Aïeul (T'ai-kung kia-kiao), Poèmes populaires des T'ang (viiie-xe siècles)*. Paris: College de France, 1982.

Dimberg, Ronald G. *The Sage and Society: The Life and Thought of Ho Hsin-yin*. Honolulu: The University Press of Hawaii, 1974.

Dubs, Homer H. *The History of the Former Han Dynasty*, 3 vols. Baltimore: Waverly Press, 1938–1955.

Ebrey, Patricia B. "Conceptions of the Family in the Sung Dynasty," *JAS*, Vol. 43, no. 2 (1984), pp. 219–245.

Ebrey, Patricia B. "Cremation in Sung China," *American Historical Review*, no. 95 (1990), pp. 406–428.

Ebrey, Patricia B. "The Dynamics of Elite Domination in Sung China," *HJAS*, Vol. 48, no. 2 (1988), pp. 493–519.

Ebrey, Patricia B. "The Early Stages in the Development of Decent Group Organization," in Ebrey and James Watson, eds. *Kinship Organization in Late Imperial China* (Berkeley:

University of California Press, 1986), pp. 16–60.

Ebrey, Patricia B. *Confucianism and Family Rituals in Imperial China*. Princeton: Princeton University Press, 1991.

Ebrey, Patricia B. *Family and Property in Sung China: Yüan Ts'ai's Precepts for Social Life*. Princeton: Princeton University Press, 1984.

Ebrey, Patricia B. *History of Chinese Civilization*. Cambridge: Cambridge University Press, 1996.

Ebrey, Patricia B. *The Aristocratic Families in Early Imperial China*. Cambridge: Cambridge University Press, 1978.

Ebrey, Patricia B. *The Inner Quarters: Marriage and the Lives of Chinese Women in the Sung Period*. Berkeley: University of California Press, 1993.

Ebrey, Patricia B., ed. *Chinese Civilization: A Source Book*, 2nd ed. New York: Free Press, 1993.

Ebrey, Patricia B., tr. *Chu Hsi's Family Rituals: A Twelfth-century Chinese Manual for the Performance of Cappings, Weddings, Funerals, and Ancestral Rites*. Princeton: Princeton University Press, 1991.

Elman, Benjamin A. "The Formation of 'Dao Learning' as Imperial Ideology During the Early Ming Dynasty," in Theodore Huters, R. Bin Wong, and Pauline Yu, eds. *Culture and State in Chinese History, Conventions, Accommodations, and Critiques* (Stanford: Stanford University Press, 1997), pp. 58–82.

Elman, Benjamin A. *A Cultural History of Civil Examinations in Late Imperial China*. Berkeley: University of California Press, 2000.

Elman, Benjamin A. *From Philosophy to Philology: Intellectual and Social Aspects of Change in Late Imperial China*. Cambridge, Mass.: Harvard University Council on East Asian Studies, 1984.

Farmer, Edward L. "Social Regulations of the First Ming Emperor: Orthodoxy as a Function of Authority," in Kwang-ching Liu, ed.*Orthodoxy in Late Imperial China*, pp. 103–125.

Faure, Bernard. *The Will to Orthodoxy*, tr. by Phyllis Brooks. Stanford: Stanford University Press, 1997.

Fei, John C. H.（费景汉）and T'sui-jung Liu（刘翠溶）. "The Growth and Decline of Chinese Family Clans," *Journal of Interdisciplinary History*, Vol. 12, no. 3 (1982), pp. 375–408.

Fiering, Norman S. "Benjamin Franklin and the Way to Virtue," *American Quarterly*, no. 30 (1978), pp. 199–223.

Fingarette, Herbert. *Confucius: The Secular as Sacred*. New York: Harper & Row, 1972.

Folsom, Kenneth. *Friends, Guests and Colleagues: The Mu-fu System in the Late Ch'ing Period*. Berkeley: University of California Press, 1968.

Forte, Antonino. "The Relativity of the Concept of Orthodoxy in Chinese Buddhism," in Robert E. Buswell, ed. *Chinese Buddhist Apocrypha* (Honolulu: University of Hawaii Press, 1990), pp. 239–250.

Foulk, T. Griffith, tr. "Daily Life in the Assembly," in Donald S. Lopez, ed. *Buddhism in Practice* (Princeton: Princeton University Press, 1995), pp. 455–472.

Foulk, T. Griffith, tr. "Myth, Ritual, and Monastic Practice in Sung Ch'an Buddhism," in Patricia B. Ebrey and Peter N. Gregory, eds. *Religion and Society in T'ang and Sung China* (Honolulu: University of Hawaii Press, 1993), pp. 147–208.

Franke, Herbert. "Chia Ssu-tao (1213–1275): A 'Bad Last Minister'?" in Arthur F. Wright and Denis C. Twitchett, eds. *Confucian Personalities*, pp. 217–234.

Gardener, Daniel K. "Transmitting the Way: Chu Hsi and His Program of Learning," *HJAS*, Vol. 49, no. 1 (1989), pp. 141–172.

Gardener, Daniel K. *Chu Hsi and the Ta-hsüeh: Neo-Confucian Reflection on the Confucian Canon*. Cambridge, Mass.: Harvard University Press, 1986.

Gardener, Daniel K. *Chu Hsi: Learning to be a Sage, Selections from The Conversations of Master Chu, Arranged Topically*. Berkeley: University of California Press, 1990.

Gay, Peter. *The Bourgeois Experience: Victoria to Freud, vol. 1: Education of the Senses*. New York: Oxford University Press, 1984.

Gedalecia, David. "Wu Ch'eng's Approach to Internal Self-Cultivation and External Knowledge-Seeking," in Hok-lam Chan and Wm. Theodore de Bary, eds. *Yüan Thought*, pp. 279–326.

Gernet, Jacques. *Buddhism in Chinese Society: An Economic History from the Fifth to the*

Tenth Centuries, tr. by Franciscus Verellen. New York: Columbia University Press, 1995.

Gernet, Jacques and Wu Ch'i-yü（吳其昱）, comps. *Catalogue des Manuscrits Chinois de Touen-houang: Fonds Pelliot Chinois de la Bibliotheque Nationale*, 6 vols. Paris: Bibliothèque nationale, 1970.

Gilson, Etinne. *Reason and Revelation in the Middle Ages*. New York: Charles Scribner's, 1966.

Gong, Wei-ai. "Ideal and Reality: Student Protests in Southern Sung China, 1127–1279", 載第二屆宋史學術研討會秘書處編:《第二屆宋史學術研討會論文集》(台北:中國文化大學, 1996), 頁 696–720。

Graham, Angus C. "The Background of the Mencian Theory of Human Nature",《清華學報》, 新第 6 卷, 第 1/2 期 (1976), 頁 215–274; reprinted in his Studies in Chinese Philosophy and Philosophical Literature (Albany: State University of New York Press, 1990), pp. 7–66.

Grimm, Tilemann. "Ming Educational Intendants," in Charles Hucker, ed. *Chinese Government in Ming Times: Seven Studies* (New York: Columbia University Press, 1969), pp. 129–147.

Grimm, Tilemann. *Erziehung und Politik im konfuzianischen China der Ming-Zeit*. Hamburg: Gesellschaft für Natur- und Völkerkunde Ostasiense. V., 1960.

Habermas, Jurgen. *The Philosophical Discourse of Modernity, Twelve Lectures*, tr. by Frederick G. Lawrence. Cambridge, Mass.: MIT Press, 1996.

Hamilton, Richard F. *The Social Misconstruction of Reality: Validity and Verification in the Scholarly Community*. New Haven: Yale University Press, 1996.

Handlin, Joanna F. *Action in Late Ming Thought: The Reorientation of Lü K'un and Other Scholar-Officials*. Berkeley: University of California Press, 1983.

Hartman, Charles. *Han Yü, and the T'ang Search for Unity*. Princeton, Princeton University Press, 1986.

Hartwell, Robert M. "Demographic, Political and Social Transformations of China, 750–1550," *HJAS*, Vol. 42, no. 2 (1982), pp. 365–442.

Hartwell, Robert M. "Historical Analogism, Public Policy, and Social Science in Eleventh and Twelfth Century China," *American Historical Review*, Vol. 76, no. 3 (1971), pp. 690–727.

Hatch, George. "Su Shih's Tung-p'o Shu-chuan," in Yves Hervouet, ed. *A Sung Bibliography*, pp. 13–19.

Hegel, Robert. *Reading Illustrative Fiction in Late Imperial China*. Stanford: Stanford University Press, 1998.

Henderson, John B. *The Development and Decline of Chinese Cosmology*. New York: Columbia University Press, 1984.

Henricks, Robert G. *Philosophy and Argumentation in Third-Century China, the Essays of Hsi K'ang*. Princeton: Princeton University Press, 1983.

Hervouet, Yves, ed. *A Sung Bibliography*. Hong Kong: The Chinese University Press, 1978.

Ho, Ping-ti（何炳棣）. *The Ladder of Success in Imperial China*. New York: Columbia University Press, 1962.

Holmgren, Jennifer. "Northern Wei as a Conquest Dynasty: Current Perceptions; Past Scholarship," *Papers on Far Eastern History*, no. 40 (1989), pp. 1–50.

Holzman, Donald. *Poetry and Politics, The Life and Works of Juan Chi*. Cambridge: Cambridge University Press, 1976.

Hucker, Charles O. "The Tung-lin Movement of the Late Ming Period," in John K. Fairbank, ed. *Chinese Thought and Institutions*(Chicago: University of Chicago Press, 1957), pp. 132–162.

Hucker, Charles O. *A Dictionary of Official Titles in Imperial China*. Stanford: Stanford University Press, 1985.

Hughes, H. Stuart. *Consciousness and Society: The Reorientation of European Social Thought 1890–1930*. New York: Alfred A. Knopf, 1958.

Hymes, Robert P. "Lu Chiu-yüan, Academies, and the Problem of the Local

Community," in Wm. Theodore de Bary and John W. Chaffee, eds. *Neo-Confucian Education*, pp. 432–456.

Hymes, Robert P. *Statesmen and Gentlemen: The Elite of Fu-chou, Chiang-hsi in Northern and Southern Sung*. Cambridge: Cambridge University Press, 1986.

Hymes, Robert P. and Conrad Schirokauer, eds. *Ordering the World: Approaches to State and Society in Sung Dynasty China*. Berkeley: University of California Press, 1993.

Idema, Wilt L. "Book Review on Evelyn Rawski: Education and Popular Literacy in Ch'ing China," *T'oung Pao*, Vol. 66, Nos. 4/5 (1980), pp. 314–324.

Jami, Catherine. "Scholars and Mathematical Knowledge during the Late Ming and Early Ch'ing," *Historia Scientiarum*, no. 42 (1991), pp. 99–109.

Jan, Yün-hua（冉云华）. "Chinese Buddhism in Ta-tu: The New Situation and New Problem," in Hok-lam Chan and de Bary: *Yüan Thought*, pp. 375–417.

Jen, Yu-wen（简又文）. "Ch'en Hsien-chang's Philosophy of the Nature," in Wm. Theodore de Bary, ed. *Self and Society in Ming Thought*, pp. 53–92.

Johnson, David George. *The Medieval Chinese Oligarchy*. Boulder, Colo.: Westview Press, 1977.

Kao, Ming（高明）. "Chu His's Discipline of Propriety," in Wing-tsit Chan, ed. *Chu Hsi and Neo-Confucianism*, pp. 312–336.

Kelleher, M. Theresa. "Back to Basics: Chu Hsi's Elementary Learning (Hsiao-hsüeh)," in Wm. Theodore de Bary and Johen W. Chaffee, eds. *Neo-Confucian Education*, pp. 219–251.

Kelley, Donald R. *Foundations of Modern Historical Scholarship*. New York: Columbia University Press, 1970.

Kieschnick, John. *The Eminent Monk, Buddhist Ideals in Medieval Chinese Hagiography*. Stanford: Stanford University Press, 1997.

Kinney, Anne B. *Chinese Views of Childhood*. Honolulu: University of Hawaii Press, 1995.

Kleeman, Terry F.（祁泰履）. *A God's Own Tale*. Albany, N.Y.: State University of New York Press, 1994.

Knechtges, David R. *Wen-xuan or Selections of Refined Literature*. Princeton: Princeton University Press, 1982.

Knoblock, John. *Xunzi: A Translation and Study of the Complete Works*, 3 vols. Stanford: Stanford University Press, 1988–1994.

Ko, Dorothy（高彦颐）. *Teachers of the Inner Chambers: Women and Culture in Seventeenth-Century China*. Stanford: Stanford University Press, 1994.

Korotayev, Andrey et al. *Introduction to Social Macrodynamics*. Moscow: Editorial URSS,

2006.

Kracke, Edward A. "The Expansion of Educational Opportunities in the Reign of Hui-tsung of the Sung and Its Implications," *Sung Studies Newsletter*, no. 13 (1977), pp. 6–30.

Kuhn, Thomas S. *The Structure of Scientific Revolutions*, 2nd enlarged edition. Chicago: University of Chicago Press, 1970.

Lach, Donald F. and Theodore Nicholas Foss. "Images of Asia and Asians in European Fiction, 1500–1800," in Thomas H. C. Lee, ed. *China and Europe: Images and Influences in Sixteenth to Eighteenth Centuries* (Hong Kong: The Chinese University Press, 1991), pp. 165–188.

Laing, Ellen J. "Li Sung and Some Aspects of Southern Sung Figure Painting," *Artibus Asiae*, Vol. 37, Nos. 1/2 (1975), pp. 5–38.

Lamay, J. A. Leo and P. M. Zall, eds. *Benjamin Franklin's Autobiography*. New York: W. W. Norton, 1986.

Lau, D. C.（刘殿爵）, tr. *Mencius*. Hong Kong: The Chinese University Press, 1984.

Leclercq, Jean. *The Love of Learning and the Desire for God: A study of Monastic Culture*, tr. by Catharine Misrahi. New York：Fordham University Press, 1961.

Lee, Thomas H. C.（李弘祺）. "Book Review on Anne Behnken Kinney, ed.: Chinese Views of Childhood (Honolulu: University of Hawaii Press, 1995)," *China Review International*, Vol. 4, No. 2 (1997), pp. 454–457.

Lee, Thomas H. C.（李弘祺）. "Book Review on Hilde de Weerdt: Competition over Content: Negotiating Standards for the Civil Service Examinations in Imperial China (1127–1279)," *American Historical Review*, Vol. 115, No. 1 (2010), pp. 203–204.

Lee, Thomas H. C.（李弘祺）. "Books and Bookworms in Song China: Book Collection and the Appreciation of Books," *Journal of Sung-Yuan Studies*, Vol. 25 (1995), pp. 194–218.

Lee, Thomas H. C.（李弘祺）. "Chu Hsi, Academies, and the Tradition of Private Chiang-hsüeh",《汉学研究》，第 2 卷，第 1 期（1984），页 301–329。

Lee, Thomas H. C.（李弘祺）. "History, Erudition and Good Government: Cheng Ch'iao and Encyclopedic Historical Thinking," in his ed. *The New and the Multiple*: Sung Senses of the Past, pp. 163–200.

Lee, Thomas H. C.（李弘祺）. "Introduction," in his ed. *The New and the Multiple: Sung Senses of the Past*, pp. vii–xxxii.

Lee, Thomas H. C.（李弘祺）. "Life in the Schools of Sung China," *JAS*, Vol. 37 (1977), pp. 30–45.

Lee, Thomas H. C.（李弘祺）. "New Directions in Northern Sung Historical Thinking (960–1126)," in Georg G. Iggers and Edward Q. Wang, eds. *Turning Points in Historiography: A Cross-Cultural Perspective* (Rochester: University of Rochester Press, 2001), pp. 59–88.

Lee, Thomas H. C.（李弘祺）. "Politics, Examinations and Chinese Society, 1000–1500: Reflections on the Rise of the Local Elite and the Civil Society in Late Imperial China", 中研院近代史研究所編：《近世家族与政治比较历史论文集》（台北：中研院近代史研究所，1992），页1–32。

Lee, Thomas H. C.（李弘祺）. "Review Essay: Imagine the Chinese Examination System: Historical Nature and Modern Usefulness: on Benjamin Elman: *A Cultural History of Civil Examinations in Late Imperial China*, Berkeley, CA: University of California Press, 2000. xlii, 847 pp. and Liu Haifeng 刘海峰: Kejuxue daolun 科举学导论（Study of Imperial Examination), Wuhan 武汉, China: Huazhong shifan daxue chubanshe 华中师范大学出版社, 2005. iii, 465 pp.," *China Review International*, Vol. 13, No. 1 (2006), pp. 1–15.

Lee, Thomas H. C.（李弘祺）. "Social Justice in China, Ideal and Practice in Sung China as a Case," in Walter Schweidler, ed.*Menschenrechte und Germeinsinn-westlicher und östlicher Weg?* (Sankt Augustin, Germany: Academia, 1998), pp. 257–284.

Lee, Thomas H. C.（李弘祺）. "Social Justice in Traditional China, Ideal and Practice in Sung China (960–1278) as a Case," in Walter Schweidler, ed. *Menschenrechte und Gemeinsinn-westlicher und östlicher Weg?* (Sankt Augustin: Academia, 1988), pp. 357–384.

Lee, Thomas H. C.（李弘祺）. "The Discovery of Childhood: Children Education in Sung China (960–1279)," in Sigrid Paul, ed.*Kultur: Begriff und Wort in China und Japan* (Berlin: Dietrich Reimer Verlag, 1984), pp. 159–202.

Lee, Thomas H. C.（李弘祺）. "The Social Significance of the Quota System in Sung

Civil Service Examinations",《香港中文大学中国文化研究所学报》, 第 13 卷（1982）, 页 287–318。

Lee, Thomas H. C.（李弘祺）. *Education in Tradition China, A History*. Leiden: E. J. Brill, 2000.

Lee, Thomas H. C.（李弘祺）. *Government Education and Examinations in Sung China*. Hong Kong: The Chinese University Press; New York: St. Martin's, 1985.

Lee, Thomas H. C.（李弘祺）, ed. *The New and the Multiple: Sung Senses of the Past*. Hong Kong: The Chinese University Press, 2004.

Leff, Gordon. *Paris and Oxford Universities in the Thirteenth and Fourteenth Centuries*. New York: Wiley & Sons, 1968.

Legge, James. *The Sacred Books of China, The Texts of Confucianism*, pt. iv: "The Li ki (Li-chi)". Delhi: Motilal Banarsidas, 1986, reprint of 1885 Oxford University Press ed.

Levenson, Joseph R. *Confucian China and Its Modern Fate, A Trilogy*, 3 vols. Berkeley: University of California Press, 1968.

Leys, Simon, tr. *The Analects of Confucius*. New York: W. W. Norton, 1997.

Liu, James T. C.（刘子健）. "The Classical Chinese Primer: Its Three-Character Style and Authorship," *Journal of the American Oriental Society*, Vol. 105, No. 2 (1985), pp. 191–196.

Liu, James T. C.（刘子健）. "Yüeh Fei (1103–1141) and China's Heritage of Loyalty," *JAS*, Vol. 32, No. 2 (1972), pp. 291–297.

Liu, James T. C.（刘子健）. *China Turning Inward: Intellectual-political Changes in the Early Twelfth Century*. Cambridge, Mass.: Council on East Asian Studies, Harvard University, 1988.

Liu, Kwang-ching（刘广京）. "Education for Its Own Sake: Notes on Tseng Kuo-fan's Family Letters," in Benjamin A. Elman and Alexander Woodside, eds. *Education and Society in Late Imperial China, 1600–1900* (Berkeley: University of California Press, 1994), pp. 76–108.

Liu, Kwang-ching（刘广京）. "Socioethics as Orthodoxy: A Perspective," in his ed. *Orthodoxy in Late Imperial China*, pp. 53–100.

Liu, Kwang-ching（刘广京）, ed. *Orthodoxy in Late Imperial China*. Berkeley: University of California Press, 1990.

Liu, Tsun-yan（柳存仁）and Judith Berling. "The 'Three Teachings' in the Mongol-Yuan Period," in Hok-lam Chan and Wm. Theodore de Bary, eds. *Yüan Thought*, pp. 479–512.

Loewe, Michael. *Divination, Mythology and Monarchy in Han China*. Cambridge: Cambridge University Press, 1994.

Loewe, Michael, ed. *Early Chinese Texts: A Bibliographical Guide*. Berkeley: The Society of Early China and the Institute of East Asian Studies, University of California, 1993.

Loewe, Michael and Edward L. Shaughnessy, eds. *The Cambridge History of Ancient China: From the Origins of Civilization to 221 B.C.* Cambridge and New York: Cambridge University Press, 1999.

Mair, Victor H. *Tun-huang Popular Narratives*. Cambridge: Cambridge University Press, 1983.

Marrou, Henri I. *A History of Education in Antiquity*. New York: Heed & Ward, 1956.

Marshall, P. J. and Glyndwr Williams. *The Great Map of Mankind, Perceptions of New Worlds in the Age of Enlightenment*. Cambridge, Mass.: Harvard University Press, 1982.

Maspero, Henri. *Taoism and Chinese Religion*, tr. by Frank Kierman, Jr. Amherst: University of Massachusetts Press, 1981.

Mather, Richard B. "K'ou Ch'ien-chih and the Taoist Theocracy at the Northern Wei Court, 425–451," in Holmes Welch and Anna Seidel, eds. *Facets of Taoism*, pp. 103–122.

Mather, Richard B. "The Controversy Over Conformity and Naturalness during the Six Dynasties," *History of Religions*, Vol. 9, Nos. 2/3 (1969–1970), pp. 160–180.

Mather, Richard B. *Shih-shuo hsin-yü: A New Account of Tales of the World*. Minneapolis: University of Minnesota Press, 1976.

Mazlish, Bruce. *The Riddle of History*. New York: Harper & Row, 1966.

McMullen, David. *State and Scholars in T'ang China*. Cambridge: Cambridge University Press, 1988.

Menaker, Daniel. *A Good Talk: The Story and Skill of Conversation*. New York: Hachette

Books Group, 2010.

Menegon, Eugenio. "A Different Country, the Same Heaven: A Preliminary Biography of Biulio Alenis, S. J.," *Sino-Western Cultural Relations Journal*, No. 15 (1993), pp. 27–51.

Meskill, John. *Academies in Ming China, a Historical Essay*. Tucson: University of Arizona Press, 1982.

Meskill, John. *Politics in the Ming Examinations*. Private circulated monograph, 1999.

Metzger, Thomas. "Some Ancient Roots of Modern Chinese Thought: Thisworldliness, Epistemological Optimism, Doctrinality and the Emergence of Reflexibility in the Eastern Chou," *Early China*, Nos. 11/12 (1987), pp. 66–72.

Mill, John Stuart. *On Liberty*. New York: E. P. Dutton, 1951.

Miller, Perry. *The New England Mind: the Seventeenth Century*. Boston: Beacon, 1961.

Miller, Stephen. *Conversation: A History of a Declining Art*. New Haven: Yale University Press, 2007.

Montgomery, R. J. *Examinations: An Account of Their Evolution as Administrative Devices in England*. Pittsburgh: University of Pittsburgh Press, 1965.

Mookerji, Radha Kumud. *Ancient Indian Education: Brahmanical and Buddhist*. London: Macmillan, 1947.

Morgan, Evan, tr. *A Guide to Wenli Styles and Chinese Ideals: Essays, Edicts, Proclamations, Memorials, Letters, Documents, Inscriptions, Commercial Papers*. Shanghai: Christian Literature Society for China, 1912.

Mote, Frederick W. "Confucian Eremitism in the Yüan Period," in Arthur F. Wright, ed. *The Confucian Persuasion*, pp. 202–240.

Mote, Frederick W. and Denis C. Twitchett, eds. *The Cambridge History of China, vol. 8: The Ming Dynasty, 1368–1644*, pt. 2. Cambridge and New York: Cambridge University Press, 1998.

Nakayama, Shigeru（中山茂）. *Academic and Scientific Traditions in China, Japan and the West*. Tokyo: University of Tokyo Press, 1984.

Narain S. *Examinations in Ancient India*. New Delhi, India: Arya Book Depot, 1993.

Needham, Joseph. "Time and the Eastern Man," in his *The Grand Titration: Science and

Society in East and West (Toronto: University of Toronto Press, 1969), pp. 218–298.

Needham, Joseph. *Science in Traditional China*. Hong Kong: The Chinese University of Hong Kong, 1980.

Needham, Joseph. *Science and Civilisation in China*, vol. 1. Cambridge: Cambridge University Press, 1954.

Needham, Joseph. *Science and Civilisation in China*, vol. 2. Cambridge: Cambridge University Press, 1956.

Needham, Joseph. *Science and Civilisation in China*, vol. 4, pt. 2. Cambridge: Cambridge University Press, 1965.

Needham, Joseph. *Science and Civilisation in China*, vol. 6, pt. 1. Cambridge: Cambridge University Press, 1986.

Needham, Joseph. *Science and Civilisation in China*, vol. 6, pt. 2, co-edited with Francesca Bray. Cambridge: Cambridge University Press, 1984.

Needham, Joseph and Lu Gwei-djen（鲁桂珍）. "China and the Origin of Qualifying Examinations in Medicine," in Needham: *Clerks and Craftsmen in China and the West* (Cambridge: Cambridge University Press, 1970), pp. 379–395.

Nicolson, Marjorie H. "Virtuoso," in Philip P. Wiener: *Dictionary of the History of Ideas* (New York: Charles Scribner's Sons, 1973), vol. 4, pp. 486–490.

Niebuhr, Reinhold. *Moral Man and Immoral Society*. New York: Charles Scribner's Sons, 1932.

Nivison, David S. "Protest Against Conventions and Conventions of Protest," in Arthur F. Wright, ed. *The Confucian Persuasion*, pp. 177–201.

Nivison, David S. "The Dates of Western Chou," *HJAS*, Vol. 43, No. 2 (1983), pp. 481–580.

Ofuchi, Ninji（大渊忍尔）. "The Formation of the Taoist Canon," in Holmes Welch and Anna Seidel, eds. *Facets of Taoism*, pp. 253–267.

Okada, Takehiko（冈田武彦）. "Wang Chi and the Rise of Existentialism," in Wm. Theodore de Bary, ed. *Self and Society in Ming Thought*, pp. 121–144.

Owen, Stephen. *Remembrances: The Experience of the Past in Classical Chinese Literature*. Cambridge, Mass.: Harvard University Press, 1986.

Paar, Francis W., ed. *Ch'ien-tzu wen: The Thousand Character Classic, A Chinese Primer*. New York: Frederick Ungar, 1963.

Paper, Jordan D. *An Index to Stories of the Supernatural in the Fa Yuan Chu Lin*. Taipei: Chinese Materials and Research Aids Service Center, 1973.

Paper, Jordan D. *The Fu-tzu, a Post-Han Confucian Text*. Leiden: E. J. Brill, 1987.

Parker, Irene. *Dissenting Academies in England: Their Rise and Progress and Their Place among the Educational Systems of the Country*. Cambridge: Cambridge University Press, 1914.

Parks, George B. "Travel as Education," in Richard F. Jones, ed. *The Seventeenth Century: Studies in the History of English Thought and Literature from Bacon to Pope* (Stanford: Stanford University Press, 1951), pp. 264–290.

Pelikan, Jaroslav. *The Christian Tradition: A History of the Development of Doctrine, vol. 4, Reformation of Church and Dogma (1300–1700)*. Chicago: University of Chicago Press, 1984.

Pelliot, Paul. "Le Ts'Ien Tseu Wen Ou 'Livre Des Mille Mots'," *T'oung Pao*, Vol. 24, nos. 2/3 (1925–1926), pp. 179–214.

Piaget, Jean. *John Amos Comenius on Education*. New York: Teachers College Press, 1967.

Poo, Mu-chou（蒲慕州）. *In Search of Personal Welfare: A View of Ancient Chinese Religion*. Albany: State University of New York Press, 1998.

Porter, Jonathan. *Tseng Kuo-fan's Private Bureaucracy*. Berkeley: University of California Press, 1972.

Powers, Martin. *Art and Political Expression in Early China*. New Haven: Yale University Press, 1991.

Qian, Xhongshu（钱钟书）. "China in the English Literature of the Eighteenth Century," in Adrian Hsia, ed. *The Vision of China in the English Literature of the Seventeenth and Eighteenth Centuries* (Hong Kong: The Chinese University Press, 1999), pp. 117–214.

Queen, Sarah. *From Chronicle to Canon: The Hermeneutics of the Spring and Autumn, According to Tung Chung-shu*. Cambridge: Cambridge University Press, 1966.

Raphael, D. D. "Moral Sense," in Philip P. Wiener, ed. *Dictionary of the History of Ideas*

(New York: Charles Scribner & Sons, 1973), vol. 3, pp. 230–235.

Rawski, Evelyn. *Education and Popular Literacy in Ch'ing China*. Ann Arbor: University of Michigan Press, 1979.

Reischauer, Edwin O. *Ennin's Travels in T'ang China*. New York: Ronald Press, 1955.

Ringer, Fritz. *The Decline of the German Mandarins*. Cambridge, Mass.: Harvard University Press, 1969.

Robinet, Isabelle. *Taoist Meditation: The Mao-shan Tradition of Great Purity*. Albany: State University of New York Press, 1993.

Rossabi, Morris. *China among Equals, The Middle Kingdom and Its Neighbors, 10th- 14th Centuries*. Berkeley: University of California Press, 1983.

Rowe, William T. "Education and Empire in Southwest China, Ch'en Hung-mou

in Yunna, 1733–1738," in Benjamin A. Elman and Alexander Woodside, eds. *Education in Late Imperial China* (Berkeley: University of California Press, 1994), pp. 417–457.

Rump, Araine. *Commentary on the Lao Tzu by Wang Pi*. Honolulu: The University Press of Hawaii, 1979.

Sakai, Tadao（酒井忠夫）: "Confucianism and Popular Educational Works," in Wm. Theodore de Bary, ed. *Self and Society in Ming Thought*, pp. 331–366.

Schama, Simon. *The Embarrassment of Riches*. London: Collins, 1987.

Schirokauer, Conrad. "Hu Yin's 'Recounting the Past in a Thousand Words': A Little History Primer Praised by Chu Hsi", 钟彩钧编：《国际朱子学会议论文集》（台北：中研院中国文哲所筹备处，1993），下册，页1049–1081。

Schirokauer, Conrad. *A Brief History of Chinese Civilization*. Orlando, Fl.: HBJ, 1991.

Schmidt-Glintzer, Helwig, ed. *Lebenswelt und Weltanschauung im frühneuzeitlichen China*. Stuttgart: Franz Steiner Verlag, 1990.

Schneewind, Sarah. "Community Schools and Improper Shrines: Local Institutions and the Chinese State in the Ming Period," PhD disseration, Columbia University, 1999.

Schneewind, Sarah. *Community School and the State in Ming China*. Stanford: Stanford University Press, 2006.

Shaughnessy, Edward L. *I Ching, The Classic of Change*. New York: Ballantine Books, 1996.

Shryock, J. K. *The Study of Human Abilities, The Jen wu chih of Liu Shao*. New Haven: American Oriental Society, 1937.

Sivin, Nathan. *Science and Civilisation in China*, vol. 6, pt. 6. Cambridge: Cambridge University Press, 2000.

Spence, Jonathan D. *The Chan's Great Continent*. New York: Norton, 1998.

Spence, Jonathan D. *The Memory Palace of Matteo Ricci*. New York: Viking, 1984.

Strassberg, Richard. *The World of K'ung Shang-jen: A Man of Letters in Early Ch'ing China*. New York: Columbia University Press, 1983.

Strickman, Michel. "On the Alchemy of T'ao Hung-ching," in Holmes Welch and Anna Seidel, eds. Facets of Taoism, pp. 123–191.

Strickman, Michel. "The Mao-shan Revelations: Taoism and the Aristocracy," *T'oung Pao*, Vol. 63, No. 1 (1977), pp. 1–64.

Suesse, Evan. "Ritual," in Mercea Eliade, ed. *Encyclopedia of Religion* (New York: Macmillan, 1987), vol. 12, p. 405b.

Swann, Nancy Lee. *Pan Chao, Foremost Women Scholar of China*. New York: Russell & Russell, 1980, reprint of 1932 ed.

Sylvester, D. W. *Educational Documents, 800–1816*. London: Methuen, 1970.

Tacitus. *Annals*, in *The Complete Works of Tacitus*, tr. by A. J. Church and W. J. Brodribb. New York: Random House, 1942.

Tawney, Richard H. *Religion and the Rise of Capitalism*. New York: Harcourt, Brace, 1926.

Teiser, Stephen F. *The Ghost Festival in Medieval China*. Princeton: Princeton University Press, 1988.

Teng, Ssu-yü（邓嗣禹）. "Chinese Influence on the Western Examination System,"*HJAS*, Vol. 7, No. 4 (1943), pp. 267–312.

Teng, Ssu-yü（邓嗣禹）, tr. *Family Instructions for the Yen Clan*. Leiden: E. J. Brill, 1968.

Tillman, Hoyt Cleveland. "Encyclopedias, Polymaths, and Tao-hsüeh Confucians: Preliminary Reflections with Special Reference to Chang Ju-yü," *Journal of Sung-Yuan Studies*, No. 22 (1990–1992), pp. 89–108.

Tillman, Hoyt Cleveland. "Proto-Nationalism in Twelfth-Century China? The Case of Ch'en Liang," *HJAS*, Vol. 39, No. 2 (1979), pp. 403–428.

Tillman, Hoyt Cleveland. *Confucian Discourse and Chu Hsi's Ascendancy*. Honolulu: University of Hawaii Press, 1992.

Tjan, Tjoe Som（曾珠森）. *Po Hu T'ung, The Comprehensive Discussions in the White Tiger Hall*, 2 vols. Leiden: E. J. Brill, 1949–1952.

Tsien, Tsuen-hsuin（钱存训）. "Why Paper and Printing Were Invented First in China and Later Used in Europe," in Li Guohao（李国豪）et al., eds. *Explorations in the History of Science and Technology in China: A Special Number of the 'Collections of Essays on Chinese Literature and History'* (Shanghai: Shanghai Chinese Classics Publish House, 1982), pp. 459–470.

Tu, Wei-ming（杜维明）. "Towards an Understanding of Liu Yin's Confucian Eremitism," in Hok-lam Chan and Wm. Theodore de Bary, eds. *Yüan Thought*, pp. 233–278.

Tu, Wei-ming（杜维明）. *Neo-Confucian Thought in Action, Wang Yang-ming's Youth*. Berkeley: University of California, 1976.

Twitchett, Denis C. "Lu Chih (754–805): Imperial Adviser and Court Official," in Arthur F. Wright and Denis C. Twitchett, eds. *Confucian Personalities*, pp. 84–122.

Twitchett, Denis C. "The Composition of the T'ang Ruling Class: New Evidence from Tun-huang," in Arthur F. Wright and Denis C. Twitchett, eds. *Perspectives on the T'ang*, pp. 47–85.

Twitchett, Denis C. *Printing and Publication in Medieval China*. London: The Wynkyn de Worde Society, 1994.

Twitchett, Denis C. *The Writing of Official History under the T'ang*. Cambridge: Cambridge University Press, 1992.

Twitchett, Denis C., ed. *The Cambridge History of China*, vol. 3: Sui and T'ang China, 589–906, pt. 1. Cambridge and York: Cambridge University Press, 1979.

Twitchett, Denis C. and Michael Loewe, eds. *The Cambridge History of China, vol. 1: Ch'in and Han Empires, 221B.C.–A.D.220*. Cambridge and New York: Cambridge University Press, 1986.

Übelhor, Monika. "The Community Compact (Hsiang-yüeh) of the Sung and Its Educational Significance," in Wm. Theodore de Bary, ed. *Neo-Confucian Education*, pp. 371–388.

Unschuld, Paul U. *Medicine in China: A Historical Survey*. Berkeley: University of California Press, 1985.

Van Gulik, Robert H. *Hsi K'ang and His Poetical Essay on the Lute*. Tokyo and Rutland, Vt.: Charles E. Tuttle, 1968.

Van Zoeren, Steve. *Poetry and Personality: Reading, Exegesis, and Hermeneutics in Traditional China*. Stanford: Stanford University Press, 1991.

Vitz, Paul. "The Psychology of Atheism," *Truth*, Vol. 1 (1985), pp. 29–36.

Von Glahn, Richard. *The Country of Streams and Grottos*. Cambridge, Mass.: Harvard University Council of East Asian Studies, 1987.

Wakeman, Frederick. "The Price of Autonomy: Intellectuals in Ming and Ch'ing Politics," *Daedalus* (Spring, 1972), pp. 35–70.

Waley, Arthur. *Ballads and Stories from Tun-huang*. London: George Allen & Unwin, 1960.

Waley, Arthur. *The Life and Times of Po Chü-i*. London: George Allen & Unwin, 1949.

Waley, Arthur, tr. *The Analects of Confucius*. London: George Allen & Unwin, 1938.

Watson, Burton. *Chinese Lyricism: Shih Poetry from the Second to the Twelfth Centuries*. New York: Columbia University Press, 1971.

Watson, Burton. *Chuang-tzu, Basic Writings*. New York: Columbia University Press, 1964.

Weber, Max. *The Protestant Ethic and the Spirit of Capitalism*, tr. by Talcott Parsons. New York: Charles Scribnerís Sons, 1958.

Weber, Max. *The Religion of China: Confucianism and Taoism*, tr. and ed. by Hans H. Gerth, with an introd. by C. K. Yang. New York: The Free Press, 1964.

Wechsler, Howard J. "The Confucian Teacher Wang T'ung (584?–617): One Thousand Years of Controversy," *T'oung Pao*, Vol. 63, Nos. 4/5 (1977), pp. 225–272.

Wechsler, Howard J. *Mirror to the Son of Heaven: Wei Cheng at the Court of T'ang T'ai-tsung*. New Haven: Yale University Press, 1975.

Wechsler, Howard J. *Offerings of Jade and Silk: Ritual and Symbol in the Legitimation of the T'ang Dynasty*. New Haven: Yale University Press, 1985.

Wei, Cheng-t'ung（韦政通）. "Chu Hsi on the Standard and the Expedient," in Wing-tsit Chan, ed. *Chu Hsi and Neo-Confucianism*, pp. 255–272.

Weinstein, Stanley. *Buddhism under the T'ang*. Cambridge: Cambridge University Press,

1987.

Welch, Holmes and Anna Seidel, eds. *Facets of Taoism, Essays in Chinese Religion*. New Haven: Yale University Press, 1979.

Whilhelm, Richard. *The I Ching or Book of Changes*, tr. by Cary F. Baynes. Princeton: Princeton University Press, 1967.

Wilkinson, Erdymion. *Chinese History: A Manual*. Cambridge, Mass.: Harvard University East Asian Center, 1998.

Winkelman, John H. *The Imperial Library in Southern Sung China, 1127–1279: A Study of the Organization and Operation of the Scholarly Agencies of the Central Government*. Philadelphia: The American Philosophical Society, 1974.

Wittfogel, Karl A. and Feng Chia-sheng（冯家升）. *History of Chinese Society: Liao, 907–1125*. Philadelphia: American Philosophical Society, 1949.

Wixted, John T. *Poems on Poetry: Literary Criticism by Yuan Hao-wen (1190–1257)*. Wiesbaden: Franz Steiner Verlag, 1982.

Wong, K. Chimin（王吉民）and Wu Lien-teh（伍连德）. *History of Chinese Medicine: Being a Chronicle of Medical Happenings in China from Ancient Times to the Present Period*. Tientsin: The Tientsin Press, 1932.

Wright, Arthur F. *Buddhism in Chinese History*. Stanford: Stanford University Press, 1959.

Wright, Arthur F. *Studies in Chinese Buddhism*, ed. by Robert M. Somers. New Haven: Yale University Press, 1990.

Wright, Arthur F., ed. *The Confucian Persuasion*. Stanford: Stanford University Press, 1960.

Wright, Arthur F. and Denis C. Twitchett, eds. *Confucian Personalities*. Stanford: Stanford University Press, 1962.

Wright, Arthur F., eds. *Perspectives on the T'ang*. New Haven: Yale University Press, 1973.

Wright, Mary C. *The Last Stand of Chinese Conservatism*. Stanford: Stanford University Press, 1957.

Wu, Hung（巫鸿）. "What Is Bianxiang（变相）? On the Relationship between Dunhuang Art and Dunhuang Literature," *HJAS*, Vol. 52 (1991), pp. 111–192.

Wu, Pei-yi（吴百益）. "Education of Children in the Sung," in Wm. Theodore de Bary and John W. Chaffee, eds. *Neo-Confucian Education*, pp. 307–324.

Wu, Pei-yi（吴百益）. "Self-Examination and Confession of Sins in Traditional China," *HJAS*, Vol. 39 (1979), pp. 5–38.

Wyatt, Don J. *The Recluse of Loyang: Shao Yung and the Moral Evolution of Early Sung Thought*. Honolulu: University of Hawaii Press, 1996.

Yang, Lien-sheng（杨联升）. "The Concept of 'bao' as a Basis for Social Relations in China," in John K. Fairbank, ed. *Chinese Thought and Institutions* (Chicago: University of Chicago Press, 1957), pp. 291–309.

Yoshitoyō, Yoshioka（吉冈义丰）. "Taoist Monastic Life," in Holmes Welch and Anna Seidal, eds. *Facets of Taoism*, pp. 229–252.

Yu, Chun-fang（于君方）. *The Renewal of Buddhism in China: Chu-hung and the Late Ming Synthesis*. New York: Columbia University Press, 1981.

Yü, Ying-shih（余英时）. "Some Preliminary Observations on the Rise of Ch'ing Confucian Intellectualism",《清华学报》, 第 11 卷, 第 1/2 期（1975）, 页 105–146。

Zasloff, Tela. "Readings on Literacy: A Bibliographical Essay," in Daniel P. Resnick, ed. *Literacy in Historical Perspective*(Washington, D.C.: Library of Congress, 1983), pp. 155–170.

Zürcher, Erik. "Buddhism and Education in T'ang Times" in Wm. Theodore de Bary and John W. Chaffee, eds. *Neo-Confucian Education*, pp. 19–56.

Zürcher, Erik. *The Buddhist Conquest of China*. Leiden: E. J. Brill, 1972.

索　引

A

阿赫叶（Philippe Ariès）42，606
阿奎纳（Thomas Aquinas）35
艾尔曼（Benjamin Elman）153
安史之乱　224，235，356，395，488，492-493，499
鳌峰书院　536

B

八宝　280
八德　303，529，531
八股文　131，143-144，146，149-150，152-153，598，608-610
八戒　279
白居易　242，497
白鹿洞书院　96，271，373，521，533-535，594
《白鹿洞书院揭示》　507，511-512
《百家姓》　327，395，396，401，406，598
《百丈清规》　240，275-276，502-503
柏林（Isaiah Berlin）377
班彪　453
班固　213，353，382-384，453，475
班昭　409，411-412，453
包拯　428
宝卷　308
保守主义　29
报　24
《抱朴子》　392
鲍宣　540
北齐　419
《北史》　216，335

北魏　69-70，121-122，355
《北溪字义》　400
北周　355
《本草》　445
本行十戒　501
辟雍　47，60
笔试　107，111，122，参看"书面考试"
边冈　461
变文　236-240，393，604
标准化　20，215-218，220-224
博士　50-53，75，77，179-180，220，法学博士444，汉朝51-52，59-60，179，稷下博士51，刻漏博士445，448注，秦朝50-51，473，四门博士66注，太学博士111，192，太医博士457，天文博士445，魏晋南北朝59-60，61，66注，67，68，69，五经博士51，64，179，医学博士444，445
博文　18-19，21，参看"博文"
博学　163，260-262，274，335，参看"博学"
布迪厄（Pierre Bourdieu）152注，589

C

蔡京　83-84，245，446，510，545
蔡沈　310-311，339
蔡襄　461
蔡琰　453
蔡邕　353，386，410，453，475
藏书　78，351-373，458-560
曹操　56，117-119，417-418，420
曹大姑　409
曹丕　56，59，117
曹士蒍　455

曹植　417-418
《草堂学则》　533
策　130，146
察举　62，101，107-116，169
禅宗　240，264，274-275，281，284及注，290及注，502，509-510
常识　312
常态科学　309，311-313，528，563，
晁错　107，
朝鲜　72，87，94，100，268，387，525
车胤　350
陈白沙　282-285，531
陈淳　400
陈东　546-547
陈东原　106，413，586
陈蕃　114
陈澔　310-311
陈宏谋　438，613
陈确　405
陈寔　477
陈文蔚　511
陈宜中　552-554
陈耆　460
陈自明　456，459
呈现（representation）40，参看"再现"
程登吉　405
《程董二先生学则》　514
程端礼　336-338，340，400，606
程端蒙　336，400，514
程颢　244，285-286，291-292，310-311，334，338-339，437，545
《程氏家塾读书分年日程》　336-337
程颐　244，285-286，291-292，310-311，334，338-339，437，545
崇文馆　74，490
崇文院　357
《崇文总目》　358
崇玄学　74
《楚辞》　337
传灯　204，233，605
传统　203注，205，210，218-220，221，230-231，247，260，262，279，294，298，302，328，355，359，365，368，400，401，406，418，460，461，472，515，519-521，530，532，534，541，555，558，参看"保守主义"、"道学"、"礼仪"、"儒家"、"家学传统"、"经学"、"权威性格"、"三教"、"书面考试"、"庶民主义"、"书院"、"学以为己"、"养士"、"自然法"
《传习录》　295，344
《春秋》　60，66注，320，339，参看《公羊传》、《穀梁传》、《左传》
聪明观　63-64
《聪训斋语》　325
丛林　7，29，502，509，594
崔浩　122，385
崔寔　353，455

D

《大戴礼记》　52注，60，171，183，207，217注，323及注，336，412
《大道宗》　278-279
《大诰》　340-341，345，411，529，看《御制大诰》
大理寺　447
《大唐开元礼》　125，220
《大学》　10，230，258-259，277，310，336，339-340，344
《〈大学〉问》　344
大丈夫　292，293，299，565，568，613
大众教育　380，看"庶民教育"
党锢之祸　54，59，541-543
道　30，34，201，227，228注，283，296，565，参看"自然法"
道安　63，193-194，484，488
道德感　36，576
道德计算　301，309，574
《道德经》　266，看《老子》
道家　4-5，6，7，29-31，74，188，192，参看"新道教"
道教　30-31，201-204，231，234，237，275，277-281，328-329，392，421，422，462，478，485-488，与儿童教育 532-534
道生　193
道统　31-33，204，225，227-231，234，495
道统感　27
道宣　491
道学　21注，21，22-24，25，27，32，92，94，

97，98，146，229，240，242，252，253，258，260-262，263，267，270，272-276，281-304，307，310，311，330，340，345，398，403，407，437，431，434，506-507，参看"静坐"、"理学"、"心学"、"学规"

德辉 276

狄德罗（Denis Diderot）562注

狄培理（Wm. Theodore de Bary）21注，32注，228注，520注

地方学校 54，91-92，449-450，秦朝 54-54，汉朝 54-59，明朝 94-96，343，526-527，隋唐 77，445，490，宋朝 82-84，魏晋南北朝 61，69-70，元朝 340，448-450

地方志 261

地主 22，189，439，590，592，606

弟子 324及注，466-469，469及注，469-472，472-473，477-478，481-482，484，486-488，494，501，503，516，520，527，561，看"门生"、"学生"

《弟子职》 345，470，485

《帝范》 424

典范 109，167，227，309，311，407，427，527，541-542，563，578

殿试 128-129，138-139，145-146，511，552

丁大全 551-552

东佳书堂 426-427

东林书院 97-98，297-299，301，436，536-538，553，594，参看"会约"、"讲学"

东庠 62

董源 567

董仲舒 108，111，177-178，185-186，205，349，604

都市化 23，298，304，308，347，571，582，594

窦仪 250

读书的乐趣 318，348，355，361，362，366，376，377，596

读书法 274，333，334，335，344，527，531，532

《读书分年日程》，400，606，看《程氏家塾读书分年日程》

读书人 128，150，152-153，179，196，273，318-319，352，355，358-360，429，433，460，516，524，556，564-565，567-568，570，587-596，598，603，606，612-614，看"士人"、"文人"

杜道坚 277

杜甫 197，225，372，403

杜嗣先 394

杜佑 52，70，77，111，123，221，335，478，481

杜预 207，207，210，218，269，410，482

端 166

对话（dialogue）519，562，参看"讨论"

E

鹅湖 520-521

儿童 187，看"童年"、"童子"

儿童画 249

《尔雅》 124，182，210，382-383，458

二十四孝 40，425，600

F

《发蒙记》 388

法家 59，103-104，171，277，337，446，471-473，507，510，517

法律知识 126，137，325，386，443-444，490，看"法学"

法学（学校）112，444，446

《法苑珠林》 391，484

反智主义 289

范冲 454

范纯仁 350

范宁 209，331

范钦 367

范蔚 361

范晔 114，125，195，424

范仲淹 80，244-245，337，350，370，428-430，504，506，508，510，517，543

范祖禹 454

方逢辰 396-397，463

方孝孺 531

方丈 86，194

封禅 219

佛教 6，7，12，14，28-29，63，70，86，100，228，235，276，324，422，483，487，金朝 270，辽朝 137，268，明朝 284，289-291，宋朝 244，281，509-510，唐朝 12，78，231-232，235-240，242，328，356，390，393，魏晋南北朝 63，70，191，192-199，元朝 271，274-276，与藏书 353，与朱熹 7，与识字教育 500，与书院 91，参看"山林讲学"、"僧伽戒律"

伏生 476
苻坚 62-63
府试 139
复古 137, 159, 226, 参看"保守主义"、"古文"
《复性书》 229
傅山 440
傅玄 192, 480
富兰克林（Benjamin Franklin） 301, 572, 574-577, 580-583

G

盖伊，彼得（Peter Gay） 409
感性 36
高等教育 72-73, 看"国子学"、"太学"
高凤 350
高明士 72
高攀龙 293, 437, 531
格物 246, 259, 273, 284-288, 301注
格义 193
葛洪 203, 231, 392, 462, 486
个人主义 37, 293, 583
工作伦理 264, 看"商人伦理"
公共领域 13
公卷 496, 498-499, 516及注, 参看"温卷"、"行卷"
公平 47, 119, 144, 147, 151, 153-154, 165, 498, 559, 588-589, 608-609, 611, 参看"平等"
公社家族 428, 435
公孙弘 106, 111, 180
《经传》 124, 130, 182, 183, 207, 218
公正性 140, 153, 243, 609
功过格 300-301, 306-308, 570, 573-575, 582, 612, 614
功利主义 133, 301, 360, 参看"实用性"
古文 111, 152, 172, 179, 181-183, 204-206, 208-210, 226, 257, 330, 337, 352, 367, 408, 543, 586
古文经 85, 131, 136, 137, 138, 139, 155, 157, 261, 看"经学"
《穀梁传》 95, 165
顾恺之 288
顾况 369
顾理雅（H. G. Creel）
顾宪成 219, 223, 323, 324, 401, 402

顾炎武 110, 115, 257, 326
官方化 251, 看"官学化"
官僚体制 254
官学化 10, 65, 66, 68, 69, 73, 112, 277, 400, 440, 441, 446, 看"书院"
官学课程 15, 汉朝55, 318-320, 宋朝329-333, 隋唐325-329, 魏晋南北朝320-325, 元朝339-340, 参看"读书法"、"教学内容"、"经学"
管志道 216, 217
管仲 81
广文学 56
归崇敬 367
规矩 177, 376, 377, 378, 379, 380, 381, 382, 383, 393, 395, 396, 422
贵族 45, 49, 67, 68, 80注, 121, 121-122, 130, 158, 191, 199-201, 227注, 243, 327, 396, 421, 424, 491
郭璞 159, 339
郭守敬 337
郭象 144, 356
国家 5, 8, 10, 11, 12, 18, 28, 40, 43, 44, 48, 49, 50, 51, 54, 56, 57, 59, 62, 66, 74, 78, 83, 84, 86, 89, 93, 104, 112, 115, 118, 119, 122, 133, 136, 146, 150, 151, 161, 165, 166, 167, 171, 176, 178, 201, 216, 219, 221, 225, 228, 236, 239, 263, 265, 281, 293, 307, 314, 317, 322, 324, 327, 328, 330, 333, 338, 339, 354, 355, 362, 370, 386, 392, 394, 406, 408, 411, 435, 440, 443, 449, 450, 464
《国语》 238, 243, 244, 249
国子监 56, 57, 60, 66, 67, 68, 71, 164, 166, 175, 231, 254, 256, 329, 330, 331, 332, 333, 342, 358, 359, 364, 365, 366, 367, 390, 391, 392, 393, 407, 413, 440
国子寺 看"国子学"
国子学 48, 49, 50, 51, 52, 56, 57, 58, 60, 61, 62, 64, 67, 68, 71, 72, 73, 108, 109, 110, 111, 243, 356, 363, 375, 387, 389, 390, 391, 392, 395, 406, 407, 440, 参看"国子监"、"太学"

H

海瑞 300-301, 535-536

韩非 171，172，335
韩公廉 461
韩琦 135
韩侂胄 548
韩愈 75，76，223，225-228，229，230，234，241，242，243，258，327，337，361，425，492，493，495，500，502
汉朝 107-116，318-320，哀帝539，桓帝540，灵帝353，475，顺帝113，319，武帝353，宣帝319，元帝112，319，昭帝319
《汉书》 117，120，321，325，351，371，495
翰林天文局 448，参看"天文局"
行卷 346，347注
郝若贝 （Robert Hartwell）563
何承天 455
何心隐 97，296-298
何休 207，209
何晏 207，209
和谐 34-35
贺珣 419
贺玚 419
赫尔德 （Johann G. Herder）38
鹤山书院 370
《恒产琐言》 439
弘文馆 74及注，参看"崇文馆"
洪天锡 550
鸿都门学 54，475
《后汉书》 335，337
《后凉书》 322
后秦 62
后赵 61，321
后周 357
忽必烈 272，523
胡安国 311，337
胡辨 321
胡宏 245，257，520注
胡居仁 533-534
胡三省 337，454-455
胡钥笃 455
胡寅 337，398
胡应麟 367
胡瑗 245，350，510，517
虎门学 68注，看"露门学"
互惠 29，参看"报"

华林书院 363，369，427
华佗 456，495
华阳观 487-488
滑寿 459
画学 89注
怀疑论 187-188，260
桓谭 186，187，480
皇宗学 68及注，参看"宗学"
黄公望 567
黄继善 397
黄巾 59
黄省曾 460
黄宗羲 150
黄佐 343
回回司天台 449
会话 562及注，593，605-607，610
会讲 85，97，276，297注，521，528
会试 139，参看"殿试"
会约 536-537
慧远 71，193-194

J

嵇康 191，192，195，360，480，486
及门 467，参看"门人"、"学生"
吉藏 231-232
《急就篇》 196-197，385
集贤院 74
集雅馆 64注
计量道德表 573-576，参看"道德计算"
技术教育 68，70，77，442-464，汉朝443-444，辽金元448-450，明朝100，450-451，宋朝81，446-448，隋唐445，魏晋南北朝444-445，与藏书458-460，与仪式176
祭酒 49，61，67，75，202，227，478及注，485
稷下学宫 48-50，105
家法（家族组织）363注，508
家法（经学）109，172及注，180，199，204-206，234，353，471，477注，597，607
《家范》 411
家规 32，参看"家训"
家礼 219，430-431
《家礼》 344，430，432
家谱 120
家庭教育 199，414-433，汉朝416-418，明朝434-

索　引　　673

435，436-438，宋朝 426-433，503-505，魏晋南北朝 418-423，与儒家正统 423，周代 415，参看"家训"、"江州陈氏"、"金华郑氏"、"豫章胡氏"
家学传统　200，史学 419，424-425，453-455，书法 419-420，451-453，数学 421，天文学 421，455-456，文学 419，医学 451-453
家训　32，415，436-437，439
《家训》　425，432，436，437，439
贾耽　461
贾公彦　269
贾似道　551-553
贾思勰　458，460
箭术　47，参看"射"
江湖会　276
江州陈氏　362-363，369，426，427-428，434，507
讲经　193，236-239，302，324，328，393，560，601，605，参看"俗讲"
讲学　64，99，298，302，537，-538，560，参看"讲经"、"经学（学术）"、"书院"
《讲院条约序》　507
焦竑　290
皎然　328
《教民榜文》　307，参看《圣谕六言》
教师　60-61，参看"师"、"师道"
教授　83-84，446，447
《教条示龙场诸生》　532
教学　251，253-254
教学内容　55，331-332，480，程端礼 336-338，黄佐 343-344，柳宗元 327，王阳明 344，魏校 343，许衡 339，朱熹 334-335，参看"经学"、"宋朝"、"唐朝"、"元朝"
教育理想　16，64，260，513，参看"博文"
《教约》　432，535
《教子斋规》　434
节　284
解额　108，132，141，参看"配额"
戒律　31，280-281，参看"僧伽戒律"
今文经　181注，参看"经学"
金朝　86，269-271，科举 138-140，269-271，世宗 269
金华郑氏　434-435
进士　123，128
《进学》　386
《进学解》　227

《进学铭》　533
《近思录》　343，371，399
《晋书》　335
京兆　82
京兆府小学规　330，508-509
经生　501
经学（学术）　19，58，57-59，171，172，180，182，古文经 111，181-183，汉朝 51，108，111，179-182，318-320，金朝 138，269，今文经 181注，182-183，明朝 309-313，341，宋朝 254-259，魏晋南北朝 59-60，62，68，200，204-205，206-209，元朝 339，朱熹论经学 334注，参看"五经博士"
经学（学校）　55，61，64
经义（科举科目）　131，132，143
精英　164，189，235，288注，469，498，参看"任贤制度"
精舍　57，78，194，362，485
净明宗　277，280
敬　286
静　290注
静坐　278，434
鸠摩罗什　193
九戒　279
九经　83，124，130注，336
九品　120
九品官人法　117-122
《九域志》　459
《九章算术》　342，346，382
酒井忠夫　306，307
《旧唐书》　335
救赎预定论　36
《菊与刀》　33
举人　129
巨子　176
君子　15-16，24，39，164，586

K

卡尔文（Jean Calvin）　36，299，570，581
《开蒙要训》　389
考据学　260
考试制度，参看"察举"、"公平"、"公正性"、"科举"
科举　20，28，122-154，243，273，考生 123，143，科举文化 133-136，内容 146，331-332，批判

147-154，556，参看"考试制度"
克己复礼 159-160，163，参看"礼"
刻漏 74，445，448，参看"博士"
空 290
空海 77
孔安国 210，218
孔尚任 412
孔颖达 217
孔庙 70，72，76，88，90，504
孔子 2，14，15，47，103，155-165，168，173-174，315，317
口诀 463
口试 130，558，608，610
口义 130
口语 201
寇谦之 203，487
库恩（Thomas Kuhn）309
夸美纽斯（John Comenius）577-578
匡衡 350-351

L

《老子》 29，63，124，174-175，319，325，326，332，392
类比（Analogy）39
《楞伽师资记》 233
《离骚》 326，327
礼 33，65，68，76，159-160，170-171，312，345，477，与法制化 218，与礼学 60，170，218-219，219注，与唐朝 218，219及注，荀子 170-171，对礼的批判 189，191注
《礼记》 66注，184，345，412，415，430，参看《大戴礼记》、《小戴礼记》
礼经 看"三礼"、《大戴礼记》、《小戴礼记》、《周礼》
礼仪 14-15，19，32-33，47，53，73，76，172，189，218注，标准化 218，佛教 85，86，88，家法 200，建筑 53，礼治 177，世俗化 76，书院讲学 86，298，537-538，乡饮酒 47，62，与仪式 183-185，参看"礼"
李翱 229-230
李壁 454
李淳风 445，462
李大师 216
李侗 252-254

李端 328
李谔 222-223
李纲 546
李昊 456
李固 540
李翰 393，397，405
李后主 357，参看"李煜"
李塈 454
李孟 271
李泌 361
李清照 364-365
李善 215-216
李时珍 457，461
李斯 171
李嵩 249
李泰 261-454
李廷机 405
李孝伯 322
李心传 261
李铉 323
李延寿 216
李冶 271
李膺 114，541
李煜 357
李元吉 491
李约瑟（Joseph Needham）178，238注，463，560，610
李贽 290，292
理性 35-36，35注，38，104，188，254，258，278，331，487，567，577，580，581，583，616
理学 7，21注，22，273，292，293-294，332，333，参看"道学"
理智（reason）35，参看"理性"
吏 115，329注，442-444，472-473，537
历山书院 372
历算 74，87
丽泽书院 371
郦道元 213，460
良知 287-288，290，291，567
梁冀 540
梁启超 176
梁武帝 64，122，354
梁元帝 354
《两汉蒙求》 396

《列女传》 408
列文森（Joseph Levenson） 175
麟趾学 68
灵宝宗 277-278
灵台 53
刘安 106，178，352
刘班 396
刘邦 474，参看"汉朝"
刘备 417
刘秉忠 275
刘昺 321
刘敞 334
刘聪 321
刘德仁 265，278，279
刘和 321
刘劭 187，322，479
刘完素 456，462
刘相 497
刘向 9，111，181，342，352，416-417
刘勰 201
刘歆 111，181，352，416-417
刘毅 121
刘因 273
刘禹锡 243，502
刘玉 265，280
刘知几 454
刘秩 454
柳批 425
柳如是 412
柳宗元 230，242-243，327，497
六经 18，158，192，341，参看《乐经》
六艺 16-17，157-158，381
《龙纹鞭影》 405
《鲁班经》 463
路德，马丁（Martin Luther） 36
陆机 458
陆九龄 428
陆九渊 86，237，246，247-248，252，264，302，371，428，432，511，521，561，参看"陆象山"
陆象山 520，看"陆九渊"
陆秀夫 519
陆游 331，365，366，373，432，518，595
陆贽 337
露门学 68

《论语》 15及注，60，159-165，182，209，249，318-320，323-324，339，500
罗洪先 290
罗汝芳 290
罗耀拉（Ignatius of Loyola） 37，593
罗友枝（Evelyn Rawski） 381
吕本中 343，398
吕不韦 106，178
吕得胜 404
吕坤 303，404，436，613
《吕氏春秋》 106，360，471
吕祖谦 338，344，371，398，513，520
旅游 270-271
律学 61，62，64注，94注

M
马端临 130，262，512
马融 57，176注，202
马枢 324
马续 319
满大人（mandarin） 606
茅山 278，486-488
茅元仪 461
茂才 109
门人 105，399，466，468注，469注，478
门生 252，466，474，496-497，516，541，参看"门人"
蒙古 86，90，141，272，275，358，372，418注，429，449-450，521-523，参看"元朝"
蒙古字学 90
《蒙求》 393，394，401
《蒙养故事》 405
孟胜 470
《孟子》 3，20，139，179，210，255，258，259，270，310，327，330，331，332，342，528，532，看"任贤主义"
弥封 128，252，589
密尔（John Stuart Mill） 379，436，609，615
面试 109，111
庙学 70注，72，88，90
民粹主义 293，参看"庶民主义"
民间教育 31，看"庶民教育"
民主书院 13，
民主制度 38-39

民族性格　33
民族主义　92
名教　189
《名物蒙求》　396
明朝　93-100，成祖 341，359，官学学规 528-530，课程 340-347，科举 142-147，思宗 343，太祖 96，政府藏书 358-359
明法　110，112，126，130，325，446
明经　110，111，124
明师　203，462，参看"师授"
明堂　53
命　159，186
《摩诃止观》　232
墨家　103，104，202，470，472
墨义　130
《牡丹亭》　412

N

《南史》　216，335
南唐　357
《难经》　495，参看《皇帝八十一难经》
内丹　265，277-281，462
《内训》　411
尼采（Friedrich Nietzsche）38
念　290
聂豹　290-291
《女范捷录》　412
《女诫》　408-412
《女论语》　410-411
《女千字文》　413
《女三字经》　413
女四书　412
《女小儿语》　404
《女孝经》　410-411
女性　11注，165，429
女性教育　407-413
《女训》　409
女真　86-88，138，参看"金朝"

O

欧阳发　454
欧阳棐　454
欧阳生　476
欧阳愻　454

欧阳歙　476，540
欧阳修　135，152，254，255，358，428，429，454，543
欧阳询　220，452

P

判　146，561注
泮宫　47，62
培根（Francis Bacon）39，577，607
裴斯泰洛齐（J. H. Pestalozzi）556
裴松　419
裴頠　190
裴秀　460
裴骃　419
裴子野　419
配额（科举）108，132，146-147，参看"解额"
彭兴宗　371
皮亚杰（Jean Piaget）556
平等　103，118，128，147-148，153，165注，242注，267，275，288注，294，537-538，589，609，宋朝 264，道教 267，佛教 235注，240，264，601，汉朝 189，明朝 294，539，王阳明 294，参看"公平"

Q

《七略》　213
齐朝（南齐）64
齐国　49
起家　200
《启蒙记》　388
契丹　86-87，138，参看"辽朝"
《千字文》　196，386-387，389，400-402，500
前秦　62
前燕　61，321
前赵　61
钱德洪　291
钱穆　153，214，593
钱乙　456
钦天监　450，参看"天文学（学校）"
秦桧　547
秦季栖　459
秦九韶　459
清教徒　299，576，580-583
清议　118，541，542

丘处机　459
瞿坛悉达　455
权德舆　497
权威　29，32，36，37，39-40，231，299，376，536，555，556注，569，580，582，596
权威性格　28，37，39，133-135，299-302，309，472，557，564-567，579，580-582，599，611，612-614
权威体制　38，299，599
全真教　264，266-267
劝惩簿　435，参看"缺失记录表"
劝善书　239，参看"善书"
劝学　170，318，360，471，514
缺失记录表　575

R

人文主义　18，37-38
《人物志》　322
人性　15，165-166，170，185-186，245，294，304
仁　15，158，167
任贤主义　26-27，66，102，103，105-106，107，158，164，165注，173，185，244，487，558，588
任子　115
儒　48
儒家　1-4，64，68，108-109，189，191-192，321，491，530，本体论 190，金朝 269-270，辽朝 268-269，元朝 272，参看"道学"、"孔子"、"朱熹"
儒家正统（Confucian orthodoxy）　31，42，224，241，260，280，294，302，303-304，313，341，413，431，434，441，495，538，555，557，569，573，576，600-602，604，615，参看"名教"、"三纲"
阮籍　195
阮元　421

S

洒扫应对　399
萨佛纳罗拉（Girolamo Savonarola）　37
萨特（Jean-Paul Satre）　38
三本　192
《三仓》　384-385
三从四德　412

三纲　32，178-179，303，604，参看"三本"、"五常"
《三国志》　335，424
三教　31，71，266-267，275，277，279，281，305，308，312，440，555，557，569
《三教论衡》　242
《三经新义》　143，256，257
三老　54
三礼　60，125，130，183，209，218，219注，323，325，327，328，336，339，419，参看"礼经"
三舍法　83，89，129，141，270，506
三史　130，217，322
三玄　190，320
三张　202
《三字经》　400-402，598
僧伽戒律　12，193-194，483，485，502，517
僧肇　193
山林讲学　7，594
山长　91，533
禅让　219
善书　24，305，306-309，413，432，578-580
商朝　15注，101
商人伦理　264，参看"宗教伦理"
商鞅　103
商业精神　571，参看"宗教伦理"
上清宗　277-278
《尚书》　111，210，319，339，415
《尚书大传》　383及注
尚贤　175-176，参看"任贤制度"
《少仪外传》　344，398
邵雍　254，337
社　29，参看"社约"
社会流动　20，100，115，128，145注，147，165，221，443，473，498，524，589，595
社群性　564
社学　90，95-96，340，343-344，436，526-527
社约　538
射　47，102，345
申公　474
绅士　16及注
沈峻　324
沈括　460
沈约　197，216，351

慎独　291，376
生徒　123，参看"门生"、"学生"
生员　144
省试　124，129，132，145，498
圣　167
圣功格　612，参看"功过格"
《圣谕六言》　307
师　48，56，133，185，234，汉朝 185，202，宋朝 79-80，83，133，251-252，610，唐朝 230，231-234，494-498
师道　203
师法　172注，179，203，471
师授　203，486，参看"明师"
《诗经》　102，124，256，319，332，334，339，417
《诗经集注》　311
《十八史略》　397注
十戒　20，277及注，279，501，604
《十七史蒙求》　396
十四戒　279，501
《十诵律》　198，485
石介　543
石经　67，126
石勒　61，321
《石林家训》　430
时文　346
《识字集》　388
识字教育　182，330及注，381-413，500-502，571注，汉朝 381-382，385-386，408-409，功能性识字 405，明朝 402-405，唐朝 389-396，410-411，宋朝 396-407，411，魏晋南北朝 386-389，元朝 402-404
实用性　19，76，164，174，191，197，218注，246，265，270，271，272，303，405，407，441，461，579-580，参看"功利主义"
《史记》　49注，239，321，424，496注
史弥远　548-549
史嵩之　548-549
史学　63，212-214，223，261，326，328，444，454-455
《史学提要》　397
《史韵》　405
《史籀篇》　384
士　105及注
士林馆　64，483

士人　8，10，13，16，23，42，82注，98，200，227，324，423，429，433注，480，504，544，594，609，612-614，参看"读书人"
士族　121及注
《世范》　431
《世说新语》　201
世俗化　76
世袭制度　101-105，121，202-203
世族　121，396，426-429，432，440-441，454，464
势　262-263
释奠礼　60，65，70
守节　284
守丧　476-478，481，542，549
书法　342，419-420，452-453
《书经》看《尚书》
《书经集注》　311
书面考试　558-560，564，566
书院　6-7，12-13，48，84-86，88，97-98，105，147，240，362，426，587，藏书 369-373，427，金朝 88，官学化 85-86，91，96，147，明朝 96-99，284，303，宋朝 84-86，元朝 90，91-92，学规 535-536，宗族书院 84，与朱熹 6-7，与配额（科举）147，参看"丛林"，"山林讲学"
束晳　361，388
庶民教育　33，302，600-601，604
庶民主义（populism）　293-294
数学（学校）看"算学"
《水经注》　213，460
《说苑》　342
司马光　244，333，430，431，454，510
司马裦　244，255，261，333，411，430-431，510
司马迁　105，326，327，453，473
司马谈　453
司天监　449
司天台　74，87，445，448，449
司业　75，491
私人藏书　359-368
私人教育　48，49，58，78-79，473，478，487，586-587，佛教 78，汉朝 56，57-58，62注，明朝 535-536，隋唐 78，魏晋南北朝 62，70，480
私史　212，216，419
私学　看"私人教育"
《四分律》　485
四馆　63注

四句教 288
四君 105
《四库全书总目》 359
四门小学 66及注,看"小学"
四门学 73,75,79,483,490
四史 326,424
四书 20,144,146,153,229,230,254,257,258,259,273,298,334,335,336,339,340,341,343,528,531,598
《四书大全》 310,311,341
《四书集注》 311
《四书章句集注》 20,146,258-259,335-336,341,344,参看《四书集注》
《四体书势》 420
四艺 595
四岳 101及注
宋朝 79-86,241-287,276,429,度宗 250,徽宗 448,教育内容 329-338,科举 127-136,理宗 250,265,548,仁宗 250,357,428,508,孝宗 346,政府藏书 357-358
《宋略》 419
宋敏求 364
宋若华 410
《宋书》 216
苏汉臣 249
苏嘉 544
苏秦 349
苏轼 255,256,452,518
苏舜钦 452
苏舜元 452
苏颂 459,517注,544
苏洵 135,263,428,452
苏辙 255,263,452
苏州 95,517
俗讲 236-237,参看"讲经"
《算经十书》 445
算学(学校) 74,127,445,494
算学(知识) 89注,346,445,451,458,参看"家学传统"、"历算"
隋朝,参看"唐"
孙复 245,517
孙惠蔚 322
《孙吴兵法》 321

T
太卜署 74
太常寺 447
《太公家教》 392-393,404,406,500
太极书院 371
《太平寰宇记》 260,459
《太平经》 181,188,587,600
太仆寺 74
《太上感应篇》 31,264-266,277,570,603
太史公 327,参看"司马迁"
太史局 448,461
太史院 449
太学 52,54,汉朝 53-54,55,59,475,478-480,晋朝 60,课程 51,60-61,明 143,宋 80-81,507注,510,542,543-553,唐 73,489-494,魏(三国) 59,205,478,晋、南朝 62-65,479-480,北朝 61,65-66,67-68,元朝 89,参看"聪明观"、"国子学"、"鸿都门学"、"经学"、"律学"、"四馆"、"五馆"
太一教 265
太医监 451
太医局 447
太医署 74,444,445,447,448
太医院 451
泰州学派 290及注,293,297
汤显祖 412
唐朝 72-79,123-127,215-240,德宗 328,高宗 124,219,424,493,教育内容 325-329,太宗 75,127,144,209,215,216,219,220,326,394,424,493,494-495,文宗 356,武则天 124,127,219,武宗 499,玄宗 78,219,224注,266,270,325,490注,492,晚唐 502-503,政府藏书 356-357
唐慎微 456
唐寅 366
《桃花扇》 412
陶弘景 445-456,462,486-488
陶尼 571
陶渊明 29,273
讨论 172,296,302-303,323,532,561,562,参看"对话"、"会话"
提举学事司 84
体用 535
天地君亲师 254注,471,610

天赋 479，481
天理 300，302，438，570，610
天人合一 177-179
天文馆 490
天文局 448，看"司天台"
天文（知识） 16，74，87，115，152，260，270，346，421，445，448及注，449，450，禁止 450注，辽金元 87，448-449，458，明朝 450-451，461，463，宋朝 544，元朝 89注，91，与藏书 458-459，参看"家学传统"、"数学"、"算学"
天一阁 367，447注
田浩（Hoyt Cleveland Tillman） 21注
《条约》 529
帖经 125，130
《庭诰》 421
通 262-263
《通典》 221-222，335
童科 127，249，250，参看"童子"
《童蒙须知》 307，343，400
《童蒙训》 343，398
童年 42，248-251，382，403，423，479，526
童心 292-293，299，330，333，532，568
童子 110，112，150，249，343注，427，480
统 202，227，230-231，495
透视化（perspectivize） 565-567
《兔园策》 394
陀思妥耶夫斯基（Fyodor Dostoevsky） 38

W

外丹 32，277-279
万全 457
王安石 128，143，245，334，337，446，510，544
王弼 190-191，206，209-210，217-218
王彪之 419
王勃 495
王充 186-188
王重阳 459，参看"王嚞"
王夫之 149-150，497
王符 114，187，360
王艮 290及注，296
王珪 494
王淮之 419
王畿 289-291
王节妇 412

王克明 462注
王令 396
王莽 52-53，113，180-181
王讷之 419
王凝之 421
王世贞 367
王肃 60，205-208
王通 223，335，488，494，499
王羲之 200，420，421，452-453
王献之 420
王相 412
王阳明 97，282，286，287-289，291，293，300，305，344，460，532，538，556，读书法 344
王尧臣 358
王应麟 261，385，394，400
王嚞 264，266，267，280
危亦林 457
威权 32，参看"权威"
威权性格 37，参看"权威性格"
威斯坦因（Stanley Weinstein） 235
韦伯（Max Weber） 572，606
韦应物 362
为己之学 看"学以为己"
《为学次第》 534
卫夫人 420，看"卫铄"
卫瓘 420
卫恒 420
卫觊 420
卫铄 420
魏了翁 338，370
魏收 216，421-422
《魏书》 216
魏希德（Hilde de Weerdt） 153
魏校 343
魏徵 216，410
魏忠贤 98
温卷 252，346，496，参看"公卷"、"行卷"
文 77注，162-163，225，329，参看"文学"
文化认同 313
文化再生（cultural reproduction） 27
文人 82，85，97，128及注，260，269-270，403，429，504，556，590，参看"读书人"
文树德（Paul U. Unschuld） 309
文天祥 293

索 引　　681

文翁 55
《文选》 215, 220, 224, 326-327, 参看《昭明文选》
文学 21, 221-222, 329, 419
文彦博 428
文艺复兴 37, 420注
文渊阁 359
文徵明 366, 453
《文中子》 494
文字考试 608-611
卧碑 94, 529-530, 551, 569
无上十戒 501, 参看"十戒"
吴澄 273-274, 351
吴历 368
吴廷翰 300
吴与弼 531, 533
吴章 477
五常 32, 179, 529, 604, 参看"三本"、"三纲"
五代 357, 602
《五代史记》 335注
五馆 64
五戒 30, 179注, 279, 604
五经 19, 51, 55, 179-180, 258-259, 318-319, 478, 531, 597, 598, 611,《五经大全》310-311, 341,《五经正义》20, 143, 210, 217, 327, 331, 339, 356, 597, 参看"博士"
《武备志》 461

X

习凿齿 211-212
戏剧 349-351
先生 58, 468及注, 参看"师"
贤 175
贤良方正 107-108, 110, 114
《咸淳清规》 503
现代化 267, 306
乡贡 123, 126, 参看"乡试"
乡试 124, 129, 140-141, 145-146, 498, 595, 参看"乡贡"
乡饮酒 47, 55-56, 62, 498, 600, 602-603
乡约 295-296, 298, 300, 344, 602-604, 612
《相宅秘诀》 463
享乐主义 191

向秀 190, 393, 480
项浚 388
萧抱珍 264
萧良有 405
萧统 213, 215, 337
萧子显 216
《小戴礼记》 60, 171, 183, 参看《大戴礼记》
《小儿语》 404
《小学》 127, 246, 250, 336, 339, 343-344, 398-400, 402, 406, 437, 531
《小学大义》 400
《小学古训》 343
《小学诗礼》 400
小学（学校）47注, 61及注, 66, 82-83, 383, 398
孝 32, 182, 280
《孝经》 55, 124, 127, 139, 172, 182, 200, 208, 249, 257, 266, 270, 318-320, 322-325, 330-331, 336, 339-340, 343, 383, 392, 399, 410-411, 416, 496
孝廉 104, 108-110
孝悌力田 107
孝悌忠信礼义廉耻 289, 303, 看"八德"
写经 501
谢灵运 354
心 245, 267, 274, 282, 285, 291
心丧 474注, 482及注
心学 21注, 283-289, 291-294
辛弃疾 346
《新簿》 353
新道教 190注, 265注
《新唐书》 335, 490
邢昺 270, 331
行卷 346-347, 参看"公卷"、"温卷"
形式化 看"仪式化"
《性理大全》 341
《性理字训》 336
兄弟情愫 参看"同性恋"
休谟（David Hume） 36, 576-578, 613
修身 18, 23
秀才 95, 124, 144
徐干学 481
徐梦梓 261
徐彦 331
徐之才 323

徐遵明 322-323

许遹翁 405

许衡 89，141，271-273，286，338-339，398，400，450，523

许商 476

《叙古千文》 398

《续小儿语》 404

宣讲 194-197，看"讲经"

玄学 63，77，190，320，323-324

薛己 457

薛瑄 286

学 160-162

学官 83

学规 298，301，506-515，522-523，527-530，胡瑗 509，与道学 510-515，朱元璋 529-530，参看"卧碑"

学究 130

学生 68，75，466-538，出身背景 79，591，592，504，525，数目 48，54，58，61，66，67，78，82-83，87，89，96，322注，324，329，472，482及注，483，494，504，521-523，地方学校 69，83，94，504，524-526，国子学 60-61，63，67，98，481，504，518-519，521-523，524-526，太学 54，59，61，63及注，64，65-66，93，475，482-483，504，518-519，524-525，参看"弟子"、"及门"、"门生"、"学士"

学士 443

学术系谱 203-204，495，看"统"

学田 81-82，88，90

学统 181注，228及注

学校 2，13，16，45-71，商 45，周 45-46

《学校贡举私议》 335

学以为己 2-3，4注，6，22，155-156，211，228，556，588，613，个人义与社会义 8，11-12，14，28-29，376-377，566，593-596，610

荀爽 319-320

荀勖 214

荀悦 186，320

荀子 4，49，169-172，318，471-472，参看"礼"

《训蒙大意示教读刘伯颂等》 295

《训学斋规》 511

《训子语》 438

殉道 23-24，28

Y

严嵩 97

严延年 443

颜回 159，161，467

颜师古 385

《颜氏家训》 199，392，417，422-424，452

颜延之 421

颜元 151

颜真卿 452

颜之推 385，422-424，431，452

演讲 49，303，328-319，601，605，609，参看"讲学"

谚语 31，265，392，395，404，406，436，438，460，463，514

扬雄 185，335

阳枋 518

阳峤 491，

杨济时 457，461

杨坚 355

杨简 248，519，548

杨炯 250

杨轲 324

杨时 298，334，545

杨士勋 331

杨忠辅 461

养士 105-106，115，116，367，586-588，592

姚兴 321

耶律楚材 271-272，275

叶梦得 134，430

一元化 32，参看"标准化"

伊拉斯谟（Desiderius Erasmus）37

伊沛霞（Patricia B. Ebrey）431

医学提举司 449

医学（学校）88，451，456，462

医学（知识）77，91，113，523，560

仪式化 19，33，76，99，116-117，184注，183-185，218-219，312，313，435，438，538，师徒关系 176，184

仪式主义 183，与礼仪的不同 183-185，191，参看"礼仪"、"仪式化"

《遗诏敕刘禅》 417

以吏为师 443-444，472-473，参看"吏"

义 300

索　引　　683

义门　432，433，435
《艺文类聚》　220-221
《易经》　190，311，319-320，322-324，332，334，339，375，415
《易经本义》　311
《逸周书》　415
因果关系　262，265，423，参看"轮回"
阴阳学　89注，91，95，110，112，449
荫　116，454，518，524
音乐　74，195，236，296，308，341注，347，436，参看《乐经》、"吟咏"
吟咏　296，532，参看"音乐"
印刷术　82，128，261，263，266，357，361，366，369，504，562
应天府书院　97，370，508
应贞　419
《永乐大典》　93，359
有机观，参看"天人合一"
《幼学故事琼林》　405
《幼学须知》　405
于定国　443
余英时　21注，571
虞蕃　544
虞世南　394，
语录　303，519，561
语音学　193，197
预选说（predestination）572
《御制大诰》　340，343
豫章胡氏　363，参看"华林书院"
元朝　90-92，101，140，140-142，271-274，成宗 340，课程 335，337，339-340，私人藏书 365-366，学规 523，医学政策 448-449，523，政府藏书 358
元好问　270-271，365
原别　58，486，参看"追寻名师"
原始主义（primitivism）
圆仁　236-237，276
约　298
《乐经》　18，196，341
乐史　459
岳飞　81，429，547
岳麓书院　370，520
《韵史》　405

Z

《杂抄》　211注，390-391，393
杂文　126
《杂字》　388-389
再现　40，看"呈现"
曾巩　263，408注
曾国藩　440-441
曾先之　397
曾子　9
湛若水　97，282-286，341注，373注，531
张从正　456
张轨　62
张衡　109
张继先　277
张俭　541-542
张居正　97
张骏　62
张陵　202-203
张履祥　438
张栻　520，245-246，338
张说　532-533
张廷玉　439
张玄　202
张英　439
张雨　278，556
张载　334，337，517
张仲景　456
章安灌顶　232-233
章潢　534
长幼情愫　615，看"兄弟情愫"
《昭明文选》　213，220
赵秉文　270
赵典　476
赵复　371
赵孟頫　453
赵南星　405
赵岐　210，270
赵汝愚　548
赵翼　325，495注
《贞观政要》　494
真　290，291
真德秀　265，338，434
《枕中书》　421-422
正大道　278，看《大道宗》

正史 212，215-217，424
正统 211-212，220，224，227-233
正一宗 277
郑从谠 497
郑樵 257，261-262，463，
《郑氏规范》 435
郑思肖 266，278，
郑玄 57，60，182，202，204-210，218，417，477
支遁 193
知行合一 23，287-288
直讲 83
质 162
《治生经济》 578，580，583
智仁勇 556
智性主义 282，291，292，293-294，306，312
智顗 231-233，239
智圆 507
中山茂 561，608
《中说》 494，看《文中子》
《中庸》 179，229，-230，258-259，336，339，参看"四书"
忠孝 280及注，293，307，308
钟会 320
钟繇 453
仲长统 187
周邦彦 519
周敦颐 244
周葵 547
《周礼》 49，60，102，124，157，183，184，207，255-256，269，323，332，334，336，339
周兴嗣 387
朱思本 459
朱熹 20，90，104，141，246-247，252-254，260，286，295，311，331-332，334，338，371，430，458，520，530，论礼 246，论读书进程 333-335，论学规 506-507，509，510-511，514，与识字教育 398-400
朱用纯 437
朱元璋 42，90，94，142-143，289，299，302，309，340，342-343，358，411，528-530，551，612，参看"明朝"

朱震亨 309，456
《朱子家训》 32，438
《朱子治家格言》 438，看《朱子家训》
袾宏 307
诸科 130
助教 67，444
庄子 4-5，174-175，273，326，327，335，359，392
《资治通鉴》 261，335，337
《资治通鉴纲目》 337
子游 466
自得 28，348，375-377，556，613
自控 27，看"自讼"
自律 299
自然 191
自然法（natural law） 34-39，577，610
自讼 28，300，569，573，595
自我 27注，27-28，163，175，215，274，299-302，308，359，374-377，581
自由 375-377
《字宝碎金》 393-395
宗 232，233
宗教伦理 264，571，572
宗教性 569-572
宗学 68
《宗约歌》 436
宗泽 240
宗族 10，14，135-136，297，426，427注，428，429，宗族学校 14，135，199，426-428，与科举 428，433，，参看"家族"、"家庭教育"、"宗族书院"
祖 232
祖冲之 421，455
祖莹 324
追寻名师 12，58-59，516，参看"原别"、"陶弘景"
《尊师》 471
《左传》 60，111，124，183，207，218，269，333，335
左雄 108，114
座主 477，516

薄荷实验

文本记录社会

《特权：圣保罗中学精英教育的幕后》
西莫斯·可汗 著

《音乐神童加工厂》
伊莎贝拉·瓦格纳 著

《喂养中国小皇帝：食物、儿童和社会变迁》
景军 主编

《给无价的孩子定价：变迁中的儿童社会价值》
维维安娜·泽利泽 著

《培养好孩子：道德与儿童发展》
许晶 著

《唐人街：镀金的避难所、民族城邦和全球文化流散地》
王保华、陈志明 主编

《母乳与牛奶：近代中国母亲角色的重塑（1895—1937）》
卢淑樱 著

《感情研究指南：情感史的框架》
威廉·雷迪 著